Sozialpsychologie des Internet

Internet und Psychologie

Neue Medien in der Psychologie

herausgegeben von Dipl.-Psych. Bernad Batinic

Band 2

Sozialpsychologie des Internet

von

Nicola Döring

Hogrefe · Verlag für Psychologie
Göttingen · Bern · Toronto · Seattle

Sozialpsychologie des Internet

Die Bedeutung des Internet für Kommunikationsprozesse, Identitäten, soziale Beziehungen und Gruppen

von
Nicola Döring

Hogrefe • Verlag für Psychologie
Göttingen • Bern • Toronto • Seattle

Dr. phil. Nicola Döring, geb. 1968. 1988-1993 Studium der Psychologie in Berlin. 1993-1998 Wissenschaftliche Mitarbeiterin am Institut für Psychologie der Technischen Universität Berlin, Abteilung Psychologische Methodenlehre. 1998 Promotion. Seit 1998 Wissenschaftliche Mitarbeiterin am Psychologischen Institut der Universität Heidelberg, Abteilung Entwicklungs- und Pädagogische Psychologie.

Für Helga Kalwa

Die Deutsche Bibliothek - CIP-Einheitsaufnahme

Döring, Nicola:
Sozialpsychologie des Internet : die Bedeutung des Internet für Kommunikationsprozesse, Identitäten, soziale Beziehungen und Gruppen / von Nicola Döring. - Göttingen ; Bern ; Toronto ; Seattle : Hogrefe, Verl. für Psychologie, 1999
(Internet und Psychologie ; Bd. 2)
Zugl.: Berlin, Freie Univ., Diss., 1998
ISBN 3-8017-1255-9

Das in erweiterter und aktualisierter Fassung vorliegende Buch wurde vom Fachbereich Erziehungswissenschaft, Psychologie und Sportwissenschaft der Freien Universität Berlin 1998 als Dissertation angenommen.

Umschlagzeichnung: Monika Webers, Saarbrücken
Druck: Dieterichsche Universitätsbuchdruckerei
W. Fr. Kaestner GmbH & Co. KG, D-37124 Göttingen-Rosdorf
Printed in Germany
Auf säurefreiem Papier gedruckt
ISBN 3-8017-1255-9

Sozialpsychologie des Internet

Die Bedeutung des Internet für Kommunikationsprozesse, Identitäten, soziale Beziehungen und Gruppen

von
Nicola Döring

Hogrefe • Verlag für Psychologie
Göttingen • Bern • Toronto • Seattle

Dr. phil. Nicola Döring, geb. 1968. 1988-1993 Studium der Psychologie in Berlin. 1993-1998 Wissenschaftliche Mitarbeiterin am Institut für Psychologie der Technischen Universität Berlin, Abteilung Psychologische Methodenlehre. 1998 Promotion. Seit 1998 Wissenschaftliche Mitarbeiterin am Psychologischen Institut der Universität Heidelberg, Abteilung Entwicklungs- und Pädagogische Psychologie.

Für Helga Kalwa

Die Deutsche Bibliothek - CIP-Einheitsaufnahme

Döring, Nicola:
Sozialpsychologie des Internet : die Bedeutung des Internet für Kommunikationsprozesse, Identitäten, soziale Beziehungen und Gruppen / von Nicola Döring. - Göttingen ; Bern ; Toronto ; Seattle : Hogrefe, Verl. für Psychologie, 1999
(Internet und Psychologie ; Bd. 2)
Zugl.: Berlin, Freie Univ., Diss., 1998
ISBN 3-8017-1255-9

Das in erweiterter und aktualisierter Fassung vorliegende Buch wurde vom Fachbereich Erziehungswissenschaft, Psychologie und Sportwissenschaft der Freien Universität Berlin 1998 als Dissertation angenommen.

Umschlagzeichnung: Monika Webers, Saarbrücken
Druck: Dieterichsche Universitätsbuchdruckerei
W. Fr. Kaestner GmbH & Co. KG, D-37124 Göttingen-Rosdorf
Printed in Germany
Auf säurefreiem Papier gedruckt
ISBN 3-8017-1255-9

Inhaltsverzeichnis

Einführung ... 11

1 Kennzeichen des Internet ... 15

1.1 Entstehung und Definition des Internet ... 15
1.2 Zugang zum Internet ... 22
1.3 Internet, Online-Dienste und Mailbox-Netze ... 25
1.4 Gesellschaftliche Bedeutung des Internet ... 27
1.5 Zusammenfassung ... 32

2 Zeitversetzte Kommunikation im Internet ... 33

2.1 Zeitversetzte computervermittelte Kommunikation ... 34
2.2 Email ... 36
2.2.1 Voraussetzungen der Email-Kommunikation ... 36
2.2.2 Typen von Emails ... 39
2.2.3 Anonymisierung, Verschlüsselung, Datenschutz ... 40
2.2.4 Emoticons, ASCII-Art, Soundwörter, Aktionswörter, Disclaimer ... 41
2.2.5 Kommunikationsverlauf bei Email ... 46
2.3 Mailinglisten ... 51
2.3.1 Voraussetzungen der Mailinglisten-Kommunikation ... 51
2.3.2 Typen von Mailinglisten ... 52
2.3.3 Fehladressierung ... 53
2.3.4 Flaming ... 54
2.3.5 Kommunikationsverlauf in Mailinglisten ... 56
2.4 Newsgroups ... 58
2.4.1 Voraussetzungen der Newsgroup-Kommunikation ... 59
2.4.2 Typen von Newsgroups ... 61
2.4.3 Being Off-Topic, Crossposting, Spamming ... 65
2.4.4 Netiquetten und FAQs ... 66
2.4.5 Kommunikationsverlauf in Newsgroups ... 70
2.5 WWW-Seiten ... 76
2.5.1 Voraussetzungen der WWW-Nutzung ... 77
2.5.2 Ergänzungen und Alternativen zu HTML ... 78

2.5.3 Typen von WWW-Seiten und WWW-Sites 80
2.5.4 Informationsfunktion des WWW 82
2.5.5 Kommunikationsfunktion des WWW 84
2.6 Zusammenfassung 86

3 Zeitgleiche Kommunikation im Internet 91
3.1 Zeitgleiche computervermittelte Kommunikation 91
3.2 Chat 95
3.2.1 Voraussetzungen der Chat-Kommunikation 95
3.2.2 Nicknames und Avatare 96
3.2.3 Akronyme und Emoting 99
3.2.4 Kommunikationsverlauf beim Chat 102
3.3 Chat-Channels und Chat-Rooms 104
3.3.1 Voraussetzungen der Chat-Channel-Kommunikation 104
3.3.2 Typen von Chat-Channels 105
3.3.3 Skripts, Bots und Agenten 109
3.3.4 Kommunikationsverlauf in Chat-Channels 110
3.4 MUDs 113
3.4.1 Voraussetzungen der MUD-Kommunikation 113
3.4.2 Typen von MUDs 114
3.4.3 Online-Charaktere 116
3.4.4 Virtuelles Handeln 119
3.4.5 Interaktionsverlauf in MUDs 124
3.5 Neuere synchrone Dienste 134
3.5.1 ICQ 134
3.5.2 Internet-Telefonie 134
3.5.3 Internet-Videokonferenzen 135
3.6 Zusammenfassung 137

4 Die Internet-Population und ihre Nutzungsmuster 139
4.1 Größe der globalen Internet-Population 139
4.2 Soziodemographie der globalen Internet-Population 142
4.3 Bundesdeutsche Internet-Teilpopulation 148
4.4 Zeitbudget für Internet-Nutzung 151
4.5 Dienste der Internet-Nutzung 153
4.6 Ziele und Inhalte der Internet-Nutzung 156
4.7 Popularität sexualbezogener Internet-Inhalte 160
4.8 Zusammenfassung 169

5 Methodische Erfassung computervermittelter Kommunikation 171
5.1 Beobachtung 172
5.1.1 Freie Beobachtung 173

5.1.2 Feldbeobachtung ... 174
5.1.3 Automatische Beobachtung ... 176
5.2 Mündliche Befragung ... 184
5.2.1 Offene Befragung ... 185
5.2.2 Leitfaden-Interview ... 186
5.2.3 Vollstandardisiertes Interview ... 186
5.2.4 Online-Interview ... 188
5.3 Schriftliche Befragung ... 188
5.3.1 Offline-Umfrage ... 189
5.3.2 Online-Umfrage ... 190
5.4 Experiment ... 194
5.4.1 Feldexperiment ... 195
5.4.2 Laborexperiment ... 196
5.4.3 WWW-Experiment ... 197
5.5 Ethische Probleme ... 201
5.5.1 Reaktive Datenerhebung ... 201
5.5.2 Nonreaktive Datenerhebung ... 202
5.5.3 Publikation von Ergebnissen ... 204
5.6 Zusammenfassung ... 206

6 Theoretische Modellierung computervermittelter Kommunikation ... 209
6.1 Kanalreduktion ... 210
6.2 Herausfiltern sozialer Hinweisreize ... 214
6.3 Rationale Medienwahl ... 216
6.4 Normative Medienwahl ... 222
6.5 Interpersonale Medienwahl ... 224
6.6 Soziale Informationsverarbeitung ... 226
6.7 Simulation ... 228
6.8 Imagination ... 232
6.9 Digitalisierung ... 233
6.10 Kulturraum ... 236
6.11 Medienökologisches Rahmenmodell ... 239
6.12 Zusammenfassung ... 252

7 Identitäten und Internet ... 255
7.1 Identitäten ... 256
7.1.1 Selbstkonzept und Identität ... 256
7.1.2 Individuelle und kollektive Identitäten ... 259
7.1.3 Selbstdarstellung und Eindrucksbildung ... 260
7.2 Mediale Umgebungen und Identitäten ... 265
7.2.1 Mediale Umgebungen und kollektive Identitäten ... 265
7.2.2 Mediale Umgebungen und individuelle Identitäten ... 267

7.3 Veränderung bestehender Identitäten durch Internet ... 269
7.3.1 Selektive Aktivierung von Identitäten im Internet ... 269
7.3.2 Modifizierte Darstellung von Identitäten im Internet ... 281
7.4 Entwicklung neuer Identitäten im Internet ... 288
7.4.1 Identitätsgenese im Internet ... 288
7.4.2 Identitätsentwicklung im Internet und darüber hinaus ... 300
7.5 Die These vom Identitätsverlust ... 309
7.5.1 Mangelnde Präsenz herkömmlicher Identitäten? ... 309
7.5.2 Flucht in virtuelle Schein-Identitäten? ... 311
7.6 Zusammenfassung ... 312

8 Soziale Beziehungen und Internet ... 315
8.1 Soziale Beziehungen ... 315
8.1.1 Formale und persönliche Beziehungen ... 316
8.1.2 Starke und schwache Bindungen ... 317
8.1.3 Soziale Netzwerke ... 318
8.1.4 Soziale Isolation und Einsamkeit ... 320
8.2 Mediale Umgebungen und soziale Beziehungen ... 322
8.2.1 Mediale Umgebungen und formale Beziehungen ... 322
8.2.2 Mediale Umgebungen und persönliche Beziehungen ... 326
8.3 Veränderung bestehender Beziehungen ... 330
8.3.1 Beziehungsveränderungen durch Netzaktivitäten einer Person ... 330
8.3.2 Beziehungsveränderungen durch Netzaktivitäten beider Personen . 337
8.4 Entwicklung neuer Beziehungen ... 342
8.4.1 Kennenlernen im Internet ... 342
8.4.2 Beziehungsentwicklung im Internet und darüber hinaus ... 350
8.5 Die These vom Beziehungsverlust ... 361
8.5.1 Verarmung bestehender Beziehungen? ... 362
8.5.2 Flucht in virtuelle Schein-Beziehungen? ... 364
8.6 Zusammenfassung ... 367

9 Gruppen und Internet ... 369
9.1 Gruppen ... 370
9.1.1 Kleingruppen und Großgruppen ... 370
9.1.2 Gemeinschaften und Öffentlichkeiten ... 372
9.2. Mediale Umgebungen und Gruppen ... 375
9.2.1 Mediale Umgebungen und Kleingruppen/Großgruppen ... 375
9.2.2 Mediale Umgebungen und Gemeinschaften/Öffentlichkeiten ... 377
9.3 Veränderung bestehender Gruppen durch Internet ... 379
9.3.1 Veränderungen innerhalb von Gruppen ... 379
9.3.2 Veränderungen in den Außenbeziehungen von Gruppen ... 384
9.4 Entwicklung neuer Gruppen im Internet ... 390

9.4.1 Gruppenbildung im Internet . . . 390
9.4.2 Gruppenentwicklung im Internet . . . 397
9.5 Die These vom Gemeinschaftsverlust . . . 411
9.5.1 Zerfall herkömmlicher Gruppen? . . . 411
9.5.2 Flucht in virtuelle Schein-Gemeinschaften? . . . 412
9.6 Zusammenfassung . . . 416

10 Diskussion . . . 419

Anhang 1 Interview-Studie (offline) . . . 427

Anhang 2 Experimentelle Fragebogen-Untersuchung (offline) . . . 443

Anhang 3 Fragebogen-Untersuchung (online und offline) . . . 455

Anhang 4 Interview-Studie (online) . . . 465

Literatur . . . 477

Sachverzeichnis . . . 505

Einführung

Das Internet hat seit 1993 in der Bundesrepublik Deutschland wie international eine enorme kulturelle Präsenz erlangt. Obwohl (bislang) nur eine Minderheit der Bevölkerung Computernetzwerke nutzt, widmet sich die öffentliche Diskussion sehr ausführlich den psychischen und sozialen Folgen von Vernetzung und Virtualisierung. Dass hierbei die Einschätzungen auseinandergehen, ist nicht überraschend, da die psychosoziale Bedeutung von Medien allgemein sehr kontrovers diskutiert wird.

Wie es für die Einführungsphase einer neuen Technologie typisch ist, tritt die Kontroverse zwischen Medienbefürwortern und Medienkritikern im Zusammenhang mit dem Internet besonders pointiert zu Tage: Glücksvisionen von der prosperierenden, allseits informierten, umweltschonenden, globalen Teledemokratie werden ebenso verbreitet wie Schreckensszenarien des vereinsamten und überwachten Lebens in einer bis zum legendären Cybersex computerisierten Telekratie.

Es ist weder sinnvoll, das Internet und andere Computernetze vorschnell hochzujubeln, noch sie aus vermeintlich „kritischer Distanz" als Unglückstechnologien zu entlarven. Wie so häufig wird auch beim Thema Vernetzung ein tieferes Verständnis nicht ohne sorgfältige Beobachtung, ohne Geduld für Details und Nuancen und ohne eine differenzierte, theoriegeleitete Auseinandersetzung zu haben sein. Dabei können die Sozialwissenschaften – vor allem auch die *Sozialpsychologie* – eine Schlüsselrolle einnehmen: Denn wenn wir das Internet nutzen, beschäftigen wir uns meist nicht dezidiert „mit Computern" oder „mit Informationen", sondern widmen uns in erster Linie der Kommunikation und Interaktion mit anderen Menschen.

Abb. 0.1: Populäre Visualisierung des Internet

Wie diese Kommunikationsprozesse im Internet ablaufen und welche psychosozialen Konsequenzen sie nach sich ziehen, das wird oft sehr vage, ausschnitthaft und einseitig behandelt. Nicht umsonst hat sich in vielen Seminaren und Vorträgen die obige Darstellung des Internet eingebürgert (siehe Abb. 0.1)

Diese Darstellung legt nicht nur nahe, dass das Internet ein amorphes technisches System ist, sondern dass offensichtlich auch die mit dem Internetgebrauch verbundenen sozialen Prozesse schwer greifbar sind. Zielsetzung des vorliegenden Buches ist es, das Internet aus sozialpsychologischer Perspektive zu konturieren und Vagheit durch differenzierte Beschreibung, theoretische Analyse und empirische Befunde zu ersetzen. Im einzelnen werden vier Fragestellungen behandelt:

1. Wie verlaufen interpersonale *Kommunikationsprozesse* im Internet, welche Besonderheiten weisen sie gegenüber persönlicher, telefonischer oder brieflicher Kommunikation auf?
2. Wie verändern sich bestehende *Identitäten* im Zuge der Internet-Nutzung und wie entwickeln sich neue Identitäten im Internet?
3. Wie verändern sich bestehende *soziale Beziehungen* im Zuge der Internet-Nutzung und wie entwickeln sich neue soziale Beziehungen im Internet?
4. Wie verändern sich bestehende *soziale Gruppen* im Zuge der Internet-Nutzung und wie entwickeln sich neue soziale Gruppen im Internet?

Die Beschreibung und Erklärung von Kommunikationsprozessen im Internet beginnt mit einer *Definition und Charakterisierung* des Internet als „Netz der Netze" samt einem kurzen Rückblick in seine Geschichte (Kap. 1). Anschließend werden die unterschiedlichen Varianten *zeitversetzter* (Kap. 2) und *zeitgleicher* (Kap. 3) zwischenmenschlicher Kommunikation im Internet beschrieben. Bei dieser Beschreibung stehen nicht die technischen Merkmale der einzelnen Internet-Dienste im Vordergrund, sondern die sozialen Gebrauchsweisen. Beschrieben wird also beispielsweise nicht der „Email-Dienst", sondern das „Mailen" als genuin neue Form des zwischenmenschlichen Austauschs. Dass im Internet in bestimmter Weise kommuniziert wird, ist dabei nicht einfach als „Internet-Effekt" zu verstehen, sondern auch Resultat der spezifischen Kompetenzen und Interessen der jeweiligen *Nutzerinnen und Nutzer*, die hinsichtlich ihres soziodemografischen Profils (bislang) von der Gesamtbevölkerung systematisch abweichen (Kap. 4).

Zur methodischen Erfassung computervermittelter Kommunikation stehen eine Reihe (teilweise sehr ökonomischer) Verfahren zur Verfügung. Die Erprobung und Weiterentwicklung dieser *netzbezogenen Datenerhebungsmethoden* (Kap. 5) ist neben der Phänomenbeschreibung und Hypothesenprüfung eine wichtige Aufgabe für die zukünftige sozialwissenschaftliche Internet-Forschung. Bislang liegen im wesentlichen zehn theoretische Modelle zur computervermittelten Kommunikation (CvK) vor, die Determinanten, Merkmale und Konsequenzen der Netzkommunikation behandeln. Diese *CvK-Modelle* (Kap. 6) stehen eher in einem Ergänzungs- als in einem Konkurrenzverhältnis und lassen sich in ein *medienökologisches Rahmenmodell* integrieren. Das medienökologische Rahmenmodell betrachtet unterschiedliche Formen der Netzkommunikation nicht isoliert, sondern in ihren Wechselwirkungen mit anderen medialen und nicht-medialen Kommunikationsprozessen.

Um die soziale Bedeutung computervermittelter Kommunikation zu beurteilen, kann man zum einen *kurzfristige Effekte* in der Kommunikation betrachten (z.B. unter welchen Bedingungen wirken Email-Kontakte unpersönlich und defizitär?) und sich zum anderen *langfristigen sozialen Folgen* zuwenden: Wie lassen sich bestehende *Identitäten* im Netz darstellen und unter welchen Bedingungen entstehen im Zuge der Netznutzung neue Identitäten bzw. Teil-Identitäten (Kap. 7)? Welchen Einfluss haben Netznutzung oder Netzabstinenz auf herkömmliche *soziale Beziehungen* und wie knüpfen Menschen im Netz neue Bekanntschaften, Freundschaften und Liebschaften (Kap. 8)? Wie greift computervermittelte Kommunikation in die Strukturen und Prozesse etablierter sozialer *Gruppen* ein und wie können sich räumlich verstreute Personen im Internet zu neuen Kleingruppen, Netzwerken und Gemeinschaften zusammenfinden (Kap. 9)?

Diese Fragen werden mit Hilfe der CvK-Modelle sowie der gängigen sozialpsychologischen Identitäts-, Beziehungs- und Gruppentheorien strukturiert und auf der Basis publizierter Befunde sowie eigener *Interview-Studien* und *Fragebogen-Untersuchungen* mit ersten Antworten versehen (siehe Anhang 1-4 für eine komprimierte Darstellung der eigenen Studien, auf die im Fließtext kursorisch Bezug genommen wird).

Aus empirischer Sicht geht es in diesem Buch insbesondere darum, einen hohen *Sättigungsgrad* hinsichtlich der Vielfalt realisierter Nutzungsformen und Nutzungsfolgen zu erreichen, also explorativ zunächst die verschiedenen Facetten des Gegenstandes möglichst vollständig und differenziert zu erfassen, um nicht vorschnell zu eindimensionalen Erklärungsmodellen zu kommen. Facettenreichtum wird dabei einerseits durch die Berücksichtigung einer großen Fülle von Untersuchungen sichergestellt. Zum anderen bilden umfangreiche teilnehmende und nicht-teilnehmende *Feldbeobachtungen* sowie Feldgespräche und Materialsammlungen die Basis für eine kritische Würdigung und Gliederung der Einzelbefunde. Beobachtet wurden im Zeitraum von 1993 bis 1998 zahlreiche deutsch- und englischsprachige Mailinglisten, Newsgroups, WWW-Sites, Chat-Channels und MUDs sowie diverse netzbezogene „Real-Life"-Szenarien (Channel-Parties, Internet-Cafés, Workshops, Tagungen, Konferenzen). Auch wenn diese Beobachtungsstudien im Ganzen keinem ethnografischen Forschungskonzept folgen, so überwinden sie doch die üblichen Beschränkungen anekdotischer Berichte vom Netzleben (kurzer Beobachtungszeitraum, wenige Netzforen, ungenügende Berücksichtigung unterschiedlicher Nutzungsmuster, Überbetonung des Spektakulären und mangelnde Repräsentation des Alltäglichen).

Die Ergebnisse der vorliegenden Arbeit erlauben es, gängige Thesen des kulturpessimistischen Internet-Diskurses (z.B. „Netznutzer flüchten sich in Schein-Identitäten", „Netz-Beziehungen sind oberflächliche Pseudo-Beziehungen", „Virtuelle Gemeinschaften fördern den Zerfall realer Gemeinschaften“) theoretisch und empirisch zu präzisieren und kontextspezifisch teilweise zu bestätigen, oft aber auch zu widerlegen. Es bleibt zukünftigen Untersuchungen überlassen, die Verbreitung der einzelnen explorativ untersuchten Phänomene exakt zu quantifizieren und die beschriebenen Wirkungszusammenhänge experimentell zu prüfen.

1 Kennzeichen des Internet

Das Internet ist ein Computernetzwerk unter vielen. Welche Besonderheiten es aufweist und inwiefern es sich als „Netz der Netze“ von allen anderen Computernetzen gravierend unterscheidet, ist Thema dieses Kapitels. Die mittlerweile recht oft referierten historischen und technischen Kennzeichen des Internet werden hier explizit aus *sozialer Perspektive* betrachtet. In Kap. 1.1 geht es zunächst um die Entstehung und Definition des Internet. Kap. 1.2 beschreibt die Zugangswege zum Internet und geht auch auf Zugangsbarrieren ein. Kap. 1.3 erläutert die soziotechnischen Unterschiede zwischen Internet, Online-Diensten und Mailbox-Netzen. Kap. 1.4 beschäftigt sich mit der gesellschaftlichen Bedeutung des Internet vor dem Hintergrund zunehmender Informatisierung und Individualisierung. Kap. 1.5 liefert eine kurze Zusammenfassung.

1.1 Entstehung und Definition des Internet

Die historische Entwicklung des Internet reicht bis in das Jahr 1969 zurück. Damals begann die ARPA (Advanced Research Projects Agency) – eine nach dem Sputnik-Schock vom amerikanischen Verteidigungsministerium eingerichtete Forschungsbehörde – mit der Entwicklung eines paketvermittelten Rechnernetzes. Dieses als *ARPANet* bezeichnete Netz sollte besonders resistent gegenüber Störungen (z.B. Sabotage, Atomkrieg) sein und eine gemeinsame Nutzung der damals knappen Computerressourcen im militärischen und wissenschaftlichen Bereich ermöglichen. Dazu musste ein zuverlässiger Datenaustausch zwischen unterschiedlichen Rechnertypen gewährleistet sein. Diese Integrationsleistung des ARPANet sollte später vom seinem Nachfolge-Netzwerk Internet noch übertroffen werden: Das Internet fasst nicht nur einzelne Rechner, sondern ganze Netzwerke zu einem „Netz der Netze“ zusammen (zur Geschichte des Internet siehe Musch, 1997, sowie die Publikationen der Internet Society: http://www.isoc.org/internet/history/).

Als Hauptanwendungen des ARPANet waren zunächst der Dateitransfer (File Transfer Protocol: *FTP-Dienst*) und die Steuerung entfernter Rechner (Telecommunication Network: *Telnet-Dienst*) vorgesehen. Bald stellte sich jedoch heraus, dass eine ganz andere Anwendung in viel größerem Umfang genutzt wurde: Der zum Austausch privater Mitteilungen konzipierte *Email-Dienst* (Electronic Mail). Indem das ARPANet Computer miteinander verband, erschlossen sich somit Menschen neue Möglichkeiten, in Kontakt miteinander zu treten. Dies taten sie nicht nur durch privaten bilateralen Email-Austausch (one-to-one), sondern auch durch die Bildung von Email-basierten polydirektionalen Diskussionsgruppen bzw. *Mailinglisten.*. In solchen Mailinglisten können die Beteiligten die Mitteilungen aller anderen Mitglieder lesen und sich selbst gruppenöffentlich äußern (many-to-many). Die erste große Mailingliste im ARPANet trug den Namen „SF-Lovers" und beschäftigte sich mit Science-Fiction (SF), einem Thema, das (nicht nur) informationstechnisch Interessierte besonders begeistert:

> SF-Lovers tauchte in den späten 70er Jahren im ARPANet auf. Zunächst wurde versucht, dagegen einzuschreiten, weil derartige Aktivitäten selbst bei liberalster Auslegung mit Forschung wenig zu tun hatten. Für einige Monate wurde die Liste deshalb gesperrt. Schließlich wurden die Verantwortlichen der ARPA aber mit dem Argument überzeugt, daß SF-Lovers ein wichtiges Pilotprojekt zur Erforschung der Verwaltung und des Betriebs großer Mailinglisten war. Die Systemingenieure mußten das System wiederholt umbauen, damit es das explosionsartig ansteigende Nachrichtenaufkommen bewältigen konnte. (Musch, 1997, S. 34)

An diesem Beispiel zeigt sich anschaulich, dass ein Computernetz keine technische Struktur ist, die sich dem sozialen Leben einfach überstülpt bzw. es „kolonialisiert", sondern dass die Entwicklung der Technik mit sozialen Aneignungsprozessen Hand in Hand geht, dass also Technikgenese ein vielschichtiges soziales Geschehen ist und nicht nur instrumenteller Rationalität folgt (Schachtner, 1997). Hätten die ARPANet-Nutzer keine derartige Diskussionsfreudigkeit an den Tag gelegt (und gegen akademische Normen der Sachbezogenenheit verteidigt), wären die Möglichkeiten polydirektionalen Austauschs im Netz vermutlich nicht mit gleichem Engagement weiterentwickelt worden, wie das schließlich der Fall war.

In den 60er Jahren startete nicht nur das ARPANet-Projekt mit vier Netzwerkknoten, sondern wurden auch die ersten sozialwissenschaftlichen Arbeiten zur postindustriellen Gesellschaft publiziert (vgl. Löffelholz & Altmeppen, 1994). Der Diskurs über die Transformation der modernen Industriegesellschaften in *postindustrielle Gesellschaften*, *Dienstleitungsgesellschaften*, *Informationsgesellschaften* oder *Wissensgesellschaften* setzte sich parallel zur Entwicklung der Computernetzwerktechnik in den 70er Jahren fort (z.B. Bell, 1976) und ist – genau wie das Internet – heute aktueller denn je (vgl. Kap. 1.4).

Warum legte die ARPA so großen Wert auf die Entwicklung eines *paketvermittelten* Netzes? Bei der *paketvermittelten Übertragung* (*Packet Switching*) werden die zu übertragenden Daten für den Transport in einzelne Teile (Pakete) zerlegt. Jedes

Datenpaket ist mit der Adresse des Zielrechners versehen und „sucht“ sich den schnellsten Weg dorthin. Am Zielrechner werden die Datenpakete auf Vollständigkeit geprüft und wieder zusammengesetzt. Durch paketvermittelte Übertragung kann der Datenverkehr auch dann aufrecht erhalten werden, wenn einzelne Rechner, Verbindungen oder ganze Netzwerkteile ausfallen. Solche Lücken im Netz lassen sich dann einfach durch Wahl einer anderen Route umgehen. Demgegenüber werden bei der *leitungsvermittelten Übertragung* (*Circuit Switching*) Start- und Zielrechner über eine festgelegte Strecke direkt verbunden. Statt einzelner Pakete fließt hier ein kontinuierlicher Datenstrom, der bei einer Störung der Direktverbindung abreisst. Paketvermittelte Übertragung ist nicht nur weniger störungsanfällig, sondern auch ökonomischer, weil die vorhandenen Übertragungskapazitäten (Bandbreiten) besser ausgenutzt werden (zu Leitungs- und Paketvermittlung siehe Tanenbaum, 1990).

Netzwerke werden in ihrem Aufbau einerseits horizontal beschrieben (flächenmäßige Ausdehnung und Topologie), andererseits vertikal in einzelne Schichten aufgeteilt, wobei sich das bekannte *ISO-7-Schicht-OSI-Modell* (ISO: International Standards Organisation; OSI: Open Systems Interconnection) funktional auf ein anschaulicheres 3-Schichten-Modell reduzieren lässt (Rost, 1997, S. 19):

- Die oberste Schicht ist die *Anwendungsschicht*; sie wird durch Anwendungsprogramme konstituiert, die es den Nutzerinnen und Nutzern erlauben, in den Datenaustausch einzugreifen und die Daten zu verwerten (z.B. Email-Programm).
- Die mittlere Schicht ist die *Protokollschicht*, hier geht es um die Regelsätze (Protokolle), die den geordneten Datenaustausch (z.B. Zusammensetzung und Adressierung von Datenpaketen) zwischen den physikalisch vernetzten Rechnern sicherstellen.
- Die physikalischen Rechnerverbindungen bilden die unterste, die *physikalische Schicht* (z.B. Telefonkabel, Satellitenverbindung, Funkverbindung).

Eine Hauptaufgabe des ARPANet-Projekts bestand in der Entwicklung und Verbesserung von Protokollen für den paketvermittelten Datenaustausch. Diese ARPANet-Protokolle waren jedoch nicht geeignet, um den Datenaustausch mit anderen – mittlerweile entwickelten – Computernetzwerken zu gewährleisten, da diese eigene Protokolle benutzten. Für einen Austausch zwischen Netzwerken (*Inter-Networking*) wurde im Rahmen des 1973 gegründeten Internet-Projektes eine eigene Protokollfamilie geschaffen: Die TCP/IP-Familie. Das TCP (*Transmission Control Protocol*) sorgt für die Zerlegung und Zusammensetzung der Datenpakete, während das IP (*Internet Protocol)* dafür zuständig ist, dass die einzelnen Datenpakete richtig adressiert sind und am Zielrechner ankommen.

In dem Maße, in dem das neue TCP/IP die alten ARPANet-Protokolle ersetzte, verwandelte sich das „ARPA Net“ in das „ARPA Internet“, an das sich zunehmend mehr Organisationen mit ihren Rechnernetzen anschlossen. Seit Mitte der 80er Jahre wird nicht mehr vom „ARPA Internet", sondern nur noch vom „Internet" bzw. „dem Netz" gesprochen, wenngleich eine exakte *Definition des Internet* nach wie vor strittig ist. An der technischen Entwicklung des Internet sind zahlreiche Menschen weltweit ehrenamtlich beteiligt. Sie publizieren ihre Arbeitsergebnisse, Vorschläge, Fragen und Kommentare in speziellen Dokumenten, die traditionell *RFCs* (*Request for Comments*) heißen und chronologisch nummeriert im Internet zur Verfügung stehen. Mittlerweile liegen weit mehr als zweitausend RFCs vor (zur Geschichte der RFCs siehe RFC 1000, 1987). RFC 1206 (1991) definiert das Internet folgendermaßen:

> The Internet is a large collection of networks (all of which run the TCP/IP protocols) that are tied together so that users of any of the networks can use the network services provided by TCP/IP to reach users on any of the other networks.

Im Unterschied zu einem Computernetz, das mit TCP/IP-Protokollen einzelne Rechner verbindet (*Intra*net), handelt es sich bei dem *Inter*net um ein „*Netz der Netze*", also um eine Netzwerkstruktur, die via TCP/IP nicht nur einzelne Rechner, sondern auch ganze TCP/IP-Netzwerke (z.B. interne Universitätsnetze, Firmennetze) integriert. Aber lässt sich das Internet überhaupt auf die technische Ebene TCP/IP-vernetzter Rechner reduzieren? RFC 1462 (1993) nennt ergänzend zur netztechnischen Definition (a) zwei weitere Internet-Definitionen (b,c):

a) The Internet is a *network of networks* based on the TCP/IP protocols.
b) The Internet is a community of *people* who use and develop those *networks*.
c) The Internet is a *collection of resources* that can be reached from those networks.

Darüber hinaus wird das Internet oftmals auch als Bündel von *Netzwerkdiensten* (Email, FTP, Telnet, WWW etc.) oder als Summe der im technischen Medium vollzogenen *Kommunikationsprozesse* definiert. Es bleibt festzuhalten, dass eine trennscharfe Definition des Internet bis heute nicht vorliegt. Weder für Dokumente noch für Personen noch für Rechner lässt sich im Einzelfall konsensfähig angeben, ob sie „zum Internet" gehören bzw. es konstituieren oder nicht. Ist meine Freundin, die manchmal meinen Internet-Zugang mitbenutzt, Teil des Internet? Gehört ein Rechner „zum Internet", der zwar Email- und News-Austausch mit anderen Internet-Rechnern, aber keine WWW-Nutzung ermöglicht? Gerade durch die permanenten Weiterentwicklungen im Bereich der Kommunikationsprotokolle und die zunehmende Integration unterschiedlicher Netze ist die definitorische Festlegung auf TCP/IP mittlerweile ein zu strenges Kriterium geworden.

Um zu einem etwas klareren Internet-Konzept zu kommen, schlägt Quaterman (1994) vor, zwischen Kern-Internet (Core Internet), Konsumenten-Internet (Consumer Internet) und Matrix zu unterscheiden:

- Zum *Kern-Internet* gehört, wer selbst Server (Dienst-Rechner) im Netz betreibt und Dienste (z.B. FTP-Archive oder Datenbanken mit Telnet-Zugriff) öffentlich oder teilöffentlich anbietet.
- Angehörige des *Konsumenten-Internet* dagegen sind darauf beschränkt, die vorhandenen Server zu nutzen. Zum Konsumenten-InternetKonsumenten-Internet gehören z.B. Firmenrechner, die aus Sicherheitsgründen durch sogenannte Firewalls abgeschirmt sind, so dass Außenstehende auf die Rechner nicht zugreifen können. Dementsprechend sind diese Rechner auch nicht dazu geeignet, Dienste öffentlich anzubieten. Den Firmenangehörigen bleibt also nur einseitig die Möglichkeit, sich im Internet umzuschauen und die vorhandenen Angebote in Anspruch zu nehmen.
- Zur *Matrix* gehören alle Rechner und Personen mit Zugang zu öffentlichen Computernetzen, sofern sie Emails austauschen können. Neben TCP/IP-basierten Netzen gehören also auch Computernetze, die mit anderen Protokollen arbeiten, zur Matrix (z.B. das Usenet, das mit dem Protokoll UUCP – Unix to Unix CoPy – operiert).

Matrix, Consumer Internet und Core Internet hat man sich ineinander geschachtelt vorzustellen: Die Matrix enthält Konsumenten- und Kern-Internet; das Konsumenten-Internet wiederum enthält das Kern-Internet. Die Differenzierungen zwischen Kern-Internet, Konsumenten-Internet und Matrix tragen nicht nur zu einem besseren Verständnis der Vernetzungs-Struktur bei, sondern sind natürlich auch im Zusammenhang mit Größenschätzungen des Internet von Interesse, bei denen nicht selten die Matrix als „Internet" ausgegeben wird (siehe Kap. 4.1 zur Größe der globalen Internet-Population).

Interessanterweise setzt RFC 1462 (1993) nicht auf derartige technische bzw. funktionale Differenzierungen, sondern löst das Definitions-Dilemma auf psychologischem Wege, indem es erklärt, die Zugehörigkeit zum Internet sei letztlich auch eine Frage der persönlichen Einstellung und des Selbstverständnisses.

Das Internet ist ein offenes Netz. Wir alle können eigene Rechner oder Rechnernetze an das Internet anschließen. Es gibt keine zentrale Stelle, die das Internet besitzt, kontrolliert oder verwaltet. Administrative Aufgaben werden durchweg lokal geregelt. Die *Internet Society* (ISOC: http://www.isoc.org/) beschäftigt sich mit der technischen Weiterentwicklung des Internet, wobei Fragen der Standardisierung eine zentrale Rolle spielen. Nationale NICs (*Network Information Centers*) organisieren die Vergabe von IP-Adressen. Eine IP-Adresse besteht aus vier (durch Punkte getrennten) Zahlenblöcken mit je maximal drei Ziffern (z.B. 193.196.32.20). Das deutsche NIC hat seinen Sitz an der Universität Karlsruhe (http://www.nic.de/); es verwaltet unter anderem auch ein Archiv aller RFCs. Da Menschen sich numerische Adressen schwer merken können, werden IP-Adressen nach dem Domain Name System (DNS) von Name-Servern in anschauliche Namensadressen übersetzt (siehe Kap. 2.2.1). Mit dem Kommando „nslookup" können am vernetzten Rechner für IP-

Adressen die zugehörigen Namensadressen und für Namensadressen die zugehörigen IP-Adressen herausgefunden werden.

Indem wir unsere eigenen Rechner oder Rechnernetze mit dem Internet verbinden und für die entsprechenden Verbindungen (z.B. Standleitung, Richtfunk) auch selbstverantwortlich sorgen, entsteht eine äußerst flexible und dynamische Struktur. Flexibilität und Unkontrollierbarkeit mögen aus militärischer Sicht gerade im Hinblick auf Immunisierung gegenüber Sabotage oder anderen Systemangriffen wünschenswert gewesen sein; heute werden diese Internet-Merkmale im Kontext der zivilen Nutzung nicht selten als soziales und rechtliches Problem gesehen („Anarchie im Netz", „rechtsfreier Raum"), andererseits aber auch als emanzipatorisch begrüßt („Informationsfreiheit"). Beides sind Extrempositionen, die vernachlässigen, dass (öffentlicher) Informationsaustausch in einem international verteilten Netz – obwohl nicht von zentraler Stelle aus „zensierbar" – sehr wohl diversen technischen und sozialen Kontrollen unterliegt (vgl. Gisor, 1997).

Charakteristisch für das Internet ist neben dem TCP/IP die großflächige Diffusion der Technik. Trotz ungeahnt schneller Netzexpansion, kann das Internet dennoch (heute und in absehbarer Zukunft) nur in eingeschränktem Sinne als „globales" Netzwerk aufgefasst werden. Die Stationen des Internet-Wachstums zeigen nämlich eine hochgradig selektive Adoption des Mediums innerhalb nationaler Bevölkerungen sowie im internationalen Vergleich: Was 1969 als ARPANet mit vier experimentellen Netzknoten in den USA begann, wuchs in den folgenden Jahren zunächst nur langsam. 1971 gab es 23 Netzknoten, 1974 waren es 62 weltweit. Kein Wunder: Die Kosten für den Betrieb eines einzelnen Netzknotens beliefen sich damals auf rund eine viertel Million Dollar pro Jahr. Leisten konnten sich das nur wenige Institutionen, demgemäß war die ARPANet-Population klein, durch sehr hohes Bildungsniveau und besondere informationstechnische Kompetenz gekennzeichnet.

Mitte der 80er Jahre ging mit der Markteinführung der Desktop Computer (Personal Computer) die Ära der Großrechner zu Ende. Die Computerausstattung zahlreicher Unternehmen wurde umgestellt von einer Großrechnerlösung mit Terminalzugängen auf vernetzte Desktop-Rechner. Viele dieser organisationsinternen Computernetze (sogenannte LANs: Local Area Networks) operierten mit dem mittlerweile verfügbaren TCP/IP-Protokoll. Es waren also Intranets, die technisch problemlos in das ARPA Internet integriert werden konnten. Zur gleichen Zeit entstand in den USA zudem das NSFNet (*National Science Foundation Network*), ein mit besonders leistungsstarken Rechnern und Verbindungen ausgestattetes Wissenschafts- und Bildungsnetz. Denn die Computertechnologie wurde inzwischen gleichermaßen als Forschungs- und Unterrichts-*Gegenstand* wie als Forschungs- und Unterrichts-*Mittel* betrachtet. Eine Verbindung des TCP/IP-basierten NSFNet mit dem ARPA Internet war naheliegend – und noch heute stellt das NSFNet ein besonders wichtiges Teilnetz des Internet dar. Das NSFNet sorgte dafür, dass zunehmend auch Universitätsangehörige *aus nicht-technischen Fächern* Internet-Dienste nutzten. In Europa blieb das Internet jedoch weitgehend unbekannt. Selbst als in Deutschland Mitte der 80er

Jahre die Diskussion um Bildschirmtext, Neue Medien, Fernsehkabel und Breitbandverkabelung die Öffentlichkeit bewegte (vgl. Bleuel, 1984; Eurich, 1983; Kubicek & Rolf, 1986), nahm kaum jemand Notiz vom Internet.

Doch nicht alle Institutionen, die in den 80er Jahren noch vom Internet ausgeschlossen waren, verzichteten gänzlich auf computervermittelte Kommunikation. So lief wissenschaftlicher Austausch teilweise über das 1981 an der Universität New York ins Leben gerufene Bitnet (Because It's Time NETwork). Das Bitnet wurde mit korrespondierenden neuen Netzwerken in Kanada (NetNorth) und Europa (EARN: European Academic and Research Network) verbunden. Diese akademischen Netzwerke benötigten noch Großrechner als Server und hatten ein auf Dokumenten-Austausch (BitFTP), Email und Mailinglisten beschränktes Dienste-Angebot. Obwohl Bitnet, NetNorth und EARN heute noch bestehen, haben sie stark an Bedeutung und Attraktivität eingebüßt. Denn Anfang der 90er Jahre, als das ARPANet bereits seinen zwanzigsten und das TCP/IP seinen zehnten Geburtstag gefeiert hatten, setzte sich das Internet schließlich durch – die Zahl der Internet-Rechner stieg dramatisch an (siehe Tab. 1.1).

Tab. 1.1: Anzahl der Internet-Hosts 1969 bis 1998 (Monat)
(Quelle: Daten aus Network Wizards, 1998)

60er Jahre	*Hosts*	*80er Jahre*	*Hosts*
		1980	
		1981 (01)	213
		1982 (05)	235
		1983 (08)	562
		1984 (10)	1.024
		1985 (10)	1.961
		1986 (02)	2.308
		1987 (12)	28.174
		1988 (07)	33.000
1969	4	1989 (07)	130.000
70er Jahre	*Hosts*	*90er Jahre*	*Hosts*
1970		1990 (10)	313.000
1971 (04)	23	1991 (10)	617.000
1972		1992 (10)	1.136.000
1973		1993 (10)	2.056.000
1974 (06)	62	1994 (07)	3.212.000
1975		1995 (07)	6.642.000
1976		1996 (07)	12.881.000
1977 (03)	111	1997 (07)	19.540.000
1978		1998 (01)	29.670.000

1.2 Zugang zum Internet

Voraussetzung für die Popularisierung des Internet ist eine entsprechende Infrastruktur an Netzzugängen. Während Privatpersonen noch Mitte der 80er Jahre offiziell nirgends einen Internet-Zugang bekommen konnten, sind wir heute mit einem unübersichtlichen, expandierenden Markt von *Internet Service Providern* (ISP) konfrontiert. Internet-Service Provider sind Dienstleistungsunternehmen, die gegen Gebühr Internet-Zugänge zur Verfügung stellen. Neben den kommerziellen Internet-Providern existieren auch Vereine (z.B. *Individual Network* e.V.; *Subnetz* e.V.), die zum Selbstkostenpreis Netzzugang ermöglichen und sich darüber hinaus netzpolitisch engagieren (siehe Goldmann, Herwig & Hooffacker, 1995, S. 242). Im wesentlichen gibt es heute drei Zugangswege zum Internet (vgl. Bosnjak & Batinic, 1997):

a) Zugang über ein mit dem Internet verbundenes Intranet,
b) Zugang über Telefonnetz,
c) Zugang über ISDN (Integrated Services Digital Network).

Beim Zugang über ein mit dem Internet verbundenes IntranetIntranet (*organisationsinternes TCP/IP-Netzwerk*, vgl. Kap. 1.1) ist der eigene Rechner mit einer entsprechenden Netzwerkkarte ausgestattet und direkt mit anderen Rechnern im Intranet verkabelt. Dieses interne Netzwerk ist meist per Standleitung mit dem nächstgelegenen Internet-Knoten verbunden, so dass über die Rechner im Intranet Daten weiter ins Internet geschickt und von dort empfangen werden können. Diese Form des Netzzugangs ist für Unternehmen, Universitäten und andere Organisationen typisch. Da die Standleitungen pauschal und nicht nach übermitteltem Datenvolumen abgerechnet werden, fallen in dieser Lösung für die einzelne Internet-Sitzung keine zusätzlichen Kosten an; stattdessen ist die Bereitstellung der Infrastruktur (Wartung des internen Netzes, Gebühren für die Standleitung etc.) ein fester Kostenfaktor im Haushalt. Über ein Intranet ins Internet zu gelangen, ist natürlich nur am Arbeitsplatz, nicht jedoch von zu Hause aus möglich.

Wer von zu Hause aus ins Internet gelangen möchte, benutzt üblicherweise das *Telefonnetz*. Man benötigt einen Rechner, ein *Modem* (Modulator/Demodulator) und einen Telefonanschluss. Die Verbindung zum Internet wird über einen Einwahlknoten hergestellt. Dieser ist mit einem anderen Internetknoten verbunden und erlaubt den Fernzugriff per Telefonverbindung. Internet-Provider betreiben in Deutschland mittlerweile flächendeckend solche Einwählknoten, so dass aus fast jedem Haushalt das Einwählen zum Ortstarif möglich ist, sofern im Haushalt ein Telefonanschluss vorhanden ist. Die Übertragungsgeschwindigkeit hängt von der Qualität des Modems ab und bewegt sich momentan zwischen 9.600 und 56.600 Bit pro Sekunde (Bit/s). Eine schnellere Internet-Anbindung als per Telefonanschluss wird mit einem *ISDN-Anschluss* erreicht. Das ISDN (*Integrated Services Digital Network*) ist ein digitales

Netz, das neben der Telefonie eine Reihe weiterer Dienste umfasst. Beim ISDN-Basisanschluss können die herkömmlichen Kupferdoppeladern des Fernsprechnetzes genutzt werden, allerdings sind digitale Vermittlungsstellen notwendig, die nach dem ISDN-Standard arbeiten. Der ISDN-Basisanschluss besteht aus 2 B-Kanälen (Nutzkanäle mit einer Bandbreite von je 64 kBit/s) und einem D-Kanal (Steuerkanal mit 16 kBit/s). Im internationalen Vergleich verfügt Deutschland über die am besten ausgebaute ISDN-Infrastruktur (zur gesellschaftlichen Bedeutung von ISDN siehe Bockholt, Kohl, Schlosser & Schmid, 1993; Kubicek & Berger, 1990). Obwohl die Deutsche Telekom AG als ISDN-Betreiberin ein starkes Interesse an der Verbreitung dieses Netzes hat und seine Popularisierung vor allem über eine gezielte Preispolitik zu beeinflussen versucht (Anhebung der Grundgebühr des „normalen“ Telefonanschlusses bei gleichzeitiger Senkung der Grundgebühr des ISDN-Anschlusses), sind die Zukunftschancen des schmalbandigen ISDN fraglich. Die ISDN-Bandbreite von 2 x 64 kBit/s ist für die moderne (insbesondere die audiovisuelle) Telekommunikation insgesamt zu gering und wird mit entsprechenden Modems und Komprimierungsverfahren bereits im normalen Telefonnetz erreicht. Dennoch propagiert die Telekom ISDN als Medium der „Hochgeschwindigkeitskommunikation“ und als „elektronische Autobahn“ (siehe Bockholt, Kohl, Schlosser & Schmid, 1993, S. 200ff.).

Neben der entsprechenden *Hardware* (1. Rechner, Netzwerkkarte, Intranet-Anschluss oder 2. Rechner, Modem, Telefonanschluss oder 3. Rechner, ISDN-Karte, ISDN-Anschluss) benötigt man für den Internet-Zugang natürlich auch *Software.* Ein großer Teil an Internet-Software steht kostenfrei (Public Domain Software, Freeware) oder sehr kostengünstig (Shareware) im Internet zum Herunterkopieren zur Verfügung. Internet-Provider bieten ihrer Kundschaft in der Regel ein Einsteiger-Paket mit der benötigten Software an. Neben den *einmaligen Anschaffungs-Kosten* für Hardware und auch Software, sind es vor allem die laufenden Kosten, die darüber entscheiden, ob, wann und wie lange eine Person das Internet nutzen bzw. computervermittelt mit anderen Menschen kommunizieren kann. Die *laufenden Kosten* für Internet-Nutzung setzen sich aus vier Posten zusammen:

1. Grundgebühren für Telefon- oder ISDN-Anschluss. (Bei intensiver Netznutzung im Mehrpersonenhaushalt ist ein zweiter Telefonanschluss bzw. ein ISDN-Anschluss nötig, da sonst für die Zeit der Netznutzung das Telefon blockiert ist.)
2. Monatliche Beiträge für den Internet-Provider (z.B. 10 DM pro Monat).
3. Telefonkosten für die Verbindungszeit (z.B. 4 DM pro Stunde).
4. Nach Zeit oder Datenvolumen vom Internet-Provider berechnete Kosten für einzelne Internet-Aktivitäten (z.B. 3 DM pro Stunde).

Neben Hardware- und Software-Ausstattung sowie finanziellen Ressourcen sind zusätzlich auch persönlicher Zeiteinsatz und eigenes Lernengagement wichtige Voraussetzungen für eine erfolgreiche Internet-Nutzung. Denn das Internet erfordert – auch nach Einführung des WWW – einiges an Kompetenz. *Nutzungskompetenz* adressiert hierbei eine Fülle von Fertigkeiten:

- *Technische Fertigkeiten* (z.B. Software installieren, Software bedienen, technische Fehler beheben),
- *Orientierungs-Fertigkeiten* (z.B. Informationsrecherche in Online-Archiven, Selektion, Priorisierung und Verwaltung großer Mengen von Botschaften und Dokumenten),
- *Gestaltungs-Fertigkeiten* (z.B. Erstellen einer ansprechenden persönlichen Homepage, Erschaffen eines ausdrucksstarken Avatars),
- *Soziale Fertigkeiten* (z.B. soziale Regeln und Normen verschiedener Netzforen kennen, computervermittelte Kommunikationsprozesse adressatenorientiert organisieren),
- *Selbstmanagement-Fertigkeiten* (z.B. autodidaktische Aneigungung technischer Fertigkeiten, kritische Reflexion der eigenen Netznutzung, Vermeidung von dysfunktionalen Nutzungsmustern).

Zusammenfasssend kann man sagen, dass Internet-Nutzung für Privatpersonen, die über Telefon oder via ISDN „ans Netz gehen", nicht nur beträchtliche Kosten verursacht, sondern – vor allem in der Anfangsphase – auch sehr zeitaufwendig ist. Nicht immer gelingt es, sich Gratifikationen im Netz zu erschließen, die es lohnenswert erscheinen lassen, trotz spezifischer neuer Belastungen und Konflikte dabei zu bleiben. In einer im November 1997 durchgeführten repräsentativen Telefon-Umfrage in den USA (n=2.148) stellte sich heraus, dass immerhin 10% der Bevölkerung *Netz-Aussteiger* waren. Ihnen standen 30% mehr oder minder aktive Nutzer und 60% Nicht-Nutzer gegenüber (Katz & Aspden, 1998). Folgende Gründe für den Internet-Ausstieg wurden genannt: (1) „lost access to the Internet" (36%), (2) „the Internet is not sufficiently interesting" (23%), (3) „problems with use" (18%), and (4) „bills too high" (7%).

So bedeutsam technische und finanzielle Zugangsbarrieren heute noch sind, so offen ist allerdings auch die zukünftige Entwicklung der Netz-Infrastruktur. Heute bereits im Feldversuch ist das Konzept *Internet aus der Steckdose*, das eine im Vergleich zum Telefonnetz deutlich preisgünstigere und schnellere Netzanbindung ermöglicht: Der Computer hängt bei diesem Konzept am hauseigenen Stromzähler (und nicht direkt an der „Steckdose"), von dem aus die Daten per Stromkabel zur Transformator-Station des Stromanbieters laufen. Von dort werden sie zum Internet-Provider geleitet. Im Stromnetz erreicht man dabei Übertragungsraten von 1 Mbit/s (16faches Tempo einer Standard-ISDN-Verbindung), ohne dass Telefongebühren anfallen (berechnet wird nur der reine Strom- bzw. „Datenverbrauch" und nicht die Verbindungszeit).

1.3 Internet, Online-Dienste und Mailbox-Netze

Die historische Verwurzelung des Internet im technischen und akademischen Bereich ist ein Grund für die hohen Lern-Anstrengungen, die das Internet uns abverlangt. Und man kann sich fragen, ob das Internet überhaupt ein für die Bevölkerungsmehrheit brauchbares Medium darstellt. Wer kein großes Interesse an Computer- und Vernetzungstechnologie hat, wer keine Zeit zum langen Suchen in inkonsistenten Archiven mit fragwürdigen Informationen aufbringen will, wer eher an guter Unterhaltung und interessanten Kaufangeboten als an akademischen Themen interessiert ist, wer langsam tippt, schreibungewohnt ist und englischen Text weder rezipieren noch produzieren kann, wird sich vom unstrukturierten und elitären Internet eher abgestoßen fühlen. Insbesondere Online-Dienst-Anbieter beschreiben das Internet gerne als chaotischen „Dschungel“, um die Notwendigkeit ihrer Angebote zu begründen.

Online-Dienste sind proprietäre Netze. Hier befinden sich sowohl die Rechner als auch die Verbindungen zwischen ihnen im Besitz eines Unternehmens. Nutzerinnen und Nutzer können keine eigenen Rechner an einen Online-Dienst anhängen, sondern lediglich die vorhandenen Rechner per Einwählknoten nutzen. Im Unterschied zum offenen Internet haben Online-Dienste also eine geschlossene, zentralistische Struktur. Alle Kunden sind der Unternehmensleitung namentlich bekannt und registriert. Der gesamte Netzwerkverkehr verläuft in einem geschlossenen System. Dies bietet unter anderem den Vorteil größerer Datensicherheit und kürzerer Übertragungszeiten. Zudem legen Online-Dienste besonderen Wert auf benutzungsfreundliche Oberflächen und leichte Bedienbarkeit. Die Inhalte werden übersichtlich und ansprechend vorstrukturiert und in Landessprache angeboten. Damit soll uns ein vertrautes *Zuhause* geboten werden. Dieses Zuhause betritt die gesamte Kundschaft eines Online-Dienstes über dieselbe Startseite. Beim Internet dagegen ist nirgendwo ein offizieller Anfangs- oder Endpunkt auszumachen, denn die vielen dezentralen Angebote stehen einfach gleichberechtigt vernetzt nebeneinander.

Bekannte Online-Dienste sind CompuServe und AOL (America On-Line bzw. Alles On-Line). In Deutschland ist T-Online (ursprünglich Btx bzw. Bildschirmtext, später Datex-J) mit knapp zwei Millionen Kunden der nationale Online-Dienst, der jedoch mit dem CEPT-Standard (CEPT: Conférence Européenne des Postes et Télécommunications) bzw. dem neuen KIT-Standard (KIT: Kernsoftware für intelligente Terminals) eine vergleichsweise unkomfortable und wenig ansprechende Oberfläche bietet (Web-Präsenz von T-Online: http://www.t-online.de/). Der Markt der Online-Dienste boomt weiterhin. Allerdings stehen den Vorteilen von Online-Diensten (schnellere Übertragung, bessere Überschaubarkeit und Kontrollierbarkeit, mehr Datensicherheit etc.) auch Nachteile gegenüber: Im Vergleich zum Internet stellen sich Online-Dienste als kleine kommerzielle Binnen-Welten mit eingeschränktem Teilnehmerkreis und Informationsangebot dar. Um ihrer Kundschaft kein Gefühl des Abgeschnittenseins zu vermitteln, operieren mittlerweile sämtliche

Online-Dienste auch als Internet-Provider und bieten als Zusatzangebot einen Zugang zum Internet. Damit können die Nutzerinnen und Nutzer von Online-Diensten dem Konsumenten-Internet zugeordnet werden (vgl. Kap. 1.1).

Neben den kommerziellen Online-Diensten, die bevorzugt mit einem professionellen Hochglanz-Image werben und sich damit vom „chaotischen" Internet abgrenzen, existieren noch eine Reihe von *Mailbox-Netzen*. Eine Mailbox (*Bulletin Board System*: BBS) ist ein Rechner, auf den man sich per Telefon oder ISDN einwählen kann. Mit entsprechender Software lässt sich heute jeder Desktop-Rechner als Mailbox nutzen. Die ersten Mailboxen entstanden mit der Verbreitung der Desktop Rechner ab 1983. Betrieben wurden sie von DFÜ-begeisterten Hobbyisten (DFÜ: *Daten-Fern-Übertragung*), denen es in erster Linie um den Austausch mit Gleichgesinnten ging. Computerthemen spielten inhaltlich die größte Rolle. Auch heute hat die Mailbox-Szene noch einen engen Bezug zum Hobby-Bereich; statt von „Mailbox-Netzen" spricht man deswegen auch von „Hobby-Netzen" oder „Amateur-Netzen". 1992 wurde die Zahl der Mailboxen in Deutschland auf rund 2.000 geschätzt (vgl. Wetzstein, Dahm, Steinmetz, Lentes, Schampaul & Eckert, 1995, S. 29).

Beschließen mehrere Betreiberinnen oder Betreiber, zwischen ihren Mailboxen Daten auszutauschen (z.B. Emails weiterzuleiten), so entsteht ein *Mailbox-Netz*. Für solche Mailbox-Netze sind ebenso wie für die Mailboxen selbst inhaltliche Spezialisierung und vergleichsweise geringes technisches Niveau typisch. Beispiele für spezialisierte Mailbox-Netze sind das SoliNet (ein gewerkschaftliches Netzwerk), das CL-Netz (ein Netz für soziale, ökologische und politische Themen), das WOMAN-Net (ein Netzwerk von und für Frauen), das LifeNet (ein Verbund christlicher Mailboxen), das BerliNet (ein lokales Mailbox-Netz im Raum Berlin-Brandenburg) oder das ThuleNetz (ein Netz rechtsextremer Mailboxen). Die drei größten Mailbox-Netze in Deutschland sind das MAUS-Netz (MAUS: Münsteraner Apple User Service), das Z-Netz (Zerberus-Netz) und das (internationale) FidoNet (siehe Wetzstein, Dahm, Steinmetz, Lentes, Schampaul & Eckert, 1995, S. 28ff.). Ihr Dienst-Angebot ist jedoch (im Vergleich zum Internet und zu Online-Diensten) beschränkt, zudem haben die jeweilige Mailbox-Betreiber/innen (System-Operator/inn/en: Sysops; scherzhaft: Sysopa bzw. Sysoma) eine deutliche Machtposition. Gerade weil Mailbox-Betreiber guten Überblick und oft persönlichen Kontakt zu ihren lokalen Mailbox-Mitgliedern haben und nicht gewinnorientiert arbeiten, könnnen sie es sich prinzipiell leisten, Willkür walten zu lassen. Anekdotisch werden an der Mailboxwelt immer wieder der provinzielle Charakter und die Machtkämpfe kritisiert:

> Viele Mailboxnetze älterer Prägung haben noch *Koordinatoren* mit quasi diktatorischen Vollmachten. Deshalb leiden sie unter Nebeneffekten wie Sezessionen oder Putsche. Eine Zeitlang pflegte man zu sagen, daß in Deutschland zwei Mailboxen drei Netzwerke ergeben. (Gisor, 1997, S. 56)

Andererseits werden an der Mailboxwelt aber auch Familiarität und Überschaubarkeit gelobt (siehe hierzu die Interviews mit drei Mailbox-Betreibern und einer Mailbox-Betreiberin bei Weinreich, 1997). Wer ein Mailbox-Netz nutzt, hat in der Regel keinen Zugriff auf die TCP/IP-basierten Internet-Dienste und ist insbesondere vom WWW ausgeschlossen. Mailbox-Netze sind deshalb der Matrix zuzurechnen (vgl. Kap. 1.1). Umgekehrt werden die Diskussionsforen der Mailboxnetze (sogenannte „Bretter") jedoch oftmals auch als Usenet-Newsgroups (siehe Kap. 2.4) angeboten und stehen somit allen Menschen mit Internet-Zugang zur Verfügung.

Mailbox-Netze haben durch den geringen technischen Aufwand den Vorteil, dass Zugangsbarrieren sowohl national als auch international gering gehalten werden. Da Schulen in Deutschland bekanntlich nur spärlich mit Computertechnologie ausgestattet sind und zudem mit sehr knappen Etats wirtschaften, ist es kein Wunder, dass die ersten beiden Schulnetze ODS (offenes deutsches Schulnetz) und DSN (deutsches Schulnetz) als Mailbox-Netze realisiert wurden (Informationen über die Schulvernetzung liefert der SchulWeb-Server http://www.schulweb.de/ an der Humboldt-Universität Berlin). Die via ODS und DSN vernetzten Schulen blieben als Teile der Matrix jedoch vom Konsumenten- und Kern-Internet ausgeschlossen, weshalb man sich mittlerweile verstärkt für eine direkte Internet-Anbindung der Schulen einsetzt (vgl. Kap. 1.4).

Zugangsbarrieren aufgrund geringer technischer Ausstattung und knapper finanzieller Ressourcen bestehen nicht nur innerhalb von Deutschland, sondern natürlich vor allem im internationalen Vergleich. Obwohl das Internet oft als globales Netzwerk angesprochen wird, fehlen Internet-Knoten beispielsweise in einigen Ländern Afrikas, im Mittleren Osten und in Ozeanien bis heute gänzlich. In vielen anderen, weniger technisierten Ländern sind sie rar; nur rund 2% der Weltbevölkerung haben Internet-Zugang (Informationen zur globalen Diffusion des Internet sind auf dem Web-Server der Internet Society zu finden: http://www.isoc.org/). Mailbox-Netze (z.B. Bitnet, Fidonet) sind im Vergleich zum Internet ein wenig besser verbreitet. Allerdings wird auch die Popularisierung von Mailbox-Netzen durch mangelnde Telefonanschlüsse in vielen Ländern begrenzt. Denn egal ob Internet, Online-Dienst oder Mailbox-Netz – ohne Telefonanschluss oder eine andere Realisation der physikalischen Schicht des Netzwerkes (z.B. Funknetz oder Stromnetz) ist keine Internet-Kommunikation möglich.

1.4 Gesellschaftliche Bedeutung des Internet

Das Internet hat seit 1993 eine enorme *kulturelle Präsenz* gewonnen. *Fernsehen, Tageszeitungen und Zeitschriften* berichten mittlerweile regelmäßig über das „Surfen auf der Datenautobahn" (kritisch zu dieser Internet-Metapher siehe Canzler, Helmers & Hoffmann, 1995; zu „Datenmeer" versus „Datenautobahn" siehe auch Bickenbach & Maye, 1997) und beenden ihre Beiträge routinemäßig mit der Nennung von Email-

und WWW-Adressen. In den USA wird kaum noch ein Werbespot im Fernsehen ausgestrahlt, der keine WWW-Adresse zeigt. Tageszeitungen und Magazine wie „Die Zeit“, „Die Welt“ oder „Der Spiegel“ publizieren Online-Versionen im Internet und haben regelmäßige Computer- und Internet-Seiten in ihre Papier-Versionen aufgenommen. Mit seiner Popularisierung wird das Internet zunehmend auch für *Wirtschaftsunternehmen* interessant: Denn im Netz kann man Werbung platzieren, Bestellservice und Beratung anbieten, Stellenausschreibungen verbreiten und Kundenkontakte herstellen. In Deutschland bieten seit 1995 alle großen politischen *Parteien* sowie Bundestag und Bundesregierung eigene WWW-Seiten an (z.B. http://www.bundestag.de/). Diverse Abgeordnete verfügen mittlerweile über Email-Adressen – und einige beantworten Bürger-Anfragen sogar. 1996 startete die Bundesinitiative „Schulen ans Netz“ (SaN: http://www.san-ev.de/), die binnen drei Jahren die Internet-Anbindung von 10.000 *allgemeinbildenden Schulen* zum Ziel hat (ohne allerdings eine langfristige Übernahme der Online-Kosten sicherzustellen). Im *wissenschaftlichen Bereich* spielen Fachzeitschriften, die nur im Internet erscheinen, eine immer größere Rolle. Diese Beispiele sollen illustrieren, dass das Internet potentiell in allen gesellschaftlichen Bereichen von Bedeutung ist.

Als vorübergehende Mode-Erscheinung kann die aktuelle Internet-Begeisterung (*internet hype*) also nicht abgetan werden. Vielmehr herrscht in Politik, Wirtschaft und Wissenschaft weitgehende Einigkeit darüber, dass Vernetzung mit einem tiefgreifenden strukturellen Wandel unserer Gesellschaft einhergeht. Die Transformation der modernen Industriegesellschaften in sogenannte Informationsgesellschaften bzw. postmoderne Gesellschaften ist bereits seit den 70er Jahren in der Diskussion (vgl. Bernhardt & Ruhmann, 1995; für eine Differenzierung unterschiedlicher Konzepte der Informationsgesellschaft siehe Löffelholz & Altmeppen, 1994). Unter *Informationsgesellschaft* wird dabei in meist eine Wirtschafts- und Gesellschaftsform verstanden, in der der produktive Umgang mit der Ressource Information und die wissensintensive Produktion eine herausragende Rolle spielen (Bundesministerium für Wirtschaft, 1996).

Parallel zur *Informatisierung* der Gesellschaft wird in den Sozialwissenschaften übereinstimmend eine *Individualisierung* bzw. *Pluralisierung* der Lebensmodelle konstatiert. Gestiegener Wohlstand, erhöhtes Bildungsniveau, verbesserte Familienplanung und gesteigerte Frauenerwerbsarbeit sind Faktoren, die dazu beitragen, dass vormals alternativlose Lebensmodelle plötzlich disponibel geworden sind. Dementsprechend können bzw. müssen wir uns immer öfter auf uns selbst verlassen, wenn wir uns für oder gegen bestimmte Beziehungs- und Familienformen, Ausbildungswege und Berufsfelder, Glaubenssysteme oder Gruppenzugehörigkeiten entscheiden. Insgesamt entsteht dadurch ein vielfältigeres Bild an Lebensmodellen (zur Individualisierungs-Debatte siehe z.B. Beck & Beck-Gernsheim, 1994; Hradil, 1995; Klages, 1993). Während einige Stimmen diese Entwicklung sehr kritisch beurteilen im Sinne wachsender Orientierungslosigkeit, Überforderung, Wertezerfall und Gesellschafts-Zersplitterung, interpretieren andere diese neu gewonnene Vielfalt positiv als Überwindung eines im Grunde menschenfeindlichen Zwangs zur Einheitlichkeit. Die letztgenannte Position der positiven Würdigung von Pluralität (im Unterschied zum Glauben an universale Modelle und den „one best way") wird üblicherweise als „postmodern" etikettiert.

Postmoderne Theorien gehen davon aus, dass es die einzig wahre Form zu leben und zu denken nicht gibt, sondern dass unterschiedliche Lebensmodelle, Wirklichkeitskonstruktionen und Theorien nebeneinander bestehen und dass eine Integration durch Anerkennung dieser Vielfalt und nicht durch „Einschwören" auf einen gemeinsamen universellen Glaubenssatz, Wert oder Konsens erreicht werden kann bzw. soll. Während postmoderne Theorien die Moderne als „totalitär" kritisieren, wird postmodernes Denken sehr häufig mit dem Vorwurf der Beliebigkeit („anything goes") belegt – was die postmoderne Seite wiederum als Missverständnis zurückweist (z.B. Welsch, 1993, S. 2ff.).

Sowohl *Informatisierung* als auch *Individualisierung* sind momentan in der breiten Öffentlichkeit und in den Sozialwissenschaften wichtige Themen. Dementsprechend ist es kein Wunder, dass Einschätzungen über die gesellschaftliche Bedeutung des Internet häufig unter Rückgriff auf diese beiden Konzepte bzw. Diskurse vorgenommen werden: Mal erscheint die „Datenautobahn" als Grundpfeiler einer prosperierenden Informationswirtschaft, dann wieder werden Globalisierung und fortschreitende Informatisierung als Bedrohung für nationale Wirtschaften und insbesondere ihre Arbeitsmärkte betrachtet. Mal wird der Cyberspace als fiktive Scheinwelt kritisiert, in die sich der desorientierte, bindungslose moderne Mensch flüchtet und seinen ohnehin übersteigerten Individualismus kultiviert, dann wieder wird die Vielfalt der Kontakt- und Entfaltungsmöglichkeiten im Netz als Übungs- und Darstellungsfeld unterschiedlicher Identitäten gewürdigt und die medienbedingte Auflösung herkömmlicher Vorstellungen vom „Realen" und „Simulierten" als instruktiv und sozial bereichernd begrüßt. Da man bei solchen pauschalen Evaluationen (unter Vernachlässigung des jeweiligen Kontextes oder Anwendungsfalles) schnell in dichotomes Argumentieren verfällt, ist es hilfreich, sich immer wieder vor Augen zu führen, worauf wir im Folgenden noch oft zurückkommen werden: *„Das Netz ist nicht Entweder-Oder, sondern Und-Und-Und"* (Schmundt, 1996, S. 139).

In der Auseinandersetzung mit Technologien spielen *Zukunftsperspektiven* eine wichtige Rolle. Ein sehr bekanntes Forum für optimistische bis enthusiastische *Beiträge* über die Informationsgesellschaft und ihre Zukunft ist das Magazin *Wired* (http://www.wired.com/und mit Postadresse in San Francisco), das sich auch durch sein Design betont avangardistisch präsentiert. Positive Darstellungen von Gegenwart und Zukunft der Informationsgesellschaft findet man außerdem bei Brauner und Bickmann (1994), Dyson (1997), Gates (1995), Negroponte (1995) und Toffler (1980). Alle charakterisieren ihre Grundhaltung explizit als „optimistisch". Und so beschreibt Gates (1995, S. 360) eine Utopie, in der sich Individualisierung und Informatisierung ausgezeichnet ergänzen:

> Die Informationstechnik wird uns mehr Freizeit bringen und den Horizont unserer kulturellen Aktvitäten erweitern, weil sie für eine bessere Informationsverteilung sorgen wird. Die Ballungszentren werden entlastet, weil es den Menschen ermöglicht wird, ihrer Arbeit zu Hause oder am Stadtrand oder in außerhalb gelegenen Büros nachzugehen. Und auch die natürlichen Ressourcen werden geschont, weil man immer mehr Produkte in Form von Bits statt wie bisher als fabrikgefertigte Waren anbieten wird. Dank der neuen Technologie werden wir besser in der Lage sein, unser Leben selbst zu gestalten; sie wird uns Erfahrungen und Produkte liefern, die speziell auf unsere Interessen und Bedürfnisse zugeschnitten sind. Den Mitgliedern der Informationsgesellschaft werden sich ganz neue Wege zu Produktivität, Lernen und Unterhaltung erschließen. Wirtschaftliche Erfolge winken Staaten, die sich mutig und in Abstimmung mit anderen Nationen für die neuen Entwicklungen öffnen. So werden sich ganz neue Märkte und eine Vielzahl bislang unbekannter Beschäftigungsmöglichkeiten entwickeln.

Die *optimistische Perspektive* verschweigt potentielle Gefahren und Risiken der ComputerComputer- und Vernetzungstechnologie nicht, beurteilt sie jedoch im Vergleich zu den Vorteilen als marginal oder beherrschbar. Manchmal werden Risiken auch als Vorteile gedeutet. So kann Negroponte (1995, S. 249, 280) der wachsenden Zahl von technologischen Analphabeten (vor allem in den älteren Jahrgängen) durchaus etwas Positives abgewinnen. Bei ihm findet man nicht die Metapher der Schere, die immer weiter auseinander klafft, sondern die der Waage, die endlich ins Gleichgewicht kommt: Die bessere Technikkompetenz der Jüngeren erlaubt es ihnen, an den Machtprivilegien der zu partizipieren und mehr gesellschaftlichen Einfluss zu gewinnen. Strukturell ähnlich argumentiert Gates (1995, S. 377), der die Schere zwischen erster und dritter Welt durch Informatisierung sich nicht etwa weiter öffnen, sondern schließen sieht: Ohne Umweg über die Industrialisierung könnten Entwicklungsländer sofort ins Informationszeitalter eintreten und mit der ersten Welt wirtschaftlich konkurrieren. Gemäß optimistischer Perspektive fördert das Internet also nichts Geringeres als individuelle Freiheit, grenzenloses Wissen, Demokratie, Gemeinschaft, Egalität, Wirtschaftswachstum und den Weltfrieden (vgl. Dyson, Gilder, Keyworth & Toffler, 1996).

Die *Technologie-Kritik* kommt hier natürlich zu ganz anderen Einschätzungen. Sie bezweifelt die versprochenen positiven Effekte etwa im Bereich der Umweltschonung (z.B. Braun, 1994), misst den Gefahren weit größere Bedeutung bei und wirft der – überwiegend von weißen, akademisch gebildetenen Männern propagierten – optimistischen „kalifornischen Ideologie“ Blindheit gegenüber sozialer Ungleichheit und Benachteiligung vor (Barbrook & Cameron, 1997; für eine Kritik an *Wired* siehe auch Borsook, 1996). Negativszenarien stammen z.B. von Eurich, 1983, Földy und Ringel (1993), Mettler-von Meibom (1990, 1994, 1996) und Postman (1992, 1996). Sie warnen vor einer übertechnisierten Welt, in der persönliche Kontakte zunehmend durch Mensch-Maschine-Interaktionen und medial vermittelte Kommunikation ersetzt werden. Ungesunde Bildschirmarbeitsplätze, Überforderung, wachsende Arbeitslosigkeit, Überwachung des Arbeits-, Freizeit- und Konsumverhaltens sind greifbare Gefährdungen. Manipulation und Simulation treten an die Stelle eines aktiven und unmittelbaren Zugangs zur physischen Realität. Die per Netz zugänglichen, vermeintlich unerschöpflichen „Informations- und Wissensbestände" erscheinen in kritischer Perspektive eher als unüberschaubare Datenhalden voller Datenmüll, deren Inspektion weniger den persönlichen Informationsstand hebt, als vielmehr Zeitverschwendung darstellt und vom Wissenserwerb im wirklichen Leben ablenkt. Zwar mögen die Eliten ihre Machtpotentiale und ihr Wissen durch die neue Technologie erweitern – die Bevölkerungsmehrheit bleibt mangels finanzieller Ressourcen, Technikkompetenz und Anwendungsbedarf weitgehend aus dem aktiven Netzleben – und damit zunehmend auch aus dem gesellschaftlichen Leben – ausgeschlossen.

Diese pessimistische Perspektive akzentuiert die Eigengesetzlichkeit technischer Entwicklung, die eben nicht darauf abziele, menschliche Bedürfnisse zu befriedigen und soziale Probleme zu lösen, sondern in erster Linie durch wirtschaftliche Interessen und eine Machbarkeits-Ideologie geprägt sei – oft auf Kosten menschlicher Werte:

> Entgegen den Versprechen der Digitaloptimisten fördert die Infobahn keine gemeinsamen Werte, sondern streicht die Unterschiede heraus. Sie ermöglicht es dem einzelnen, sich irgendwo auf der Erde Gleichgesinnte zu suchen und sich von allen anderen abzugrenzen. Damit kann er den meisten Problemen und Anforderungen realer Gemeinschaften aus dem Weg gehen. Zur selben Zeit lösen sich in der Informationsgesellschaft gemeinschaftsbildende Institutionen auf. Der Sozialstaat bröckelt, gemeiname Arbeitsstätten gehen verloren, ja selbst die Gemeinschaftserlebnisse, die das Massenmedium Fernsehen früher vermittelte, weichen der Differenzierung durch die digitale Technik. (U. Heuser, 1995, S. 54)

Nach diesem Ausflug in die Zukunftsszenarien einer Informationsgesellschaft kehren wir zur Gegenwart zurück, deren Analyse schon schwierig genug ist. Festzuhalten bleibt, dass sowohl Kritiker als auch Befürworter Vernetzung als *das* Thema der nächsten Jahre betrachten. Es besteht weitgehend Einigkeit darüber, dass durch die heute realisierten Computernetzwerke (insbesondere das Internet) gravierende Veränderungen in Gang gekommen sind, die sich längst nicht mehr „stoppen" oder „zurückdrehen" lassen. Allerdings liefern sowohl die befürwortend-optimistischen als auch die kritisch-pessimistischen Beiträge häufig sehr eindimensionale Analysen, die unterschiedliche soziale Kontexte des Netzgebrauchs kaum differenzieren und zudem die vielfältigen Muster der Internet-Nutzung gar nicht in Rechnung stellen, sondern stattdessen mit Schlagworten operieren: Die Versprechung „grenzenlosen Wissens" ist ebenso fragwürdig wie die Prognose eines kollektiven „Ertrinkens in der Datenflut“. Welche Bedeutungen die im Netz transportierten Bits und Bytes für welche Personen erlangen, unter welchen Bedingungen also *Daten* zu bedeutungsvollen *Informationen* werden, die letztlich auch einen Zugewinn an *Wissen* oder gar *Weisheit* bedeuten, ist eine theoretisch und empirisch interessante Frage, zu der es wohl keine pauschale Antwort geben wird.

Aus der Vielzahl der wirtschaftlichen, juristischen, politischen und sozialen Fragen, die mit der aktuellen gesellschaftlichen Transformation verbunden sind, wird in dieser Arbeit in erster Linie der *private, zwischenmenschliche Bereich* herausgegriffen. Da das Internet das weltweit größte öffentliche Computernetz ist, haben Erkenntnisse über die sozialpsychologischen Implikationen seines Gebrauchs besonders großen praktischen Stellenwert – zudem lassen sie sich in großen Teilen auch auf andere Computernetze übertragen.

1.5 Zusammenfassung

Das Internet ist das weltweit größte öffentliche Computernetzwerk. Es operiert mit der Protokollfamilie TCP/IP (Transfer Control Protocol / Internet Protocol) und integriert weltweit Einzelrechner sowie ganze Computernetzwerke. Das Internet ist aus dem 1969 ins Leben gerufenen ARPANet hervorgegangen, und seine Entwicklung ist wie jede Technikgenese als sozialer Prozess zu verstehen, in den diverse Akteurinnen und Akteure direkt oder indirekt eingreifen. In Deutschland stellen Internet-Provider mittlerweile flächendeckend Einwahlknoten bereit, die den Internet-Zugang per Telefon oder ISDN von zu Hause aus ermöglichen. Internet-Zugang per Stromnetz wird bereits erprobt. So kann das Internet mit entsprechender Hardware- und Software-Ausstattung von Privatpersonen für Information, Unterhaltung und Kommunikation genutzt werden – sofern ihnen ein entsprechendes finanzielles und zeitliches Budget zur Verfügung steht und überhaupt Interesse vorliegt.

Gleichzeitig mehren sich in allen gesellschaftlichen Bereichen (z.B. Bildungswesen, Gesundheitswesen, Kunst, Politik, Arbeitsleben) die Einsatzformen des Internet und anderer Computernetzwerke (Mailbox-Netze, Online-Dienste). Dadurch wird eine grundlegende kulturelle Transformation erwartet: Die Art und Weise, wie und mit wem wir kommunizieren und wie wir unsere Kontakte, Beziehungen und Gemeinschaften im einzelnen gestalten, soll sich direkt durch eigene Netzerfahrungen sowie indirekt durch Netzaktivitäten im sozialen Umfeld verändern. Wie diese Veränderungen konkret aussehen, unter welchen Bedingungen sie welche positiven und/oder negativen Konsequenzen für einzelne Personen und Personengruppen nach sich ziehen, ist Gegenstand der sozialwissenschaftlichen Forschung zu computervermittelter Kommunikation bzw. Internet-Kommunikation.

2 Zeitversetzte Kommunikation im Internet

Im Internet werden eine Reihe von Diensten und Anwendungen realisiert (zum Überblick siehe Schade, 1997), die sich grob in vier funktionale Gruppen einteilen lassen:

- Steuerung entfernter Rechner (Telnet-Basisdienst)
- Dateitransfer (FTP-Basisdienst)
- Zwischenmenschliche Kommunikation (Email-Basisdienst und andere Dienste)
- Informationspräsentation (World Wide Web und andere Dienste)

Ausgehend von den drei ARPANet-Basisdiensten (zum ARPANet siehe Kap. 1.1) Telnet, FTP und Email, die noch heute eine zentrale Bedeutung im Internet haben, wurden zahlreiche weitere Dienste und Anwendungen entwickelt – insbesondere solche, die der Informationspräsentation und der zwischenmenschlichen Kommunikation dienen. Dabei ist zu beachten, dass die Technik selbst lediglich digitale Daten transportiert, die erst dann zu bedeutungsvollen Informationen oder sozialen Kommunikationsakten werden, wenn Menschen im wechselseiten Bezug aufeinander aktiv mit ihren Gedanken, Gefühlen und Handlungen involviert sind. Will man sozialpsychologische Implikationen der Internet-Nutzung untersuchen, interessieren in erster Linie die kommunikativen Internet-Dienste. Sie lassen sich in zwei Gruppen einteilen: in zeitversetzte (asynchrone) und zeitgleiche (synchrone) Dienste.

In diesem Kapitel geht es zunächst um die erste Gruppe, also um Dienste und Anwendungen, die zeitversetzte computervermittelte Kommunikation (Kap. 2.1) erlauben. Wir beginnen mit dem Email-Basisdienst (Kap. 2.2), über den normalerweise je zwei Personen Botschaften austauschen. Zusatzprogramme ermöglichen es ganzen Personengruppen, emailbasierte Diskussionsrunden bzw. Mailinglisten zu bilden (Kap. 2.3). Während der Teilnehmerkreis von Mailinglisten überschaubar bleibt, können sich an Newsgroups (Kap. 2.4) mehrere tausend, zehntausend oder hunderttausend und mehr Personen schreibend und lesend beteiligen. WWW-Seiten dienen zwar in der erster Linie der Informationspräsentation, erfüllen darüber hinaus jedoch auch diverse sozial-kommunikative Funktionen (Kap. 2.5). Kap. 2.6 liefert eine Zusammenfassung der zeitversetzten Kommunikations-Szenarien im Internet und diskutiert kurz deren soziale Bedeutung.

2.1 Zeitversetzte computervermittelte Kommunikation

Über Emails, Mailinglisten, Newsgroups und (mit Einschränkung) auch WWW-Seiten findet ein von der persönlichen Begegnung deutlich abweichender interpersonaler Austausch statt, der oft als *computervermittelte Kommunikation* (CvK) oder als *Computer-Mediated Communication* (CMC) bezeichnet wird. Was genau ist unter CvK zu verstehen? Starten wir von sicherem Terrain: Als natürliche Grundform zwischenmenschlicher Kommunikation gilt die *Face-to-Face-Situation* (FTF, bzw. Body-to-Body-Situation), bei der wir zur selben Zeit am gleichen Ort zusammenkommen (körperliche *Kopräsenz*) und verbale, paraverbale sowie nonverbale Botschaften austauschen. Damit im Zuge dieses Austauschs auch eine interpersonale Verständigung möglich wird, ist es notwendig, dass die Beteiligten nicht nur mechanisch auf die jeweils aktuelle Botschaft reagieren, sondern vorgängige Botschaften berücksichtigen, nachfolgende Botschaften antizipieren und ihre idiosynkratischen Bedeutungswelten koordinieren. Potentiell sind bei der Rezeption, Produktion und Interpretation der Botschaften alle Sinnesmodalitäten (sehen, hören, riechen, schmecken, fühlen) involviert. Kommunikationsmedien (Telefon, Brief, Email, Telefax, Videokonferenz etc.) befreien die interpersonale Kommunikation von der Restriktion – manche meinen auch: vom Vergnügen – der Kopräsenz und ermöglichen es, mit räumlich entfernten Personen in Kontakt zu treten. Dabei sind zwei Formen der Telekommunikation zu unterscheiden:

- Bei *zeitversetzter (asynchroner) Telekommunikation* werden die Botschaften aufgezeichnet oder aufgeschrieben, mit zeitlicher Verzögerung zur Zielperson transportiert bzw. für sie zum Abruf bereitgehalten und erst dann (vielleicht) rezipiert (z.B. Brief, Email, Telefax, Telegramm, Nachricht auf dem Anrufbeantworter).
- Bei *zeitgleicher (synchroner) Telekommunikation* wird eine wechselseitige Kommunikationsverbindung hergestellt. Die Beteiligten sind also zur gleichen Zeit aktiv, unmittelbare Rückkopplung ist möglich (z.B. lautes Rufen, Telefonieren, Chatten, Abhalten von Videokonferenzen oder Austausch von Rauchzeichen).

Auf dieser Basis ist computervermittelte Kommunikation bzw. Netzkommunikation als eine nach technischen Kriterien abgrenzbare Form der medial vermittelten Telekommunikation zu verstehen, bei der vernetzte Computer als Kommunikationsmedien fungieren. Bei der CvK sind sowohl asynchrone (Email, Mailingliste, Newsgroup) als auch synchrone (Chat, Chat-Kanal, MUD) Verbindungen möglich. Wenn alle Situationen, in denen Menschen Botschaften über vernetzte Computer austauschen, unter „CvK" fallen, wird klar, dass es sich dabei um einen extrem weiten Begriff handelt. Und man kann sich fragen, welchen Sinn es überhaupt macht, unter dem Label „computervermittelte Kommunikation" so verschiedene Vorgänge zusammenzufassen wie z.B. den Manuskript-Austausch mit einer Kollegin via Email, das Lesen der Newsgroup <de.sci.psychologie>, das Verbreiten einer Workshop-Ankündigung über die Mailingliste der Fachgruppe Sozialpsychologie und die Unterhaltung über Autokauf auf dem Chat-Channel #berlin.

Abgesehen davon, dass sich der Begriff „computervermittelte Kommunikation“ in der Literatur eingebürgert hat, spricht eine Gemeinsamkeit der genannten Kommunikationsszenarien dafür, dass CvK nicht nur technisch, sondern auch psychologisch von anderen Formen medialer Telekommunikation in charakteristischer Weise abweicht. Denn was tun wir, wenn wir *textbasiert* per Computernetzwerk kommunizieren: Wir tippen auf der Tastatur und lesen vom Monitor (vgl. Wehner, 1997, S. 133). Natürlich existieren im Netz auch nicht-textbasierte Kommunikationsmöglichkeiten wie etwa Internet-Telefonie und Internet-Videokonferenzen (siehe Kap. 3.5); sie spielen allerdings (bislang) in der Praxis gegenüber der digitalen Textkommunikation nur eine untergeordnete Rolle. Das liegt teilweise an den geringen Bandbreiten im Internet, die audiovisuelle Kommunikation extrem verlangsamen, und teilweise an unserer unzureichenden Hardware- und Software-Ausstattung. Deswegen hat es sich in der Literatur durchgesetzt, den Begriff der *computervermittelten Kommunikation* (CvK bzw. CMC) im engeren Sinne zunächst nur auf computervermittelte *Text*kommunikation zu beziehen. Erst im weiteren Sinne sind dann auch audio-visuelle Formen der Netzkommunikation mitangesprochen.

Zeitversetzte digitale Textkommunikation findet nicht nur im Internet, sondern auch in Intranets sowie in Online-Diensten und Mailbox-Netzen statt. Allerdings legen die jeweils unterschiedlichen Nutzergruppen auch distinkte Formen des Mediengebrauchs an den Tag. Von diesen Gebrauchsweisen darf nicht abstrahiert werden, wenn von Email-, Mailinglisten-, Newsgroup- oder WWW-Kommunikation die Rede ist. Denn die soziale Normierung von Gebrauchsweisen *beeinflusst* die computervermittelte interpersonale Kommunikation nicht nur – sie *ermöglicht* sie erst (Höflich, 1996, S. 93). Dabei lassen sich soziale Gebrauchsnormen auf verschiedenen Ebenen der Inklusivität ansiedeln: Es gibt allgemeine CvK-bezogene Normen (z.B. keine Veröffentlichung privater Emails in Mailinglisten, in Newsgroups oder auf WWW-Seiten), netzwerk-spezifische Normen (z.B. Plicht zur Angabe des vollen Namens in bestimmten Mailboxnetzen) und schließlich Normen, die sich auf konkrete Netzforen oder Kontaktformen beziehen (z.B. allgemeines „Duzen“ bzw. „Mit-dem-Vornamen-Ansprechen“ in internationalen Netzforen; häufiges „Siezen“ in deutschsprachigen Foren).

Es folgt nun eine detaillierte, praxisnahe *Beschreibung* der unterschiedlichen Formen zeitversetzter computervermittelter Kommunikation im Internet, die auf mehrjähriger teilnehmender und nicht-teilnehmender Beobachtung basiert und zudem verfügbare empirische Studien integriert. Dabei soll verdeutlicht werden, dass computervermittelte Kommunikation als digitale Textkommunikation (die ggf. durch audiovisuelle Elemente ergänzt wird) eben keine einheitliche Kommunikationsform darstellt, sondern die Gestaltung sehr unterschiedlicher Kommunikationsszenarien zulässt – insbesondere was den Teilnehmerkreis, die Kommunikationsregeln und die Inhalte betrifft. Wer mit dem Netzalltag bislang noch nicht in Berührung gekommen ist, erhält im Folgenden eine anschauliche Einführung. Wer sich bereits im Netz bewegt, kann von den zahlreichen Details und der strukturierten Gesamtübersicht profitieren. Eine *theoretische Analyse* der hier beschriebenen Besonderheiten computervermittelter Kommunikation ist in Kapitel 6 zu finden.

2.2 Email

Email ist neben dem WWW (Kap. 2.5) der meistgenutzte Internet-Dienst (zu Nutzungspräferenzen siehe Kap. 4.5). Mit dem *Email-Dienst* (Electronic Mail) können Nachrichten (in der Regel: Textbotschaften) zeitversetzt zwischen einzelnen Personen im Internet ausgetauscht werden (Schade, 1997, S. 53ff.). Email-Austausch ist schneller als die Briefpost (im Netzjargon: *Snail Mail* = Schneckenpost), kostengünstiger und weniger aufdringlich als das Telefon: Weder stört die Email durch penetrantes Klingeln, noch gibt es ein Besetzt-Zeichen. Zudem hat die Email gegenüber dem Telefax den Vorteil, dass die Dokumente elektronisch vorliegen und direkt weiterverarbeitet oder automatisiert verwaltet werden können. Das Mailen dient nicht nur der privaten und beruflichen zwischenmenschlichen Kommunikation und der Pflege von sozialen Beziehungen, sondern teilweise auch der Informationsverwaltung. So könnnen z.B. Datenbankabfragen oder Bestellungen per Email abgewickelt werden. Solche nicht-kommunikativen Funktionen des Email-Dienstes bleiben im Folgenden unberücksichtigt.

Welche Voraussetzungen müssen erfüllt sein, um an der Email-Kommunikation teilzunehmen (Kap. 2.2.1)? Wie sind Emails aufgebaut (Kap. 2.2.2)? Welche Rolle spielen Anonymisierung, Verschlüsselung und Datenschutz bei der Email-Kommunikation (Kap. 2.2.3)? Wie werden Emoticons, ASCII-Art, Soundwörter, Aktionswörter und Disclaimer in Emails als expressive Darstellungsmittel eingesetzt (Kap. 2.2.4)? Welchen typischen Verlauf nimmt Email-Kommunikation (Kap. 2.2.5)?

2.2.1 *Voraussetzungen der Email-Kommunikation*

Genau wie bei der Briefpost benötigen wir auch beim Email-Verkehr eine *Email-Adresse*, um andere Personen zu erreichen und selbst erreichbar zu sein. Email-Adressen haben im Internet die Struktur User@Host (sprich: „User at Host"). „User" meint dabei die Nutzerkennung (User Identification: User ID) der Person, „Host" den Rechner, auf dem die Person ihren Bereich (Account) hat. Der Rechner selbst kann dank des Domain Name System (DNS) mit seiner IP-Adresse oder mit seiner Namensadresse angesprochen werden (vgl. Kap. 1.1). Meldet etwa die Studentin Sybille Meier einen eigenen Bereich (User ID: smeier) auf dem Mailserver der TU

Berlin (IP-Adresse: <130.149.4.11>; zugehörige Namensadresse: <mailszrz.zrz.tu-berlin.de>) an, so lautet ihre Email-Adresse <smeier@mailszrz.zrz.tu-berlin.de>.

Header

```
Received: from mail.zrz.TU-Berlin.DE by mailszrz.zrz.TU-Berlin.DE
   (8.7.5/ZRZ-Gen) id HAA21087; Mon, 1 Jul 1996 07:43:51 GMT
Received: from faui45.informatik.uni-erlangen.de by mail.zrz.TU-
   Berlin.DE with SMTP (PP); Mon, 1 Jul 1996 09:43:36 +0200
Received: from faui78.informatik.uni-erlangen.de
   (faui78.informatik.uni-erlangen.de [131.188.37.160]) by uni-
   erlangen.de with SMTP id JAA24835 (8.6.12/7.4g-FAU); for
   <Nicola.Doering%TU-Berlin.de@faui45.UUCP>; Mon, 1 Jul 1996 09:43:34
   +0200
Received: from faui78e.informatik.uni-erlangen.de by
   immd7.informatik.uni-erlangen.de with SMTP (5.64+/7.3h-FAU) id
   AA03672; Mon, 1 Jul 96 09:43:31 +0200
From: Nils Faltin <nsfaltin@informatik.uni-erlangen.de>
Message-Id: <9607010743.AA03672@faui78.informatik.uni-erlangen.de>
Subject: Re: 80 Mio Internet-Nutzer ?!
To: Nicola.Doering@TU-Berlin.de (Nicola Doering)
Date: Mon, 1 Jul 1996 09:43:49 +0200 (MET DST)
In-Reply-To: <199606300313.DAA09220@mailszrz.zrz.TU-Berlin.DE> from
   "Nicola Doering" at Jul 1, 86 05:23:51 am
X-Mailer: ELM [version 2.4 PL23]
Mime-Version: 1.0
Content-Type: text/plain; charset=US-ASCII
Content-Transfer-Encoding: 7bit
X-Status:
Status: RO
```

Body

```
> auf einer Deiner Folien habe ich die 80 Mio-Internet Nutzer-Angabe
> gemaess IDC (oder war es ICD?) 1995 gefunden.
> Hast Du die aus dem ausfuehrlichen
> Ergebnisbericht oder aus einer Online-Quelle?

Diese Zahl habe ich aus der Grafik abgelesen. Sie fand ich unter:
http://www.e-business.iao.fhg.de/idc-umfrage/
Andere Zahlen (Wachstum der Serveranzahl) fand ich im Buch:
Rick Stout, The World Wide Web Complete Reference, Osborne
Da es keine zentrale Registratur fuer das Internet gibt, sind alle
Zahlen Schaetzungen. Du wirst auch von Quelle zu Quelle sehr
unterschiedliche Zahlen finden.
Gruss Nils
```

Signature

```
--
I====  Nils Faltin                    Phone: +49-9131/85-7993
M  //  University of Erlangen, IMMD VII  Fax: +49-9131/85-7409
M //   Martensstr. 3,  D-91058 Erlangen, Germany
D//    http://www7.informatik.uni-erlangen.de/~nsfaltin/
```

Abb. 2.1: Aufbau einer Email mit Header, Body und Signature

Namensadressen sind im Internet hierarchisch aufgebaut und von hinten zu lesen. An letzter Stelle und auf höchster Hierarchie-Ebene steht die Top-Level-Domain (hier: „.de"), die angibt, in welchem Land (hier: Deutschland) ein Rechner vernetzt ist. Die Top-Level-Domain wird im ISO-Ländercode (ISO: International Standards Organisation) ausgedrückt; zusätzlich existieren in den USA die Top-Level-Domains „.com" für kommerzielle Unternehmen, „.edu" für Bildungseinrichtungen, „.org" für gemeinnützige Organisationen, „.mil" für militärische Einrichtungen und „.net" für netzbezogene Institutionen. Der Top-Level-Domain vorangestellt ist die Angabe, in welchem organisationsinternen Netz der Rechner angesiedelt ist. Entsprechende Domains sind z.B. „MIT" (*.mit.edu), „Bundestag" (*.bundestag.de) oder „Kodak" (*.kodac.com). In Abhängigkeit davon, wie groß und binnendifferenziert diese Organisationsnetze sind, können zusätzliche Subdomains auftreten. Sind Top-Level-Domain, Domain und alle Subdomains spezifiziert, steht ganz vorne der konkrete Maschinen- oder Servername.

Sowohl zum Absenden als auch zum Empfangen von Emails braucht man spezielle *Mail-Software* (Anwendungsschicht des Internet). Mit Hilfe dieser auf einem vernetzten Rechner installierten Software erhalten wir gleichzeitig ein Schreibgerät, ein Korrespondenzarchiv, einen Briefkasten und ein Postamt. Emails können nicht nur innerhalb des Internet verschickt werden, sondern erreichen auch Netzadressen in anderen Computernetzen (z.B. Online-Diensten, Mailbox-Netzen, vgl. Kap. 1.3), sofern zwischen den Netzen Verbindungsstellen vorliegen, die eine entsprechende Weiterleitung und Protokollumsetzung ermöglichen (sogenannte Gateways). Emails setzen sich aus einem elektronischen Umschlag (*Header*) und dem Briefinhalt (*Body*) zusammen (siehe Abb. 2.1). Im Header stehen u.a. Absender (*From*:), Adressat (*To*:), Datum (*Date*:) und Betreffzeile (*Subject*:) sowie eine unverwechselbare Registriernummer (*Message-ID*) der Email.

Über welche Netzwerkknoten die Email zu uns gelangt ist, steht als Log-Information des Transportwegs ebenfalls im Header (Received:). Ist die erhaltene Email eine Antwort (Reply) auf eine frühere Email, so wird deren Registriernummer vermerkt (In-Reply-to:). Beim *Reply* behält man meist die Subject-Zeile der früheren Mail bei und stellt ihr ein „Re:" voran. Der Briefinhalt ist üblicherweise in schlichten ASCII-Zeichen (ASCII: *American Standard Code for Information Interchange*) gehalten.

Es ist günstig, eine Email mit einer *Signature* (bzw. einem *Footer*) zu beenden. Hierbei handelt es sich um einen kurzen, selbstdefinierten Textblock mit Angaben, wie sie sonst auf einer Visitenkarte stehen (Name, Organisationszugehörigkeit, Postadresse, Telefonnummer etc.). Als persönliche Note lässt sich auch ein Logo, ein Motto oder eine kleine ASCII-Grafik (siehe Kap. 2.2.4) hinzufügen. Durch eine umfangreiche und aussagekräftige Signature, aber auch durch die Email-Adresse und den Namen (*real name* im Unterschied zum *nickname*, siehe Kap. 3.2.2) sind Personen wie beim Telefonieren (namentliches Vorstellen) oder bei der herkömmlichen Korrespondenz (Briefkopf) auch im Email-Austausch identifizierbar (zu Identität und

Identifizierbarkeit im Netz siehe Kap. 7). An eine Email können ergänzend weitere Dateien (z.B. Grafiken, digitale Fotos, umfangreiche Textdokumente, WWW-Seiten, Software-Tools etc.) angehängt werden. Per Email lassen sich auch gesprochene Botschaften als Audio-Dateien verschicken (*VoiceMail*).

2.2.2 Typen von Emails

Wir können Emails nach den unterschiedlichsten formalen (z.B. Länge) und inhaltlichen (z.B. Grad der Selbstoffenbarung) Kriterien kategorisieren. Sozialpsychologisch relevant ist beispielsweise die Unterscheidung zwischen *privaten* und *beruflichen* Emails, wobei Mischformen möglich sind. Auf pragmatischer Ebene lassen sich vier Haupttypen von Emails identifizieren (Whittaker & Sidner, 1997):

- *Ongoing Conversation*: Die Email ist Bestandteil einer längeren Korrespondenz, sie bezieht sich auf zurückliegende Äußerungen und fordert zu mehr oder minder elaborierten neuen Kommentaren und Stellungnahmen auf.
- *To Do:* Die Email enthält den Appell zu einer mehr oder minder aufwendigen Handlung.
- *To Read*: Die Email enhält mehr oder minder umfängliche Informationen, die zur Kenntnis gekommen werden wollen.
- *Indeterminate Status*: Es ist unklar, zu welchen der drei obigen Hauptkategorien die Email gehört und wie mit ihr verfahren werden soll.

Alle vier Email-Typen lassen sich weiter auf den Dimensionen *Relevanz, Aufwand* und *Valenz* anordnen: Emails geringer Relevanz werden manchmal gar nicht, manchmal verspätet und/oder nur unvollständig gelesen. Emails, deren Bearbeitung einen großen Aufwand verlangt, werden notgedrungen eher zurückgestellt. Emails, die unangenehme Inhalte erwarten lassen, werden womöglich eher vertagt – der asynchrone Austausch erleichtert nicht nur Kommunikation, sondern auch deren Vermeidung.

Eine Sonderklasse stellen unerwünschte Emails dar. *Unerwünschte Emails* wie z.B. Werbung (UCE: unsolicited commercial email) oder sonstige *Massenmails* (UBE: unsolicited bulk email) in Form von Kettenbriefen oder Jobangeboten („Make money fast") häufen sich im Netz, da hier mit minimalem Zeit- und Kostenaufwand (und gänzlich ohne Materialverbrauch) Tausende von Kopien weltweit verbreitet werden können. Zieladressen stammen dabei aus den offiziellen Internet-Email-Registern, in die man sich entweder per Selbstanmeldung einträgt oder ohne eigenes Zutun eingetragen wird, wenn Suchmaschinen Email-Adressen in veröffentlichen Netzbeiträgen finden.

2.2.3 Anonymisierung, Verschlüsselung, Datenschutz

In manchen Fällen ist es erwünscht und sinnvoll, eine Email anonym abzuschicken, z.B. wenn man sich mit intimen Problemen an eine Beratungsstelle wendet oder einen Online-Fragebogen beantwortet (siehe Kap. 5.3.2). Danebe wird optionale Anonymität natürlich auch zu antisozialen Zwecken ausgenutzt. Die Anonymisierung von Emails wird im Internet durch anonyme Remailer bewerkstelligt, deren erster und bekanntester der von 1994 bis 1996 betriebene finnische Anon-Server <anon.penet.fi> gewesen ist (siehe Helmers, 1997). Das Prinzip der *Anonymisierung* ist einfach: Der Remailer ersetzt die echte Email-Adresse durch eine Adresse auf dem Anonymisierungs-Rechner und leitet die Email dann weiter. Auf Empfängerseite ist nur die anonyme Adresse, nicht jedoch die dahinter stehende wahre Email-Adresse sichtbar. So wichtig es für Privatpersonen in bestimmten Situationen ist, zum eigenen Schutz anonym mailen zu können, so wichtig ist es auch zu betonen, dass im beruflichen und privaten Netzalltag üblicherweise mit identifizierbaren Email-Adressen operiert wird.

Emails mit gefälschten bzw. fiktiven Adressen (*Fakemail*) sind generell unerwünscht weil potentiell sozialschädlich. Prinzipiell ist es jedoch möglich, im Namen einer anderen Person Emails zu verschicken oder mit einer nicht-existierenden Adresse zu operieren. Viele Mail-Programme erlauben es, die Absender-Adresse beliebig zu ändern. Werbung für kommerzielle Netzangebote wird üblicherweise massenhaft (z.B. als *Spam*) von fiktiven Adressen aus verschickt (siehe Kap. 2.4.3).

Im gesamten Internet-Verkehr und somit auch beim Email-Austauch ist *Datenschutz* ein Problem. Insbesondere durch die digitale Fixierung der Mitteilungen im Internet erhöhen sich die Möglichkeiten der Überwachung und Manipulation im Vergleich zu herkömmlichen Telekommunikationsmedien (Briefpost, Telefon) beträchtlich. Gerade weil ein Email-Kontakt genau wie ein Brief oder Telefonat ein privates, vertrauliches Ereignis darstellt, will man natürlich nicht, dass Unbefugte hier Einblick erhalten oder sogar eingreifen können. Vier *Datenschutzprobleme* stellen sich beim Email-Verkehr (Schallbruch, 1995):

- *Vertraulichkeit* (Schutz der Nachricht vor Einsichtnahme durch Unbefugte)
- *Unbeobachtetheit* (Schutz der Kommunikationsumstände und der Information darüber, dass überhaupt Kommunikation stattgefunden hat)
- *Integrität* der Nachricht (Schutz einer Email vor Veränderung des Inhalts während des Transports)
- *Authentifizierbarkeit* des Absenders (Schutz einer Email vor Veränderung der Absenderadresse)

Ein effizientes Mittel, um Vertraulichkeit, Integrität der Nachricht und Authentifizierung sicherzustellen, ist die Verschlüsselung von Botschaften (*Kryptografie*) samt elektronischer Unterschrift. Die bekannteste Verschlüsselungssoftware ist *Pretty Good Privacy* (PGP). Da PGP oder andere wirkungsvolle Verschlüsselungsmethoden jedoch bislang kaum in die gängige Kommunikations-Software integriert sind, wird Verschlüsselung oft als unpraktisch empfunden oder auch für überflüssig gehalten. Die meisten Internet-Nutzerinnen und -Nutzer verschicken also private Botschaften und sensible Daten (z.B. Kreditkartennummern) routinemäßig unverschlüsselt per Email. Obwohl die Gefahr der Datenschutzverletzung durchaus bekannt ist, wird die eigene Vulnerabilität offensichtlich sehr gering eingeschätzt.

Verschlüsselung ist ein politisch sehr brisantes Thema. Denn Regierungen legen üblicherweise großen Wert darauf, zum Schutz der inneren und äußeren Sicherheit den Fernmeldeverkehr gezielt überwachen und aufzeichnen zu können. Entsprechende rechtliche Befugnisse für Polizei, Staatsanwaltschaft, Zoll, Bundesnachrichtendienst, Verfassungsschutz und Militärischen Abschirmdienst liegen vor (vgl. Bizer, 1995, S. 216). Kryptografie verhindert jedoch eine solche Überwachung (bzw. die Entschlüsselung der Botschaften), weshalb diskutiert wird, ob man Kryptoverfahren ganz *verbieten* oder nur die Verwendung *lizensierter Verfahren* gestatten soll, die von den Sicherheitsbehörden dechiffrierbar wären. Ein Verbot von (sicherer) Kryptografie ist umstritten, weil es überhaupt nicht effektiv vor Missbrauch schützt (wer kriminelle Absichten hat, kann nicht erkennbare Formen der Verschlüsselung benutzen, sogenannte *Steganografie*), gleichzeitig jedoch *allen* Personen im Netz das Grundrecht des Fernmeldegeheimnisses entzieht (Bizer, 1995; Gisor, 1997, S. 54ff.; Schade, 1997, S. 59f.). Lösungen, die sowohl dem Schutz der inneren und äußeren Sicherheit des Staates als auch dem Schutz unserer Privatsphäre Genüge tun, sind auf nationaler wie internationaler Ebene noch nicht gefunden (siehe A. Heuser, 1995).

2.2.4 Emoticons, ASCII-Art, Soundwörter, Aktionswörter, Disclaimer

Beim Email-Austausch als einer Variante der computervermittelten Kommunikation ist der Kommunikationscode auf getippten Text beschränkt. Paraverbale Botschaften (z.B. Stimmhöhe, Lautstärke, Tempo) und extralinguistische Äußerungen (z.B. Mimik, Gestik, Proxemik), die gerade für die Kommunikation emotionaler Botschaften, die Beziehungsklärung und die Vermittlung von interpersonaler Nähe von großer Bedeutung sind, fehlen (siehe Kap. 6.1 zum Kanalreduktions-Modell der CvK). Dafür haben sich im Email-Verkehr – wie auch sonst in der textbasierten Netzkommunikation – eine Reihe neuartiger *expressiver Ausdrucksmittel* eingebürgert (siehe Kap. 6.6 zum Modell der sozialen Informationsverarbeitung). Sie werden gezielt und selektiv eingesetzt und kommen keineswegs in jedem Netzdokument zum Einsatz. Im Unterschied zur möglicherweise unbewußten Parasprache in Face-to-Face-Situationen sind die parasprachlichen Codes computervermittelter Kommunikation immer explizit und zudem gleichförmig reproduzierbar (Höflich, 1996, S. 89).

Eben diese Reproduzierbarkeit netzspezifischer Parasprache kommt uns zugute, wenn wir jetzt Emoticons bzw. Smileys, ASCII-Art, Soundwörter, Aktionswörter und Disclaimer betrachten. Neben solchen sprachlichen Innovationen sind sprachliche *Vereinfachungen* für die Netzkommunikation typisch: Man beschränkt sich oft auf durchgängige Kleinschreibung, verknappt Sätze und verzichtet weitgehend auf Interpunktionszeichen, wodurch Texte pragmatisch komplexer werden, d.h. ihre genaue Funktion oder Bedeutung muss aus dem Kontext erschlossen werden – wie das auch bei gesprochener Sprache verstärkt der Fall ist. Diese *sprechprachliche Konzeption* der computervermittelten Kommunikation ist wohl nicht nur der Ökonomie geschuldet (schnelles Tippen auf der Tastatur), sondern steigert symbolisch auch die Sprecher-Hörer-Nähe (Haase, Huber, Krumeich & Rehm, 1997).

Emoticons

Unter *Smileys* bzw. *Emoticons* (emotional icons) versteht man Gesichtsikonen, die aus Textzeichen (meist Interpunktionszeichen) gebildet werden und Emotionen ausdrücken. Das bekannteste und verbreitetste Emoticon ist das lachende oder lächelnde Gesicht, der Smiley `:-)`. Smileys erkennt man, wenn man den Kopf auf die linke Schulter legt: Der Doppelpunkt stellt die Augen, der Bindestrich die Nase und die Klammer den lachenden Mund dar. Auch wenn „Smiley" oft als Synonym für „Emoticon" gebraucht wird, heißt dies nicht, dass alle Emoticons positive Gefühlslagen ausdrücken. Der traurige oder missgestimmte „Frowny" `:-(` ist nicht selten anzutreffen, daneben spielt der augenzwinkernde Smiley `;-)` , der Ironie anzeigt, in der Praxis eine große Rolle. Das Emoticon für Erstaunen `:-0` erinnert an den aufgerissenen Mund, das Emoticon für Unsicherheit und Unentschiedenheit an nachdenklich verzogene Mundwinkel `:-/`

Die Verwendung von Emoticons kann nicht nur die Decodierung von Botschaften erleichtern, sondern unterstreicht auch den informellen Charakter einer Kommunikation. Denn rein inhaltlich ist es natürlich nicht nötig, einen Satz wie „Ich habe mich sehr über Deine Email gefreut" mit einem Smiley zu ergänzen. Wenn man dies tut, ist damit auch eine Beziehungsbotschaft (bzw. eine Metakommunikation) verbunden.

Smileys lassen sich in der Intensität variieren. Ein einfacher Smiley `:-)` drückt normale Freude aus, während `:-)))))` bereits recht überschwenglich wirkt. Smileys sind längst auch Kultobjekte geworden. Eine Reihe von Büchern und Broschüren listen Dutzende von Smiley-Varianten auf, die jedoch in der Kommunikationspraxis völlig bedeutunglos sind. Denn wer erkennt schon, dass `:-(>~` bedeuten soll „Ich habe gerade meinen Spitzbart gewaschen, und nun sitzt er nicht richtig". Bei den gängigen Emotions-Ikonen dient primär der stilisierte *Mund* als Informationsträger. Die *Nase* ist irrelevant und wird zuweilen auch weggelassen (siehe Kap. 3.2.3). Bei den *Augen* wird neben dem Zwinkern `;-)` lediglich manchmal das Brilletragen `8-)` angezeigt. Anders ist es in Japan, wo das Lächeln nicht mit dem Mund, sondern mit den Augen ausgedrückt wird, so dass (^_^) das japanische Äquivalent zum Smiley und (>_<) das Äquivalent zum Frowny darstellt, während (*_*) Furcht symbolisiert.

Den Emoticons zuordnen lassen sich auch *symbolische Umarmungen*, die durch Klammern dargestellt werden: `((((((((((((Simon))))))))))))` Intensitätsabstufungen sind über die Anzahl der Klammern signalisierbar. Umarmungs-Ikonen kommen besonders im Kontext von Begrüßungen und Verabschiedungen bei der synchronen Netzkommunikation zum Einsatz (siehe Kap. 3), werden jedoch vereinzelt auch in Emails verwendet.

Allgemein ist davon auszugehen, dass dienst-spezifische Gebrauchsweisen der Parasprache in andere Dienste exportiert werden. Dies ist einerseits zu verstehen als *Gewohnheitseffekt:* Einer Person, die viel chattet, gehen chat-spezifische Ausdrucksmittel einfach „in Fleisch und Blut" über. Andererseits dient die Verwendung dienstspezifischer parasprachlicher Codes auch der (mehr oder minder bewußten) *Markierung von Gruppenzugehörigkeiten*: Wer chat-spezifische Codes verwendet, gibt sich in der Email-, Mailinglisten-, Newsgroup-, WWW- oder Brief-Kommunikation sowie ggf. im persönlichen Gespräch als Chatter oder Chatterin zu erkennen.

ASCII-Art

Bei ASCII-Kunst (ASCII-Art) geht es darum, aus alphanumerischen Zeichen bzw. ASCII-Zeichen (ASCII: American Standard Code for Information Interchange) Symbole und Bilder zu erstellen (siehe Abb. 2.2).

Abb. 2.2: Ein Beispiel für ASCII-Kunst

ASCII-Kunstwerke gehen im Aufwand weit über einfache Icons oder Emoticons hinaus, und es sind dementsprechend nur wenige Personen, die sich aktiv mit dieser Ausdrucksform beschäftigen. Kleinere ASCII-Bildchen werden jedoch gerne in Signatures aufgenommen (siehe Abb. 2.3). Sie unterstreichen damit die persönliche Note einer Email und sind Mittel der Selbstdarstellung. Hierbei ist jedoch anzumerken, dass aus Newsgroups wie <alt.ascii-art> oder aus WWW-Archiven herauskopierte ASCII-Kunst zwar einerseits Individualität ausdrückt (nur eine Minderheit im Netz hat ASCII-Kunst in ihrer Signature), gleichzeitig jedoch auch Normierungstendenzen zu erkennen sind. So zeigt sich durch die Praxis des Kopierens und Einfügens (Cut and Paste), dass bestimmte Elemente (z.B. Fahrrad-Darstellungen, Koala-Bären, Raumschiffe) sehr beliebt sind und somit stereotyp in vielen Signatures auftauchen.

```
          .-.         ~@~ Hayley Jane Wakenshaw ~@~          .-.
         (. .)__.')    flump@quadrant.xs4all.nl     (`.__(. .)
         / V     )              Visit               (      V \
   ()    \  (   \/     http://www.xs4all.nl/~klr    \/   )  /    ()
 <)-`\()  `._`._ \ Home of Flump's Ascii Collection / _.'_.'  ()/'->
  <)_>=====<<==`'================================`'==>>=====<_(>
 <>-'"The only way to have a friend is to be one" - R.W.Emerson`-<>
```

Abb. 2.3: Signature mit ASCII-Art

ASCII-Kunstwerke können direkt an der Tastatur erstellt werden, oftmals basieren sie aber auf gezeichneten Vorlagen oder stammen aus speziellen Konvertierungsprogrammen.

Soundwörter

Soundwörter wie „hmm“, „grumpf“, „argh“, „huch“ oder „tststs“ ahmen auditiv wahrnehmbare Ereignisse nach und deuten Gedankenprozesse oder Emotionen an. Genau wie sich Smileys in ihrer Intensität variieren lassen, ist dies auch bei Soundwörtern der Fall. Verdoppelung („arrrrrrgh“), Wiederholung („hihihihihihihi“) die Verwendung von grammatikalischen Zeichen („Oh!!!???“) sind die Methoden der Wahl, um Artikulationsdifferenzen schriftlich auszudrücken.

Will man einzelne Wörter besonders betonen, greift man auf GROSSBUCHSTABEN oder (nicht ganz so gut sichbar) auf _Unterstriche_ oder *Sternchen* zurück. DAS SCHREIBEN GANZER SÄTZE ODER ABSÄTZE IN GROSSBUCHSTABEN WIRD JEDOCH ÜBLICHERWEISE ALS SCHREIEN WAHRGENOMMEN. Und Schreien gilt als unhöflich.

Das Abwechseln von Groß- und Kleinbuchstaben innerhalb von Wörtern beschert einen beträchtlichen Verfremdungs-Effekt, der jedoch auch die Lesbarkeit erschwert. diEsE SeHr AUgEnFälLigE MOdiFIkAtIoN DeR sCHriFtSprAchE iST eIn Er-

KEnnUnGsMerKMal DeR hAcKer-sZEnE. Dieses Stilmittel wird jedoch mittlerweile auch oft einfach modisch kopiert und verliert somit zunehmend seine Funktion als Merkmal der Gruppendistinktion.

Aktionswörter

Aktionswörter wie *zwinker*, *würg*, *staun*, *lach*, *knuddel*, *schluck*, *die Schublade durchwühl* oder *vom Stuhl fall* werden meist durch Rückbildung von Infinitiven konstruiert und dienen der Beschreibung situativer Vorgänge. Sie verweisen auf physische oder psychische Befindlichkeiten und Handlungen (Wetzstein, Dahm, Steinmetz, Lentes, Schampaul & Eckert, 1995, S. 79). Da sie ebenso wie Soundwörter an die Comic-Sprache erinnern bzw. dieser entstammen, haben sie auch einen besonders informellen Charakter. Dementsprechend eingeschränkt ist die Anwendung dieses expressiven Mittels.

Aktionswörter sind insbesondere für die zeitgleiche Kommunikaton per Chat (Kap. 3.1), Chat-Channel (Kap. 3.2) und MUD (Kap. 3.3) typisch. Allerdings können sie aus Gewohnheit, um der Expressivität willen oder zur Darstellung von Gruppenzugehörigkeiten auch in die Email-Kommunikation oder den mündlichen Sprachgebrauch eingehen.

Disclaimer

Disclaimer dienen dazu, Äußerungen abzuschwächen und möglichen Konflikten vorzubeugen. Wichtige Disclaimer sind „aber das ist nur meine Meinung" (IMHO: In my humble opinion) oder „das kann man natürlich auch anders sehen". Disclaimer dieser Art sind auch im mündlichen Gespräch und in herkömmlichen Briefen anzutreffen. Eine netzspezifische Form des Disclaimers wird symbolisch als An- und Ausschalten eines Modus dargestellt. Dabei wird explizit auf der Metaebene angegeben, in welchem Tonfall eine bestimmte Äußerung oder Passage zu lesen ist und dass eben dieser Tonfall bitte nicht übelgenommen werden soll. Will man z.B. eine inhaltliche Ungenauigkeit in der Äusserung einer Email-Partnerin korrigieren und befürchtet, dass dies als überkritisch wahrgenommen werden könnte, so lässt sich das folgendermaßen regeln: „Deine Argumente fand ich ziemlich einleuchtend. Allerdings muss ich Dir sagen, <Spitzfindigkeit an> 'Chatten' schreibt man mit zwei 't' <Spitzfindigkeit aus>". Durch die Verwendung dieses spielerischen Disclaimers wird nicht nur einer aversiven Reaktion des Gegenübers vorgebeugt, sondern gleichzeitig eine positive Beziehungsbotschaft übermittelt. In gewisser Weise als Disclaimer zu verstehen ist auch die Sitte, Kraftausdrücke nicht voll auszuschreiben, sondern die Vokale durch Sternchen zu ersetzen („Sch**ss*") oder nur den Anfangsbuchstaben prominenter Four-Letter-Words anzugeben („f***").

Wir erlernen den Gebrauch von Ausdrucksmitteln wie Emoticons oder Aktionswörtern teils informell durch Beobachten, Nachfragen und Ausprobieren, teils systematisch über entsprechende Einführungstexte bzw. FAQs (Kap. 2.4.4), verbessern damit unsere Netzkompetenz, arbeiten aber auch an der medienspezifischen Selbstdarstellung. Abschließend sei an einem Beispielsatz illustriert, inwiefern die Verwendung der geschilderten netzspezifischen Ausdrucksmittel bedeutungsvariierend wirkt (Transliterationskonventionen für das Vorlesen solcher Texte fehlen bislang):

- Das habe ich gar nicht gewusst :-(((
- Ojeeeeeeeeeeeeeeee das habe ich gar nicht gewusst ;-)
- Das habe ich gar nicht gewusst *ueberrascht sei*
- <Bestuerzung an> DAS habe ich gar nicht gewusst <Bestuerzung aus>

2.2.5 Kommunikationsverlauf bei Email

Die gängigen Email-Programme ermöglichen standardmäßig bestimmte Varianten, mit den Botschaften umzugehen: Zunächst einmal werden die eingehenden Emails in einem speziellen Verzeichnis – der *Inbox* – gespeichert, wo man sie mit Datum, Absendername, Betreffzeile und Länge angezeigt bekommt. Ungelesene Emails sind entsprechend markiert. Bei hohem Email-Aufkommen und insbesondere in der beruflichen Kommunikation bleiben Emails tatsächlich nicht selten (ganz oder teilweise) ungelesen. In Abhängigkeit davon, wie oft eine Person ihre Inbox öffnet und welche Typen von Emails sie dort vorfindet (siehe Kap. 2.2.2), wird sie individuelle Verwaltungs-, Archivierungs- und Reaktionsstrategien entwickeln.

Whittaker und Sidner (1997) analysierten bei 18 netzerfahrenen Beschäftigten der Firma Lotus den Inhalt der persönlichen Mailbox und führten außerdem Leitfaden-Interviews zur Email-Nutzung mit ihnen durch. Die Untersuchungspersonen erhielten rund 50 Emails pro Tag bzw. 1.000 Botschaften pro Monat. Würden die Betreffenden alle eingehenden Emails unmittelbar bearbeiten, so kämen sie bei einem Zeitkontingent von 5 Minuten pro Email auf einen täglichen Zeitaufwand von 4 Stunden. Würden sie ihre Emails einfach in der Inbox belassen, so müssten sie mehr als 30 Bildschirmseiten durchblättern, um allein die Auflistung der Emails der letzten 4 Wochen zu überblicken. Wie also lässt sich das Email-Aufkommen bewältigen? Whittaker und Sidner (1997) identifizierten bei ihren 18 Untersuchungspersonen drei Strategien der Email-Verwaltung (siehe Tab. 2.1):

- *Ansammel-Strategie*: Die eingehenden Emails werden in der Inbox belassen, so dass sich dort Hunderte von gelesenen sowie halb- und ungelesenen Emails ansammeln. Um Platz zu schaffen, werden gelegentlich größere Mengen von Emails gelöscht. Eine systematische Archivierung der Emails findet nicht statt.
- *Frühjahrsputz-Strategie*: Die eingehenden Emails werden zunächst in der Inbox gehalten, die dadurch sehr umfangreich und unübersichtlich wird. Gelegentliche Aufräum-Aktionen im Stile des Frühjahrsputzes sollen Ordnung her-

herstellen: Unwichtige Emails werden gelöscht, wichtige in diverse Archiv-Verzeichnisse (Folder) verteilt. Im Ergebnis entsteht auf diese Weise neben der unübersichtlichen Inbox auch ein inkonsistentes Archiv-System, denn die nur gelegentliche Nutzung der Archiv-Verzeichnisse erhöht die Wahrscheinlichkeit von Fehlklassifikationen.

- *Aufräum-Strategie*: Nur sehr wenige, aktuell zu bearbeitende Emails bleiben in der Inbox. Sie hat damit den Charakter einer To-Do-Liste. Alle anderen Beiträge werden entweder sofort gelöscht oder in Archiv-Verzeichnisse verschoben. Ein solches Verwaltungsprinzip ist sehr zeitaufwendig und erfordert es, mehrmals täglich die Inbox zu checken.

Tab. 2.1: Strategien der Email-Verwaltung
(Quelle: Daten aus Whittaker & Sidner, 1997, S. 288)

Strategie	*n*	*erhaltene Emails pro Tag*	*Emails in der privaten Mailbox*	*Emails in dem Folder „Inbox"*	*Anzahl der Folder in der Mailbox*
Ansammeln	6	58	3.271	3.093 (95%)	11
Frühjahrsputz	7	46	2.819	1.492 (51%)	61
Aufräumen	5	42	1.062	43 (5%)	71

Bei Personen, die die Ansammel-Strategie nutzen, handelt es sich keineswegs nur um Netzneulinge, die nicht mit Archiv-Verzeichnissen umgehen können. Vielmehr entscheiden sich Netzerfahrene unter anderem dann zu dieser Strategie, wenn sie ein sehr hohes Email-Aufkommen haben, nicht durchgängig am Rechner sitzen und es sich leisten können, Botschaften zu übersehen. Email-Kommunikation folgt nicht nur globalen Bearbeitungs-Strategien, sondern richtet sich im Einzelfall nach der Funktion der jeweiligen Botschaft: Sei es die Vergabe eines Arbeitsauftrags, die Weiterleitung einer Information oder die Fortführung einer Konversation (siehe Kap. 2.2.2). Bei *Arbeitsaufträgen* ist es besonders wichtig, eine termingerechte Erledigung sicherzustellen sowie notwendige Materialien und Ergebnisse zu übergeben – zuweilen an mehrere am Projekt beteiligte Personen. Email-Programme unterstützen diese Anforderungen teilweise durch Priority-Tags, die das Risiko senken sollen, dass dringliche Aufträge zu spät gelesen oder übersehen werden. Mittels Attachments ist es möglich, einer Email-Botschaft Computerprogramme, Bilder, Textdokumente usw. beizufügen. Man kann Emails mit Verfallsdatum (*Expire*) abschicken, so dass die Botschaft zu einem bestimmten Zeitpunkt in der Mailbox der Zielperson wieder gelöscht wird (z.B. weil sie dann veraltet ist). Auch kann man sich per elektronischem Rückschein darüber informieren lassen, ob und wann die Zielperson die Nachricht abgerufen und den Arbeitsauftrag somit erhalten hat.

Zudem lassen sich über den Header-Eintrag CC (*Carbon Copy*) elektronische Kopien einer ausgehenden Nachricht als Rundschreiben an weitere Personen verschicken. Dies ist nicht nur bei Arbeitsaufträgen, sondern vor allem auch bei *Informations-Beiträgen* oft gewünscht. Während das Versenden von Kopien per Briefpost einiges an Arbeit erfordert (kopieren, eintüten, frankieren, adressieren, in die Post geben), ist bei Email per Carbon-Copy-Eintrag im Header eine Botschaft (samt Attachments) augenblicklich an mehrere Personen weitergeleitet. Anekdotisch wird hier aus Betrieben berichtet, dass Vorgesetzte, denen man standardmäßig einen Durchschlag des gesamten Email-Verkehrs zukommen lässt, geradezu ersticken in dem plötzlichen Mehraufkommen an Mitteilungen (Negroponte, 1995, S. 235). Während es für die herkömmliche Korrespondenz vielleicht noch sinnvoll war, von allen Schriftstücken eine Kopie an Vorgesetzte zu leiten, ist dies im Email-Austausch keine rationale Strategie, da Emails eben nicht einfach das elektronische Pendant zum Geschäftsbrief darstellen, sondern Elemente von informellem Gespräch auf dem Flur, von Telefonat, Notizzettel und offiziellem Brief vermischen.

Das Verteilen von Durchschlägen per Carbon-Copy-Eintrag hat zudem die Eigenart, dass alle Adressaten erfahren, an welche Email-Adressen weitere Kopien verschickt wurden. Manchmal ist dies gewünscht, manchmal allerdings auch sehr problematisch: Indem etwa ein im Netz tätiger Psychotherapeut Informationen zum Abrechnungs-Verfahren per Carbon Copy an seinen gesamten Klientenkreis verschickt, offenbart er damit den Klientinnen und Klienten wechselseitig, wer seine Dienste in Anspruch nimmt. Hier wären einzelne Emails angebrachter gewesen oder die Verwendung des BCC-Header-Eintrags (BCC: Blind Carbon Copy). Während Emails mit Arbeitsaufträgen („to do“) nach der Aufgabenerledigung kaum mehr gebraucht werden, sollen Emails mit Informationsbeiträgen („to read“) meist längere Zeit zur Verfügung stehen. Voraussetzung hierfür ist einerseits das Ablegen der Emails in entsprechenden Archiv-Verzeichnissen, andererseits die Verfügbarkeit von Suchfunktionen.

Führt man per Email längere Konversationen, so ist es besonders wichtig, zurückverfolgen zu können, wer wann was geschrieben hat und wer nun aktuell „am Zug“ ist. Im Email-Kontakt hat es sich bewährt, den Empfang von Botschaften (möglichst binnen kurzer Zeit) explizit zu bestätigen, um die andere Person nicht im Unklaren zu lassen über den Erfolg des Kontaktversuches und darüber hinaus ggf. die Verbindung untereinander zu festigen (vgl. Rost, 1996a).

Hat man einen Konversations-Beitrag gelesen, so kann man ihn per *Reply* beantworten, wobei man häufig den Text der zu beantwortenden Email ganz oder teilweise zitiert (sogenanntes *Quoting*). Per *Forward* werden Emails an Dritte weitergeleitet, per *Bounce* werden sie (als Form des Protests) unverändert an die Absenderadresse zurückgeschickt. Zitierte Passagen sind jeweils am Zeilenanfang durch ein Zeichen (meist „>“ oder „:“) markiert. Wird Zitiertes zitiert, so lässt die Anzahl der Zeichen (>>; >>>) die Hierarchie-Ebene erkennen (siehe Abb. 2.4).

```
>> auf einer Deiner Folien habe ich die
>> 80 Mio-Internet Nutzer-Angabe
>> gemaess IDC (oder war es ICD?) 1995 gefunden.
>> Hast Du die aus dem ausfuehrlichen
>> Ergebnisbericht oder aus einer Online-Quelle?

Body
der    > Diese Zahl habe ich aus der Grafik abgelesen.
Email  > Sie fand ich unter:
       > http://www.e-business.iao.fhg.de/idc-umfrage/

Danke fuer den Hinweis :-)
Leider konnte ich die Grafik nicht abrufen.
Ist die o.g. Netzadresse
wirklich richtig?

Gruss Nicola.
```

Abb. 2.4: Quoting mit zwei Hierarchie-Ebenen in einer Email

Man kann das Quoten als eine Strategie zur Verstehensabsicherung bezeichnen: frühere Äußerungen werden wortwörtlich in Erinnerung zurückgerufen und ermöglichen ein nahtloses Anknüpfen. Durch Quoting wird das monologische Schreiben von Briefen einer dialogischen Situation angenähert. Statt separate, abgeschlossene Botschaften zu verfassen, können beide Personen ihre Mitteilungen jeweils gezielt an den betreffenden Stellen in die Äußerungen der anderen Person einfügen. Quoting ist im Email-Verkehr (auch bei kurzen Botschaften) gang und gäbe. Und wie sinnvoll dies ist, fällt immer dann auf, wenn fehlendes Quoting das Verständnis der Botschaft verhindert: Typisch hierfür sind Ein-Satz-Replys der Form „nein, das geht leider nicht" oder „ok, in Ordnung", ohne dass noch einmal klargestellt wird, auf welchen vorgängigen Kommunikationsakt man sich eigentlich bezieht.

Das Quoten schafft nicht nur Anschluss-Stellen für die zeitversetzt ausgetauschten Mitteilungen, sondern erleichtert auch die schriftliche Diskussion über komplexe Sachfragen sowie die wechselseitige Korrektur von Texten:

> Zeitgewinn entsteht insbesondere dadurch, daß der Text des anderen nicht erst abgetippt werden muß, um einen schriftlichen Kommentar zu einer Passage des Textes abgeben zu können. Mit der Nutzung von Email werden solche Kommentare wahrscheinlicher, die sich auf ein frei wählbares Auflösungsniveau, seien dies einzelne Wörter, Sätze, Abschnitte oder der ganze Text, beziehen können. Email macht es möglich, daß Texte, deren schriftliche Kommentare und die Kommentierungen derselben innerhalb weniger Stunden weltweit ausgetauscht

> werden können. Dadurch entwickeln sich Diskussionen, die fast an die Dynamik von Gesprächen heranreichen, zugleich aber höhere Ansprüche an Argumentation einlösen, die historisch erst durch Schrift entstanden sind. (Rost, 1996a, S. 209).

Email-Austausch läuft im Unterschied zur herkömmlichen Korrespondenz kaum über Sekretariate – Emails werden selbst geschrieben, oft spontan und meist unkorrigiert abgeschickt. Dementsprechend sind Tippfehler und umgangssprachliche Wendungen nicht unüblich (vgl. Austin & Mendlik, 1994). Anekdotisch wird immer wieder berichtet, dass diese – technisch ermöglichte und sozial angeeignete – Kommunikations-*Geschwindigkeit* auch dazu verleitet, aus einer augenblicklichen Stimmung heraus Botschaften zu versenden, die man bald bereut, und denen doch durch ihre schriftliche Form mehr Bedeutung beigemessen wird als mündlichen Mitteilungen, bei denen man vielleicht den falschen Ton anschlägt und die hoffentlich schnell in Vergessenheit geraten. Andererseits begünstigt die Geschwindigkeit des Austauschs auch eine größere Nähe zwischen den Kommunikationspartnern: Will man aktuelle Erlebnisse oder Stimmungen kommunizieren, so ist die Langsamkeit der Briefpost (speziell im internationalen Austausch) ein großes Handicap. Am Alltagsleben einer geografisch entfernten Person „hautnah" (also mit einer Verzögerung nur weniger Minuten oder Stunden) teilzunehmen und gezielt mit Kommentaren, sozialer Unterstützung usw. zu reagieren, ist per Email erstmals kostengünstig möglich.

> Im Internet scheint sich Entfernung häufig in ihr Gegenteil umzukehren. Oft bekomme ich Antworten von entfernteren Orten schneller als von nahe gelegenen, weil die unterschiedlichen Ortszeiten den Angesprochenen zu antworten erlauben, während ich schlafe, so daß es mir näher erscheint. (Negroponte, 1995, S. 218)

Betrachtet man die bislang erläuterten Besonderheiten, so wird deutlich, dass das Mailen eine genuin neue Form des Kommunizierens darstellt und der Vergleich mit herkömmlichen Briefen nur metaphorisch zu verstehen ist. Das Mailen als neue, andere Kommunikationsform zu begreifen, bedeutet auch, es nicht a priori als defizitäres Surrogat des Briefeschreibens zu interpretieren. Denn obwohl einer Email zweifellos die persönliche Handschrift und das vielleicht kreativ gestaltete Briefpapier fehlen, weist das Mailen auch wiederum spezifische sprachliche und soziale Besonderheiten auf, die der Briefpost nicht eigen sind (z.B. Geschwindigkeit des Austauschs, Möglichkeit zur Weiterverarbeitung der Botschaften, dialogisches und besonders expressives Schreiben).

2.3 Mailinglisten

Eine *Mailingliste* (Mailing List) ist ein schriftliches Forum zu einem definierten Thema (Schade, 1997, S. 60f.). Sobald wir in einer Mailingliste eingeschrieben sind, können wir Emails „in die Liste" schicken und damit all diejenigen erreichen, die ebenfalls eingeschrieben sind. Umgekehrt erhalten wir automatisch alle Beiträge, die von anderen Listenmitgliedern in/an die Liste geschickt werden. Neben dieser polydirektionalen listenöffentlichen Kommunikation steht es uns frei, andere Listenmitglieder einzeln zu kontaktieren (bidirektionaler Austausch). Um private Emails begrifflich von Mailinglisten-Beiträgen zu unterscheiden, werden letztere auch als *Postings* bezeichnet. Mailinglisten funktionieren nach dem Prinzip des *Postverteilers*, allerdings mit dem Unterschied, dass elektronisch ein sehr viel schnellerer und kostengünstigerer Austausch möglich ist als via Briefpost. Letztlich haben ja erst die spezifischen Merkmale des Mailens schriftliche Diskussionsforen entstehen lassen – herkömmliche Postverteiler haben bekanntlich *immer* den Charakter von Einwegkommunikation. Wird eine solche Einweg-Kommunikation per Mailingliste realisiert, spricht man vom *Newsletter.* Mailinglisten können aus 10 Personen bestehen (Kleingruppen-Struktur), sie können aber auch mehrere hundert Teilnehmer umfassen (Netzwerk-Struktur). Sie können eine zusätzliche Kommunikationsumgebung für bestehende Gruppen darstellen oder neue Gruppen konstituieren (siehe Kap. 9).

Welche Voraussetzungen müssen erfüllt sein, um an der Mailinglisten-Kommunikation teilzunehmen (Kap. 2.3.1)? Welche Typen von Mailinglisten sind zu unterscheiden, und wie werden sie ins Leben gerufen (Kap. 2.3.2)? Welche Rolle spielt Fehladressierung im Zusammenhang mit Mailinglisten-Teilnahme (Kap. 2.3.3)? Was versteht man unter „Flaming" (Kap. 2.3.4)? Welchen typischen Verlauf nimmt Mailinglisten-Kommunikation (Kap. 2.3.5)?

2.3.1 *Voraussetzungen der Mailinglisten-Kommunikation*

Da Mailinglisten allein auf einer bestimmten Verwaltung von Emails beruhen, sind technisch nur die Bedingungen für Email zu erfüllen (Email-Adresse und Mail-Programm). Als potientielle Mailinglisten-Mitglieder müssen wir uns zunächst für eine oder mehrere konkrete Mailinglisten entscheiden und uns dort anmelden. Die inhaltliche Bandbreite von existierenden Mailinglisten ist sehr groß. So zählt *Liszt*, das größte Verzeichnis von Mailinglisten im WWW (http://www.liszt.com/), mehr als 90.000 Foren. Das Thema der Mailingliste klingt üblicherweise in ihrem Namen an; so heißt z.B. eine an der Universität Washington verwaltete Mailingliste zu psychologischen Aspekten des Computerspiel-Designs „Psygame". Diese Mailingliste ist zu erreichen unter der Email-Adresse <PSYGAME@U.WASHINGTON.EDU>.

Hat man sich für eine Mailingliste entschieden, erfolgt das Einschreiben in die Liste per Email. Mailinglisten werden üblicherweise durch ein *Listenverwaltungsprogramm* organisiert. Es gibt drei bekannte Listenverwaltungsprogramme: *Listserv*,

Listproc und *Majordomo*. Das Listenverwaltungsprogramm einer Liste ist durch eine eigene Email-Adresse erreichbar. Die formale An- und Abmeldung wird eben über diese administrative Adresse abgewickelt. Die administrative Adresse der Psygame-Liste lautet <LISTPROC@U.WASHINGTON.EDU>. Der entsprechende Eintrag im Body der Email muss heißen „subscribe PSYGAME". Nachdem Listproc die Neuanmeldung registriert hat, schickt das Listenverwaltungsprogramm dem neuen Mitglied eine Willkommensnachricht. Erst dann kann das Mitglied eine Email an die Liste schicken und damit die anderen Listenmitglieder erreichen bzw. deren Mitteilungen lesen. Das Verschicken von Emails an eine Mailingliste nennt man *Posting*, die Beiträge selbst *Posts* oder *Postings*. Eingedeutscht spricht man davon, „einen Artikel in eine Mailingliste zu posten" bzw. „ein Posting abzusetzen".

Alle Netzkundigen können sowohl an bestehenden Mailinglisten teilnehmen als auch selbst Listen ins Leben rufen. Wer eine Mailingliste gründet und verwaltet, wird als *Listenverwalterin oder -verwalter (Listowner)* bezeichnet und kann nicht nur das Thema, sondern auch die sozialen Spielregeln der Mailinglisten-Kommunikation festlegen (z.B. Zugangsbeschränkungen definieren). Wer vor Ort keinen Zugang zu einem Mailinglisten-Server hat, kann neue Mailinglisten beispielsweise bei ONElist (http://www.onelist.com/) bequem und kostenlos durch das Ausfüllen eines einzigen WWW-Formulars einrichten (zur kommunikativen Funktion des WWW siehe Kap. 2.5.5). Textbeiträge in nicht-materialer (digitaler bzw. virtueller) Form weltweit zu verbreiten und zu verwalten, eröffnet uns also technisch die Möglichkeit, soziale Foren unterschiedlichster Größe und Zusammensetzung ins Leben zu rufen – sofern sich genügend aktive Mitglieder anwerben lassen.

2.3.2 Typen von Mailinglisten

Man unterscheidet *offene* oder *öffentliche Listen* ohne Zugangsbeschränkung von den selteneren *geschlossenen Listen* (restricted/closed lists), die nur einem bestimmten Personenkreis vorbehalten sind. Bei einer geschlossenen Liste muss man zunächst an die Listenverwaltung schreiben, die entscheidet, ob man die Kriterien für die Listenteilnahme erfüllt. Zugangsbeschränkungen können z.B. so ausgelegt sein, dass an einer pädagogischen Liste nur Lehrkräfte, an einer Frauen-Liste nur Frauen oder an einer institutseigenen Mailingliste nur Institutsangehörige teilnehmen sollen. Werden alle – von den eingeschriebenen Mitgliedern und ggf. auch von Außenstehenden – in die Liste geschickten Botschaften automatisch weiterversandt, so spricht man von einer *unmoderierten Liste*. Bei den selteneren, *moderierten Listen* (moderated lists) werden die Nachrichten vor dem Weiterversenden geprüft und unter Umständen nur eingeschränkt oder gar nicht weiterverbreitet.

Diese Kontrollfunktion bezieht sich eigentlich weniger auf eine Unterdrückung bestimmter Standpunkte – wie mit dem Zensurvorwurf oft moniert wird – sondern überwiegend geht es um das Aussortieren von Werbung, Testmails, falsch formatierten und somit unlesbaren Postings oder um thematisch unpassende Beiträge. Das

Moderationsverfahren wird entweder von der Listenverwalterin oder dem Listenverwalter selbst übernommen, in die Hände eines Teams von gewählten Listenmitgliedern gelegt oder automatisiert abgewickelt durch ein Programm bzw. einen Bot (siehe Kap. 3.3.3). Genau wie bei der Definition von Zugangskriterien ist jedoch auch durch die Moderation einer Liste de facto eine Machtinstanz geschaffen. Allzu leicht kann mit der Moderations-Tätigkeit eine versteckte Agenda durchgesetzt werden (z.B Ablehnung von unliebsamen Beiträgen unter dem Vorwand, sie würden thematisch nicht passen). So blieb selbst die 1995 auf der Biennale in Venedig gegründete *nettime-Liste* (Archiv: http://www.factory.org/) – ein avangardistisches Forum für Netzkritik, das sich unter anderem besonders vehement *gegen* Zensur und Kontrolle wendet – nicht von internen Moderations-Konflikten verschont (siehe für weitere Beispiele Agre, 1995). Die meisten heute existierenden Mailinglisten sind offen und unmoderiert (vgl. Scholl, Pelz & Rade, 1996, S. 139, 141).

Neben den administrativen Fragen der Geschlossenheit und Moderation charakterisieren natürlich Thema und Teilnehmerkreis eine Mailingliste. Das thematische Spektrum von Mailinglisten ist weitgefächert, und es fehlt eine klare inhaltliche Kategorisierung, wie sie für Newsgroups existiert (Kap. 2.4.2). Hinsichtlich des Teilnehmerkreises wird neben dem Umfang der Liste oft das Verhältnis von Lurkern und Postern (siehe Kap. 4.5), von Newbies und Oldbies oder von Männern und Frauen (vgl. Kap. 4.2) als Determinante des Kommunikationverlaufs diskutiert.

2.3.3 Fehladressierung

Im Zusammenhang mit Mailinglisten sind vier Institutionen zu unterscheiden:

1. Die *Liste* – also die Gesamtheit aller Listenmitglieder – ist erreichbar über die Email-Adresse der Liste <List@Host>.
2. Das *Listenverwaltungsprogramm* ist erreichbar über die administrative Email-Adresse: <listserv@Host>, <listproc@Host> oder <majodomo@Host> oder über eine WWW-Schnittstelle.
3. Die einzelnen *Teilnehmerinnen und Teilnehmer der Liste* sind erreichbar über ihre privaten Email-Adressen.
4. Die *Listenverwalterin bzw. der Listenverwalter* sind erreichbar über ihre private Email-Adresse.

Ein typischer Fehler, der trotz wiederholter Warnungen vielen Mitgliedern von Mailinglisten immer wieder unterläuft, ist die Fehladressierung von Botschaften durch mangelnde Differenzierung der vier oben genannten Mailinglisten-Institutionen. Dies kommt typischerweise darin zum Ausdruck, dass die Message „unsubscribe“ (eine Nachricht an das Listenverwaltungsprogramm, die das Löschen der eigenen Email-Adresse aus der Liste bewirkt) nicht an die administrative Adresse, sondern an die Liste geschickt wird, so dass alle Listenmitglieder eine Email erhalten, in der steht

„unsubscribe". Bekannte Listen, die eine relativ hohe Mitgliederfluktuation aufweisen, haben ein beträchtliches Aufkommen solcher fehladressierten Botschaften.

Sozial noch problematischer als das Versenden einer „unsubscribe"-Nachricht an die Liste statt an das Listenverwaltungsprogramm ist die Verwechslung von Liste und privater Email. Gerade wenn man mit einigen Personen aus der Liste auch privaten Email-Kontakt unterhält, kann es leicht passieren, dass man eine Listen-Nachricht mit einer privaten Mail verwechselt, eine persönliche Antwort schreibt, sie per „Reply"-Befehl abschickt und damit irrtümlich an die gesamte Liste (unter Umständen also mehrere hundert Personen) versendet. Damit ist nicht nur die eigene Privatsphäre, sondern auch die der anderen Person ggf. gravierend verletzt.

Schließlich kann man es sich noch mit der Listenverwalterin oder dem Listenverwalter verderben, indem man sie mit dem Listenverwaltungsprogramm verwechselt und mit administrativen Aufgaben behelligt, die eigentlich automatisch abgewickelt werden sollen (z.B. Einschreiben in die Liste, Löschen von der Liste etc.). So verständlich solche Fehler sein mögen, so verständlich ist auch der Ärger, den sie – insbesondere durch die Häufigkeit ihres Auftretens – hervorrufen.

2.3.4 *Flaming*

Fehladressierung ist ein Anlass, sich im Netz gehörig zu ärgern. Und manchmal lassen wir es nicht beim Ärger-Gefühl bewenden, sondern reagieren mit entsprechendem Ärger-Ausdruck. Wütende Postings und Emails, die mit Kraftausdrücken operieren, eine andere Person als dumm („get a clue!"), weltfremd („get a life!"), unfähig und kindisch („you are a kid") darstellen bzw. anderweitig beleidigen und abwerten, werden im Netz als *Flames* bezeichnet. Kontroverse Themen (z.B. „Welches Betriebssystem ist das beste?", „Sind Frauen-Mailinglisten diskriminierend?", „Ist Abtreibung Mord?", „Soll man Netzinhalte zensieren?") sind gut geeignet, um unsachliche Äußerungen und Flaming zu provozieren.

Außerdem werden Fehladressierung, Grammatik- und Rechtschreibfehler nicht selten zum Anlass genommen, eine andere Person zu „flamen". Das kann sich dann so anhören: „Hey Rudolf, kannst du deine Postings nicht wenigstens einmal Korrektur lesen, bevor du uns diesen Müll zumutest? Genervt, Udo." Derartig geflamt zu werden ist für den Adressaten bereits im privaten Email-Kontakt unangenehm. Wenn ein Flame jedoch über eine Mailingliste geht und man somit öffentlich attackiert wird, bekommt die Auseinandersetzung besonderes Gewicht.

Reaktionen auf Flames können sehr unterschiedlich ausfallen. Nicht selten sind sie Anlass zum hitzigen Gegenangriff, wobei unter Umständen auch Dritte für den Angeflamten in die Bresche springen. „Hallo Udo, du Oberlehrer, hast du immer noch nicht kapiert, dass wir hier keine Deutschstunde machen. Im Übrigen gibt es auch Leute mit Lese-/Rechtschreibschwäche, hast du daran mal gedacht. Ich weiss nicht, ob das bei Rudolf so ist, aber ein bisschen mehr Toleranz kann ja nicht schaden. Noch genervter, Tobias." Je nach Klima in einer Mailingliste können sich einzelne Flames zu ganzen *Flame Wars* auswachsen und wochenlange Scharmützel nach sich ziehen. Manche Leute werfen provozierende Äußerungen auch ganz bewusst als Köder (*flame bait*) in eine Gruppe, um amüsiert zu beobachten, wie die Wellen in genau vorhersehbarer Weise hochschlagen. Zudem verschicken einige als „Scherz" provozierende Beiträge im Namen einer anderen Person, die in einem öffentlichen Terminalraum ihren Rechner gerade unbeaufsichtigt lässt (unattended terminal). Wenn etwa in einer Mailingliste nicht-anonym, sondern mit vollem Namen eine Nachricht wie „Meiner Meinung nach haben Frauen im Internet sowie nichts zu suchen", „Will hier jemand Kinderpornos kaufen" oder „Ausländer raus" auftaucht, kann man ziemlich sicher sein, dass es sich um eine solche unattended-terminal-Situation handelt. Während Netzneulinge nicht selten äußerst alarmiert auf solche Provokationen reagieren, werden Netzerfahrene den Fall z.B. mit dem Hinweis: „11. Gebot: Du sollst dich ausloggen, wenn du den Rechner verlässt" quittieren. Flames werden im übrigen auch als typische Ausdrucksformen der Netzkultur gepflegt: Legendäre Flame-Wars gehen in die Netzgeschichte ein, in dezidierten Flaming-Gruppen bemüht man sich absichtlich um Provokation, und auch Flaming-Humor fehlt nicht. Er bezieht seine Wirkung im wesentlichen daraus, dass sich letztlich doch immer wieder dieselben Flaming-Anlässe wiederholen (siehe Abb. 2.5).

Ist Flaming ein notwendiges und nützliches soziales Regulativ, um Fehlverhalten im Netz zu sanktionieren? Entspricht Flaming womöglich einem typisch männlichen Kommunikationsstil? Gibt es vielleicht die Flaming-Persönlichkeit? Wird Flaming durch die Anonymität im Netz begünstigt? Oder ist alles nur ein normaler Ausdruck von Ärger und Dissens im zwischenmenschlichen Austausch und gar nicht netzspezifisch? Als Flaming-Erklärung ist die These einer *anonymitätsbedingten Enthemmung*, die Flaming als netzspezifisches und kontraproduktives Verhalten interpretiert, besonders populär geworden (siehe Kap. 6.2 zum Herausfiltern sozialer Hinweisrzeise bei der computervermittelten Kommunikation).

Die plausible Alternativerklärung, dass die Flaming-Wahrscheinlichkeit generell in kontroversen Diskussionen erhöht ist, und Netzforen aufgrund ihrer Themen, Publika und Kommunikationsnormen im Vergleich zu anderen Foren besonders häufig Dissens produzieren, wird im Zusammenhang mit der Enthemmungs-These meist gar nicht diskutiert. Dabei liefern FAQs (Frequently Asked Questions, siehe Kap. 2.4.4) zumindest anekdotische Evidenzen in dieser Richtung. Die FAQ der Newsgroup <de.talk.jokes> beantworten die Frage „Welche Witze sind zulässig?" beispielsweise folgendermaßen:

> ALLE! Wir sind nämlich gegen Zensur. Nur für die Folgen wird nicht garantiert. Wer Geschmackloses schreibt sollte sich darüber im Klaren sein, dass er viele Antworten bekommt, welche nicht unbedingt einen freundlichen Inhalt haben.

Die Möglichkeit, Mailinglisten- oder Newsgroup-Beiträge ohne redaktionelle Vorauswahl oder Überarbeitung einem breiten Publikum zu präsentieren, sorgt nicht nur für eine Vielfalt der Positionen, sondern gleichzeitig auch für ein besonders großes *Dissens-Potential*.

Dear

[ ] nerd	[ ] clueless one	[ ] twit	[ ] great man on campus
[ ] geek	[ ] dweeb	[ ] twerp	[ ] comrade
[ ] Elvis	[ ] moon beam	[ ] newbie	[ ] Obergruppenfuehrer
[ ] citoyen	[ ] loser	[ ] grad student	[ ] cur

You are gently being flamed because:

[ ] your post had numerous spelling and/or grammatical errors

[ ] you quoted an article in followup and added no new text

[ ] your signature is too big

[ ] your post contained commercial advertising

[ ] you asked a question that is answered in the FAQ

[ ] you continued a boring useless stupid thread

[ ] you advocated Net censorship

[ ] YOU SCREAMED!

[ ] you posted some sort of crap that doesn't belong in this group

[ ] you send an "unsubscribe me" request to the whole mailing list

[ ] your post reflected racial, ethnic, religious, or sexual bigotry

[ ] you repeatedly assumed unwarranted moral or intellectual superiority

[ ] you repeatedly showed lack of humor

[ ] your apparently under compulsion post to every thread

Thank you for the time you have taken to read this. Live n' Learn.

Abb. 2.5: Hilfestellung zur Produktion von Flames (Quelle: unbekannt)

2.3.5 Kommunikationsverlauf in Mailinglisten

Im Mailinglisten-Alltag stehen natürlich nicht Adressierungsprobleme und Flames im Mittelpunkt, sondern inhaltliche Diskussionen. Der Kommunikationsverlauf in Mailinglisten zeichnet sich durch charakteristische Schwankungen aus. Auf Schweigephasen, in denen über Tage, Wochen oder Monate gar keine Beiträge eingehen (*schlafende Liste*), folgen sehr aktive Phasen mit mehreren Dutzend Postings pro Tag.

Dies ist üblicherweise dann der Fall, wenn brisante Themen auf der Agenda stehen oder eine polarisierende Aussage als Auslöser fungierte. Ebenso sind Themenkarrieren sehr unterschiedlich. Häufig wird eine Anfrage mit wenigen Antworten abgearbeitet. Mancher Diskussions-Anstoß verläuft auch völlig im Sande oder wird nicht öffentlich in der Liste, sondern via privater Email weiterverfolgt. Einige Dauerbrenner-Themen beschäftigen die Liste regelmäßig. Nicht selten werden auch drei oder vier Diskussionsstränge parallel abgearbeitet. So erhält man vielleicht aus einer Mailingliste an einem Tag 11 Beiträge, von denen sich vier auf Thema A, zwei auf Thema B und zwei auf Thema C beziehen. Hinzu kommen zwei fehlgeleitete unsubscribe-Botschaften und eine Testmail („Hallo, könnt Ihr meine Mail lesen?").

Um Mailinglisten effektiv zu nutzen und nicht unter dem Gefühl der Überflutung mit Beiträgen zu leiden, müssen wir also Verwaltungs- und Verarbeitungs-Strategien entwickeln. Ob eine Mail aus einer Mailingliste stammt oder privat verschickt wurde, erkennt man am *Header*. Ob verschiedene Beiträge aus einer Mailingliste sich auf dasselbe Thema beziehen und somit einen *Thread* bilden, sollte an der Betreffzeile (subject) ablesbar sein. Da das Subject jedoch von Hand eingegeben wird, kommen auch hier häufiger Fehler vor. Typischerweise wird eine alte Betreffzeile (z.B. „Workshop-Ankündigung") beibehalten, obwohl anlässlich dieser Nachricht mittlerweile über ein ganz anderes Thema (z.B. gute Kneipen in Paderborn) diskutiert wird. Empfehlenswert ist es zudem, die eigenen Postings mit einer aussagekräftigen Signature zu versehen, damit allen Beteiligten klar ist, von wem eine Botschaft stammt. Außerdem markiert die Signature das offizielle Ende eines Postings und zeigt, dass der Beitrag vollständig übertragen wurde. Bei der Mailinglisten-Nutzung sind drei Aufgaben zu bewältigen:

- Die erste Aufgabe besteht darin, die aus Mailinglisten eingehenden Postings aus dem gesamten Email-Aufkommen herauszufiltern und angemessen zu verwalten. Wichtige Faktoren sind hierbei *Priorisierung* (wie dringend ist eine inhaltliche Auseinandersetzung mit den Beiträgen?) und *Archivierung*: Sollen die gelesenen oder ungelesenen Beiträge – vollständig oder selektiv – a) in der Inbox gehalten, b) in einem Archiv-Verzeichnis gespeichert, c) ausgedruckt oder d) gleich gelöscht werden? Solche Entscheidungen sind vom individuellen Zweck der Mailinglisten-Teilnahme abhängig. Bei sehr aktiven Mailinglisten ist es ratsam, auf die *Digest-Form* zurückzugreifen – dann erhält man nämlich nicht jedes einzelne Posting separat zugestellt, sondern sämtliche Postings eines definierten Zeitraums (z.B. einer Woche) gebündelt.
- Die zweite Aufgabe ist die adäquate *Interpretation* der Botschaften. Genau wie im privaten Email-Austausch kann es auch in Mailinglisten zu Missverständnissen kommen, etwa weil eine ironische Bemerkung ernstgenommen oder eine kritische Anmerkung als beleidigend empfunden wird. Zudem können zeitliche Verzögerungen in der Verbreitung von Postings oder mangelnde inhaltliche Bezüge der Beiträge den Eindruck von Zusammenhangslosigkeit und Chaos er-

wecken (zum Problem der mangelnden Nachrichtenverbundenheit siehe Hesse, Grasoffky & Hron, 1997). Nützlich ist es deswegen oft, Hintergrundinformationen und frühere Postings zu Rate zu ziehen, um den Stellenwert und Kontext eines Einzelbeitrags besser einschätzen zu können.

- Die dritte Aufgabe schließlich besteht darin, auf einen Beitrag angemessen zu *reagieren* bzw. bei Bedarf selbst einen neuen Diskussionsanstoß zu geben. Hierbei sind einerseits technische Grundkenntnisse von Belang (z.B. Bedienung des Mailprogramms, korrekte Formatierung und Adressierung der Botschaft), andererseits sind aber auch inhaltliche und soziale Kompetenz gefragt: Passt der Beitrag thematisch in die Gruppe? Ist er verständlich geschrieben? Woran liegt es, dass noch keine Antworten eingegangen sind? Wie reagiere ich auf kritische Kommentare, die vom Thema abschweifen? Derartige Fragen werden teilweise von der Netiquette beantwortet, sind aber immer wieder auch Gegenstand von Mailinglisten-internen Debatten auf der Metaebene. Wenn in einer wissenschaftlichen Mailingliste beispielsweise gehäuft Postings von Studierenden eingehen, die um Literaturquellen bitten, wird dieser Umstand durchaus kontrovers bewertet: Manche Wissenschaftlerinnen und Wissenschaftler fühlen sich durch diese Anfragen gestört und fordern die Studierenden zum selbständigen Arbeiten auf („wir sind hier keine Literaturdatenbank"), andere dagegen fühlen sich gerade als Experten zur Informationsweitergabe an den Nachwuchs verpflichtet.

Nach den hier erläuterten Besonderheiten der Mailinglisten-Kommunikation ist zunächst dieselbe Zwischenbilanz zu ziehen wie beim Email-Austausch: Ebensowenig wie die Email als elektronisches Äquivalent der Briefpost zu verstehen ist, sind Mailinglisten als Internet-Äquivalente herkömmlicher Face-to-Face-Diskussionsrunden aufzufassen. Zwar gibt es einige strukturelle Ähnlichkeiten zwischen Mailingliste und Diskussionsrunde (mehrere Personen, Themenbezug, verbale Äußerungen etc.), aber schwerer wiegen die medienbedingten Differenzen (schriftliche Beiträge, zeitversetzter Austausch, kein zeitlicher Anfangs- und Endpunkt, diskontinuierlicher Verlauf, geografisch verteilter Mitgliederkreis und starke Fluktuation).

2.4 Newsgroups

Eine *Newsgroup* ist ein schriftliches Austauschforum zu einem definierten Thema (vgl. Schade, 1997, S. 61ff.), bei dem die Beiträge nicht wie bei Mailinglisten automatisch per Email an einen mehr oder minder überschaubaren Kreis von eingetragenen Mitgliedern geschickt werden (*Push-Prinzip:* passives Versorgtwerden mit Informationen), sondern auf Newsservern öffentlich zugänglich bereitstehen und von Interessierten dort abgeholt werden können *(Pull-Prinzip:* aktives Besorgen von Informationen). Während man bei einer Mailingliste den Teilnehmerkreis exakt bestimmen kann (denn alle Mitglieder sind mit ihrer individuellen Email-Adresse in der Liste eingetragen), liegen für den Leserkreis von Newsgroups nur Schätzungen vor. Zunächst einmal muss geschätzt werden, wie viele News-Server weltweit zur Verfügung stehen. Dann muss geschätzt werden, wie viele Personen diese Server nutzen. Schließlich ist noch zu identifizieren, welche Gruppen sie lesen.

Gemäß dem letzten offiziellen Usenet Readership Report vom Mai 1995 (Reid, 1995a) war <news.announce.newusers> mit gut einer Million Leserinnen und Lesern die populärste Newsgroup; sie vereinte 6% der Leserschaft des Usenet (16,5 Millionen) auf sich. Alle Newsgroups auf den ersten 15 Plätzen wurden von mehreren Hunderttausend Personen gelesen, wobei es inhaltlich um Unterhaltung und Sexualität, um Computer und Internet sowie um Job-Angebote ging. Newsgroups, die auf der Popularitätsskala weit unten standen, hatten immerhin noch eine Leserschaft von mehreren Tausend Personen (z.B. stand <alt.tennis> mit 6.200 Leserinnen und Lesern auf Platz 3.000). Gemäß Franz (1995a) unterschätzt Reid (1995a) das Usenet-Publikum aufgrund eines Auswertungsfehlers (Reid, 1995b). Die revidierten Ergebnisse für Mai 1995 (Franz, 1995b) legen nahe, dass die auf Platz 3000 rangierende Newsgroup (nun: <rec.aviation.hang-gliding>) sogar von 23.000 Personen gelesen wurde.

Der Teilnehmerkreis einer Newsgroup setzt sich aus einer großen Gruppe von Lurkern (Personen, die nur mitlesen, aber selbst nicht posten) und einer kleinen Gruppe von Postern (Personen, die auch eigene Beiträge liefern) zusammen. Häufig vergleicht man Newsgroups mit Schwarzen Brettern oder beschreibt sie als Zeitschriften, die nur aus Leserbriefen bestehen. Diese Metaphern sind jedoch problematisch, weil sie in erster Linie den Informationsaustausch ansprechen und die vielfältigen interpersonalen Kontakte und Beziehungen vernachlässigen, die sich über Newsgroups ergeben. So haben nicht wenige Newsgroups ebenso wie Mailinglisten den Charakter *virtueller Gemeinschaften* (siehe Kap. 9.4) und bieten diverse Gelegenheiten zum Anknüpfen privater Email-Kontakte (siehe Kap. 8.4).

Welche Voraussetzungen müssen erfüllt sein, um an der Newsgroup-Kommunikation teilzunehmen (Kap. 2.4.1)? Welche Typen von Newsgroups gibt es und wie werden sie ins Leben gerufen (Kap. 2.4.2)? Inwiefern tangieren Phänomene wie Being Off-Topic, Crossposting und Spamming die Newsgroup-Kommunikation (Kap. 2.4.3)? Wie wird durch Netiquetten und FAQs das Kommunikations-Geschehen geregelt (Kap. 2.4.4)? Welchen typischen Verlauf nehmen Kommunikationsprozesse in Newsgroups (Kap. 2.4.5)?

2.4.1 Voraussetzungen der Newsgroup-Kommunikation

Über Newsgroups wird nicht nur eine viel größere Öffentlichkeit erreicht als über Mailinglisten, sondern auch eine übersichtlichere Darstellung der Artikel oder Postings realisiert. Für die Newsgroup-Teilnahme reicht ein Email-Programm nicht aus, man braucht spezielle Software (*Newsreader*). Newsreader sind entweder separat zu haben oder bereits Bestandteil des WWW-Browsers (siehe Kap. 2.5.1). Der Newsreader ruft die Inhalte der Newsgroups von einem *Newsserver* ab und ermöglicht das Lesen, Speichern, Löschen, Beantworten und Verschicken von Postings (siehe Abb. 2.6). Der NetNews- bzw. News-Dienst ist historisch gesehen nicht im Internet, sondern im UUCP-basierten (UUCP: Unix to Unix CoPy) *Usenet* entstanden (siehe Musch, 1997, S. 37ff.). Um zu betonen, dass der News-Dienst kein genuiner Internet-Dienst ist, sondern von fast allen Mitgliedern der Matrix (vgl. Kap. 1.1) genutzt werden kann, spricht man häufig explizit von Usenet-Newsgroups.

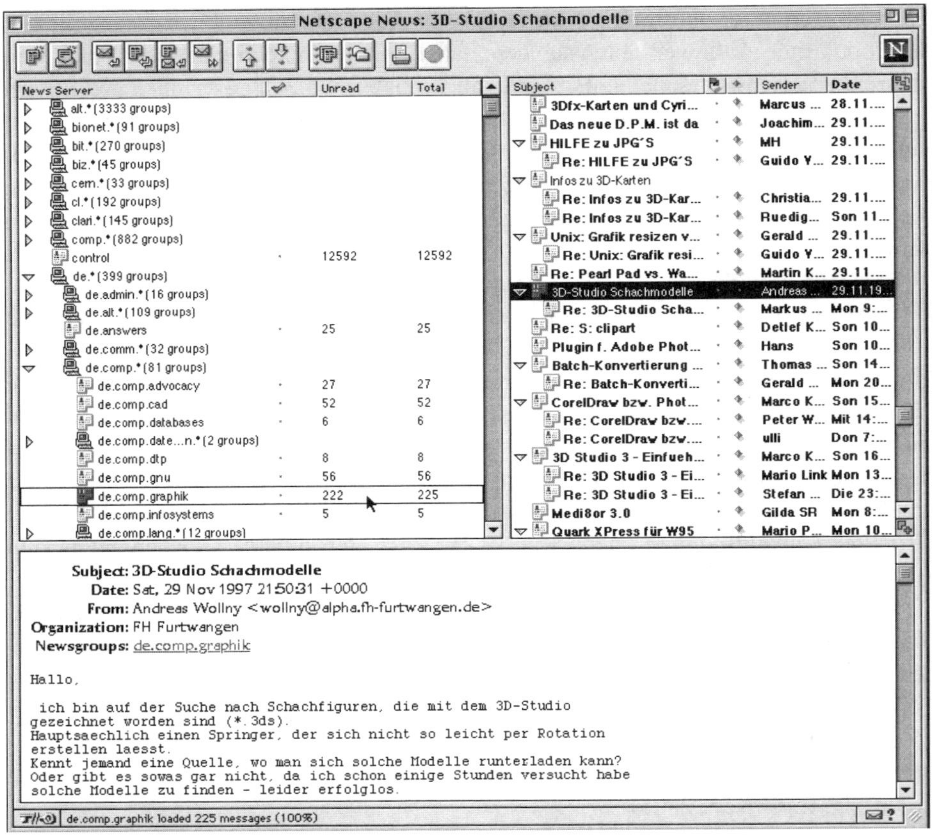

Abb. 2.6: Liste mit Newsgroups, ausgewählte Newsgroup, selektierter Artikel

Ist ein Newsreader installiert und der nächstgelegene Newsserver angewählt, so kann man sich aus der Liste aller von diesem Server angebotenen Newsgroups (meist sind es zwischen 4.000 und 10.000 Gruppen) einige auswählen. Das lokale Newsgroup-Angebot stellt einen Ausschnitt aus den rund 60.000 weltweiten Newsgroups dar, von denen allerdings nur ca. 16.000 von internationaler Bedeutung sind. Dass auf den meisten Newsservern nicht alle Newsgroups angeboten werden, ist auf den begrenzten Speicherplatz der verfügbaren Festplatten zurückzuführen. Newsgroups, die durch ihren *lokalen Fokus* von geringer Relevanz sind (z.B. ist eine indonesische Newsgroup, in der es um den privaten An- und Verkauf von Computerzubehör geht, für das deutsche Publikum praktisch uninteressant) sowie Newsgroups, deren *Inhalte kontrovers* sind (z.B. Newsgroups, in denen erotische und pornografische Fotos mit bestimmten Themenspezialisierungen verbreitet werden), sind deswegen auf vielen Newsservern nicht zu finden. Wählt man sich aus den vom Server bereitgehaltenen Newsgroups zum Lesen einige aus, so spricht man genau wie bei Mailinglisten vom *Abonnieren.* Allerdings muss man dazu keine Anmelde-Email verschicken, sondern nur im Newsreader die gewünschte Gruppe aufrufen.

Der Newsreader listet auf der obersten Ebene zunächst alle abonnierten Newsgroups auf. Durch Aktivieren des Newsgroup-Namens gelangt man dann in die Newsgroup, die sich als chronologisch und thematisch geordnete Liste von Postings darstellt. Gegenüber Mailinglisten hat man hier also zwei Vorteile: die Postings sind a) von den übrigen Emails separiert und b) inhaltlich gebündelt zugänglich. Die inhaltliche Bündelung von Postings zum selben Thema nennt man *Thread.* Er kommt dadurch zustande, dass bei der Antwort auf ein Posting nicht nur dieselbe Betreffzeile verwendet, sondern mit dem *Follow-up*-Befehl auch für eine Verknüpfung der Beiträge gesorgt wird. Damit stellen sich Newsgroups übersichtlicher dar als Mailinglisten, bei denen man selbst erst ein Archivierungssystem finden muss, was in Abhängigkeit vom verwendeten Mail-Programm mehr oder weniger komfortabel ausfällt.

2.4.2 Typen von Newsgroups

Bei den Mailinglisten haben wir moderierte und unmoderierte sowie offene und geschlossene Listen unterschieden. Da Newsgroups ohne ein kontrolliertes Verfahren des An- und Abmeldens operieren, sind sie grundsätzlich immer öffentlich (das Publikum einer Usenet-Newsgroup ist also nicht kontrollierbar oder eingrenzbar). Allerdings lässt sich ein *Moderationsverfahren* realisieren, bei dem die Artikel nicht unmittelbar in die Newsgroup gepostet, sondern zunächst einem Moderationsverfahren unterworfen werden. Während einige Newsgroup-Mitglieder das Thema Moderation eher pragmatisch betrachten und weniger Inhalte „zensieren“ als vielmehr „Rauschen“ eliminieren wollen, empfinden andere den Vorgang der Moderation als Eingriff in den „Free Flow of Information“. Daher existieren zu diversen Themen unmoderierte und moderierte Newsgroups nebeneinander. Manche moderierten Newsgroups haben auch reinen Informationscharakter und dienen nicht der öffentlichen Diskussion: So werden beispielsweise in <de.soc.recht.announce> aktuelle Gerichtsurteile wortgetreu publiziert, nicht jedoch diskutiert.

Wichtiger als die Differenzierung zwischen moderierten und unmoderierten Newsgroups ist deren inhaltliche Einteilung. Newsgroups werden in acht thematische Hierarchien (*Big Eight*) rubriziert (siehe Tab. 2.2). Diese Hierarchien gliedern sich auf tieferen Ebenen in Subhierarchien auf. Newsgroup-Namen setzen sich aus den Kürzeln der einzelnen Hierarchien und Subhierachien zusammen und sollten möglichst „sprechend" sein. So ist etwa die Newsgroup <sci.psychology.research> eindeutig als wissenschaftliches Forum (sci. = science) erkennbar, in dem es um psychologische (psychology.) Forschung (research) geht.

Neben den weltweit verbreiteten Newsgroups der acht großen Hierarchien gibt es noch zahlreiche nationale und lokale Newsgroups. So stehen etwa die deutschsprachigen Newsgroups in der Hierarchie <de.*>, die 370 Gruppen umfasst (Stand: August 1998). Auch die Diskussionsforen vieler Mailbox-Netze (sogenannte *Bretter*) werden via Usenet zugänglich gemacht; die Bretter des Z-Netzes stehen beispielsweise in der Hierarchie <z-netz.*> und die des Offenen Deutschen Schulnetzes (ODS) in der Hierarchie <schule.*>. Wir alle sind ermächtigt, neue Newsgroups zu gründen. Da Newsgroups jedoch über ein weltweites Netz von Newsservern verteilt werden und dabei nicht unerhebliche Ressourcen (Verwaltungsaufwand, Festplattenplatz etc.) verbrauchen, müssen wir uns bei der Neugründung an bestimmte Regeln halten. Diese laufen darauf hinaus, dass nur solche Newsgroups gegründet werden, für die es eine kritische Masse an Interessierten und ausreichenden Diskussionsbedarf gibt (für Regeln der Newsgroup-Gründung siehe Donnerhacke, 1996a, und den Sever des deutschsprachigen Usenet: http://www.dana.de/). Denn um einen Insider-Diskurs im Netz zu organisieren, ist eine Mailingliste natürlich viel ökonomischer als eine Verbreitung der Gruppe auf tausenden von Newsservern weltweit.

Tab. 2.2: Die acht großen Newsgroup-Hierarchien (Big Eight)

Hierarchie	*Kürzel*	*Beispiel-Newsgroup*
1. Netnews	News.*	news.questions.newusers
2. Computer	Comp.*	comp.multimedia
3. Science	sci.*	sci.psychology.research
4. Social Life	soc.*	soc.culture.bolivia
5. Recreation	rec.*	rec.aquaria.freshwater.goldfish
6. Talk	Talk.*	talk.politics.drugs
7. Miscellaneous	Misc.*	misc.forsale.computers.printers
8. Humanities, Arts	Humanities.*	humanities.philosophy.objectivism

Bevor eine Newsgroup eingeführt werden kann, muss man zunächst den Vorschlag zur Neugründung der Newsgroup als RFD (*Request for Discussion*) in der Newsgroup <news.groups> zur Diskussion stellen. Innerhalb eines Monats wird dann über den Namen der Newsgroup, die *Charter* (Festlegung von Thema und Zielsetzung der

Newsgroup), die richtige Platzierung in einer Hierarchie sowie ggf. auch über das Moderationsteam verhandelt. Im Zuge dieser Diskussionen wird die erste RFD meist in eine Endfassung (2. RFD) überführt. Sind diese Fragen geklärt, so kann im nächsten Schritt mit einem CFV (*Call for Votes*) zur Abstimmung über die Gründung der Newsgroup gemäß dem zweiten RFD aufgerufen werden. Die Stimmabgabe, zu der alle Personen mit Netzzugang berechtigt sind, muss innerhalb eines Monats erfolgen. Sind mehr als zwei Drittel der abgegebenen Stimmen für die Newsgroup-Gründung und übersteigt die Zahl der Ja-Stimmen die der Nein-Stimmen um mindestens 100, so wird die Newsgroup gegründet. Kann ein Neugründungs-Vorschlag diese Kriterien nicht erfüllen, ist frühestens nach einem halben Jahr eine erneute Abstimmung möglich. Selbst im günstigen Fall nimmt die Newsgroup-Gründung mindestens zwei Monate in Anspruch; demgegenüber kann eine Mailingliste (siehe Kap. 2.3) binnen zwei Minuten ins Leben gerufen werden.

Die Vorschriften zur Newsgroup-Gründung scheinen auf den ersten Blick ein besonders beeindruckendes Beispiel dafür zu sein, wie die Usenet-Gemeinschaft ihren Mediengebrauch demokratisch organisiert. Aber der Schein trügt. Denn mochten die beschriebenen Regularien in den Anfangszeiten des Netzes noch demokratisches Vorgehen sicherstellen, so sind sie beim heutigen Umfang des Usenet im Grunde überholt: Bereits 1996 gab es rund 16.000 international relevante Newsgroups mit insgesamt gut vier Millionen Postings pro Monat (siehe Kap. 4.6). Wer soll hier den Überblick behalten? Die allermeisten Usenet-Nutzerinner und -Nutzer konzentrieren sich auf ihre Lieblings-Newsgroups und nehmen nicht aktiv an der Gestaltung des Usenet teil:

> Diese Nutzer interessieren sich nicht dafür, ob eine Newsgroup über Umweltinformatik eingerichtet wird. Es gibt Personen, für die dies eine quasi-religiöse Frage ist, und sie widmen Stunden dem Thema, ob Umweltinformatik besser unter Wissenschaft oder Politik paßt. Gerade bei Reizthemen wie Kommerz oder Religion gibt es keine Kompromisse. Es bleibt nur die Möglichkeit abzustimmen. [...] Bei großzügigen Schätzungen liest die Newsgroup für Abstimmungen im deutschsprachigen Raum [gemeint ist: <de.admin.news.announce> kurz: dana, N.D.] einer von fünfzig. Die Beteiligung an solchen Abstimmungen ist entsprechend. Dreihundert Teilnehmer sind da schon viel. Bei einer Zahl der Betroffenen, die bei 50.000 liegt, kann man nicht mehr von „Mehrheit" sprechen. Wäre die Auswahl der Abstimmenden wenigstens repräsentativ, so hätte es zumindest einen demokratischen Anstrich. Es ist jedoch so, daß ein Rundschreiben einer bekannteren Netzpersönlichkeit aus der Netzszene für eine Verdoppelung der Wähler bei der betroffenen Abstimmung sorgen kann. [...] Es gibt im Netz etwa 50 bis 100 Personen, die eine derartige Bekanntheit besitzen. Letztendlich wäre es effektiver, nur diese abstimmen zu lassen. Man kann das Netz deshalb weder anarchisch noch demokratisch nennen. Der Begriff „feudalistisch" trifft es wohl noch am besten. (Gisor, 1997, S. 57f.)

Das hier beschriebene Dilemma, dass demokratische Regeln ihren ursprünglichen Sinn verfehlen, wenn sich die Mehrheit nicht beteiligt, ist aus anderen Zusammenhängen bekannt (z.B. studentische Universitätspolitik). Während die Mehrheit wegen Informations- und/oder Motivations-Mangel passiv bleibt, investiert eine aktive Minderheit sogenannter *Freaks* sehr viel Zeit und Energie in die Erledigung von Gemeinschaftsaufgaben und sucht dabei verständlicherweise auch Gratifikationen (z.B. Netzbekanntheit, Macht, Selbstwirksamkeit; siehe Kap. 7.4.1 zur Identifikation mit der Netzkultur). Am Beispiel Newsgroup-Gründung zeigt sich, dass die Vorstellung einer durch und durch demokratischen Organisation der Netzwelt eine (technikdeterministische) Utopie darstellt, denn allein die Option zur digitalen Stimmabgabe schafft eben keine Wahlmotivation und keine breite Wahlbeteiligung. Aus pragmatischer Sicht ist jedoch vielleicht zu konstatieren, dass das etablierte „feudalistische" Verfahren seit vielen Jahren auf ehrenamtlicher Basis zufriedenstellend funktioniert.

Tab. 2.3: Artikelaufkommen in den Big-Eight und der <alt.*>-Hierarchie (Quelle: Daten aus Batinic, 1996b)

	Dez 1989	Okt 1991	Nov 1992	Sep 1996	Steigerung	Anteil Sep 1996
alt	4.291	20.251	93.865	1.731.583	400-fach	39%
rec	19.766	40.426	117.836	940.757	50-fach	21%
comp	14.747	28.194	99.753	471.007	30-fach	11%
misc	3.324	4.768	14.314	244.274	70-fach	6%
soc	5.472	12.912	45.389	214.156	40-fach	5%
sci	2.607	5.520	18.393	82.993	30-fach	2%
news	1.059	1.391	4.629	48.197	50-fach	1%
talk	3.694	4.707	14.774	38.941	10-fach	1%
humanities	-	-	-	1.616	-	0%
Big Eight und <alt.>*	*54.960*	*118.169*	*408.953*	**3.773.524**		*86% von 4,4 Mio.*
gesamtes Usenet	62.390	142.831	504.581	**4.400.164**	70-fach	

Um die für die Big Eight gültigen Restriktionen zu umgehen, wurde als Alternative die sogenannte *<alt.*>-Hierarchie* eingeführt. Die <alt.*>-Hierarchie unterliegt weniger strengen Regeln: Hier können Newsgroups binnen einer Woche kreiert werden. Diese Liberalität führt unter anderem dazu, dass in der <alt.*>-Hierarchie eine ganze Reihe toter Gruppen existieren, die aus einer spontanen Idee heraus geboren wurden (z.B. <alt.get.a.life.nintendo.addicts>), ohne dass wirklich Diskussionsbedarf besteht. Auf der anderen Seite gehören populäre sexualbezogene Newsgroups der <alt.*>-Hierarchie an (zur Popularität sexualbezogener Netzinhalte siehe Kap. 4.7). Generell ist die <alt.*>-Hierarchie die postingintensivste (siehe Tab. 2.3).

Um Netzressourcen zu sparen (sexualbezogene Gruppen sind sehr stark durch Werbung belastet) und/oder soziale oder gar juristische Konflikte (z.B. wegen der Verbreitung von Pornografie) zu vermeiden und/oder einfach nur einer bestimmten Sexualmoral zu genügen, bieten viele Newsserver die <alt.*>-Hierarchie oder die *Subhierarchie <alt.sex.*>* überhaupt nicht an. Prinzipiell steht es dem Betreiber eines Newsservers frei, das Newsgroup-Angebot, das er kostenlos oder kostenpflichtig als *Service* zur Verfügung stellt, nach eigenen Kriterien zu gestalten. Dennoch wird der systematische Ausschluss bestimmter Newsgroups (speziell wenn er auf wichtigen öffentlichen – z.B. universitären – Newsservern vorgenommen wird), umgangssprachlich als „Zensur" bezeichnet. Die juristische Stellung von Internet-Service-Providern und Server-Betreibern ist in Deutschland und international weitgehend unklar. Während einerseits argumentiert wird, dass Internet-Provider oder Online-Dienste ebenso wie Telefongesellschaften nur die Kommunikations-Infrastruktur zur Verfügung stellen und nicht für die kommunizierten Inhalte zuständig sind, wird andererseits versucht, Internet-Anbieter wie Herausgeber von Printmedien zu behandeln, die dann im Sinne des Presserechts für das Publizierte verantwortlich wären. Diese *Rechtsunsicherheit* ist ein weiterer Grund und/oder Vorwand dafür, selektiv einzelne Newsgroups oder Subhierarchien von Newsservern auszuschließen.

Der Preis für die vereinfachte und beschleunigte Newsgroup-Gründung in der <alt.*>-Hierarchie ist also eine geringere Verbreitung (Reid, 1995a). Da im Usenet jedoch Newsserver zur Verfügung stehen, die sämtliche Newsgroups führen und die kostenfrei oder kostenpflichtig genutzt werden können, ist es schwer, uns bestimmte Informationen oder Diskussionsgelegenheiten vorzuenthalten. Dies ist ein Beispiel für die Konsequenzen der dezentralen und flexiblen Struktur des Internet, das sich letztlich vielen lokalen Kontrollbestrebungen entzieht bzw. sie „per Umleitung" umgeht (vgl. Kap. 1.1).

2.4.3 *Being Off-Topic, Crossposting, Spamming*

Während bei Mailinglisten die Verwechslung zwischen administrativer Adresse und Listenadresse ein Dauerproblem darstellt (Kap. 2.3.3), ist im News-Dienst die richtige Auswahl einer thematisch geeigneten Gruppe ein großes Problem. Beim Posten können und müssen wir selbst entscheiden, in welche und in wie viele Newsgroups der gerade geschriebene Artikel geschickt werden soll. Dabei kann man zum einen thematisch falsche Zuordnungen treffen (im Netzjargon: *off-topic*) und es zum anderen mit der Verbreitung des Artikels übertreiben. Ob ein Artikel off-topic ist oder noch in den inhaltlichen Fokus der Gruppe passt (also *on-topic* bleibt), ist manchmal nicht ganz eindeutig. Um Konflikten vorzubeugen, bietet es sich an, im Zweifelsfall den geringen Themenbezug am Beginn des Postings anzukündigen und ggf. zu begründen (Disclaimer) und/oder dem Beitrag am Ende eine Bemerkung mit explizitem Themenbezug hinzuzufügen. Wer etwa nach <de.talk.jokes> einen Beitrag postet, der als solcher nicht lustig ist, beendet das Posting mit einem Pflichtwitz (OJ: Obligatory Joke), um nicht völlig off-topic zu sein.

Einen Artikel in drei bis sechs thematisch verwandte Gruppen zu schicken, kann sinnvoll sein, etwa um den Adressatenkreis einer Mitteilung zu erhöhen (z.B. bei der Verbreitung eines Online-Fragebogens, siehe Kap. 5.3.2). Außerdem kann es darum gehen, gezielt unterschiedliche Teilpublika anzusprechen (z.B. ist die Thematisierung von Homophobie sowohl in schwul-lesbischen, in sozialwissenschaftlichen als auch in religiösen Gruppen möglich; vgl. Kap. 9.4 zu virtuellen sozialen Netzwerken). Hierzu benutzt man die Methode des *Crossposting*. Sie bewirkt, dass Personen, die mehrere der mit dem Artikel bestückten Newsgroups lesen, den betreffenden Artikel doch nur einmal angezeigt bekommen. Wichtig beim Crossposting ist das Setzen des *Follow-up*, also die Entscheidung für *eine* Gruppe, in der die Antworten eingehen und die weitere Diskussion stattfindet. Exzessives Crossposting (ECP) gilt als Verschwendung von Netzressourcen und heißt *Velveeta*.

Denselben Artikel nicht per Crossposting, sondern durch einzelne Postings in mehreren Gruppen zu verbreiten (multiples Posting) gilt als unhöflich und wird bei mehr als 15 Newsgroups als *Spam* bezeichnet. („Spam" ist ein Kunstwort, das einem Sketch der britischen Comedy-Gruppe Monty Pythons entnommen wurde.) Spamming ist eine gravierendere Verletzung der Netzregeln (bzw. Netiquette s.u.) als exzessives Crossposting (Velveeta).

Eine Mischung aus Velveeta und multiplen Einzelpostings (Spam), wie es zuweilen bei Werbung im Netz vorkommt, nennt man auch *Jello*. Velveeta und Spamming tragen dazu bei, die inhaltliche Fokussierung von Newsgroups aufzuweichen und damit ihre Lesbarkeit deutlich zu erschweren: Wenn wir uns zunächst durch einen Berg thematisch irrelevanter Postings und Werbeannoncen hindurcharbeiten müssen, bevor wir auf substantielle Beiträge stoßen, kostet das nicht nur Zeit und Mühe, sondern auch Geld (vgl. Kap. 1.3). Spamming zu Werbezwecken ist ein Hauptgrund für die Einrichtung moderierter Newsgroups.

2.4.4 Netiquetten und FAQs

Unter *Netiquette* versteht man die Netz-Etikette, also Regeln für korrektes Verhalten im Netz. Es ist jedoch ungenau, von „der" Netiquette zu sprechen. Denn wir treffen in unterschiedlichen Netzen (z.B. Mailbox-Netze, Online-Dienste, Intranets, Internet), in unterschiedlichen Diensten innerhalb eines Netzes (z.B. Mailinglisten, Newsgroups, Chat-Channels im Internet) sowie in unterschiedliche Foren eines Dienstes (z.B. Newsgroup A versus Newsgroup B im Internet) teilweise auf ganz unterschiedliche Normen für adäquates Kommunikationsverhalten. Dennoch versucht man für die Sozialisation der Netzneulinge (*Newbies*) möglichst klare Grundrichtlinien anzugeben (siehe Tab. 2.4).

Tab. 2.4: Zwei Varianten der Netiquette (Übereinstimmungen kursiv)

16 Netiquette-Regeln *<de.newusers.info>*	*10 Netiquette-Regeln* *Goldmann, Herwig & Hooffacker (1995)*
1. Vergessen Sie niemals, dass auf der anderen Seite ein Mensch sitzt!	1. Denken Sie daran, dass Menschen Ihre Texte lesen
2. Erst lesen, dann denken. Noch einmal lesen, noch einmal denken. Und _dann_ erst posten!	2. Fassen Sie sich kurz!
3. Teilen Sie etwas Neues mit!	3. Vermeiden Sie Redundanz!
4. Ihre Artikel sprechen für Sie – Seien Sie stolz auf sie!	4. Verwenden Sie eine kurze Signatur!
5. Nehmen Sie sich Zeit, wenn Sie einen Artikel schreiben!	5. Schicken Sie keine Nachricht doppelt!
6. Vernachlässigen Sie nicht die Aufmachung Ihres Artikels!	6. Achten Sie darauf, was Sie über andere Leute sagen!
7. Achten Sie auf die „Subject:"-Zeile!	7. Schreiben Sie einen aussagekräftigen Betreff!!
8. Denken Sie an die Leserschaft!	8. Überlegen Sie, wohin Sie eine Nachricht schicken!
9. Kürzen Sie zitierten Text auf das notwendige Minimum!	9. Quoten Sie sparsam!
10. Benutzen Sie E-Mail!	10. Lassen Sie sich Antworten auf Forenbeiträge per Mail zusenden!
11. Vorsicht mit Humor, Ironie und Sarkasmus!	
12. Geben Sie eine Sammlung Ihrer Erkenntnisse an das Netz weiter!	
13. Achten Sie auf die gesetzlichen Regelungen!	
14. Benutzen Sie Ihren wirklichen Namen, kein Pseudonym!	
15. Vorsicht mit Kommerziellem!	
16. Vorsicht mit Binaries und Multipart-Artikeln!	

Diese Regeln lassen sich danach aufgliedern, ob sie sich auf die *Form* der Botschaft (z.B. „verwende nur 70 Zeichen pro Zeile") oder auf ihren *Inhalt* beziehen (z.B. „achte darauf, dass deine Beiträge zum Thema der Gruppe passen"). Weiterhin kann man differenzieren, ob sich die Regeln auf das Verfassen/Senden von Nachrichten (z.B. „teile etwas Neues, Wissenswertes mit") oder eher auf das Empfangen/ Erwidern von Botschaften beziehen (z.B. „schicke keine Antwort aus einer momentanen Stimmung heraus ab"). Schließlich entsprechen viele Netiquette-Regeln den universellen Vorstellungen über sozialverträgliche Umgangsformen und enthalten nichts Netzspezifisches (z.B. „achte auf die gesetzlichen Regelungen").

Üblicherweise wird die Existenz der Netiquette(n) als Manifestation netzspezifischer Kommunikationskultur besonders gewürdigt. Inwiefern es sich hierbei vornehmlich um Idealisierungen handelt bleibt dabei meist unhinterfragt. Bei einer kritischen Analyse der zirkulierenden Netiquette-Regeln fällt auf, dass diese größtenteils derart allgemein (um nicht zu sagen: trivial) wirken, dass sie im Grunde kaum *handlungsanleitende Funktion* besitzen: Sicherlich ist es gut und richtig, bei der Netzkommunikation „an den Menschen auf der anderen Seite zu denken", aber wie diese Regel in alltäglichen Kommunikationssituationen im Netz umzusetzen ist, bleibt völlig offen. Darüber hinaus sind Netiquette-Regeln nicht selten *konfligierend* oder unklar: Ubiquitär wird vor der Verwendung von Ironie und *Humor* gewarnt, ebenso ubiquitär ist aber doch die Erfahrung, dass humorvolle, ironische oder satirische Beiträge die Leserschaft besonders erfreuen.

Mit dem Hinweis auf knappe Ressourcen (Zeit, Geld etc.) wird immmer wieder zu *kurzen* Netzbeiträgen (Postings, Emails) geraten; andererseits lässt sich eine differenzierte Diskussion über komplexe Sachverhalte naturgemäß nicht auf wenige Zeilen komprimieren. Artikel, die eine Gruppe längere Zeit beschäftigen, umfassen nicht selten mehrere DIN A4-Seiten. Die Regel „Emails sind kurz und prägnant; mehr als 40 Zeilen werden ungern gelesen" (Schade, 1997, S. 56) mag im beruflichen Austausch stimmen, im privaten Kontakt dagegen wird eher das Gegenteil zutreffen. Denn von 40 Zeilen kann eine Email-Freundschaft schwerlich leben.

Eine im deutschsprachigen Raum relevante Netiquette-Frage ist die nach dem „Du" oder „Sie". Hierzu gibt Reiser (1996) einige hilfreiche Hinweise:

- Wenn Du Deine Kommunikationspartnerin auch sonst kennst, bleibe bei der Anrede, die Du sonst auch verwendest.
- Der Sinn vieler Diskussionsgruppen besteht oft darin, technische Fragen zu stellen und zu beantworten. Das geht leichter von der Hand, wenn man per Du ist. Ich schlage daher vor, dies in Diskussionsgruppen beizubehalten.
- Bei Mails an Teilnehmerinnen von Diskussionsgruppen, die man auch von dort kennt, spricht nichts dagegen, auch dort Du zu verwenden.
- Eindeutig kommerzielle e-mails, in der Art, wie man sonst Geschäftsbriefe schreibt, sollten auch wie Geschäftsbriefe formuliert werden.

- Nicht wundern, wenn man per Sie oder per Du angeschrieben wird, einfach genauso antworten.

So wichtig Verhaltensegeln – seien sie nun offiziell in Netiquetten niedergelegt oder informell in der Praxis einer virtuellen Gemeinschaft etabliert – für einen möglichst reibungslosen Kommunikationsablauf sind, so dysfunktional ist eine dogmatische Auslegung dieser Regeln. Dass geringfügige Regelverletzungen zuweilen zum Anlass genommen werden, andere Personen zu flamen, haben wir bereits angesprochen (siehe Kap. 2.3.4). Wer anderen ständig die Netiquette unter die Nase hält, wird leicht als *Netzpolizist* oder *Netz-Sheriff* abgestempelt. Eine angenehme und unterhaltsame Art, den Sinn von Netiquette-Regeln zu vermitteln, hat Tempelton (1991) eingeführt. Er erfand *Emily Postnews*, eine Expertin für korrektes Netzverhalten, die im Sinne einer paradoxen Intervention stets genau das empfiehlt, was man besser nicht tun sollte. Hier eine Kostprobe:

> *Question:*
> Somebody just posted that Roman Polanski directed Star Wars. What should I do?
> - smartaleck@some.site
>
> *Answer:*
> Post the correct answer at once! We can't have people go on believing that! Very good of you to spot this. You'll probably be the only one to make the correction, so post as soon as you can. No time to lose, so certainly don't wait a day, or check to see if somebody else has made the correction. And it's not good enough to send the message by mail. Since you're the only one who really knows that it was Francis Coppola, you have to inform the whole net right away! Using the most confrontational and impolite language you can, don't forget to point out the folly of the error made by the person.
> - Emily Postnews

Am Beispiel der Netiquette zeigt sich, dass erfolgreiche Netzkommunikation eben nicht auf den Erwerb technischer Kompetenz (Hardware, Software) beschränkt ist, sondern zum großen Teil auch soziale Kompetenz und natürlich Sachkenntnis erfordert. Diese Lernprozesse laufen im Netz üblicherweise implizit durch Beobachten ab. Zur Unterstützung der Netzneulinge werden zudem zahlreiche, zum Teil didaktisch sehr gelungene Hilfsmittel angeboten.

Eine äußerst bewährte Form des Lehrmittels (nicht nur für Netzfragen) sind die FAQ (*Frequently Asked Questions*). Hierbei wird der zu vermittelnde Inhalt nicht nach analytischen oder logischen Kriterien aufbereitet, sondern gemäß den in der Praxis häufig gestellten Fragen strukturiert. Im Netz sind mittlerweile Hunderte von FAQs zu finden. Das beginnt mit FAQs über das Internet im allgemeinen, geht über FAQs zu einzelnen Internet-Diensten bis zu Newsgroup-spezifischen FAQs, die Inhalte und Formen des Gruppenaustauschs regulieren. Der eingängige Stil, die unkomplizierte pragmatische Zielrichung und die fortlaufende Aktualisierung machen FAQs zu einer gewinnbringenden Lektüre. Die FAQ der Newsgroup <alt.cuddle> beschäftigen sich mit Fragen wie „How do I cope with flames on alt.cuddle?", „Are there any ASCII hugs I can use?" oder „I am confused, what is the difference between cuddling and sex?". In den FAQ der Newsgroup <talk.politics.tibet> geht es um Fragen wie „Did slavery exist in old Tibet?", „How are Tibetan political prisoners treated?" oder „What Tibet-oriented mailing lists can I subscribe to?".

2.4.5 Kommunikationsverlauf in Newsgroups

Wird in einer Newsgroup per Posting ein Thema aufgeworfen, so ergeben sich vielfältige Möglichkeiten, dieses weiterzuverfolgen (z.B. Nachfragen stellen, Beispiele nennen, Anekdoten berichten, Netzquellen angeben etc.). Und in der Tat entwickeln sich zuweilen sehr umfangreiche Threads, die über Tage und Wochen weiterverfolgt werden. Andererseits bleibt ein beträchtlicher Teil der Postings in Newsgroups auch gänzlich unbeantwortet („Solo", siehe Tab. 2.5) oder erntet nur ein oder zwei kurze Repliken.

Tab. 2.5: Kommunikationsmuster in vier Newsgroups im Jahr 1993
(Quelle: Daten aus Sproull & Faraj, 1997, S. 44)

Merkmale von Newsgroups	*soc.culture. lebanon*	*alt. atheism*	*comp. databases*	*comp. c++*
Lurker	13.000	53.000	65.000	82.000
Poster pro Tag	6	34	16	29
Postings pro Tag	8	53	18	36
Solo (Posting ohne Reply)	31%	19%	41%	42%
Seed (Posting mit Reply)	19%	16%	19%	16%
Reply	50%	65%	40%	42%
Zeilenzahl pro Posting	50	47	27	46
Threads pro Tag	4	31	4	3
Dauer von Threads (Tage)	3	34	16	29

Im Unterschied zu Alltagsgesprächen, an denen nur wenige Personen teilnehmen und die durch Mündlichkeit sehr flüchtig sind, ermöglichen Newsgroups durch die schriftliche Form der Beiträge die Integration eines sehr viel größeren Personenkreises. Hierbei ist jedoch zu beachten, dass dieser Personenkreis nicht als Ganzer aktiv wird, sondern vor allem ein Publikum darstellt für die sozialen Interaktionen Einzelner. Da alle Postings schriftlich vorliegen und in der Regel einige Tage bis Wochen vorgehalten werden, können auch später Hinzukommende problemlos in ein Thema einsteigen. Diese Präsenz früherer Äußerungen sorgt dafür, dass keine so strenge Sequenzierung vorliegt wie im mündlichen Gespräch. Länger zurückliegende Äußerungen sind nicht „vergessen", sondern haben für diejenigen, die sie gerade lesen, Aktualität.

Tab. 2.6: Häufigkeiten sprachlicher Besonderheiten in 40 Newsgroup-Postings
(Quelle: Daten aus Mohr, Noller, Pelzer, Taut & Temme, 1997)

Sprachliche Besonderheiten in 40 Newsgrous-Postings		*n*	*%*
Netzvokabular	Fachtermini wie server, Lightwave (123) Amerikanismen wie canceln, mailen (15)	138	46
Parasprache	Doppelungen (38), Emoticons (29), ASCII-Art (5), Soundwörter (2), Aktionswörter (0), Sonstiges (19)	93	31
Abkürzungen	Netzspezifische Akronyme wie "IHMO" (4) andere Abkürzungen wie "z.B." (34)	38	13
Quoting	1. Ebene (14), 2. Ebene (7), 3. Ebene (4), 4. und höhere Ebene (2)	27	9
Flaming	Beispiel: "Jetzt fängt da schon wieder ein Kommerzheini an, Mist zu bauen." (3)	3	1
		299	100

Die Frage, wie viele Personen sich wie aktiv an einer Newsgroup beteiligen und wie stark sie sich in ihren Postings dabei wechselseitig aufeinander beziehen, blendet zunächst die sprachliche und inhaltliche Gestaltung der Konversation aus. Mohr, Noller, Pelzer, Taut und Temme (1997) zogen aus den am 24.4.1997 vorliegenden 33.626 Postings in den 238 Newsgroups der <de.*>-Hierarchie eine Zufallsauswahl von n=60 Beiträgen (n=20 für die Voruntersuchung und n=40 für die Hauptuntersuchung). Es stellte sich heraus, dass durchschnittlich 7 *sprachliche Besonderheiten* pro Posting auftraten, wobei Netzvokabular und Parasprache mit 77% aller hier betrachteten Besonderheiten am stärksten vertreten waren (siehe Tab. 2.6). Wetzstein, Dahm, Steinmetz, Lentes, Schampaul & Eckert (1995, S. 119) konstatieren, dass „typische

Gattungen der Alltagskommunikation auch in ähnlicher Weise im Netz zu finden sind" und nennen drei besonders typische *Posting-Genres*: 1. Diskussionsbeiträge (zustimmend, abwägend, ablehnend), 2. Streit und 3. Belehrung (selbstinitiiert, fremdinitiiert). Weitere Gattungen sind 4. Informationsangebote (sachlich, persönlich) und 5. Informationsgesuche (allgemein, spezialisiert). Für die Newsgroup <rec.arts.tv.soap> nennt Baym (1997) sieben Genres nach Häufigkeit des Auftretens: 1. New Tread (Posting, das einen neuen Thread über die Serie einleitet), 2. Tangent (Posting, das inhaltlich die Serie nicht direkt betrifft), 3. Update (Rekapitulation der letzten Folge), 4. Spoiler (Spekulation über die nächste Folge), 5. Sighting (Auftritt von Serienstars außerhalb der Serie), 6. Unlurking (Erstposting eines Lurkers bzw. einer Lurkerin) und 7. Trivia (Wissensfragen zur Serie). Die Taxonomie von Baym (1997) ist somit themenspezifisch, während Wetzstein, Dahm, Steinmetz, Lentes, Schampaul und Eckert (1995) themenunabhängig klassifizieren.

Rost (1996b, S. 414f.) erläutert, wie man in wissenschaftlichen Newsgroups erfolgreich eine *Diskussion* anstößt:

> Diskussionsbeiträge in wissenschaftlichen Zeitschriften und in Netzdiskussionsforen unterscheiden sich in vielerlei Hinsicht. Ein besonders wichtiger Unterschied ist die Orientierung am Diskurs: Während der Autor eines Zeitschriftenbeitrags starke Gegenpositionen vorwegnimmt, um möglichst keinen Diskurs auf sich zu ziehen, der die Qualität seines Beitrags oder, schlimmer noch, die Kompetenz des Autors in Zweifel ziehen könnte, zeichnen sich gute Beiträge in den Diskussionsforen der Netze dadurch aus, dass sie ihren Kontrahenten aussichtsreiche Gegenpositionen überlassen und gut konturierte Lücken zu füllen gestatten. Ist im Netz ein Kontrahent gefunden [...], entsteht ein ausreichend differenziertes Muster, das den Diskussionssog für andere Beobachter der Debatte verstärkt. Es stoßen verlässlich weitere Teilnehmer hinzu, die Kommentare ihrerseits kommentieren, Analysen und Synthesen anbieten und versuchen, ein Thema in bestehende Taxonomien und Theorien einzuordnen. Nebenbei bemerkt: Wer unter diesen Bedingungen über die Unmengen an Datenmüll im Netz klagt, filtert falsch, nämlich nur im massenmedial gewohnten Modus des Konsumenten.

Während in der Diskussion ein Dissens eher sachlich abgehandelt wird und Anlass sein kann, neue Argumente ins Spiel zu bringen und alte zu überdenken, geht es beim *Streit* um das unsachliche, durch persönliche Beleidigungen und Angriffe gekennzeichnete Umgehen mit Dissens. Flaming (siehe Kap. 2.3.4) als *expliziter* verbaler Ärger- und Aggressionsausdruck spielt hierbei eine große Rolle, während in Face-to-Face-Situationen entsprechende Informationen eher auch nonverbal kommuniziert werden. Expressive Ausdrucksmittel wie Soundwörter oder Emoticons kommen im Streit verstärkt zum Einsatz. So wird mit dem Soundwort *plonk* deutlich gemacht, dass die Postings einer anderen Person auf so großes Missfallen stoßen, dass man selbige in das eigene *Killfile* einträgt und fortan nichts mehr von ihr lesen will. *plonk* ist dabei zu verstehen als das Geräusch des Netznutzers, der auf dem Boden des Killfile auftrifft (netzspezifische Ausdrücke sind der jeweils aktuellen Version des *Jargon File* zu entnehmen: http://earthspace.net/jargon/).

Belehrungen können durch Anfragen initiiert werden („Kann jemand von Euch mir erklären, wie ich ...“), sie können aber auch von außen an eine Person herangetragen werden, wobei freundliche Hilfsbereitschaft („ich glaube, Du verwechselst hier x und y. Also x ist ...“) oder Aggressivität hereinspielen können („Hast Du immer noch nicht kapiert, dass x nicht u ist, lies doch erstmal die FAQ, bevor du hier rumlaberst.“). Wenn Belehrungen mit dem Phänomen der (vermeintlichen oder tatsächlichen) Unbelehrbarkeit konfrontiert sind, wird in einigen deutschsprachigen Newsgroups eine sogenannte „Merkbefreiung“ gegeben: Man fügt in hoffnungslosen Fällen der erteilten Belehrung gleich ironisch die Erlaubnis bei, sich diese nicht zu merken und in gewohnter Weise fortzufahren.

Newsgroups werden teilweise auch genutzt, um *Informationen* weiterzugeben. Dazu gehören z.B. Kontakt- und Kleinanzeigen oder Terminankündigungen. Dabei achtet man in Usenet Newsgroups üblicherweise genau darauf, keine Werbung zu verbreiten. Nicht zuletzt spielt *Klatsch* in manchen Newsgroups eine große Rolle. Hierbei werden Begebenheiten aus dem Alltag innerhalb und außerhalb des Netzes rekapituliert. Insbesondere Newsgroup-Parties, auf denen sich die per Netzforum bekannten Personen endlich (erstmals oder erneut) Face-to-Face treffen, werden später in der Newsgroup (oder auf der Newsgroup-eigenen WWW-Seite, vgl. Kap. 2.5) ausgiebig besprochen, kommentiert und mit Fotos illustriert.

Ein durchaus strittiges Thema ist die Frage, welchen Beitrag man öffentlich posten oder als private Email verschicken soll. Paradigmatisches Beispiel für Postings, die keine sein sollten, sind die berüchtigten *me, too-Botschaften*. Hierzu ein Beispiel:

Artikel 1: `Hallo Leute, ich habe gerade meine Diplomarbeit über die Preispolitik der Telekom fertig. Wer sich dafür interessiert, dem kann ich die Arbeit als Datei zuschicken.`
`Viele Gruesse, Stefanie.`

Artikel 2: `Hallo Stefanie, Deine Arbeit interessiert mich. Kannst Du mir bitte die Datei per Email schicken? Monika`

Artikel 3: `ja, mir auch bitte. Danke, Rudolf.`

Artikel 4: `mir auch, Toni.`

Artikel 5: `mir auch, Charlotte.`

Diese Wortbeiträge sind natürlich für die mehreren Tausend Leserinnen und Leser der Newsgroup völlig uninteressant. Die entsprechende Bitte um eine Kopie sollte per Email verschickt werden. Wenn störende Verletzungen der Netiquette erfolgen, wird häufig darauf geachtet, von wem sie denn begangen wurden. Dabei kann soziale Kategorisierung nur anhand derjenigen Merkmale erfolgen, die im Netz sichtbar sind. Ein besonders prägnantes Merkmal zur Kategorisierung ist der (an der Email-Adresse erkennbare) Internet-Service-Provider (siehe Kap. 1.2): So mag die universitäre Email-Adresse <sonja@rz.uni-frankfurt.de> darauf schließen lassen, dass es sich bei Sonja um eine Studentin oder wissenschaftliche Mitarbeiterin handelt, während Adressen wie <sonja@t-online.de> oder <sonja@aol.com> nahelegen, dass Sonja eben keine Verbindung zu einer Hochschule hat und womöglich Online-Dienste vorzieht, weil ihr das Internet eigentlich zu kompliziert ist. Obwohl Schlussfolgerungen wie die letztgenannte schon allein deswegen problematisch sind, weil nicht wenige Nutzerinnen und Nutzer über mehrere Accounts verfügen (z.B. beruflich an der Universität und privat bei bei einem Online-Dienst), sind sie doch sehr verbreitet.

Man kann sogar vom *Stereotyp des Online-Dienst-Nutzers* sprechen: Der typische Online-Dienst-Nutzer hat demgemäß keine Ahnung vom Internet bzw. Usenset und seiner Kultur, ist überwiegend an bunten Bildern interessiert, liefert selbst keine konstruktiven Beiträge, sondern fällt durch eine fordernde Haltung und permanente Netiquette-Verletzungen unangenehm auf. Er sorgt nicht nur für Ärger, sondern auch für Witze:

> Frage: Wie viele AOL-Nutzer braucht man, um eine Glühbirne zu wechseln?
> Antwort: 21! Einen, der die Birne wechselt und 20 die „me, too" rufen.

Dass das Internet historisch ein akademisches Netz ist, kommt in Newsgroup-Kontroversen über Fehlverhalten oftmals deutlich zum Ausdruck. Hierbei kann der Versuch, tradierte Normen der Netzkultur zu bewahren, leicht in eine elitäre Haltung umschlagen („Bevor all diese AOLer ins Internet gekommen sind, waren die Diskussionen wesentlich anspruchsvoller"). So verständlich der Ärger über das störende Verhalten von Neulingen ist, so wichtig ist es auch, sich klarzumachen, dass eine Öffnung des Netzes für die breite Bevölkerung notgedrungen mit einer Veränderung der tradierten Gebrauchsweisen und sozialen Regularien einhergeht.

```
From          gc43@dali.hrz.uni-giessen.de (Kilian Heckrodt)
Organization  Hochschulrechenzentrum (HRZ) der Universitaet Giessen
Date          26 Jun 1996 10:56:38 GMT
Newsgroups    de.comp.lang.c
Message-ID    <4qr516$1dkd@c4.hrz.uni-giessen.de>

Hallo !
Hat schon mal jemand ein Array von Zeigern auf
Funktionen definiert? Wie sieht die Syntax aus?
Tips bitte per Email direkt an mich.
danke, Kilian
```

Abb. 2.7: Posting in der Newsgroup <de.comp.lang>

Ob Antworten auf *Spezialfragen* öffentlich gepostet oder lieber per Email privat verschickt werden sollen, ist im Einzelfall nicht so eindeutig zu klären. Das in Abbildung 2.7 dargestellte Posting wurde von mehreren Personen mit dem Hinweis quittiert: „Die Antwort bitte doch in die Gruppe, das interessiert mich auch." Da sich Kommunikationsprozesse in Newsgroups assoziativ aus den aufgeworfenen Themen entwickeln, kann sich auch an ein scheinbar inhaltlich abseitiges, zu spezielles oder zunächst banal erscheinendes Posting eine lebhafte Diskussion anschließen. Somit wäre die Verlagerung zu vieler Themen auf die Ebene des privaten Email-Austauschs dysfunktional, weil diskussionstötend. Eine von der Netiquette empfohlene – aber in der Praxis nur relativ selten durchgehaltene – Vorgehensweise sieht so aus, dass man sich die Antworten auf eine Spezialfrage per Email zuschicken lässt, eine Zusammenfassung (*summary*) der eingegangenen Antworten verfasst und diese in die Newsgroup (oder Mailingliste) postet.

Die Erfahrung, sich im Netz an kompetente Personen wenden zu können, die bereitwillig zuhören und ihr Wissen teilen, kann manchmal zu einer Konsumhaltung verführen. Nur die Netzkapazitäten anzuzapfen und selbst nichts beizutragen, wird als unhöflich empfunden. Schließlich soll in Newsgroups nach der Devise des *Gebens und Nehmens* (Reziprozitätsnorm) bzw. einer Ökonomie des Schenkens und Tauschens vorgegangen und kein Dienstleistungs-Anspruch eingefordert werden, wie er in folgendem Posting an die Newsgroup <de.soc.recht.misc> zum Ausdruck kommt: „Hallo Leute, ich schreibe gerade meine Staatsexamensarbeit über Asylrecht und suche dringend gute Literatur. Kann mir jemand einen Tip geben? Antworten bitte per Email, ich lese diese Newsgroup nicht."

Alle genannten und ggf. auch weitere Textgattungen können innerhalb desselben *Thread* auftreten. Postings schwanken hinsichtlich ihrer formalen und inhaltlichen Qualität sowie ihrer Länge erheblich. Während manche Newsgroup-Teilnehmer Bemerkungen zum Besten geben, die weder witzig noch interessant sind, verfassen andere Artikel, die ohne weiteres in einer Zeitung oder Zeitschrift abgedruckt werden könnten. Gerade wenn man einige Newsgroups regelmäßig liest, weiss man in der Regel recht bald, wessen Beiträge zu lesen sich lohnt und welche man gar nicht erst anzuschauen braucht. Abgesehen von der inhaltlichen Substanz von Beiträgen sind Humor, Individualität und Freundlichkeit Attribute von Postings, die das Ansehen der betreffenden Autorin bzw. des Autors steigern (Baym, 1997, S.100ff.). Das Lesen von Newsgroups besteht üblicherweise in einem schnellen Überfliegen (*Scannen*) der Autoren- und Betreff-Zeilen. Was uninteressant erscheint, wird sofort übersprungen, Interessantes angelesen und vielleicht zu Ende gelesen. Irreführende oder informationslose Subject-Zeilen behindern effektives Scannen und sind deshalb sehr unbeliebt. Genau wie im Email-Verkehr können wir auch bei der Newsgroup-Nutzung mit Filtern bzw. *Killfiles* operieren, die dafür sorgen, dass uns Postings zu bestimmten Themen oder von bestimmten Personen überhaupt nicht mehr angezeigt werden.

Eine illegitime Reaktion auf missliebige Postings anderer Leute besteht darin, diese einfach zu löschen. Ein Newsgroup-Posting wird gelöscht, indem man eine *Can-*

cel-Mitteilung verschickt, die dem zu löschenden Posting auf seinem Verbreitungsweg durch das Usenet folgt und jede einzelne Kopie vernichtet. Während das Canceln eigener Artikel erlaubt ist, stellt das Löschen fremder Postings (*Fremdcancel*) eine der massivsten Netiquette-Verstöße dar und kommt auch nicht sehr häufig vor. Aufsehen erregten deshalb die Fremdcancel-Aktivitäten von Scientology im Netz: Als in <alt.religion.scientology> immer mehr ehemalige Scientology-Mitglieder das Wort ergriffen und kritische Auseinandersetzungen sich mehrten, reagierte Scientology zunächst mit massenhaften Fremdcancels und schließlich mit dem Löschen der gesamten Newsgroup – eine (reversible) Aktion, die im Netz weltweite Empörung hervorrief (Donnerhacke, 1996b).

2.5 WWW-Seiten

Während sich Mailinglisten und Newsgroups aus Anwendungsperspektive durch ihre Postings konstituieren, besteht das World Wide Web (WWW, W3) aus sogenannten WWW-Seiten. Eine WWW-Seite ist ein elektronisches Dokument, das Texte, Grafiken, Fotos, Animationen, Audio- und Videosequenzen integriert und über Verweise (*Links*) mit anderen Dokumenten verknüpft ist (Schade, 1997, S. 78ff.). Die einzelnen WWW-Seiten sind somit die *Knoten*, die Links sind die *Kanten* in einem Informations-Netzwerk. Wenn WWW-Seiten nicht nur Text enthalten, sondern auch multimediale Elemente, adressiert man sie treffender als Hyper*media* denn als Hyper*text*. Eine WWW-Seite kann exakt eine Bildschirmseite füllen, sie kann aber auch deutlich größer sein. Im letztgenannten Fall muss man sich durch sogenanntes *Scrollen* nach und nach einzelne Dokument-Ausschnitte auf den Bildschirm holen. Fälschlicherweise wird oft behauptet, die Besonderheit von Hypertexten liege darin, dass sie im Unterschied zu den linear strukturierten herkömmlichen Druckerzeugnissen nichtlinear aufgebaut seien. Dies kann so sein, muss aber nicht: Denn in welcher Weise einzelne digitale Dokumente miteinander verlinkt sind, wird jeweils von der Person festgelegt, die das WWW-Dokument erstellt. Lineare Verknüpfungen sind dabei gar nicht so selten und restringieren dementsprechend den Rezeptionsprozess. Umgekehrt sind auch herkömmliche Textdokumente zuweilen nicht-linear strukturiert (z.B. Karteikasten, Schlagwortverzeichnis). Solche Texte werden als *manuelle* Hypertexte vom eigentlichen (digitalen) Hypertext abgegrenzt.

Das am CERN (Centre Européen de Recherches Nucléaires) entwickelte WWW wurde 1992 der Öffentlichkeit vorgestellt. Bereits im nächsten Jahr stand mit dem WWW-Browser Mosiac (später auch: Netscape) aus dem Hause NCSA (National Center for Supercomputing Applications an der Universität Illinois) ein äußerst benutzungsfreundliches Anwendungsprogramm zur Verfügung – und prompt setzte ein ungeahntes Internet-Wachstum ein (siehe Kap. 1.1). Ausschlaggebend dafür war nicht nur die genuin neue Form der Informationspräsentation und -rezeption in einem Hypertext- bzw. Hypermedia-System, sondern auch der Umstand, dass der WWW-

Browser fast alle Dienste und Ressourcen des Internet unter einer einheitlichen, leicht bedienbaren, grafischen *Benutzungsoberfläche* integrieren konnte.

Welche Voraussetzungen sind notwendig, um an der WWW-Kommunikation teilzunehmen (Kap. 2.5.1)? Welche Ergänzungen und Alternativen gibt es für die Beschreibungssprache HTML (Kap. 2.5.2)? Welche Typen von WWW-Seiten sind zu unterscheiden (Kap. 2.5.3)? Inwiefern erfüllt das WWW einerseits eine Informations- (Kap. 2.5.4) und andererseits eine Kommunikationsfunktion (Kap. 2.5.5)?

2.5.1 Voraussetzungen der WWW-Nutzung

WWW-Seiten (Web Pages) werden auf speziellen WWW-Servern abgelegt. Der WWW-Dienst ist genau wie z.B. der News-Dienst oder der FTP-Dienst nach einer Server-Client-Architektur ausgelegt (der Server bietet Ressourcen an, die vom Client bzw. Anwendungsprogramm abgerufen werden). Um WWW-Seiten von einem WWW-Server abrufen zu können, benötigt man als Client-Software einen *WWW-Browser*. WWW-Browser werden mittlerweile kostenlos verteilt. Die verbreitetsten Browser sind NSCA Netscape und der Internet Explorer von Microsoft. Web-Browser enthalten üblicherweise auch ein Mail-Programm, einen Newsreader, einen WWW-Seiten-Editor sowie weitere Tools.

Alle Dokumente und Objekte im WWW sind durch eine eindeutige Netzadresse – *die* URL (*Uniform Resource Location*) – beschrieben. Um diese virtuelle Location anzusteuern nutzt man einen standardisierten Adressverweis – *den* URL *(Uniform Resource Locator*) oder auch den URI (Universal Resource Identifier). Ein solcher URL setzt sich aus drei Elementen zusammen:

- dem angesprochenen *Internet-Dienst* gefolgt von Doppelpunkt und Doppelslash (z.B. http://; ftp://; news://) ,
- dem *Rechnernamen bzw. Servernamen* beendet durch einen Slash (z.B. http://www.dgps.de/) und
- dem Pfad und *Dateinamen*, jeweils durch Schrägstriche (Slashs) getrennt (z.B. http://www.dgps.de/fachgruppen/methoden/methoden.html).

WWW-Dokumente sind mit ihrem URL und dem jeweiligen Abruf-Datum in der Literatur zitierbar (siehe APA, 1995, S. 218ff.). Allerdings ist bei WWW-Dokumenten genau wie bei Papierdokumenten zu unterscheiden, ob es sich um graue Literatur, einen Zeitschriftenartikel mit Reviewverfahren oder anderes handelt (zum wissenschaftlichen Publizieren im Internet siehe Ott, Krüger & Funke, 1997). Problematisch am Zitieren von WWW-Dokumenten ist die mangelnde Nachhaltigkeit: Die Seite kann jederzeit sowohl eine andere URL erhalten als auch gänzlich aus dem Netz verschwinden.

Für die Nutzung aller kommunikativen Internet-Dienste gilt: Wir können sowohl eine rezeptive Rolle einnehmen und die Botschaften anderer Personen einfach schweigend zur Kenntnis nehmen, oder selbst aktiv werden, indem wir Beiträge produzieren und publizieren. Dies gilt auch für das WWW. Wir können im WWW auf vorhandenen fremden oder auf eigenen WWW-Servern Seiten platzieren. Die Gesamtheit aller WWW-Seiten, über die eine Person oder Organisation Kontrolle ausübt, nennt man *Web Site* oder auch *Web-Präsenz* bzw. *Internet-/Online-Auftritt.*

WWW-Seiten sind nichts anderes als einfache ASCII-Texte, in die einige Steuercodes (*Tags*) eingefügt werden, die den Seitenaufbau strukturieren. In welcher Weise Tags eine WWW-Seite strukturieren, wird bislang durch die Dokumentenbeschreibungssprache HTML (HyperText Markup Language) – eine Anwendung von SGML (Standard Generalized Markup Language) – festgelegt. Das zugehörige Protokoll zur Übertragung von HTML-Dokumenten im Internet ist das HTTP (HyperText Transfer Protocol). Im Unterschied zur sehr komplexen SGML ist HTML eine vergleichsweise leicht handhabbare Sprache. Allerdings geht mit der reduzierten Komplexität auch ein eingeschränkter Funktionsumfang einher. Deswegen wird HTML nun gemäß einer Entscheidung des W3 Consortium (http://www.w3c.org/) durch XML (Extended Markup Language) abgelöst. XML enthält eine größere Teilmenge der SGML-Regeln als HTML: Zur Verfügung stehen nun auch semantische Tags, die den Text inhaltlich strukturieren und eine Weiterverarbeitung der Daten erleichtern. Zudem ist es in XML möglich, selbstdefinierte Tags einzuführen.

Die Arbeit mit HTML bzw. XML wird durch entsprechende Editoren und Konvertierungsprogramme unterstützt. Zudem stehen für die Suche nach Codierungsfehlern sog. Validierungs-Dienste zur Verfügung (z.B. http://validator.w3.org/ beim W3 Consortium). WWW-Seiten sind logisch strukturiert, nicht jedoch in der Bildschirmdarstellung festgelegt, da diese von der lokalen Konfiguration und von den Systemeinstellungen des Nutzers abhängt (z.B. Typ und Version des verwendeten WWW-Browsers). Während also z.B. ein Buch, ein Foto oder ein Videofilm im Produktionsprozess ihre endgültige Gestalt erhalten, ist das Aussehen von WWW-Dokumenten nicht gänzlich durch den Produktionsprozess festlegbar. Man kann zwar durch einen entsprechenden Tag bestimmen, dass ein bestimmter Satz hervorgehoben werden soll, ob er dann beim Abruf jedoch fettgedruckt, kursiv oder unterstrichen angezeigt wird, lässt sich nur bedingt beeinflussen. Wer großen Wert darauf legt, dass die Nutzerinnen und Nutzer das intendierte Seiten-Layout möglichst unverfälscht auf ihrem Monitor sehen, gibt entsprechende Hinweise: „*This Site is best viewed at 800x600 Resolution, 256 Colors, font=12pt and is optimized for Netscape 3.0*".

2.5.2 Ergänzungen und Alternativen zu HTML

Angesichts der zentralen Bedeutung des WWW und der WWW-Browser als Zugangshilfen zu Internet-Diensten und Internet-Ressourcen ist es naheliegend, dass immer mehr Erweiterungen, unabhängige Ergänzungen oder gar konkurrierende Alternativen zur Seitenbeschreibungssprache HTML und ihrer Nachfolgerin XML entstehen und der Funktionsumfang der Browser erweitert wird. Einige Entwicklungen seien hier in Anlehnung an Münz (1988) kurz skizziert. Sie beschäftigen sich damit, die Formatierungsmöglichkeiten für WWW-Seiten zu verbessern (CSS), vielfältige Datenformate einzubinden (Plug-Ins), dreidimensionale Umgebungen zu schaffen (VRML) und interaktive Programme ablaufen zu lassen (Javascript, Java, CGI).

Formatvorlagen (*Style Sheets*) erlauben es, den Inhalt und die Gestaltung von Dokumenten getrennt voneinander zu verwalten. Sie erleichtern den Gestaltungsprozess von WWW-Seiten durch Übernahme vorgefertigter Formatvorlagen und legen darüber hinaus die exakte Ausgestaltung einzelner WWW-Seiten-Formatierungen (inklusive z.B. der Printversion) in die Hände derjenigen, die WWW-Seiten publizieren. Dies ist in HTML und XML nicht der Fall, da dort die Strukturierungs-Tags unmittelbar im Textfluss unterzubringen sind und auf die Bildschirmgestaltung oder den Ausdruck wenig Einfluss genommen werden kann. Cascading Style Sheets (*CSS*) ist eine für HTML entwickelte Style-Sheet-Sprache, die vom W3-Konsortium gepflegt und von neueren Browser-Versionen unterstützt wird. Die Einbindung einer CSS-Vorlage in ein HTML- oder XML-Dokument erfolgt einfach per Eintrag im Dokumenten-Kopf.

Plug-Ins sind kleine Zusatzprogramme, die sich nahtlos in den WWW-Browser einfügen. Häufig handelt es sich um Betrachtungs- bzw. Abspielprogramme für spezifische Datenformate. Mittlerweile gibt es bereits weit über hundert Plug-Ins, z.B. für Videos, Trickanimationen, Fraktalbilder, Spreadsheet-Tabellen, Business-Präsentationen usw.. Es gibt fast nichts mehr, was nicht innerhalb des Web-Browsers angezeigt werden kann – sofern man bereit ist, sich die verschiedenen Plug-Ins aus dem Netz herunterzuladen und sie zu installieren. Ein Grundstock an wichtigen Plug-Ins wird in neueren Browser-Versionen gleich mitgeliefert. Dazu gehören die Plug-Ins LiveAudio (Dateitypen *.WAV, *.AIFF, *.AU, *.MID), LiveVideo (Dateityp *.AVI), Live3D (VRML-Viewer) und QuickTime (QuickTime-Videos).

VRML (Virtual Reality Modeling Language) ist wie HTML oder XML eine für das WWW standardisierte Beschreibungssprache. Die Idee zu dieser Sprache entstand auf der ersten World Wide Web Konferenz 1994 in Genf. Zunächst war angedacht, die Beschreibungen der virtuellen 3D-Objekte in HTML zu integrieren, doch bald schon wurde klar, dass man andere Beschreibungs-Schemata benötigen würde. So entstand die HTML-unabhängige Sprache VRML. Im Unterschied zu HTML beschreibt VRML nicht primär Text- und Grafikreferenzen, sondern den vektoriellen Aufbau dreidimensionaler, polygonaler Grafikobjekte und deren Abhängigkeiten. Für die Anzeige von VRML-Dokumenten gibt es spezielle Browser und auch Plug-Ins für vorhandene WWW-Browser. Beim Navigieren durch VRML-Dokumente klickt man nicht auf Text- oder Grafikverweise, sondern bewegt den Mauszeiger durch eine dreidimensionale Szenerie, deren Ansicht sich je nach aktueller Position dynamisch verändert.

JavaScript ist eine kompakte, objektorientierte Scriptsprache, die HTML erweitert und deren Source-Code mit dem <Script>-Tag direkt in ein HTML-Dokument eingefügt wird. Die JavaScripts laufen innerhalb des Clients im Browser ab; sie benötigen keine Serverunterstützung, sondern nur eine HTML-Umgebung. Demgegenüber kann man mit der (relativ) plattformunabhängigen Programmiersprache *Java* (eine Weiterentwicklung von C++) eigenständige Anwendungen – aber auch Applikationen für WWW-Seiten (sogenannte Java Applets) – programmieren. Während JavaScripts genau wie HTML-Dokumente in einem einfachen Text-Editor erstellt werden können, braucht man für die Entwicklung von Java-Applets einen Compiler.

Das *CGI* (Common Gateway Interface) ist eine Möglichkeit, Programme im WWW bereitzustellen, die von HTML-Dateien aus abrufbar sind, und die selbst HTML-Code erzeugen und an einen WWW-Browser senden können. Wenn wir im WWW eine Suchdatenbank benutzen, Bestellungen aufgeben, uns in ein Gästebuch eintragen oder einen Zähler mit Zugriffszahlen sehen, dann steckt CGI oder eine CGI vergleichbare Schnittstelle dahinter. Bei CGI-Programmen, die meist in der Programmiersprache Perl geschrieben sind, erfolgt die Datenverarbeitung auf dem Server-Rechner.

Wenn bei der Gestaltung von WWW-Seiten neben HTML oder XML unter anderem auch Cascading Style Sheets, Javascripts, Java Applets oder CGI-Scripts verwendet werden, spricht man von Dynamischem HTML (*DHTML*). Dynamisches HTML bietet nicht nur bewegte Gestaltungselemente, sondern sorgt auch dafür, daß WWW-Seiten auf differenzierte Benutzereingaben mit differenziertem Feedback reagieren (*Mensch-Maschine-Interaktivität*). Dies ist beispielsweise bei Online-Fragebögen und Online-Tests sinnvoll, die nach dem Ausfüllen sofort das individuelle Ergebnis zurückmelden. Schließlich können WWW-Seiten auch Möglichkeiten für die *interpersonale Kommunikation* und Interaktion erschließen. Etwa indem unmittelbar auf der WWW-Seite die Möglichkeit geboten wird, Emails abzuschicken, an Newsgroups oder Chat Rooms teilzunehmen oder sich in ein Gästebuch einzutragen (siehe Kap. 2.5.5).

2.5.3 Typen von WWW-Seiten und WWW-Sites

Mitte 1998 befanden sich im World Wide Web auf rund 2,5 Millionen WWW-Sites etwa 320 Millionen WWW, von denen Suchmaschinen wie Hotbot oder Altavista etwa 30% indexiert hatten (News-Journal Online, 1998). Will man dieses Angebot an Seiten und Sites klassifizieren, lassen sich eine Reihe von Kriterien heranziehen, von denen hier nur einige genannt seien:

- *Thema*: Es liegen eine Reihe hierarchischer Indizes vor, die WWW-Seiten inhaltlich rubrizieren. Die Zuordnung der Seiten erfolgt dabei teilweise per Selbstanmeldung, teilweise wird sie von den Verwaltern der Indizes vorgenommen. Die zur Klassifikation verwendeten Kategorien sind dabei keineswegs kanonisch, sondern richten sich auch nach der Zielgruppe des jeweiligen Index und den Intentionen der Index-Verwaltung (siehe Tab. 2.7).

Tab. 2.7: Inhaltliche Kategorisierung von WWW-Seiten bei drei bekannten Suchmaschinen (infoseek, Fireball und Alta Vista)

	infoseek *18 Kategorien*	*Fireball* *16 Kategorien*	*Alta Vista* *13 Kategorien*
1	Automotive	–	Automotive
2	Business Careers Personal Finance Real Estate	Wirtschaft Geld & Karriere	Business & Finance
3	Computer Internet Communications	Computer Internet	Computers & Internet
4	Health The Good Life	Leib & Seele	Health & Fitness
5	–	Spiel & Spass	Hobbies & Interests
6	Kids & Family	–	Home & Family
7	Entertainment	Medien Kino Musik	Media & Amusement
8	Sports	Sport	Sports & Recreation
9	Travel	Reisen	Travel & Vacations
10	Education	Kultur & Wissenschaft	Reference & Education
11	Shopping	Mode & Shopping	Shopping & Services
singulär	News	Auskunft	Society & Politics
	Women's	Liebe & Erotik Neu	People & Chat

- *Funktionalitäten*: WWW-Seiten zum selben Thema (z.B. Rock-Musik) können ganz unterschiedliche Funktionalitäten aufweisen: So kann ein Archiv mit Fotos von Rock-Konzerten, ein Archiv mit Musik-Clips, ein instruktionaler Text zur Geschichte der Rock-Musik, eine persönliche Selbstdarstellung einer Rock-Band oder noch ganz anderes geboten werden.
- *Content Provider*: WWW-Seiten lassen sich gemäß Autoren- bzw. Herausgeberschaft gruppieren. So firmieren Privatpersonen im WWW ebenso als Content Provider wie Unternehmen, Bildungseinrichtungen, Vereine oder Behörden.
- *Zugänglichkeit*: Web-Seiten können frei zugänglich oder durch Passwort-Schutz nur einem definierten (ggf. zahlenden) Personenkreis vorbehalten sein.

- *Multimediale* Gestaltungselemente: Web-Seiten können ausschließlich aus Text bestehen oder durch diverse multimediale Gestaltungselemente angereichert sein (WebCams: http://www.webcam.net/). Hier sind jedoch der Gestaltungsfreude durch die (bislang) geringen Bandbreiten im Internet Grenzen gesetzt.
- *Verlinkung*: WWW-Sites als hypertextuelle bzw. hypermediale Strukturen können danach unterschieden werden, welche Link-Arten wie intensiv zum Einsatz kommen. Wenn klassifikatorisch von linearen, hierarchischen und assoziativ vernetzten Hypertexten gesprochen wird, dann handelt es sich stets um Idealtypen, die in der WWW-Praxis in kombinierter Form auftreten.
- *Informationsebenen*: Eine WWW-Seite kann inhaltliche Informationen darbieten (z.B. Informationen zum Thema Fernsehen). Sie kann aber auf einer sog. Link-Liste auch die Meta-Information liefern, wo sich Informationen zum Thema Fernsehen befinden. Da üblicherweise verschiedene Content Provider unabhängig voneinander Link-Listen zum selben Thema zusammenstellen, bietet es sich an, auch eine Auflistung von Fernseh-Link-Listen anzufertigen und diese Meta-Meta-Information zu publizieren.
- *Soziale Interaktivität*: Da über WWW-Seiten nicht nur Informationen verbreitet (siehe Kap. 2.5.4), sondern auch zwischenmenschliche Kommunikationsprozesse ablaufen können (siehe Kap. 2.5.5), ist es sinnvoll, WWW-Seiten nach dem Grad ihrer sozialen Interaktivität zu differenzieren: Soziale Interaktionsmöglichkeiten können gänzlich fehlen, sie können sich auf einige Standardformen beschränken (z.B. Email-Feedback, Gästebuch), sie können aber auch bis zur Gruppenkommunikation ausgebaut sein (z.B. WebNews).
- *WWW Style*: Anleitungen zu gutem HTML-Stil (Style Guides), die im Grunde einer WWW-Seiten-Gestaltungs-Etikette entsprechen, legen beispielsweise nahe, dass auf allen WWW-Seiten Inhaltsanbieter und Kontaktpersonen genannt werden, dass Links ehrlich kommentiert sind, so dass im voraus klar ist, wohin man beim Verfolgen des Links gelangt, dass Seiten möglichst mit allen Browser-Typen genutzt werden können, dass eher kleine Grafiken verwendet werden usw.. WWW-Seiten lassen sich also daraufhin unterscheiden, wie stark sie solchen Gestaltungsrichtlinien folgen bzw. von ihnen abweichen. Allgemeine Style Guides für WWW-Seiten werden zudem noch durch organisationsinterne Richtlinien zur Gestaltung von WWW-Seiten ergänzt (z.B. Vorgaben im Sinne einer Corporate Identity).

2.5.4 Informationsfunktion des WWW

Das WWW wird häufig mit einem *Archiv* oder einer *Datenbank* verglichen. Psychologisch interessiert hierbei aus kognitions- und lernspychologischer Sicht unter anderem, wie Menschen sich in der offenen Hypertext- bzw. Hypermedia-Struktur orientieren (bzw. wann sie orientierungslos werden: *lost in hyperspace*), welche Links sie bei ihrer Informationssuche verfolgen bzw. nicht verfolgen und wie sie die aufgenommenen Informationen verarbeiten (bzw. wann sie durch die Fülle des Materials überfordert sind: *information overhead/overload*). Mit der nicht-linearen Verknüpfung von Informationen zu Hypertext werden einerseits große Hoffnungen (z.B. besonders lernfreundliche Darstellung komplexer Sachverhalte: *kognitive Plausibilität*), andererseits aber auch Gefährdungen (z.B. permanente Ablenkungen vom ursprünglichen Suchziel: *Serendipity-Effekt*) verbunden (siehe zum Überblick Gerdes, 1997a; Rouet, Levonen & Dillon, 1996). Die vorliegenden empirischen Untersuchungen zu Hypertext- und Hypermedia-Systemen beschränken sich häufig auf geschlossene Hypertexte (in der Regel Lernprogramme, vgl. Gerdes, 1997b; Tergan, 1997). Allerdings liegen auch erste methodische (z.B. Ohler & Nieding, 1997) und empirische Beiträge zum Nutzungsverhalten im offenen WWW vor. Dabei kann man die Bearbeitung von Recherche-Aufgaben verfolgen (Hurtienne & Wandke, 1997) oder auch alltägliches Nutzungsverhalten protokollieren (Catledge & Pitkow, 1995).

Obwohl das WWW gemäß dem Push-Prinzip genutzt werden kann – automatisches Einspielen von Informationen zu selbstdefinierten Themen direkt auf den Monitor – ist die WWW-Nutzung gemäß Pull-Prinzip einschlägig. Dabei erfolgt die Informationssuche auf ganz unterschiedlichen Wegen, die in der Praxis häufig in kombinierter Form beschritten werden. Beim *Top-Down-Suchen* sind sowohl Suchziel als auch Suchweg bereits im Vorfeld klar und werden zielstrebig verfolgt. Voraussetzung sind gute Kenntnisse über die Struktur des Informationssystems und über die Funktionsweise von Navigationshilfen (z.B. Indizes, Suchmaschinen, Link-Listen, WebRings, Bookmarks, History-Funktion). Beim *Bottom-Up-Finden* herrscht dagegen eine explorative Haltung vor: Das Suchziel wird im Zuge spontaner und oftmals auch redundanter Suchbewegungen ggf. noch präzisiert oder modifiziert. Manchmal bilden sich Suchziele auch erst im Zuge des Bottom-Up-Vorgehens, etwa wenn man durch das zufällige Finden eines Links plötzlich das Interesse entwickelt, weitere themenbezogene Netzinformationen anzuschauen. Hat man für das interessierende Thema relevante WWW-Seiten gefunden, stellt sich noch die Frage, wie vertrauenswürdig sie sind. Da im kollaborativen WWW redaktionelle Kontrolle allenfalls über einzelne Sites ausgeübt wird (z.B. wissenschaftliche Online-Zeitschriften), ist eine besonders kritische Rezeption empfehlenswert.

Inhaltlich kann es bei der Web-Nutzung sowohl um Informationen für Ausbildung oder Beruf sowie um Nachrichten gehen (*Informationsfunktion* im engeren Sinne) als auch um unterhaltsame Beiträge (*Unterhaltungsfunktion*; siehe Kap. 4.6 zu Zielen und Inhalten der Internet-Nutzung). Zudem steht einem rationalen, zielbezogenen Recherchieren das eher affektiv gesteuerte freie „Surfen“ gegenüber. Diese Form der frei explorierenden Bewegung in (v.a. freizeitbezogenen) WWW-Angeboten lässt sich nicht nach Effizienz und Effektivität (im Sinne schnellen und erfolgreichen Auffindens bestimmter Inhalte) bewerten. Stattdessen müssen beim freien Surfen etwa Neugier, Überraschung oder ästhetischer Genuss als Bewertungsmaßstäbe herangezogen werden. Noch weniger systematische Informationen als über die Rezeption von

WWW-Seiten liegen bislang zur individuellen *Seitenproduktion* vor. Fragen im Kontext der Seitenproduktion betreffen die Auswahl und Aufbereitung von Informationen sowie das Verlinken und das Publikmachen der Seiten (z.B. Anmeldung bei Suchmaschinen; Teilnahme an Web-Rings http://www.webring.de/).

2.5.5 Kommunikationsfunktion des WWW

Zuweilen wird kritisiert, dass sich seit der Einführung des WWW das Internet immer mehr von einem (potentiell emanzipatorischen) Medium der globalen *interpersonalen Kommunikation* in Richtung der altbekannten massenmedialen *Einweg-Kommunikation* verändere: Statt Email-Kontakte zu pflegen und zu chatten, statt sich an Diskussionen zu beteiligen und aktiv zu sein, verfallen demnach die WWW-Nutzer und -Nutzerinnen in einen passiv-rezeptiven Stil, lassen sich von kommerziell aufbereiteten Seiten beeindrucken, klicken zwischen bunten Bildern hin und her und werden gemäß Pull-Prinzip einfach wie beim Fernsehen „berieselt".

Da die verschiedenen Internet-Dienste unterschiedliche Bedürfnisse erfüllen, ist es jedoch sehr unwahrscheinlich, dass WWW-Nutzung (nach dem Pull- oder Push-Prinzip) tatsächlich Email-, Mailinglisten-, Newsgroup-Kommunikation oder synchrone Netzkommunikation (siehe Kap. 3) verdrängt. Vielmehr ist zu fragen, inwieweit die Vorstellung, dass die vom Internet bereitgestellte Kommunikations-Infrastruktur die gesamte Bevölkerung politisch aktiviert und zu massenhaften Diskussionsaktivitäten veranlasst, nicht eben eine technikdeterministische Utopie darstellt. Was wir bislang an kommunikativer Netzkultur kennengelernt haben, war eben kein „Internet-Effekt", sondern das Produkt einer bestimmten Gebrauchsweise der Technologie durch eine eng umschriebene Gruppe akademisch Gebildeter aus der westlichen Welt (vgl. Kap. 4). Dass Menschen, die nicht in vergleichbarer Weise mit der Schreib-Lese-Kultur und der akademischen Welt vertraut sind, sich Internetangebote gemäß den ihnen geläufigen Mediennutzungsweisen aneignen, ist verständlich und nicht als Indiz dafür zu werten, dass das WWW die neue Generation der Netznutzer „verdummt". Ob und inwieweit es breiten Bevölkerungskreisen erstrebenswert erscheint und möglich ist, die interpersonale Netzkommunikation zu pflegen, hängt im wesentlichen von ihren Interessen und Bildungsvoraussetzungen ab.

Zudem lässt sich vielfach zeigen, dass WWW-Nutzung nicht in Konkurrenz zum interpersonalen Internet-Gebrauch steht, sondern diesen gerade erleichtert oder ermöglicht. Denn insbesondere die neuen Web-Technologien (siehe Kap. 2.5.2) sorgen für Interaktivität nicht nur an der Mensch-Maschine-Schnittstelle, sondern auch im zwischenmenschlichen Bereich. Inwiefern lässt sich nun im sozialen Sinne von Web-basierter Kommunikation (WBC: Web-based Communiation) sprechen?

- *Diskursivierung* von Informationsangeboten: Informationsangebote im WWW sind schon allein dadurch stärker als Druckerzeugnisse in einen diskursiven

Kontext eingebettet, dass in der Regel direkt von der Web-Seite aus Rückfragen oder Kommentare an Seitenautor bzw. Seitenautorin abgeschickt werden können. Zudem enthalten manche WWW-Seiten die Möglichkeit, öffentliche Kommentare zu hinterlassen oder sich in ein Gästebuch einzutragen. Konzepte zur interpersonalen WWW-Nutzung sehen vor, dass man beim Betrachten einer WWW-Seite angezeigt bekommt, welche anderen Personen sich gerade dieselbe Seite anschauen, so dass mit ihnen in Kontakt treten kann, um die rezipierten Inhalte per Email oder Chat gemeinsam zu besprechen (vgl. Donath & Robinson, 1996).

- *Hilfsmittel für die kommunikativen Internet-Dienste*: Im WWW finden sich Bedienungsanleitungen, Software-Archive, Suchmaschinen und andere Hilfsmittel, die es uns erleichtern, Email-, Mailinglisten- und Newsgroup-Kommunikation abzuwickeln, erfolgreich zu chatten und zu mudden oder an netzbasierten Audio- und Video-Konferenzen teilzunehmen. Homepages von Mailinglisten, Newsgroups, Chat-Channels und MUDs, auf denen sich Informationen zum jeweiligen Forum und seinen Stamm-Mitgliedern befinden, bringen eine persönlichere und verbindlichere Note in die Netzkommunikation, erleichern Orientierung und Kennenlernen. Manche Mailinglisten legen Archive ihrer Beiträge im WWW an, wodurch sich der für Mailinglisten-Kommunikation typischerweise beschränkte und überschaubare Teilnehmerkreis auf ein Massenpublikum erweitert, was natürlich nicht bei allen Mailinglisten sinnvoll oder wünschenswert ist..
- *Persönliche Homepages*: Wenn Privatpersonen Informationen im WWW bereitstellen, sind dies zum einen Serviceleistungen für die Netzgemeinschaft (z.B. Literaturlisten, Software-Archive, Link-Sammlungen, Webrings etc.) und zum anderen persönliche Homepages – beides trägt zur Netzpräsenz bei (Agre, 1994). Auf einer persönlichen Homepage stellen sich Nutzerinnen und Nutzer vor, indem sie ihre Arbeitsgebiete und Hobbies schildern, Familienfotos und Zeichnungen präsentieren, Links auf ihre Lieblings-WWW-Seiten zusammenstellen etc.. Außerhalb des Netzes gibt es kein Pendant zum Selbstdarstellungsmittel persönliche Homepage – sowohl was Größe und Zusammensetzung des Publikums betrifft als auch die zur Verfügung stehenden Gestaltungsmittel. Allerdings ist der metaphorische Vergleich mit dem altbekannten „Zuhause“ insofern passend, als man beim Besuch einer Homepage ähnlich wie beim Besichtigen einer fremden Wohnung eine Reihe von Details über berufliche und private Interessen, Geschmack und Gewohnheiten erfahren kann – sofern die betreffende Person diese mitteilen will. Nicht zuletzt kann man die Veränderungen der Homepage – und auch „Umzüge“ der Seite auf andere Server – über Monate und Jahre hinweg mitverfolgen. Eine Selbstpräsentation im WWW trägt entscheidend dazu bei, Anonymität im Netz zu verringern (z.B. Nennnung des URL der Homepage in der Signature). Nicht zuletzt haben Homepages den Vorteil, dass sie (im Vergleich zu Email-Adressen) relativ leicht auffindbar sind.

- *Medien-Übergänge durch Web-Dienste*: Es existieren eine Reihe kostenloser (durch Werbung finanzierte) Web-Dienste, die uns dabei helfen, Medienbrüche – und damit verbundene Kommunikationshürden – zu überwinden. Das Prinzip ist einfach: Die zu übermittelnde Botschaft wird samt Adresse und Absender auf der Web-Seite in ein Formular eingetragen. Weitergeleitet wird die Botschaft dann wahlweise als postalischer Brief, als Telefax, als SMS auf ein Handy (SMS: Short Messsage Service) oder als Pager-Nachricht. Zudem kann der Text für Fax-Polling bereitgehalten werden. Umgekehrt kann man sich eingehende Fax-Nachrichten per Email zustellen lassen und ist somit auch ohne Fax-Gerät erreichbar (für eine Übersicht entsprechender Dienste siehe http://www.kostenlos.de/). Auch werden im WWW kostenlose (und teilweise auch anonyme) Email-Adressen angeboten (siehe zur Auswahl: http://www.kostnixx.de/).
- *Genuin web-basierte Individual- und Gruppenkommunikation sowie Kollaboration*: Das Versenden von elektronischen Postkarten hat sich als genuin webbasierte Individualkommunikation etabliert. Die Postkarte besteht aus Text und Bild und wird unter einer (per Email an den Adressaten geschickten) Zugangsnummer auf einer Web-Seite zum Download bereitgehalten. Bei den Postkarten-Motiven handelt es sich um Landschaftsaufnahmen, Cartoons, Blumen, Gemälde oder auch eigene Fotos. Web-basierte asynchrone Gruppenkommunikation erfolgt nach dem Prinzip der Newsgroups (siehe Kap. 2.4), allerdings wird die betreffende Gruppe dann nicht im gesamten Usenet propagiert, sondern eben nur auf einer Web-Seite angeboten. Synchrone Gruppenkommunikation im WWW wird in sogenannten Chat Rooms realisiert (siehe Kap. 3.3). Kollaborative Web-Projekte, bei denen Besucher einer Web-Site gemeinsam an der Gestaltung der Seiten arbeiten (z.B. Hinzufügen von Links, Zusammenfügen von Grafiken) finden sich im Bereich der Kunst, aber auch im Kontext von Unterricht und Fernlernen sowie bei der Telearbeit.

2.6 Zusammenfassung

Bei der computervermittelten (Text)Kommunikation (CvK bzw. CMC: computermediated communication) treten Menschen durch *Tippen-auf-der-Computertastatur und Lesen-vom-Monitor* miteinander in Verbindung. Mit der wachsenden Bedeutung audio-visueller Datenformate wird die Tastatur als Eingabegerät durch Maus, Mikrofon und Videokamera ergänzt. Die Systemausgaben beschränken sich dementsprechend dann nicht mehr auf Maschinenschrift am Monitor, sondern beziehen Lautsprecherausgaben, Grafiken, Fotos oder Filmsequenzen mit ein. Dennoch nimmt der Austausch von Textbotschaften bei der computervermittelten zwischenmenschlichen Verständigung nach wie vor eine Schlüsselrolle ein.

Der computervermittelte Austausch kann zeitversetzt (asynchron) oder zeitgleich (synchron) stattfinden. Beim *asynchronen Austausch* werden die Botschaften gespeichert, zur Zielperson transportiert (Push-Prinzip) bzw. für sie zum Abruf bereitgehalten und erst nach einem mehr oder weniger langen Zeitintervall (vielleicht) von ihr rezipiert (Pull-Prinzip). Zeitversetzter Austausch gibt den Kommunizierenden mehr Freiheitsgrade, denn sowohl Sender als auch Empfänger können den Zeitpunkt ihrer Kommunikationsaktivitäten selbst bestimmen und müssen sich (im Unterschied zur synchronen CvK) nicht auf einen gemeinsamen Termin einigen. Asynchrone CvK übertrifft andere asynchrone Telekommunikationsmedien in vielerlei Hinsicht: Computervermittelte Kommunikation ist schneller als die Briefpost, kostengünstiger als die Nachricht auf dem Anrufbeantworter, komfortabler als das Faxen und variabler im *Teilnehmerkreis* als alle anderen Kommunikationsmedien. So kann ich eine von mir verfasste digitale Textbotschaft im Netz per privater Email an eine Person schicken, ich kann sie per Mailingliste in einer begrenzten Personengruppe bekanntmachen, ich kann sie über eine Newsgroup oder Web-Site aber auch einem dispersen Massenpublikum darbieten. Jenseits der Netzwelt müsste ich auf ganz unterschiedliche Medien zurückgreifen, um diese verschiedenen Öffentlichkeiten zu erreichen: Ich müsste einen privaten Brief abschicken, einen Serienbrief verfassen und absenden oder mich um die Publikation meines Beitrages in einer Zeitschrift oder Zeitung bemühen, wobei ich oft genug zum Scheitern verurteilt wäre.

Den Freiheitsgraden hinsichtlich Zeit, Ort und Teilnehmerkreis stehen jedoch bei der computervermittelten Kommunikation auch Restriktionen gegenüber. Dies betrifft etwa den Kommunikationscode (überwiegend getippter Text, der teilweise durch multimediale Elemente ergänzt wird), die Formatierung von Texten (nicht mehr als 70 Zeichen pro Zeile aufgrund der Bildschirmgröße), die Nachrichtenverbundenheit (z.B. Überkreuzen von Nachrichten durch unterschiedliche Transportgeschwindigkeiten von Postings im Usenet) oder die Authentizität (z.B. Fälschung von Email-Adressen). Betrachtet man die Besonderheiten der Email-, Mailinglisten-, Newsgroup- und WWW-Kommunikation im Internet, so zeigt sich, dass Medienmerkmale in spezifischer Weise durch Normen des Mediengebrauchs angeeignet werden (z.B. Entwicklung netzspezifischer Parasprache, Netiquetten). Dabei spiegeln sich in der sozialen Normierung des kommunikativen Mediengebrauchs die Medieneinstellungen und Interessen einflussreicher Gruppen der Netzpopulation wider.

Die Vergrößerung und Veränderung der Netzpopulation, die technischen Weiterentwicklungen des Internet sowie anderer Medien, mit deren Gebrauch die Internet-Nutzung verbunden ist, und schließlich auch die öffentliche Diskussion über Sinn und Unsinn medial vermittelter Kommunikation sorgen dafür, dass unser Internet-Gebrauch sich wandelt (vgl. Höflich, 1996). Bei einem solchen Wandel der Gebrauchsweisen können Tendenzen der *Uniformierung* mit denen der *Differenzierung* einhergehen. Uniformierung ist dort zu erwarten, wo das Netz im formellen Rahmen eingesetzt wird (z.B. Homepages der Mitarbeiter einer Firma, die zugunsten der Corporate Identity alle nach demselben Grundmuster aufgebaut sein müssen) und wo Netznutzung mit minimalem Arbeits- und Lernaufwand ermöglicht werden soll (z.B. automatisch erstellbare, stereotype persönliche Homepages für die Nutzer eines Online-

Dienstes). Gleichzeitig können bei entsprechender Netzkompetenz und unter Ausschöpfung der netzspezifischen Gestaltungsmittel hochgradig individualisierte persönliche Homepages gestaltet werden, wobei der Rückgriff auf die jeweils aktuellen technischen Neuerungen im Netz auch eine Abgrenzungs- und Differenzierungsfunktion erfüllt (Demonstration der Zugehörigkeit zur Gruppe der *Technikpioniere*). Während die herkömmliche Massenkommunikation unilateral bzw. als Einwegkommunikation abläuft, indem ein Sender seine Botschaften an ein disperses Publikum verteilt (one-to-many, *Broadcasting*), kann im Internet (speziell in Newsgroups und auf WWW-Seiten) jede einzelne Person die Rolle der Senderin einnehmen und der breiten Netzöffentlichkeit eigene Beiträge zugänglich machen (*kollaborative Massenkommunikation*, Rafaeli & LaRose, 1993; interaktive oder partizipative Massenkommunikation, Höflich, 1994, 1996, S. 13; *Netcasting*, Bonchek, 1996). Dass Internet-Nutzerinnen und -Nutzer ihr eigenes – potentiell massenwirksames – „Programm" gestalten, macht Netzkommunikation aus politischer Sicht so brisant. Aus sozialpsychologischer Perspektive dagegen ist besonders interessant, dass sich die Grenzen zwischen Massen-, Gruppen- und Individualkommunikation auflösen (*Hybridisierung* von Individual- und Massenmedien) und Netzaktive nicht nur selbst „Programm" machen (wie etwa in den offenen Kanälen des Fernsehens), sondern dabei gleichzeitig untereinander in Kontakt treten können (many-to-many, Polydirektionalität, Multilateralität). Im Unterschied zu herkömmlichen Kommunikationsmedien bieten somit Computernetze als *Hybridmedien* erstmals in großem Stil Gelegenheit, Menschen auf medialem Wege kennenzulernen, neue Beziehungen aufzubauen (Kap. 8) und sich mit räumlich verstreuten Personen zu Gruppen zusammenzuschließen (Kap. 9). Denn herkömmliche Telekommunikationsmedien sind in erster Linie dafür gedacht, bereits bekannte Personen zu kontaktieren (Brief, Telefon) und eignen sich zudem nur sehr begrenzt für eine polydirektionale Gruppen- oder Massenkommunikation (Ausnahme: z.B. telefonische Party Lines).

Wehner (1997) vertritt die provokante These, dass es im Netz überhaupt nicht um interpersonalen Austausch, sondern lediglich um die Auseinandersetzung einzelner Personen mit Texten ginge. Er wendet sich in seiner Kritik sowohl gegen romantisierende Vorstellungen einer im Internet wiederbelebten Mündlichkeit und Gemeinschaftlichkeit vormoderner Zeiten wie sie in den sozialen Internet-Metaphern zum Ausdruck kommen (z.B. „virtuelles Café", „elektronische Agora", „digitaler Marktplatz") als auch gegen die Vorstellung, dass Netzkommunikation (als sogenannte „kollaborative", „interaktive" oder „partizipative" Massenkommunikation) die vermeintlich dysfunktionale herkömmliche Massenkommunikation ersetze. Stattdessen plädiert er dafür, die Kommunikation im Internet als eine *„neuartige und noch völlig unvertraute Form von Schriftlichkeit"* zu begreifen, als kollektive Textproduktion und *nicht* als zwischenmenschlichen Dialog (Wehner, 1997, S. 126). Und er erinnert auch daran, dass die vielgescholtene Massenkommunikation gerade als Einwegkommunikation in einer modernen Gesellschaft durch Komplexitätsreduktion und universale Wirklichkeitsdarstellungen der sozialen Integration und Verständigung dient.

Aus Wehners (1997) berechtigter Kritik an technikdeterministischen Sozialutopien folgt jedoch im Umkehrschluss nicht, dass Netzkommunikation nur als abstrakter, von bekannten interpersonalen Bezügen abstrahierter, „Schreib-Lese-Prozess" zu verstehen ist. Auf die Problematik der gängigen Internet-Metaphern, die das Neue in Analogie zu altbekannten Formen der Schriftlichkeit (z.B. Email als elektronischer „Brief") oder der Mündlichkeit (z.B. Mailingliste als elektronische Form der „Gruppendiskussion") modellieren, haben wir bereits mehrfach hingewiesen. Diese Metaphern sind Hilfskonstruktionen und haben im politischen und wissenschaftlichen Internet-Diskurs teilweise ideologischen Gehalt; gleichzeitig sind sie aber auch die dominanten Deutungsmuster der Nutzerinnen und Nutzer und verweisen somit womöglich auf das subjektive Erleben von Netzkommunikation. Ob und inwieweit wir es beim Internet-Gebrauch (auch) mit reziproken zwischenmenschlichen Verständigungsprozessen, mit Kontaktanbahnung und Beziehungsvertiefung, mit Gruppenbildung und Gemeinschaftsgefühl zu tun haben, ist eine empirische Frage. Die interpersonale Bedeutung und Verbindlichkeit der Netzkommunikation sollte also von vornherein nicht überhöht, aber auch nicht marginalisiert werden. Gerade bei der im nächsten Kapitel behandelten synchronen computervermittelten Kommunikation lässt sich in vielen Fällen der Austausch nicht als abstrakte kollektive Textproduktion begreifen, sondern wird vor allem durch die Annahme wechselseitigen personalen Bezugs für die Beteiligten bedeutsam.

3 Zeitgleiche Kommunikation im Internet

Nachdem wir im letzten Kapitel die unterschiedlichen Varianten der zeitversetzten Kommunikation im Internet näher betrachtet haben, wenden wir uns nun der zeitgleichen computervermittelten Kommunikation zu (Kap. 3.1). Per Chat (Kap. 3.2) können zwei Personen textbasiert kommunizieren und interagieren, wobei die Texteingaben der einen Person unmittelbar (das heißt mit äußerst geringer übertragungsbedingter Verzögerung) auf dem Monitor der anderen Person angezeigt werden, so dass sofortiges Reagieren aufeinander möglich bzw. nötig ist. Auf einem Chat-Channel bzw. in einem Chat-Room (Kap. 3.3) können sich ganze Personengruppen zeitgleich austauschen. MUDs (Kap. 3.4) bieten nicht nur kleinen Gruppen, sondern einem Massenpublikum ein Kommunikations- und Interaktionsforum, das in einer dauerhaften (textuell und ggf. auch grafisch repräsentierten) virtuellen Umgebung situiert ist. Räumlich verteilte Personen können sich beim Mudden durch dieselbe textbasierte oder grafische Umgebung bewegen, Orte und Räume erkunden, Objekte handhaben und erzeugen sowie mit anderen Personen gemeinsam virtuell handeln. Kap. 3.5 geht auf neuere Internet-Dienste ein wie ICQ („I Seek You"), Internet-Telefonie und Internet-Videokonferenzen. Diese Kommunikationsmöglichkeiten stehen im Unterschied zu dem seit den 80er Jahren praktizierten Chatten und Mudden im Internet erst seit Mitte der 90er Jahren zur Verfügung. Kap. 3.6. liefert eine Zusammenfassung der synchronen Kommunikations-Szenarien im Internet.

3.1 Zeitgleiche computervermittelte Kommunikation

Wenn bei der computervermittelten Kommunikation die Textbotschaften nicht zeitversetzt ausgetauscht, sondern in dialogischer Form nahezu zeitgleich (synchron) produziert, rezipiert und beantwortet werden, ändern sich Kommunikationsvorgänge fundamental in der Weise, dass eine virtuelle Handlungsebene zum Tragen kommen kann. Es wird also nicht nur kommuniziert, sondern auch virtuell interagiert. Wie ist das zu verstehen?

Ein grundlegender Unterschied zwischen Face-to-Face-Situationen und medial vermittelten Kommunikationssituationen liegt darin, dass nur im ersten Fall ein gemeinsamer materieller Wahrnehmungs- und Handlungsraum vorliegt, also soziale

Interaktion im Sinne unmittelbar aufeinander bezogenen gegenständlichen Handelns möglich ist (Winterhoff-Spurk & Vitouch, 1989). Neuere Telekommunikationsszenarien, in denen nicht nur eine synchrone Verbindung zwischen Personen hergestellt wird (wie es etwa beim Telefonieren der Fall ist), sondern auch ein gemeinsames Bezugssystem für *Handlungen* zur Verfügung steht, ermöglichen *Telepräsenz* (Lombard & Ditton, 1997; Steuer, 1992). In Telepräsenz-Szenarien werden virtuelle (datenbasierte, informationelle) Umwelten bereitgestellt, in die sich räumlich entfernte Personen begeben, um dort synchron miteinander zu kommunizieren und zu interagieren. Die Beteiligten sind in Telepräsenz-Szenarien datenbasiert *präsent* (also füreinander je nach Schnittstellendesign und Systemarchitektur mehr oder weniger gut sichtbar, hörbar, fühlbar, ansprechbar). Sie können sich durch die Strukturen der virtuellen Umwelt bewegen und diese durch ihre Aktionen in Echtzeit (je nach Systemvorgaben) mehr oder weniger stark verändern und mitgestalten (z.B. Objekte entfernen, Gebäude hinzufügen). *Virtuelle Objekte* sind ebenso wie materielle Objekte manipulierbar, transportierbar, sichtbar und haltbar, allerdings lassen sie sich z.B. nicht in die Hand nehmen. Es wäre im einzelnen zu prüfen, inwieweit sich die Psychologie der Gegenstände (z.B. T. Habermas, 1996) auf virtuelle Objekte anwenden lässt und inwieweit bekannte Modi der Aneignung materieller Räume (vgl. Kruse & Graumann, 1978) auch auf *virtuelle Räume* übertragen werden.

Computerbasierte Telepräsenz-Szenarien bzw. *Virtual-Reality-Anwendungen* im *engeren* Sinne arbeiten nicht mehr mit Monitor und Tastatur, sondern nutzen neue, körperangepasste Systemschnittstellen. Ein sensorisches Eintauschen (Immersion) *in* die informationstechnisch generierte und durch die Teilnehmeraktionen dynamisch veränderbare dreidimensionale Umgebung soll das Sitzen *vor* dem Computer ablösen (Biocca, 1992). Dazu werden beispielsweise *Datenhelm*, *Datenhandschuh* oder sogar komplette *Datenanzüge* als Systemschnittstellen eingesetzt. Zudem kann man Immersion durch stereoskopische Projektionen auf große Leinwände oder auf mehrere Seiten eines kleinen Raumes (sog. *Cave*) unterstützen, wobei das projizierte Bild den Bewegungen der Person angepasst wird (sog. *Tracking*). Datenanzug oder Cave sind freilich vom Hausgebrauch noch weit entfernt. Es gibt jedoch bereits Computerspiele, bei denen sog. Datenbrillen mit integriertem Monitor und Lautsprecher als Systemschnittstellen für die Mensch-Maschine-Kommunikation dienen. Telepräsenz-Szenarien, die mit Datenhelm und Datenhandschuh operieren und zwei bis drei Personen gemeinsames Handeln erlauben, werden beispielsweise als Spiele in Cybercafés angeboten. Die virtuelle Umgebung besteht hierbei beispielsweise aus einem Labyrinth oder einem offenen Areal, das von den Spielenden genutzt werden soll, um sich gegenseitig zu verfolgen und aufeinander zu schießen. Ton und Grafik solcher Spiel-Umgebungen sind (bislang) von eher schlechter Qualität, zudem werden die sozialen Interaktionsmöglichkeiten durch das Spiel-Design stark eingeschränkt (z.B. kann man einander zwar erschießen, nicht aber miteinander tanzen).

Über Telnet-Zugänge oder auch über das WWW sind vom Internet aus eine Reihe einfacher, *textbasierter* Telepräsenz-Szenarien (textbased virtual realities) – die

MUDs *(Multi User Dungeons/Dimensions)* – erreichbar. Der Eindruck, in die Textumgebung „einzutauchen", kommt auch ohne Datenanzug zustande, weil sich das virtuelle Szenarium je nach den eigenen Aktionen dynamisch verändert (z.B. nach dem Betreten eines anderen Raumes dessen Beschreibung erscheint), man selbst und die anderen Personen über deren Namen und Selbstbeschreibungen repräsentiert sind. In der virtuellen Umgebung kann man einander beobachten, aufeinander reagieren und sich durch die Strukturen des Systems bewegen. MUDs demonstrieren auf beeindruckende Weise die performative Funktion von Sprache (Cherny, 1994, 1995): Worte, aus denen sich die lebendigen Textwelten konstituieren, verweisen nicht als Zeichen auf Dinge oder Personen, sondern stellen sie her; Worte beschreiben nicht Handlungen, sondern *sind* (virtuelle) Handlungen, insofern die aktiv Beteiligten sie als solche verstehen und ihre Verständnisweisen interpersonal aushandeln. Neben textuellen MUDs existieren im Internet auch grafische MUDs (sog. *Avatar-Welten*), in denen die Umgebung und die Personen mehr oder minder aufwendig visualisiert sind. Allerdings erfolgt auch hier der zwischenmenschliche Austausch in erster Linie textbasiert (nonverbale Gesten wie z.B. räumliche Annäherung oder Winken sind nur rudimentär implementiert).

Telepräsenz-Szenarien bzw. virtuelle Realitäten (VR) können auf unterschiedliche Weise mit der materiellen Außenwelt verbunden sein. Zunächst einmal machen natürlich die Nutzerinnen und Nutzer des Systems „reale" Erfahrungen (z.B. freuen sie sich, einander zu treffen oder ärgern sich, wenn es bei der Konstruktion des virtuellen Hauses Probleme gibt). Inhaltlich können Telepräsenz-Szenarien der Fantasy- oder Science-Fiction-Literatur entlehnte Phantasiewelten darstellen (ausgestattet mit Burgen, Magiern, Drachen, Raumschiffen etc.) oder auf reale Objekte und Orte verweisen und diese sogar naturgetreu abbilden (z.B. Baustelle, menschliches Organ, Automobil). Bruckman und Resnick (1995) berichten, wie ein Mitarbeiter der Firma Apple zum ersten Mal das *MediaMOO*, ein am Massachusetts Institute of Technology (MIT) angesiedeltes Forschungs-MUD für Medienfragen, betrat. Sein Unbehagen in der fremden virtuellen Umgebung wich recht schnell, als man ihn quer durch das MediaMOO zum virtuell nachgebauten Apple-Gebäude führte, wo er sich sofort heimisch fühlte:

```
Apple Computer R&D Atrium. You are in a glass atrium, four
stories tall. Offices look out from the walls. Beyond the
glass wall to the east, there is some arcane construction
taking place. A walkway exits the atrium to the west.
```

Über virtuelle Umgebungen lassen sich bei entsprechender Implementierung nicht nur realweltliche Objekte abbilden, sondern auch unmittelbare Effekte in der materiellen Umwelt auslösen: *Virtuelle Prototypen* von Automobilen oder Flugzeugen werden nach ihrer Erprobung materiell nachgebaut. Virtuelle Modelle von Patienten dienen der Planung von Operationen oder Bestrahlungen, die dann computerunterstützt (aber unter menschlicher Kontrolle) physisch durchgeführt werden. Wenn datenbasierte dreidimensionale Umgebungen 1:1-Abbildungen realweltlicher Objekte darstellen und zum Handeln in der realweltlichen Umgebung befähigen sollen, ist ein totales sensorisches Eintauchen in das Datenmodell oft nicht erwünscht. Vielmehr möchte man über das Datenmodell Zusatzinformationen und Orientierungshilfen für das Handeln am realweltlichen Objekt erhalten. Dies wird durch semitransparente Datenbrillen erreicht, die eine visuelle Wahrnehmung der realweltlichen Umgebung ermöglichen und *auf diese* das Datenmodell projizieren, das z.B. Markierungen für die geplanten Skalpelleinschnitte enthält. Bei derartigen Anwendungszwecken spricht man statt von „virtueller" Realität lieber von „erweiterter" Realität (*Augmented Reality*). Diese heute bereits realisierten Anwendungsbeispiele sollen verdeutlichen, dass die populäre Auffassung, virtuelle Realitäten existierten nur als fiktive Spielumgebungen, unzutreffend ist.

Das dynamische Datenmodell, das ein Telepräsenz-Szenarium wie z.B. ein MUD bietet, kann vielmehr unterschiedlich „realitätsnah" sein oder beurteilt werden (zu Realitätsbeurteilungen von virtuellen Realitäten siehe Shapiro & McDonald, 1992). Nicht nur die durch Hardware und Software vorgegebenen Systemmerkmale (z.B. Eingabe-Ausgabe-Schnittstellen), sondern auch die sozialen Regeln, die festlegen, ob und wo in einem Telepräsenz-Szenarium „gespielt", „gelernt" oder „gearbeitet" wird, haben etwas mit dem Realitätsgehalt des Virtuellen zu tun. *Virtuelles Handeln* (z.B. Handhabung virtueller Objekte) und virtuelle soziale Interaktion (z.B. Berührung virtuell repräsentierter Personen) finden zwischen Rekonstruktion und Neukonstruktion sozialer Erfahrungen aus der materiellen Umwelt (*real life*: RL) statt. Dabei ergibt sich – qua Praxis und Diskurs – im *virtual life* (VL) ein komplexes Mischungsverhältnis aus bekannten Regeln und neuen Freiheitsgraden.

Ob und unter welchen Bedingungen es für die Nutzerinnen und Nutzer eines Virtual Reality-Systems zur Ununterscheidbarkeit zwischen materieller und virtueller Realität kommen kann, oder ob im Netz vielleicht sogar eine Revision unserer dichotomen Konstruktion „Realität versus Fiktionalität" erforderlich wird (Chayko, 1993), ist strittig. Während die technikdeterministische Sicht mit einer Verbesserung der Schnittstellentechnologie unsere zunehmende Auslieferung an Simulationen erwartet, betonen kulturalistische Ansätze, dass letztlich nicht technische, sondern physiologische und vor allem psychologische Faktoren ausschlaggebend sind: Erst ein interessanter Inhalt weckt die Bereitschaft, den Unglauben aufzugeben und an der Fiktion – markiert durch Einschalten/Betreten des virtuellen Systems – teilzunehmen und zu sagen: *Ich weiss, dass es nicht real (materiell) ist. Aber lass' es uns genießen, als ob es wahr wäre* (vgl. Sturman, 1991, S. 123). Dass und wie es möglich ist, diese Modulation des „als ob" zu unterlaufen und Personen über den Eintritt bzw. das Verlassen einer virtuellen Umgebung zu täuschen, ist klassischer Topos von Science-Fiction-Romanen und -Filmen (z.B. Total Recall). In diesem Kapitel hat „virtuelles" Agieren und Interagieren jedoch keinen derart dramatischen Beigeschmack, sondern wird – bezogen auf das Internet – als eine Interaktionsform aufgefasst, die durch kollektive Nutzung synchroner Telekommunikationsmedien möglich ist.

3.2 Chat

Beim Chat erscheinen die Tastatureingaben der einen Person unmittelbar auf dem Monitor der anderen Person, so dass ein synchroner textbasierter Dialog zustande kommt (Schade, 1997, S. 73ff.). Man spricht im Zusammenhang mit Chat auch von *Computer-Konferenzen* oder Online-Dialogen. Scherzhaft wird das Chatten zuweilen als die umständlichste Form des Telefonierens charakterisiert. Manchmal wird Chat auch mit *CB-Funk* (CB: Citizen's Band) verglichen.

Für Zweipersonen-Konferenzen steht im Internet der *Talk-Dienst* zur Verfügung. Dazu startet man das Talk-Programm mit Benutzernamen und Rechner der Zielperson. Diese erhält dann (sofern sie sich gerade am Rechner befindet) die Nachricht, dass und von wem eine Talk-Verbindung angefragt wird. Wird die Talk-Anfrage entgegen genommen, so teilt sich der Bildschirm in zwei Hälften. In der unteren Bildschirmhälfte erscheinen die eigenen Tastatureingaben, in der oberen Bildschirmhälfte die der Gegenseite. Die Synchronisation erfolgt zeichenweise, so dass man die Tippbewegungen des Gegenübers genau mitverfolgen kann.

Mittlerweile wurde der Talk-Dienst fast vollständig durch den komfortableren *IRC-Dienst* (IRC: *Internet Relay Chat*) abgelöst. Ähnlich wie der Email-Dienst sowohl Zweier-Kontakte per privater Email (Kap. 2.2) als auch Gruppen-Kommunikation per Mailingliste (Kap. 2.3) erlaubt, ermöglicht der IRC-Dienst eine Zweier-Konferenz per privatem Chat und eine Gruppen-Konferenz per Chat-Channel. In diesem Kapitel wenden wir uns zuerst dem Zweier-Chat zu. Im Unterschied zum Talk-Dienst werden beim IRC die eingetippten Worte nicht zeichenweise übertragen, sondern jeweils als komplette Mitteilungen (beendet durch das Betätigen der Enter-Taste). Das Chatten mit dem IRC-Dienst hat sich im Internet bereits in den 80er Jahren etabliert. Mit dem Aufkommen des WWW-Dienstes sowie des ICQ-Dienstes in den 90er Jahren sind mittlerweile neue Realisationen der Chat-Kommunikation hinzugekommen (Web-Chat; ICQ-Chat). Und auch die von Online-Diensten (siehe Kap. 1.3) verwendete Software verfügt über eigene Chat-Möglichkeiten (z.B. AOL Instant Messenger-Dienst: AIM). Diese verschiedenen Chat-Varianten unterscheiden sich in technischer, aber auch in sozialer Hinsicht: Sozial relevant ist einerseits der zur Verfügung stehende Satz kommunikationsrelevanter Optionen, andererseits aber auch die Zusammensetzung der jeweils involvierten Nutzungs-Population.

Welche Voraussetzungen müssen erfüllt sein, um an der Chat-Kommunikation teilzunehmen (Kap. 3.2.1)? Welche Bedeutung haben Nicknames (Kap. 3.2.2)? Wozu dienen Akronyme und Emoting (Kap. 3.2.3)? Welchen typischen Verlauf nimmt Chat-Kommunikation (Kap. 3.2.4)?

3.2.1 *Voraussetzungen der Chat-Kommunikation*

Voraussetzung für die Kommunikation per *IRC-Chat* ist die Installation eines IRC-Client (z.B. mirc, ircle). Für *Web-Chat* wird ein WWW-Browser benötigt (siehe Kap. 2.5.1), für *ICQ-Chat* der ICQ-Client (siehe Kap. 3.5.1), für *AIM-Chat* (AIM: AOL

Instant Messenger-Dienst) die AOL-Software oder ein Web-Browser. Im Folgenden konzentrieren wir uns auf IRC-Chat als der klassischen Chat-Technologie.

Startet man den IRC-Client, muss zunächst ein zum IRC-Netzwerk gehörender *IRC-Server* gewählt werden, mit dem sich der Client in Verbindung setzt. Das erste IRC-Netzwerk war das *EFnet* (Eris-Free Net, das nach dem Server eris.berkeley.edu benannt ist; http://www.efnet.org/). Das EFnet kam jedoch Mitte der 90er Jahren mit mehreren tausend Nutzerinnen und Nutzern täglich immer schlechter zurecht: Stark verlangsamte Datenübertragung und Netsplits (d.h. Netztrennungen) waren an der Tagesordnung. Deshalb trennten sich die IRC-Server in Europa als *IRCnet* vom EFnet ab. Wer in Europa lebt, wird also einen IRC-Server im IRCnet dem EFnet eher vorziehen.

Alternative IRC-Netze wie das 1992 gegründete *Undernet* (http://www.undernet.org/) oder das 1995 ins Leben gerufene *Dalnet* (http://www.dal.net/) können ebenfalls mit den gängigen IRC-Clients genutzt werden. Sie bieten teilweise bessere Organisation (Nutzungsregeln, Service), schnellere Übertragung und seltenere Netsplits – allerdings leiden sie oft an geringerer Beteiligung. Zudem begünstigt die Überschaubarkeit zuweilen auch Konflikte, da man sich schwerer aus dem Weg gehen kann (siehe für eine Dalnet-Protest-Seite: http://www.dalnet.org/). IRC-Server befinden sich in der Bundesrepublik Deutschland nur an wenigen Universitäten (z.B. Freie Universität Berlin, Universität München, Universität Rostock, Universität Karlsruhe), demgegenüber gehören Mail-Server und WWW-Server an allen Hochschulen mittlerweile zum Standard.

Einen *privaten* IRC-Chat kann man nur mit einer Person abhalten, die aktuell im selben IRC-Netz angemeldet ist wie man selbst (dies sind im IRCnet in der Regel mehrere tausend Personen). Für einen privaten Web-Chat stehen nur die Personen zur Verfügung, die sich aktuell auf dem selben Web-Chat-Dienst eingeloggt haben wie man selbst (dies sind z.B. mehrere Dutzend Personen). Um Chat-Räume im WWW zu finden, greift man auf entsprechende Verzeichnisse zurück (z.B. Verzeichnis deutschsprachiger Chat-Räume http://www.webchat.de). Per ICQ oder AIM läßt sich prinzipiell jede Person kontaktieren, die die entsprechende Software installiert hat und gerade online ist (dies sind wiederum mehrere tausend Menschen weltweit). Die technische Erreichbarkeit ist dabei freilich nicht mit sozialer Erreichbarkeit gleichzusetzen – so kann man einzelne Chat-Anfragen ablehnen oder auch generell definieren, daß Chat-Anfragen nur zu bestimmten Zeiten und/oder nur von bestimmten Personen zugelassen sind.

3.2.2 Nicknames und Avatare

Für andere Chatterinnen und Chatter ist man im Netz zunächst nur über den Nickname (Spitzname, Pseudonym, Handle) sichtbar, ansprechbar und ggf. auch wiedererkennbar. Aus praktischen Gründen wird man weder einen überlangen noch einen schwer zu merkenden oder inhaltsleeren Nick (z.B. „1456gb34") wählen. Stattdessen versuchen Chatterinnen und Chatter über den gewählten Nick, den Eindruck, den sie bei anderen erwecken, gezielt zu beeinflussen. Die Wahl eines Nicknames ist beim Chatten obligatorisch: So erlaubt es in der Regel weder der IRC-Client noch der Web-Browser, sich am Chat zu beteiligen, ohne zuvor eine Namenswahl getroffen zu haben.

Da Nicks nicht doppelt vergeben werden können, sind beliebte Nicks häufig mit Variationen anzutreffen (marc-, ^marc, marc+). Während manche Nicks eindeutig geschlechtsspezifisch sind (z.B. tobias, sabine, princess, einstein, mr_president), lassen Nicks wie „olk" oder „leftie" die Geschlechtszugehörigkeit offen. Bechar-Israeli (1996) protokollierte 1994 im April zwei Wochen lang das Geschehen auf mehreren IRC-Channels (v.a. #NiceCafe, #IRCbar, #ThruthDare, #30plus) und entnahm dabei explorativ 260 Nicknames, die er in sieben Kategorien einteilte (29 Namen waren nicht kategorisierbar, 15 wurden mehrfach zugeordnet, so dass sich die Prozentangaben zu über 100% addieren (siehe Tab. 3.1).

Tab. 3.1: Verbreitung unterschiedlicher Typen von Nicks (n=231+15)
(Quelle: Daten aus Bechar-Israeli, 1996, Tabelle 2; Beispiele ergänzt)

	Kategorien von Nick Names	
1.	Selbstbezogene Informationen (Ort, Alter, Persönlichkeit, Aussehen) (*irish, oldbear, shydude, handsome*)	45%
2.	Technologie, Computer (*pentium, compi, Fiber Optik*)	17%
3.	Flora, Fauna, Objekte (*tulip, froggy, cat, Maus, the tiger, BMW*)	16%
4.	Spiel mit Worten, Klängen, Schreibweisen (*tamtam, uh-hu, bingbong*)	11%
5.	Eigener Name oder Spitzname (*Ellen, Tom, Rick*)	8%
6.	Literatur, Film, Musik, Märchen, Prominente (*Heino, ACDC, Rainman, Zappa, Mozart, Momo*)	6%
7.	Provokation (*Outlaw, Badboy, Skinhead, Stonesmasher, Bigdick, Hotbabe*)	4%
		107%

Da der Nick buchstäblich das erste ist, was wir im Chat voneinander wahrnehmen, ist er bei der Eindrucksbildung von größter Bedeutung. Ein Nick wie „Mozart" legt z.B. Interesse für klassische Musik nahe und kann dabei helfen, mit Gleichgesinnten ins Gespräch zu kommen. Phantasievolle und eigentümliche Namen führen regelmäßig dazu, dass andere Chat-Teilnehmer sich erkundigen, was denn der Nick zu bedeuten habe. Solche Nicks liefern somit einen willkommenen *Gesprächseinstieg*. Auch in der CB-Funk-Kommunikation drehen sich die Gespräche oft um die Bedeutung der

Nicknames (Kalcik, 1985). Einfach den eigenen Vornamen zu benutzen, muss trotzdem nicht unbedingt langweilig wirken, sondern kann im Kontrast zu den sonstigen Phantasienamen auch den Eindruck von Unmittelbarkeit und Authentizität erwecken. Für ein direktes Kennenlernen werden zudem Nicks verwendet, die z.B. über sexuelle Vorlieben oder das Alter informieren (z.B. „tom25", „gayboy").

Regelmäßige Chatterinnen und Chatter entscheiden sich oft für einen *festen Nick*, den sie in ihrer Signature angeben und ggf. auch bei persönlichen Treffen oder Telefonaten mit anderen Netznutzern verwenden. Häufig stellt man sich eine Liste der Nicks jener Personen zusammen, mit denen man gerne chattet. Diese *Notify- oder Buddy-Liste* sorgt dafür, dass das eigene Chat-Programm eine Meldung ausgibt, sobald einer der Ziel-Nicks im Chat-Netz auftaucht bzw. es wieder verlässt. Somit kann man Chat-Bekannte selbst dann zufällig wiedertreffen, wenn man sich nicht zu einem festen Termin verabredet hat. Umgekehrt ist es jedoch manchmal auch unerwünscht, dass andere den eigenen Nick in ihre Notify- oder Buddy-Liste aufnehmen und einen ständig kontaktieren, sobald man das Chat-Netz betritt. Denn schließlich muss man gerade angesichts der Fülle von Bekanntschaften, die man im Netz in kurzer Zeit schließen kann, bei Privat-Chats aus Zeitgründen Prioritäten setzen. Indem Notify- und Buddy-Listen Netz-Aktivitäten in besonderer Weise transparent machen, entfalten sie also ambivalente Wirkungen des Kontrollgewinns und Kontrollverlustes. Will man beispielsweise nur einmal unverbindlich schauen, wer gerade im IRC-Netz ist, ohne selbst erkannt und beobachtet zu werden, darf man dabei nicht den eigenen angestammten Nick verwenden.

Neben dem Wortlaut des Nickname stehen insbesondere beim web-basierten Chatten noch weitere Ausdrucksmöglichkeiten zur Verfügung: So kann man in vielen Chat-Rooms die Farbe bestimmen, in der der eigene Nick angezeigt wird. Zudem werden dem Nick in einigen Foren diverse weitere identitätsbezogene Informationen zugeordnet:

- Hervorhebung der *Geschlechts-Zugehörigkeit* (z.B. Smiley in roter oder blauer Farbe vor dem Nick).
- Grobe Charakterisierung eines *Männer- oder Frauen-Typs* (z.B. comicartige Zeichnung von Frauen- und Männerköpfen mit unterschiedlichen Gesichtszügen, Haartrachten und sonstigen Accessoires).
- Steckbriefliches *Kurzportrait* (z.B. Formular mit Angaben zu Alter, Geschlecht, Beruf, Familienstand, Wohnort, Hobbies, Motto und ggf. auch Foto).
- *Avatar* (z.B. comicartige Ganzkörperfigur, die entweder aus einer vorgegebenen Sammlung ausgewählt oder nach eigenem Geschmack gestaltet werden kann).

Avatare sind Stellvertreter, virtuelle Repräsentanten der materiegebundenen Wesen, die sie ins Leben gerufen haben. Dabei geht es nicht um eine 1:1-Repräsentation, vielmehr werden Avatare genutzt, um bestimmte Aspekte des eigenen Selbst auszudrükken, wobei die Gestalten mehr oder minder humanoid ausfallen (siehe Abb. 3.1).

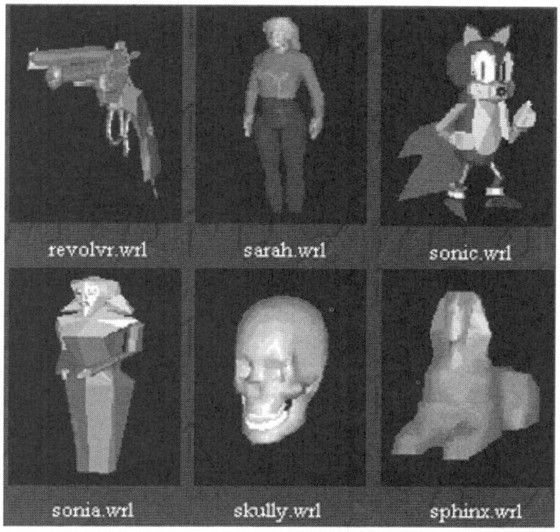

Abb. 3.1: Verschiedene Avatare (Quelle: Avatara: http://www.avatara.com/)

Das Konzept des Avatars ist im Kontext des Chattens und Muddens ausgesprochen populär geworden, nicht zuletzt weil der aus der indischen Mythologie stammende Begriff auch eine starke imaginäre Kraft besitzt. Um sogenannte „virtuelle" Phänomene zu verstehen und zu entmystifizieren, bietet es sich an, Analogien zu herkömmlichen Kommunikationsphänomenen zu suchen. So lassen sich beispielsweise Romanfiguren in der Literatur als Avatare ihrer Autorinnen und Autoren begreifen. Dass die altbekannten Romanfiguren häufig mit sehr viel mehr vitaler Virtualität aufwarten als die im Netz per Mauszeiger bewegten Comicfiguren spricht nicht gegen die Bedeutung der Avatare. Vielmehr beginnen wir eben erst, Erfahrungen zu sammeln mit virtuellen Stellvertretern, die wir als zusätzliche Medien des Selbstausdrucks und der zwischenmenschlichen Verständigung nutzen. In einer bestimmten Chat-Umgebung aus einem Pool von sechs zweidimensionalen Comic-Avataren wählen zu können ist hinsichtlich individueller Selbstdarstellung nicht so ergiebig wie die Möglichkeit, in einem anderen Chat mit entsprechenden Software-Tools einen eigenen dreidimensionalen Avatar erschaffen und animieren zu können. Mit der wachsenden Bedeutung virtueller Umgebungen werden Computerkenntnisse ein immer wichtigerer Bestandteil der Selbstdarstellungs-Kompetenz werden.

3.2.3 *Akronyme und Emoting*

Textbasierte Netzkommunikation funktioniert zwar immer via Tippen auf der Computertastatur und Lesen vom Monitor, allerdings ergeben sich beim *synchronen* Austausch spezifische Besonderheiten. Um den schriftlichen Dialog „am Laufen" zu halten, muss man sehr schnell agieren und reagieren. Äußerungen sind deswegen selten länger als eine Zeile. Um zusätzlich Zeit zu sparen, werden beim Chat *netzspezifische Akronyme* verwendet (siehe Tab. 3.2).

Tab. 3.2: Einige gängige Akronyme aus dem Chat-Sprachgebrauch

Akronym	Auflösung
ROTFL	rolling on the floor laughing
LOL	laughing out loud
IMHO	in my humble opinion
BOT	back on topic
PMFJI	pardon me for jumping in
BRB	be right back
CU	see you
2L8	too late
RTFM	read the fucking manual
SCNR	sorry, couldn't resist

Teilweise sind diese Akronyme auch in den Sprachschatz von Mailinglisten und Newsgroups eingegangen; insbesondere das übermütige ROTFL (im Sinne von „der Witz war wirklich klasse"), das abwertende ROTFL (im Sinne von: „ich lach mich tot, so ein Quatsch") und der Disclaimer IMHO (im Sinne von „ist nur meine Sicht, kann man auch anders sehen") sind in Newsgroups gängig (vgl. Kap. 2.4.5).

Der Gebrauch von netzspezifischen Akronymen sollte jedoch nicht überschätzt werden. Ähnlich wie bei den Emoticons (Kap. 2.2.4) existieren auch für Akronyme seitenlange Listen, obwohl in der Praxis nur wenige Abkürzungen tatsächlich relevant sind. In der massenmedialen Darstellung der Netzkommunikation sind Emoticons und Akronyme wegen ihrer Orginalität und ihres Unterhaltungswertes meist überrepräsentiert. Regelmäßig wird versäumt, ihre Bedeutung als Kult- und Kunstobjekte von ihrer Bedeutung in der alltäglichen Kommunikationspraxis zu unterscheiden. Akronym-Humor besteht darin, überlange hochspezifische Abkürzungen zu bilden (Goldmann, Herwig & Hooffacker, 1995, S. 140f.):

> AWGTHTGTATA
> Are We Going To Have To Go Through ALL This Again?
>
> ROTFLBTCASTCIIHO
> Rolling On The Floor Laughing, Biting The Carpet And Scaring The Cat If I Had One.

Um Gefühle auszudrücken, werden bei der synchronen Netzkommunikation neben verbalen Äußerungen bzw. den entsprechenden Akronymen auch *Aktionswörter* (z.B. *würg*, *kicher*, *lach*, *lächel*) und *Soundwörter* (juhuuuuuuuuuu) eingesetzt (vg. Kap. 2.2.4). Typisch für die Chat-Kultur ist eine dem mündlichen Ausdruck angepasste Schreibweise („hai“, „froi“). Emoticons haben beim zeitgleichen Austausch im Netz oftmals keine Nase, da diese Kurzform `:)` `oder` `:(` schneller einzutippen ist. ASCII-Kunst im Kleinformat ist ebenfalls manchmal anzutreffen, so symbolisiert die Zeichenkombination |_B einen Kaffeebecher, während @))—>— eine Rose darstellt. Hinzu kommt im Sinne virtuellen Handelns das Durchführen von Aktionen (Emoting).

Beim *Emoting* bzw. der *Action Description* beschreibt man die eigenen Reaktionen, Gedanken und Handlungen in der dritten Person. Wenn ich z.B. den Nick „alf“ habe und eintippe „/me guckt entgeistert“, liest die Gegenseite „alf guckt entgeistert“. Bei der Chat-Kommunikation wird somit zwischen den Kommunikationsmodi *Sprechen* (Äußerungen in direkter Rede, Ich-Form) und *Handeln* (selbstbezogene Äußerungen in der dritten Person) unterschieden. Es scheint deswegen naheliegend, die Chat-Kommunikation mit einem *Dramen-Text* zu vergleichen, der in Form von Regieanweisungen das Gesagte in einen Handlungskontext einbettet. Während jedoch eine Regieanweisung reales Handeln der Schauspielerinnen und Schauspieler beschreibt, stellt Emoting die (virtuelle) Handlung selbst bereits dar. Die Regieanweisung wählt Handlungen aus dem Handlungsspektrum, das realen Personen auf einer realen Bühne tatsächlich zur Verfügung steht, das Emoting ist diesen Restriktionen nicht unterworfen. Trotzdem kann die virtuelle Handlung im Einzelfall aber auch ein Bericht realweltlichen Handelns und Erlebens sein (z.B. „/me muss gerade mal zur Toilette“).

Die Unterscheidung zwischen textbasiertem „Sprechen“ und textbasiertem „Handeln“ mag im ersten Moment relativ belanglos oder künstlich erscheinen, hat in der Kommunikationspraxis jedoch weitreichende Folgen. So kommen in Kommentierungen und Beschreibungen des eigenen Verhaltens in der dritten Person häufig Inhalte zur Sprache, die sonst kaum verbalisiert werden, zudem findet eine gegenüber Alltagssituationen ungewohnte Form der sozialen Konstruktion von Handlungen und Körpern statt. Die verbale Explizierung ist dabei nicht auf eine Kompensation vermeintlicher Defizite computervermittelter Kommunikation (z.B. fehlender visueller Kanal) zu reduzieren, sondern vielmehr auch als genuin neuer Modus der Selbstpräsentation zu verstehen.

Bringt einen die Chat-Partnerin durch eine witzige Bemerkung zum Lachen, so wird man dies mit LOL oder :-))))) oder *prust* quittieren und somit das reale Lachen in netzspezifische Ausdrucksmittel übersetzen. Sehr häufig wird man nonverbale Reaktionen aber auch in expressiver Weise verbalisieren, also „LOL“ tippen, um die Witzigkeit einer Bemerkung zu loben, die einen real aber vielleicht nur zum Schmunzeln veranlasst. Unwillkürliche und spontane nonverbale Reaktionen durch bewusste und selektive Verbalisierung mitzuteilen, stellt eine qualitativ veränderte Form der *Metakommunikation* dar. So lässt sich virtuelles Erröten nicht nur als Ausdruck von Verlegenheit verstehen, sondern auch taktisch beim Flirt einsetzen. Roger Harrison, der im Netz als Drache Nymala agiert, hat ritterliche Manieren samt einer ausgeprägten Neigung zum Erröten als Teil seiner Online-Persönlichkeit etabliert und damit deutlich größeren Erfolg, als notorisches Rotwerden wohl im sonstigen Leben beschert (Casimir & Harrison, 1996, S. 36f.):

Michelle	Danke, Nymala [lächelt] Der Typ war wirklich unmöglich!
Nymala	Keine Ursache! Wenn so etwas nochmal passiert, kannst Du mich jederzeit ansprechen. Ich helfe einer so bezaubernden Lady gerne. [grinst]
Michelle	Mache ich, mein Bruder! [grinst]
Nymala	[errötet]
Michelle	Ich mag Dein Erröten!
Nymala	[ERRÖTET] Ähm... [stottert und murmelt]

Beim Emoting wird (reales, mögliches oder unmögliches) nonverbales Verhalten nicht nur beschrieben, sondern häufig auch metaperspektivisch kommentiert: „/me mustert dich neugierig (aber natürlich so unauffällig, dass du es gar nicht bemerkst)". Emoting wird oft eingesetzt, um virtuelle Objekte einzuführen. Diese virtuellen Objekte sind manchmal Abbilder realer Objekte („/me geht zur Kaffeemaschine"), manchmal stellen sie jedoch auch fiktive Kreationen dar („/me begibt sich auf ihren fliegenden Teppich").

Die in das Interaktionsgeschehen eingeführten virtuellen Objekte können von der Gegenseite durch entsprechende Aktionen bestätigt und somit als Elemente einer gemeinsamen virtuellen Umgebung anerkannt werden. Dabei hat sich das Anbieten und Entgegennehmen von Speisen und Getränken – eine kulturübergreifende Zuvorkommenheitsgeste – auch an den virtuellen sozialen Treffpunkten der Chat-Welt eingebürgert (als Beispiel für ein virtuelles Frühstück siehe Casimir & Harrison, 1996, S. 65ff.).

3.2.4 Kommunikationsverlauf beim Chat

Will man mit einer konkreten Zielperson chatten, muss man zunächst prüfen, ob die Zielperson gerade online und erreichbar ist. Während man Emails zu beliebigen Zeiten schreiben und abschicken kann, ist man beim Chatten auf Terminabsprachen angewiesen – sofern die Zielperson nicht ohnehin regelmäßig online geht und somit per Notify- oder Buddy-Liste leicht auffindbar ist.

Eine Chat-Sitzung wird eröffnet, indem man ein Chat-Kommando zusammen mit dem Nick der Zielperson eingibt und gleich die erste Botschaft formuliert (z.B. „Na, wie geht's :-)))"). Chat-Dialoge beginnen üblicherweise mit einer Begrüßung und behandeln dann die unterschiedlichsten netzinternen und netzexternen Belange, bevor man sie nach einer Verabschiedung beendet. Im IRC gibt es unterschiedliche systemtechnische Varianten für den Austausch zwischen zwei Personen (Message, Query, DCC Chat, privater Chat-Channel). Abbildung 3.2 zeigt einen Ausschnitt aus einem

Privat-Chat, bei dem die Beteiligten ausgiebigen Gebrauch netzspezifischer Parasprache machen (vgl. Kap. 2.2.4 und Kap. 3.2.3).

Da Chatten eine Art schriftlichen Dialog darstellt, ist besonders schnelles Tippen gefragt. In noch stärkerem Maße als bei der asynchronen textbasierten Netzkommunikation nimmt damit die geschriebene Sprache Elemente der Mündlichkeit auf. Geschliffene Formulierungen, tiefgründige Reflexionen, detaillierte Beweisführungen – wie man sie in guten Mailinglisten- oder Newsgroup-Artikeln finden kann – sind beim Chat kaum möglich. Stattdessen geht es um Spontanität, Small Talk, Wortwitz, Gefühlsausdruck und allgemein solche Situationen, in denen unmittelbare Reaktionen wichtig sind (z.B. kurzfristige organisatorische Absprachen; emotionale Unterstützung und Beratung; Flirt). Schnelles Lesen und Tippen bei gleichzeitig starkem emotionalen Engagement binden die Aufmerksamkeit der Chattenden und führen oft zu dem für *Flow-Erleben* (Csikzentmihalyi, 1990) typischen Gefühl, dass die Zeit nur so verfliegt (Trevino & Webster, 1992). Andererseits ist Chat-Kommunikation immer wieder durch *Netlag* (verzögerte Datenübertragung wegen Netzüberlastung) extrem behindert: Wenn man eine Minute und länger auf die Reaktion des Gegenübers warten muss, ist kein befriedigender Austausch möglich.

```
Owi     Oh ja! *schwelgt in Erinnerung* Ich kann mich zwar noch an
        das meiste erinnern, aber auch mir kommt es vor, als sei
        alles schon Jahre her.
Nymala  Übrigens... unsere Freundin Tara ist gerade ins Forum
        gekommen.
Owi     Ja, ich habe es gesehen... Ich bin schon mit ihr im
        Privatgespräch und sagte ihr, daß wir beide uns gerade
        gegenseitig für unser Buch interviewen. *grinst*
Nymala  *kichert* Okay... worüber sollen wir noch sprechen?
Owi     Tja... ich weiss nicht... Hast Du noch eine Frage an mich?
Nymala  Nein, eigentlich nicht. Ich denke, das wird unseren Lesern
        schon einen ersten Eindruck geben. Ich sollte jetzt sowieso
        mal aufhören und etwas kochen. Ich bin hungrig!
Owi     Ja, ich muß auch Schluß machen. Ich habe noch einiges an
        Arbeit hier im Büro.
Nymala  Ich werde jetzt Putenleber mit Zwiebeln in Butter braten.
Owi     Lecker! Ich liebe Putenleber - und habe heute Mittag gar
        nichts gegessen :-(
Nymala  Hahaha... ich hebe Dir etwas von davon auf (wahrscheinlich
        aber nur ganz wenig)
Owi     (((((Roger)))))
Nymala  ((((((((((((((((((((((Roswitha))))))))))))))))))))))
```

Abb. 3.2: Fragment eines Privat-Chats (Quelle: Casimir & Harrison, 1996, S. 19f.)

3.3 Chat-Channels und Chat-Rooms

Auf einem Chat-Channel (IRC) bzw. in einem Chat-Room (WWW; ICQ) oder einem Forum (Online-Dienste) können mehrere Personen gleichzeitig miteinander chatten (Schade, 1997, S. 73ff.). Die Tastatureingaben aller aktuellen Besucherinnen und Besucher werden dabei in der Reihenfolge des Eintippens untereinander angezeigt. Im Vergleich zum Zweier-Chat verlangt die aktive Teilnahme an einem Chat-Channel oder Chat-Room also deutlich mehr Aufmerksamkeit, Konzentration und auch Erfahrung. Denn auf den ersten Blick scheint nur ein zusammenhangloser Textstrom über den Bildschirm zu laufen. Versierte Chatterinnen und Chatter zeichnen sich dadurch aus, dass sie bei aller Hektik den Überblick behalten, blitzschnell reagieren und mehrere Diskussionsstränge gleichzeitig verfolgen können. In der Funktionsweise ähneln die mit dem IRC-Dienst realisierten klassischen Chat-Channels sehr stark den Chat-Rooms in WWW und ICQ sowie den Chat-Foren von Online-Diensten. Unterschiede gibt es hinsichtlich der jeweiligen Nutzungs-Populationen und der verbalen sowie nonverbalen Ausdrucksmöglichkeiten.

Welche Voraussetzungen müssen erfüllt sein, um an der Kommunikation in Chat-Channels und Chat-Rooms teilzunehmen (Kap. 3.3.1)? Welche Typen von Chat-Channels und Chat-Rooms sind zu unterscheiden (Kap. 3.3.2)? Wozu dienen Robots und Skripts im IRC (Kap. 3.3.3)? Welchen typischen Verlauf nimmt die Kommunikation in Chat-Channels und Chat-Rooms (Kap. 3.3.4)?

3.3.1 *Voraussetzungen der Chat-Channel-Kommunikation*

Um an einem IRC-Channel teilzunehmen, muss man zunächst einen IRC-Client installieren, einen IRC-Server anwählen und einen Nick festlegen. Dann kann man sich die Liste aller (im betreffenden IRC-Netz aktuell existierenden) Channels samt der auf ihnen gerade anwesenden Personen anzeigen lassen. IRC-Channels tragen Namen, die mit einer Raute (#) beginnen (z.B. #berlin, #gay, #unix, #germany, #40plus). Mit dem /list-Befehl kann man sich alle Channels anzeigen lassen; durch Zusatzparameter ist es möglich, die Liste auf Channels mit bestimmten Merkmalen (z.B. mehr als 10 Mitglieder) einzugrenzen. Hat man sich für einen oder mehrere Channels entschieden, kann man diese mit dem /join-Befehl betreten. Wenn wir beispielsweise mit dem Kommando „/join #berlin" auf dem Chat-Channel #berlin angekommen sind, sehen wir auf dem eigenen Bildschirm, was alle anderen Teilnehmerinnen und Teilnehmer auf dem Channel gerade in die Tastatur tippen. Umgekehrt können wir selbst im Channel öffentlich etwas „sagen" oder „tun". Wenn alle Beteiligten den Channel verlassen, ist dieser nicht mehr existent, denn er konstituiert sich nur durch seine Namensgebung und die Präsenz mindestens einer Person.

Nur wenige sehr populäre Channels sind wirklich rund um die Uhr „geöffnet", also auch um 4:00 Uhr morgens besucht. Die meisten Channels werden Tag für Tag neu gegründet und sind besonders in den Nachmittags- und Abendstunden (günstigere Telefongebühren, Freizeit) gut frequentiert. Verglichen mit dem aufwendigen Prozedere bei der Gründung einer Mailingliste oder gar einer Newsgroup, ist die Erschaffung eines Chat-Channels ein Kinderspiel. Man tippt nur „/join #psychologie". Falls der Chat-Channel #psychologie noch nicht existierte, hat man ihn damit gegründet. In der Praxis ist die Neugründung von Channels mit beliebigen Channel-Namen jedoch oft wenig ergiebig, da man stundenlang alleine auf seinem Channel sitzen kann, ohne dass sich jemand dazugesellt. Die meisten Chatter und Chatterinnen suchen nämlich regelmäßig ihre Stamm-Channels auf, die durch ent-sprechende Hinweise in Mailinglisten, Newsgroups oder auf WWW-Seiten publik gemacht worden sind.

Die Auswahl eines Chat-Rooms im WWW erfolgt auf der Basis seines Namens (der in der Regel den Fokus des Forums anspricht) sowie anhand der aktuellen Teilnehmerzahl. Typischerweise kommt in Chat-Channels und Chat-Rooms nur dann ein lebhafter Austausch zustande, wenn mindestens 10 Personen beisammen sind (die sich zum Teil möglichst auch schon kennen sollten). Auch wenn man selbst noch so kontaktfreudig und aktiv agiert, wird man einen unterfrequentierten Chat-Room, in dem Unbekannte erstmals aufeinander treffen, kaum zum Leben erwecken können.

3.3.2 *Typen von Chat-Channels*

Eine verbindliche thematische Gliederung von Chat-Channels und Chat-Rooms analog den Hierarchien der Usenet Newsgroups (vgl. Kap. 2.4) existiert nicht. Auch ist das Themenspektrum der Channels nicht so breit wie das der Mailinglisten und Newsgroups (vgl. Kap. 2.3). Betrachtet man die thematischen Rubriken, die für Chat-Rooms im WWW (z.B. http://www.webchat.de/) oder im ICQ (http://www.mirabilis.com/) angegeben werden, so tauchen hier beispielsweise Kategorien wie Politik, Wirtschaft, Gesundheit oder Familie auf – allerdings sind diese Foren kaum besucht. Channels, die sich mit wissenschaftlichen Themen befassen (z.B. #philosophy, #math) sind bislang selten. Allerdings werden wissenschaftliche Themen unter anderem in geschlossenen Chat-Channels behandelt, die im Kontext von Fernlern-Szenarien oder anderen Unterrichtskonzepten zum Einsatz kommen (siehe z.B. Bremer, 1998; Heidbrink, 1997). Besonders bekannt sind bei aller thematischen Heterogenität im IRC Channels mit folgenden Ausrichtungen:

- *Gesellige Channels*
  Oft haben sie einen lokalen Bezug (z.B. #berlin, #leipzig, #moscow, #finnland, #germany, siehe Abb. 3.3) oder Altersbezug (z.B. #teens, #twens, #40plus). Herumalbern, Plaudern, Spielen und Flirten gehören zu den Hauptbeschäftigungen auf solchen Channels, die häufig mit Kneipen verglichen werden. Analog zu den realweltlichen Single-Kneipen und Szene-Treffpunkten existieren zudem eine Reihe von Channels, in denen Flirt und erotisch-sexuelle Kontakte im Vordergrund stehen (z.B. #flirt.de, #gaysex, #netsex).

- *Computerbezogene Channels*
  Viele Netzaktive beschäftigen sich privat und/oder beruflich intensiv mit Computertechnik. Somit ist es kein Wunder, dass diverse Netzforen Computerthemen gewidmet sind. Auf IRC-Channels wie #unix, #linuxGER, #html oder #macintosh kann man Fachleute kontaktieren und Spezialfragen klären, allerdings ist Small Talk auch hier anzutreffen.
- *Fankultur-Channels*
  Da sich Fangemeinden ohnehin nicht über lokale Nähe konstituieren und oftmals weit verstreut sind, kommen ihnen Netzforen wie Mailinglisten, Newsgroups und Chat-Channels sehr entgegen (z.B. #schalke, #startrek, #x-files).
- *Selbsthilfe-Channels*
  Selbsthilfe-Channels (#aa, #divorce, #hepatitis) ergänzen häufig Selbsthilfe-Mailinglisten und Selbsthilfe-Newsgroups um die Möglichkeit zu unmittelbarer sozialer Unterstützung rund um die Uhr.
- *Untergrund-Channels*
  Sie dienen dem Austausch diverser Subkulturen und Szenen und sind teilweise nicht öffentlich zugänglich, sondern erfordern eine Einladung. Zum inhaltlichen Spektrum gehören Channels der Hacker-Szene aber auch Channels, auf denen illegale Pornografie ausgetauscht wird. Da Polizei und Staatsanwaltschaft in Netzen aktiv sind, stehen solche Channels oft unter Überwachung.
- *Krisen- und Katastrophen-Channels*
  IRC-Channels werden häufig in akuten Krisen- und Katastrophenfällen (Erdbeben, Militärputsch, Bombenanschlag etc.) eröffnet. Hier berichten dann Augenzeugen live vom Geschehen, ohne dass durch Nachrichtenagenturen eine Vorauswahl getroffen wird.

Wie bei Mailinglisten ist auch bei Chat-Channels zwischen *offenen Channels* (public channels) und *geschlossenen Channels* (private channels) zu unterscheiden. Einen offenen Channel können wir jederzeit mit dem /join-Befehl betreten. An einem privaten Channel dürfen dagegen nur ausgewählte Personen teilnehmen. Die entsprechenden Entscheidungen werden von der *Channel-Operatorin* bzw. dem *Channel-Operator* getroffen, also von der Person, die den Channel aktuell gegründet hat.

Da Chat-Channels als synchrone Kommunikationsforen im Unterschied zu den asynchronen Mailinglisten und Newsgroups Tag für Tag neu kreiert werden, müsste das Operatoren-Amt eigentlich ständig in neue Hände fallen. Dies wäre jedoch unzweckmäßig, da mit diesem Amt wichtige Ordnungs- und Kontroll-Funktionen verbunden sind. Deswegen lassen sich Operatoren-Rechte per Hand oder per Bot (siehe Kap. 3.3.3) an andere Channel-Mitglieder weitergeben.. In der Praxis gibt es also pro Channel jeweils einen Kreis von alteingessenen Mitgliedern, die nur untereinander Operatoren-Rechte weitergeben und dafuer sorgen, dass Aussenstehende diese Privilegien zunaechst nicht erhalten. Wer das Operatoren-Amt übernommen und somit zum „Op" geworden ist, kann im IRC per Channel-Mode-Funktion beispielsweise bestimmen, dass nur explizit Eingeladene den Channel betreten dürfen (+i: invite only), dass nur nach Erhalt des Rederechts gesprochen werden darf (+m: moderated) oder dass der Channel für Außenstehende nicht sichbar ist (+p: private). Zudem können Ops ein Channel-Thema (topic) definieren, einzelne Personen aus dem Channel herausschicken (kick) und ihnen auch das Zurückkehren verbieten (ban). Operatoren-Rechte werden durch einen „Klammeraffen“ @ vor dem Nick signalisiert (z.B. @monika). Deswegen ist es kein Wunder, dass das Operatoren-Amt in der IRC-Gemeinde als *Statussymbol* gilt. Als Neuling auf einem Channel um den Operator-Status zu bitten („Give me Op“), gilt als unhöflich und ist auch wenig erfolgreich, denn üblicherweise muss man sich durch zuverlässige Channel-Teilnahme und persönlichen oder telefonischen Kontakt zu aktiven Channel-Mitgliedern für die Op-Vergabe erst qualifizieren.

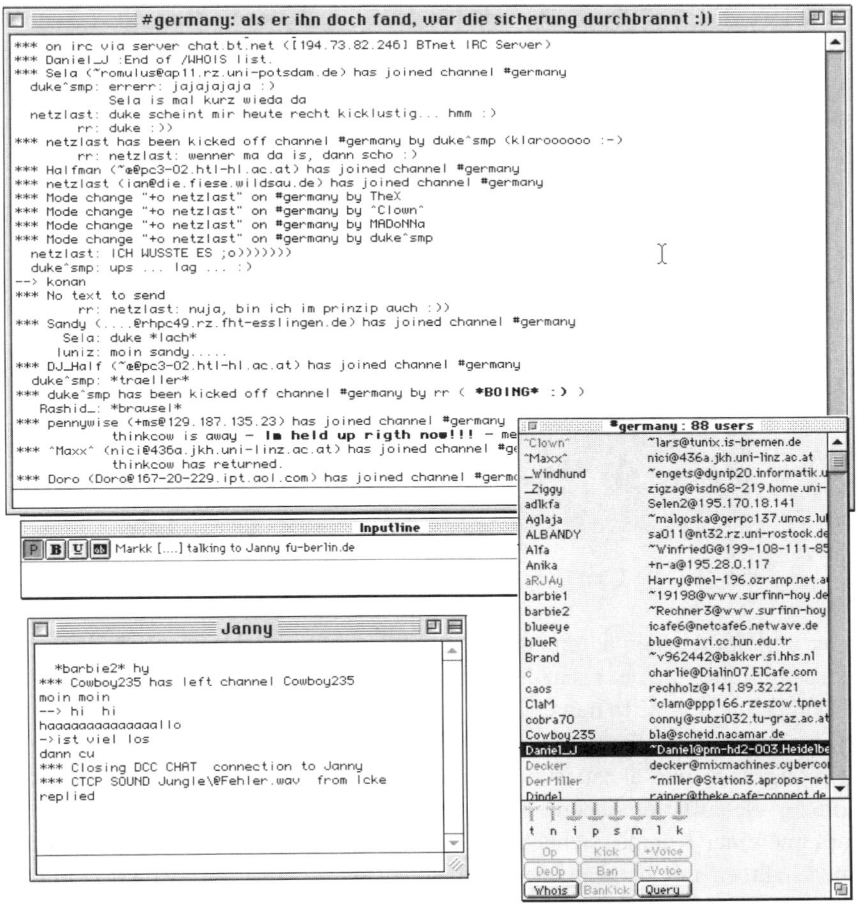

Abb. 3.3: IRC-Channel #germany mit Teilnehmerliste und Privat-Chat

Die Einrichtung von Machtprivilegien ist bei IRC-Channels genau wie bei Mailinglisten und Newsgroups zweischneidig. Einerseits sorgen Listen-Gründer, Newsgroup-Moderatorinnen und Channel-Operatoren für einen reibungslosen Ablauf der Kommunikation, andererseits kann man auch ihrer Willkür oder Ungerechtigkeit zum Opfer fallen. Dasselbe gilt jedoch ebenso für Diskussionsleiter oder Redakteurinnen „in real life", die manchem Diskutanten ungerechtfertigt viel Redezeit einräumen und andere mit ihren Beiträgen nicht zu Wort kommen lassen. Neben den gruppenspezifischen Ämtern (z.B. Mailinglisten-Gründerin, Newsgroup-Moderator, Channel-Operatorin) gibt es für die betreffenden Dienste auch jeweils übergeordnete Funktionen: Newsmaster, die jeweils einen News-Server verwalten und *IRC-Operatoren* bzw. *IRC-Administratoren*, die jeweils einen IRC-Server betreuen. Mit diesen übergeordneten Funktionen sind noch weiter reichende Rechte verbunden. So kann die Newsmistress darüber mitentscheiden, welche Newsgroups auf ihrem Server angeboten werden. IRC-Operatoren sind in der Lage, Personen gänzlich von der IRC-Nutzung auszuschließen (kill). Um gekillt zu werden, ist es nötig, wichtige IRC-Regularien zu verletzen und diesen Missbrauch auch nach Verwarnung nicht einzustellen (z.B. Verwendung von Robots).

Abb. 3.4: 3D-Chat Cybercore (Quelle: http://cybercore.online.de/)

Die hier angesprochenen administrativen Fragen sind in den selbstverwalteten IRC-Netzen sehr viel virulenter als in den organisatorisch voneinander isolierten einzelnen Chat-Rooms im WWW. In den Chat-Rooms spielen leichte Bedienbarkeit und visuelle sowie akustische Aufbereitung eine größere Rolle, dazu gehören farbige Schriften und Hintergründe und akustische Signale. Eine besondere Klasse von Chat-Rooms sind die gerade aufkommenden 3-D-Chats, die eine grafische Umgebung bieten (z.B. Innenräume einer Kneipe, siehe Abb. 3.4), durch die man sich per Mauszeiger und Tastatureingaben mit dem eigenen Avatar bewegen kann. Da Avatare comicartige gezeichnete Figuren sind (z.B. Muskelprotz, kleiner Junge, bärtiger Mann, elegante Dame), die von den Besucherinnen und Besuchern aus dem mehr oder minder begrenzten Avatar-Fundus des jeweiligen Chat-Rooms ausgewählt werden, wimmelt es von virtuellen Doppelgängern. Über jedem Avatar wird deswegen der Nickname angezeigt – leider ist diese Anzeige in der Regel unlesbar, da sich die verschiedenen Nicknames überdecken. Der eigentliche Chat-Dialog wird textuell in einem separaten Fenster angezeigt. Die Bestrebungen, Chat-Umgebungen multimedial anzureichern, sind heute also noch nicht weit gediehen. Was wir heute sehen, sind vermutlich die Vorläufer echter Virtual Reality Chat-Rooms, in denen wir einander mit hochgradig individualisierten und beweglichen Avataren begegnen und uns sprechend verständigen können.

3.3.3 Skripts, Bots und Agenten

In den Kommunikationsverlauf beim Chatten können wir durch Programme eingreifen. Mit *Skripts* lassen sich bestimmte Funktionen des IRC-Clients automatisch ausführen (z.B. Begrüßung von Bekannten, Weitergabe des Operatoren-Status). Skripts können den Chatterinnen und Chattern somit Arbeit abnehmen. Allerdings existieren auch sogenannte Warskripts, die mit aggressiven „Kriegs-Funktionen" ausgestattet sind, mit denen man Channels überfluten (*Flooding*: Eingabe endloser Textströme, so dass niemand mehr zu Wort kommt) oder unter seine Kontrolle bringen kann (*Channel Takeover*: alleinige Übernahme der Channel-Operatoren-Rechte). Auf diese Weise ist es Einzelnen möglich, den Kommunikationsverlauf im IRC beträchtlich zu stören. Für die IRC-Operatoren stellt es einen zusätzlichen Arbeitsaufwand dar, bei solchen Störungen einzugreifen.

Während Skripts Hilfswerkzeuge eines Users oder einer Userin sind, stellen *Bots* (Robots) automatisierte selbständige User dar. Bots können z.B. dazu genutzt werden, einen Channel zu verwalten: Durch die permanente Präsenz des Bots ist der Channel immer geöffnet. Der Bot kann einem umschriebenen Kreis von Personen den Operator-Status bzw. „Voice" geben (sichtbar durch eine Plus-Zeichen + vor dem Nick) und auch bei anderen definierten Ereignissen reagieren (z.B. User aus dem Channel kikken, wenn sie flooden oder wenn sie nationalsozialistische Parolen eintippen). Diverse Service- und Sicherheits-Bots verfügen über rudimentäre Dialog-Funktionen und beantworten Ansprachen z.B. mit standardisierten Sprüchen oder Sprichworten. In Fan-Channels haben Service-Bots z.B. die Funktion, Auskunft zu geben, wann und wo die nächste Folge der adressierten Fernsehserie ausgestrahlt wird (z.B. #Xena: http://members.xoom.com/xenachannel/bot.html). Zudem fertigen manche Bots Nutzer-Statistiken an und können darüber informieren, wann ein bestimmter Nick zuletzt im Channel gesichtet wurde oder wieviele Worte, Zeilen, Aktionen usw. von verschiedenen Nicks bereits eingegeben wurden, so dass eine Top10-Liste der aktivsten Channel-Mitglieder entsteht.

In bot-verwalteten Channels stellt wiederum das Amt des Bot-Verwalters bzw. der Bot-Verwalterin eine erhebliche Machtinstanz dar, die z.B. in der Weise missbraucht werden kann, dass Personen aufgrund persönlicher Antipathien von der Channel-Nutzung ausgeschlossen werden, indem man sie auf die schwarze Liste („Shit-List") des Bots schreibt. Da das IRC-Netz ehrenamtlich gepflegt wird und auf Hochschul-Ressourcen zurückgreift, ist eine kommerzielle Nutzung untersagt. Dennoch existieren im IRC mittlerweile zahlreiche Werbe-Bots, die z.B. Adressen von kommerziellen WWW-Sites annoncieren und/oder Nutzerdaten sammeln. Angesichts der Bandbreiten-Engpässe im Internet stellen Bots durchaus ein Problem dar. Man schätzt, dass rund 70% des Datenaufkommens im IRC durch Skripts und Bots verursacht werden (Schade, 1997, S. 76).

Neben organisatorischen Funktionen können Bots auch soziale Aufgaben übernehmen und beispielsweise mit uns in einen unterhaltsamen oder informierenden Dialog eintreten. Solche *Chatter-Bots* (zur Übersicht siehe http://www.chatterbots.com/) stellen eine Variante sogenannter autonomer bzw. intelligenter Agenten dar. Mithilfe künstlicher Intelligenz agieren und reagieren Chatter-Bots ähnlich wie menschliche Gesprächspartner und sind somit nicht immer gleich als Programme erkennbar. Wenn eine Ununterscheidbarkeit zwischen Mensch-Maschine-Interaktion und zwischenmenschlicher Interaktion auftritt, hat die betreffende Maschine bzw. das entsprechende Programm den *Turing-Test* bestanden. War schon beim ersten bekannten Chatter-Bot (Eliza von Joseph Weizenbaum) ein verblüffend realistisches Gesprächserlebnis möglich, so reagieren die heutigen Chatter-Bots noch flexibler und sind dadurch tatsächlich nicht auf Anhieb als Automaten erkennbar.

Die Automatisierung von computervermittelten Routine-Interaktionen durch Chatter-Bots mag in manchen Zusammenhängen als Verlust von Zwischenmenschlichkeit beklagt, in anderen als ökonomische und sozialverträgliche Lösung gebilligt und in wieder anderen sogar als interessantes Experimentier- und Lernfeld bewusst gefördert werden. So birgt die Irritation, die es hervorruft, wenn man bemerkt, sich im Kontext von Chat- Interaktionen gerade ganz persönlich auf einen programmierten User eingelassen zu haben, auch wiederum Erkenntnispotential: Eine solche Erfahrung wirft Fragen über die Besonderheiten von Menschlichkeit und Zwischenmenschlichkeit auf, die man sich in der Form sonst vielleicht nicht gestellt hätte. Praktische Anwendung finden Chatter-Bots mittlerweile in so verschiedenen Bereichen wie Psychotherapie, Bildungswesen, Kundenberatung und Unterhaltung. Zu finden sind sie nicht nur auf Chat-Channels, sondern auch auf Web-Sites und vor allem in MUDs (siehe Kap. 3.4).

3.3.4 *Kommunikationsverlauf in Chat-Channels*

Typisch für eine IRC-Sitzung ist zunächst das Betreten des (der) eigenen Stamm-Channels, wo man sich als *Regular* einen festen Platz erobert hat. Dort schaut man sich nach Bekannten um und begrüßt diese. Ausgiebige Begrüßungsrituale (z.B. Namensnennung, virtuelles Umarmen und Knuddeln) sind wichtig, um einen Einstieg in die laufende Diskussion zu finden und Bekannte auf sich aufmerksam zu machen. Je nach dem, worüber gerade „gesprochen" wird, kann man sich in das Gespräch einschalten oder neue Themen aufwerfen. Häufig finden auf demselben IRC-Channel – ähnlich wie an einem großen Tisch – mehrere Gespräche gleichzeitig statt, so dass es darauf ankommt, die einzelnen Äußerungen den Gesprächsfäden richtig zuzuordnen. Während man in Face-to-Face-Situationen durch Körperzuwendung und Blickkontakt klarmachen kann, an welche Person in einer Gruppe man sich gerade wendet, tut man dies beim Chatten durch Namensnennung. Um etwa einer Äußerung von Pumuckl zuzustimmen, tippt man: „Pumuckl: das finde ich auch." Trotzdem gibt es immer wieder Verwirrung darüber, auf wen oder was sich eine aktuelle Bemerkung gerade bezieht. Ähnlich wie in Mailinglisten der Kommunikationsfluss zuweilen einschläft, gibt es auch in Chat Foren das Problem, dass kein reger Austausch zustande kommt, obwohl die Beteiligten ihn eigentlich wünschen. Sporadische einzelne Bemerkungen bleiben dann unverbunden nebeneinander stehen, ohne einen Gesprächsfluss in Gang zu setzen.

Ein weiteres Problem auf IRC-Channels ist die große Fluktuation. Ständig betreten und verlassen Einzelne den Channel. Derlei Aktionen werden jeweils durch Server-Mitteilungen quittiert. Diese Server-Rückmeldungen mischen sich als zusätzlicher Textstrom unter die Äußerungen der Channel-Mitglieder. Exzessives Wechseln von Channels wird als *Channel-Hopping* bezeichnet und gilt als unhöflich und unerwünscht. Gleichzeitig an mehreren Channels oder Chat-Rooms teilzunehmen ist ebenfalls nicht unproblematisch, da man seine Aufmerksamkeit nicht beliebig aufteilen kann und somit – während man in einem der Foren aktiv ist – gleichzeitig auf den anderen angemeldeten Chat-Foren nur nominell präsent, de facto aber nicht ansprechbar ist. Ausnahmen stellen hierbei freilich Chatterinnen und Chatter dar, die extrem geübt sind und auf ihrem Bildschirm in verschiedenen Fenstern mehrere Channels aktiv mitverfolgen.

Neben der öffentlichen Ebene des Chat-Channels oder Chat-Rooms kann man sich privat mit einzelnen Chatterinnen und Chattern austauschen (siehe Kap. 3.2). Diese Kommunikationsstruktur entspricht etwa dem *Flüstern* zwischen zwei Personen, die sich in einer größeren Runde befinden. Während der Vorgang des Flüsterns in Face-to-Face-Situationen jedoch beobachtbar ist, bleibt den anderen Channel-Mitgliedern nicht nur der Inhalt der parallel laufenden privaten Chats verborgen, sondern auch die Tatsache, ob und ggf. mit wem die einzelnen gerade persönlich chatten. So kann es sein, dass Außenstehende einen Channel betreten, auf dem sich vielleicht gerade acht Personen befinden, und feststellen: „Überhaupt NICHTS los hier *gähn*". Tatsächlich ist die öffentliche Plattform des Channels aber vielleicht gerade deshalb unbelebt, weil „hinter den Kulissen" ausgiebige Privat-Chats stattfinden.

Ebenso wie Mailinglisten und Newsgroups sind auch IRC-Channels auf eine kritische Masse an aktiv Beteiligten angewiesen, damit die Kommunikation nicht langweilig wird oder gänzlich erlahmt. Wichtig ist, dass die Teilnehmerinnen und Teilnehmer nicht nur passiv partizipieren, indem sie das Geschehen mitverfolgen

(*Lurking*), sondern selbst auch Textbeiträge produzieren. Neben dem Lurking ist das *Idling* eine nur für synchrone Kommunikationsszenarien relevante Form der Passivität. Während der Lurker zwar aufmerksam mitliest, aber selbst nichts tippt, ist der Idler nur nominell auf dem IRC-Channel anwesend, beobachtet das Geschehen jedoch nicht. Eine solche Situation kommt zustande, wenn IRC-Nutzer sich auf zu vielen Channels anmelden und somit das Geschehen nicht überall mitverfolgen könnnen, wenn sie sich längere Zeit vom Rechner entfernen, ohne sich abzumelden bzw. auszuloggen, oder wenn sie sich am Rechner in andere Aktivitäten vertiefen (z.B. in einem Grafikprogramm arbeiten). IRC wird tatsächlich recht häufig als Hintergrundmedium genutzt. Hierbei lässt man sich während der Arbeit am Rechner in einem Fenster den Channel anzeigen, verfolgt die Diskussion mit einem Auge und schaltet sich nur ein, wenn es inhaltlich gerade um ein interessantes Thema geht, man angesprochen wird oder gute Bekannte auftauchen. Auf diese Weise ist es via Internet möglich, die Isolation des Rechnerarbeitsplatzes aufzuheben, in ständigem Kontakt mit anderen zu stehen – und sich erfolgreich von der Arbeit abzulenken.

Bedienungsfehler überschatten generell die Netzkommunikation und kommen auch beim Chatten zum Tragen: Ein manchmal sehr unangenehmer und doch relativ häufig vorkommender Fehler besteht darin, den Schrägstrich (slash /), der IRC-Kommandos einleitet, zu vergessen. Dadurch wird statt der Kommandoausführung (z.B. Verschicken einer privaten Message an eine andere Channel-Teilnehmerin) der eingetippte Text für den ganzen Channel sichtbar als Äußerung dargestellt. Hat man neben dem Channel-Fenster mehrere Bildschirmfenster für privaten Chat geöffnet, kann es leicht passieren, dass eine für das Privatgespräch gedachte Bemerkung aus Versehen im falschen Fenster landet. Dann kann man nur hoffen, dass die aus dem Zusammenhang gerissene Botschaft unverfänglichen Inhalts ist.

In Abhängigkeit vom Channel und seinem Thema sowie den gerade präsenten Personen können IRC-Konferenzen sehr unterschiedlich ablaufen: albern oder ernst, langweilig oder interessant, strukturiert oder chaotisch. Je mehr Personen sich am Austausch beteiligen, umso unübersichtlicher wird das Geschehen. Zu bestimmten Anlässen greift man deswegen auch beim Chat auf moderierte Formen zurück. Dabei hat dann für bestimmte Zeit nur die Moderatorin bzw. der Moderator Rederecht im Channel. Wer sich äußern möchte, muss sich an die Moderation wenden und bekommt dann das Wort erteilt. Auf diese Weise werden beispielsweise Online-Diskussionen mit Prominenten durchgeführt oder Sitzungen der Anonymen Alkoholiker im IRC abgehalten. Theateraufführungen im IRC sind eine weitere unkonventionelle Form, das Medium zu nutzen (vgl. Danet, 1993).

Entscheidend für das Gefühl, auf einem Chat-Channel zu Hause zu sein, ist das eigene Engagement. Während erstmaliges oder sehr sporadisches „Vorbeischauen" auf beliebigen Chat-Channels üblicherweise eher uninteressant empfunden wird, weil sich die eigenen Aktivitäten auf belanglosen Small Talk beschränken, freuen sich die engagierten Nutzerinnen und Nutzer (Regulars), auf dem Channel alte Bekannte wiederzutreffen, Neulinge einzuführen, Klatschgeschichten über das gestrige Geschehen auf dem Channel auszutauschen oder gemeinsame Treffen und Parties zu planen. Eine solche kontinuierliche Teilnahme bietet einerseits diverse Gratifikationen (z.B. Gefühl der Vertrautheit, Möglichkeit zur sozialen Unterstützung, Erweiterung des sozialen Netzwerkes), birgt andererseits aber auch neue Risiken (z.B. Verwicklung in Konflikte und Streitigkeiten). Empfindet man die Äußerungen bestimmter Channel-Mitglieder allzu ärgerlich oder provozierend, kann man diese per *Ignore-Befehl* stumm und unsichtbar machen, so dass ihre Texteingaben dann nicht mehr auf dem eigenen Monitor erscheinen.

3.4 MUDs

MUDs (*Multi User Dungeons/Dimensions*) sind Computerprogramme, in die man sich einloggen kann, um in einer interaktiven textuellen oder grafischen Umwelt zu agieren (Bahl, 1996; Harrison, 1996; Schade, 1997, S.86ff). Die virtuelle Umgebung lässt sich explorieren und von den Beteiligten auch aktiv verändern, zudem besteht die Möglichkeit, untereinander in Echtzeit zu kommunizieren bzw. zu interagieren und dabei die eigene Rolle (einschließlich Erscheinugnsbild) kreativ auszugestalten. In dem Aspekt des Rollenspiels ähneln MUDs weniger den gängigen Computerspielen als vielmehr den herkömmlichen Face-to-Face Fantasy-Rollenspielen, die sich im gemeinsamen Erzählen der Handlungen vollziehen und nur selten im tatsächlichen Ausagieren im Feld. Im Unterschied zum flüchtigen IRC-Channel stellen MUDs zeitlich überdauernde Strukturen dar, die differenziert auf Nutzeraktionen reagieren. MUDs und deren Varianten wie MOOs (MUD Object Oriented), MUSEs (Multi User Shared Environment), MUSHs (Multi User Shared Hallucination), MUXs (Multi User X-perience) oder MUCKs (Multi User Character Kingdom) werden auch als „virtuelle Realitäten“ bezeichnet, obwohl die Immersion nicht sensorisch qua Datenanzug, sondern psychologisch qua Imagination und aktives Sich-in-die-Situation-Hineinversetzen erfolgt. Als Sammelbegriff wird zuweilen „M**“, oft aber „MUD“ benutzt.

Welche Voraussetzungen müssen erfüllt sein, um an der MUD-Kommunikation teilzunehmen (Kap. 3.4.1)? Welche Typen von MUDs lassen sich unterscheiden (Kap. 3.4.2)? Wie entstehen sogenannte Online-Charaktere (Kap. 3.4.3)? Was bedeutet virtuelles Handeln (Kap. 3.4.4)? Wie verläuft die Kommunikation (Kap. 3.4.5)?

3.4.1 Voraussetzungen der MUD-Kommunikation

MUDs selbst sind Programme, die auch auf Einzelplatzrechnern laufen. Da MUDs jedoch nur dann Sinn haben, wenn viele Personen sich beteiligen, hat es sich eingebürgert, MUDs über den *Telnet-Dienst* vom Internet aus zugänglich zu machen (Schade, 1997, S. 67f.). Umgangssprachlich werden deswegen MUDs zuweilen auch als Internet-Dienste aufgefasst, obwohl es sich eigentlich nur um Anwendungen handelt. Der Telnet-Dienst arbeitet auf der Basis der TCP/IP-Protokolle nach dem Server-Client-Prinzip: Durch den Telnet-Basisdienst kann mit einem entfernten Rechner im Internet interaktiv so gearbeitet werden, als wäre es der eigene lokale Rechner. Genau wie andere Internet-Clients sind auch Telnet-Clients für unterschiedliche Betriebssystemplattformen zu haben.

Da Telnet zu den Basisdiensten des ARPANet gehört und auch im Internet sehr verbreitet ist, stellt diese Voraussetzung der MUD-Nutzung für Personen im Kern- und Konsumenten-Internet (vgl. Kap. 1.1) keine Hürde dar. Mit dem Aufruf des Telnet-Programms muss die Rechneradresse des MUD angegeben werden. Im Vorfeld hat man sich also zu erkundigen, welche MUDs es gibt. Dann ist zu entscheiden, welches MUD man besuchen möchte. Ausführliche Informationen über MUDs stehen auf WWW-Seiten und in Newsgroups zur Verfügung. Eine Liste mit MUDs wird regelmäßig in die Newsgroup <rec.games.muds> gepostet. Informationen über die im deutschsprachigem Raum ansässigen MUDs sind im WWW zu finden unter http://www.mud.de. Eine Reihe von MUDs sind mittlerweile auch vom WWW aus (zumindest teilweise) zugänglich, so dass der Aufruf des Telnet-Programms entfällt und die virtuelle Umgebung unmittelbar im Browser angezeigt wird (z.B. LinguaMoo: http://lingua.utdallas.edu:7000/11).

3.4.2 Typen von MUDs

MUDs lassen sich technisch anhand ihrer Programmiersprachen (z.B. LpMUD, DikuMUD, TinyMUD) sowie inhaltlich nach ihrem Verwendungszweck klassifizieren. Inhaltlich unterscheidet man abenteuer-orientierte MUDs und soziale MUDs. In *abenteuer-orientierten MUDs* geht es darum, Rätsel zu lösen und Abenteuer (sog. *Quests*) zu bestehen, gegen das Böse in Gestalt anderer Spielerinnen und Spieler oder NPCs (non-player Characters = Bots; vgl. Kap. 3.3.3) zu kämpfen, Reichtum und magische Kräfte zu sammeln, in der Hierarchie aufzusteigen (z.B. zum Engel, Wizard oder Gott). Als MUD-Administratorin bzw. -Administrator darf man das Spiel weiter ausbauen und z.B. neue Quests hinzufügen, zudem hat man einen Autoritätsstatus gegenüber den normalsterblichen Spielerinnen und Spielern. Häufig entnehmen abenteuer-orientierte MUDs ihre Motive der Fantasy-Literatur (z.B. „Herr der Ringe") oder der Science-Fiction-Literatur (z.B. „Raumschiff Enterprise"), dementsprechend schlüpfen die Beteiligten in die Rolle von Elfen, Gnomen, Rittern oder Sternenflottenoffizieren. Die Programmiersprachen abenteuer-orientierter MUDs (z.B. LP-MUDs, Diku-MUDs) sind besonders darauf ausgelegt, Spielpunkte zu verwalten sowie Kämpfe und Quests darzustellen. Es existieren mehrere hundert abenteuer-orientierte MUDs, von denen rund 20 an deutschen Universitäten zu finden sind: MorgenGrauen (Universität Münster) ist das größte deutsche MUD, UNItopia (Universität Stuttgart) präsentiert neben der Phantasiewelt Magyra (bestehend aus sieben per Schiff erreichbaren Hauptinseln mit jeweils drei bis vier Städten) auch einen virtuellen Nachbau des realen Universitätscampus. Nightfall (Universität Tübingen) und TUBmud (TU Berlin) sind etablierte englischsprachige MUDs in Deutschland. Das erste abenteuer-orientierte MUD („MUD1“) entstand 1979 in England und löste in den 80er Jahren einen MUD-Boom in den USA aus (für eine Genealogie der unterschiedlichen MUD-Formen siehe Keegan, 1997).

Bei *sozialen MUDs* treten der Abenteuer- und Kampfaspekt sowie das Sammeln von Spielpunkten in den Hintergrund, stattdessen geht es um Rollenspiel und zwischenmenschliche Interaktionen. Soziale MUDs lassen sich nach ihren inhaltlichen Funktionen noch weiter differenzieren: So unterscheidet man Lernumgebungen (Educational MUDs, z.B. BioMOO), Forschungsumgebungen (z.B. MediaMOO) und Phantasieumgebungen, die als gesellige Freizeittreffpunkte fungieren (z.B. FurryMUCK; LambdaMOO) – nicht alle MUDs sind somit Online-Phantasie-Spiele. Die objektorientieren Programmiersprachen sozialer MUDs sind darauf spezialisiert, ausdifferenzierte Formen sozialer Interaktion zu ermöglichen und das Erzeugen virtueller Objekte und Räume zu erleichtern (MOO: MUD Object-Oriented).

Soziale MUDs verbreiteten sich erst in den 90er Jahren und werden wegen ihrer Friedlichkeit im Unterschied zu den oft recht kämpferischen abenteuer-orientierten MUDs auch als TinyMUDs (Mini-MUDs) bezeichnet. Da die von Dungeon-and-Dragon-Abenteuer-Spielen abgeleitete Bezeichnung MUD (Multi User „Dungeon“) im Grunde nur abenteuer-orientierte virtuelle Umgebungen adressiert, nennt man soziale MUDs manchmal auch MUSHES (Multi User Shared Environments) oder löst die Abkürzung MUD auf als Multi User „Dimension“. Während in Lern- und Forschungsumgebungen oftmals reale Gebäude und Einrichtungen virtuell nachgebaut werden (z.B. Schule, Universität, Museum), sind die geselligen sozialen MUDs ähnlich wie die abenteuer-orientierten MUDs an Fantasy- und Science-Fiction-Welten angelehnt. So stellt das FurryMUCK eine Art Paradieslandschaft dar, in der sich pelzige Tiere mit menschlichen Zügen tummeln:

> Alle möglichen Arten sind vertreten, von Katze bis Einhorn. Sie schnurren, wenn man sie knuddelt, und unterscheiden sich nicht nur durch ihre individuelle Gestalt, sondern auch durch den sie umgebenden Duft nach Sandelholz, frischer Bergluft oder anderem, je nach Geschmack. Diese sinnlichen Wesen lasssen sich neben kürzeren Rollenspielsequenzen und Diskussionen untereinander auch auf Tiny- oder Mudsex ein, wie der Austausch erotischer Zärtlichkeit in diesem Fall genannt wird. (Bahl, 1996, S. 95).

Die meisten MUDs arbeiten bislang mit einer textuellen Benutzungsoberfläche, so dass die gesamte im MUD dargestellte Umgebung nur durch Text beschrieben ist und nur durch Texteingaben und Programmierung verändert werden kann. Neben textbasierten MUDs existieren mittlerweile aber auch MUDs mit grafischer Benutzungsoberfläche. Sie werden als *grafische MUDs*, *3D-MUDs* oder *Avatar-Welten* bezeichnet. Bekannte Avatar-Welten sind Lucasfilm, Alphaworld oder WorldsAway. Hierbei werden die MUD-Szenen samt der beteiligten Personen durch Computergrafiken dargestellt; Bewegungen erfolgen über die Steuerung per Maustaste. Die interpersonale Kommunikation verläuft jedoch auch hier textförmig. Es ist nicht zu erwarten, dass textbasierte MUDs von grafischen MUDs abgelöst werden, vielmehr ist mit einer funktionalen Differenzierung und daraus resultierender Koexistenz zu rechnen (Bruckman & Resnick, 1995). Zudem ist eine Verbesserung der Darstellungsqualität sowie eine Erweiterung der Systemschnittstellen in Richtung echter sensorischer Immersion zu erwarten. Der Zugang zu Avatar-Welten erfolgt über spezielle 3D-Browser oder über einen um entsprechende Plug-Ins erweiterten herkömmlichen Web-Browser. Konstruiert werden Avatar-Welten unter anderem mit Hilfe von VRML (siehe Kap. 2.5.2).

3.4.3 Online-Charaktere

Während man beim Mailen, in Mailinglisten und in Newsgroups üblicherweise unter dem richtigen Namen kommuniziert und zudem meist durch Organisationszugehörigkeit, Adresse usw. identifizierbar ist, bleibt man bei der Chat- und insbesondere bei der MUD-Kommunikation häufiger anonym oder pseudonym. Im zwischenmenschlichen Kontakt steht hier nämlich nicht der reale Name an erster Stelle, sondern der Nick und ggf. der Avatar (Kap. 3.2.2). Während beim Chatten Avatare eher eine Ausnahmeerscheinung sind, ist man beim Mudden auf jeden Fall dazu gezwungen, sich einen expliziten Repräsentanten in der virtuellen Umgebung zu schaffen, der nicht nur einen Namen trägt, sondern auch durch äußere Merkmale, Besitzgegenstände oder Fähigkeiten charakterisiert ist. Man spricht auch vom Online-Character, den eine Person beim Spielen kreiert. Der Online-Charakter ist abzugrenzen vom *virtuellen Star* bzw. *anthropomorphen Bot*, der durch entsprechende Programmierung ein Eigenleben entwickelt und hinter dem kein einzelner menschlicher Teilnehmer steht. Der Online-Charakter oder Avatar als textbasierter oder grafischer Repräsentant unserer Person wird beim Spieleintritt erstmals durch die Festlegung des Erscheinungsbildes definiert Trifft man in einem textbasierten MUD auf ein anderes Wesen, so kann man sich mit dem Befehl „/look at [Nick]“ oder „/schaue [Nick] an“ dessen Selbstbeschreibung anzeigen lassen. Ausgesprochen umfangreiche und poetische Selbstbeschreibungen sind für *FurryMUCK* typisch:

```
Mistress Leticia is black, a deep, shiny black all over
her skin. Her eyes are black, TOTALLY black, no whites or
irises showing at all, her teeth and tongue startling
flashes of color when she opens her mouth or smiles. She
looks human, except for her eyes, her color, and her
long, thin fingers (and are there more than 5 fingers
there? - it's hard to tell, but you think so.) Her hair
is snowy white and silken-soft, hanging to her shoulders
```

```
and blown by any tiny breeze at all. She wears a long
gown of deepest black silk with a white silken netting
(or webbing?) keeping her decent. the gown rests on her
shoulders by thin straps, and gathered at her waist is a
belt of scarlet silk, showing off her generous curves.
Around her neck is a white silk choker. The choker has a
black, hourglass-shaped stone set in the front, (Or IS it
black?) colors seem to swirl deep within the stone, dra-
wing your eyes, tempting you to 'gaze' into it's
depths...
```

Für Neulinge gibt es in allen MUDs einen expliziten Gast-Status. Als Gast trägt man den Nick „Gast" bzw. „guest" und hat keine, oder nur eine rudimentäre Selbstbeschreibung bzw. ein stereotypes Aussehen (z.B. Touristen-Avatar im Freizeit-Anzug mit Fotoapparat). Für die anderen Spielerinnen und -Spieler ist damit klar, dass hier Außenstehende quasi als Touristen vorbeikommen, denen man vielleicht behilflich ist, die man aber oft auch links liegen lässt, weil man Wichtigeres zu tun hat.

Verlässt man den Gast-Status und kreiert einen Online-Charakter, mit dem man häufiger am MUD teilnehmen will, so muss man sich in den abenteuer-orientierten MUDs zunächst entscheiden, welcher Spieler-Kategorie (z.B. Elfe, Dämon, Riese, Halbling, Mensch) und welchem Geschlecht (z.B. weiblich, männlich, neutral, zweigeschlechtlich, mehrgeschlechtlich) man angehören will. In *Nightfall* sind beispielsweise folgende 13 Rassen vertreten:

```
Darkelf      Giant       Homarid     Troll
Demon        Gnome       Human
Dwarf        Half-elf    Oglon
Elf          Halfling    Orc
```

In Abhängigkeit von der gewählten Spieler-Kategorie erhält man einen anderen *virtuellen Körper* und verfügt über spezifische Fähigkeiten. So erfährt man in Nightfall: „*Oglons are strange cat-like creatures. Trolls, demons and giants are of large body-size. Gnomes, dwarves and halflings are small in size. Humans are kind of usual, but still popular.*" Mit der Wahl der Spieler-Kategorie weist einem das System zunächst auch eine standardisierte Selbstbeschreibung zu, die man ggf. durch eigene Texteingaben ergänzen kann.

```
Guest1 is an orc. His fur is like black velvet.
A pair of long fangs looks out of his mouth.
He is perfectly healthy.
```

Zum Online-Character gehört nicht nur das äußere Erscheinungsbild (die Selbstbeschreibung), sondern zählen auch die im MUD erworbenen Erfahrungen, Fertigkeiten und Besitzgegenstände. Eine solche systemgenerierte Darstellung des „Punktestandes" (*Score*) sieht für die Spielerin Onja im TAPPMud beispielsweise folgendermaßen aus (Utz, 1996, Kap. 2.1.5):

```
You have 81450919 experience points.
23 copper, 457 silver, 2384 platinum and 8563 gold coins.
234 Hit Points (258) and 258 Endurance Points (282).
Your magic powers equal 138 (258).
You are Onja the arch bishop (saintly) (level 31)
You have explored 26,79 % of TAPPMud.
Race: Half-elf  Class: Cleric
Your stats are:
STR: 27   DEX: 28   INT: 30   CON: 27   STA: 27   WIS: 30
age: 38 days 17 hours 35 minutes and 44 seconds.
HPshowmode while attacking.
```

Während man sich nach einigen Stunden oder Tagen recht gut auf einem IRC-Channel einleben kann, ist das Vertrautwerden mit einem MUD ein sehr viel langwierigerer Prozess. Das Explorieren der MUD-Umgebung, das Kennenlernen der anderen Beteiligten, die ja eben nicht wie im Channel alle an *einem* Platz versammelt sind, sondern sich an unterschiedlichen Orten im MUD bewegen, braucht deutlich mehr Zeit. Metaphorisch kann man das Einleben in einem MUD durchaus mit dem Kennenlernen einer fremden Stadt bzw. eines fremden Landes vergleichen. Mit Sitten und Gebräuchen, Wegen, Orten und Einheimischen muss man sich beschäftigen und – sofern man sich wirklich niederlassen will – auch die Programmiersprache des MUD erlernen.

All diese Aktivitäten haben eine stärkere Bindung an das MUD als z.B. an einen IRC-Channel zur Folge. Dementsprechend enger sind auch die persönlichen Beziehungen, die zwischen regelmäßigen Spielerinnen und Spielern eines MUD geknüpft werden (siehe Kap. 8.4 zum Kennenlernen im Internet). Das Rollenspiel hat hier also nicht primär die Funktion, sich vor anderen zu verstecken und anonym zu bleiben, sondern stellt eine spezifische Form der Interaktion zwischen Personen dar, die sich meist auch anderweitig kennenlernen (wollen). In Abhängigkeit davon, wie engagiert sich eine Person mit den von ihr geschaffenen Online-Charakteren am Geschehen in virtuellen Umgebungen beteiligt, ist die Identitäts-Relevanz dieser Aktivitäten zu beurteilen (siehe Kap. 7.4). Eine Person kann in ihrem Online-Charakter Selbst-Aspekte realisieren, die im Leben außerhalb des Netzes unterrepräsentiert sind, sie kann sich mit sozial heiklen oder anerkannten Attributen ausstatten und die daraus resultierenden Konsequenzen beobachten. Diese Prozesse treten jedoch keinesfalls automatisch auf. Es ist deswegen irreführend, im psychologischen Sinne davon zu sprechen, ein Online-Charakter sei eine „alternative Identität" der dahinterstehenden Person. Vielmehr ist im Detail zu betrachten, in welchem Verhältnis Attribute des Online-Charakters zu verschiedenen Selbst-Aspekten der Person stehen und ob und wie diese sich mit ihrem virtuellen Stellvertreter bzw. ihren virtuellen Stellvertretern identifiziert.

3.4.4 Virtuelles Handeln

Virtuelle Handlungen werden in Ansätzen schon auf dem IRC vollzogen, spielen in MUDs jedoch eine weit größere Rolle. Denn in MUDs steht eine zeitüberdauernde Umgebung zur Verfügung, zudem können permanente und interaktive Objekte geschaffen werden. So kann man beispielsweise in einem MUD einen Getränkeautomaten programmieren, der auf Einwurf von virtuellem Geld gekühlte Getränke ausgibt. Dieser Getränkeautomat würde für alle MUD-Spieler sichtbar und benutzbar an einem fixen Ort stehen. Der Automat könnte mit objektiven Merkmalen versehen sein, wie z.B. einer festen Zahl von Dosen, nach deren Verbrauch er leer ist.

Demgegenüber ist virtuelles, auf Objekte bezogenes Handeln im IRC völlig von objektiven Restriktionen befreit. Mit dem Satz „/me geht zum Getränkeautomaten und zieht eine Cola" wird im IRC virtuell ein Getränkeautomat erzeugt. Andere Channel-Mitglieder können diese Realität akzeptieren und darauf eingehen: „Borgst du mir zwei Mark, ich habe auch Durst." Sie können die Invention des Getränkeautomaten durch Nichtbeachtung verhindern oder aber seine Eigenschaften willkürlich ändern: „Schaut mal, der Getränkeautomat spinnt, da läuft lauter Kaffee raus." In einem MUD hat der programmierte Getränkeautomat dagegen fixe Eigenschaften, dasselbe gilt für virtuelle Wälder, Seen, Wüsten, Raumschiffe oder Wohnhäuser:

> Ich freundete mich mit Eri an, einer Bibliothekarin aus Nord Carolina, die einen recht boshaften Humor hat: Auf dem Fußboden ihres Wohnraums im MUD Cyberion City befindet sich ein Schild mit der Aufschrift: „Achtung, schwarzes Loch". Wenn man den Fehler macht, in das schwarze Loch hineinzusehen, fällt man in den Keller, in dem man mit dem „look"-Befehl lediglich die Auskunft „Im Keller ist es dunkel" erhält. Wenn man es mit „abrakadabra" oder „hokuspokus" versucht, erhält man die Meldung „Sag das magische Wort, das deine Mammi dich gelehrt hat". Sagt man schließlich „bitte", wird man wieder aus dem schwarzen Loch in Eris Wohnzimmer entlassen. (Rheingold, 1994, S. 200)

Da virtuelle Objekte in MUDs nicht nur qua kollektiv verabredeter Einbildung existieren, sondern programmtechnisch implementiert sind, stellen eben auch Diebstahl oder Vandalismus echte Probleme dar. So diskutieren die Mudderinnen und Mudder von Unitopia in den MUD-eigenen Newsgroups zum Beispiel darüber, wie realitätsnah die virtuellen Schiffe im MUD zu konstruieren seien, wie man Piraten-Übergriffe verhindert oder blinde Passagiere findet:

```
Die Schiffe - und das moechte ich noch einmal ausdruek-
klich betonen - sind eine wirklich geniale Alternative zu
den sonst in Muds verbreiteten Playerhaeusern, und sie
geben die Moeglichkeit von Entdeckungsfahrten, Wettbewerb
(Regatta), aber eben auch einer gewissen Privatsphaere
fuer die Spieler, die diese entsprechend ausgestalten
koennen. Nicht gedacht sind sie gewiss als Lager fuer
```

```
alle moeglichen Klamotten - insofern finde ich auch
nicht, dass am „Recht" des Leerraeumens eines unbemannten
Schiffes irgendetwas geaendert werden sollte. Andererseits
sollte das Schiff, wenn der Eigner an Bord ist, auch
_sein_ Schiff sein, auf dem er oder sie unter Umstaenden
auch ungestoert sein will und kann - besonders ungestoert
von Leuten, die sich schlecht benehmen. Damit waere
gewaehrleistet, dass z.B. nicht, waehrend ich fahre,
irgendein Witzbold mich anfliegt und mein Steuerradschloss
klaut, das konstruktionsbedingt offen neben dem Steuer
liegt, wenn ich das Schiff steuern will. (Ausschnitt aus
einem Posting der UNItopia Newsgroup „ Brett Schiffe,
Gruppe Allgemeines" am 26.10.98 von Frodo)
```

Virtuelle Räume und Objekte zu erzeugen, zu tauschen, zu stehlen, zu handhaben etc. ist eine Form der virtuellen Handlung. Im zwischenmenschlichen Bereich besteht virtuelles Handeln genau wie auf dem IRC in Emotionsäußerungen (lächeln, anstarren etc.) und Berührungen (umarmen, Rippenstoss versetzen etc.). Der Realitätsgehalt solcher textuell ausgedrückten Handlungen ist einerseits an die Bereitschaft der Beteiligten gebunden, den ausgetauschten Worten durch eigene Imagination Bedeutung und Lebendigkeit zu verleihen; andererseits sind die MUD-immanenten praktischen Konsequenzen virtueller Handlungen teilweise auch durch das System vorbestimmt. Nur so ist es zu erklären, dass selbst in einer textbasieren Phantasiewelt das Ausüben von *Magie* keine Selbstverständlichkeit ist, sondern lediglich den durch viel Spielerfahrung Privilegierten vorbehalten bleibt. Sie können z.B. durch sog. *Bannsprüche* andere Personen im MUD blind, taub oder unsichtbar machen. Die Zielperson eines solchen Bannspruches muss dann nicht „so tun", als sei sie z.B. unsichtbar, sondern kann während der Wirkungszeit des Bannes tatsächlich nicht von anderen auf dem Monitor gesehen werden.

Bei nonverbalen Handlungen im MUD kann man zwischen standardisierten, vom Programm per Tastaturkürzel vorgegebenen *Feelings* und dem frei formulierten *Emoting* (vgl. Kap. 3.2.3) unterscheiden. So können wir im TAPPMud beispielsweise per Feeling in ganz unterschiedlicher Weise weinen:

```
>cry        You cry painfully.
>burst      You burst into tears
>tears      Big tear drops are falling down from your
            eyes when you start to cry silently.
```

Wenn diese Standardvarianten des Weinens nicht ausreichen, kann man zusätzlich per Emote individuelle Ausdrucksformen wählen. Im MUD Nemesis, das täglich im Mittel 20 Personen aufsuchen, wurden 1993 über 250 Tage hinweg sämtliche *Feelings* registriert (zur Datenerhebungsmethode der automatischen Beobachtung siehe Kap. 5.1.3). Die durch die Verben symbolisch realisierten virtuellen Aktionen zerfallen dabei in vier Kategorien: 1. Aktionen ohne Objekt (z.B. lachen), 2. Aktionen mit einer anderen Person als Objekt (z.B. küssen), Aktionen mit spezifischen Objekten (z.B. rauchen) und 4. Aktionen mit beliebigen Personen oder Objekten (z.B. anschauen). Es zeigte sich, dass unter den 15 meistbenutzten Feelings freundliche zwischenmenschliche Gesten (lächeln, grüßen, grinsen, nicken, lachen, winken, kichern, umarmen, küssen) am stärksten vertreten waren (siehe Tab. 3.3).

Tab. 3.3: Häufigkeitsverteilung virtueller Handlungen im MUD Nemesis (Analyse von 250 Tagen durch Thomas Gerstner) (Quelle: zitiert nach Reid, 1994a, Anhang 5)

smile	89089	bow	50138	shake	46312	greet	46152	grin	46046
nod	42385	laugh	34063	wave	30875	giggle	20145	sigh	19222
hug	19220	wait	13550	kiss	12212	shrug	10849	kick	9504
poke	9307	chuckle	7401	french	6773	smirk	5994	wonder	5701
dance	5625	bounce	5150	comfort	4916	pat	4356	cry	4244
fart	4158	blush	3981	cheer	3631	punch	3592	scream	3250
ponder	3193	lick	2964	puke	2915	thank	2914	think	2765
raise	2704	tickle	2662	curse	2590	cackle	2498	sniff	2476
knee	2474	slap	2412	gasp	2404	hold	2268	burp	2250
point	2220	view	2206	jump	2141	wink	2130	sing	2016
meow	2008	whistle	1852	rub	1817	twiddle	1803	agree	1766
love	1745	curtsey	1686	pout	1682	snicker	1634	frown	1612
stare	1579	cuddle	1566	growl	1480	fondle	1480	puzzle	1447
ruffle	1403	strangle	1363	flip	1343	bang	1341	yawn	1318
listen	1303	worship	1286	mosh	1286	spit	1232	scratch	1228
sob	1124	pose	1089	clap	1055	sulk	1045	pinch	1038
applaud	032	bite	966	beg	841	stroke	826	five	804
tap	785	kneel	774	stomp	746	wiggle	716	roll	715
snuggle	712	snore	702	shriek	671	moonwalk	664	faint	649
groan	623	shiver	610	peer	609	moan	589	strut	587
nibble	555	grope	517	congrat	512	smack	479	grumble	470
snap	461	squeeze	438	wander	434	sneeze	421	hiccup	415
purr	404	cough	403	hum	378	mumble	373	lean	364
glare	356	meditate	354	wish	352	howl	349	apologize	318
twinkle	281	pant	254	breath	252	ovat	249	drool	235
stretch	229	swear	214	strike	208	caress	193	shame	186
daydream	169	dream	165	headbang	128	disagree	107	gape	93
sweat	91	fear	75	snarl	48	embrace	46	quiver	36
kisshand	35	mourn	27	excuse	16	count	9	despair	3

Die soziale Bedeutung virtueller Handlungen wird kontrovers diskutiert. Einerseits wird verlangt, dass sie den gleichen Normen und Regeln folgen wie das Sozialverhalten „in real life" (z.B. virtuelle Gegenstände sollen nicht zerstört oder beschädigt werden; virtuelle Berührungen sollen konsensuell ausgehandelt werden). Andererseits impliziert ihr spielerischer Als-ob-Charakter jedoch die Suspendierung sozialer Regeln aus der materiellen Welt (z.B. Erlaubnis zum virtuellen Töten anderer Spielerinnen und Spieler). Wenn ein virtueller Kampf mit dem *virtuellen Tod* endet, hat dies über den Symbolwert hinaus in vielen abenteuer-orientierten MUDs die ganz praktische Konsequenz, dass die Getöteten alle bislang gewonnenen Punkte verlieren und wieder „ganz von vorn" anfangen müssen (vgl. Turkle, 1994, S. 250). In manchen MUDs ist *Player-Killing* nicht möglich, in anderen ist es nur in bestimmten Regionen der virtuellen Umgebung erlaubt, in wieder anderen wird es durch einen dezitierten Mörder-Status sanktioniert.

Welche Relationen zwischen Virtualität und Realität bestehen, inwiefern wir ganz „real" von dem betroffen sind, was unser Spiel-Charakter tut bzw. was ihm „virtuell" zustößt, wird vermutlich nicht pauschal, sondern nur situationsspezifisch zu beantworten sein. Die Vorstellung, dass virtuelle Handlungen nur belanglose Wortspielerei darstellen und deshalb nicht so ernst zu nehmen seien, stellt eine ebenso problematische Extremposition dar wie die Behauptung, dass virtuelle Handlungen stets als 1:1 Abbildungen sozialer Verhaltensweisen in der materiellen Welt erlebt werden und dementsprechend in gleicher Weise zu beurteilen wären. Unumstritten ist jedoch die Tatsache, dass Verhaltensweisen im MUD ärgerlich, bedrohlich oder belästigend erlebt werden können, also reale Emotionen bei den realen Personen hinter den Spiel-Charakteren auslösen (siehe Abb. 3.5). So rät die Spiel-Anleitung von FurryMUCK beispielsweise explizit davon ab, durch den Park zu spazieren und mit Steinen zu werfen, weil dies (obwohl physisch ungefährlich) nichtsdestotrotz häufig als aggressiver Angriff empfunden wird (vgl. auch Ciskowski & Benedikt, 1995).

```
These is the only rule for NIGHTFALL:
+-----------------------------------------------+
!  Behave like you would in the real world   !
+-----------------------------------------------+
Ok, what it says is this: Of course there are things you
can't do in real life. Just don't do things you won't
want to happen to you. If you want to kill another play-
er, think twice of it. Is it really worth the loss of
experience the other player suffers? Does it make you
feel better? Besides, if the police or fellow players(!)
find out, you might be listed on a nice WANTED sign.
Players are personalities. Respect their opinions and
human rights. If someone wants you to stop bothering him,
stop. While dirty talking might be normal when conversing
with your closest friend, other players might be embaras-
sed when you use it in the public. Thats it.
```

Abb. 3.5: Die Grundregeln von Nightfall (Universität Tübingen)

Ein sehr spektakulärer Fall MUD-interner Regelverletzungen ist die durch den Zeitungsartikel von Dibbell (1993) publik gewordene *virtuelle Vergewaltigung* in *LamdbaMOO*. In LambdaMOO war es ein verbreiteter Scherz, sog. „Voodoo-Puppen" von bestehenden Spiel-Charakteren zu programmieren. Mit diesen virtuellen Doppelgängern ist es möglich, andere Spieler im MUD zu täuschen, weil sie denken, es mit der betreffenden Spielfigur zu tun zu haben, in Wirklichkeit aber nur die (fremdgesteuerte) Puppe sehen. Das Operieren mit „Voodoo-Puppen" ist eine Besonderheit von LambdaMoo, die mit dem berichteten Vergewaltigungsfall in engem Zusammenhang steht:

> Ein Spieler, der sich hinter der Rolle „Mr. Bungle" verbarg, erlaubte sich nun, Puppen der vom Geschlecht her neutralen Legba und der weiblichen Figur Starsinger im Wohnzimmer des Haupthauses von LamdbaMOO im Beisein vieler anderer Figuren zu sexuellen Dienstleistungen an seinem virtuellen Ich zu nötigen; außerdem sollten die Opfer brutale und obszöne Handlungen an sich selbst vornehmen. Man mag einwenden, daß eine solche virtuelle Vergewaltigung banal sei, zumal keinerlei Körperverletzung vorliegt. Aber die Spielerin mußte völlig machtlos an ihrem Bildschirm mit ansehen, wie ihre Netzidentität Legba, in die sie ungeheuer viel Zeit, Energie und Gefühle investiert hatte, netzöffentlich durch den Schmutz gezogen wurde. (Bahl, 1996, S. 96)

Der Fall des Mr. Bungle wurde oft zum Anlass genommen, das Netz als besonders bedrohliche und frauenfeindliche Umgebung darzustellen oder gar Sexualität im Netz generell zur Männerdomäne zu erklären, in der Frauen allenfalls die Opfer-Rolle einnehmen (z.B. Spender, 1996). Diese einseitige Sichtweise vernachlässigt jedoch die Tatsache, dass in virtuellen Interaktionen üblicherweise (wenn es nicht um Spezialfälle wie z.B. das Operieren mit „Voodoo-Puppen" geht) ein Gleichgewicht der Kräfte herrscht, das die Chance bietet, herkömmliche Viktimisierungs-Muster zu überwinden. So lässt sich mit dem *Ignore*-Befehl dafür sorgen, dass man die Aktionen missliebiger Mitspieler gar nicht erst zu sehen bekommt und von ihnen auch nicht angesprochen werden kann. Da virtuelle Handlungen auf gemeinsame Sinngebung und wechselseitige Anerkennung der textuell produzierten Realität angewiesen sind, lassen sie sich durch den Entzug von *bedeutungsgenerierender Kooperation* konterkarieren: Der Versuch einer anderen Person, dich mit virtuellen Steinen zu bewerfen, scheitert, wenn du feststellst, dass diese sich augenblicklich in Wohlgefallen auflösen oder kurz bevor sie bei dir eintreffen abrupt ihre Flugbahn ändern (vgl. Benedikt, 1995). Nicht zuletzt kann man sich virtuellen Ereignissen jederzeit durch das Verlassen des Systems entziehen. Wer diese Handlungsmöglichkeiten ausschöpft, kann Viktimisierung erfolgreich verhindern, was normverletzendes Verhalten freilich nicht entschuldigt.

Allgemein sind spektakuläre Fälle normverletzenden Verhaltens in MUDs (z.B. Player-Killing in Nightfall, Vandalismus in AlphaWorld) nicht als Indikatoren einer vermeintlichen Anarchie im Netz aufzufassen – ganz im Gegenteil: Indem die Normverletzung als solche definiert und sanktioniert wird, reproduzieren die MUD-Teilnehmerinnen und -Teilnehmer soziale Normierung, was häufig sowohl zur Festigung ihres Gemeinschaftsgefühls als auch zu fortschreitender Institutionalisierung führt, wie sie nach dem Mr. Bungle-Fall in LambdaMOO zu beobachten war (vgl. dazu auch Turkle, 1995, S. 255ff.):

> Bis zu diesem Zeitpunkt [dem Mr. Bungle-Fall, N.D.] hatte es im LambdaMOO keine klaren Hierarchien gegeben. Man konnte den Vorgang also nicht allgemein anerkannten Entscheidungsgremien überlassen. Bisher hatten die Magier aufgrund ihrer längeren Spielerfahrung das Wort gehabt, und so wurde kurzfristig auch hier die Frage dadurch gelöst, daß ein Magier eigenmächtig das Bunglesche Konto löschte. Langfristig entschied man sich aber in einem monatelangen Prozeß mit Petitionen, Ausschüssen und Wahlversammlungen zu einem einem klar strukturierten System, so daß LambdaMOO mittlerweile genau wie andere, fest etablierte MUDs mit hohen Spielerzahlen eher wie ein Kleinstaat funktioniert. (Bahl, 1996, S. 96)

3.4.5 Interaktionsverlauf in MUDs

Die Aktivitäten in einem MUD sind von der Art der virtuellen Umgebung, vom Spielthema, von der Zusammensetzung des Teilnehmerkreises und den Interessen der gerade präsenten Personen abhängig. Etablierte MUDs werden von mehreren hundert bis tausend Personen genutzt, von denen je nach Tageszeit bzw. Ortszeit mehrere Dutzend gleichzeitig aktiv sind.

Sowohl in abenteuer-orientierten MUDs als auch in sozialen MUDs steht geselliger Austausch im Mittelpunkt: Befragungspersonen aus verschiedenen MUDs gaben an, knapp 50% ihrer MUD-Zeit auf das Chatten zu verwenden (Utz, 1996, Kap. 4.1.1.2) und bei Befragungspersonen aus LambdaMOO waren es sogar 57% (siehe Reid, 1994a, Anhang 6). Dieser informelle Austausch besteht nicht nur aus „Gesprächen", sondern auch aus diversen virtuellen Handlungen (z.B. gemeinsames Picknick, Massage, kuscheln etc.). Bartle (1996), der Mitbegründer des ersten MUD (MUD1), unterscheidet auf der Basis anekdotischer Evidenzen und theoretischer Überlegungen vier Ideal-Typen von MUD-Spielern (Tab. 3.4).

Dass der gesellige Typus der verbreitetste ist, legen MUD-interne Befragungen nahe, die das Zeitbudget für *Chat* (informelles Plaudern jenseits der Spielhandlungen), das Zeitpensum für *Role Play* (Rollenspiel wie es z.B. für Killer und Abenteurer besonders interessant ist) sowie den Zeitaufwand für *Coding* (Verändern der virtuellen Umgebung) erfassen: Bei einer Umfrage im MUD LambdaMOO gaben die n=583 Befragten (23% weiblich, 77% männlich, Durchschnittsalter 23 Jahre) an, im Mittel 57% ihrer MUD-Zeit auf soziale Kontakte zu verwenden, 21% auf das Spielen und 14% auf das Bauen (Umfrage von Pavel Curtis, zitiert nach Reid, 1994a, Anhang

Tab. 3.4: Idealtypen von MUD-Aktiven gemäss Handlungsfokus
(Quelle: Typologie in Anlehnung an Bartle, 1996, und Harrison, 1996, S. 303)

Handlungsfokus	*Aktion*	*Interaktion*
Umgebung	*Der Abenteurer* Das zielgerichtete Sammeln von Spielpunkten durch Aktionen in der virtuellen Umgebung steht im Mittelpunkt. Deswegen werden MUDs mit besonders vielen Aufgaben/Rätseln bevorzugt.	*Der Entdecker* Das freie Erkunden der (mehr oder minder verborgenen) interaktiven Merkmale der virtuellen Umgebung steht im Mittelpunkt. Deswegen werden besonders phantasievolle MUDs bevorzugt.
Personen	*Der Killer* Auf die Mitspieler gerichtete Aktionen, die dem Spielverlauf dienen, stehen im Mittelpunkt. Deswegen werden MUDs mit besonders vielen Kampffunktionen und Hierarchien bevorzugt.	*Der Gesellige* Soziale Interaktionen und Geselligkeit mit anderen Teilnehmern stehen im Mittelpunkt. Deswegen werden besonders gut besuchte MUDs, die auch Face-to-Face-Treffen organisieren, bevorzugt.

6). Auch die n=103 von Utz (1996) befragten Mudderinnen und Mudder widmeten den größten Teil ihrer durchschnittlich 12 wöchentlichen MUD-Stunden dem MUD-internen Chat, wobei sich explorativ deutliche Geschlechtsunterschiede zeigten (siehe Tab. 3.5).

Tab. 3.5: Verteilung der MUD-Zeit auf einzelne Aktivitäten
(Quelle: Daten aus Utz, 1996, Kap. 4.1.1.2)

	Chat	Role Play	Coding	
Frauen	76%	19%	5%	n= 15
Männer	44%	36%	20%	n= 88
Gesamt	49%	34%	17%	n=103

Um virtuelles Handeln in einem MUD zu veranschaulichen sei im Folgenden der Besuch der Magierin Tune im englischsprachigen *MUD Nightfall* (Universität Tübingen) dargestellt (siehe Abb. 3.6). Mit dem *Telnet-Dienst* stellt die Nutzerin zunächst die Verbindung zum *MUD-Server* (quest.tat.physik.uni-tuebingen.de 4242) her. Die

Verbindung wird bestätigt und die Programmiersprache des MUD (LPmud) genannt. Durch die Eingabe des Namens der eigenen Spielfigur (hier: „tune") samt Password gelangt man in das Spielsystem. Nach dem Betreten des MUD wird die Magierin Tune von ihren beiden selbstprogrammierten MUD-Gefährtinnen Karenina (ein kleiner Pandabär) und Skar (eine gute Fee) begrüßt. Sie sucht ihr virtuelles Zuhause (eine Hütte an der irländischen Küste) auf, schaut sich im Arbeitszimmer um, wo sie auf zwei andere MUD-Spieler (Mateese, Blackhawk) trifft, trinkt eine Tasse Tee vor dem Kamin und verabschiedet sich dann wieder von allen.

```
aix03% telnet quest.tat.physik.uni-tuebingen.de 4242
Trying 134.2.170.99 ...
Connected to quest.tat.physik.uni-tuebingen.de.
Escape character is '^]'.
Gamedriver LPmud 03.02.1@137nf (Amylaar)

                    ()>~           _  _ _  __   _  _ ____ ___  __  _   _
                   _||_            /| / / /  / /  /  /   /    / / /    /
                  /. \ \          / |/ / /__  /__/  /   /_   /__/ /    /
                 /  /. .\        _/ _/_/ /__/_/ _/ _/   _/   _/ _/ /__ /__
                / /. . \ \
               |\/\/\/\/\/|
               | - .  _ . |                             LPmud 3.2.1 / NF3.0.0
               \________/__/                             At   nightfall.org
   |\/\/\/\/|       |. -  _ .|       |\/\/\/\/|       Located in Tuebingen,
   | _ | - .|       | _ . || |       | -  . _ |                      Germany
   \_______/_/      | _  .- .|       \__\______/
    | ||.= |        |.||. _  |         |-  || |
    |.  _  |\ /\ /\ /\ /\ /\ /\ /\ /|.    . |                Use the „guest"
    | _    .||_||_||_||_||_||_||_||_||  =_  |               name if you just
    | ||   |  . _  .    .     .  .  | . || |\ /\ /\          want to look
    | _ .- |= _  .  -  _   .-   _ - |   _  ||_||_||          around a bit.
    | _    .|  ||   ___   || -  =  ||. | - _ .|.   .= -_
    | || . |  .  /#|#\- .  . _ .    |.  || |  - . _. |          .
    |. - = | _ . |#|#|   _  _   . = | . _  | .= -  . -        -_|=_
    |_______|______|#|#|_________________|_______|____________\  ./_|=|_-_     (c) '93

Enter your name, or type 'create' for a new player: tune
Welcome back to Nightfall!
Password:


Karenina smiles happily as you arrive.
Your Guide materializes from a parallel universe.
Your statue jumps into your inventory and cuddles you.
There are 42 Mails waiting for you in the post office.
Skar welcomes you warmly.

>look
This is a snug, warm little back room in Tune's cottage. She works
here sometimes, when the mood overtakes her. The ancient whitewas-
hed stone walls, the low thatched ceiling, the deepset windows all
```

```
lend a tranquil atmosphere to the room. In one corner a cheery
peat blaze drives away any sense of gloom from the ancient room. A
mahogany desk has been pushed under one window, and is spread over
with maps, papers, pens, books, and popsickle sticks. A large pain-
ting hangs on one wall, and a smaller picture hangs to the right
of it.There are three exits: north, nfc and guild.
Skar (Tune's fairy)
Karenina (Tune's tiny baby panda)
A flying carpet
>north
Karenina toddles in from south.
Skar arrives from south.

Welcome to Tune's workroom! If she is not here right now, please
feel free to come in and relax. The room is small but comfortable,
with stone walls, tall wooden bookshelves, a large fireplace, and
latticed windows which look out onto the emerald green Irish lands-
cape. A rope hangs near the southern door.
There are two exits: east and south.
There is a closed blue door leading north.

Mateese
A teapot.
A framed butterfly.
A comfortable sofa.

>say hi Mateese!
>smile
Tune smiles happily.
Mateese says: Hi Tune!
Mateese hugs you.

Blackhawk tells you: Can you help me? I can't find the golden
knife.
>tell Blackhawk You have to ask another player. Wizards can't give
you
 information.
Blackhawk tells you: Too bad, but thanks anyway! ;-)

>look at fireplace
 A merry peat blaze burns in the grating.

>: offers Mateese a cup of tea.
Tune offers Mateese a cup of tea.

>drink tea
You drink a cup of strong black Irish Breakfast tea.

>look at view
A breathtaking view out across the sea.

>north
Sorry, the door is closed.
```

```
>open door
You open the blue door.
>north
You've entered a small clearing. Soft green mossy turf extends from
here to the sharp, jagged Irish headlands, where the land abruptly
plunges away to the beach far below. To the south sits a snug,
thatched stone cottage nestled into a rift in the landscape.
There are two exits: north and south.
There is an open blue door leading south.

>smell
The salty sea air lightly tingles your nose, mingling with the
clean
hearty Irish air and the slightly acrid odor of burning peat.
It is day.

>= hi and bye
>== waves
[Tune] hi and bye
[Tune waves]
Mateese tells you: Bye Tune! Hope to meet you again later.
Tell Mateese: sure, I'll be back this evening. See you then!
>quit

Skar wishes you goodbye and hopes to see you again soon!
Karenina wishes you good bye!

The statue cuddles you a last time and will await your return.
Saving Tune.
Good bye! Come back soon!


[news: Tune leaves the world]
Closing down
Connection closed by foreign host.
```

Abb. 3.6: Interaktionssequenz im MUD Nightfall (Quelle: Bahl, 1996, S. 98)

Nicht alle Mudderinnen und Mudder sind so diszipliniert wie die Magierin Tune und lassen es bei kurzen Besuchen im MUD bewenden. Da MUDs eine Vielzahl von Betätigungen erlauben (Interaktionen mit anderen Spielerinnen, Erkunden der Umgebung, Sammeln von Spielpunkten) und man Alltagsidentitäten zugunsten von phantasievollen Spiel-Identitäten teilweise hinter sich lässt, fällt es oftmals schwer, sich von der MUD-Welt zu lösen (siehe Kap. 7.4.2 zum Eskapismus). Immer wieder wird von Personen berichtet, die sich 10 bis 20 Stunden täglich in der virtuellen Welt aufhalten und darüber ihre anderen Verpflichtungen vernachlässigen. Einige Universitäten haben deswegen ihre MUDs wieder geschlossen (z.B. die Universität München ihr MUD Nemesis), andere versuchen es mit wohlmeinenden Warnungen. Im MUD

```
mailszrz% telnet unitopia.uni-stuttgart.de 3333
Trying 129.69.221.130 ...
Connected to UNItopia.rus.uni-stuttgart.de.

                         Willkommen in UNItopia !

   Du befindest Dich hier in einer Welt, die lediglich innerhalb
    eines Computers existiert. Aber das heisst nicht, dass alles,
       was Du hier vorfinden wirst, Fiktion ist. Im Gegenteil!
           UNItopia besteht eigentlich aus zwei Teilen:
     Der eine ist ein Spiegelbild des Campus der Uni Stuttgart;
         hier kann man sich umschauen, mit Leuten reden,
                     Informationen sammeln
     und so einiges ueber die Uni und ihre "Bewohner" erfahren.
 Der andere Teil, MAGYRA genannt, ist wahrhaft eine neue Dimension,
      in der Vergangenheit, Gegenwart und Zukunft zu einem Raum
       ohne Grenzen zusammenfliessen, in der alles moeglich
                     und nichts unmoeglich ist.
 Du kannst diese Welten besuchen, indem Du Dir einen Namen und ein
   Passwort aussuchst. Willst Du Dich nur ein bisschen umschauen
        so waehlst Du "gast", Hilfe bekommst Du jetzt mit "?".

Wie lautet Dein Name: gast
Bist Du weiblich oder maennlich (w/m)? w
Du bist nun bekannt als: Sandra die UNItopia Besucherin (neutral)
Du befindest Dich auf dem Bahnsteig der S-Bahn-Haltestelle UNIVER-
SITAET. Es sieht hier eigentlich recht gepflegt aus, nur die ueber-
quellenden Muelleimer stoeren das Bild von der sauberen Schwaben-
Metropole. An der Wand haengt ein Streckenplan der VVS, eine breite
Treppe und eine Rolltreppe fuehren nordwaerts hinauf zum Campus.
Das noerdliche Tunnelportal gaehnt Dir schwarz und bedrohlich ent-
gegen. An der Decke haengt eine Uhr und eine Anzeigetafel.
     Weiter: Hoch und Norden.
Das schwarze Brett 'Traegerkreis'.
Ein schoener junger Mann.
Der junge Mann sagt: Willkommen Sandra.
Der junge Mann gibt Dir ein Flugblatt und eine Fackel.
Der junge Mann sagt:Das Flugblatt solltest Du mit'lies
Flugblatt'lesen
Die Rolltreppe gibt sonderbare Geraeusche von sich.
> norden
Du befindest Dich am Nordende der S-Bahn-Haltestelle Universitaet
auf dem oestlichen Bahnsteig.
Eine Aufzugstuer nimmt fast die ganze Breite des hier nur noch
schmalen Bahnsteigs ein. Daneben geht ein Steg hinter einer Sperre
weiter in den Tunnel hinein.
Neben der Aufzugstuer sind eine Lampe und ein Knopf angebracht.
     Weiter: Norden und Sueden.
Eine Fackel.
> norden
Die Sperre ist verriegelt ! Du ruettelst vergebens an ihr.
> nimm fackel
Du nimmst die Fackel.
```

Abb. 3.7: Eingang zum MUD UNItopia (Universität Stuttgart)

Xyllomer (dem ehemaligen PaderMUD in Paderborn) wird man begrüßt mit dem Hinweis:

> This might become a very time-consuming system if you start to use it, it might take effect on your real-life, especially on your studies! Consider this before you start spending your time here!

So berechtigt der Hinweis ist, dass MUD-Aktivitäten sich leicht verselbständigen und (zumindest phasenweise) extrem viel Zeit verbrauchen, so übertrieben ist andererseits die Vorstellung, jegliches (intensive) Mudden habe quasi Sucht-Charakter. Dass MUDs in ganz Australien wegen Sucht-Gefahr verboten seien, entpuppte sich als Gerücht (Reid, 1994b) – tatsächlich wollten einige Universitäten nur Rechnerkapazitäten einsparen. Die (sich oft als Technik- oder Kulturkritik verstehende) einseitige Hervorhebung der Negativfolgen des Muddens, wird von den Beteiligten selbst unter anderem mit Humor verarbeitet:

> WARNING: The Surgeon General has determined that Mudding can cause Cancer, Liver and Lung Disease, Miscarriages, Unwanted Pregnancies, Low Sperm Counts, Brain Tissue Damage, Muscular Dystrophy, Geekiness, Carbohydrates Deficiency, Bureaucracy, Lack of Personality, Heavy Machinery Malfunction, Plagiarism, Lying-to-Congress Disease, Illiteracy, Sarcasm, Broccoli Overcooking, Frequent Defecation, Gossiping, Getting-Laid-on-the-First-Date Syndrome, Mass Extinction, Global Warming, Gender Confusion, Misunderstandings, Boredom, Nausea, Vomiting, Hyperbation, Hyperbole, Manuscript Loss, Anarchism, Unsuccessful Barbecuing, Talking-in-Third-Person Syndrome, Limosine Overcrowding, Low Scoring on Standardized Tests, Armpit Enlargement, Antidisestablismenterianism, Panic, Disillusionment, Appointment Cancellation, Foreplay Disruption, Dogmatism, Cryptorchitis, Shistosomaisis, Nepotism, Baldness, Bad Spelling, Maximum Verbosity, and General Failure in Life. (MUD Nightfall)

Wenn MUDs mit Computerspielen verglichen werden und gleichzeitig der Sucht-Charakter des Muddens betont wird, entsteht leicht der Eindruck, das „System“ würde die Spielerinnen und Spieler durch seine Eigenschaften quasi automatisch in seinen Bann ziehen. Wie viel Geduld und Kompetenz es erfordert, die von außen betrachtet langweilige Textwüste in lebendiges Erleben zu verwandeln und im MUD handlungsfähig zu werden, gerät dabei leicht in Vergessenheit. Betritt man als Neuling etwa das *MUD UNItopia* (siehe Abb. 3.7; alle Benutzereingaben sind fettgedruckt), so muss man zunächst eine Reihe von Hilfetexten durcharbeiten und ein regelrechtes „Anfängerpraktikum“ absolvieren, um vom Geldverdienen bis zur Verpflegung alles Lebensnotwendige zu erlernen.

Heiraten oder sterben Personen „in real life“, die stark in die soziale Gemeinschaft eines MUD involviert sind, so werden entsprechende Real-Life-Zeremonien im MUD nachvollzogen. Andererseits können Hochzeiten zwischen Paaren im MUD auch nur MUD-interne Bedeutung haben: Die Personen hinter den verheirateten MUD-Charakteren leben dann außerhalb des Netzes nicht in einer Partnerschaft, sondern sind durch Bekanntschaft oder Freundschaft miteinander verbunden.

In sozialen MUDs, die nicht nur der Geselligkeit dienen, sondern funktional zu Lern- und Forschungszwecken eingesetzt werden, finden häufig Veranstaltungen zu festen Terminen statt (z.B. Seminare, Vorlesungen, Podiumsdiskussionen). Diese Veranstaltungen folgen in der Regel einer vorher bekanntgegebenen Tagesordnung und sind moderiert. Zur Illustration wird im Folgenden eine kurze Passage aus einer Diskussion im *MUD D.U.* (Diversity University) wiedergegeben. D.U. besteht aus einem virtuellen Campus, dessen Unterrichtsräume für Fernkurse genutzt werden können. Die MUD-Diskussion dreht sich um die pädagogischen und didaktischen Möglichkeiten des Einsatzes von MUDs. Die teilnehmenden Personen emoten Denkprozesse, aber auch Applaus oder das Hinsetzen im Diskussionsraum. Die Diskussionsleiterin Jeanne McWorther zeigt virtuelle „Dias", indem sie vorbereitete Textpassagen benutzt und sich somit Tipparbeit erspart. Um der Diskussion inhaltliche Substanz zu geben, liefert die Diskussionsleiterin einen Großteil der Beiträge selbst, gleichzeitig nutzen die anderen Teilnehmerinnen und Teilnehmer die Chance, sich durch Fragen, „lautes Denken" sowie durch Bewegungen im Raum (z.B. aufstehen) in den Ablauf einzuschalten (s. Abb. 3.8).

```
- Start: Saturday, November 12, 1994 7:28:47 pm VOUtime (PST)
                              ________________________________
                             |                                |
Bill holds up a BIG sign:    | Jeanne McWhorter, Wizard of DU |
                             |________________________________|

Jeanne shows slide #1.

* * * * * * * * * * * * * * * * * * * *
Jeanne Butler McWhorter
Director: Diversity University, Inc
ArchWizard: Diversity University MOO
Student: Graduate School of Social Work, University of Houston
* * * * * * * * * * * * * * * * * * * *
Mort arrives
DavidB ya hoo
JohnC claps

Bill says: I met Jeane last February and we have been friends ever
 since.there are few who know moos as well as she does. I am glad to
 welcome her to VOU to discuss their educatinal potential
Bill claps for Jeanne.

Gardenia starts a wave for Jeanne
cathyb sits down at Section C1. . .
DavidB claps for Jeanne also
Gardenia sits down at Section C1. . .
```

Graham sits down at Section C1. . .

Jeanne says:ken@DU said something the other day.He said that whether you like the ideas of virtual collaborative educational communities or dislike them, you will have to deal with these virtual institutions as the next wave of educational technology and interest. So unless you want to play ostrich, it behooves you to learn about them (grin)
DavidB [to Jeanne]: Is it ok If I stand?
Jeanne [to DavidB]: please do. actually I prefer it.
Gerson sits down at Section C1. . .
JohnC stands up from Section C1. . .

(Gardenia thinks: Is Ken@DU the same as Ken@Collegetown?)

Jeanne says: I want to encourage ppl to ask questions as we go along if you see anyting in the lecture that intrigues you

Jeanne [to Gardenia]: yes, also cdr@mediaMOO

Jeanne says: Ken is one of DU's wizards too. DU, and other educa-tional
MOOs owes a tremendous amount to Ken for his marvelous creations, the classroom in particular
Mogat says: Right. I use one of Ken's classrooms.

Jeanne says And since he did the original one,he has added abilites that our teachers suggested to him. And now Kossick is taking the classroom to new levels.

Jeanne cheers another Texas boy (Kossick)

Jeanne says: anyway, on to the formal stuff. feel free to stop me any time. It is becoming increasingly evident that with the advent of Internet education will never the same as it has been. Many of the baby Bells are providing internet-connected computer labs or perhaps only connectivity, to the K-12 schools and companies such a s IBM have provided funding for internet projects to schools such as Marist in New York.

Jeanne says: Educators are realizing that internet can be the answer to reaching millions of people who have been educationally disinfranchised because of disbility, living in a rural setting, work schedules, family obligations or instability of job location. (...) Some teachers began using IRC or other forms of chat systems such as those on Qlink and America Online but found that the environment seemed sterile.(...)
Then the world of MUD's was discovered by some enterprizing and visionary person and somewhere someone got the idea of using one to teach instead of just to play a game. I am not sure we'll ever know exactly which M** was the very first to be educationally oriented, it is clear that the trend is growing.

```
(Gardenia thinks: Was that Pavel Curtis? )
Jeanne says: When I got the idea for D.U. I had no idea other M**'s
 existed with this focus. However, being a good researcher, I
 wanted to know what else was out there before I started building so
 that I would not reinvent the wheel. My reseach
 turned up such M**s as MediaMOO, WriteMUSH, MicroMUSE and Post
 Modern MOO. I don't think Lambda is considered educational.

Bill stands up from Section C1. . .
Bill says: not really...a social moo

Jeanne says: Each of these M**s addressed a specific user population
 and a different need so I began to talk to teachers online to find
 out what they felt still needed to be constructed and then I
 began to add those capabilities to DU as we could.

Mday will remember this phase

Jeanne says: My own personal objection to many of the M**s I'd been
to
 was that the interesting things were often very hard to find. I
 might see someone in a room and join them and really enjoy what had
 been created there yet never be able to find my way
 back there again. Often the room was not even connected to the
 M**! This is the only reason that DU is structured in the
 traditional form of a campus.

DavidB has connected.

Jeanne shows slide #2.

* * * * * * * * * * * * * * * * * * * *
Some advantages of using a MOO

1. Highly user controlable. Both teachers and
   students are able to createtheir own environment
   and personalize it to their taste or needs.

2. „Educational mudding breaks down the barrior
   between teacher and learner as we watch the kids
   often become the teachers. This is a beautiful
   illustration of the old saying 'To really learn
   something, you must teach it'." (quote from Ken@DU)

* * * * * * * * * * * * * * * * * * * *
```

Abb. 3.8: Ausschnitt aus einer synchronen Konferenz im MUD D.U.

Beim Lesen von Transkripten computervermittelter Kommunikation ist es wichtig sich klarzumachen, dass die aktuelle Beteiligung am Geschehen (Telepräsenz der anderen Personen, Möglichkeit zum Eingreifen in den sich aktuell entwickelnder Diskussionsablauf, gespanntes Warten auf den nächsten Beitrag etc.) ein sehr lebendiges Erlebnis darstellen kann, während das Textdokument einer Online-Sitzung oftmals schwer lesbar und „trocken" erscheint.

3.5 Neuere synchrone Dienste

Da bei der synchronen computervermittelten Kommunikation alle Beteiligten zur gleichen Zeit aktiv sein müssen, stellt sich bei einem Kontaktanliegen die Frage der Ansprechbarkeit der anderen Person. Der ICQ-Dienst (Kap. 3.5.1) hält uns darüber auf dem Laufenden, wer von unseren vernetzten Freunden, Bekannten und Arbeitskollegen gerade am Rechner sitzt und unmittelbar erreichbar wäre. Mit Ausnahme der grafischen Chats und MUDs und des hypermedialen WWW sind alle bisher beschriebenen kommunikativen Internet-Dienste und -Anwendungen (Email, Mailinglisten, Newsgroups, Chat, Chat-Channels, MUDs) vornehmlich textbasiert. Man kann jedoch via Internet auch telefonieren (Kap. 3.5.2) und Videokonferenzen abhalten (Kap. 3.5.3).

3.5.1 ICQ

ICQ (sprich: I seek you) ist ein Programm, welches uns qua *Contact-List* darüber informiert, wer von unseren Kontaktpersonen mit Internet-Zugang gerade online ist. Online-Dienste (vgl. Kap. 1.3) hatten diese Funktionalität schon vorher realisiert: Bei AOL gibt es die *Buddy-List* und bei Compuserve die *Who's here/Friends-List*. Bei der ersten Anmeldung übergibt man ICQ seine persönlichen Daten (wobei man den Umfang der Identifizierung selbst bestimmt) und erhält dann eine Universal Internet Number (UIN), unter der man beim ICQ-Server registriert wird. Sobald man online geht, baut das Programm ICQ im Hintergrund eine Verbindung zu dem ICQ-Server auf. Daraufhin wird die Liste der eingetragenen Freunde überprüft. Wenn jemand aus der Liste online ist, wird dies grafisch (und akkustisch) angezeigt. Jetzt können wir den Namen in der Liste anklicken, eine kurze Nachricht (Telegramm) verschicken, zu einem Chat einladen, ein Telefonat beginnen, Bookmarks von interessanten WWW-Seiten oder auch Dateien aller Art versenden und empfangen.

3.5.2 Internet-Telefonie

Mittels spezieller Software (z.B. *iphone*) ist es möglich, über das Internet zu telefonieren. Dabei spricht man in ein an den Computer angeschlossenes Mikrofon. Diese Audioeingabe wird digitalisiert und in komprimierter Form per Internet zur Gegenseite geschickt, wo sie dekomprimiert und via Soundkarte über Lautsprecher ausgegeben wird. Die Vorteile der Internet-Telefonie liegen in einer beträchtlichten Kosteneinsparung (Ferngespräche zum Ortstarif), die jedoch durch reduzierte Tonqualität erkauft wird.

Im Unterschied zur herkömmlichen Telefonie hat Internet-Telefonie in stärkerem Maße Kennenlern-Funktion und ähnelt insofern dem CB-Funk und dem Chatten: Personen, die per Internet-Telefonie erreichbar sind, geben ihre IP-Nummern (Rechner-Nummern; IP: Internet Protocol) öffentlich im Netz bekannt, und es gilt allgemein als üblich, unbekannte Personen telefonisch einfach nur zum Plaudern zu kontaktieren. Aufgrund der zusätzlich benötigten Hardware und Software sowie der geringen Teilnehmerzahl, spielt Internet-Telefonie unter den kommunikativen Internet-Diensten bislang eine untergeordnete Rolle und wird im Folgenden nicht weiter behandelt. Das besondere Potential der Internet-Telefonie ist aber darin zu sehen, dass dieser digitale Dienst mit anderen digitalen Kommunikationsformen kombinierbar ist. So können Netzteilnehmer während des Internet-Telefonats Texte austauschen oder gemeinsam auf einem *Whiteboard* Zeichnungen anfertigen.

3.5.3 Internet-Videokonferenzen

Um an einer Internet-Videokonferenz teilnehmen zu können, benötigt man eine Videokamera, eine Videokarte und entsprechende Software. Heute sind grob zwei Varianten von Internet-Videokonferenzen zu unterscheiden: Konferenzen, die mit den zur Verfügung stehenden Bandbreiten auskommen (CU-SeeMe-Konferenzen) sowie Konferenzen, bei denen ein größeres Datenvolumen übertragen wird, so dass Bandbreiten extra freigehalten werden müssen (MBone-Konferenzen; MBone: Multicast Backbone). MBone-Konferenzen werden beispielsweise eingesetzt, um Vorlesungen an verschiedene Standorte zu übertragen, wobei ein Video-Rückkanal der einzelnen Veranstaltungsräume vorliegt, so dass Interaktionen möglich sind. Bei der privaten Internet-Nutzung ist dagegen CUSeeMe einschlägig. Technisch realisiert werden die Videokonferenzen hier auf speziellen CU-SeeMe-Servern (sog. Reflektoren). Die Videokamera wird üblicherweise auf dem eigenen Monitor angebracht und liefert eine Aufzeichnung von Gesicht und Oberkörper.

Nach dem Betreten des Reflektors kann man alle aktuellen Konferenz-Teilnehmer in kleinen Bildschirmfenstern sehen und umgekehrt auch von ihnen gesehen werden. Wer nicht über eine Kamera verfügt oder diese nicht benutzen möchte, darf sich dennoch als Lurker beteiligen. Die „Unterhaltung" auf dem Reflektor kann zwar theoretisch auch per Audio-Verbindung abgewickelt werden, konzentriert sich jedoch in der Praxis auf einen textbasierten Austausch wie man ihn von Chat-Channels (siehe Kap. 3.3) kennt. Statt von „Videokonferenzen" spricht man deswegen im Zusammenhang mit CU-SeeMe treffender von *Video-Chat* (siehe Abb. 3.9). Auf die Audio-Kommunikation wird nicht nur wegen der geringen Tonqualität oft verzichtet, sondern auch deswegen, weil beim textbasierten Chat typische Restriktionen der Mehr-Personen-Audiokonferenz entfallen: So kann zur gleichen Zeit immer nur eine Person sprechen (da sich die Beiträge sonst überlagern), aber es können viele Personen störungsfrei gleichzeitig tippen (da die Beiträge sequentiell auf dem Monitor anzeigt werden). Die digitale Form der Kommunikation ermöglicht zusätzlich die Integration weiterer Dienste (z.B. Dokumentenaustausch).

Video-Chat dient in der heute realisierten Form ebenso wie Internet-Telefonie in erster Linie geselligen Funktionen und wird nur von sehr wenigen Personen genutzt, weshalb wir im Folgenden nicht vertieft auf diese Anwendung eingehen werden. *Digitale Videokonferenzen*, die vom individuellen Computer-Arbeitsplatz aus abgewickelt werden können (sog. *Desktop-Konferenz*), hohe Bild- und Tonqualität bieten und zudem weitere digitale Dienste (Whiteboard, Dokumentenaustausch, Task Sharing etc.) integrieren, werden in Zukunft die herkömmlichen *analogen Videokonferenzen* mit ihrer aufwendigen Videokonferenzstudio-Technik ersetzen. Die vorliegende Videokonferenz-Software (z.B. ProShare, Teles) benötigt jedoch Bandbreiten, die das heutige Internet nicht zur Verfügung stellt, so dass Unternehmen hier für die interne Kommunikation auf ihre eigenen Netzwerke angewiesen sind (Intranet).

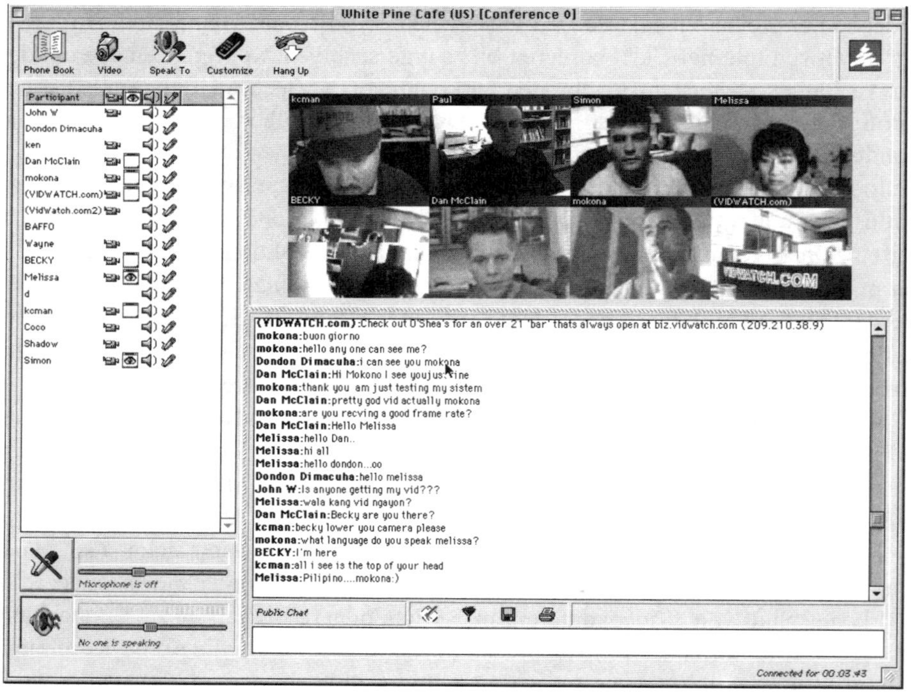

Abb. 3.9: CU-SeeMe-Konferenz mit Video- und Text-Komponenten

3.6 Zusammenfassung

Bei der synchronen Netzkommunikation werden die Texteingaben nicht zwischengespeichert, sondern unmittelbar übertragen und auf den Monitoren entfernter Rechner angezeigt. Somit ist es nötig, dass die Beteiligten sich zur gleichen Zeit an ihren Computern einfinden (fehlende Zeitsouveränität), was insbesondere in der globalen Kommunikation aufgrund von Zeitzonenverschiebungen nicht selten Probleme aufwirft. Zudem erfordert synchrone Netzkommunikation sehr rasches Reagieren, so dass nicht nur schnelles Tippen wichtig ist, sondern auch zügige Sprachrezeption und -produktion gefordert sind. Während man etwa an einer fremdsprachigen Email in Ruhe feilen kann, ist die aktive Beteiligung am nicht-muttersprachlichen Chat, Chat-Channel oder MUD sehr viel anspruchsvoller. Eine besondere Qualität der synchronen computervermittelten Kommunikation liegt darin, dass unmittelbares Reagieren nicht nur auf sprachlicher Ebene (als schriftliches *Gespräch*) stattfindet, sondern auch auf der virtuellen *Handlungsebene* (als schriftlicher Umgang mit virtuellen Räumen, Objekten und Körpern). Beim privaten Chat, auf Chat-Channels und am stärksten in MUDs werden virtuelle Objekte beschrieben und kollektiv gehandhabt, Körper und Räume sprachlich etabliert und mit sozialer Bedeutung und Funktionalität ausgestatttet. Diese genuin neue Qualität sozialer Interaktionen stellt unser bisheriges Verständnis von Körperlichkeit in Frage und macht soziale Prozesse der Wirklichkeitskonstruktion explizit. Computervermittelte Audio- und Video-Kommunikation erweitert die zur Verfügung stehenden Kommunikationskanäle, wobei gegenüber analoger Audio- und Video-Kommunikation hier als genuine Merkmale insbesondere die Kombination von Diensten und die gesellige Funktion zu nennen sind.

Genau wie die asynchronen Internet-Dienste und -Anwendungen involvieren auch die synchronen sehr unterschiedliche Teilnehmerkreise. Generell ist der Teilnehmerkreis beim zeitgleichen Austausch enger begrenzt als beim asynchronen Austausch: Während etwa eine Mailingliste mit mehreren hundert Abonnentinnen und Abonnenten gut zurechtkommt, ist ein Chat-Channel mit mehreren Dutzend Gästen bereits überfüllt. Eine Ausnahme bilden MUDs, die synchrone und asynchrone Kommunikation in der Weise verbinden, dass Veränderungen in der virtuellen Umgebung (z.B. Hinzufügen von Gegenständen, Hinterlassen von Botschaften) dauerhaft bestehen bleiben. Somit steht das MUD prinzipiell auch einem dispersen Massenpublikum offen, das sich z.B. im Gast-Status umschauen und selbst „Spuren“ hinterlassen kann.

Die analytisch trennbaren und durch ihre technischen und sozialen Besonderheiten differenzierbaren Kommunikations-Szenarien im *Hybridmedium* Internet stehen freilich in der Praxis nicht getrennt nebeneinander: So wird eine IRC-Teilnehmerin typischerweise einen oder zwei private Chats abhalten, während sie gleichzeitig die Gruppenaktivitäten auf ihrem Stamm-Channel verfolgt. Sie wird sich hin und wieder die Channel-Homepage im WWW anschauen und/oder Beiträge für die Mailingliste des Channels verfassen. Zudem wird sie mit einigen Stammgästen des Channels Email- und Telefon-Kontakte unterhalten, man wird sich persönlich treffen und wechselseitig in die ICQ-Contact-Lists aufnehmen. Dieses Beispiel zeigt, wie sich die einzelnen Internet-Dienste unterstützen und ergänzen, wenn es darum geht, sich selbst zu präsentieren und einen Eindruck von anderen Menschen im Netz zu gewinnen (Kap. 7), neue Kontakte im Netz zu knüpfen und soziale Beziehungen auszubauen (Kap. 8) sowie einen Platz in sozialen Netz-Gemeinschaften zu finden (Kap. 9).

Die von den Internet-Diensten angebotenen Kommunikations- und Interaktions*möglichkeiten* werden jedoch nur insofern realisiert, als einzelne Personen und Personengruppen sie sich in spezifischer Weise zu eigen machen. Bei diesen Aneignungs- und Umsetzungsprozessen treffen die Beteiligten auf technische Optionen (z.B. unbemerktes Privatgespräch hinter den Kulissen eines Chat-Channels) und auf technische Restriktionen (z.B. Notwendigkeit zum Tippen beim Chat), mit denen sich historisch im Internet jeweils bereits bestimmte Umgangsweisen eingebürgert haben (z.B. Akronym-Benutzung, Emoticons, „Abmelden" auf dem Channel), ohne dass individuelles Verhalten damit bereits determiniert wäre. Im Zuge der aktuellen Veränderungen der Internet-Population ist damit zu rechnen, dass sich Nutzungsmuster und soziale Regularien ändern und damit auch neue Aneignungsformen für die bekannten Kommunikationsszenarien entstehen. Mit der Zusammensetzung der Internet-Population und ihren Nutzungsmustern beschäftigt sich das nächste Kapitel.

4 Die Internet-Population und ihre Nutzungsmuster

Zur Beschreibung des Internet gehört eine Charakterisierung der Internet-Population und ihrer Nutzungsmuster. Schließlich sind kommunikative Besonderheiten im Netz nicht nur auf technische Systemmerkmale, sondern auch auf die von den jeweiligen Nutzerinnen und Nutzern entwickelten unterschiedlichen Gebrauchsweisen zurückzuführen. In Kap. 4.1 geht es um die Größe, in Kap. 4.2 um die Soziodemografie der globalen Internet-Population. Kap. 4.3 konzentriert sich auf die bundesdeutsche Teilpopulation der „Internet-Gemeinde". Nachdem wir erfahren haben, wer die Nutzer und Nutzerinnen sind, betrachten wir ihre Nutzungsgewohnheiten. Netznutzung ist ein in quantitativer und qualitativer Hinsicht äußerst vielschichtiges Konzept. Wie viel Zeit nimmt Internet-Nutzung in Anspruch (Kap. 4.4)? Welche Internet-Dienste werden bevorzugt eingesetzt (Kap. 4.5)? Welche Inhalte stoßen auf besonderes Interesse (Kap. 4.6)? Welchen Stellenwert nehmen speziell die vieldiskutierten sexualbezogenen Netzangebote ein (Kap. 4.7)? Die Beantwortung und Diskussion dieser Fragen mündet schließlich in eine kurze Zusammenfassung (Kap. 4.8).

4.1 Größe der globalen Internet-Population

30, 50 oder 120 Millionen Personen – in dieser Größenordnung belaufen sich Mitte/Ende der 90er Jahre oft gehörte Angaben zum Umfang der Internet-Population (z.B. Musch, 1998, S. 23; Krüger & Funke, 1998, S. 12). Dabei handelt es sich natürlich nicht um Zählungen, sondern um Schätzungen. Denn bekanntlich gibt es im dezentralen, offenen Internet (im Unterschied zu Online-Diensten, vgl. Kap. 1.3) keinerlei Registrierung der einzelnen Nutzerinnen und Nutzer. Woher will man also wissen, wie viele Menschen weltweit „am Internet" sind?

Eine erste Annäherung an die Populationsgröße liefert die Betrachtung der zum Internet gehörenden Rechner (*Hosts*). Damit Rechner im Internet verwaltet werden können, benötigen sie eine IP-Adressse (IP: Internet Protocol; siehe Kap. 1.1). Die Vergabe von IP-Adressen wird über die NICs (*Network Information Centers*) abgewickelt, wobei die Verwaltung der Adressbezeichnungen nach dem *Domain Name System* (DNS) erfolgt. Um nun zu einem bestimmten Zeitpunkt die Anzahl von

Rechnern mit IP-Adresse im Internet zu bestimmen (*Host Counting*), wird die Datenbank des DNS automatisch ausgewertet (zur Beschreibung dieser Methode siehe RFC 1296, 1993). Die DNS-Auswertung ergab im Januar 1996 knapp 9,5 Millionen Hosts und im Januar 1998 knapp 30 Millionen Hosts (Network Wizards, 1998; vgl. Kap. 1.1).

Auch wenn man nicht genau weiß, wie viele Personen jeweils einen Rechner nutzen, so kann plausibel von mindestens einer Person pro Host ausgegangen werden. Damit würde man den Umfang der Internet-Population Anfang 1996 auf mindestens 9,5 Millionen und Anfang 1998 auf mindestens 30 Millionen Personen weltweit beziffern. Statt mit einer solchen Mindestanzahl zu arbeiten, versucht man in der Regel, die Anzahl der Personen mit Internetzugang abzuschätzen, indem man die Hostzahlen mit einem Faktor zwischen 3,5 und 5 multipliziert (vgl. Batinic, Bosnjak & Bereiter, 1997, S. 201), wobei es sich leider nur um eine Daumenregel ohne empirische Basis handelt. Nutzt man die Daumenregel, so erhält man für Januar 1996 Nutzerzahlen in der Größenordnung von 30-50 Millionen und für Januar 1998 Nutzerzahlen im Bereich von 100-150 Millionen, was in etwa mit den öffentlich zirkulierenden Zahlen übereinstimmt.

Eine genauere, wenn auch aufwendigere Methode zur Abschätzung der Gesamtgröße der Internet-Population benutzt die Firma *Matrix Information and Directory Services* (MIDS, http://www.mids.org/). MIDS führt regelmäßig Internet-Studien durch und publiziert diverse internet-bezogene Schriftenreihen. Um die Größe und soziodemografische Zusammensetzung der Internet-Population zu ermitteln, hat MIDS mittlerweile vier große *Internet Demographic Surveys* durchgeführt: die erste im Dezember 1993, die zweite im Oktober 1994, die dritte im Oktober 1995 und die vierte im Oktober 1998 (Ergebnisse liegen noch nicht vor). Das methodische Vorgehen besteht darin, eine Zufallsauswahl von Computernetzen im Internet (also Intranets) zu ziehen und an die jeweiligen Netzwerkverwaltungen dieser Intranets einen Fragebogen zu schicken (z.B. Firmennetze, Schulnetze, Universitätsnetze etc.). Die Netzwerkverwaltungen werden dabei gebeten, Angaben über die Personen zu machen, die das lokale Netzwerk nutzen (vgl. Quaterman, 1994). Diese Form der Stichprobenziehung entspricht der Methode des Cluster Sampling (Bortz & Döring, 1995, S. 409ff.).

Nach den Ergebnissen der dritten MIDS-Umfrage (MIDS, 1996) stellte sich die Größe der Internet-Population 1995/1996 – gestaffelt nach Kern-Internet, Konsumenten-Internet und Matrix (siehe Kap. 1.1) – folgendermaßen dar:

- Die Populationsgröße der Matrix wurde für Oktober 1995 auf 39 Millionen Personen weltweit beziffert. Zur Population der Matrix gehören all jene Personen, die über Computernetze mindestens Email und Usenet-Newsgroups nutzen können.
- Gleichzeitig ermittelte MIDS 26,4 Millionen Personen im Comsumer Internet. Zur Population des Consumer Internet gehören all jene Personen, die über

TCP/IP-basierte Dienste wie z.B. FTP oder WWW Informationen zwar abrufen, nicht jedoch selbst anbieten können.

- Im Oktober 1995 wurden 16,9 Millionen Personen dem *Core Interne*t zugeordnet. Die Population des Core Internet besteht aus all jenen Internet-Nutzerinnen und -Nutzern, die über TCP/IP-basierte Dienste Informationen abrufen und auch selbst bereitstellen können (z.B. Betreiben eigener Mail-, News-, WWW- und FTP- oder IRC-Server).

Insgesamt ist festzustellen, dass niemand genau weiß, wie viele Personen zu einem bestimmten Zeitpunkt weltweit das Netz nutzten oder nutzen. Allerdings kann man für Anfang 1996 von rund 30 Millionen Personen und 10 Millionen Rechnern im Konsumenten-Internet ausgehen. Diese Größenverhältnisse haben sich in den folgenden zwei Jahren mehr als verdreifacht: Schätzungsweise rund 100 Mio. Personen und 30 Mio. Rechner konstituierten im Januar 1998 das Konsumenten-Internet.

Von „der“ Internet-Population zu sprechen, ist aus mindestens drei Gründen problematisch: Erstens ist die *Definition* des Internet unscharf (vgl. Kap. 1.1). Zweitens befindet sich das Internet – genau wie andere Computernetze – in den 90er Jahren in einer dramatischen *Expansionsphase*. Dementsprechend veralten Angaben über die Internet-Population im Grunde noch während der Durchführung und Auswertung einer Untersuchung. Da man für eine vergleichende Gegenüberstellung mehrerer Studien abwarten muss, bis diese publiziert sind, entsteht eine zusätzliche Zeitverzögerung. Drittens ist nicht zu vergessen, dass Zahlenangaben über die Größe des Internet ein beutsamer *Wirtschaftsfaktor* sind: Je größer das Internet erscheint, umso größer werden auch das öffentliche Internet-Interesse und die Nachfrage nach internet-bezogenen Dienstleistungen sein. Dementsprechend gehen manche Markforschungsinstitute sogar so weit, Rechner, die eines Tages an das Internet angeschlosssen werden *könnten*, und Personen, die prinzipiell Internet-Zugang bekommen *könnten*, bereits heute zum Internet zu zählen (MIDS, 1996). Killen (1996) sagt für das Jahr 2000 weltweit 250 Millionen Internet-Nutzer und 96 Millionen Internet-Hosts voraus. Solche Prognosen mögen dazu beitragen, dass das vorhergesagte Internet-Wachstum tatsächlich eintritt.

Das Wachstum der Internet-Population hat starke Auswirkungen auf das soziale Klima im Netz. Nicht nur ist Netzüberlastung ein immer größeres Problem, auch ein Verlust des Insider-Gefühls ist festzustellen: Die Zeiten sind vorbei, in denen es etwas Besonderes war, Internet-Nutzerin zu sein. Rund die Hälfte aller Internet-Nutzerinnen und -Nutzer in Deutschland sind Neulinge (Newbies) und weniger als ein Jahr im Netz (Barth, Breiter, Frick, Klingler, Maier & Zoche, 1996, S. 19; Batinic, Bosnjak & Bereiter, 1997, S. 210). Wer schon seit langem im Netz aktiv ist, kann sich leicht an den vielen Neulingen stören, die technische Fehler machen und die etablierten Regeln der Netzkultur (siehe Kap. 6.10) missachten bzw. auf Dauer auch gemäß ihren Vorlieben modifizieren. Die Vergrößerung der Netzpopulation führt gleichzeitig auch zu einer Veränderung ihres soziodemografischen Profils.

4.2 Soziodemographie der globalen Internet-Population

Aufgrund der historischen Entwicklung des Internet (siehe Kap. 1.1) ist es kaum verwunderlich, dass der typische Internet-Nutzer weiß, jung, männlich, akademisch ausgebildet, im technischen oder naturwissenschaftlichen Bereich tätig ist, über ein mittleres bis höheres Einkommen verfügt und in Nordamerika, Europa, Japan oder Australien lebt.

Tab. 4.1: Sozialstatistik der globalen Internet-Population
(Quelle: Daten aus http://www.gvu.gatech.edu/user_surveys/)

	2. GVU-Umfrage Okt. 1994	4. GVU-Umfrage Okt. 1995	6. GVU-Umfrage Okt. 1996	9. GVU-Umfrage April 1998
Geschlecht				
weiblich	10%	29%	31%	39%
männlich	90%	71%	69%	61%
Alter				
Mittelwert	31 Jahre	33 Jahre	35 Jahre	35 Jahre
Bildung				
Abitur. (mind College)	73%	73%	56%	50%
kein Abitur	27%	27%	44%	50%
Nationalität				
USA	72%	76%	83%	84%
anderes	28%	24%	17%	16%
Stichprobe				
Personenzahl	>4.000	>23.000	>15.000	>10.000

Die vom GVU (*Graphics, Visualization and Useability Center*) seit 1994 halbjährlich durchgeführten WWW-Umfragen zeigen, dass die Internet-Population in den letzten Jahren nicht nur beträchtlich angewachsen ist (siehe Kap. 4.1), sondern sich hinsichtlich ihrer sozialstatistischen Zusammensetzung auch der Durchschnittsbevölkerung annähert (http://www.gvu.gatech.edu/user_surveys/): Der Frauenanteil wächst, der Altersdurchschnitt steigt, die Zahl der Personen aus nicht-akademischen und nicht-technischen Bereichen vergrößert sich (Tab. 4.1). Die angloamerikanische Dominanz im nominell „globalen" Internet ist jedoch nach wie vor ungebrochen: Im Oktober 1996 gaben immerhin 93% der Teilnehmerinnen und Teilnehmer der GVU-Umfrage an, dass Englisch ihre Muttersprache ist.

Bei der Interpretation der GVU-Befunde ist zu beachten, dass a) nicht alle Internet-Nutzerinnen und -Nutzer mit dem WWW arbeiten und b) die Untersuchungsteilnahme Ergebnis eines mehrstufigen Selbstselektionsprozesses ist (zu Online-Umfragen siehe Kap. 5.3.2).

In einer Drei-Länder-Umfrage (siehe Batinic, 1996a, S. 8; Batinic, Bosnjak & Bereiter, 1997, S. 204), an der sich n=1.029 Netzaktive aus Deutschland, Japan und den USA beteiligten (der Fragebogen wurde im Mai/Juni 1996 auf verschiedenen nationalen WWW-Servern publiziert) zeigte sich, dass Netzaktive in den USA soziodemografisch am wenigsten von der Gesamtbevölkerung abwichen (siehe Tab. 4.2). Da auch hier mit Selbstselektions-Stichproben gearbeitet wurde, sind alle Angaben explorativ zu werten.

Tab. 4.2: Sozialstatistik von drei nationalen Internet-Populationen
(Quelle: Daten aus Batinic, 1996, S. 8)

	Deutschland	*Japan*	*USA*
Geschlecht			
weiblich	15%	17%	36%
männlich	85%	83%	64%
Alter			
unter 41 Jahre	93%	89%	48%
über 41 Jahre	7%	11%	52%
Familienstand			
Single	53%	66%	37%
Partnerschaft	47%	34%	63%
Wohnort			
ländlich	15%	11%	15%
mittelstädtisch	44%	37%	42%
großstädtisch	41%	52%	42%

Ähnlich wie Schätzungen und Prognosen zum Umfang der Internet-Population das Internet-Wachstum beeinflussen können, mag auch das *Bild des typischen Internetlers* (Batinic, Bosnjak & Bereiter, 1997) gruppenspezifische Internet-Adoption mitbeeinflussen. Indem das Internet und seine Kultur immer wieder (sei es deskriptiv oder auch mit kritischem Unterton) als eine Domäne junger, weißer Männer charakterisiert wird, läuft man Gefahr, diese Verhältnisse zu stabilisieren. Im Folgenden sollen deswegen ausgewählte soziodemografische Merkmale (Geschlecht, Alter, Ethnizität) im Zusammenhang mit Netzbeteiligung diskutiert werden.

Geschlecht

Eine soziale Hürde stellt für Frauen nicht nur ihre antizipierte *Minderheitenrolle* im Netz dar, sondern auch die Vorstellung, dass Internet-Nutzung besondere technische Kompetenz oder gar Technikbegeisterung erfordere, die gemäß traditionellen *Geschlechterstereotypen* Frauen in geringerem Maße als Männern zugeschrieben oder zugetraut wird (zu geschlechtsbezogenen Bedeutungen von Technik und Techniknutzung siehe Wajcman, 1994). Die in den Massenmedien oft sehr einseitige und skandalisierende Darstellung von Internet-Aktivitäten (z.B. Pornografie, Prostitution, Computerkriminalität) und daraus resultierenden Nutzungskonsequenzen (z.B. Verarmung sozialer Beziehungen, sexuelle Belästigung, Internet-Sucht) dürften bei der Mehrzahl netzabstinenter Frauen nicht gerade den Eindruck erwecken, dass ihnen Wesentliches entgeht, wenn sie dem Internet fernbleiben.

Dass der Androzentrismus des Internet-Diskurses (Netzaktivitäten von Männern stehen in der Berichterstattung im Mittelpunkt, Frauen kommen oft nur am Rande, als Sondergruppe, Nachhilfebedürftige oder als Opfer vor; vgl. Dietrich, 1997) den Androzentrismus innerhalb des Netzes bei weitem übertrifft, wird leider selten reflektiert. Der Androzentrismus der akademischen wie journalistischen Internet-Behandlung ist unter anderem darauf zurückzuführen, dass den Aktivitäten von Frauen generell geringeres Interesse geschenkt wird als denen von Männern und dass geschlechtsspezifische Unterschiede (die sich häufiger als Benachteiligung von Frauen als von Männern darstellen) erst gar nicht thematisiert werden. Borsook (1996) fand bei einer Inhaltsanalyse der n=25 vor Juni 1995 erschienenen Ausgaben des Magazins *Wired*, dass lediglich in 15% der Artikel Frauen Thema waren, dass nur ein Titelbild von 25 eine Frau zeigte und der Anteil der Autorinnen im Impressum 8% betrug. Diese Zahlenverhältnisse zeigen, dass *Wired* sich nicht bemüht, die Netzaktivitäten von Frauen und die Einschätzungen von Internet-Expertinnen in angemessenem Umfang zu repräsentieren.

Dies als Mangel zu beklagen bedeutet nicht, dass wir unterstellen, Netzaktivitäten von Frauen seien (aufgrund des Frauseins) grundsätzlich anders als die von Männern, oder Internet-Expertinnen würden (aufgrund ihres Frauseins) grundsätzlich andere Themen fokussieren oder andere Beurteilungen abgeben als Internet-Experten (aufgrund ihres Mannseins). Unter welchen Bedingungen und in welcher Weise Geschlecht (in Kombination mit anderen soziodemografischen Merkmalen wie Alter, Schicht oder Ethnizität) im Internet-Kontext eine große oder kleine Rolle spielt oder auch irrelevant bleibt, ist nach wie vor empirisch weitgehend unklar. Die mangelnde Integration von Frauen in den Internet-Diskurs trägt jedoch nicht dazu bei, internetspezifische Bedeutungen von Geschlecht zu klären. Zudem wird es Internet-interesssierten Frauen schwergemacht, Vorbilder und Identifikationsfiguren zu finden und bestärkt sie damit in ihrer marginalisierten Rolle.

Da Frauen tendenziell lieber auf private oder teilöffentliche Kommunikationsformen zurückgreifen (Email, geschlossene Mailinglisten, Chat Channels) und in öffentlichen Foren (wie z.B. offenen Mailinglisten, Newsgroups) seltener die Stimme erheben, sind ihre Netzaktivitäten insgesamt weniger sichtbar (Clerc, 1996, S. 81; Tangens, 1996, S. 366). Eine Unterschätzung der realen Beteiligung von Frauen an der Netzkommunikation wird zudem dadurch begünstigt, dass Frauen in öffentlichen Foren nicht selten geschlechtsneutrale oder gegengeschlechtliche Nicks verwenden (Geschlechtsmaskierung, vgl. Kap. 7.4.1), etwa um geschlechtsrollenstereotyper

Behandlung oder unwillkommenen Kontaktaufnahmen vorzubeugen. Geschlechtsspezifische Sprach- und Gesprächsstile (vgl. Tannen, 1993) sind bei der computervermittelten Kommunikation vermutlich in ähnlicher Weise wie in der Face-to-Face-Kommunikation anzutreffen: Savicki, Lingenfelter und Kelley (1996a) zogen eine Zufallsauswahl von n=27 Netzforen aus Internet und Online-Diensten und untersuchten pro Gruppe jeweils 100 aufeinander folgende Postings. Dabei zeigte sich, dass die Gruppenkommunikation umso faktenbezogener und appellativer ausfiel, je größer der Männeranteil war; umgekehrt stellte sich das Kommunikationsklima umso persönlicher und harmonischer dar, je höher der Frauenanteil war (vgl. auch Savicki, Lingenfelter & Kelley, 1996b). Andererseits fanden Witmer und Katzman (1998) bei einer Analyse von 3.000 Postings aus diversen Netzforen, dass Postings von (nominellen oder tatsächlichen) Posterinnen überzufällig häufiger Flames enthielten als die von Postern.

Dass Männer sich tendenziell häufiger einer (fakten-, konkurrenz- und statusorientierten) *Berichtssprache* bedienen, während Frauen eher auf eine (kontakt-, kooperations- und harmonieorientierte) *Beziehungssprache* zurückgreifen (Tannen, 1993), ist *eine* – mit empirischen Evidenzen teilweise gestützte – Variante, die Vielfalt kommunikativer Bedürfnisse und kommunikativer Stile zu strukturieren. Allerdings birgt dieses Modell drei Gefahren: 1. die Gefahr der Ontologisierung zweier universell „weiblicher" und „männlicher" Kommunikationsstile, 2. die Gefahr der Überschätzung der Stärke des Geschlechtseffekts durch Vernachlässigung anderer soziodemografischer Variablen im Zusammenhang mit Kommunikationsstilen sowie 3. die Gefahr der eindimensionalen Positivbewertung „weiblicher Kommunikation" bzw. Negativbewertung „männlicher Kommunikation" unter Vernachlässigung der unterschiedlichen Funktionen differenzierter Kommunikationsstile (vgl. Rodino 1997). Diese Relativierungen im Auge behaltend, ist dennoch zu konstatieren, dass ein fakten-, und besonders ein konkurrenz- und statusorientierter Kommunikationsstil in einigen Netzszenarien (sowohl nicht-intendiert als auch intendiert) zur Dominanzgeste gegenüber Frauen wird und dazu führt, dass diese sich unwillkommen und ausgeschlossen fühlen (vgl. Herring, 1993, 1994, 1996; Kramarae & Taylor, 1993; Spertus, 1996; Truong, 1993; We, 1993).

Glücklicherweise bietet das Netz jedoch so vielfältige (geschlechtshomogene und gemischtgeschlechtliche) Kommunikationsszenarien, dass Mädchen und Frauen mit Gewinn ihre unterschiedlichen Interessen und Ziele verfolgen können, wenn sie erst einmal Zugang gefunden haben (siehe Bruckman, 1996; Cherny & Weise, 1996; Kaplan & Farrell, 1994; Kielholz, 1998). Insbesondere der Gedanke, dass es beim Internet-Gebrauch für viele Beteiligte in erster Linie um zwischenmenschlichen Austausch geht, der im wesentlichen als Schreib-Lese-Kommunikation abläuft, sollte deutlich machen, dass die – mit einer oft abschreckend empfundenen „Cyberspace"-Rhetorik adressierte – reale Internet-Kommunikation recht gut an traditionell von Frauen kultivierte Tätigkeitsfelder (z.B. Beziehungspflege, Lesekultur, Briefkultur) anschließt (zu Geschlechtsunterschieden in der Brief-Kommunikation siehe

Anhang 1). Ist die Motivation zu privater Computernutzung bei Männern häufig an die Attraktivität von Computerspielen geknüpft (vgl. Collmer, 1997), so könnten gerade die vielfältigen Kommunikationsmöglichkeiten der Netze im Grunde Frauen dazu anregen, sich privat Computer und Netzzugang zu beschaffen. So nutzten etwa nach kurzer Zeit ebenso viele Frauen wie Männer den *Minitel*-Dienst (Online-Dienst in Frankreich), dessen Endgeräte kostenlos allen Haushalten zur Verfügung gestellt wurden (Fournier, 1994, S. 143). Frauenspezifische Internet-Einführungen haben das Ziel, insbesondere die für Frauen relevanten Gratifikationspotentiale zu erschließen, ohne jedoch einen „weiblichen" oder „männlichen" Internet- und Computer-Zugang ontologisierend festzuschreiben (vgl. Hoffmann, 1989; Lehmann, 1996; Schiersmann, 1990). Denn schließlich ist auch im Technikgebrauch die Variabilität innerhalb der Geschlechter größer als die zwischen den Geschlechtern (Epstein, 1988). Auch sollte der besorgte feministische Blick auf den technikbezogenen „Nachholbedarf" von Frauen und Mädchen nicht dazu führen, dass anderweitiger „Nachholbedarf" bei Jungen und Männern übersehen wird. Und letztlich ist auch noch zu bedenken, dass die Tendenz, geschlechtsrollenkonträres Verhalten (kompensatorisch) besonders zu fördern nur so lange einen emanzipatorischen Impetus hat, so lange auch geschlechtsrollenkonformes Verhalten Anerkennung und Förderung erfährt und sich somit Personenwahrnehmungen und -bewertungen vom (Zweigeschlechtlichkeit affirmierenden) ständigen Rekurs auf „die" Geschlechterfrage entkoppeln.

Tatsächlich wird ein wesentliches soziales Gratifikationspotential des Netzes darin gesehen, dass Frauen und Männer in besonderer Weise mit Aspekten ihrer Geschlechtsidentität experimentieren können, somit traditionelles Geschlechtsrollenverhalten als soziale Konstruktion besser durchschauen (dekonstruieren) und sich infolgedessen innerhalb (und womöglich auch außerhalb des Netzes) neue Handlungsmöglichkeiten erschließen können, die traditionell fixierte Vorstellungen von Mannsein und Frausein durchkreuzen (siehe Kap. 7.4 zum Umgang mit virtuelllen Identitäten).

Alter

Ebenso wie es zu problematisieren ist, dass das Internet so häufig als Männer-Medium dargestellt wird, ist es auch kontraproduktiv, das Internet einseitig als *Jugend-Medium* zu charakterisieren. Denn wenn im Kontext soziodemografischer Aussagen über die Netzpopulation stets die Unterrepräsentation älterer Menschen konstatiert und ggf. auch beklagt wird, werden dabei nicht nur die zahlreichen zukunftsweisenden Senioren-Projekte im Netz unterschlagen (z.B. das *Seniornet* http://www.seniornet.org/ in den USA oder das *Seniorweb* http://www.seniorweb.uni-bonn.de/ und das *Seniorennet* http://www.seniorennet.de/ in Deutschland oder die Newsgroup <de.soc.senioren>), sondern wird potentiell Interessierten aus den älteren Jahrgängen auch die Chance genommen, über Identifikationspersonen persönlichen Bezug zu der noch unvertrauten Technik zu gewinnen. Wenn in technischen Angelegenheiten Frauen gegenüber Männern und Ältere gegenüber Jüngeren allzu schnell eine Nicht-Experten-Rolle einnehmen, dann hat das oft weniger mit der tatsächlichen oder potentiellen Kompetenz zu tun als vielmehr mit tradierten sozialen Bedeutungszuschreibungen im Technikgebrauch („dafür bin ich schon zu alt"). Internetspezifische Gratifikationen liegen für ältere Menschen nicht nur in altersspezifischen Senioren-Angeboten, sondern auch in der Chance, an altersgemischten Gruppen teilzunehmen, diese durch das eigene Wissen zu bereichern und in geselligen Netzforen unbefangen mit Jüngeren gemeinsam die Zeit zu verbringen, zu plaudern und zu flirten. Schließlich bietet die Netzkommunikation gerade für Personen mit (z.B. krankheitsbedingt) eingeschränkter Mobilität die Chance, dennoch am sozialen und gesellschaftlichen Austausch teilzunehmen und ihre persönlichen Netzwerke auszubauen.

Ethnizität

Sowohl Angaben zur globalen Telekommunikationsinfrastruktur (siehe Kap. 1.3) als auch zur Sozialstatistik der Internet-Population zeigen, dass ethnische Vielfalt im Netz stark eingeschränkt ist. Neben dem Problem des technischen Netzzugangs (z.B. für Menschen in Lateinamerika oder Afrika) und der zugeschriebenen Nicht-Experten-Rolle (z.B. wenn die Naturverbundenheit von Native Americans ungerechtfertigt mit genuiner Technikabstinenz gleichgesetzt wird, siehe Martin, 1995, S. 117) stellt sich netzimmanent auch die Frage, inwieweit ethnische Pluralität nicht durch einen – der Idee globaler Kommunikation inhärenten – Vereinheitlichungszwang unterbunden wird: Wie können sich ethnische Identitäten (die sich u.a. in kulturspezifischen Sprachen, Werte- und Wissenssystemen ausdrücken) im Netz behaupten, wenn man sich dort überkulturellen Regularien unterwerfen und Englisch sprechen muss, um zu partizipieren? Verlieren Personen, deren berufliche und private Aktivitäten teilweise netzvermittelt ablaufen, zunehmend ihre ethnische Bindung und werden in eine universale „Weltkultur" sozialisiert, deren Werte vornehmlich die der weißen Nordamerikaner sind? Inwiefern kann das Zusammentreffen von Personen unterschiedlicher kultureller Herkunft in Netzforen (wenn es denn stattfindet) der interkulturellen Verständigung und einer positiven Würdigung kultureller Differenzen dienen oder auch zu aggressiven und rassistischen Auseinandersetzungen führen? Wie können sich marginalisierte ethnische Gruppen das Netz (bzw. einzelne Netz-Dienste) zu Zwecken der Selbstdarstellung, Identitätsfindung und wechselseitigen sozialen Unterstützung aneignen? Die Rhetorik von der „globalen" Netzkommunikation und Netzkultur erweist sich oftmals insofern als ethnozentristisch als eben Fragen der Ethnizität nicht behandelt werden.

Während Geschlechter-Verhältnisse im Netz mit wachsender Beteiligung von Frauen und Mädchen zunehmend problematisiert werden, ist in Bezug auf Ethnizität und Sozialstatus bislang eine *De-Thematisierung* vorherrschend. So konstatiert Reid (1994a) für die Welt der MUDs:

> Of the cultural factors that are most important in encounters in western society – typified by the big three of gender, race and class – all may be hard coded into MUD programs. Race and class are generally the least problematised of these three and their representations offer a link between the cosmetic and the radical ends of cultural surgery. [...] Choices of race are more likely to be between Dwarvish, Elvish and Klingon than between Asian, Black and Caucasian; choices of class are more likely to be between Warrior, Magician and Thief than between white or blue collar. This essential *race and class blindness* is very likely to be the effect of the pre-selection criteria which the actual world places on those who would have access to the internet.

So berechtigt diese kritischen Hinweise sind, so wichtig ist es aber auch, erfolgreiche Partizipationsansätze zu würdigen. So basiert der Homogenisierungs-Vorwurf auf der fragwürdigen Prämisse eines einheitlichen „globalen Dorfes", in dem die Regeln der Dominanzkultur ubiquitär durchgesetzt werden. Es zeigt sich jedoch, dass überlokale Kommunikation in ausdifferenzierten, mehr oder minder durchlässigen Netzen und Foren teilweise lokale und ethnische Zugehörigkeiten stärkt, anstatt sie aufzulösen. So sammeln NativeWeb (http://www.nativeweb.org/) und Firstnations.com (http://firstnations.com/) Informationen über indigene Kulturen, während NetNoir (http://www.netnoir.com/) Netzforen von und für African Americans bietet. Auch auf kultureller Ebene scheint ein eindimensionaler Trend zur Homogenisierung nicht feststellbar: Bruns (1998) zeigt am Beispiel von Progressive Rock, wie Fans und Musiker verschiedene Internet-Dienste nutzen, um die dominanten Strategien der Musikindustrie und -presse (die Pop und andere leicht vermarktungsfähige Musik bevorzugen) zu unterminieren und ihre Non-Mainstream-Musik-Kultur zu stärken. Es wird sich zeigen, ob und wie Hybridmedien mit ihren Partizipationsmöglichkeiten substantiell dazu beitragen können, dass die durch Globalisierung verbreiteten kulturelllen Muster der Dominanzkultur eben nicht automatisch Hegemonie erringen, sondern verstärkt als Ressourcen verstanden und bewusst „lokaler" Umarbeitung unterworfen werden.

4.3 Bundesdeutsche Internet-Teilpopulation

Die Größe der globalen Internet-Population (schätzungsweise weit mehr als 100 Millionen Menschen, vgl. Kap. 4.1) verleitet oft dazu, vom Internet als *Massenmedium* im Sinne eines ubiquitär genutzten Mediums zu sprechen. Dabei werden nationale und internationale Differenzen in der Diffusion des Mediums vernachlässsigt (zu Diffusionsprozessen siehe Fournier, 1994, S. 16ff.). 1995 hatten in Deutschland nur drei Prozent der Bevölkerung Internet-Zugang – wesentlich weniger als in den USA oder in Frankreich (siehe Tab. 4.3). Für 1997 ist mit einer Beteiligung von ca. 6% der deutschen Bevölkerung über 14 Jahre auszugehen (Eimeren, Oehmichen

& Schröter, 1997). Dem kulturellen Aufmerksamkeitswert des Internet steht in Deutschland bislang also nur eine relativ kleine Nutzergruppe gegenüber. Die große öffentliche Beachtung ist aber wohl durch das Potential des Internet (und anderer Computernetze) gerechtfertigt, sich in den nächsten Jahren vom ehemals rein akademischen Nischenmedium stärker in Richtung Publikumsmedium zu entwickeln.

Tab. 4.3: Online-Anschlüsse im internationalen Vergleich
(Quelle: Bundesministerium für Wirtschaft, 1996)

	PCs je 100 Haushalte 1994	*Online-Anschlüsse je 100 Haushalte 1995*
Frankreich	13	30
USA	37	16
Großbritannien	22	5
Deutschland	15	3
Italien	12	1
Japan	10	1

Tab. 4.4: Sozialstatistische Zusammensetzung der deutschen Internet-Population

	Newsgroups Aug. 1994 (Döring, 1996)	*WWW Nov. 1995 (Fittkau & Maaß, 1995)*	*WWW Dez. 1995 (Barth et al., 1996)*
Geschlecht			
weiblich	4%	6%	7%
männlich	96%	94%	93%
Alter			
Mittelwert	27 Jahre	29 Jahre	28 Jahre
Bildung			
Abitur	89%	94% (o. angestrebt)	82%
kein Abitur	11%	6%	18%
Tätigkeit			
Ausbildung	49%	48%	45%
Berufstätigkeit	44%	41%	50% (o. teilweise)
Anderes	7%	11%	5%
Stichprobe			
Personenzahl	332	400	2.000

Hierbei ist von unterschiedlichen gruppenspezifischen Adoptionspotentialen und Gebrauchsweisen und nicht von einer einheitlichen Medienaneignung auszugehen (vgl. Höflich, 1992). Die Diffusion des Internet ist einerseits an eine Verringerung technikbezogener Restriktionen gebunden (z.B. Geräteausstattung, Kosten; vgl. Kap. 1.2), andererseits aber auch von den Kultivierungsleistungen der unterschiedlichen Lebensstilgruppen abhängig, die dem Medium bzw. differenzierten Mustern des Mediengebrauchs Bedeutung und auch Zeichencharakter verleihen (z.B. ist es in bestimmten Milieus „in", das Internet zu nutzen). Bislang ist das Internet jedoch auch in Deutschland eher ein *Elitemedium*. Die sozialstatistische Zusammensetzung der deutschen Internet-Population bestätigt das Bild des typischen Netznutzers (männlich, jung, gut ausgebildet) noch pointierter als die internationalen Netzpopulation (siehe Tab. 4.4).

Die Befunde dieser drei öffentlichen Online-Umfragen (zur Umfrage-Technik siehe Kap. 5.3.2) sind wiederum nur explorativ zu werten, da keinerlei Kontrolle über die Stichprobenziehung ausgeübt wurde und die Grundgesamtheit unbekannt ist. Vielmehr rekrutierten sich die Probanden durch mehrstufige Selbstselektionsprozesse, was nicht ausschließt, dass die befragten Kollektive aller drei Studien sich teilweise aus denselben Personen zusammensetzen.

Tab. 4.5: Soziodemografie der deutschen Online-Nutzer über 14 Jahre (Quelle: Daten aus Eimeren, Oehmichen & Schröter, 1997, S. 549)

	ARD-Online-Studie April 1997
Geschlecht	
weiblich	27%
männlich	73%
Alter	
20-39 Jahre	66%
Bildung	
Abitur	62%
kein Abitur	39%
Tätigkeit	
Ausbildung	24%
Berufstätigkeit	74%
Anderes	3%
Stichprobe	
Personenzahl	1003

Die im April 1997 durchgeführte ARD-Online-Studie (Eimeren, Oehmichen & Schröter, 1997) ist eine der ersten Repräsentativerhebungen deutscher Online-Nutzerinnen und -Nutzer. Aus einem großen Repräsentativ-Sample wurden hierzu durch Filterfragen diejenigen n=1003 Personen über 14 Jahre ausgewählt und telefonisch befragt, die Internet oder Online-Dienste nutzten. Auf dieser Basis wurde der

Anteil der Online-Nutzerinnen und -Nutzer in der deutschen Bevölkerung über 14 Jahre auf 6,5% (4,11 Millionen) hochgerechnet (siehe Tab. 4.5).

Die außerhalb des Netzes durchgeführte Repräsentativ-Befragung zeigt, dass die deutsche Internet-Teilpopulation der Gesamtbevölkerung viel ähnlicher ist, als es die netzimmanenten Befragungen per Newsgroup oder WWW nahelegen (z.B. ist der Frauenanteil mit knapp 30% sehr viel höher und der Anteil von Studierenden deutlich reduziert). Vermutlich liefern Online-Befragungen eher ein Portrait der Intensiv-Nutzer, während Offline-Befragungen auch diejenigen erreichen, die das Internet seltener und fokussierter gebrauchen und bei denen somit auch eine viel geringere Wahrscheinlichkeit besteht, dass sie netzinterne Fragebögen finden, ausfüllen und abschicken als das bei den „Internet-Freaks" der Fall ist.

Summarische Angaben über nationale Teilpopulationen „des Internet" sind durch dienstspezifische Charakterisierungen von Teilnehmerkreisen zu ergänzen. So ist etwa der typische Chatter oder Mudder in Deutschland ein Schüler oder Student und damit im Mittel deutlich jünger als der typische Internet-Nutzer (vgl. Utz, 1996, Kap. 4.1.1.1). Dass Chatten und Mudden eher für eine *jüngere Nutzergruppe* attraktiv ist, zeigte auch eine im März 1997 durchgeführte telefonische Repräsentativbefragung von n=800 12- bis 17jährigen in Baden-Württemberg und Rheinland-Pfalz. Von den befragten Jugendlichen nutzten 14% das Internet, wobei allerdings nur 4% mehrmals pro Woche ans Netz gingen (Feierabend & Klingler, 1997, S. 609f.). Die jugendlichen Nutzerinnen und Nutzer luden sich Programme oder Sounddateien herunter, widmeten sich aber v.a. auch unterschiedlichen Formen der computervermittelten interpersonalen Kommunikation wie etwa dem Mailen (66%), dem Chatten (56%) und dem Mudden (54%). Inwieweit gerade das Chatten und Mudden alters- und entwicklungsspezifische Gratifikationen liefert (z.B. im Zusammenhang mit Selbstexploration und Identitätsfindung) wäre genauer zu untersuchen. Dass es sich bei Computer- und Internet-Nutzern typischerweise nicht um kognitiv und sozial besonders verarmte Menschen handelt, sondern (bislang) in Deutschland eher um eine privilegierte Bevölkerungsgruppe, gilt auch für Kinder und Jugendliche: Sogenannte *Computerkids* werden von ihren Eltern oftmals besonders gefördert und sind überdurchschnittlich gut sozial integriert (vgl. Weiler, 1995).

4.4 Zeitbudget für Internet-Nutzung

Die kulturelle Bedeutung eines Mediums ist nicht nur von der *Adoptionsrate* (Prozentsatz der Bevölkerung, der Internetzugang hat), sondern auch von der *Nutzungsintensität* abhängig. Gehen Personen, denen ein Netzzugang zur Verfügung steht, überhaupt regelmäßig ins Netz? Und wie viel Zeit investieren sie dabei? Die von Weinreich (1997, S. 69) befragten bei n=186 deutschen Mailbox-Nutzerinnen und -Nutzer berichteten eine durchschnittliche Nutzungszeit von 80 Minuten pro Tag. Laut der deutschsprachigen IST-Studie im WWW (n=2.000, Barth, Breiter, Frick, Klingler, Maier & Zoche, 1996) verbringt die Mehrzahl der Nutzerinnen und Nutzer weniger als eine Stunde täglich im Netz; nur 4% kommen auf mehr als drei Stunden pro Tag (siehe Tab. 4.6). Die ARD-Online-Studie (Eimeren, Oehmichen & Schröter, 1997, S. 553) registrierte durchschnittlich 71 Minuten Netznutzung an Wochentagen und 87 Minuten am Wochenende.

Derartige Zahlenangaben sind leider schwer interpretierbar. Denn die Dauer der täglichen Netznutzung ist stark von der Art des Netzzugangs abhängig (vgl. Kap. 1.2): Wer etwa vom Arbeitsplatz aus per Intranet direkt mit dem Internet verbunden ist, kann den WWW-Browser oder das Email-Programm über Stunden hinweg im Hintergrund laufen lassen und alle Netzaktivitäten online abwickeln. Wer dagegen mit einer kostenintensiven Modemverbindung via Telefonnetz oder mit ISDN operiert, wird versuchen, die Online-Zeit auf ein Minimum zu reduzieren, etwa indem Emails und Postings nicht *online*, sondern *offline* gelesen und geschrieben werden. Auf diese Weise lässt sich die Internet-Nutzungszeit gravierend reduzieren, obwohl die betreffende Person sehr intensiv an der Internet-Kommunikation partizipiert. Freilich lassen sich derartige Differenzierungen zwischen Online- und Offline-Nutzung, zwischen Netto- und Brutto-Nutzungszeit sowie zwischen privater und beruflicher Nutzung des Internet bei Umfragen berücksichtigen. Allerdings tritt dabei das Problem auf, dass entsprechende Zusatzfragen die Befragungspersonen belasten und manchmal auch überfordern (vgl. Kap. 5.3 zu schriftlichen Befragung über Internet-Nutzung).

Tab. 4.6: Dauer der täglichen Internet-Nutzung
(Quellen: Daten aus Barth et al. 1996, S. 12; Eimeren et al., 1997, S. 554)

tägliche Internet-Nutzung	*IST-Studie*	*ARD-Studie Wochentag*	*ARD-Studie Wochenende*
weniger als 1 Stunde	60%	47%	37%
1-3 Stunden	36%	45%	50%
mehr als 3 Stunden	4%	8%	14%

Die *Internet-Zeit* liegt bei deutschen und internationalen Befragungspersonen im Mittel bei gut einer Stunde täglich (Batinic, 1996a; InternetTrak Q2, 1998; Nielsen & CommereNet, 1995), was verglichen mit den gut drei täglichen *Fernsehstunden* (vgl. Eimeren & Maier-Lesch, 1997, S. 593) wenig ist. Trotzdem wird oft vermutet, dass Internet-Nutzer dazu neigen, sich in eine „virtuelle Scheinwelt" zu flüchten und immer mehr Zeit im Netz zu verbringen. Dabei sind selbst tägliche Nutzungszeiten von sechs Stunden oder mehr – die nur bei einem kleinen Bruchteil von Netzaktiven vorkommen (z.B. bei 1% der Befragungspersonen von Barth, Breiter, Frick, Klingler, Maier & Zoche, 1996, S. 12) – nicht unbedingt indikativ für eine problematische Vielnutzung im Sinne von *Internet-Sucht* (siehe Kap. 7.4.2 zu eskapistischem und süchtigem Nutzungsverhalten), sondern können beispielsweise beim wissenschaftlichen Arbeiten auftreten (z.B. weil man das Internet während des gesamten Arbeitstages immer wieder nutzt, um Email-Korrespondenz abzuwickeln, im WWW nach Informationen zu suchen, Newsgroups zu lesen etc.). Bei der Interpretation von Nutzungszeiten sind also nicht nur Differenzen im Netzzugang und damit verbundene differentielle Nutzungsgewohnheiten (z.B. Online- oder Offline-Arbeit) in Rechnung zu stellen, sondern auch die vielfältigen Funktionen zu berücksichtigen, die das Internet erfüllt.

So gehört das Mudden (siehe Kap. 3.4) zu den zeitintensivsten Netzaktivitäten: Mudderinnen und Mudder investieren meist 12 bis 20 Stunden pro Woche und übertreffen damit die durchschnittliche Internet-Zeit um ein zwei- bis vierfaches (vgl. Utz, 1996, Kap. 4.1.1.1). Diese Intensiv-Nutzung ist jedoch durch die Art der Beschäftigung bedingt. Denn ebensowenig wie man ein Brettspiel innerhalb weniger Minuten absolvieren kann, ist es möglich, die durch diverse Formen der kreativen Umweltgestaltung und sozialen Interaktion geprägten Online-Phantasie-Spiele innerhalb kürzester Zeit abzuwickeln. Ob ein bestimmtes Zeitbudget für Internet-Nutzung gut angelegt ist oder nicht, lässt sich nur unter Berücksichtigung der individuellen Bedürfnisse der beteiligten Personen beurteilen und sollte nicht unkritisch zum Gegenstand moralischer Bewertungen gemacht werden. So plädieren z.B. Rheingold (1994, S. 184ff.) und Turkle (1995, S. 249) dafür, die Prämissen zu hinterfragen, die wir zugrundelegen, wenn wir von sinnvollem oder sinnlosem Umgang mit Zeit sprechen:

> What makes an eighty-hour work week in investment banking something a parent can be proud of while Robert's eighty hours a week building and administering his MUD raises fears of addiction? Would Robert seem less addicted to his MUD activities if he were being paid for them? (Turkle, 1995, S. 249)

4.5 Dienste der Internet-Nutzung

Während Radio, Fernsehen, Zeitung oder Telefon monofunktionale Medien sind, die jeweils eine Hauptaktivität beinhalten, lässt sich beim Internet nicht pauschal von einer Hauptaktivität ausgehen. Vielmehr sind eine Reihe distinkter Gebrauchsweisen zu unterscheiden (z.B. Software herunterkopieren, private Emails lesen und schreiben, eine Homepage erstellen, in einem MUD mitspielen etc.). Die landläufige Vorstellung, Personen würden ihre Zeit im Netz einfach mit *Surfen* verbringen, vernachlässigt diese Unterschiede. Auf welche Internet-Dienste verteilen sich also die durchschnittlich fünf wöchentlichen Internet-Stunden? Und welchen Stellenwert haben dabei die kommunikativen Internet-Dienste?

Fragt man nach den *gestern* genutzten (Nielsen & CommerceNet, 1995) oder den *häufig/immer* genutzten (Barth, Breiter, Frick, Klingler, Maier & Zoche, 1996) Internet-Diensten, stehen WWW und Email an der Spitze (Tab. 4.7). Rund ein Drittel der Internet-Population nutzt Mailinglisten und Newsgroups intensiv.

Tab. 4.7: Nutzung einzelner Internet-Dienste
(Quellen: Daten aus Nielsen & CommerceNet, 1995; Barth et al., 1996, S. 255)

	gestern genutzt	*häufig/immer genutzt*
E-mail	65%	80%
Mailinglisten, Newsgroups	36%	32%
WWW	72%	95%
Chat, IRC-Channel, MUD	21%	10%
Internet-Telefonie/Videokonferenz	19%	-
FTP	31%	-
Telnet	31%	-

Mit der Nennung des Internet-Dienstes ist jedoch wenig über die Qualität der Netznutzung gesagt. So kann *WWW-Nutzung* bedeuten, dass man WWW-Seiten anschaut oder selbst erstellt, Newsgroup-Nutzung mag heißen, dass man Artikel liest und/oder auch schreibt. Die Unterscheidung zwischen *passiv-rezeptiver* und *aktiv-produktiver* Netznutzung spielt in der Praxis eine große Rolle. So wird oft unterstellt, es gäbe einen Typus des passiv-konsumierenden Internet-Nutzers (*Lurker*), der liest, was andere schreiben oder Programme und Bilder kopiert, die andere (nämlich die *Poster*) bereitstellen, und sich sonst im Hintergrund hält.

Wie das Verhältnis von produktiven zu rezeptiven Netznutzern aussieht, ist stark kontextabhängig. So wird laut Schätzungen und Zählungen der *Anteil von Lurkerinnen und Lurkern* in verschiedenen Kommunikationsszenarien beziffert auf

- 25% für Newsgroups (Wetzstein, Dahm, Steinmetz, Lentes, Schampaul & Eckert, 1995, S. 67),
- 50% für Mailboxen (Rafaeli & LaRose, 1993, S.288),
- 65% für das WWW (Barth, Breiter, Frick, Klingler, Maier & Zoche, 1996, S. 26),
- 78% für wissenschaftliche Mailinglisten (Scholl, Pelz & Rade, 1996, S. 164).

Lurking kann insofern zum Problem werden, als Mailinglisten, Newsgroups, IRC-Channels und MUDs (aber auch Mailbox-Netze und Online-Dienste) auf eine kritische Masse von aktiv Beteiligten angewiesen sind, da sonst kein interessanter Austausch in Gang kommt (Wetzstein, Dahm, Steinmetz, Lentes, Schampaul & Eckert, 1995, S. 67).

Andererseits kann ein besonders aktiver Teilnehmerkreis auch zu Problemen führen, etwa weil das Überangebot an Beiträgen als verwirrend und überfordernd empfunden wird. Nutzer, die sich mit eigenen Beiträgen zurückhalten, sind aus dieser Perspektive nicht unwillkommen. Schließlich ist eine moralische Verurteilung des Lurkens als „Ausnutzen" der Posterinnen und Poster nicht angebracht, weil die Informationsressourcen sich ja nicht verbrauchen oder abnutzen (ein digitaler Artikel kann beliebig oft abgerufen und gelesen werden). Für eine Beurteilung der kurz- und langfristigen psychosozialen Konsequenzen der Netznutzung ist es natürlich von Belang, in welchem Ausmaß die Internet-Nutzung einer Person aktiv-produktive Betätigung einschließt, da diese in besonderem Maße mit dem Erwerb von neuen *Kompetenzen* und dem Knüpfen von Kontakten verbunden ist.

Wenn von Lurkern und Postern die Rede ist, muss man berücksichtigen, dass neben dem Lurker als Nutzungs*typ* das Lurking als kontextspezifischer Nutzungs*stil* existiert: Eine Person, die in einigen ausgewählten Newsgroups überwiegend lurkt, kann in anderen Newsgroups oder in den von ihr abonnierten Mailinglisten sehr aktiv sein oder sich im WWW durch ein eigenes Seitenangebot hervortun.

Um das Nutzungsverhalten auf Personenebene zu erfassen, operiert man bislang ausschließlich mit Befragungsmethoden. Die Problematik hierbei ist klar: Wenn Menschen schon einen vierstündigen Fernsehabend nur äußerst ungenau rekonstruieren, wie sollen sie dann zuverlässige und präzise Angaben über ihre Internet-Aktivitäten machen? Im Selbstexperiment stellt man leicht fest, dass es auch unmittelbar im Anschluss an eine Internet-Sitzung kaum möglich ist, die Aktivitäten im einzelnen zu rekapitulieren. Die vorliegenden, per Befragung gewonnenen Nutzungsdaten sind somit nur als grobe Richtwerte aufzufassen. Eine objektive Erfassung des Nutzungsverhaltens im Internet ist (analog den telemetrischen Messungen der Fernsehforschung) durchaus praktikabel. Nutzerinnen und Nutzer, die über betriebsinterne Netzwerke Zugang zum Internet haben (siehe Kap. 1.2), können problemlos überwacht werden.

Diese Option mag in Unternehmen teilweise zu missbräuchlicher und ethisch bedenklicher Mitarbeiterkontrolle führen, kann aber in der Forschung mit entsprechenden Anonymisierungs- und Datenschutz-Vorkehrungen durchaus fruchtbar gemacht werden. Im Rahmen der an der Carnegie Mellon University durchgeführten HomeNet-Studie (Kraut, Patterson, Lundmark, Kiesler, Mukophadhyay & Scherlis, 1998) wurden die Teilnehmer-Haushalte erstmal mit vernetzten Computern ausgestattet, wobei sie sich im Gegenzug bereit erklärten, ihre Netzaktivitäten mitprotokollieren zu lassen (Client Log; zur Methode der automatischen Beobachtung siehe Kap. 5.1.3).

4.6 Ziele und Inhalte der Internet-Nutzung

Selbst wenn bekannt ist, wie oft und wie lange eine Person welchen Internet-Dienst rezeptiv oder produktiv nutzt, sind damit die *Ziele* der Netzaktivitäten noch offen. Um ihnen auf die Spur zu kommen, wird in Umfragen üblicherweise gefragt, „wozu" oder „warum" man das Internet bzw. einzelne Internet-Dienste einsetzt (siehe Tab. 4.8).

Tab. 4.8: Ziele der Internet-Nutzung

„Gründe der Online-Nutzung" WWW-Umfrage, n=2.000 (Barth et al., 1996)		*„Primary Uses of WWW-Browser"* WWW-Umfrage, n=14.474 (GVU, 1995)	
Recherche für Studium/Wissenschaft	63%	Academic Research	35%
		Educational	50%
Recherche für den beruflichen Alltag	43%	Business Research	40%
		Work/Business	50%
Recherche für Hobbies	75%		
Aus Zeitvertreib	61%	Browsing/Surfing	79%
		Entertainment	64%
Kontakte zu Freunden behalten	52%		
Zum Kennenlernen	19%		
		Shopping	11%
		Other	11%

Bei der Operationalisierung der Ziele kommen üblicherweise *Ad-hoc-Taxonomien* zum Einsatz, deren Kategorien weder exhaustiv noch exklusiv erscheinen (worin besteht z.B. der Unterschied zwischen „Browsing/Surfing" und „Entertainment"?). Auch die Spezialisierung der Taxonomien für einzelne Internet-Dienste (z.B. WWW) ist problematisch. So tauchen unter den Inhalten/Zielen der WWW-Nutzung interpersonale Funktionen meist gar nicht auf, obwohl das WWW (in Kombination mit anderen Internet-Diensten) durchaus eine Reihe kommunikativer Funktionen erfüllt (vgl. Kap. 2.5.4). Dennoch scheint sich als Tendenz abzuzeichnen, dass die meisten Nutzerinnen und Nutzer das Internet am häufigsten für Freizeit, Unterhaltung und persönliche Interessen nutzen und Arbeit, Beruf oder Geschäftliches auf dem zweiten Platz rangiert.

Da das Internet mit seinen unterschiedlichen Diensten und Anwendungen ein multifunktionales Medium darstellt, das sowohl Individual- als auch Gruppen- und Massenkommunikation erlaubt, bietet es sich an, *Nutzenkategorien* aus der Massen- und Individualmedienforschung (speziell der Gratifikationsforschung) zu übernehmen. Der Uses-and-Gratifications-Ansatz (*Nutzenansatz*) opponiert gegen die Vorstellung, dass Massenmedien mit ihren Inhalten gemäß einem monokausalen Reiz-Reaktions-Mechanismus auf die Rezipienten „einwirken" (Stimulus-Response-Ansatz, *Wirkungsansatz*) und akzentuiert demgegenüber den Umstand, dass Menschen Medien ganz bewusst und souverän in bestimmter Weise gebrauchen, um dabei ihre Bedürfnisse zu befriedigen (vgl. Blumler, 1979; Blumler & Katz, 1974; Palmgreen, 1984). Der Nutzenansatz ist vielfach als zu rationalistisch (neben bewussten Nutzungsmotiven gibt es auch unbewusste), zu pluralistisch (das Publikum kann nur mit jenen Inhalten aktiv umgehen, die die Medien in stereotyper Form vorgeben) und zu voluntaristisch (mediale Stimuli entfalten ihre Wirkungen vielfach ohne kontrollierenden Einfluss der Rezipienten) kritisiert worden (vgl. Merten, 1984; Ronge, 1984). Unabhängig davon, wie man den Erklärungswert des Nutzenansatzes beurteilt, lassen sich die von ihm entwickelten Gratifikationsfaktoren für die Beschreibung der Internet-Nutzung fruchtbar machen. Dabei ist jedoch in Rechnung zu stellen, dass neue Medien auch neue Gratifikationspotentiale erschließen und somit ggf. eine Erweiterung oder Modifikation bislang verwendeter Gratifikationstypologien notwendig wird.

In Bezug auf Massenmedien (insbesondere das Fernsehen) haben sich drei Nutzenkategorien herauskristallisiert (vgl. Blumler, 1979, S. 17): 1. *Information,* 2. *Unterhaltung* und 3. *soziale Identität.* Die soziale Identitätsfunktion umfasst dabei sowohl interpersonale Kontakte (z.B. Medieninhalte als gemeinsames Gesprächsthema; Geselligkeit beim gemeinsamen Mediengebrauch), sozialen Vergleich und soziale Kategorisierung (z.B. Unterstützung der eigenen Meinung durch Mediendarstellungen; Identifikation mit medial repräsentierten sozialen Gruppen) als auch parasoziale Interaktionen (z.B. emotionale Bindung an Medienakteure wie z.B. Moderatoren, Schauspielerinnen).

Bei den Individualmedien (insbesondere Telefon) unterscheidet man zwei primäre Gratifikationsfaktoren (Dimmick, Sikand & Patterson, 1994): 1. *Instrumentalität* (funktionale, aufgabenbezogenen Kontakte, z.B. Bestellungen aufgeben, Termine absprechen, Informationen einholen) und 2. *Soziabilität* (expressive, sozioemotionale Kontakte, z.B. Verbindung zu Familie und Verwandtschaft halten, mit Bekannten plaudern, Langeweile und Einsamkeit vertreiben).

Zusammengenommen lassen sich sowohl die *drei Massenmedien-Gratifikationen* als auch die *zwei Individualmedien-Gratifikationen* durch Internet-Nutzung erlangen: So kann das Lesen von WWW-Seiten und Postings sowohl Information als auch Unterhaltung bieten und der sozialen Identität dienen. Interpersonale Kontakte per Netz können instrumentelle Funktionen erfüllen (z.B. kollegialer Email-Austausch, Mailinglisten- und MUD-Kommunikation im Rahmen eines Fernkurses) oder auch expressiv-geselligen Charakter haben (z.B. Plaudern und Flirten auf einem Chat-Channel, Email-Freundschaft, Rollenspiel im MUD). Darüber hinaus sind *zusätzliche netzspezifische Gratifikationen* möglich; z.B. kann man sich vor einer großen Öffentlichkeit artikulieren und neue Kontakte anknüpfen. Schließlich ist auch zu beachten, dass das Internet – viele distinkte Funktionen integrierend – Gratifikationen in komfortabler Weise kombinierbar macht. So kann die Teilnahme an einer Mailingliste nicht nur unterhaltsam *und* informativ *und* identitätsbestätigend sein, sondern *auch* berufliche *und* private Kontakte entstehen *und* erhalten lassen. Es wäre theoretisch zu durchdenken und empirisch zu prüfen, unter welchen Bedingungen derartige Fokuswechsel und *Gratifikationskombinationen* einen „Mehrwert" bieten (z.B. „Erhöhen persönliche Kontaktmöglichkeiten in Mailinglisten die Motivation bei der Informationsrezeption?") oder einen „Störfaktor" darstellen (z.B. „Lenken unterhaltsame WWW-Inhalte von den mit ihnen verknüpften Sachinformationen ab?"). Schließlich legt die Polydirektionalität der Netzkommunikation *wechselseitige Abhängigkeit* in der Gratifikationsproduktion nahe: In vielen Netzszenarien (z.B. Mailinglisten, Chat-Channels) sind erhaltene Gratifikationen an eine gemeinsame Realisierung von Kommunikationsabsichten geknüpft (Höflich, 1994, S. 399).

Die gerade angestellten Überlegungen zu den Gratifikationen der Netznutzung leiten sich aus der Beschreibung der einzelnen Internet-Dienste und ihren differentiellen Gebrauchsweisen ab (vgl. Kap. 2 und 3). Allerdings wären ergänzend zu den üblicherweise behandelten individuellen Gratifikationen in diversen Anwendungszusammenhängen auch *kollektive Nutzenfaktoren* wie z.B. die Einsparung von betrieblichen Kosten oder eine Vergrößerung der Arbeitszeitflexibilität zu berücksichtigen (vgl. Schenk, Dahm & Sonje, 1995). Bislang vorliegende empirische Nutzenanalysen für computervermittelte Kommunikation (z.B. Garramone, Harris & Anderson, 1986; Kneer, 1994; Weinreich, 1997) differenzieren einzelne Netz-Dienste nicht, sondern gehen vom pauschalen *CvK-Nutzen* aus und liefern im Ergebnis eine Übertragung der drei bekannten massenmedialen Gratifikationsfaktoren auf den Kontext computervermittelter Kommunikation (diese drei Faktoren lassen sich auch in den Ad-hoc-Taxonomien wiederfinden, siehe oben Tab. 4.7; vgl. auch Eimeren, Oehmichen & Schröter, 1997, S. 552; Feierabend & Klingler, 1997, S. 610; Grüne & Urlings, 1996):

1. *Information*
   Man erfährt im Netz echte Neuigkeiten, aktuelle Entwicklungen, Computerinformationen, ein besonders schneller und komfortabler Informationszugriff ist möglich, man bleibt auf dem neuesten Stand der Technik, man findet nützliche Informationen für Beruf und Ausbildung.
2. *Unterhaltung*
   Netznutzung lenkt vom Stress ab, bietet Zeitvertreib, Abwechslung, befriedigt Neugierde, entspannt, macht Spaß.
3. *Soziale Interaktion/Soziale Identität*
   Man kann im Netz mitreden, „zuhören" und argumentieren lernen, persönliche Erfahrungen austauschen, soziale Kontakte anknüpfen und pflegen, mit Menschen aus aller Welt kommunizieren, sich Gruppen und Gemeinschaften anschließen.

Tab. 4.9: Inhaltliche Präferenzen bei der Mailbox-Nutzung (Prozent der Befragten)

Themengebiete	*„lese fast immer"* n=186 (Weinreich, 1997, S. 80)	*„hohes Interesse"* n=464 (Wetzstein et al., 1994, S. 346)	*„lese gewöhnlich"* n=112 (Rafaeli, 1986, S. 132)
Computer	34	56	51
Telekommunikation	15	34	-
Suche/Biete	12	14	72
Politik	10	10	52
Diskussionen	15	-	27
Kultur	10	9	-
Sexualität, Erotik	1	8	-
Glauben/Religion	-	2	-
Umwelt/Soziales	3	13	-
Humor	7	-	62
Wissenschaft	13	-	-
persönl. Nachrichten	-	-	72
aktuelle Ereignisse	-	-	66
Sonstiges	25	-	-

Angaben darüber, in welchem Umfang welche Personen das Internet eher zu Informations- oder Unterhaltungszwecken oder für interpersonale Kontakte nutzen, sagen noch nichts über die konkreten Inhalte der Netzaktivitäten aus. So können zu Unterhaltungszwecken etwa Spiele, Witze oder erotische Darstellungen abgerufen werden. Ebenso lassen sich Informationsrecherchen nach konkreten Fächern oder Inhaltsgebieten weiter differenzieren. Idealtypisch würde man entsprechende Daten automatisch und objektiv erfassen, wie etwa bei den telemetrischen Messungen der Fernsehforschung.

In der Praxis ist dies jedoch vor allem aus zwei Gründen schwierig bis unmöglich: Da sich bei der Netznutzung private Individualkommunikation mit Gruppen- und Massenkommunikation verbindet, stellt eine personengebundene vollständige Aufzeichnung des Nutzungsverhaltens einen deutlich gravierenderen Eingriff in die Privatsphäre dar als das Protokollieren des Fernsehverhaltens. Zudem ist eine inhaltliche Kategorisierung der abgerufenen Postings und WWW-Seiten, der Emails, Chats usw. um ein Vielfaches mühsamer als die ohnehin schon komplexe Rubrizierung massenmedialer Inhalte. Inhaltliche Präferenzen werden auf Personenebene deswegen entweder per Befragung erfasst (siehe Tab. 4.9) oder aber auf Aggregatebene beschrieben (z.B. Datenvolumen und Artikelaufkommen in verschiedenen Newsgroups, Abfragen in Suchmaschinen).

Der Informationsgehalt der in Tabelle 4.9 dargestellten Befragungsergebnisse ist nicht nur dadurch eingeschränkt, dass mit unvollständigen Ad-hoc-Taxonomien der Themengebiete gearbeitet wird, sondern auch dadurch, dass die subjektiven Angaben vermutlich sehr ungenau sind. Das starke Interesse für Computerthemen ist als Spezifikum der Mailbox-Population zu betrachten (Mailbox-Nutzer sind traditionell computerbegeisterte Hobbyisten), während im Internet wissenschaftliche Themen eine größere Rolle spielen (Internet-Nutzer sind traditionell Universitätsangehörige).

4.7 Popularität sexualbezogener Internet-Inhalte

Nachdem bis hierher schon klargeworden ist, wie wenig Details uns eigentlich über die Nutzungsmuster der Internet-Population bekannt sind, wollen wir abschließend noch erkunden, wie die verbreitete Behauptung „Sex ist das Thema Nr. 1 im Netz“ zu beurteilen ist. Die sozialwissenschaftliche Auseinandersetzung mit dieser scheinbar abseitigen Fragestellung ist aus mindestens zwei Gründen wünschenswert: Zum einen geht es um die Erkundung eines neuen Ausdrucksfeldes sexueller Kultur, zum anderen um einen Themenkomplex von hoher politischer Brisanz. Denn wenn Kontroll- und Zensurmaßnahmen im Netz gefordert werden, beruft man sich in erster Linie auf Umfang und Gefährlichkeit sexualbezogener Netzangebote.

Um die Popularität sexualbezogener Internet-Inhalte abzuschätzen, gibt es eine Reihe von Herangehensweisen: Zunächst einmal kann man versuchen, die Menge der im Netz verfügbaren sexualbezogenen Texte, Bilder und sonstigen Angebote zu quantifizieren. Auf qualitativer Ebene lässt sich fragen, welche spezifischen inhaltlichen oder formalen Merkmale die verfügbaren sexualbezogenen Netzinhalte aufweisen. Schließlich ist dem *Angebot* die *Nachfrage* gegenüberzustellen. Hier lässt sich auf quantitativer Ebene beschreiben, welcher Anteil der von einer Person abgerufenen Netzinhalte dem sexuellen Bereich zuzuordnen ist. Auf qualitativer Ebene ginge es um inhaltliche oder formale Präferenzen von Nutzerinnen und Nutzern. In Abhängigkeit davon, ob man quantitative oder qualitative Aussagen über Angebot oder Nachfrage treffen will und inwieweit man sich dabei auf einzelne Netzdienste oder spezielle Angebotsformen konzentriert, sind differentielle Erhebungsmethoden zu wählen. Im Folgenden sollen einige empirische Evidenzen zu sexualbezogenen WWW- und Newsgroup-Angeboten berichtet und diskutiert werden. Ausgeblendet bleiben bei dieser in erster Linie auf Erotika und Pornografie fokussierten Betrachtung der sexuelle Meinungs- und Erfahrungsaustausch sowie der zwischenmenschliche erotisch-sexuelle Kontakt im Netz (vgl. Döring, 1998a, 1998b).

Sexualbezogene Angebote im WWW und in Newsgroups

Da bereits Mitte 1998 die Zahl der öffentlich zugänglichen WWW-Seiten auf 320 Millionen beziffert wurde und bei Suchmaschinen nur ca. 30% von ihnen registriert sind (News-Journal Online, 1998), ist es unmöglich, zuverlässige Angaben über Quantität oder Qualität sexualbezogener WWW-Angebote zu machen. Alarmierende Behauptungen, denengemäß „90%" der WWW-Inhalte sexualbezogen seien, sind ebenso haltlos wie beschwichtigende Behauptungen, die von „maximal 5%" Sex-Angeboten sprechen.

Tab. 4.10: Anzahl der gefundenen WWW-Seiten zu verschiedenen Stichworten (Quellen: http://www.altavista.com/ und http://www.hotbot.com/ am 20. Januar 1999)

Stichwort	*Suchmaschine AltaVista*	*Suchmaschine HotBot*
Arts	10.298.655	2.555.678
Computer	30.364.562	6.898.509
Education	27.157.588	5.676.321
Money	9.025.430	3.969.264
Music	21.521.650	4.385.328
Politics	2.730.602	1.233.903
School	29.400.743	5.859.866
Sex	*10.321.626*	*3.315.721*

Um nicht in reiner Spekulation zu verharren, sondern zumindest partiell verfügbare Empirie einzubeziehen, bietet es sich an, Suchmaschinen als Informationsquellen zu nutzen. So kann man zum Beispiel betrachten, wie viele WWW-Seiten zu verschiedenen Stichworten gefunden werden und dabei sexualbezogene Angebote mit anderen Themenbereichen vergleichen (siehe Tab. 4.10). Dabei zeigt sich, dass WWW-Seiten, in denen der Begriff „Sex" vorkommt, weder auffallend zahlreich, noch besonders spärlich vertreten sind.

Es existieren rund 60.000 Newsgroups weltweit, von denen jedoch nur ca. 16.000 international propagiert werden und zum Angebot üblicher Newsserver gehören (vgl. Kap. 2.4.2). Rund 400 Newsgroups befassen sich gelegentlich oder primär mit sexualbezogenen Themen, also z.B. mit Sexualaufklärung, Coming-Out-Fragen oder der Bewältigung sexueller Übergriffe. Von den 400 sexualbezogenen Newsgroups enthalten 60 regelmäßig sexuelles Bildmaterial (vgl. Schetsche, 1997, S. 236) – das sind weit weniger als 1% der international relevanten Gruppen. Sichtet man die 25

Newsgroups mit dem höchsten Artikelaufkommen, ergibt sich das in Tabelle 4.11 dargestellte Bild.

Tab. 4.11: Top 25 Newsgroups mit dem höchsten Artikel-Aufkommen im Juni 1997, (Quelle: Posting von EUnet Deutschland in der Newsgroup <de.admin.lists>)

Newsgroup	Postings	KBytes	KByte-Prozente
1. misc.jobs.offered	138.256	290.278	1.63%
2. biz.jobs.offered	95.016	208.781	1.18%
3. misc.jobs.contract	31.633	56.307	0.32%
4. alt.sex	*20.619*	*147.851*	*0.83%*
5. alt.binaries.pictures.erotica	*20.344*	*442.834*	*2.49%*
6. alt.gothic	18.574	32.316	0.18%
7. rec.collecting.sport.baseball	17.271	39.218	0.22%
8. alt.sex.erotica.marketplace	*15.577*	*74.636*	*0.42%*
9. rec.collecting.sport.basketball	12.052	22.091	0.12%
10. rec.sport.pro-wrestling	11.765	19.459	0.11%
11. alt.sex.masturbation	*11.491*	*48.737*	*0.27%*
12. alt.test	11.486	273.119	1.54%
13. rec.collecting.sport.hockey	11.374	21.251	0.12%
14. alt.sex.stories	*11.273*	*57.325*	*0.32%*
15. alt.binaries.pictures.erotica. amateur.female	*11.211*	*173.920*	*0.98%*
16. alt.sex.exhibitionism	*10.856*	*70.672*	*0.40%*
17. alt.sex.bondage	*10.615*	*27.204*	*0.15%*
18. alt.sex.movies	*10.489*	*22.838*	*0.13%*
19. alt.sex.fetish.orientals	*10.324*	*25.111*	*0.14%*
20. alt.sex.fetish.feet	*9.891*	*76.314*	*0.43%*
21. alt.sex.voyeurism	*9.849*	*58.221*	*0.33%*
22. rec.collecting.sport.football	9.682	21.499	0.12%
23. news.admin.net-abuse.email	9.519	23.327	0.13%
24. alt.sex.services	*9.161*	*22.512*	*0.13%*
25. alt.support.depression	9.038	16.569	0.09%
Summe der 25 Newsgroups mit den meisten Artikeln	*537.366 (11,29%)*	*2.272.390 (12,79%)*	*12,78%*
Summe aller Newsgroups	4.759.204	17.766.342	100%

Unter den 25 artikelstärksten Newsgroups sind 13 sexualbezogen (kursivgedruckt), während die 12 übrigen nicht-sexuellen Gruppen sich unter anderem mit Stellenangeboten, Sportthemen und Selbsthilfe beschäftigen. Die starke Präsenz der

<alt.sex.*>-Subhierarchie ist jedoch insofern inhaltlich zu relativieren, als gerade die hier aufgelisteten Newsgroups fast nur Werbe-Beiträge enthalten, die auf kommerzielle Telefon- oder WWW-Angebote hinweisen und von Firmen in großer Menge (oftmals als Spam oder Yello, vgl. Kap. 2.4.3) verschickt werden.

Auf der Basis der hier genutzten quantitativen Evidenzen lässt sich also sowohl für das WWW als auch für die Newsgroups festhalten, dass sexualbezogene Angebote zwar nennenswert vertreten sind, aber keinesfalls gegenüber anderen Inhalten besonders dominieren Qualitativ sind bei den erotisch-pornografischen Darstellungen in Newsgroups und im WWW Bilder und Geschichten unterscheiden. Bei dem *Bildmaterial* handelt es sich in erster Linie um Zweitverwertungen aus herkömmlichen Medien (z.B. Fotos, die aus Magazinen eingescannt wurden). Eigenproduktionen kommen seltener vor. Schetsche (1997) entnahm binnen vier Monaten diversen Newsgroups und WWW-Seiten systematisch ein möglichst breites Spektrum an sexualbezogenen Bildern (n=1.082). Etwa die Hälfte der Bilder ließ sich als *Pornografie* gemäß § 184, 1 StGB klassifizieren (z.B. Koitusdarstellung mit sichtbaren Genitalien), die andere Hälfte als *Erotika* (z.B. unbekleidete Frau mit verdecktem Genital). Sogenannte *harte Pornografie* gemäß §184, 3 StGB (also die Abbildung realer sexueller Handlungen mit Tieren, Kindern oder unter Gewaltausübung) war dagegen kaum vertreten. Unter den 1.082 Bildern fanden sich 3, die eindeutig Kinder in sexuellen Interaktionen untereinander oder mit Erwachsenen zeigten. Mehta und Plaza (1997, S. 64) entnahmen aus 17 sexualbezogenen Newsgroups eine Zufallsauswahl von n=150 Bildern und fanden darunter kein einziges, das Kinderpornografie zeigte. Dietz-Lenssen (1997) fand bei einer gezielten Recherche nach kinderpornografischen Angeboten im WWW kein einziges Bild und traf selbst in einschlägigen Newgroups (die nur über spezielle Server zugänglich sind) äußerst vereinzelt auf entsprechendes Material. Die von Medienberichten erzeugte Vorstellung, im Internet sei Kinderpornografie stark repräsentiert, ist unzutreffend – man muss schon lange suchen, um das sehr vereinzelt und illegal *publizierte* Material überhaupt zu finden. Zudem kann natürlich per *privatem* Austausch im Netz genau wie per Telefon oder Briefpost Materialaustausch organisiert werden – sofern die Beteiligten bereits entsprechende Intentionen und Materialien mitbringen. Generell scheinen im Netz genau wie in den Printmedien unter dem Schlagwort „Teen“ Bilder verbreitet zu werden, die entweder Kinder im nicht-sexuellen Kontext oder (sehr jung aussehende) Erwachsene im sexuellen Kontext zeigen und somit auf Seiten der *Produktion* keinerlei unmittelbaren sexuellen Missbrauch an Kindern implizieren.

Die wenigen Inhaltsanalysen, die sich bislang mit sexualbezogenem Material beschäftigen, kreisen um die Frage, ob es im Netz tatsächlich „so schlimm“ ist, wie Außenstehende oft befürchten. Dieser inhaltlich-politische Fokus hat es bislang wohl verhindert, das gesamte Spektrum sexualbezogener Angebote genauer zu beleuchten. So stellen ja insbesondere die vielen Eigenproduktionen im Bereich der Bilder und vor allem der Geschichten ein genuin neues (in der Regel kostenloses) sexualbezogenes Angebot für die Öffentlichkeit dar.

Sexualbezogene Nachfrage im WWW und in Newsgroups

Um die Nachfrage nach sexualbezogenen Inhalten im Netz quantitativ und qualitativ zu beschreiben, kann man einerseits auf subjektive Daten zurückgreifen (z.B. schriftliche oder mündliche Befragung zum Nutzungsverhalten; siehe Kap. 5.2 und Kap. 5.3), andererseits aber auch objektive Verfahren nutzen (z.B. server- oder clientseitige automatische Protokollierung des Nutzungsverhaltens; siehe Kap. 5.1.3).

Selbstauskünfte mögen aufgrund sozial erwünschten Antwortens (insbesondere Abwehr des Vorurteils von „Netzen als Schmuddelmedien") das „wahre" Interesse an sexualbezogenen Netzinhalten unterschätzen. Angesichts der Tatsache, dass 22% der Männer und 7% der Frauen Ende der 80er Jahre in der alten Bundesrepublik berichteten, mindestens einmal pro Woche erotisches oder pornografisches Bildmaterial zu rezipieren und immerhin 44% der Männer und 26% der Frauen mindestens einmal pro Monat auf entsprechendes Material zurückgriffen (Ertel, 1990, S. 68) verwundert es schon, dass nur 1% der von Weinreich (1997) und nur 8% der von Wetzstein, Dahm, Steinmetz, Lentes, Schampaul und Eckert (1995) befragten Nutzer und Nutzerinnen von Mailboxen großes Interesse an sexualbezogenen Netzinhalten bekundeten (siehe oben Tab. 4.7). Allerdings ist zu beachten, dass in beiden Studien, die Item-Schwierigkeit durch die recht extreme Antwortformulierung („lese fast immer", „hohes Interesse") stark erhöht war und somit gemäßigtes, aber ggf. vorhandenes Interesse nicht erfasst werden konnte. Aufschlussreicher ist deswegen die Studie InternetTrak Q2 (1998). Diese Studie basiert auf je einem bundesdeutschen

Tab. 4.12: Aktuell angefragte Suchbegriffe in der Suchmaschine Fireball (Quelle: „Live Suche" in http://www.fireball.de/)

Freitag, 22. Januar 1999 (20 Uhr)	*Freitag, 22. Januar 1999 (21 Uhr)*
1. gnadenhof	1. MS Astor
2. Viva hits	2. Fischbachau
3. *high heels*	3. New york philharmonic
4. handy	4. TWIST.QT
5. www.mandala.de	5. +probleme +t online +Internet explorer
6. +Siegessäule +Berlin	6. banshee
7. F Zero X	7. sven kückelhaus
8. Maklerkostenabzug	8. t-q
9. internetprovider	9. ada
10. pornobilder	10. tomb raider II
11. sex	11. Tenefiffa+Hotel
12. +„kati +witt +nackt"	12. +Kfz +behindert +Umbau
13. voyeur	13. mallorca reisen
14. harman/kardon	14. Fiat Ulysse
15. sex	15. geschirr

und einem us-amerikanischen Repräsentativ-Sample und berichtet, dass in Deutschland 31% und in den USA 19% der WWW-Nutzer und -Nutzerinnen Erotik-Angebote in Anspruch nehmen. Die quantitative Verbreitung dieses thematischen Interesses bleibt jedoch hinter „Informationssuche“ (D: 83%, USA: 89%), „Produktinformationen“ (D: 83%, USA: 79%) oder „Nachrichten/Wetter“ (D: 64%, USA: 67%) weit zurück.

Nutzerinnen und Nutzer von Computernetzwerken hinterlassen sowohl auf ihren lokalen Rechnern als auch auf entfernten Servern diverse Spuren ihres Nutzungsverhaltens, so dass *nonreaktive und objektive Messungen* möglich sind. So werden beispielsweise die Suchanfragen, die bei Suchmaschinen eingehen, automatisch registriert. Die Suchmaschine *Fireball* (http://www.fireball.de/) bietet unter dem Menüpunkt *Live Suche* die Möglichkeit, sich anzeigen zu lassen, welche Suchbegriffe aktuell gerade angefragt werden. Diese alle 30 Sekunden aktualisierte Anzeige enthält häufig auch sexualbezogene Begriffe oder Begriffskombinationen, ohne dass ihr Anteil (kursivgedruckt) dominant wäre (siehe Tab. 4.12).

Neben einer solchen Augenscheinprüfung kann eine systematische Inhaltsanalyse der Suchbegriffe Hinweise auf die relative Popularität verschiedener Themengebiete liefern. Der Suchdienst *MetaCrawler* (http://www.metacrawler.com/) durchsucht parallel die sechs Suchmaschinen Galaxy, InfoSeek, Lycos, Open Text, WebCrawler und Yahoo. Sämtliche Anfragen, die MetaCrawler zwischen dem 7. Juli und 30. September 1995 bearbeitete (n=50.878), wurden auf Gleichheit überprüft (Selberg & Etzioni, 1995). Auf diese Weise konnten die 10 am häufigsten abgefragen Suchbegriffe identifiziert werden. Sie sind allesamt sexualbezogen (siehe Tab. 4.13).

Tab. 4.13: Die häufigsten Suchbegriffe in MetaCrawler (7.7.-30.9.1995)
(Quelle: Selberg & Etzioni, 1995, Tab. 1)

Suchbegriffe in MetaCrawler		*Zahl der Anfragen*	*Prozent*
1.	sex	533	1,0
2.	erotica	219	0,4
3.	nude	217	0,4
4.	porn	158	0,3
5.	penthouse	127	0,2
6.	pornography	112	0,2
7.	erotic	105	0,2
8.	porno	89	0,2
9.	adult	89	0,2
10.	playboy	67	0,1
Summe		*1.716*	*3,3*
Gesamtzahl der Abfragen		50.878	100,0

Allerdings machten die 10 häufigsten Suchbegriffe in Metacrawler nur 3% der Gesamtzahl der Anfragen aus. 46% der Anfragen operierten mit einmaligen Suchbegriffen; ob und inwieweit diese auch sexualbezogen waren, ist jedoch unbekannt. Die semantische Analyse von Suchbegriffen ist noch nicht so weit fortgeschritten, als dass sie inhaltlich vollständig rubriziert werden könnten. Die vielzitierte Tatsache, dass sexualbezogene Stichworte sozusagen die „Top 10" aller Suchanfragen in Suchmaschinen bilden, lässt also keinesfalls den Rückschluss zu, dass im WWW überwiegend nach Sex-Inhalten gesucht wird.

Die Eingabe von sexualbezogenen Begriffen in Suchmaschinen deutet auf ein Interesse an entsprechenden WWW-Inhalten hin. Ob entsprechende WWW-Inhalte dann auch tatsächlich abgerufen werden, bleibt jedoch bei der Suchbegriff-Analyse völlig offen. Dagegen können die Protokolldateien (Log Files), die WWW-Server und WWW-Clients anlegen, Auskunft geben über die Art der heruntergeladenen Dateien (siehe Kap. 5.1.3, Abschnitt „Registrierung von Systemfunktionen"). Die Proxy-Log-Analyse von Berker (1998) zeigt, dass fast jede vierte WWW-Seite, die von Angehörigen der Universität Frankfurt binnen zwei Wochen abgerufen wurde, sexualbezogen war (siehe Tab. 4.14). Diese zunächst sehr hoch erscheinende Nutzungsintensität ist jedoch insofern zu relativieren, als sexualbezogene WWW-Seiten typischerweise in den Nachtstunden im schnellen Wechsel („Surfing") abgerufen werden, während beispielsweise Inhalte aus der Rubrik „alte Medien" (z.B. Online-Versionen von Zeitungen und Magazinen) sehr viel sorgfältiger studiert werden dürften.

Tab. 4.14: WWW-Nutzung an der Universität Frankfurt/Main gemäß Log-File-Analyse von 2 Wochen im Januar 1998 (172.995 WWW-Seiten ingesamt) (Quelle: Berker, 1998)

Inhalte der WWW-Seiten	Anzahl	Prozent	kum%
1. Sex	41.643	24%	24%
2. Private Homepages	21.852	13%	37%
3. Voreingestellte Seiten	15.990	9%	46%
4. Software, Treiber, Support	14.866	9%	55%
5. Orientierung	14.726	8%	63%
6. ‚alte' Medien	13.707	8%	71%
7. unbekannt	6.756	4%	75%
8. Boersenkurse, Finanzmarkt	5.156	3%	78%
9. computerbezogene Magazine	4.233	2%	80%
10. computerbezogener Konsum	3.659	2%	82%

Wenn Schetsche (1997, S. 239) berichtet, dass die „z.Z. wohl beliebteste sexualbezogene Resource Page“ (d.h. Link-Liste im WWW) im September 1996 täglich laut Seiten-Counter 180.000 Zugriffe aus aller Welt registrierte, dann deutet dies angesichts der immensen Größe der Netz-Population (siehe Kap. 4.1) doch auf ein eher gemäßigtes Interesse hin. Ähnlich zu beurteilen sind die Reichweiten sexualbezogener Newsgroups, die sich laut Reid (1995a) im Mai 1995 bei mehreren hunderttausend Personen bewegten (z.B. <alt.sex>: 410.000; <alt.sex.stories>: 330.000; <alt.binaries.pictures.erotica>: 290.000).

Aggregierte Reichweiten-Maße sagen freilich noch nichts über die individuellen Nutzungsmuster aus. So kann die abgerufene WWW-Seite bzw. die abonnierte Newsgroup intensiv (oder gar obsessiv) rezipiert oder nur flüchtig betrachtet werden. Dass individuelles Nutzungsverhalten tatsächlich so große Variabität aufweist ist nur allzu plausibel, wenn wir den Einfluß diverser intra-, inter- und extrapersonaler Determinanten auf die Netznutzung in Rechnung stellen (vgl. Kap. 6.11 zum medienökologischen Rahmenmodell). So wird in der psychologischen Selbsthilfe-Szene die Gefahr der *Pornografie-Sucht* gerade im Zusammenhang mit Netz-Nutzung als ernsthaftes Problem behandelt (z.B. Dana E. Putnam: http://www.onlinesexaddict.com/). Gleichzeitig verhielten sich jene 150 Personen aus 50 Pittsburgher Haushalten, die an der ersten Welle der HomeNet-Studie teilnahmen, gegenüber sexualbezogenen Netzangeboten mehrheitlich abstinent (Lundmark, 1995):

> Most people who do, in fact, look at sexually oriented newsgroups do so only once or twice (over a period of months). Those who have looked at any particular sexually oriented newsgroup more than twice constitute less than 1/5th the sample population, and are mostly adult males and teenagers. And even for these people, their usage of sexually oriented groups is a relatively small portion of their overall activity with newsgroups. [...] Only three HomeNet users have ever posted to a sexually oriented newsgroup.

Zusammenfassend ist festzustellen, dass zu den zu Informations- und Unterhaltungszwecken abgerufenen Newsgroup-Postings und WWW-Seiten auch sexualbezogene Beiträge gehören. Ob diese jedoch im Internet überproportional (das heißt in stärkerem Maße als in herkömmlichen Medien) vertreten sind, oder in besonders starkem Maße genutzt werden, ist bislang nicht systematisch untersucht worden und allgemein methodisch schwer feststellbar. Möglicherweise werden entsprechende Interessen im Internet nur in besonderer Weise sichtbar. Zudem mag der schnelle, kostenlose und unbeobachtete Zugriff auf einen großen, heterogenen Materialfundus die in anderen Szenarien (z.B. Sexshop, Kiosk) vorhandenen Hemmschwellen senken und damit nicht nur neue Risiken mit sich bringen, sondern auch neue Rezeptionsgratifikationen erschließen (z.B. ausgiebiges Suchen, Sammeln, Tauschen, Empfehlen usw. von einschlägigem Material, vgl. Döring, 1998a, 1998b).

Der Internet-Porno-Diskurs

Dass Internetnutzung in der breiten Öffentlichkeit so stark mit Pornografiekonsum und sexuellen Themen verknüpft wird, hängt wohl in erster Linie mit der oftmals noch lückenhaften Netzkenntnis in der journalistischen Profession sowie mit der Dramatisierungstendenz massenmedialer Berichterstattung zusammen („bad news is good news"):

> Schon jetzt ist das Internet eine Art weltweiter Rotlichtbezirk im Cyberspace. Ein großer Teil des Angebotes, an dem weltweit rund 50 Millionen Menschen teilnehmen, läßt sich der Kategorie „Schmuddelkram" zuordnen. Und in der Schmuddelkiste am Rande der Legalität finden sich unzählige, hierzulande strafbare Angebote mit Kinderpornografie, Sodomie, Gewaltverherrlichung, Werbung für Prostitution und Verharmlosung des Nationalsozialismus. Im weitesten Sinne drehen sich die meistgenutzten Angebote im Internet um Sex und Pornografie (Koschnick, 1997, S. 41).

Skandalisierende und völlig unbelegte Meldungen wie diese zeigen, dass empirische Ergebnisse zum Nutzungsverhalten von großem öffentlichem Interesse sind. Dabei geht es nicht nur um eine genauere Quantifizierung der bevorzugten Internet-Inhalte, sondern auch um eine Untersuchung der dazugehörigen internetspezifischen Rezeptionsprozesse. Sexualbezogene Netzinhalte moralisierend einfach als „Schmuddelkram" abzutun, wie es in der öffentlichen Diskussion gängig ist, bleibt aus psychologischer Sicht unbefriedigend. Denn nicht nur werden die psychosozialen Bedürfnisse, die sich im sexualbezogenen Internet-Gebrauch artikulieren, pauschal disqualifiziert und damit einer ernsthaften und vorurteilsfreien Analyse entzogen – auch die kritische Auseinandersetzung mit der ubiquitären „Schmuddelkram"-Rhetorik und ihren politischen Implikationen (z.B. Netzpolitik: Forderung nach verstärkten Kontrollen der Netzkommunikation; Geschlechterpolitik: Etablierung des Netzes als bedrohliche Männerdomäne; Sexualpolitik: Diffamierung sogenannter Perversionen etc.) unterbleibt.

Die politische Brisanz des Internet-Porno-Diskurses wurde 1995 überdeutlich: Am 15. Juni beschloss damals der us-amerikanische Senat mit einer Mehrheit von 84 zu 16 Stimmen den (später vom Repräsentantenhaus abgelehnten) *Communication Decency Act* (CDA). Der CDA sah vor, dass „obszöne" Äußerungen und Darstellungen im Internet mit bis zu zwei Jahren Gefängnis geahndet werden sollen. Die Senatoren stützten sich bei ihrem Votum unter anderem auf eine an der Carnegie Mellon University durchgeführte Studie, dergemäß angeblich „83,5% aller Bilder im *Internet*" Pornografie darstellen. Das Nachrichtenmagazin *Time* (Elmer-Dewitt, 1995) berichtete mit Verweis auf dieselbe Studie, dass „83,5% der Inhalte in *bildbezogenen Usenet Newsgroups*" Pornografie (und insbesondere sog. harte Pornografie) darstellen. Die zitierte Studie stammte von Rimm (1995), damals Student an der

Carnegie Mellon University. Er hatte n=917.410 Bilder bzw. Bildbeschreibungen aus 5 Newsgroups und aus 101 „Adult Bulletin Board Systems“ (also aus *nicht-jugendfreien Mailboxen*) entnommen, die definitionsgemäß Erotika und Pornografie gegen Gebühren nur Erwachsenen zur Verfügung stellen. Die triviale Information, dass in Erotik-Mailboxen überwiegend erotisch-pornografisches Material zu finden ist, wurde also vom *Time Magazine* und vom *amerikanischen Senat* zum Anlass genommen, das Internet zu diskreditieren und eine Kontrolle der Netzkommunikation zu fordern. So scheint das Internet teilweise als Projektionsfläche gesellschaftlicher Ängste und Kontroversen zu dienen, wobei die – in der Regel gut bebilderte – Berichterstattung über vermeintlich ubiquitären „Schweinkram“ im Netz teilweise gerade die Bedürfnisse befriedigt, die sie zu kritisieren vorgibt. Der sich über *Cyberporn* erregende, sachlich unzutreffende *Time*-Artikel wurde in diesem Sinne vom Netzmagazin *Wired* treffend als *Journoporn* etikettiert (zum Überblick über die Cyberporn-Debatte siehe das Archiv von Hoffman & Novack, 1998).

4.8 Zusammenfassung

Aufgrund seiner historischen Wurzeln im militärischen und wissenschaftlichen Bereich ist es nicht verwunderlich, dass das Internet kein ubiquitär genutztes Publikumsmedium, sondern (bislang) eher ein Elitemedium darstellt. Der typische Internet-Nutzer ließ sich lange Zeit als „männlich, jung, akademisch gebildet und im naturwissenschaftlich-technischen Bereich tätig“ charakterisieren. Mit dem rapiden Wachstum der Internet-Population ist jedoch eine langsame Angleichung ihres sozialstatistischen Profils an die Gesamtbevölkerung der hochtechnisierten Industrienationen zu erwarten. So ist in der bundesdeutschen Internet-Teilpopulation mittlerweile von einem Frauenanteil von rund 30% auszugehen. Die Integration der Bevölkerung der sog. Dritten Welt in die angeblich „globalen“ Computernetze steht jedoch weitestgehend aus (vgl. Afemann, 1997), und auch an der Einbeziehung der älteren Jahrgänge und der unteren Sozialschichten mangelt es.

Es bleibt festzuhalten, dass neben negativen Medieneinstellungen und geringen Nutzenerwartungen mangelnde Geräteausstattung, fehlende oder inadäquate Qualifikationsmöglichkeiten sowie eng begrenzte finanzielle und zeitliche Ressourcen für große Bevölkerungskreise gravierende Hürden auf dem Weg ins Internet darstellen (vgl. Kap. 1.2: Zugang zum Internet). Dass die Vernetzungstechnologie eben nicht der sozialen Vernetzung, sondern gerade der sozialen Ausgrenzung Vorschub leistet, wenn die Bevölkerungsmehrheit ausgeschlossen bleibt (vgl. Fournier, 1994, S. 141ff.), ist als politisches Problem zwar erkannt, allerdings sind die praktischen Lösungsansätze bislang eher spärlich. Zudem ist zu beachten, dass ein wiederholtes Konstatieren der relativen soziodemografischen Homogenität der Netz-Population („Internet-Nutzer sind in erster Linie junge, weiße Männer“) ohne eine entsprechende Analyse der Determinanten dieses Status Quo schnell affirmativ wirkt und zukunftsweisende Ausnahmen und Veränderungspotentiale vernachlässigt. Für diejenigen, die trotz aller Hürden schließlich Zugang finden, ist es wichtig, möglichst diffferenziert über Chancen und Probleme der Netzkommunikation in soziodemografisch unterschiedlich zusammengesetzten Netzforen informiert zu sein, damit die – durch einseitige Internet-Berichterstattung und wahrgenommenen Minderheiten-Status entstandenen – negativen Erwartungen nicht gleich zu sich selbst erfüllenden Prophezeiungen werden.

Die populäre Vorstellung, dass Internet-Nutzer in eine virtuelle Scheinwelt flüchten, häufig internet-süchtig werden und in erster Linie erotisch-pornografische Inhalte rezipieren, lässt sich anhand der verfügbaren Umfragedaten und Inhaltsanalysen nicht bestätigen. Vielmehr scheint sich das Zeitbudget für Internet-Nutzung mit durchschnittlich gut einer Stunde täglich – im Vergleich zu anderen Medien – sehr im Rahmen zu halten. Gleichzeitig ist von individualisierten Mustern der Internet-Nutzung hinsichtlich der Auswahl von Diensten und Inhalten auszugehen, wobei neben dem Informations- und dem Unterhaltungswert des Netzes die interpersonale Kommunikation eine wesentliche Rolle spielt: Die überwiegende Mehrzahl (rund 80%) der Netzaktiven kommuniziert regelmäßig per Email und nutzt das WWW, etwa ein Drittel nimmt regelmäßig (aktiv oder passiv) an Diskussionen in Mailinglisten und Newsgroups teil, etwa jede fünfte bis zehnte Person im Netz kommuniziert oft per Chat, Chat-Channel oder MUD.

Eine differenzierte Beschreibung unterschiedlicher Nutzungsmuster ist jedoch zum heutigen Zeitpunkt nicht möglich, da Umfragen oft mit unvollständigen Ad-hoc-Kategorien von Gratifikationen und Inhalten operieren und zudem davon auszugehen ist, dass Internet-Nutzerinnen und -Nutzer ihr Zeitbudget und die von ihnen genutzten Internet-Dienste nur grob angeben können. So dürfte z.B. eine erhebliche Fehlerquelle darin liegen, dass viele Internet-Nutzer alle Dienste, die sie mit dem WWW-Browser aufrufen können (z.B. auch Usenet Newsgroups), dem WWW zurechnen. Für eine genauere Beschreibung des Nutzungsverhaltens sind systematische Tagebuchstudien und auch Logfiles einzelner Internet-Sitzungen besonders aufschlussreich. Mit den Möglichkeiten und Grenzen der methodischen Erfassung von Determinanten, Merkmalen und Konsequenzen der Netzkommunikation beschäftigt sich das folgende Kapitel.

5 Methodische Erfassung computervermittelter Kommunikation

Bei der Definition und Beschreibung der verschiedenen Varianten zeitversetzter (Kap. 2) und zeitgleicher (Kap. 3) computervermittelter Kommunikation im Internet sowie bei der Charakterisierung der Internet-Population (Kap. 4) haben wir auf Daten zurückgegriffen, die im Kontext unterschiedlicher *Forschungsdesigns* an unterschiedlichen Stichproben von *Untersuchungsobjekten* mit unterschiedlichen *Datenerhebungsmethoden* gewonnen und schließlich mit unterschiedlichen *Analysemethoden* ausgewertet wurden. Das vorliegende Kapitel konzentriert sich aus methodischer Sicht auf die Frage, welche Datenerhebungsmethoden der sozialwissenschaftlichen Internet-Forschung allgemein zur Verfügung stehen und wie intensiv man sie bislang nutzt.

Kap. 5.1 wendet sich den Beobachtungsmethoden zu und geht auch auf die Auswertung von Beobachtungsmaterial mittels Inhaltsanalysen ein. Kap. 5.2 behandelt mündliche und Kap. 5.3 schriftliche Befragungsmethoden. Alle drei Gruppen von Datenerhebungsmethoden (für weitere Methoden siehe Williams, Rice & Rogers, 1988) sind sowohl zur Untersuchung der *Merkmale* der Internet-Nutzung (z.B. sprachliche Besonderheiten bei der Netzkommunikation), als auch zur Erfassung ihrer *Determinanten* (z.B. Nutzungskompetenz, Nutzungsmotive) sowie ihrer *Konsequenzen* (z.B. Veränderung von Beziehungsmustern und Gruppenzugehörigkeiten in Folge der Internet-Nutzung) geeignet. Generell profitieren internet-bezogene Studien von einer Kombination unterschiedlicher methodischer Zugangswege. Zudem können und sollen Internet-Studien nicht nur *netzinterne*, sondern auch *netzexterne* Datenquellen ausschöpfen. So kann man beispielsweise zur Untersuchung der Chat-Kommunikation Interaktions-Sequenzen auf Chat-Channels mitprotokollieren, die regelmäßigen Face-to-Face-Treffen von Channel-Mitgliedern (sog. Channel Parties: CPs) teilnehmend beobachten, die Erfahrungen unterschiedlicher Gruppen von Chattern und Chatterinnen per Leitfaden-Interview oder per Fragebogen erfassen.

Die Wahl einer Datenerhebungsmethode steht in enger Verbindung zum *Untersuchungsdesign*. Um die Fülle der Untersuchungsdesigns zu ordnen, lassen sich vor allem drei Kriterien heranziehen:

- Anzahl der Untersuchungsobjekte (Einzelfallstudie versus Stichproben- oder Populations-Untersuchung),
- Anzahl der Untersuchungszeitpunkte (Querschnittstudie versus Längsschnittstudie),
- Kontrolle der Bedingungsvariation (Ex-post-facto-Design versus experimentelles Design).

Auch wenn Datenerhebungsmethoden im Folgenden im Zentrum stehen, werden wir immer wieder auch auf Fragen des Untersuchungsdesigns, der Stichprobenauswahl sowie der Datenanalyse zu sprechen kommen. Die einzelnen Untersuchungsdesigns und Stichprobenarten werden deswegen nicht gesondert behandelt. Eine Ausnahme bilden die experimentellen Designs, denen Kap. 5.4 gewidmet ist. Kap. 5.5. diskutiert ethische Probleme netzimmanenter Datenerhebung und Kap. 5.6 liefert eine kurze Zusammenfassung. Das für diese Arbeit gewonnene Datenmaterial entstammt in erster Linie der der automatischen sowie der nicht-automatischen Beobachtung samt Feldgesprächen, hinzu kommen standardisierte Erhebungen: eine Offline-Interview-Studie (Anhang 1), eine experimentelle Fragebogen-Untersuchung außerhalb des Netzes (Anhang 2), eine Online- und Offline-Fragebogen-Studie (Anhang 3) sowie eine Online-Interview-Studie (Anhang 4).

5.1 Beobachtung

Im Kontext der Sozialwissenschaften und insbesondere der Sozialpsychologie erfassen Beobachtungsmethoden soziales Geschehen, indem sie es hinsichtlich diverser Merkmale und potentiell unter Einbeziehung aller Sinnesorgane registrieren, systematisieren, dokumentieren und interpretieren. Beobachtungsmethoden werden meist in Einzelfallstudien eingesetzt, wenn es darum geht, die soziale Wirklichkeit bzw. den Alltag möglichst unbeeinflusst zu lassen und in mehr oder weniger großen Bedeutungseinheiten aufzunehmen. Mit „sozialer Wirklichkeit“ sind im Kontext der Internet-Forschung Kommunikations-Szenarien *innerhalb* und (sofern Internet-Nutzer und -Nutzerinnen involviert sind) auch *außerhalb* des Netzes gemeint. Zwar werden auch in experimentellen Untersuchungen (siehe Kap. 5.4) die Effekte der Interventionen „beobachtet“, allerdings konzentriert man sich dabei auf eine besonders präzise Erfassung der Ausprägung einzelner Variablen und spricht deswegen nicht dezidiert von „Beobachtung“ als Datenerhebungsmethode. Aus dem Spektrum der Beobachtungsmethoden greifen wir nun die in der Internet-Forschung besonders häufig eingesetzte *freie Beobachtung* (Kap. 5.1.1), die *Feldbeobachtung* (Kap. 5.1.2) und die *automatische Beobachtung* (Kap. 5.1.3) heraus. Freie Beobachtung und Feldbeobachtung lassen sich innerhalb und außerhalb des Netzes einsetzen. Demgegenüber stellt die automatische Beobachtung eine netzimmanente Beobachtungsvariante dar. Solange die Tatsache der Beobachtung von den Beobachteten nicht bemerkt wird, spricht man auch von nonreaktiver Datenerhebung.

5.1.1 Freie Beobachtung

In die Kategorie „freie Beobachtung“ bzw. „*Alltagsbeobachtung*“ fallen alle Sinneseindrücke und Erlebnisse von Internet-Nutzern, die unsystematisch, ohne spezielle methodische Anleitung zustandekommen (vgl. Bortz & Döring, 1995, S. 248). Manchmal nehmen Netzaktive außergewöhnliche Erlebnisse im Netz zum Anlass, diese weiterzuerzählen oder aufzuschreiben. Solche Erfahrungsberichte geben meist einen besonders plastischen und lebendigen Eindruck vom Netzleben, allerdings sind sie stark von subjektiven Theorien, Urteilsfehlern und individuellen Dispositionen geprägt, so dass die Generalisierbarkeit (manchmal auch die Authentizität) der Eindrücke in Frage steht. Alltagsbeobachtungen zu spektakulären Internet-Themen wie etwa Online-Romanzen, Internet-Sucht oder Computerkriminalität sind weitaus häufiger dokumentiert als beispielsweise Erfahrungsberichte über Muster der alltäglichen Internet-Nutzung (z.B. Umgehen mit Mailinglisten, Verwaltung persönlicher Emails, WWW-Navigation). Wer in der Internet-Forschung aktiv ist, greift nicht nur gerne auf die Alltagsbeobachtungen von Netzaktiven zurück, sondern sammelt selbst *anekdotische Erfahrungen* im Netz.

Bei der freien Beobachtung ist die Aufmerksamkeit nicht von vornherein auf bestimmte Merkmale oder Ereignisse fokussiert, sondern richtet sich je nach momentaner Befindlichkeit, individuellen Interessen und Vorannahmen auf jeweils unterschiedliche Dimensionen des aktuellen sozialen Geschehens. Prozesse der Selektion, Dokumentation und Interpretation der beobachteten Netzkommunikation verlaufen unkontrolliert, die Erlebnisse werden unter Rückgriff auf Alltagstheorien gedeutet. Durch die aktive Partizipation am Geschehen mischen sich bei der teilnehmenden Vorgehensweise Selbst- und Fremdbeobachtungen, zudem bleiben Teile des Gesamt-Geschehens unbemerkt oder werden nur partiell wahrgenommen. Freie Beobachtungen von Journalisten, Publizisten oder Wissenschaftlern haben oft den Nachteil, dass sie auf sehr kurzen Beobachtungszeiträumen beruhen (z.B. Journalistin bewegt sich einige Tage im Internet oder in einem Online-Dienst und lässt ihre Erlebnisse in einen Artikel einfließen), während in die Berichte regulärer Nutzerinnen und Nutzer oftmals monate- und jahrelange Netzerfahrungen eingehen (z.B. Casimir & Harrison, 1996; Jaeger, 1998; Rheingold, 1994; Stoll, 1996; Winni, 1998). Das folgende Statement beschreibt die ersten – etwas desillusionierenden – Schritte eines Journalisten im Online-Dienst CompuServe (zu Online-Diensten siehe Kap. 1.3):

> Beim ersten Mal war ich noch tief beeindruckt von der schönen bunten Leiste mit Bildern, die auf dem Bildschirm erschien: Ein Herz, eine Weltkugel, eine Ampel, eine Wolke. Schön bunt, nicht schlecht. Frohen Mutes klickte ich die Weltkugel an. Darauf erschienen wieder Bilder mit verschiedenen Themenschwerpunkten: Technik, Lifestyle, Börse. Ich zappte in das Lifestyle-Feld, von dort in „Travel“. Dann erschien eine lange Liste mit seltsamen Wörtern, die ich eigentlich nicht verstand. Ich suchte mir ein Wort aus, bei dem ich so etwas wie

> Japan entziffern konnte – das hört sich weit weg an, nach Fernem Osten. Da wollte ich immer schon mal hinreisen. Im richtigen Leben fehlt mir dazu das Geld – aber – per Online kommt die Welt ins Haus. Doch so einfach ist das nicht. Die nächste Entscheidung – was will ich? Nur eine Nachricht senden, in die Librarys oder mit den anderen Teilnehmern diskutieren? Ich will diskutieren! Mit möglichst vielen Japanern. Folglich gehe ich mit der Maus ins Diskussionsfeld und sehe, wer noch drin ist im Diskussionsforum. Tatsächlich: vier Leute. Aber kein Japaner dabei. (Rüegg & Hoppe, 1995, S. 130)

Der methodische Stellenwert anekdotischer Beobachtungen liegt darin, neue Erfahrungswelten zu erschließen, Forschungsfragen aufzuwerfen und Ideen für die Theoriebildung zu liefern. Neben dieser heuristischen Funktion können freie Beobachtungen auch herangezogen werden, um theoretische Modelle zu illustrieren (nicht jedoch zu belegen). Allenfalls deterministische Aussagen lassen sich mit anekdotischen Evidenzen widerlegen.

5.1.2 Feldbeobachtung

Im Unterschied zur unsystematischen Alltagsbeobachtung unterliegt die *Feldbeobachtung* (*ethnografische Beobachtung*) methodischen Regeln (vgl. Bortz & Döring, 1995, S. 312ff.). Sie findet in der Regel *teilnehmend* und *verdeckt* statt. Die Forschenden agieren demnach beispielsweise in Mailinglisten, Newsgroups, Chat-Channels oder MUDs, wobei sie versuchen, sich dem Feld möglichst unauffällig anzupassen und die sozialen Prozesse durch ihre Forschungstätigkeit nicht zu beeinträchtigen.

Durch eine gründliche Planung, systematische Registrierung und Dokumentation, theoriegeleitete Reflexion und ggf. auch Supervision ist die Feldbeobachtung als intersubjektiv nachvollziehbare und kontrollierte Datenerhebungsmethode der Alltagsbeobachtung überlegen. Zwar unterliegt man bei der Feldforschung zunächst genau wie bei der Alltagsbeobachtung der Tendenz, Ereignisse selektiv und einseitig wahrzunehmen und idiosynkratisch zu deuten, allerdings sollen diese Verzerrungen durch bestimmte Techniken (z.B. systematisches Sammeln von Evidenzen, Verständigung im Beobachtungsteam, Feldgespräche zur Validierung von Deutungen etc.) transparent gemacht und auch reduziert werden. Da im Zuge von Feldbeobachtungen meist ein sehr umfangreicher Materialkorpus entsteht (Feldnotizen, Aufzeichnungen von Feldgesprächen, im Feld gesammelte Artefakte etc.), ist Intersubjektivität stark daran gebunden, dass Prozesse der Materialauswahl und -auswertung im Ergebnisbericht dokumentiert sind. Episodische Schilderungen sollten nicht wie bei alltäglichen Erfahrungsberichten isoliert dastehen, sondern relativierend in den Kontext anderer Ereignisse eingebettet sein.

In der sozialwissenschaftlichen Internet-Forschung sind ethnografische Methoden sehr verbreitet (zum Überblick siehe Paccagnella, 1997). So arbeiten etwa Baym (1995a, 1995b, 1997), Curtis (1997), Helmers (1994), Reid (1991, 1994a, 1995),

Stone (1993, 1995) und Turkle (1995) nach diesem Ansatz. Dabei gehen sie nicht theorielos vor, sondern orientieren sich überwiegend am *symbolischen Interaktionismus* (Blumer, 1969; Goffman, 1980, 1991; Mead, 1934) und *sozialen Konstruktivismus* (Berger & Luckmann, 1966; Gergen, 1985, 1991; Gergen & Davis, 1995), um ihre Beobachtungen zu strukturieren und in einen größeren Rahmen einzuordnen. Feldbeobachtungen werden ergänzt durch *Feldgespräche* oder andere Interviewformen (vgl. Kap. 5.2). Auch die *Analyse von Netzdokumenten* (z.B. FAQ der beobachteten Newsgroup, Homepage des beobachteten Chat-Channels etc.) spielt im Kontext der Feldforschung eine große Rolle. Typisch für Feldforschung ist die zeitliche Ausdehnung des Untersuchungsprozesses über Wochen, Monate oder Jahre hinweg, wobei man sich im Sinne des Fallstudien-Designs auf wenige Untersuchungsobjekte konzentriert (siehe Williams, Rice & Rogers, 1988, S. 106ff.).

Die ethnografische Beobachtungsmethode ist für die Internet-Forschung deshalb so wichtig, weil sie hilft, größere soziale Gebilde wie etwa einzelne Mailinglisten, Newsgroups, Chat-Channels und MUDs ganzheitlich in ihren Strukturen und Prozessen aus der Perspektive der Beteiligten zu beschreiben. Wie sich bereits abzeichnet, ist die von außen recht einheitlich wirkende „Netzkultur" (siehe Kap. 6.10) nicht nur durch die technische Vielfalt der Dienste, sondern auch durch die soziale Vielfalt der Gruppen und Gemeinschaften stark binnendifferenziert. Eine systematische, längsschnittliche und vergleichende Beschreibung der unterschiedlichen Szenarien und „Subkulturen" innerhalb der globalen „Netzkultur", wie sie mit ethnografischen Methoden möglich und sowohl für die Gegenstandsbestimmung (siehe Kap. 2 und 3) als auch für die theoretische Analyse (siehe Kap. 6) notwendig ist, hat erst begonnen. Dabei sind natürlich auch die Grenzen ethnografischer Forschung im Auge zu behalten: Der Anspruch, die individuellen Perspektive der Beteiligten unverzerrt wiederzugeben ist hochgesteckt, gerade wenn die Forschenden sich selbst engagiert am Geschehen beteiligen. So reflektiert z.B. Markham (1998) in ihrer Studie über das Chatten und Mudden ausführlich die Probleme, die sich aus ihrer Doppel-Rolle – private Teilnehmerin einerseits und professionelle Ethnografin andererseits – ergeben.

Da Kommunikations-Szenarien im Netz in mehr oder weniger komplexen Relationen zu sozialen Arrangements außerhalb des Netzes stehen, sollte die ethnografische Internet-Forschung nicht nur netzimmanent vorgehen, sondern muss auch „real life"-Szenarien wie familiales Zusammenleben, Computermessen, Channel-Parties, MUD-Treffen, Computerräume, Internet-Cafés etc. einbeziehen. Ob und wie welche Netznutzer ihre sozialen Erfahrungen im Netz auf das Alltagsleben außerhalb des Netzes übertragen (Transfer) oder unter welchen Bedingungen umgekehrt Netzaktivitäten eine Flucht vor realen Problemen darstellen (Eskapismus), lässt sich nur beschreiben, wenn Online- und Offline-Aktivitäten aufeinander bezogen werden.

5.1.3 Automatische Beobachtung

Während Alltagsbeobachtung und Feldbeobachtung innerhalb und außerhalb des Netzes stattfinden können und sollen, stellt die *automatische Beobachtung* eine netzimmanente und nonreaktive Datenerhebungsmethode dar. Bei der automatischen Beobachtung von computervermittelter Kommunikation macht man es sich zunutze, dass im Netz sämtliche zwischenmenschlichen Kommunikations- und Interaktionsakte digital erfolgen und somit automatisch und vollständig registrierbar sind („geplante Beobachtung" nach Webb, Campbell, Schwartz, Sechrest, 1975, S. 181). Darüber hinaus hinterlässt die Nutzung von Systemfunktionen aller Art digitale Spuren in Form von Protokolldateien (Log Files, kurz: Logs), die der Leistungs- und Fehleranalyse dienen und normalerweise nach einer gewissen Zeit gelöscht werden. Log Files werden teilweise auf dem Server erzeugt und abgelegt (Serverlog), teilweise auf dem nutzerseitigen Rechner (Clientlog). Im Unterschied zur Analyse physischer Spuren wie etwa zurückgelassenem Abfall oder Fußabdrücken (Webb, Campbell, Schwartz & Sechrest, 1975, S. 73), die keine Zuordnung zur verursachenden Person zulassen, sind beim Log File über die Registrierung des Rechners samt Zeitangabe der Aktivität indirekte Rückschlüsse auf Personen eher möglich. Allerdings bleibt als Fehlerquelle die Möglichkeit bestehen, dass mehrere Personen denselben Rechner nutzen bzw. dass eine Person mehrere Rechner verwendet.

Grenzen der Dokumentierbarkeit individuellen und kollektiven Nutzungsverhaltens sind zwar in technischer Hinsicht mit Ausnahme einiger umschriebener Fehlerquellen kaum gegeben, allerdings ist durch den Anspruch auf Privatheit ein Teil der Netzkommunikation (z.B. persönliche Emails) vor automatischer Beobachtung durch Außenstehende juristisch geschützt. Das pragmatische Problem, extrem umfängliche Textkorpora systematisch zu archivieren und zu analysieren mag in der Forschung ebenfalls dazu führen, automatisierte Beobachtungsaktivitäten zu beschränken bzw. bei der Auswertung stark selegierend und aggregierend (und damit auch anonymisierend) vorzugehen. Personenbezogene Protokolle von Netzaktivitäten bleiben jedoch generell in vielen Kontexten missbrauchsanfällig (z.B. Mitarbeiterüberwachung). Im Folgenden behandeln wir zunächst die automatische Beobachtung von zeitversetzten und zeitgleichen, öffentlichen und privaten *Kommunikationsprozessen*. Anschließend geht es um die automatische Beobachtung des Aufrufs von *Systemfunktionen* mittels systemgenerierter Protokolldateien.

Registrierung von Kommunikationsprozessen

Am einfachsten ist die automatische Beobachtung *asynchroner Kommunikations-Szenarien* im Netz: Nachdem man sich in einer oder in mehreren *Mailinglisten* subskribiert hat, erhält man automatisch sämtliche Postings zugeschickt und kann – ohne selbst in der Liste in Erscheinung zu treten – ein vollständiges Archiv der öffentlichen Listen-Kommunikation anlegen. Ähnlich ist das Vorgehen bei der automatischen Beobachtung von *Newsgroups*. Da Mailinglisten und Newsgroups nach ihrer Gründung über Jahre und Jahrzehnte hinweg existieren und „Endlosgespräche“ hervorbringen, wird man selten Posting-Populationen (z.B. sämtliche Postings einer Newsgroup seit Gründung), sondern eher Stichproben untersuchen. Dazu entnimmt man typischerweise einmal oder mehrmals (z.B. per Zeitstichproben-Verfahren) ein Kollektiv aufeinander folgender Beiträge aus dem Zielforum (z.B. alle Postings einer Newsgroup im Zeitraum von drei Beobachtungswochen; 100 aufeinanderfolgende Postings ab einem bestimmten Starttermin). In Newsgroups ist größenordnungsmäßig mit 0 bis 500 und mehr Postings pro Tag zu rechnen, die sich zu Threads mit einer Länge von durchschnittlich weniger als 10 Beiträgen gruppieren (vgl. Bonchek, 1996; McKenna & Bargh, 1997; Sproull & Faraj, 1997).

Der *Thread* (Gesamtheit aller Postings zum selben Betreff) ist in vielen Anwendungsfällen die geeignete Analyseeinheit, da die Betrachtung *einzelner* Postings den Diskurszusammenhang vernachlässigt. Obwohl die durchschnittliche Threadlänge in vielen Foren deutlich unter 10 Postings liegt, gibt es immer wieder Themen, die Threads mit hundert und mehr Postings hervorbringen und über mehrere Wochen hinweg weiterentwickelt werden. Solche Threads können im Sinne einer Ereignisstichprobe gesammelt werden oder auch zu Einzelanalysen dienen. Wetzstein, Dahm, Steinmetz, Lentes, Schampaul & Eckert (1995, S. 97ff.) rekonstruierten beispielsweise Diskussionsverlauf, Themenkarrieren und Textgattungen *eines* (aus n=89 Postings bestehenden) Threads der Newsgroup <de.talk.sex> (inzwischen umbenannt in <de.talk.liebesakt>).

Bei der automatischen Beobachtung *synchroner Kommunikations-Szenarien* im Netz werden die Tastatureingaben der Beteiligten genau in der Weise protokolliert, wie sie auf dem Monitor erscheinen (*Logfile Recording*). Auf *Chat-Channels* (Kap. 3.3) operiert man am besten mit Zeitstichproben, betritt zu definierten Zeitpunkten jeweils den Channel und loggt ein Zeitintervall mit. Dieses Verfahren lässt sich nonreaktiv durchführen, da es auf Chat-Channels durchaus üblich ist, dass Lurker präsent sind, die sich nicht aktiv am Geschehen beteiligen (siehe Kap. 4.5). Während sich die Gruppenkommunikation in Chat-Channels und Chat-Rooms jeweils auf *einen* virtuellen Ort (den Channel oder Room) konzentriert, verteilt sie sich in *MUDs* (Kap. 3.4) auf unterschiedliche Lokalitäten (z.B. Kneipe, Büro, Wald innerhalb derselben virtuellen Umgebung). Somit lässt sich auch nicht die Kommunikation im gesamten MUD automatisch beobachten, sondern es ist eine Konzentration auf einzelne Orte innerhalb des MUDs notwendig. Automatische Aufzeichnungen lassen sich gut mit ethnografischen Beobachtungen (Kap. 5.1.2) kombinieren, indem man immer dann mitloggt, wenn man beim Chatten oder Mudden gerade eine interessante Interaktion beobachtet oder selbst involviert ist. Das Mitloggen selbst ist beim Chatten oder Mudden für die anderen Beteiligten nicht erkennbar, was einerseits *nonreaktives Vorgehen* ermöglicht, andererseits *ethische Probleme* aufwirft (siehe Kap. 5.5). Generell ist beim automatischen Registrieren synchroner Kommunikationsprozesse darauf zu achten, dass alle Wortbeiträge durch sekundengenaue Zeitangaben gekennzeichnet sind. Für umfangreichere automatische Beobachtungs-Studien in Chat Channels oder

MUDs bietet es sich an, einen Bot (siehe Kap. 3.3.3) zu programmieren, der die Datenerhebung übernimmt.

Im Unterschied zu den öffentlichen Beiträgen in Mailinglisten, Newsgroups, Chat-Channels und MUDs sind bilaterale Emails und Chats *privat*. Will man private Email- und Chat-Kontakte untersuchen, muss man die Beteiligten um die Archivierung und Herausgabe ihrer Emails und/oder mitgeloggten Chats bitten, was ebenso wie etwa die Analyse von privater Briefpost nur begrenzt auf Akzeptanz stoßen dürfte. Während die Dokumente intimer Netzkommunikation für Forschungszwecke sehr schwer zugänglich sind, kann man bei lockeren privaten Bindungen oder formalen Beziehungen im Arbeitsleben Zielpersonen durchaus zur Herausgabe von Kopien ihrer Emails bewegen (siehe Constant, Sproull & Kiesler, 1997). Pragmatisch lässt sich dabei so vorgehen, dass man die Untersuchungspersonen bittet, jeweils eine *Carbon Copy* ihrer gerade versendeten Email bzw. ein *Forward* ihrer gerade erhaltetenen Email an das Forschungsteam zu schicken (vgl. Kap. 2.2.5). Private Emails und Chats stehen zudem immer dann auf offizieller Seite zur Verfügung, wenn Forschende im Kontext ihrer Feldarbeit Kontakte im Netz anknüpfen, Lehrkräfte virtuelle Seminare leiten oder pychologische Fachkräfte Online-Beratungen durchführen. Unter welchen Bedingungen (z.B. explizites Einverständnis des Gegenübers, Anonymisierung etc.) es legitim ist, die hierbei anfallenden automatisch aufgezeichneten Dokumente zu archivieren und wissenschaftlich auszuwerten, ist eine weitgehend offene ethische Frage (siehe zu ethischen Problemen Kap. 5.5).

Verglichen mit den Schwierigkeiten, die es bereitet, soziale Kommunikation und Interaktion in Face-to-Face-Situationen unbemerkt und vollständig aufzuzeichnen, ist die automatische Aufzeichnung von (öffentlicher) textbasierter computervermittelter Kommunikation eine bemerkenswert unaufwendige und komfortable Datenerhebungsmethode. Nicht nur sind Aufmerksamkeitsschwankungen oder Selektionseffekte, wie sie bei menschlichen Beobachtern auftreten, ausgeschlossen, auch die sonst für technische Aufzeichnungen typischen Probleme (z.B. gegenseitiges Verdecken von Personen auf dem Videofilm, unverständliches gleichzeitiges Sprechen bei einer Audio-Aufzeichnung) spielen beim automatischen Protokollieren computervermittelter Textkommunikation keine Rolle. Ein weiterer Vorteil automatischer Aufzeichnungen besteht darin, dass sich die anfallenden digitalen Beobachtungsprotokolle unmittelbar der computergestützten Auswertung (z.B. mittels qualitativer oder quantitativer *Inhaltsanalyse*) zuführen lassen (vgl. Paccagnella, 1997). Auch die Linguistik greift verstärkt auf Chat-Protokolle zurück und untersucht beispielsweise, inwieweit synchrone computervermittelte Chat-„Gespräche" ähnliche Regelhaftigkeiten aufweisen wie mündliche Gespräche (Grosch, 1997; Krause, 1997) bzw. inwiefern das Chatten konzeptionell als mündliche oder schriftliche Kommunikation zu verstehen ist (Haase, Huber, Krumeich & Rehm, 1997). *Soziometrische Analysen* sind nonreaktiv möglich, indem man z.B. die im Header enthaltenen Informationen ausnutzt, die angeben, wer wie häufig auf wessen Postings reagiert oder eben nicht reagiert (vgl. Scholl, Pelz & Rade, 1996, S. 169ff.). Welche Modifikationen notwendig sind, um die für Face-to-Face-Situationen entwickelte *Interaktions-Prozess-Analyse* (IPA) von Bales (1950) bzw. deren Weiterentwicklungen von Becker-Beck (1997) auf computervermittelte Gruppenprozesse in Mailinglisten, Newsgroups, Chat-Channels und MUDs anzuwenden, wird gegenwärtig exploriert.

Die wichtigste Auswertungsmethode für die mittels automatischer Beobachtung gewonnenen Daten ist die *quantitative Inhaltsanalyse*. Sie wird beispielsweise genutzt, um Hypothesen über geschlechtsspezifische Kommunikationsstile, über das Auftreten von Flames oder das Ausmaß von Interaktivität in Netzforen zu prüfen (Mabry, 1998; Rafaeli & Sudweeks, 1998; Savicki, Lingenfelter und Kelley, 1996a, 1996b; Witmer & Katzman, 1998). Das bislang umfangreichste und anspruchsvollste Projekt, computervermittelte Kommunikation in Netzforen automatisch zu beobachten und inhaltsanalytisch auszuwerten, war das von 1992-1994 durchgeführte *ProjectH* (Rafaeli, Sudweeks, Konstan & Mabry, 1998). Es stellt einen Text-Korpus zur Verfügung, der aus insgesamt 3.000 Postings besteht, die 9 Bitnet Mailinglisten (zum Bitnet siehe Kap. 1.1), 11 Usenet Newsgroup (zum Usenet siehe Kap. 2.4) und 10 CompuServe SIGs: Special Interest Groups (zum Online-Dienst CompuServe siehe Kap. 1.3) entstammen. Die 3.000 Postings zerfallen in 30 Blöcke mit je 100 aufeinander folgenden Postings. Die beobachteten Kommunikationsprozesse wurden sowohl auf der Ebene der Postings, der Threads als auch der Foren mittels insgesamt 46 Kategorien kodiert. Zur Reliabilitätsprüfung wurden 2.000 Postings blockweise von je zwei Personen unabhängig voneinander kodiert, die übrigen 1.000 Postings wurden nur einmal kodiert. Tabelle 5.1 auf der nächsten Seite zeigt ausschnitthaft ein Kategoriensystem für eine quantitative Inhaltsanalyse von Postings (Kodiereinheiten sind die einzelnen Sätze). Berücksichtigt werden dabei nicht nur die Inhalte der Postings, sondern auch deren Verknüpfungen (z.B. wie stark wird auf andere Postings Bezug genommen).

Da die quantitative Inhaltsanalyse die Ausprägung einzelner Variablen (Kategorien) aus Textkorpora extrahiert, dient sie einerseits der Auswertung von Beobachtungsprotokollen, lässt sich andererseits aber auch als *eigene Datenerhebungsmethode* verstehen (die sich z.B. auf vorgefundene Dokumente anwenden lässt). Der inhaltsanalytischen „Auswertung“ bzw. „Datenerhebung“ ist somit eine statistische Analyse nachgeordnet, bei der beispielsweise mittels Häufigkeits-, Regressions-, Varianz-, Diskriminanz-, Cluster- oder Faktor-Analysen einzelne Variablen (Kategorien) miteinander in Verbindung gesetzt werden. Berthold, Sudweeks, Newton und Coyne (1998) analysierten alle 3.000 Postings aus ProjectH mit Hilfe eines Autoassoziativen Neuronalen Netzwerkes (ANN). Nachdem sie die 46 (teilweise mehrstufigen) Variablen des Kategoriensystems von ProjectH in 149 binäre Indikatorvariablen transformierten hatten, nutzten sie diese Daten zum Training des ANN. Das Netzwerk bestand aus 149 Einheiten, 149*149=22.201 Gewichten und 149 Schwellenwerten und wurde 5 Tage lang in 3.000 Durchgängen trainiert. Ziel der Analyse war es zu ermitteln, welche Merkmale ein prototypisches Posting aufweist.

Tab. 5.1: Kategoriensystem für eine quantitative Inhaltsanalyse von Postings (Quelle: Ausschnitt aus Savicki, Lingenfelter & Kelley, 1996a, Tabelle 1)

Kategoriensystem zur Inhaltsanalyse von Postings		
Kategorie	*Definition*	*Beispiel*
First Person	measured verbal self-disclosure, a statement by the author of the message about the author of the message: 1 = yes, 2 = no.	„I like opera", „I'm an email-junkie", „My hair is black"
Fact	measured statement of fact whether or not the fact was correct, without first person reference to the message sender: 1= no statement of fact, 2= one or more statements of fact.	„The world is really flat." „The government is loaded with freeloaders."
Apology	measured any form of apology (implied or direct): 1 = no apology present to 2 = clear apology.	„I am sorry I said what I said", „I take my words back"
Question	measured the presence of a question: 1 = no, 2 = yes.	„How can I operate this software?"
Action	measured any call for action on the part of the reader: 1 = no, 2 = main content of the message.	„Write your congressman," „Go see this movie."
Challenge	measured the presence of a challenge, dare, or bet: 1 = no, 2 = yes.	„I challenge you to support that statement"
Coalition 1	measured degree of agreement or disagreement with another person or statement previously appearing in the group discussion. 0 = no reference to another person's message, 1 = mild response to another person on the list, 2 = strong response to another person on the list.	„I really agree with Ralph." „I think Ralph and Inge's idea sucks."
Coalition 2	measured the use of the first person plural pronouns (we, us) to refer to others on the discussion list: 1 = no, 2 = yes.	„We seem to be able to consider these ideas well." „Good for us!"
Flame 1	measured 6 levels of argumentativeness of a message: 1 = positive, neutral or no opinion to 6 = hostile: profanity, tirades, to the point of ignoring original issue.	„I have to take issue with you on that one." „Only a real dork would take such a stupid position."
Flame 2	measured 5 levels of the use of coarse or abusive language in a message: 1 = no abusive language to 5 = abusive language about content and persons in and out of the group.	„I can only say that you must be a real asshole."
Flame 3	measured efforts to prevent or alleviate tensions or arguments in the discussion: 1 = no such efforts, 2 = tries to calm ongoing tension.	„I think things are getting out of hand here. Let's get back to the point."
Status	measured whether or not the message body or header identified the personal status of the author: 1 = no, 2 = yes.	„Dr. H. I. N. Mighty, M.D., Ph.D. Founder and President."

Zur Untersuchung von WWW-Seiten als kommunikativen Botschaften sind ebenfalls *Inhaltsanalysen* naheliegend. So wählte beispielsweise Ho (1997) systematisch 1.800 Web Sites von Unternehmen aus 40 Branchen und 9 Ländern aus und kategorisierte deren Inhalte in einem 3x4-Felder-Schema gemäß Purpose (promotion, provision, processing) und Value (timely, custom, logistic, sensational). Die Kategorisierung erfolgte immer dann, wenn die Web Site entsprechende Inhalte aufwies. Um die Struktur von WWW Sites differenziert zu beschreiben schlägt Jackson (1997) die *Netzwerkanalyse* vor, die unter anderem in der Beziehungsforschung eine zentrale Rolle spielt (vgl. Kap. 8.1.3). Die einzelnen WWW-Seiten werden dabei als *Knoten*, die Links als *Kanten* des Netzwerks interpretiert. Mittels spezieller Software ist es möglich, ganze WWW-Sites unter Beibehaltung ihrer Verlinkungs-Struktur aus dem Netz herunterzukopieren. Da die Art der vom WWW-Designer vorgenommenen Verlinkung eine dezidierte Informationsfunktion hat und das Rezeptionsverhalten restringiert, ist die Analyse der Verlinkungs- bzw. Netzwerk-Struktur von großer Bedeutung. So wichtig eine detaillierte Beschreibung der manifesten Inhalte und Links gesamter WWW-Sites ist, so wichtig ist die Berücksichtigung des Nutzungsverhaltens. Denn beim interaktiven Medium WWW erkunden unterschiedliche Personen je individuelle Ausschnitte von Web-Sites auf je individuellen Pfaden (vgl. Kap. 2.5.4). Die Individualisierung der Informationsaufnahme ist also im Netz tendenziell sehr viel stärker ausgeprägt als beispielsweise bei herkömmlichen Printmedien.

Registrierung von Systemfunktionen

Das Verhalten von Personen im Netz schlägt sich nicht nur in den bewusst produzierten kommunikativen Botschaften nieder, sondern auch im Aufruf der verschiedenen Systemfunktionen, die in Log Files protokolliert und damit automatisch beobachtbar sind. Client-seitig verfügen viele Anwendungsprogramme über mehr oder minder umfangreiche History- und Log-Verfahren, die zurückliegende Nutzertätigkeiten festhalten. So kann man etwa mit dem Email-Programm nicht nur sämtliche erhaltenen, sondern auch alle abgeschickten Botschaften speichern und somit das eigene Email-Verhalten vollständig automatisch beobachten. Die gängigen Web-Browser bieten über die History-Funktion die Möglichkeit, sämtliche aufgerufenen WWW-Seiten (innerhalb einer Sesssion oder darüber hinaus) chronologisch mit Datum und Uhrzeit aufzulisten.

Server-seitige Protokolldateien beobachten das Verhalten aller Personen, die den jeweiligen Server nutzen. So lässt sich etwa dem Log File eines Mail-Servers entnehmen, wann wer wieviele Emails verschickt oder erhält. Der Server-Log eines *IRC-Servers* gibt Auskunft darüber, wie viele Channels zu welchem Zeitpunkt bestanden und wie intensiv sie nominell frequentiert wurden (da IRC oft auch im Hintergrund läuft, überschätzt die nominelle die aktive Teilnehmerzahl). Im Webchat (http://www.webchat.de) findet man für alle Chat-Rooms eine Statistik über die maximale Teilnehmerzahl innerhalb der letzten 24 Stunden (stundenweise) sowie innerhalb der letzten 31 Tage (tageweise) samt der zugehörigen Tages- und Monats-Mittelwerte. Auch für ganze MUDs lassen sich Server-Logs durchführen, denen beispielsweise zu entnehmen ist, wie viele Spielfiguren es gibt, wann sie sich ein- und ausloggen, wie sie sich im MUD bewegen oder welche Feelings (siehe Kap. 3.4.4 für eine entsprechende Auszählung) sie benutzen. Dem Log eines WWW-Servers ist zu entnehmen, welche Seiten wann von welchen Rechnern aus abgerufen wurden. Auf diversen WWW-Sites wird die Server-Statistik auch publiziert. So sind die Server-Logs des WWW-Servers am Psychologischen Institut der Universität Bonn für 1995 bis 1997 im Netz frei verfügbar (http://www.psychologie.uni-bonn.de/svrstats/); allerdings wird die Publikation der Logs aus datenschutzrechtlichen Gründen nicht mehr weitergeführt. Um objektive Beobachtungsdaten über die Nutzung von Newsgroups zu erhalten, wurde das Programm Arbitron genutzt, das auf News-Servern gezielt jene Nutzer-Dateien ausliest, in denen protokolliert ist, welche Newsgroups die Einzelnen jeweils abonniert haben. Die Newsserver-Daten wurden somit dezentral gesammelt und für die Auswertung dann zusammengeführt (zur Methode der Datenerhebung und Auswertung siehe Reid, 1995b; für einen Hinweis auf Auswertungsfehler siehe Franz, 1995a).

Da das WWW neben Email der meistgenutzte – und vor allem der kommerziell wichtigste – Internet-Dienst ist, sind Reichweiten-Messungen von besonderem Interesse. Auf vielen WWW-Seiten sind Seitenabruf-Zähler (Counter) integriert. Sie sind jedoch durch erhebliche Ungenauigkeiten belastet und lassen sich deshalb (wenn überhaupt) nur als sehr grobe Schätzer für die Zahl der Personen verwenden, die die entsprechende Seite tatsächlich gesehen haben (vgl. Schade, 1997). Log-Analysen der WWW-Nutzung sind dagegen sehr viel präziser und informationshaltiger. Hierbei stehen drei Varianten von Log-Files zur Verfügung: *Client-Logs* (per Locale Cache bzw. History-Funktion des Browsers), *Server-Logs* und *Proxy-Cache-Server-Logs*. Der Proxy-Cache-Server (kurz: Proxy) wird zwischen Client und Server geschaltet. Proxy-Server dienen Internet-Providern, aber auch Firmen und Institutionen dazu, die vorhandenen Netzbandbreiten besser auszunutzen. Dieses Ziel erreichen Proxy-Server, indem sie die angeforderten Seiten lokal zwischenspeichern. Fordert etwa ein an einen Proxy-Server angeschlossener Nutzer eine Webseite an, prüft der Server zunächst, ob diese Seite lokal im Proxy-Cache bereits vorliegt. Ist dies der Fall, gibt er die Seite an den User weiter, der Server des Seitenanbieters erhält keine Seitenanforderung. Nur wenn die Seite nicht lokal vorliegt, gibt der Proxy-Server die Anfrage an den Server des Anbieters weiter.

- *Client-Logs* enthalten nur Informationen über eine Person. Sie müssen von den einzelnen Nutzerinnen und Nutzern angefertigt und herausgegeben werden, wodurch die Nonreaktivität verlorengeht und Selektionseffekte entstehen. Mit Client-Logs zu arbeiten, bietet sich vor allem dann an, wenn im Rahmen des Forschungsprojektes unmittelbarer Zugriff auf die Rechner der einzelnen Untersuchungspersonen besteht, wie das etwa bei der HomeNet-Studie der Fall war (Kraut, Patterson, Lundmark, Kiesler, Mukophadhyay & Scherlis, 1998).
- *Server-Logs* beobachten nur das Geschehen auf einem Web-Server. Sie sind im Bereich des Marketing von besonderem Interesse, um die Reichweite eines

Web-Angebotes zu ermitteln und auf dieser Basis den Wert der vermieteten Werbeflächen festzulegen. Zur Messung der Werbeträgerleistung von Online-Medien hat der Verband Deutscher Zeitschriftenverleger (VDZ) ein Verfahren entwickelt, das Server-Logs erstellt, die um Verfälschungen (sprich: Unterschätzungen) durch Locale Caches und Proxy Caches bereinigt sind (Kunze, 1997). Das Prinzip hierbei ist einfach: Auf allen Seiten des Angebots fügt man eine winzige, unsichtbare Grafik ein, deren Header-Eintrag es verhindert, dass sie im Local Cache oder Proxy Cache gehalten wird. Bei jedem Besuch des Servers (Visit) bzw. bei jedem Abruf einer Seite (PageView) muss die Grafikdatei erneut vom Server übertragen werden und sorgt somit für einen vollständigen Server-Log.

- *Proxy-Cache-Server-Logs* vereinen die Client-Logs aller Nutzerinnen und Nutzer des Proxy und erlauben somit die nonreaktive Beobachtung des gesamten WWW-Nutzungsverhaltens von Personen. Die Proxy-Server-Log-Analyse ist jedoch in zweierlei Hinsicht ungenau: Zum einen bleiben Personen unberücksichtigt, die den Proxy nicht nutzen, zum anderen werden vielgenutzte Seiten einer Person aus deren clientseitigem *Locale Cache* bedient und nicht mehr aus dem Proxy. Gerade besonders häufig genutzte Server und Seiten sind somit im Proxy-Log unterrepräsentiert.

Berker (1998) wertete einen zweiwöchigen Log des Proxy-Servers der Universität Frankfurt aus. Dabei stellte er fest, dass in dem von ihm ausgezählten Zeitraum (20.1.98 – 4.2.98) von den Proxynutzern des Frankfurter Hochschulrechenzentrums, die entweder über Modem zugriffen oder im Terminalraum („Grapool“) arbeiteten, fast 30.000 unterschiedliche Server kontaktiert wurden. Im Rahmen der Proxy-Log-Analyse sind nun vier Analyseeinheiten möglich: a) einzelne abgerufene Seiten und deren Inhalte, b) einzelne kontaktierte Server und deren Inhalte, c) einzelne Sessions und deren Verlauf sowie d) einzelne Nutzerinnen und Nutzer und deren Aktivitäten. Einzelne Seiten sind als Analyseeinheiten aus Ökonomie-Gründen problematisch (hier müssten Inhaltsanalysen über Hunderttausende von Seiten erfolgen). Die Auswertung auf Personenebene kollidiert mit dem Datenschutz. Analysen auf Server- und Session-Ebene sind somit einschlägig.

Bei der Analyse auf *Server-Ebene* werden die adressierten Server nach Häufigkeit der Abfragen in eine Rangreihe gebracht und gemäß inhaltlicher Kategorien gebündelt. Hierbei legt man zugrunde, dass die auf einem Server vorgehaltenen Seiten oftmals allesamt zum selben Thema gehören. Die inhaltliche Kategorisierung kann dabei mehr oder minder feinkörnig sein. Bei der Analyse von *Sessions* fasst man alle Serverabfragen zusammen, die ohne längere Unterbrechung von derselben Rechneradresse ausgehen (wobei die Rechneradresse selbst aus Datenschutzgründen durch ein Pseudonym zu ersetzen ist). Für jede Session können nun Variablen wie Gesamtlänge, Anzahl der abgerufenen Seiten, inhaltliche Kategorien der kontaktierten Server, Tageszeit, Einstiegsseite und Ausstiegsseite erhoben werden.

Durch Server-Logs und Proxy-Server-Logs lassen sich unaufwendig sehr umfangreiche Datensätze generieren. Während eine einfache statistische Auswertung (z.B. Häufigkeitstabelle) unproblematisch ist und vom Log-Programm selbst angeboten wird, sind differenziertere Analysen aufgrund der großen Datenmengen durchaus nicht trivial. Mittlerweile stehen jedoch eine Reihe von Tools zur Verfügung, die verschiedene Varianten von Log-File-Formaten erzeugen und verarbeiten (z.B. Beckett, 1995).

5.2 Mündliche Befragung

Mit Hilfe von Beobachtungsmethoden lässt sich offenes Verhalten innerhalb und außerhalb des Netzes direkt erfassen, man kann sich ein unmittelbares Bild des sozialen Geschehens und der beteiligten Personen machen. Interviews dagegen sind besonders gut geeignet, wenn man sich a) für Verhaltensweisen interessiert, die schwer oder gar nicht beobachtbar sind (z.B. vergangenes Verhalten, Verhalten in privaten Situationen) oder wenn man b) das subjektive Erleben einer Person erfassen möchte (Einstellungen, Erwartungen, Emotionen etc.). So lassen sich etwa per Befragung die Umstände des Netzeinstiegs rekonstruieren oder subjektive Vor- und Nachteile der Internet-Nutzung ermitteln, die der Beobachtung nicht zugänglich sind.

Ebenso wie sich die wissenschaftliche Beobachtung durch planvolles Vorgehen von der Alltagsbeobachtung unterscheidet, sind auch *wissenschaftliche Interviews* von Alltagsgesprächen abzugrenzen: Wissenschaftlichen Interviews geht eine reflektierte Auswahl der Interviewpartner voraus (Stichprobenziehung). Die Formulierung der Fragen bzw. die Fragetechnik ist theoretisch fundiert, die Interviewäußerungen werden registiert (Tonbandaufnahme) und samt Kontextinformationen dokumentiert.

Da die mündliche Befragung eine in den Sozialwissenschaften stark verbreitete Datenerhebungsstrategie darstellt, verwundert es nicht, dass mittlerweile eine Fülle spezialisierter Interviewformen vorliegt (vgl. Bortz & Döring, 1995, S. 217ff., S. 283ff.). Prinzipiell sind sie alle in der Internet-Forschung einsetzbar. Gemäß dem Grad ihrer Standardisierung lassen sich Befragungsformen grob in drei Gruppen einteilen: Bei nicht-standardisierten bzw. offenen Befragungen entwickelt sich der Gesprächsverlauf relativ frei, es gibt nur eine grobe Themenzentrierung. Demgegenüber wird beim halbstandardisierten bzw. Leitfaden-Interview ein vorbereiteter Fragenkatalog abgearbeitet, wobei man Reihenfolge und Formulierung der Fragen jedoch flexibel der Situation und der Auskunftsperson anpasst, die ihre Antworten frei formuliert. Beim vollstandardisierten Interview dagegen sind Reihenfolge und Formulierung der Fragen sowie die Antwortalternativen strikt in Form eines elaborierten Fragebogens vorgegeben. Neben den gängigen Einzelbefragungen sind manchmal auch Gruppenbefragungen oder Gruppendiskussionen sinnvoll, etwa um kollektive Sichtweisen natürlicher Gruppen (z.B. Schulklassen, Arbeitsteams) zu erfassen oder die wechselseitigen Reaktionen der Teilnehmerinnen und Teilnehmer auf die Meinungsäußerungen der anderen miteinzubeziehen (vgl. Bortz & Döring, 1995, S. 293ff.).

Unstandardisierte *offene Befragungen* (Kap. 5.2.1) und halbstandardisierte *Leitfaden-Interviews* (Kap. 5.2.2) finden netzextern in Face-to-Face-Situationen statt, *vollstandardisierte Interviews* (Kap. 5.2.3) werden dagegen aus Ökonomie-Gründen immer häufiger telefonisch abgewickelt (Schnell, Hill & Esser, 1993, S. 373). Wird eine netzinterne interaktive Befragungssituation hergestellt, so spricht man vom *Online-Interview* (Kap. 5.2.4). Obwohl das Online-Interview – wie es für computervermittelte Kommunikation im engeren Sinne typisch ist – auf dem Austausch *schriftlicher* Textbotschaften beruht, unterscheidet es sich doch gravierend von den herkömmlichen schriftlichen Befragungsmethoden bzw. Fragebogenstudien: Das Online-Interview ist insofern der mündlichen Befragung ähnlicher als der Fragebogen-Studie, als es eine *dialogische* Situation herstellt, in der beide Seiten sich unmittelbar aufeinander einstellen können und müssen (konzeptionelle Mündlichkeit).

5.2.1 Offene Befragung

Biografische, narrative, klinische oder andere *offene Befragungen* (siehe Bortz & Döring, 1995, S. 283ff.) mit Netznutzerinnen und -nutzern dienen dazu, besondere Erlebnisse im Netz sowie psychosoziale Hintergründe und Konsequenzen der Netznutzung detailliert zu beleuchten. Offene Interviews sind z.B. relevant, wenn es darum geht, welche Bedeutung Menschen ihren Online-Identitäten oder Netzbeziehungen beimessen oder welche psychosozialen Konstellationen mit Vielnutzung oder Internet-Sucht zusammenhängen.

Offene Befragungen im Kontext der Feldforschung (*Feldgespräche*) heben sich insofern vom Alltagsgespräch ab, als sie in das systematische Regime des Forschungsprozesses eingeordnet sind und z.B. mit Feldbeobachtungen einhergehen. Zudem vermeidet man in Feldgesprächen ganz bewusst eine Beeinflussung des Gegenübers und versucht stattdessen mit sog. deskriptiven Fragen oder W-Fragen (wie? wann? wozu? etc.) ihre Weltsicht hervorzulocken. Offene Interviews werden im Sinne von *Fallstudien* meist mit einigen wenigen Netzaktiven durchgeführt. Hierbei kann man sich nach der Methode des *Theoretical Sampling* (Strauss & Corbin, 1996) darum bemühen, eine möglichst große Bandbreite differierender Fälle zu erfassen oder für eine bestimmte Fragestellung gezielt sehr typische Fälle auswählen und ihnen dann im Sinne eines Extremgruppenvergleichs kontrastierende Fälle gegenüberstellen. *Klinische Interviews* wurden in der Internet-Forschung bislang vor allem von Turkle (1995) und Bruckman (1992) eingesetzt; sie sind jedoch wegen sehr knapper Dokumentation in Form einzelner Zitate in ihrem Gesamtverlauf kaum nachvollziehbar.

5.2.2 Leitfaden-Interview

Im Unterschied zu offenen Interviews arbeiten *halbstandardisierte Interviews* mit einem festgelegten *Fragenkatalog* (Interviewleitfaden). Der Leitfaden gibt zwar Reihenfolge und Formulierung der Interviewfragen vor, wird aber in der Interviewsituation nicht stereotyp abgearbeitet, sondern flexibel auf die Befragungsperson abgestimmt und dem Interviewverlauf angepasst. Die Interviewten erhalten im halbststrukturierten Interview Gelegenheit, die einzelnen Fragen mehr oder weniger ausführlich mündlich zu beantworten oder auch selbst Nachfragen zu stellen. Halbstrukturierte Interviews haben gegenüber offenen Interviews den Vorteil, dass sie besser vergleichbar sind, da der Leitfaden sicherstellt, dass alle Befragungspersonen sich zu denselben Themen äußern. Leitfaden-Interviews sind nur dann sinnvoll, wenn ausreichendes Vorwissen über das Untersuchungsfeld verfügbar ist und die Forschungsfrage fokussiert werden kann. Die Befragung findet üblicherweise bei einem Face-to-Face-Treffen statt, selten per Telefon.

Leitfaden-Interviews können nicht nur mit *regulären Internet-Nutzerinnen und -Nutzern* durchgeführt werden, sondern auch mit *Netzexperten*, also etwa mit Personen, die Netzämter innehaben (z.B. Mailinglisten-Verwaltung), die in der Internet-Forschung tätig sind (z.B. Medienpsychologie, Informatik), die sich besonders in der Netzpolitik engagieren (z.B. Chaos Computer Club, Electronic Frontier Foundation) oder in der Anwendungspraxis arbeiten (z.B. Tele-Teaching, psychologische Online-Beratung). Der Informationsgehalt solcher *Expertengespräche* ist stark davon abhängig, ob man es mit nominellen oder faktischen Experten zu tun hat, was oftmals schwer einschätzbar ist. In Abhängigkeit davon, wie die Auswahl der Befragungspersonen erfolgt, wie viele Personen man interviewt und auf welche Weise die Interviewtexte ausgewertet werden, lassen sich Leitfaden-Interviews heuristisch, deskriptiv oder auch hypothesenprüfend einsetzen. Leitfaden-Interviews kamen unter anderem bei Wetzstein, Dahm, Steinmetz, Lentes, Schampaul und Eckert (1995) und Weinreich (1997) zum Einsatz, sind allerdings jeweils nur in Form einzelner Zitate bzw. Kurzzusammenfassungen dokumentiert. Dabiri und Helten (1998) führten ein- bis zweistündige Leitfaden-Interviews mit zwei Intensiv-Chatterinnen und zwei Intensiv-Chattern durch – hier sind Interviewsituation und -dynamik sowie Gesprächsprotokolle umfassend dokumentiert.

5.2.3 Vollstandardisiertes Interview

Vollstandardisierte persönliche oder telefonische Interviews verlaufen ebenso wie standardisierte schriftliche Befragungen (siehe Kap. 5.3.1) strikt gemäß einem festgelegten Katalog von Fragen und Antwortalternativen ab. Viele methodische Richtlinien zur Frageformulierung und Fragebogenkonstruktion gelten für persönliche, telefonische und schriftliche Befragungen gleichermaßen, hinzu kommen medienbedingte Besonderheiten. So können beim standardisierten persönlichen Interview visuelle Hilfen wie Antwortkarten, Diagramme oder auch Produktproben gezeigt werden, was telefonisch gar nicht und postalisch nur eingeschränkt möglich ist. Filterführungen sind in persönlichen und telefonischen Interviews sehr viel besser zu realisieren als in schriftlichen Befragungen, in denen sich die Probanden selbst orientieren müssen. Da es beim telefonischen im Unterschied zum persönlichen Interview schwieriger ist, die momentane Verfassung der Befragungsperson (z.B. Langeweile, Verständnisschwierigkeiten) einzuschätzen, ist das Arbeiten mit kurzen Fragen und überschaubaren Antwortalternativen besonders wichtig. Die Antworten von telefonischen oder persönlichen Interviews können handschriftlich in ein Formular eingetragen oder gleich elektronisch erfasst werden:

Bei der CATI-Methode (Computer Assisted Telephone Interview) handelt es sich um ein computergesteuertes Selbstwähl-Telefonsystem. Der Computer sucht dabei automatisch den nächsten Interviewpartner aus und wählt ihn telefonisch an – zur Not mehrmals, falls die Leitung besetzt ist oder der Teilnehmer gerade nicht zu erreichen ist. Der Interviewer wird menügesteuert durch den Fragebogen geführt. Bei der CAPI-Methode (Computer-Assisted Personal Interview) gibt der Interviewer die Antworten der Befragten direkt in den Computer ein. Oder der Befragte beantwortet die auf dem Bildschirm gestellten Fragen selbst mittels eines elektronischen Stifts. Die computergestützte Befragung minimiert die Fehlerquellen und verkürzt die Auswertungszeiten.

In der Internet-Forschung sind Telefonumfragen sehr verbreitet. Sie erfassen üblicherweise neben sozialstatistischen Angaben diverse quantitative und qualitative Aspekte des Internet-Nutzungsverhaltens (z.B. wöchentliche Internet-Zeit, thematische Präferenzen im WWW, Online-Einkaufsverhalten). Häufig geht man bei solchen Umfrage-Studien zweischrittig vor: Ein großes Repräsenativ-Sample (z.B. n=7.000) wird telefoisch hinsichtlich Sozialstatistik, Computer- und Internet-Nutzung befragt. Auf der Basis dieses Screenings werden dann gezielt interneterfahrene Personen ausgewählt, um sie (vollstandardisiert, halbstandardisiert oder offen) ausführlicher zu befragen (für eine Übersicht über aktuelle Internet-Studien, die mit standardisierten Interviews arbeiten, siehe http://www.wuv.de/data/report/arch_main.html). Die *Internet User Profile Studie 1998* (Infratest Burke InCom & NOP Research Group, 1998) nutzte beispielsweise eine bevölkerungsrepräsentative Omnibus-Erhebung in der Bundesrepublik Deutschland (n=6.275), um netzerfahrene Personen (n=500) für standardisierte Telefoninterviews zu rekrutieren. Die Mehrzahl dieser internet-aktiven Gruppe (81%) erklärte sich bereit, an Folgebefragungen teilzunehmen. Der Aufbau von *Panels* ist jedoch im Rahmen der Internet-Forschung zum jetzigen Zeitpunkt aus zweierlei Gründen schwierig: Da die Grundgesamtheit aller Personen mit Netzzugang sich fortlaufend in ihrer Zusammensetzung verändert (siehe Kap. 4), müsste man die Panel-Stichprobe immer wieder anpassen (anstatt paneltypisch fortlaufend mit denselben Personen zu arbeiten). Zum zweiten müsste man aufgrund der schnellen technischen Veränderungen im Internet auch die abgefragten Variablen zum Nutzungsverhalten immer wieder aktualisieren (anstatt paneltypisch mit demselben Variablensatz zu arbeiten).

5.2.4 Online-Interview

Im Kontext der Internet-Forschung lassen sich unstandardisierte, halbstandardisierte sowie vollstandardisierte Interviews auch per raschem Email-Wechsel sowie per Chat oder im MUD abwickeln (für unstandardisierte Chat- und MUD-Interviews siehe Roberts, Smith & Pollock, 1996; für halbstandardisierte Chat-Interviews siehe Dekker, Ehlebracht, Horch & Imsel, 1998; für vollstandardisierte Chat-Interviews siehe Stahl, 1997). Solche *Online-Interviews* verbinden Merkmale der mündlichen und schriftlichen Befragung und stellen somit eine genuin neue Untersuchungsmethode dar. Bei einem synchronen Interview ist zu beachten, dass jeweils nur relativ kurze Antworten gegeben werden. Asynchrone Email-Interviews dagegen bieten die Chance, ausführlichere schriftliche Mitteilungen zu erhalten, weil im Netz Schreibhemmungen reduziert sind. Ein wichtiger Vorteil jeder internetbasierten Datenerhebungsmethode – so auch des Online-Interviews – liegt darin, dass man per Netz Auskunftspersonen erreicht, die Face-to-Face nicht ansprechbar sind. So lassen sich etwa auf lokalen oder nationalen IRC-Channels (#muenchen; #moskow; #finland; #esperanto) gezielt Probanden für interkulturelle Studien gewinnen. Ebenso lassen sich gezielt Angehörige bestimmter Fan-Gemeinschaften oder sonstigen Spezialkulturen über deren Chat-Channels rekrutieren (siehe Kap. 3.3.2).

Das Online-Interview ist gegenüber dem Face-to-Face-Interview zeit- und kostensparender und liefert zudem digitale Texte, so dass die Transkription entfällt. Den Vorteilen der Online-Befragung steht der Nachteil möglicher Identitäts-Täuschung gegenüber. So betrachtet Turkle (1995, S. 245) Online-Interviews nur dann als valide Datenquellen, wenn die Identität der interviewten Person auch netzextern überprüft wurde. Diese Problematik tritt bei Online-Interviews mit bekannten Personen (z.B. Inhabern von Netzämtern) nicht auf (als Beispiel für ein Email-Experten-Interview siehe Graffam-Minkus, 1996). Im journalistischen Bereich haben sich Chat- und vor allem Email-Interviews bereits einen festen Platz erorbert.

5.3 Schriftliche Befragung

Bei der schriftlichen Befragung von Internet-Nutzerinnen und -Nutzern greift man häufig auf herkömmliche netzexterne standardisierte Papier-und-Bleistift-Verfahren zurück. Diesen *Offline-Umfragen* (Kap. 5.3.1) teilweise überlegen sind *Online-Umfragen* (Kap. 5.3.2), bei denen ein standardisierter elektronischer Fragebogen per Email, Mailingliste, Newsgroup oder WWW verteilt wird. Im Internet sind neben standardisierten Fragebogenstudien auch andere schriftliche Datenerhebungsmethoden (z.B. Satzergänzung, Aufsatzschreiben) realisierbar, allerdings spielen sie in der Praxis kaum eine Rolle und werden hier nicht weiter berücksichtigt. Standardisierte Befragungen lieber in schriftlicher als in mündlicher Form (siehe Kap. 5.2.3 zu standardisierten Interviews) durchzuführen, bietet sich beispielsweise dann an, wenn sich unter den zu erfassenden Merkmalen psychologische Konstrukte (z.B. Persönlichkeitsdispositionen) befinden, die mit längeren Skalen operationalisiert werden sollen oder wenn die behandelten Themen als heikel gelten und somit die direkte Konfrontation mit einem Interviewer oder einer Interviewerin die Auskunftsbereitschaft senken könnte.

5.3.1 Offline-Umfrage

Standardisierte *Offline-Umfragen* operieren mit Fragebögen, die der Befragungsperson entweder zugeschickt werden (*postalische Befragung*) oder die sie in einer Face-to-Face-Situation (z.B. Gruppenuntersuchung in einem Institutsraum) direkt ausfüllt. Inhaltlich enthalten die in der Internet-Forschung eingesetzten standardisierten Fragebögen meist mehrere, thematisch differenzierte Fragenblöcke (vgl. Scholl, Pelz & Rade, 1996):

- Fragen zu *Determinanten* der Internet-Nutzung (z.B. Medienverfügbarkeit, Medieneinstellungen, Medienkompetenz)
- Fragen zu *Merkmalen* der aktuellen Internet-Nutzung (z.B. Nutzungsintensität, Verwendung netzspezifischer Ausdrucksmittel)
- Fragen zu *Folgen* der Internet-Nutzung (z.B. beruflicher und privater Nutzen, Beziehungsveränderungen, Internet-Sucht)
- *Psychologische Skalen* (z.B. Extraversion, private und öffentliche Selbstaufmerksamkeit, Schüchternheit, Einsamkeit, Kontrollüberzeugung, Selbstkonzept)
- Skalen zur Erfassung von *Konstrukten aus CvK-Theorien* (z.B. soziale Präsenz, mediale Reichhaltigkeit, vgl. Kap. 6.3).
- Fragen zu zukünftiger Internet-Nutzung und potentiellen Einsatzmöglichkeiten (z.B. Interesse an bestimmten Formen des Tele-Shopping oder Tele-Teaching)
- *Sozialstatistik*

In Abhängigkeit von der Zielrichtung einer Internet-Studie werden diese Fragenblöcke in unterschiedlicher Weise gewichtet und ausformuliert. Angesichts der Vielfalt qualitativer und quantitativer Nutzungsdimensionen (vgl. Kap. 4.4 bis 4.6) ist eine differenzierte Erfassung der Internet-Nutzung mittels standardisierter Fragebögen nicht unproblematisch, da a) die notwendige Fragebogenlänge die Untersuchungsteilnehmer belastet und b) die Internet-Nutzer selbst oftmals Merkmale ihres Nutzungsverhaltens nicht zuverlässig wiedergeben oder korrekt etikettieren können. In dem Maße, in dem Computer- und Vernetzungstechnologie an Benutzungsfreundlichkeit gewinnt (z.B. Dienste-Integration im Browser), sinkt die Kenntnis der Nutzerpopulation über die technischen Hintergründe ihrer Nutzungsaktivitäten.

Wegen der noch immer geringen Prävalenz von Internet-Aktivitäten in der (deutschen) Gesamtbevölkerung (vgl. Kap. 4.3) finden sich in repräsentativen Stichproben üblichen Umfangs (z.B. n=1.500) zu wenige Personen mit Netzerfahrung, um Gruppenvergleiche durchzuführen. Entweder man nutzt größere Repräsentativ-Untersuchungen für ein Screening (siehe Kap. 5.2.3) oder man adressiert gezielt Menschen mit Netzzugang, indem man Fragebögen beispielsweise in Computerräumen, Internet-Cafés oder Informatikseminaren verteilt. Auch wenn man bei diesem Verfahren mittels Quotierung grobe Verzerrungen der Stichprobenzusammensetzung ausgleichen kann, ist die Gefahr eines systematischen Bias gegenüber Zufallsstichproben doch deutlich erhöht. Allgemein sind Angehörige von Hochschulen und Forschungseinrichtungen eine besonders internetaktive und untersuchungstechnisch gut erreichbare Bevölkerungsgruppe (vgl. Scholl, Pelz & Rade, 1996).

5.3.2 Online-Umfrage

Online-Fragebögen ermöglichen eine zeit- und kostengünstige, netzimmanente, standardisierte schriftliche Befragung und sind deshalb von herausragender praktischer Bedeutung (vgl. Batinic & Bosnjak, 1997; C. Smith, 1997). Genau wie andere netzimmanente Datenerhebungsmethoden (z.B. automatische Beobachtung, Kap. 5.1.3; Online-Interview, Kap. 5.2.3) erspart auch das Arbeiten mit standardisierten Online-Fragebögen die Dateneingabe und erlaubt die unmittelbare computergestützte Weiterverarbeitung der digitalen Daten. Online-Befragungsstudien lassen sich a) gemäß ihrer äußeren Gestaltung und b) gemäß des Verteilungsverfahrens unterscheiden. Bei der *Fragebogengestaltung* sind zwei Varianten möglich:

- *Einfacher Fragebogen*
  Digitale Fragebögen können einfache Textdateien sein, in die per Textverarbeitungsprogramm die Antworten einzutragen sind. Diese ASCII-Fragebögen lassen sich bequem per privater Email, Mailingliste oder Newsgroup verbreiten, sind jedoch für die Probanden nicht sehr komfortabel.
- *Interaktiver Fragebogen*
  Zudem lassen sich Online-Fragebögen auf interaktiven Web Sites unterbringen (siehe Abb. 5.1), so dass die Antwortalternativen per Mausklick anzuwählen sind und ggf. auch Rückmeldungen geliefert werden (z.B. eigene Punktzahl im Vergleich zu den Ergebnissen der anderen Befragten). Solche interaktiven Online-Fragebögen sind im WWW mittels dynamischem HTML realisierbar (siehe Kap. 2.5.2), und es liegen eine Reihe von kostenlosen oder kostenpflichtigen Umfrage-Tools und Umfrage-Diensten im Netz vor (z.B. Internet Rogator: http://www.rogator.de/). Dem zusätzlichen Aufwand für die Erstellung eines interaktiven Fragebogens stehen eine Reihe von Vorteilen gegenüber: Die Dateneingabe ist für die Versuchspersonen komfortabler, multimediale Elemente und differenzierte Filterführung lassen sich integrieren, unmittelbare Rückmeldungen sind möglich, das Ausfüllverhalten kann registriert werden

(z.B. Bearbeitungsdauer, Zeitpunkt der Bearbeitung, Anteil der Abbrüche, Konsistenz-Checks etc.). Um hier einen qualitativen Vorsprung gegenüber herkömmlichen Fragebögen zu erzielen, sind jedoch besondere Kompetenzen im Bereich der Softwareergonomie und des HCI (Human Computer Interface) notwendig, die entweder als methodische Zusatzqualifikationen zu erwerben sind oder eine Arbeitsteilung nahelegen. Interaktive Web Sites bieten auch die Chance, psychologische Tests online durchzuführen, wobei die Versuchspersonen den Ablauf dann in Eigenregie und ohne psychologische Begleitung organisieren müssen.

In Abhängigkeit davon, welche Teilgruppe der globalen Internet-Population (siehe Kap. 4) man ansprechen möchte, wird man unterschiedliche *Verbreitungswege* für den digitalen Fragebogen wählen. Grob lassen sich zwei Verfahren der Fragebogenverteilung im Internet unterscheiden:

- *Öffentliche Publikation*
  Einfache ASCII-Fragebögen können in Mailinglisten und Newsgroups, interaktive Fragebögen auf WWW-Seiten publiziert werden. Um den Verbreitungskreis zu erweitern, kann man einfache Fragebögen zeitgleich in mehrere Mailinglisten und Newsgroups posten bzw. interaktive Fragebögen zeitgleich auf mehreren WWW-Sites anbieten. Auch entsprechende Ankündigungen und Links im Netz erhöhen die Popularität einer Online-Umfrage. Zur Ankündigung von Umfragen stehen unter anderem die Newsgroups <de.alt.umfragen> und <alt.usenet.surveys> sowie die Kaiserslauterer WWW-Umfragen-Seite (http://come.to/umfragen/) und die Gießener Fragebogenseite zur Verfügung (http://www.psychol.uni-giessen.de/~Batinic/survey/text.htm). Im Falle öffentlicher Publikation rekrutieren sich die Befragungspersonen per Selbstselektion. Will man gezielt bestimmte Gruppen innerhalb der Internet-Population adressieren, kann man durch die thematische oder regionale Auswahl der Mailinglisten und Newsgroups bzw. durch die Platzierung, Ankündigung und Verlinkung des WWW-Fragebogens eine Filterung herbeiführen (z.B. interkulturelle Studie durch das Posten desselben Fragebogens in eine deutsch-, finnisch- und japanischsprachige Newsgroup). Allerdings ist eine vollständige Verbreitungskontrolle nicht möglich, da andere Internet-Teilnehmer den Fragebogen selbständig und ggf. in veränderter oder kommentierter Form weiterverbreiten können (in der Praxis tritt dies jedoch selten auf). Will man mit einer Umfrage die Population der Besucher einer einzelnen WWW-Site adressieren, kann man durch attraktive Gestaltung und gleichmäßige Verteilung der Fragebogen-Ankündigungen (sog. Banner) in der Site sowie durch kurze Fragebögen und Belohnungen (Incentives) Selbstselektionsprozesse reduzieren (Werner, 1997). Da Umfrageaktivitäten im Internet mittlerweile sehr verbreitet sind, ist besonders auf die Einhaltung der spezifischen Netiquetten (siehe Kap. 2.4.4) zu

achten: Übertriebenes Crossposten (vgl. Kap. 2.4), fehlende Informationen über Sinn und Zweck der Untersuchung, mangelnde Datensicherheit, schlechte Usability oder Überlänge reduzieren nicht nur die Akzeptanz, sondern können auch zu massivem Widerstand führen. Es ist einer Studie sicherlich nicht förderlich, wenn potentielle Befragungspersonen in der entsprechenden Mailingliste oder Newsgroup gemeinschaftlich die formale und inhaltliche „Seriosität" der Studie in Zweifel ziehen oder gemeinsam über die möglichen „wahren" Ziele der Studie spekulieren. Die in Mailinglisten und Newsgroups unmittelbar mögliche öffentliche Diskussion über den geposteten Fragebogen kann Antwortbereitschaft und Antwortverhalten in unvorhersehbarer Weise beeinflussen (Batinic & Bosnjak, 1997, S. 225). Generell gilt für öffentlich publizierte Online-Fragebögen, dass der mehrstufige Selbstselektionsprozess, den (potentielle) Befragungspersonen durchlaufen (1. die Fragebogenankündigung entdecken, 2. den Fragebogen aufrufen, 3. den Fragebogen anschauen, 4. den Fragebogen ausfüllen, 5. den Fragebogen abschicken etc.), nicht rekonstruierbar ist. Auch Rücklaufquoten lassen sich nicht bestimmen, da unbekannt ist, wie viele Personen den Fragebogen bzw. die Fragebogenankündigung überhaupt gesehen haben. Beeindruckend bleibt bei öffentlichen Online-Umfragen weiterhin die Effizienz der Rekrutierung von Befragungspersonen: Dass binnen weniger Wochen mehrere Tausend ausgefüllte WWW-Fragebögen eingehen, ist keine Seltenheit.

- *Gezielte Adressierung*
  Bessere Kontrolle über die Stichprobenziehung erhält man durch gezieltes Verschicken des Fragebogens oder (bei interaktiven Fragebögen) des Fragebogen-Links an vorausgewählte Personen per Email. Die Vorauswahl kann hierbei sehr unterschiedlich erfolgen (z.B. Vollerhebung einer Mailingliste mit Hilfe des Verzeichnisses aller subskribierten Personen, Vollerhebung einer Universität mittels universitärem Email-Verzeichnis; Klumpenstichprobe mit einzelnen vernetzten Schulen als Klumpen etc.). Die direkte Email-Anfrage ist jedoch insofern problematisch, als unaufgeforderte Emails (UBM: unsolicited bulk mail, siehe Kap. 2.4.3) oftmals gänzlich abgelehnt oder zumindest sehr missstrauisch betrachtet werden. Eine aussagekräftige Erläuterung von Sinn und Zweck der Untersuchung, eine Vorstellung der zuständigen Personen, Hinweise zum Datenschutz (z.B. Verwendung anonymer Remailer) usw. sind hier besonders wichtig. Auch sämtliche in einem bestimmten Zeitraum aktiven Poster einer Newsgroup bzw. Besucher einer WWW-Seite können als Grundgesamtheit definiert werden. Im WWW besteht dabei sogar die Möglichkeit, dem jeweils n-ten Besucher einer Site den Fragebogen automatisch anzuzeigen. Bei der Realisation von Zufallsauswahlen ist jeweils darauf zu achten, dass man aus Grundgesamtheiten von Personen und nicht von Netzbeiträgen auswählt. Entnimmt man etwa einer Newsgroup per Zufall 100 Postings und schickt den Fragebogen an die jeweiligen Autorinnen und Autoren der Postings, so erhält

man keine Zufallsauswahl der postenden Personen, da besonders postingaktive Mitglieder mit größerer Wahrscheinlichkeit in die Stichprobe gelangen.

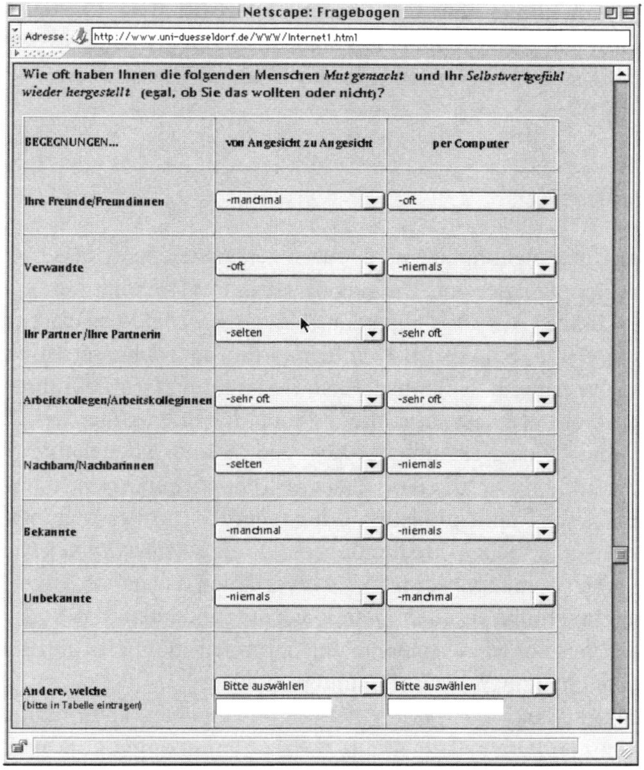

Abb. 5.1: WWW-Fragebogen zur sozialen Unterstützung
(Quelle: http://www.uni-duesseldorf.de/WWW/Internet1.html)

Die Ergebnisse von Online-Umfragen können heuristischen, deskriptiven oder hypothesenprüfenden Stellenwert haben. Bei hypothesenprüfenden Untersuchungen handelt es sich entweder um *quasi-experimentelle Untersuchungen*, die vorgefundene Gruppen miteinander kontrastieren (z.B. Light User versus Heavy User, Poster versus Lurker, Newbies versus Oldbies) oder um Korrelationsstudien, die Zusammenhangsmuster in den beteiligten Variablen prüfen. Quasi-experimentelle Untersuchungen haben den Nachteil, dass ihre interne Validität stark eingeschränkt ist, so dass die festgestellten Gruppenunterschiede sich nicht eindeutig auf den Einfluss der unabhängigen Variablen zurückzuführen lassen, sondern durch Faktoren (mit)beeinflusst sein können, die mit der/den Gruppierungsvariable/n konfundiert sind. So ist etwa die Tatsache, dass erfahrene Nutzerinnen und Nutzer im Durchschnitt Zensur- und Kontrollmaßnahmen von Internet-Inhalten stärker ablehnen als Netzneulinge (vgl. Barth, Breiter, Klingler, Maier & Zoche, 1996, S. 25), nicht unbedingt ursächlich auf die Internet-Erfahrung zurückzuführen. Es könnte auch sein, dass sich die erfahrenen Netznutzer einfach aus einer progressiv eingestellten Elite rekrutieren, während die Netzneulinge eher das konservative Mittelfeld darstellen. Um solche Alternativerklärungen auszuschließen, ist es notwendig, mögliche Störvariablen zu antizipieren und als Kontrollvariablen in das Design aufzunehmen.

5.4 Experiment

Experimentelle Untersuchungen sind dadurch gekennzeichnet, dass man aktiv Bedingungen (Ausprägungen der *unabhängigen Variablen*) manipuliert, um die daraus resultierenden Effekte (Ausprägungen der *abhängigen Variablen*) zu beobachten (vgl. Bortz & Döring, 1995, S. 489ff.). Damit man die beobachteten Effekte tatsächlich kausal auf die experimentell hergestellten Bedingungen zurückführen kann, ist es wichtig, weitere Variablen auszuschalten, die an der Erzeugung der Effekte beteiligt sein könnten, aber keine Bestandteile der Theorie sind (sogenannte Störvariablen). Eine solche Kontrolle ist für die Klasse der personengebundenen Störvariablen möglich, indem man (bei angemessener Gruppengröße) Untersuchungspersonen per Zufall den unterschiedlichen Bedingungen zuordnet (*Randomisierung*). Für eine Kontrolle der untersuchungsbedingten Störvariablen ist es zudem notwendig, die experimentelle Umgebung in allen Details genau zu kennen und konstant zu halten, so dass sich die verglichenen Untersuchungsgruppen möglichst nur hinsichtlich der ausgewählten unabhängigen Variablen unterscheiden.

Um Netzkommunikation experimentell zu untersuchen, kann man einerseits herkömmliche Kommunikationsformen mit Netzkommunikation kontrastieren (z.B. unabhängige Variable „Kommunikationsform“ mit den Stufen „Face-to-Face-Gruppendiskussion“ versus „Mailinglisten-Gruppendiskussion“), andererseits innerhalb des Netzes unterschiedliche Bedingungen schaffen (z.B. unabhängige Variable „CvK-Form“ mit den Stufen „Mailinglisten-Diskussion“ versus „Newsgroup-Diskussion“). Um den Einfluss der medialen Umgebung auf die Kommunikation (z.B. Kommunikationsintensität, Verhältnis zwischen sozioemotionalen und sachbezogenen Botschaften etc.) in Wechselwirkung mit sozialen Faktoren zu prüfen, bieten sich als weitere unabhängige Variablen z.B. Gruppengröße, Moderation und Kommunikationsaufgabe an. Während *Feldexperimente* (Kap. 5.4.1) mit natürlichen Internet-Szenarien operieren (z.B. Fernlern-Szenario) und auch soziale Situationen außerhalb des Netzes einbeziehen können (z.B. Internet-Café), sind *Laborexperimente* (Kap. 5.4.2) durch ihren Kontrollanspruch darauf angewiesen, eine internet-externe, abgeschlossene, standardisierte Untersuchungssituation zu schaffen – etwa indem man im Labor ein experimentelles Computernetz installiert.

Noch stärker als Fragebogenstudien leiden Laborexperimente unter dem Problem, auf ökonomische Weise eine geeignete Zahl an Probanden zu finden. Denn während man Fragebögen postalisch verteilen kann, erfordert die Teilnahme an Laborexperimenten von den Probanden, dass sie sich zu festgelegten Terminen im Untersuchungsraum einfinden müssen. *WWW-Experimente* (Kap. 5.4.3) sollen dazu beitragen, Teilnahmebarrieren zu reduzieren und laborähnliche Untersuchungs-Szenarien im Netz herzustellen. WWW-Experimente stellen eine genuin neue, internet-immanente Untersuchungsmethode dar.

5.4.1 Feldexperiment

Beim *Feldexperiment* nehmen Personen intrinsisch motiviert an einer Maßnahme teil, ohne dass sie dabei primär und explizit als Untersuchungsteilnehmer agieren. Feldexperimente können sowohl netzintern als auch netzextern durchgeführt werden. Da für Internet-Nutzer Netzkommunikation ebenso wie Face-to-Face-Kommunikation oder Telefonkommunikation zum Alltag gehört, lassen sich Netz-Szenarien genau wie andere Alltags-Szenarien als „natürliche Umgebungen" auffassen und unbemerkt manipulieren. Um Priming-Effekte zu prüfen, präparierten Hänze und Meyer (1997) beispielsweise ein gut frequentiertes WWW-Archiv an der Universität Karlsruhe, aus dem man sich kostenlos *Icons* (kleine Bildsymbole, die z.B. für die Gestaltung von WWW-Seiten eingesetzt werden) herunterladen kann. Nachdem die Netznutzer die einheitliche Startseite des Archivs aufgerufen hatten, mussten sie mit einem weiteren Tastendruck das Archiv betreten. Hierbei wurden sie nun (ohne es zu bemerken) randomisiert unterschiedlich gestalteten Archiv-Versionen zugeordnet. Die experimentelle Variation bestand in der unterschiedlichen Hintergrundfarbe der Bildschirmseite. Von diesen farbig unterlegten Archivseiten aus konnten die Nutzer nun bestimmte Icon-Kategorien auswählen, wobei die jeweiligen Auswahltasten ebenfalls farbig markiert waren. Erwartet wurde ein Priming-Effekt im Sinne einer Farbübereinstimmung bei der Auswahl der Icon-Kategorie, der sich tatsächlich auch zeigte. Problematisch bei derartigen netzinternen Feldexperimenten ist der Umstand, dass keine Informationen (z.B. Sozialstatistik) über die unwissentlichen Untersuchungsteilnehmer vorliegen.

Feldexperimente, die netzinterne und netzexterne Datenerhebungen beinhalten, sind unter anderem für die *Evaluationsforschung* typisch. Hierbei bietet man z.B. herkömmlichen sowie internet-unterstützten Fernunterricht an, ordnet die Lernenden per Zufall beiden Gruppen zu und erfasst als abhängige Variablen Lernerfolg, Kurszufriedenheit oder Gruppenzusammenhalt. In vielen Feldumgebungen ist jedoch eine solche Kontrolle personengebundener Störvariablen durch Randomisierung nicht möglich, so dass man mit natürlichen Gruppen arbeiten muss (quasi-experimentelle Felduntersuchung). Um etwa Thesen über differentielle soziale Normen und Sanktionsmassnahmen quasi-experimentell zu testen, kann man gezielt Verletzungen der *Netiquetten* (z.B. Flaming) in unterschiedlichen Newsgroups begehen und die entsprechenden Reaktionen gemäß einem vorbereiteten Beobachtungsplan registrieren oder offen beobachten (*qualitatives Experiment*, Kleining, 1986). Allerdings sollte man bei derartigen Vorgehensweisen ethische Probleme (siehe Kap. 5.5) besonders ernst nehmen (z.B. in welcher Weise könnten Netznutzer durch die unwissentliche Untersuchungsteilnahme beeinträchtigt werden oder sich beeinträchtigt fühlen?).

Als etwa eine Psychologiestudentin aus Gießen im Frühjahr 1997 binnen weniger Tage rund 60 Anfragen an die Newsgroup <de.newusers.questions> schickte, um für eine Studienarbeit das Hilfeverhalten im Netz zu explorieren, wurden andere Netznutzer misstrauisch und „enttarnten" das Feldexperiment unter großem Protest. Seither wird in einigen deutschen Newsgroups bei auffälligem Posting-Verhalten regelmäßig der Verdacht geäußert, es könnte sich wieder um ein „psychologisches Experiment" handeln. Sehr konkret wurde dieser Verdacht im September 1997 in der Newsgroup <de.etc.sprache.deutsch> als binnen weniger Tage Dutzende von kurzen Anfragen aus der Universität Vaasa eintrafen: „Ich bin eine Studentin aus Finnland und möchte wissen, wo man das Wort Topfen und wo das Wort Quark verwendet". Obwohl viele dieser Anfragen zunächst geduldig beantwortet wurden, beteiligten sich die (vermeintlichen?) finnischen Studentinnen nie an einer Diskussion, sondern stellten immer neue Fragen – als wollten sie tatsächlich das Hilfeverhalten der Gruppe experimentell auf die Probe stellen. Einige alteingesessene Mitglieder von <de.etc.sprache.deutsch> begannen sich über die „finnischen Wochen" zu beklagen: „Das Usenet ist ein Diskussionsforum und kein Wörterbuch-Ersatz!", wurde gerügt. Andere recherchierten an der Universität Vaasa, um ein mögliches Experiment aufzudecken. Dabei stellte sich heraus, dass an der Universität Vaasa gerade ein Kurs „Übersetzen mit elektronischen Hilfsmitteln" angeboten wurde und man die Studierenden offensichtlich ermutigt hatte, das Internet zu nutzen, was diese dann (ohne Kenntnis der Netiquette) exzessiv taten.

Da Feldexperimente definitionsgemäß unter möglichst „natürlichen" Bedingungen stattfinden, haben sie eine hohe *externe* oder *ökologische Validität*. Gleichzeitig ist beim echten Feldexperiment (im Unterschied zur quasi-experimentellen Felduntersuchung) durch Randomisierung eine hohe *interne Validität* zu erreichen. Obwohl Feldexperimente eine ideale Methode zur Maximierung externer und interner Validität darstellen, kommen sie wegen ihres hohen Aufwandes in der Praxis selten zum Einsatz.

5.4.2 Laborexperiment

Die klassische CvK-Forschung stützt sich auf *Laborexperimente*, bei denen Untersuchungsteilnehmer zufällig einer Face-to-Face-Gruppe sowie mehreren CvK-Gruppen (z.B. Mailingliste, Chat-Channel) zugeteilt werden und unter diesen Gruppenbedingungen unterschiedliche Aufgaben lösen müssen. Als unabhängige Variable fungiert das Kommunikationsmedium. Als abhängige Variablen werden meist Merkmale der Gruppenkommunikation (z.B. Partizipation, Kohäsion) und Leistungsmaße (z.B. Bearbeitungszeit, Qualität der Lösung) erfasst. Die externe Validität dieser Laborexperimente ist insbesondere durch folgende Faktoren stark eingeschränkt:

- Eine künstlich zusammengestellte Ad-hoc-Gruppe kommuniziert im Labor einmalig für die Dauer von 60 bis 90 Minuten. Demgegenüber finden sich in Mailinglisten, Newsgroups, Chat-Channels und MUDs Personen aufgrund gemeinsamer Interessen zusammen und kommunizieren wiederholt über längere Zeiträume hinweg. Im Labor werden somit weniger Gruppen*prozesse* als vielmehr nur Gruppen*situationen* untersucht (siehe Kap. 9.1).
- Die Gruppen- und Massenkommunikation im Netz zeichnet sich durch die Offenheit des Teilnehmerkreises aus: Ein „harter Kern" von aktiv Involvierten ist von einer weniger engagierten, fluktuierenden Peripherie umgeben. Dies bedeutet unter anderem, dass Netzaktivitäten Einzelner stets vor einem großen und meist unbekannten Publikum bzw. in einer *Öffentlichkeit* stattfinden (z.B. Leserkreis einer Newsgroup). Demgegenüber stellen sich Laborgruppen als private, geschlossene Gruppen dar, in denen auch kein Informationsrückfluss in das private Umfeld zu befürchten ist.
- Laborgruppen werden mit einer klaren *Aufgabenstellung* konfrontiert, wobei man üblicherweise auf konvergente oder divergente Aufgabentypen zurückkgreift, die keine große subjektive Bedeutung für die Beteiligten haben. Netzkommunikation dagegen ist meist multifunktional und wird für persönlich relevante Ziele genutzt.

Einbußen hinsichtlich externer Validität sind für experimentelle Untersuchungen im Labor typisch und werden zugunsten einer gesteigerten internen Validität in Kauf genommen. Denn im Labor-Setting sind umweltgebundene Störeinflüsse kontrollierbar, so dass es möglich ist, durch differenzierte Bedingungsvariation kausale Effekte detailliert zu prüfen. Inwieweit diese im Labor erzeugten Effekte jedoch auch für das Erleben und Verhalten in natürlichen Netz-Szenarien typisch sind, ist oft schwer zu beantworten.

5.4.3 WWW-Experiment

Bei Experimenten im WWW rekrutieren sich die Untersuchungsteilnehmer aus dem Internet selbst und nehmen bewusst als Versuchspersonen an einem netzinternen Experiment teil, das auf einem Server angeboten wird (z.B. Abteilung für Kognitive und Kommunikations-Psychologie der Universität Trier, 1998; Reips, 1995). Die Probanden bekommen beim Starten des Experiments zunächst eine Instruktion präsentiert (siehe Abb. 5.2), werden randomisiert unterschiedlichen Untersuchungsbedingungen zugeordnet, einem experimentellen Treatment unterzogen (z.B. Textpräsentation, Priming, Lerndurchgänge) und um entsprechendes Feedback gebeten (z.B. Aufgabe lösen, Fragebogen ausfüllen, Test absolvieren etc., siehe Abb. 5.3). Auf diese Weise lassen sich z.B. Hypothesen darüber testen, welche Gestaltungsmerkmale von didaktischen Informationssystemen den Lernerfolg beeinflussen. Zur Beschreibung der Probanden werden sozialstatistische Angaben per Online-Fragebogen erhoben.

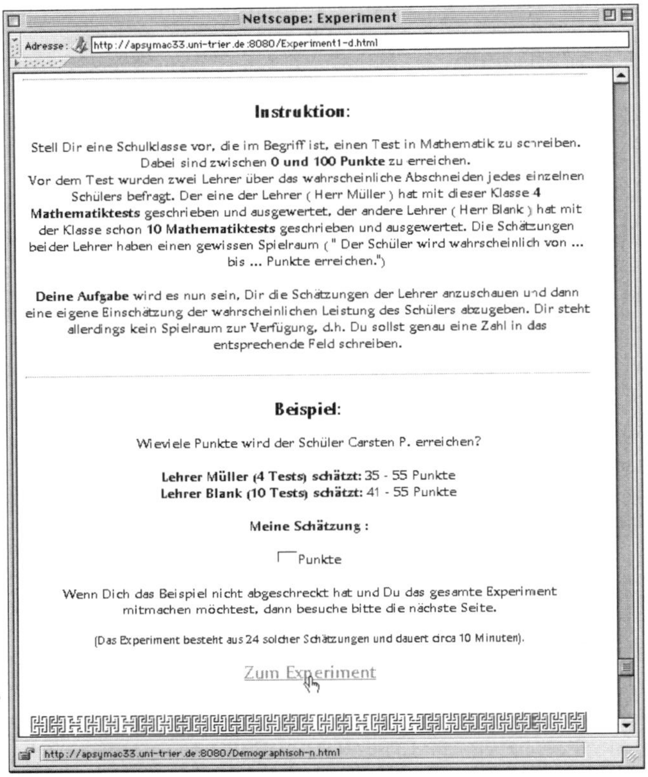

Abb. 5.2: Instruktion eines WWW-Experiments zu numerischen Schätzungen (Quelle: http://apsymac33.uni-trier.de:8080/Experiment1-d.html)

Indem das WWW-Experiment zu den (potentiellen) Versuchspersonen „kommt", lässt sich nicht nur ohne jeglichen Zeit- oder Kostenaufwand die Zahl der Versuchspersonen steigern (und damit angemessene Teststärke erreichen), sondern auch eine heterogene, nicht nur aus Studierenden des Faches Psychologie bestehende Population adressieren. Da beim Netzexperiment ähnlich wie beim Online-Fragebogen alle Benutzerangaben digital vorliegen, ist eine komfortable Datenauswertung ein weiterer Vorteil. Netzexperimente sind daher nicht nur für die Internet-Forschung von Interesse, sondern werden auch in anderen Gebieten (z.B. Allgemeine Psychologie, Sozialpsychologie) eingesetzt. Das Web-Labor in Tübingen realisiert in der Regel parallel laufend zwei Experimente und registriert rund 400 Seitenabfragen und 8-20 aktive Untersuchungsteilnahmen pro Tag (Reips, 1997, S. 257).

Das WWW-Experiment kontrolliert genau wie das Laborexperiment *personengebundene Störvariablen* mittels Randomisierung. Problematischer ist die Kontrolle der *untersuchungsbedingten Störvariablen* im Netz. Während man in der Laborsituation das Verhalten der Versuchspersonen im Blick hat, ist unbekannt, wie die an ihren

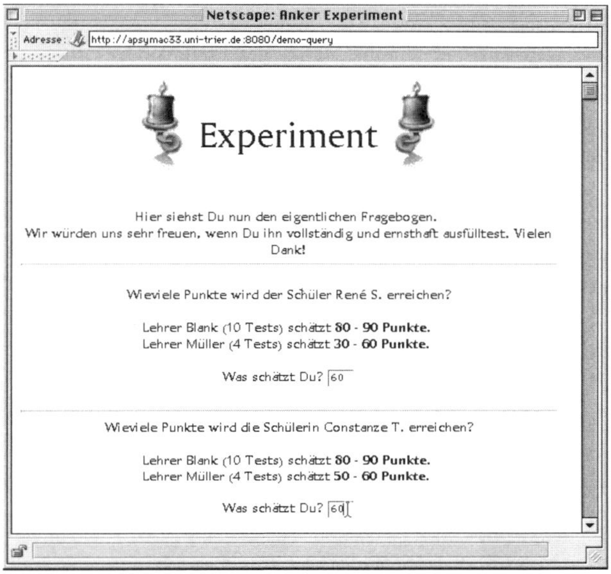

Abb. 5.3: Treatment eines WWW-Experiments zu numerischen Schätzungen (Quelle: http://apsymac33.uni-trier.de:8080/demo-query)

Rechnern sitzenden, räumlich verteilten Probanden mit der Untersuchungssituation umgehen bzw. welche Umgebungsbedingungen sie vorfinden: Sitzen sie zu Hause im Wohnzimmer oder in einem überfüllten und lauten öffentlichen Computerraum? Wenden sie dem am Monitor präsentierten Treatment überhaupt ihre volle Aufmerksamkeit zu oder beschäftigen sie sich zwischendurch mit anderen Dingen? Lösen sie Testaufgaben selbst, erhalten sie von Drittpersonen Tips, oder schlagen sie schnell im Lexikon nach?

Da vollständige Situationskontrolle das charakteristische Merkmal des Laborexperiments ist, stößt das Modell eines räumlich verteilten, computervermittelten, nur begrenzt kontrollierbaren Experimental-Settings auf große Skepsis. Reips (1997, S. 254) fasst pointiert zusammen, welches Bild Kritiker des WWW-Experiments sich vom Verhalten der Online-Versuchspersonen machen:

> Heerscharen hunderter chaotischer Hacker, die teils auch in verschworenen Banden organisiert sind, loggen sich immer wieder von verschiedenen Computern (oder zumindest verschiedenen Computeradressen) unter falschen Namen ein und nehmen aus purer Gewinnsucht oder Zerstörungswut zum Beispiel an einem halbstündigen Lernexperiment teil. Sie „juxen rum", sitzen mindestens zu dritt am Computer, machen zwischendurch Pinkel- und Kaffeepausen, und wenn sie grad mal alle draussen sind, dann macht der böswillige Kollege unbemerkt weiter. Sie beantworten grundsätzlich alle Fragen

> falsch und sehen den Sinn ihres Lebens wegen einer soziopathischen Psychose darin, die Ergebnisse eines Web-Experiments zu manipulieren. Dieses Bild einer Online-Versuchsperson steht natürlich in gewissem Widerspruch zu dem der „guten Versuchsperson“, die in traditionellen Laborexperimenten dem Versuchsleiter die zu untersuchenden Hypothesen bereits bei der Begrüßung von den Augen abliest und entsprechende Ergebnisse produziert.

Erste Vergleichs-Studien zeigen, dass sich Versuchspersonen im WWW-Labor ähnlich wie im „Real Life“-Labor benehmen. Zudem helfen eine Reihe von praktischen Maßnahmen dabei, unbrauchbare Daten zu vermeiden oder zu entdecken (Reips, 1997, S. 254f.). Selbst wenn man voraussetzt, dass sich Versuchspersonen im WWW-Labor kooperativ verhalten, die Instruktionen befolgen und keine unsinnigen Antworten eingeben, bleibt jedoch das Problem unterschiedlicher Untersuchungsbedingungen (z.B. Unterschiede hinsichtlich Monitorgröße, WWW-Browser-Version, Tageszeit, Hintergrundgeräuschen etc.). Diese Störfaktoren werden im Laborexperiment ausgeschaltet, so dass sich der vermutete Effekt gegen das Fehlerrauschen durchsetzen kann.

> Bei konsequenter Anwendung der Randomisierungstechnik und einer großen Stichprobe setzt sich aber jeder systematische Effekt vom Fehlerrauschen ab. Es spricht sogar besonders für die Bestätigung einer Vermutung, wenn sich ein angenommener Effekt trotz hoher Fehlervarianz zeigt. Es erhöht ja auch die ökologische Validität, wenn Versuchspersonen möglichst frei das tun, was sie immer tun. Nur daß sie eben in einer Experimentalgruppe unter anderem mit einem Faktor konfrontiert sind, der für die Kontrollgruppe anders aussieht. Das Web-Experiment macht es möglich, fast alle Einflußfaktoren außer den unabhängigen Variablen unkontrolliert zu lassen. (Reips, 1997, S. 255)

Die fehlende Kontrolle hat den Vorteil größerer ökologischer Validität und ersetzt möglicherweise unentdeckte Quellen systematischen Fehlers durch Zufallsfehler:

> Wenn beispielsweise etwas an dem Monitor, auf dem in einem Laborexperiment die Versuchsdurchgänge präsentiert werden, nicht stimmt und mit dem Experiment interferiert, dann wird es systematisch die Ergebnisse beeinflussen. Dies kann in einem Web-Experiment nicht passieren, denn jede Versuchsperson sitzt vor einem anderen Monitor. (Reips, 1997, S. 256)

Andererseits schränkt die mangelnde Kontrolle einzelner Variablen (z.B. Bearbeitungszeit) den inhaltlichen Anwendungsbereich von WWW-Experimenten ein (z.B. sind Reaktionszeit-Experimente nur sehr eingeschränkt möglich). Zudem können bestimmte Störfaktoren mit einzelnen Treatments interagieren und dadurch die Ergebnisse (über eine allgemeine Erhöhung der Fehlervarianz hinaus) systematisch verzerren. So kann beispielsweise die allen Versuchspersonen offenstehende Möglichkeit, sich während eines WWW-Lernexperiments auf einem Zettel Notizen zu machen, nur in einer bestimmten Bedingung des Lernexperiments einen Vorteil bringen. Theoretische Vorüberlegungen sind hier vonnöten, um abzuschätzen, ob die interne Validität des WWW-Experiments durch derartige Interaktionseffekte gefährdet ist, und ob und wie man sie durch gezielte Kontrolltechniken sichern kann. Erst auf der Basis solcher methodologischer Untersuchungen wird sich dann entscheiden lassen, ob und inwieweit WWW-Experimente im metaphorischen, modifizierten oder klassischen Sinne tatsächlich als „experimentelle" Methoden aufzufassen sind.

5.5 Ethische Probleme

Es ist zu erwarten, dass sich in nächster Zeit feste methodische Durchführungsregeln für die einzelnen netzimmanenten Datenerhebungsmethoden etablieren und die Merkmale dieser neuen Datenerhebungsverfahren (z.B. Besonderheiten des Versuchspersonen-Verhaltens) systematisch evaluiert werden. Notwendig ist auch die Entwicklung verbindlicher *ethischer Richtlinien*, die internetbasierte Datenerhebung regulieren (vgl. Williams, Rice & Rogers, 1988, S. 176ff.). So sind bei internetbasierten Verfahren generell Maßnahmen zur Sicherung des Datenschutzes sehr ernstzunehmen, da digitale Daten besonders leicht zu missbrauchen sind. Im Folgenden seien ethische Probleme angesprochen, die bei der reaktiven und nonreaktiven Datenerhebung sowie bei der Publikation von Untersuchungsergebnissen auftreten können.

5.5.1 Reaktive Datenerhebung

Bei *reaktiven Verfahren* wie Online-Interviews, Online-Fragebögen und WWW-Experimenten geben die Versuchspersonen durch ihre bewusste Entscheidung zur Teilnahme ihr *explizites Einverständnis* dazu, untersucht zu werden. Zudem haben sie jederzeit die Möglichkeit, die Untersuchung ohne Rechtfertigungsdruck abzubrechen. Da reaktive Verfahren einen mehr oder minder bedeutsamen Eingriff in das Verhalten und Erleben der Untersuchungspersonen darstellen, ist zu beachten, dass die Probanden mit Untersuchungsmaterial und -anforderungen nicht alleingelassen sind, sondern auf ausführliche Erläuterungen und Hilfsfunktionen zurückgreifen können. Zudem sollte möglichen Beeinträchtigungen (z.B. negative Stimmungsinduktion) entgegengewirkt werden. In jedem Fall ist es angebracht, den Untersuchungspersonen Kontaktmöglichkeiten (z.B. Email-Adresse, Telefonnummer) anzubieten, damit sie sich bei Bedarf (z.B. Rückfragen, Ergebnisbericht, Kritik) direkt mit den für die Studie Verantwortlichen in Verbindung setzen können. Am Ende der Untersuchung sollten die Hypothesen der Versuchspersonen über das mutmaßliche Ziel der

Untersuchung erfragt werden. Wird im Rahmen der Online-Befragung oder des WWW-Experiments eine Cover-Story benutzt oder die Zielsetzung der Untersuchung nicht völlig offengelegt, so sollte im Nachhinein für Aufklärung gesorgt und es auch freigestellt werden, den eigenen Datensatz wieder zu löschen.

5.5.2 Nonreaktive Datenerhebung

Ethisch problematischer als reaktive Verfahren sind *nonreaktive Verfahren* wie die verdeckte freie Beobachtung, die verdeckte Feldbeobachtung und die automatische Registrierung von Kommunikationsprozessen oder Systemfunktionen. Wenn Menschen ihren alltäglichen Netzaktivitäten nachgehen und überhaupt nicht wissen, dass sie untersucht werden, können sie weder Einverständnis noch Widerspruch äußern. Generell ist davon auszugehen, dass für Menschen außerhalb wie innerhalb des Netzes die Vorstellung unangenehm ist, heimlich im Rahmen psychologischer Studien „beforscht" zu werden. In einigen Mailinglisten, Chat-Channels und MUDs werden Forschungstätigkeiten mittlerweile in öffentlichen Mitteilungen gänzlich untersagt, obwohl sie sich de facto kaum verhindern lassen.

Gegen eine solche Reserviertheit gegenüber Forschungsaktivitäten wird oft eingewandt, dass öffentliche Äußerungen in Netzforen ja ohnehin publiziert seien und somit als öffentliche Verlautbarungen (genau wie Zeitungsartikel, Leserbriefe, Graffitis oder Ansprachen) nicht nur praktisch, sondern auch ethisch (qua *implizitem Einverständnis*) der gesamten Öffentlichkeit (und damit auch der Wissenschaft) frei zum Analysieren und Zitieren zur Verfügung stünden. Die Analogie zwischen Zeitungsartikel und Posting ist jedoch im Verständnis vieler Netzmitglieder zweifelhaft. So richten sich die von Journalistinnen und Journalisten verfassten Zeitungsartikel bewusst an die breite Öffentlichkeit, während die von Privatleuten verfassten Postings stets in konkrete interpersonale Schrift-Gespräche eingebettet sind und man sich in erster Linie *untereinander* austauscht. Wenn öffentliche Foren dabei Lurker zulassen, dann sind damit eher interessiert-empathische Zeitgenossen eingeladen als kritsch-analysierende Wissenschaftler oder andere Rechercheure.

Nimmt man diesen Privatheits-Einwand ernst, ergibt sich, dass wir auf verdeckte Beobachtungsstudien verzichten und konsequent *explizites Einverständnis* einholen müssen, was uns nicht nur von der gewünschten Nonreaktivität ein Stück entfernt, sondern organisatorisch auch recht aufwendig sein kann. Soll etwa der Kommunikationsverlauf in einer Mailingliste oder Newsgroup nicht-verdeckt automatisch beobachtet werden, so müsste man alle aktiven Posterinnen und Poster separat um ihr Einverständnis bitten und auf die Registrierung der kompletten Posting-Population verzichten, sobald einzelne Personen ablehnen und dadurch vielfältige Missings im Datensatz entstehen. Ein Kompromiss zwischen der Unterstellung impliziten Einverständnisses und dem konsequenten Einholen expliziten Einverständnisses bei allen Beteiligten besteht darin, Forschungsaktivitäten öffentlich im Forum anzukündigen, was freilich wiederum zu reaktiven Effekten führen kann (z.B. bestimmte Personen ziehen sich zurück, andere äußern sich verstärkt). Bei langen Beobachtungszeiträumen und/oder in Foren mit unspektakulären Themen darf man aber darauf vertrauen, dass ein „Versuchskaninchen-Effekt" kaum zu Buche schlägt, weil die Beteiligten das „Untersucht-Werden" gar nicht besonders beachten und damit wieder eine nahezu nonreaktive, alltagstypische Forschungssituation entsteht.

Baym (1997, S. 104) untersuchte die Newsgroup <rec.arts.tv.soaps> und setzte dabei verschiedene Datenerhebungsmethoden ein: teilnehmende Feldbeobachtung, „Feldgespräche" per Email (n=10), eine Fragebogen-Erhebung (n=18) sowie die automatische Beobachtung des öffentlichen Kommunikationsverlaufs durch Registrierung aller Postings im Oktober 1991, wobei sie ihre Forschungsaktivitäten transparent machte: „*I posted two notices to the group explaining the project and offering to exclude posts by those who preferred not to be involved. No one declined to participate*".

Um offenzulegen, dass man gerade ein Chat-Forum oder ein MUD zu wissenschaftlichen Zwecken beobachtet, ist es möglich, einen entsprechenden Nick zu wählen (z.B. „Forschung") und die Anwensenden in privaten Mitteilungen über die Forschungsaktivität aufzuklären. Debatin (1997) beobachtete nicht-verdeckt teilnehmend von September 1995 bis April 1997 ein international besetztes Chat-Forum des Online-Dienstes CompuServe und berichtet:

> Meine eigene Rolle in diesem Forum war zum einen die eines aus Deutschland kommenden und deshalb eher exotischen Regulars, zum anderen die eines (ebenso exotischen) Forschers. Die regelmäßigen Nutzer des Forums waren dabei über mein wissenschaftliches Interesse informiert und sie sahen darin auch keine irgendwie geartete Störung. Vielmehr fanden es die meisten Regulars sehr „cool", daß ich eine Studie über sie beabsichtigte und einige wollten auch gerne von mir interviewt werden.

Derart positive Reaktionen auf öffentlich annoncierte Forschungsaktivitäten sind freilich nicht selbstverständlich. Es genügen ein oder zwei Gruppenmitglieder, die vehemente Vorbehalte gegen „die Psychologen" haben, um ein Gruppenklima zu erzeugen, in dem die Forschenden mit ihrem Anliegen unter massiven Rechtfertigungsdruck geraten. Noch problematischer als verdeckte Beobachtungen, bei denen sich die Betroffenen möglicherweise „ausgehorcht" fühlen, sind verdeckte Feldexperimente, die leicht den Eindruck erzeugen, hintergangen oder missbraucht zu werden (vgl. Kap. 5.4.1). Generell ist zu beachten, dass die Grenzen von Privatheit und Öffentlichkeit bei der computervermittelten Kommunikation neu ausgehandelt und kontextspezifisch vereinbart werden, so dass pauschale ethische Richtlinien vermutlich an den Bedürfnissen und Erwartungen der Beteiligten vorbeigehen. Manchmal wird als Heuristik empfohlen, sich bei der ethischen Beurteilung einer verdeckten Vorgehensweise im Netz an der Bewertung einer „analogen" Vorgehensweise außerhalb des Netzes zu orientieren: Ist das netzimmanente Vorgehen vergleichbar mit dem Fotografieren auf einem Volksfest? Oder ähnelt es eher einer heimlichen Tonbandaufnahme bei einem Tischgespräch im Lokal? Angesichts der Schwierigkeit, Netzszenarien einfach als Äquivalente von Face-to-Face-Situationen zu deuten, ist diese Heuristik jedoch nur bedingt brauchbar.

5.5.3 Publikation von Ergebnissen

Gemäß ethischem Forschungsanspruch sind Konsenskriterien nicht nur bei der Datenerhebung, sondern auch und vor allem bei der Publikation von Ergebnissen virulent. Konsequent zu anonymisieren, so dass weder Einzelpersonen noch konkrete Foren erkennbar sind, maximiert zwar den Datenschutz, ist bei vielen netzimmanenten Studien aber dennoch nicht wünschenswert: Aussagen über nicht-identifizierbare Netzforen sind weder kritisierbar noch replizierbar. Die Nicht-Nennung von Real Names kann eine Verletzung von Autorenrechten bedeuten. Die Eliminierung von Nicknames geht mit erheblichem Informationsverlust einher, da Namenswahl und ggf. auch Namenswechsel beim Chatten und Mudden wichtige Identitätsrequisiten sind (vgl. Kap. 3.2.2). Erforderlich ist vor diesem Hintegrund also wiederum ein kontextspezifisches Umgehen mit Anonymitäts-Ansprüchen einerseits und Identifizierbarkeits-Wünschen andererseits.

Die *namentliche Nennung von Netzforen* wie Mailinglisten, Newsgroups, Chat-Channels oder MUDs ist in Publikationen gängig. Ausnahmen bilden in der Regel nur solche Foren, die in der Netzöffentlichkeit wenig bekannt sind und vor unerwünschter Aufmerksamkeit geschützt werden sollen. So bezieht sich z.B. Reid (1994a, Fussnote 22) auf JennyMUSH – ein MUD, das Mädchen und Frauen bei der Bewältigung sexueller Grenzverletzungen helfen soll – und nennt dabei auf ausdrücklichen Wunsch der MUD-Administratorin die Netzadresse nicht, was mutwilligen Störungen vorzubeugen soll. Dietz-Lenssen (1997, S. 94) führt in der Publikation seiner Analyse kinderpornografischer Netzangebote nur jene Foren namentlich auf, deren Existenz in allgemein zugänglichen Quellen ersichtlich ist, und verzichtet explizit auf die namentliche Nennung unbekannterer Foren, um nicht dem Vorwurf ausgesetzt zu sein, „den Zugang zu kinderpornografischen Angeboten erleichtert zu haben“. Debatin (1997) gibt den Namen des von ihm beobachteten CompuServe-Forums aus „Diskretionsgründen“ nicht bekannt. Da seine Untersuchung unter anderem die Erfahrungen der Chatterinnen und Chatter mit Netzaffären thematisiert, wird hier Privatheit tatsächlich ein Anliegen sein.

Wenn Zitate aus Newsgroup- und Mailinglisten-Postings oder aus Chat- und MUD-Interaktionen in eine Publikation einfließen wird es zuweilen von der Länge der zitierten Passage abhängig gemacht, ob die *Namen der Beteiligten* zu nennen sind. So ist es gemäß der Ethics Policy von ProjectH (Rafaeli, Sudweeks, Konstan & Mabry, 1998, S. 268) akzeptabel, Kurzzitate (1-2 Sätze) in anonymisierter Form ohne

Rücksprache mit den Beteiligten zu publizieren. Werden jedoch mehr als zwei Sätze eines Postings zitiert, so wird explizites Einverständnis verlangt. Somit bleibt es dann den Urheberinnen und Urhebern der Texte überlassen, ob sie ihre Beiträge überhaupt zum Zitieren freigeben und dabei im positiven Fall namentlich genannt oder ungenannt sein wollen. Auf die Notwendigkeit der expliziten Einverständniserklärung im Falle von Zitaten wird auch am Eingang des MUD LambdaMoo deutlich hingewiesen: „NOTICE FOR JOURNALISTS AN RESEARCHERS: The citizens of LambdaMOO request that you ask for permission from all direct participants before *quoting* any material collected here."

Mit Blick auf die soziale Binnendifferenzierung unterschiedlicher Netzforen wird die Notwendigkeit deutlich, sich bei der ethischen Regelung auch den lokalen Normen anzupassen. Denn die Entwicklung ethischer Richtlinien für internetbasierte Forschung sollte schließlich nicht über die Köpfe der Internet-Nutzerinnen und -Nutzer hinweg erfolgen, sondern an die jeweiligen gruppeninternen Kontroversen über Öffentlichkeit, Privatheit und Datenschutz anknüpfen. So gibt es in Newsgroups nicht selten intensive Debatten über (netzintern) publizierte *Posting-Statistiken*. Diese werden hin und wieder von Einzelpersonen aus den Postings einer Newsgroup angefertigt. Eine Posting-Statistik gibt an, wie viele Postings in einem bestimmten Zeitraum von welchen Personen in einem Netzforum geliefert wurden und stellt somit eine Art Hitliste der aktivsten Gruppenmitglieder dar. Obwohl Posting-Statistiken ausschließlich die im Netz frei verfügbaren Informationen in statistisch aggregierter Weise präsentieren, werden sie oft als Datenschutzverletzung interpretiert. Dahinter steht dann z.B. die Argumentation, dass Vorgesetzte durch eine solche Posting-Statistik auf die (bislang unbemerkten) intensiven Netzaktivitäten einzelner Mitarbeiter aufmerksam werden könnten, die womöglich während der Arbeitszeit stattfinden. Mit solchen und ähnlichen Dilemmata hat auch die Internet-Forschung zu rechnen. Selbst aggregierte Nutzungsdaten (z.B. Top Ten der am häufigsten aufgerufenen WWW-Seiten an einer Hochschule oder in einem Unternehmen) können politisch (z.B. personalpolitisch, netzpolitisch, sexualpolitisch) sehr brisant sein, sobald sie erst einmal zusammengestellt und (netzintern oder netzextern) veröffentlicht sind. Für die einzelnen Nutzerinnen und Nutzer wird vor dem Hintergrund unerwünschter Beobachtung und möglicher Publikation ihres Nutzungsverhaltens die Option nachhaltiger Anonymisierung bedeutsam. Heute kann nicht nur das eigene Mailing- und Postingverhalten mithilfe von Remailern anonymisiert werden (siehe Kap. 2.2.3) – auch anonymes Recherchieren und „Surfen" im WWW ist möglich (z.B. mit einem sog. Anonymizer: http://www.anonymizer.com/). Ebenso können eigene Web-Angebote ohne Nennung des realen Namens publiziert werden – bei diversen Webspace-Anbietern sogar kostenlos (z.B. http://www.geocities.com/).

Werden Kommunikationsprotokolle aus MUDs oder Chat-Channels publiziert, bleiben die Nicknames üblicherweise erhalten (z.B. Danet, Ruedenberg-Wright & Rosenbaum-Tamari, 1997; Reid, 1991, 1994a; Rodino, 1997) – ohne dass im Text Verweise auf die Sicherstellung des informed consent aller Beteiligten hinsichtlich

Nickname-Publikation zu finden wären. Da Personen, die sehr engagiert Chatten oder Mudden, in der Regel feste Nicknames benutzen, ist es eigentlich erforderlich, Nicknames zu anonymisieren (d.h. herauszunehmen oder zu modifizieren), sofern kein explizites Einverständnis zur Nick-Nennung gegeben wurde (für eine Publikation mit anonymisierten Nicks siehe Debatin, 1997). Wie das Einverständnis zur Nick-Nennung bei Beobachtungsstudien ganz praktisch einzuholen wäre (sporadische Chatter und Mudder sind kaum erreichbar, Email-Adressen sind oft nicht bekannt) und wie mit dem aus der Anonymisierung resultierenden Informationsverlust umzugehen wäre, bleibt diskussionsbedürftig. So wäre die Studie von Bechar-Israeli (1995), die sich der Inhaltsanalyse von Nicknames widmet, wohl mit Anonymisierungs-Anspruch nicht durchführbar gewesen. Ohnehin muss man sagen, dass eine Zuordnung von Nicknames zu Personen ja nur denjenigen möglich ist, die sich selbst im Netz auskennen und die somit in einer wissenschaftlichen Publikation nur wiederfinden würden, was sie im Netz selbst „live" miterlebt haben oder nachlesen können.

Am 20. Januar 1997 fand im MUD MediaMOO unter Leitung von Amy Bruckman ein Symposium zum Thema „The Ethics of Research in Virtual Communities" statt, auf dem die virtuell versammelten Expertinnen und Experten weitaus mehr Fragen als Antworten zusammentrugen. Mit dem expliziten Einverständnis aller Beteiligten wurde der Diskussionsverlauf vollständig automatisch registriert und publiziert: http://asb.www.media.mit.edu/people/asb/mediamoo/ethics-symposium.html. Dieses Symposium verdeutlicht die Heterogenität der Einschätzungen zu ethischen Problemen der Internet-Forschung. Die in der vorliegenden Arbeit präsentierten Netzdokumente sind teilweise anonymisiert, teilweise nicht-anonymisiert, und ihre Publikation ist teilweise durch explizites, teilweise durch implizites Einverständnis abgesichert.

5.6 Zusammenfassung

Die populärsten internetbasierten Untersuchungsmethoden sind a) die Feldbeobachtung in verschiedenen Netzszenarien, b) die automatische Beobachtung als Protokollierung von Kommunikationsprozessen oder Systemfunktionen sowie c) der Online-Fragebogen. Netzextern wird zur Untersuchung computervermittelter Kommunikation am häufigsten a) mit vollstandardisierten oder halbstandardisierten Interviews, b) mit Fragebögen und c) mit Laborexperimenten gearbeitet. Einige der in der Internet-Forschung eingesetzten Datenerhebungsmethoden bzw. Untersuchungsdesigns lassen sich nur außerhalb des Netzes realisieren (z.B. Laborexperiment), andere definitionsgemäß nur innerhalb des Netzes (z.B. WWW-Experiment), wieder andere dagegen sind innerhalb wie außerhalb des Netzes anzutreffen (z.B. Feldbeobachtung).

Die genuin neuen, internetbasierten Datenerhebungsmethoden werden nicht nur eingesetzt, um Merkmale der computervermittelten Kommunikation zu untersuchen, sondern sind auch zur Klärung anderer inhaltlicher oder methodischer Fragestellungen aus diversen sozialwissenschaftlichen Disziplinen geeignet. Hierbei macht man sich dann insbesondere die Ökonomie des Vorgehens zunutze (z.B. Adressierung spezieller Zielgruppen für eine Umfrage, siehe Batinic & Bosnjak, 1997; schnelle Erreichbarkeit von Experten für einen Fragebogen-Pretest, siehe Gräf, 1997a; vereinfachte Probandenanwerbung für Experimente, siehe Reips, 1997). Allgemein sind den internetbasierten Datenerhebungsmethoden und Untersuchungsdesigns eine Reihe von Vor- und Nachteilen gemeinsam (siehe Tab. 5.2).

Tab. 5.2 Vor- und Nachteile internetbasierter Datenerhebung

Internetbasierte Datenerhebung *Vorteile*	*Nachteile*
Ökonomie (geringer Zeit-, Personal-, Material-, Kostenaufwand)	Verführung zu schlecht vorbereiteten Ad-hoc-Studien
Digitale Daten (Automatisierbarkeit der Durchführung und Auswertung)	Erhöhte Gefahr von Datenmissbrauch und Datenschutzverletzungen
Aus einer grossen, internationalen Population können spezialisierte und umfangreiche Stichproben gewonnen werden	Meist keine kontrollierte Stichprobenziehung möglich, sondern es finden mehrstufige Selbstselektionsprozesse statt
Mehr Freiheitsgrade für die Versuchsperson, die Zeit, Ort und Ablauf der Teilnahme selbst bestimmt (echte Freiwilligkeit, Unverbindlichkeit durch fehlende Konfrontation mit Versuchsleitern)	Mangelnde Kontrolle i.S. von Identitätsüberprüfung, Hilfestellung, Ablaufsteuerung, Intervention bei untersuchungsbedingten Beeinträchtigungen usw. durch den fehlenden Direktkontakt zwischen Versuchsleiter/in und Versuchsperson
Umfangreiche nonreaktive Datenerhebung (automatische Aufzeichnung)	Ethische Probleme durch Beobachtung ohne Einwilligung der Betroffenen
Große Verbreitung von Untersuchungen im Netz, besserer Einblick Außenstehender in Forschungsaktivitäten	Mangelnde Kontrolle über Verbreitungs- und Interpretationszusammenhänge von wissenschaftlichen Untersuchungen

Wenn die Internet-Forschung auf netzimmanente Datenerhebungsmethoden zurückgreift, dann bedient sie sich selbst computervermittelter Kommunikation (CvK). Die Ergebnisse solcher Datenerhebungen dienen der Entwicklung und Überprüfung von CvK-Theorien, denen wir uns im folgenden Kapitel zuwenden. Umgekehrt ist die Kenntnis von CvK-Theorien aber auch für die Planung netzinterner Datenerhebungen von Belang, denn Determinanten erfolgreicher Netzkommunikation sind häufig auch Determinanten erfolgreicher Datenerhebung im Netz.

6 Theoretische Modellierung computervermittelter Kommunikation

In Kap. 2 und 3 haben wir im Zusammenhang mit der Beschreibung der Internet-Dienste und ihres Gebrauchs bereits eine Reihe von Merkmalen und Eigenschaften der zeitversetzten und zeitgleichen computervermittelten Kommunikation kennengelernt. Theoretische Modelle der computervermittelten Kommunikation beschäftigen sich nun mit der Frage, wie diese Besonderheiten zu systematisieren sind, wie sie zustandekommen und welche psychosozialen Konsequenzen sie nach sich ziehen. CvK-bedingte Besonderheiten bzw. Veränderungen im Verhalten und Erleben werden dabei vornehmlich auf drei Ebenen untersucht und diskutiert:

- *Nutzungssituation* (z.B. „Wirkt eine Email unpersönlicher als ein Telefonat?"),
- *Lebenswelt/Mikroebene* (z.B. „Reduzieren Netznutzer ihre Face-to-Face-Begegnungen zugunsten von Netzkontakten?") und
- *Gesellschaft/Makroebene* (z.B. „Zerstören globale virtuelle Gemeinschaften lokale Gemeinschaften?").

Es liegt auf der Hand, dass die Beschreibung und Erklärung von *situativen* Medieneffekten aus theoretischer und empirischer Sicht vergleichsweise einfacher zu bewerkstelligen ist als eine Analyse *lebensweltlicher* und *gesamtgesellschaftlicher* Veränderungen. Denn gerade weil durch CvK-Erfahrungen Verhaltens- und Erlebensänderungen in prinzipiell allen Lebensbereichen zu erwarten sind, ist die begründete Auswahl und adäquate Operationalisierung potentieller Effekte ein großes Problem. Hinzu kommt, dass auch die unabhängigen Variablen sehr komplex sind. Alleine „Netznutzung" ist ein in qualitativer und quantitativer Hinsicht äußerst vielschichtiges Konzept (vgl. Kap. 4), hinzu kommen Netznutzungsmuster im sozialen Umfeld (privat wie beruflich) sowie die öffentliche Internet-Diskussion als weitere Einflussfaktoren (z.B. „Ändert sich unsere Vorstellung von Identität durch eigene Erfahrungen und öffentliche Diskussionen über simulierte Online-Identitäten?").

Zehn Modelle der computervermittelten Kommunikation werden im Folgenden vorgestellt. Einige von ihnen sind bereits unter einem festen Namen in die Literatur eingeführt (Kanalreduktion: Kap. 6.1; Herausfiltern sozialer Hinweisreize: Kap. 6.2; rationale Medienwahl: Kap. 6.3; normative Medienwahl: Kap. 6.4; interpersonale

Medienwahl: Kap. 6.5; soziale Informationsverarbeitung: Kap. 6.6), bei den anderen handelt es sich um weniger elaborierte Denkansätze und Diskussionsstränge, die hier gebündelt und neu etikettiert werden (Simulation: Kap. 6.7; Imagination: Kap. 6.8; Digitalisierung: Kap. 6.9; Kulturraum: Kap. 6.10). Die Reihenfolge der Darstellung spiegelt den Verlauf der CvK-Diskussion in den letzten 20 Jahren wider, die zunächst technikbedingte soziale Defizite ins Zentrum stellte, dann zunehmend auch die Chancen aktiver und kreativer Medienaneignung betonte, ohne jedoch heute die Ambivalenz des Mediums zugunsten einseitiger Positivbewertung zu verleugnen. Die einzelnen CvK-Modelle fokussieren implizit oder explizit jeweils unterschiedliche Dienste oder Anwendungen (z.B. Email, Chat, MUD), verschiedene Kommunikationsanlässe (z.B. Privatkontakt, Kommunikation im Arbeitsteam, Unterricht) und spezifische Teilnehmerkreise (z.B. Studierende, Jugendliche). Bei der Anwendung von CvK-Theorien ist also immer genau zu prüfen, welchen Allgemeinheitsgrad die Aussagen haben und an welche Gebrauchskontexte sie ggf. gebunden sind. Insbesondere ist in der Internet-Forschung zu beachten, inwieweit die Internet-Population (siehe Kap. 4) womöglich besondere Effekte in der computervermittelten Kommunikation hervorbringt, die z.B. in Online-Diensten oder Mailbox-Netzen (siehe Kap. 1.4) nicht in der Form auftreten.

6.1 Kanalreduktion

Bei computervermittelter Kommunikation via getipptem Text sind die meisten Sinnesmodalitäten ausgeschlossen. Diese im Vergleich zur Face-to-Face- bzw. Body-to-Body-Situation drastische *Kanalreduktion* auf der physikalischen Reizebene geht gemäß dem Kanalreduktions-Modell auf subjektiver Ebene mit einer Verarmung der Kommunikation, mit einer Reduktion gemeinsamer Handlungsmöglichkeiten und verfügbarer Zeichenkomplexe einher (Winterhoff-Spurk & Vitouch, 1989, S. 249). *Ent-Sinnlichung*, *Ent-Emotionalisierung*, *Ent-Kontextualisierung* und sogar *Ent-Menschlichung* sind Stichworte, die den defizitären Charakter textbasierter Telekommunikation kennzeichnen sollen (Kubicek & Rolf, 1986, S. 263ff.; Mettler-von Meibom, 1994, S. 18f.; Volpert, 1985, S. 94). Da computerbasierte Kommunikation nicht nur auf den Textkanal reduziert ist, sondern auch zwischen geografischen Distanzen vermittelt und asynchron stattfinden kann, kommen zur Ent-Sinnlichung noch *Ent-Räumlichung* und *Ent-Zeitlichung* hinzu (Herrmann, 1991). Diese Entleerung der Kommunikation wird umfassend als *Ent-Wirklichung* tituliert (Raulet, 1992, S. 54) – ein Etikett, das nicht zuletzt aus der Fernsehwirkungsdebatte geläufig ist (kritisch dazu Thomä, 1994, S. 97ff.; Höflich, 1996, S. 68ff.).

Insgesamt hat das Kanalreduktionsmodell und die mit ihm verbundene Metaphorik des Verschwindens einen zivilisations- und technikkritischen Impetus. Demgemäß drohen computergestützte Telekommunikationsmedien durch die in sie „eingebaute" technische Rationalität das typisch Menschliche – nämlich Emotionalität, Ambiguität,

Unkalkulierbarkeit, Stimmung etc. – aus der Kommunikation zu entfernen und zwar zugunsten von Ökonomie, Kommerz, Effizienz, Geschwindigkeit, Kontrollierbarkeit, Manipulierbarkeit, Überschaubarkeit und Logik (vgl. Mettler-von Meibom, 1994, S. 95f.; Raulet, 1992). Im Kanalreduktions-Modell, das jede Form der medialen Individualkommunikation a priori als defizitäres und tendenziell (je nach Dosis) destruktives Surrogat für Face-to-Face-Interaktionen ansieht, erklärt man die Nutzung von Individualmedien v.a. durch Zwänge, Gewöhnung und Kommunikationspathologie (Mettler-von Meibom, 1990).

Dass solche Gefahren netzintern durchaus gesehen werden, zeigen z.B. die Netiquetten (siehe Kap. 2.4.4), die explizit davor warnen, hinter den Textbeiträgen die Menschen zu vergessen. Einige Laborexperimente zur synchronen CvK in Gruppen zeigen, dass die Kommunikation tatsächlich sachlicher und aufgabenbezogener – also weniger emotional – abläuft als in der Face-to-Face-Situation (z.B. Connolly, Jessup & Valacich, 1990; Rice, 1984). Dieser unpersönliche Charakter der Kommunikation ist jedoch teilweise dem Laborsetting zuzuschreiben, in dem eine künstlich zusammmengestellte Personengruppe innerhalb von 20 bis 90 Minuten eine Aufgabe bearbeiten soll. In Feldstudien und Szenarien ohne Zeitbeschränkung lässt sich eine solche „Abkühlung" der Kommunikation empirisch jedenfalls nicht eindeutig nachweisen (vgl. Walther, Anderson & Park, 1994, S. 464f.).

Auch theoretisch ist unklar, warum getippter Text nicht geeignet sein sollte, Gefühle zu kommunizieren, Intimität herzustellen oder sinnliche Eindrücke zu erzeugen. Dass mediale Telekommunikation kein Äquivalent zur Kopräsenz darstellt, wird von niemandem bezweifelt und ist insbesondere all jenen schmerzlich bewusst, die in Long Distance Relationships leben. Dennoch ist zu fragen, ob sich die spezifischen Merkmale computervermittelter Kommunikation adäquat durch die Analogie bzw. Homologie (Raulet, 1992, S. 51) zwischen physikalischer Kanalreduktion und subjektiver Ent-Sinnlichung/Ent-Menschlichung beschreiben lassen. Denn wie es mittels computerbasierter Kommunikation gelingen soll, Raum, Zeit und Materie zum „Verschwinden" zu bringen oder gar „aufzuheben", ist genaugenommen äußerst rätselhaft. Plausibler scheint es doch, dass sich unser Verhältnis zu diesen Dimensionen verändert, es beispielsweise zu einer spezifischen Form der Körperdistanzierung bei gleichzeitiger Körperaufwertung (Elsner, Gumbrecht, Müller & Spangenberg, 1994, S. 176) oder zu neuen Formen der Rekombinationen von Raum- und Zeitstrukturen kommt (van Dijk, 1993). So ist per Alltagsbeobachtung leicht festzustellen, dass etwa geografische Lokalität im Netz keineswegs zur irrelevanten Größe wird: Im Netz treten wir einander nicht als „globale Datenreisende" gegenüber, sondern als lokal verwurzelte Personen, die sich ihrer lokalen Bindung (nicht zuletzt wegen der Sprachbarrieren) sehr wohl bewusst sind. In vielen Chat-Channels und MUDs gehört ein Age-Sex-Location-Check zum standardmäßigen Gesprächseinstieg.

Wenn das Kanalreduktions-Modell kritisiert wird, geschieht dies in schwacher oder in starker Weise. Die *schwache Kritik* übernimmt die Vorstellung, dass CvK in erster Linie eine in ihren Ausdrucksmöglichkeiten beschränkte Kommunikation darstellt, setzt jedoch netzspezifische *Kompensationsmöglichkeiten* dagegen (siehe Tab. 6.1).

Tab. 6.1: Kompensationsmöglichkeiten CvK-bedingter Restriktionen
(Quelle: vgl. Weinreich, 1997, S. 15)

Face-to-Face-Kommunikation	*Computervermittelte Kommunikation*	
1. Gesprächsinhalt	1. Gesprächsinhalt	
2. Nonverbale Eindrücke	2. Nonverbale Eindrücke	Substitute
auditiv	~~auditiv~~	Soundwörter/Emoticons
visuell	~~visuell~~	Aktionswörter/Emoticons
olfaktorisch	~~olfaktorisch~~	(Aktionswörter/Emoticons)
gustatorisch	~~gustatorisch~~	(Aktionswörter/Emoticons)
taktil	~~taktil~~	(Aktionswörter/Emoticons)

Diese schwache Kritik lässt sich von Anhängern des Kanalreduktions-Modells leicht zurückweisen mit dem Hinweis, dass die genannten Substitute für nonverbale Kommunikation allenfalls eine *partielle* Kompensation der gravierenden medialen Defizite darstellen (Emoticons und Aktionswörter sind keine echten funktionalen Äquivalente zum spontanen hochdifferenzierten Gesichtsausdruck oder zur körperlichen Berührung) und es somit eben doch zu einer defizitären Kommunikation kommt.

Die starke Kritik problematisiert die (romantische) Vorstellung, dass Face-to-Face-Kommunikation per se einen ganzheitlichen, menschlichen, restriktionsfreien Austausch garantiere, während medial vermittelte Kommunikation stets mit einer Beschränkung der Ausdrucksmöglichkeiten verbunden sei. Denn diese Sichtweise negiert nicht nur die spezifischen Restriktionen der Face-to-Face-Situation (siehe Tab. 6.2), sondern überschätzt und idealisiert auch den Informationswert nonverbaler Botschaften (Höflich, 1996, S. 71). Statt etwa Emoticons oder Aktionswörter als Kompensation der „eigentlichen" und unverzichtbaren nonverbalen Kommunikation zu deuten, lassen sie sich vielleicht eher als genuin neue expressive Meta-Botschaften begreifen, die z.B. durch einen stärkeren Grad an (Selbst)Reflexivität geprägt sind (vgl. Kap. 3.2.3 zu Akronymen und Emoting). Zwar wird die vielzitierte Enttäuschung, die Netzbekannte beim ersten Face-to-Face-Treffen zuweilen erleben, gern als Indiz dafür interpretiert, dass die Beteiligten einander bei der Netzkommunikation (teils bewusst, teils unbewusst) wesentliche Informationen vorenthalten. Selten wird jedoch die umgekehrte Erfahrung dagegengestellt, dass nämlich Netzbekannte tiefe und dauerhafte Freundschaften eingehen, obwohl sie sich eingestehen, dass ein erstes Kennenlernen in einer Face-to-Face-Situation nie zustandegekommen wäre. Welches Medium vermittelt hier den universell „richtigen“ Eindruck einer Person? Ohnehin ist netzspezifische Parasprache durch ihre vergleichsweise geringe Verbreitung nicht als *das* hervorstechende Merkmal der CvK zu nennen – Polydirektionalität, variable Teilnehmerkreise, mögliche Anonymität, die Kombination unterschiedlicher Dienste und andere Besonderheiten in der Kommunikationsstruktur zeichnen computervermittelte Kommunikation viel eher aus.

Tab. 6.2: Restriktionen bei der Face-to-Face-Kommunikation
(Quelle: McGrath & Hollingshead, 1990, S. 35)

In Face-to-Face-Interaction...
1. All members are linked in all modalities with 0 time lag.
2. One and only one person has the floor at only one time. Except for momentary silences, someone is always holding the floor.
3. Speakers exercise some control over who the next speaker will be, as well as when they can interrupt.
4. Group members share floor time unequally.
5. Speakers cannot pause too briefly of for too long a time (hence few interruptions, few silences).
6. Speakers signal transitions using multiple cues in different modalities or channels.
7. The audience for each act is all, but only, the set of participants present.
8. The set of potential next speakers is all, but only, the set of participants present.
9. There is no anonymity in face-to-face groups.
10. Group members expect each input to be logically or psychologically connected to preceding or anticipated inputs.

Insgesamt krankt das technikdeterministische Kanalreduktions-Modell daran, dass die Face-to-Face-Situation idealisiert wird, man rhetorisch mit Bedrohungsszenarien arbeitet („wehe, wenn wir eines Tages nur noch per Computer kommunizieren...“), unterschiedliche Kommunikationsanlässe und -bedürfnisse nicht differenziert werden und Metaphern Phänomenologie ersetzen sollen. Dabei beziehen sich die Aussagen häufig nicht auf den empirisch vorfindbaren CvK-Gebrauch, sondern auf technokratische CvK-Visionen, die die Computertechnologie in fortschrittsgläubiger Manier als Patentlösung aller erdenklichen Probleme propagieren und ubiquitär eingesetzt sehen wollen. Obwohl die Demontage überzogener Erwartungen an die Computer- und Vernetzungstechnologie zweifellos wichtig ist, trägt allein der kritische Hinweis, das Internet könne die entscheidenden Menschheitsprobleme nicht lösen (Weizenbaum, 1996), wenig zum Verständnis der besonderen Chancen und Gefahren computervermittelter bzw. virtueller Kommunikation bei. Auffällig ist auch die Tendenz kulturpessimistischer Stimmen, der Netzkommunikation ihre (tatsächlichen oder vermeintlichen) Abweichungen von der Face-to-Face-Kommunikation vorzuwerfen, ohne jedoch ihre zahlreichen Übereinstimmungen mit der (kulturell hochgeschätzten) Brief- und Buch-Kommunikation in die Bewertung miteinzubeziehen.

6.2 Herausfiltern sozialer Hinweisreize

Filter-Modelle (cues-filtered-out approaches, Culnan & Markus, 1987; reduced social cues approach, Kiesler, Siegel & McGuire, 1984) greifen die Grundidee des Kanalreduktions-Modells auf, dass mit einer Verringerung der Kommunikationskanäle ein Informationsverlust verbunden ist, der die Wahrnehmung des Gegenübers verändert. Statt pauschal von einer Verarmung und Ent-Wirklichung auszugehen, spitzen Filter-Modelle den Informationsverlust darauf zu, dass man bei textbasierter Telekommunikation durch Ent-Kontextualisierung wenig über den *psychosozialen Hintergrund* (Alter, Aussehen, Bildung, Status, Vermögen etc.) einer anderen Person weiss (Dubrovsky, Kiesler & Sethna, 1991; Siegel, Dubrovsky, Kiesler & McGuire, 1986; Sproull & Kiesler, 1986). Solche nonverbal (vor allem visuell) vermittelten Hintergrundinformationen haben im Alltag einen entscheidenden Einfluss darauf, wie wir eine andere Person einschätzen, ob und wie wir überhaupt mit ihr in Kontakt kommen (wollen). In einer rein textvermittelten Kommunikationssituation, in der sogar völlige Anonymität bzw. Pseudonymität möglich ist, tritt hinsichtlich solcher sozialen Hintergrundvariablen ein Nivellierungseffekt ein: Weder die imposante Gestalt, noch die laute Stimme oder die elegante Kleidung schaffen in CvK-Szenarien einen Kommunikationsvorteil.

Eine solche Nivellierung baut gemäß dem Filter-Modell soziale Hemmungen, Hürden, Privilegien und Kontrollen ab. Dieser *enthemmende Effekt* begünstigt sowohl verstärkte Offenheit, Ehrlichkeit, Freundlichkeit, Partizipation und Egalität als auch verstärkte Feindlichkeit, Anomie, normverletzendes und antisoziales Verhalten. Dass Anonymität Sicherheit herstellt und Handlungsspielräume in pro- und anti-sozialer Richtung eröffnet, ist aus Face-to-Face-Situationen bekannt: Gegenüber der Telefonseelsorge oder einem „Stranger on the Run/on the Train“ offenbaren wir eher intime Informationen, weil die Anonymität uns schützt; derselbe Effekt kommt jenen Mailinglisten, Newsgroups und Chat-Channels zugute, die sich persönlichen Problemen widmen und in denen zuweilen sehr offene Diskussionen geführt werden. Sich als Teil einer anonymen Masse wahrzunehmen und nicht persönlich für seine Handlungen verantworten zu müssen, begünstigt aber auch deviantes und antisoziales Verhalten, das im Netz u.a. in Form von *Flaming* auftritt (siehe Kap. 2.3.4; Collins, 1992; Kiesler, Siegel & McGuire, 1984; Kiesler, Zubrow, Moses & Geller, 1985), aber auch die Verbreitung von Computerviren, das Verschicken von Massenmails oder das Ausspähen von Daten umfassen kann (National Research Council, 1995; Wetzstein, Dahm, Steinmetz, Lentes, Schampaul & Eckert, 1995, Kap. 9). Es gibt leider wenig systematische Empirie zur Prävalenz solcher bedrohlichen Verhaltensweisen im Netz.

Gemäß dem Filter-Modell bringt computervermittelte Kommunikation spezifische Vorteile und Nachteile mit sich und ist somit im Vergleich zur Face-to-Face-Situation nicht pauschal als „defizitär" zu kennzeichnen. Ein Schwachpunkt des Filter-Modells (den es mit dem Kanalreduktions-Modell teilt) liegt sicherlich darin, dass es CvK-Effekte tendenziell technikdeterministisch interpretiert und den moderierenden Einfluss der sozialen Strukturen vernachlässigt, innerhalb derer das Medium genutzt wird. Statt pauschal davon auszugehen, dass sich Status-Unterschiede im Netz nivellieren, ist situationsspezifisch zu prüfen,

- ob und wie sich welche netzexternen sozialen Hierarchien in den Netzkontext übertragen (z.B. Minderheiten-Status diverser soziodemografischer Gruppen im Internet siehe Kap. 4.2) und
- inwieweit neue Status-Differenzen erst bei der CvK entstehen (z.B. Netzkompetenz als neue Machtquelle).

Weder die vielzitierten Egalisierungseffekte noch die angebliche Anarchie im Netz sind deshalb überzubewerten. Insbesondere das berüchtigte Flaming ist möglicherweise nur durch diese Etikettierung als typischer Netzeffekt populär geworden. Inwieweit sogenanntes Flaming sich qualitativ und quantitativ von unsachlichen Face-to-Face-Diskussionen unterscheiden, wie man sie in Talkshow-Kontroversen, im Bundestag und auch beim Familienausflug beobachten kann, ist fraglich. Und selbst wenn man nachweisen könnte, dass Flaming in vergleichbaren Situationen bei computervermittelter Kommunikation häufiger vorkommt als bei Face-to-Face-Kommunikation bliebe klärungsbedürftig, ob hier Enthemmung eine ausschlaggebende Rolle spielt. So ließe sich alternativ oder ergänzend beispielsweise spekulieren,

- dass die für natürliche Netzforen charakteristische Heterogenität des Teilnehmerkreises ein größeres Dissens- und Ärgerpotential erzeugt;
- dass die relativ offenen Netzforen durch harsche Sanktionierung von abweichendem Verhalten ihren Gruppenzusammenhalt stärken;
- dass die Mitglieder künstlicher CvK-Gruppen, wie sie in Laborstudien gebildet werden, unter erhöhter Belastung stehen und deswegen häufiger gereizte Beiträge liefern.

Wer je im Zentrum einer aggressiven Netzdebatte stand, mag vor Flaming-Phänomenen nur warnen. Wer dagegen auch schon an extrem kontroversen Face-to-Face-Diskussionen teilgenommen und nicht sehr sanft behandelt wurde, mag zunächst nichts Netzspezifisches in unfairen Attacken erkennen. Im Gegensatz zu den vielen Presseberichte über Flaming ziehen empirische Studien durchaus den Schluss, dass Flaming eher selten vorkommt: Mabry (1998, S. 21) wertete im Rahmen von Projekt

H (siehe Kap. 5.1.3, Abschnitt „Registrierung von Kommunikationsprozessen“) 3.000 Mailinglisten- und Newsgroup-Postings inhaltsanalytisch aus und stellte hinsichtlich der Kategorie „Emotionalität“ fest, dass 59% der Postings neutral, 26% freundlich und 15% ablehnend formuliert waren, wobei die ablehnenden Postings nur zum Teil offen feindlich waren: 6.8% diverging, 4.2% disagreeing, 2.2% Tension, 1.5% Antagonism, 0.7% Hostility. Jones (1998, S. 87) speicherte alle 6.192 Postings, die von Juni 1991 bis Juli 1992 in die Newsgroup <soc.culture.yugoslavia> gepostet wurden und kommt zu einem – angesichts der politischen, ideologischen und persönlichen Brisanz des Yugoslawien-Konfliktes für die Gruppenmitglieder – erstaunlichen Fazit: *„few breaches of Usenet standards of conduct [...] are found, even when particularly vehement criticism of a posting occured. Indeed, ‚flame wars‘ [...] were largely absent.“*

Zusammenfassend kann man sagen, dass die vom Filter-Modell thematisierten Effekte der Egalisierung und Anomie, für die sich anekdotisch leicht Belege finden lassen, genauerer Elaboration bedürfen (für eine kritische Diskussion der Egalisierungs- und Anomie-Phänomene durch CvK siehe Mantovani, 1994, S. 151ff.; Spears & Lea, 1994, S. 429ff.; Walther, Anderson & Park, 1994). Es bleibt theoretisch und empirisch klärungsbedürftig, woran man erkennen kann, ob ein im Netz beobachteter Effekt wirklich *netzspezifisch* ist und durch Enthemmung hervorgebracht wird, oder ob er nur durch den Netzkontext Aufmerksamkeit erregt und/oder von ganz anderen Faktoren (mit)bedingt wird. Während das Filtermodell besonders hervorhebt, dass bei der CvK jene Merkmale ausgeblendet sind, die sonst der sozialen *Kategorisierung* dienen, betont das SIDE-Modell (Social Identity and DE-Individuation Model; siehe Kap. 7.3.1) stärker das Herausfiltern *individueller* Besonderheiten, die eben textbasiert noch schwieriger zu vermitteln seien als die Zuordnung zu Geschlechts-, Alters-, Berufs- oder sonstigen Gruppen.

6.3 Rationale Medienwahl

Theorien der rationalen Medienwahl gehen genau wie das Kanalreduktions-Modell davon aus, dass bei medialer Vermittlung interpersonale Kommunikation aus subjektiver Sicht verarmt. Dabei wird der Grad der Verarmung bzw. umgekehrt das Ausmaß an persönlicher Nähe und Lebendigkeit, das bestimmte Medien vermitteln, mit den Konzepten soziale Präsenz, mediale Reichhaltigkeit und Backchannel-Feedback gefasst. Die *soziale Präsenz* in einer medial vermittelten Kommunikation ist umso stärker ausgeprägt, je persönlicher, wärmer, sensibler und geselliger der Kontakt empfunden wird (social presence, Short, Williams & Christie, 1976, S. 64ff.). Die soziale Präsenz ist also kein objektives Medienmerkmal, sondern ein subjektiver Eindruck beim Mediengebrauch. *Mediale Reichhaltigkeit* ist umso größer, je besser ein Medium mehrdeutige Botschaften übermittelt und den Umgang mit Ambiguität unterstützt (media richness, Daft & Lengel, 1984, 1986). *Backchannel-Feedback* ist umso aussagekräftiger, je mehr explizite und v.a. implizte Möglichkeiten ein Medium den Kommunikationspartnern bietet, einander wechselseitig ihr Verständnis der aktuellen Situation rückzumelden (Clark & Brennan, 1991). Diese Feedback-Möglichkeiten (z.B. wechselseitige Sichtbarkeit, Hörbarkeit oder Kopräsenz) erleichtern den Aufbau einer gemeinsamen Wissensbasis als Verständigungsgrundlage (sog. Grounding).

Die Theorien der sozialen Präsenz, der medialen Reichhaltigkeit und des Backchannel-Feedback gehen davon aus, dass Menschen Medien gemäß deren Lebendigkeit, Reichhaltigkeit bzw. Feedback-Möglichkeiten beurteilen und dabei subjektive Rangreihen (*Medienhierarchien*) bilden, an deren Spitze stets die durch ein Maximum an persönlicher Nähe gekennzeichnete Face-to-Face-Kommunikation steht. Die empirischen Medienhierarchien für soziale Präsenz und mediale Reichhaltigkeit stimmen sowohl miteinander als auch mit der theoretischen Hierarchie der Backchannel-Feedback-Theorie überein. Auf der Basis der Medienhierarchie entscheiden wir im Sinne rationaler Medienwahl bei einem konkreten Kommunikationsanlass (z.B. Geburtstagsgruß, Terminabsprache, Konfliktlösung, Kennenlernen), welches Medium bei gegebenen Kosten am zweckmäßigsten ist, ob wir eine andere Person persönlich konsultieren, sie anrufen oder ihr lieber eine Email schicken sollen.

Schmitz und Fulk (1991) führten unter den 655 Angehörigen eines intern vernetzten wissenschaftlichen Forschungsinstituts eine Umfrage zur Bewertung und Nutzung unterschiedlicher Individualmedien durch. Die n=511 in der Mehrzahl männlichen, akademisch ausgebildeten Befragungspersonen (Durchschnittsalter 41 Jahre), die die Fragebögen vollständig beantwortet hatten, lieferten die in Tabelle 6.3 aufgelisteten Angaben zur medialen Reichhaltigkeit (Ratingskala von 1: überhaupt nicht reichhaltig bis 5: äußerst reichhaltig).

Tab. 6.3: Mediale Reichhaltigkeit unterschiedlicher Individualmedien
(Quelle: Schmitz & Fulk , 1991, S. 503)

Individualmedium	*Mediale Reichhaltigkeit M (SD)*
Face-to-Face	4,4 (0,9)
Telefon	3,8 (0,8)
Handschriftlicher Text	3,6 (0,9)
Email	3,5 (0,9)
Maschinengeschriebener Text	3,3 (1,1)
Numerischer Computerausdruck	2,5 (1,3)

Clark und Brennan (1991) bringen sieben wichtige Telekommunikationmedien gemäß deren Eigenschaften in eine theoretisch abgeleitete Hierarchie, die der Media-Richness-Hierarchie äquivalent ist und auf den letzten drei Plätzen (Anrufbeantworter, Email, Brief) Rangbindungen (d.h. gleiche Anzahl von Constraints) aufweist (siehe Tab. 6.4).

Tab. 6.4: Backchannel-Feedback bei unterschiedlichen Individualmedien (Quelle: Clark & Brennan, 1991, S. 142)

Constraints Medium	*Copresence*	*Visibility*	*Audibility*	*Contemporality*	*Simultaneity*	*Sequentiality*	*Reviewability*	*Revisibility*
Face-to-Face	*	*	*	*	*	*		
Video Teleconference		*	*	*	*	*		
Telephone			*	*	*	*		
Terminal Teleconference				*		*	*	
Answering Machine			*				*	
Electronic Mail							*	*
Letters							*	*

Da Mediennutzung mit Kosten verbunden ist, sollte eine rationale Medienwahl so aussehen, dass die soziale Präsenz des gewählten Mediums gerade dem von der Kommunikationsaufgabe geforderten Grad an persönlicher Nähe entspricht. Denn ein Medium mit zu hoher sozialer Präsenz (bzw. medialer Reichhaltigkeit) zu wählen, würde einen unnötigen Mehraufwand an Kosten und Zeit bedeuten und durch einen „Überschuss" an Informationen evtl. sogar für Verwirrung oder andere Kommunikationsstörungen sorgen. Ein Medium mit zu geringer sozialer Präsenz (bzw. medialer Reichhaltigkeit) dagegen würde einen unpersönlichen Eindruck vermitteln bzw. komplexe Informationen nicht vollständig übermitteln und somit den Kommunikationserfolg auf sozioemotionaler und sachlicher Ebene gefährden. Bei rationaler Medienwahl, die durch einen optimalen Match zwischen den Anforderungen der Kommunikationsaufgabe und der sozialen Präsenz bzw. medialen Reichhaltigkeit des Mediums gekennzeichnet ist (*Media Appropriateness*), kann Mediennutzung eigentlich keine negativen Effekte auf die Kommunikation haben. Allerdings ist hier zu berücksichtigen, dass Nutzen und Kosten individuell bewertet werden. So stellt sich für viele (z.B. stark arbeitsbelastete) Personen hoher Zeitaufwand, wie er etwa mit einem persönlichen Besuch verbunden ist, als sehr kostenintensiv dar, während er bei anderen (weniger belasteten) Menschen gar nicht negativ zu Buche schlägt, sondern eher eine willkommene Abwechslung darstellt.

Oft wird bemängelt, dass die subjektiven Konzepte „soziale Präsenz“ und „mediale Reichhaltigkeit“ nicht präzise definiert und vermutlich sehr kontextsensibel sind, was die Validität von Medienhierarchien in Frage stellen würde. Eine Sekundäranalyse von Rice (1993), in die sechs CvK-Studien einbezogen wurden, zeigte jedoch, dass Media Appropriateness-Ratings von Personen, die sich hinsichtlich Organisationszugehörigkeit, beruflicher Position, Medienerfahrung etc. unterschieden, relativ stabil ausfielen. So wurde Face-to-Face-Kommunikation v.a. für das Kennenlernen, den Streit und den vertraulichen Austausch als besonders geeignet angesehen, während die speziellen Stärken von Telefon und Email im schnellen Informationsaustausch und der leichten Kontaktpflege gesehen wurden. Es fragt sich jedoch, ob *kontextfreie* Appropriateness Ratings, wie sie in Tabelle 6.5 dargestellt sind, tatsächlich die Mediennutzung steuern und Medienerfahrungen widerspiegeln oder vielleicht nur Stereotype darstellen.

Tab. 6.5: Welches Medium ist für welche Kommunikationsaufgabe geeignet? (Quelle: Ausschnitt aus Rice, 1993, S. 463)

Media Appropriateness Rangplätze	*Face-to-Face*	*Telefon*	*Email*
1	kennenlernen	Fragen stellen	informieren
2	Fragen stellen	in Verbindung bleiben	Fragen stellen
3	streiten	schnell informieren	in Verbindung bleiben
4	verhandeln	informieren	schnell informieren
5	vertraulich informieren	entscheiden	neue Ideen finden
6	entscheiden	streiten	entscheiden
7	neue Ideen finden	verhandeln	streiten
8	informieren	neue Ideen finden	vertraulich informieren
9	in Verbindung bleiben	kennenlernen	verhandeln
10	schnell informieren	vertraulich informieren	kennenlernen

Wie problematisch kontextfreie Aussagen über die Eignung von Medien für spezielle Kommunikationsaufgaben sein können, sei am Beispiel von Mailinglisten verdeutlicht: So mögen etwa Face-to-Face-Teams, die *ergänzend* zu ihren Gruppentreffen über eine Mailingliste kommunizieren, dem Email-Austausch nicht die Funktion des Kennenlernens zuschreiben, während die Mitglieder einer internationalen wissenschaftlichen Mailingliste das Mailen gerade deshalb sehr schätzen, weil sie über dieses Medium *neue* Kontakte knüpfen und Freundschaften aufbauen können. Mittlere Appropriateness-Rangplätze mögen also bei heterogenen Befragungskollektiven oftmals ein Indikator dafür sein, dass das betreffende Medium in manchen Nutzungskontexten sehr gut, in manchen sehr schlecht für die betreffende Kommunikationsaufgabe geeignet ist. Problematisch ist auch die Hierarchisierung von Medien gemäß Contraints im Backchannel-Feedback-Modell. Zu unrecht wirkt hier wiederum die Face-to-Face-Kommunikation generell überlegen (siehe oben Tab. 6.4). Dabei bieten gerade spezifische Backchannels wie „Reviewability" (frühere Botschaften können erneut gesichtet werden) und „Revisibility" (Botschaften können vor der Weitergabe wiederholt geprüft und überarbeitet werden) einmalige Chancen der Selbst-Reflexion und Selbst-Konfrontation, die sowohl die intrapersonale Kommunikation als auch (infolgedessen) die interpersonale Kommunikation unter bestimmten Bedingungen bereichern (z.B. quasi-psychotherapeutischer Email-Dialog, bei dem die tagebuchartige schriftliche Selbstexploration durch gezielt eingestreute Bemerkungen der Gegenseite kommentiert werden).

Während sich das Kanalreduktions-Modell (Kap. 6.1) und das Filter-Modell (Kap. 6.2) mit den Konsequenzen von CvK befassen, konzentriert sich das Modell der rationalen Medienwahl auf die Frage, unter welchen Bedingungen überhaupt computervermittelt kommuniziert wird bzw. werden sollte. Anwendungsbereich der Theorie der rationalen Medienwahl ist in erster Linie die Organisationskommunikation, bei der es eben zentral um effizienten Medieneinsatz geht und Kosten-Nutzen-Abwägungen einschlägig sind (siehe z.B. Ollmann, 1989, für Rationalitätskriterien bei der Substitution von Geschäftsreisen durch mediale Kontakte). Effizienzerwägungen im Sinne von Kosteneinsparungen sind angesichts der hohen Telekommunikationsgebühren auch im privaten Alltag weit verbreitet. Sie mögen aber oftmals nicht dazu führen, dass man die Medienwahl optimal auf den aktuellen Kommunikationsanlass abstimmt, sondern erzwingen vielmehr Kommunikationsverzicht (kurze Telefonate, keine Ferngespräche, wenig Zeit im Netz etc.).

Medienwahlen als Folgen von Nutzenabwägungen zu modellieren ist auch gemäß der *Theory of Reasoned Action* (Theorie bedachter Handlungen; Fishbein & Ajzen, 1975) bzw. deren Weiterentwicklung als *Theory of Planned Behavior* (Theorie geplanten Verhaltens; Ajzen, 1988; Ajzen & Fishbein, 1980) möglich. Dieser Ansatz modelliert Verhaltensabsichten u.a. als Verknüpfungen von wahrgenommenen Objekt- bzw. Medienmerkmalen einerseits (*kognitive Komponente*) und subjektiven Merkmalsbewertungen andererseits (*affektive Komponente*). Demnach wäre also die Absicht, das Internet zu nutzen, dann besonders stark ausgeprägt, wenn eine Person dem Internet Merkmale zuschreibt (z.B. „das Internet dient dem schnellen Informationszugriff"), die von der Person gleichzeitig positiv beurteilt werden („schneller

Informationszugriff ist sehr wichtig“). Gemäß der Theorie bedachten oder geplanten Handelns errechnet sich der Gesamtnutzen durch die Summe der Produkte der kognitiven und affektiven Komponenten über alle berücksichtigten Merkmale hinweg.

Schenk, Dahm und Sonje (1995) erhoben die DFÜ-bezogenen (DFÜ: DatenFern-Übertragung) Nutzenkalküle von n=70 überwiegend beruflichen und n=73 überwiegend privaten Netznutzern sowie von n=123 computererfahrenen Nicht-Nutzern (die Probandinnen und Probanden wurden einem westdeutschen Repräsentativsample im Unfang von n=750 entnommen). Es zeigte sich, dass die *beruflichen Netznutzer* im Unterschied zu den Nicht-Nutzern den Netzgebrauch als besonders hilfreich für direkten Informationszugriff, schnelle Arbeitserledigung und Erreichbarkeit einschätzten. Bei den Nutzenkalkülen der *privaten Netznutzer* schlugen im Unterschied zu den Nicht-Nutzern besonders die Informations- und Unterhaltungsfunktion, aber auch die Kontaktfunktion zu Buche (vgl. zu diesen Gratifikationsfaktoren Kap. 4.6). Gerade hinsichtlich der Kontaktfunktion gingen die Einschätzungen zwischen Nutzern und Nicht-Nutzern deutlich auseinander: Erstere schrieben dem Netz eher eine Verbesserung von Kontakten und Beziehungen zu, letztere eine Verschlechterung, wobei beide Gruppen der Kontaktpflege dieselbe Bedeutung beimaßen. Übereinstimmend nannten Nutzer und Nicht-Nutzer hohe Kosten, Datenschutzgefährdungen und Probleme mit der Informationsflut als Nachteile der Netznutzung. Diese wurden jedoch bei den aktiven Nutzerinnen und Nutzern durch die wahrgenommenen Vorteile klar aufgewogen.

In welchen Situationen Medienwahlen bewusst getroffen werden oder gewohnheitsmäßig ablaufen, und ob in Entscheidungsprozessen dann tatsächlich kostenminimierende Effizienzerwägungen bzw. rationale Nutzenkalküle ausschlaggebend sind, ist klärungsbedürftig. So können wir einem Medium durchaus Gratifikationen zuschreiben, die weder bei der Medienwahl ausschlaggebend waren noch die aktuellen Nutzungsweisen bestimmen. Begreift man den Medienwahlprozess als Gratifikationssuche (zu Gratifikationen der Netznutzung siehe Kap. 4.6), so werden die Grenzen der Rationalität deutlich: Menschen handeln nicht nur nach bewusst ausformulierten Zielsetzungen und lassen sich zudem auch von solchen Bedürfnissen zur Mediennutzung motivieren, die das Medium gar nicht befriedigen kann (vgl. McLeod, Bybee & Durall, 1982, S. 4). So weist etwa die Technikkritik immer wieder darauf hin, dass Kommunikationstechnologie häufig mit der falschen Versprechung ubiquitärer zwischenmenschlicher Erreichbarkeit verkauft wird. Wer diese Botschaft glaubt und somit meint, durch einen Netzanschluss Isolation und Einsamkeit zu überwinden, würde somit eben keine rationale Medienwahl treffen, sondern irrationaler Technikgläubigkeit anhängen (vgl. Mettler-von Meibom, 1996), die im Zuge unbefriedigender oder ausbleibender sozialer Netzkommunikation womöglich von den Betroffenen auch als solche erkannt wird. Aus welchen Gründen und unter welchen Umständen sich Medienwahlen als Fehlentscheidungen herausstellen, lässt sich beispielsweise anhand der Gruppe der *Nicht-Mehr-Nutzer* studieren (Katz & Aspden, 1998).

Zudem ist zu bedenken, dass in interpersonalen Kommunikationssituationen *eine* Person das Medium wählt und die andere Person dieser (mehr oder minder rationalen) Medienwahl dann zunächst einmal ausgesetzt ist. So mag es – um eine klassische Konstellation zu zitieren – für denjenigen, der sich zum Abbruch einer Beziehung ober zum Absagen einer wichtigen Verabredung entschlossen hat, durchaus rational sein, diese Entscheidung „kurz und schmerzlos" am Telefon oder per Email mitzuteilen, während der Adressat der Botschaft eben gerade daran interessiert wäre, ein so gravierendes Ereignis in Ruhe „persönlich" zu besprechen. Solche Konflikte, mit denen sowohl in privaten Beziehungen als auch im Berufsleben zu rechnen ist (etwa wenn Aufgaben per Email delegiert werden oder Mitarbeiter ständig erreichbar sein müssen), werden von der individuumszentrierten Theorie der rationalen Medienwahl nicht berücksichtigt (siehe Kap. 6.5 zur interpersonalen Medienwahl).
Außerdem darf man nicht vergessen, dass im Beziehungsalltag oftmals mehrere Kommunikationsaufgaben gleichzeitig anliegen. So kann etwa mit der Email an eine Freundin sowohl der Wunsch verbunden sein, in Verbindung zu bleiben, als auch sich weiter kennenzulernen, Fragen zu stellen und vertrauliche Informationen auszutauschen sowie eine Entscheidung (z.B. über die Gestaltung einer Face-to-Face-Begegnung) zu treffen. Die dem Modell der rationalen Medienwahl zugrundeliegende Vorstellung, dass unterschiedliche Medien universell für unterschiedliche Aufgaben besonders geeignet sind (*intermediale Perspektive*), ist insofern präzisierungsbedürftig, als auch ein einzelnes Medium ein breites Aufgabenspektrum erfolgreich abdecken kann, allerdings mit situationaler und personenbezogener Variation (*intramediale Perspektive*; vgl. Höflich, 1996, S. 102).

6.4 Normative Medienwahl

Das *Social Influence Model* der Technologienutzung (Fulk, Schmitz & Steinfield, 1990) ist als Theorie der normativen Medienwahl aufzufassen und geht davon aus, dass Medienwahlen im (betrieblichen) Alltag eben nicht nur – wie von der Theorie der rationalen Medienwahl postuliert – gemäß individuellen (oder von der Organisation vorgegebenen) Kosten-Nutzen-Abwägungen rational entschieden werden, sondern vor allem durch Bedienungskompetenz und soziale Normen überformt sind. Wird etwa am Arbeitsplatz ein bestimmtes Medium im Kollegenkreis als besonders nützlich bewertet und häufig eingesetzt, passt sich unsere eigene Medienbewertung und Mediennutzung diesen Vorgaben an (Hiltz, 1984, S. 56).

Die Theorie der normativen Medienwahl beschreibt Medienbewertungen (z.B. Nützlichkeitszuschreibungen) nicht als Funktionen von Medienmerkmalen (Nutzungskosten, involvierte Sinneskanäle etc.), sondern auch und vor allem als soziale Konstruktionen (Hiltz & Turoff, 1993). Speziell die Zuschreibung *sozialer Präsenz* oder *elektronischer Nähe* (Korzenny, 1978) ist gemäß der Theorie der normativen Medienwahl durch Bedienungskompetenz beeinflusst: Wer gut und schnell tippen kann und im Emoting (siehe Kap. 3.2.3) geübt ist, wird eine Chat-Konferenz eher als lebendig einschätzen als jemand, der sich mit dem Tippen schwertut, Chat-spezifische Akronyme und Abkürzungen nicht beherrscht und somit bei der Mediennutzung kein Flow-Erlebnis hat (vgl. Csikzentmihalyi, 1990; Trevino & Webster, 1992). Auch die Theorie bedachter oder geplanter Handlungen (siehe oben) berücksichtigt subjektive Normen und soziale Verhaltenskontrollen als zusätzliche Komponenten bei der Bildung von Handlungsbereitschaften (hier: Medienwahlen). Allerdings fehlen bislang empirische Untersuchungen, die diese Faktoren mitberücksichtigen (vgl. Schenk, Dahm & Sonje, 1995, S. 141, Fußnote 3).

Schmitz und Fulk (1991) konnten für Email-Kommunikation zeigen, dass Personen mit mehr Medienerfahrung (Email-Erfahrung, Computer-Kenntnisse, Keyboard Skills) Email als reichhaltiger einstuften und auch in stärkerem Masse nutzten. Gleichzeitig stellte sich heraus, dass der emailbezogene soziale Einfluss, dem eine Person ausgesetzt war (Nützlichkeitsbewertung von Email durch Kollegen und Vorgesetzte sowie Emailnutzung durch Kollegen und Vorgesetzte) mit der eigenen Nützlichkeitsbewertung und Nutzung von Email positiv zusammenhing. Die Autorinnen überprüften diese Zusammenhänge anhand von Strukturgleichungsmodellen, die hier nicht im einzelnen dargestellt werden sollen. Um einen Eindruck von den Effektgrößen zu vermitteln, sind in Tabelle 6.6 einige Korrelationskoeffizienten zusammengestellt.

Tab. 6.6: Korrelationen zwischen der Bewertung und Nutzung von Email (Quelle: Ausschnitt aus Schmitz & Fulk, 1991, S. 504)

	Email-Nutzung	*Email-Richness*	*Email-Nützlichkeit*	*Keyboard Skills*	*Email-Nutzung Kollegen*	*Email-Nützlichkeit Vorgesetzte*
Email-Nutzung	1					
Email-Richness	.25	1				
Email-Nützlichkeit	.31	.48	1			
Keyboard Skills	.24	.27	.29	1		
Email-Nutzung Kollegen	.23	.18	.23	.13	1	
Email-Nützlichkeit Vorgesetzte	.11	.01	.12	-.01	-.05	1

So plausibel es ist, Medienbeurteilungen (auch) als soziale Konstruktionen zu erklären, so einleuchtend erscheint es, nicht von unidirektionalen Wirkrichtungen, sondern von komplexen Wechselwirkungen auszugehen, in die auch Zeitgeist und Mode sowie strategische Interventionen (z.B. Akzeptanzforschung) eingreifen. Dementsprechend sind nach dem Modell der normativen Medienwahl diverse medienbedingte Kommunikationsstörungen möglich, etwa wenn man bestimmte Medien nur aus Prestigegründen nutzt oder zu nutzen vorgibt oder sie auf der Basis von Vorurteilen ablehnt. Obwohl Nutzungsnormen in organisationalen bzw. institutionellen Zusammenhängen besonders pointiert zutage treten (weil sie z.B. in Arbeitsanweisungen expliziert werden), sind sie auch in anderen Kontexten aufzufinden, etwa wenn durch bestimmte Muster des Mediengebrauchs Lebensstile und Gruppenzugehörigkeiten ausgedrückt werden.

6.5 Interpersonale Medienwahl

Das Modell der normativen Medienwahl bleibt insofern individuumszentriert, als es den sozialen Kontext nur als Determinante des individuellen Medienverhaltens einführt und nicht Dyaden (oder größere soziale Einheiten) und deren *wechselseitige Beeinflussung* in der Medienwahl betrachtet. Dieses Defizit soll durch das Modell der interpersonalen Medienwahl behoben werden (*Modell der technisch vermittelten interpersonalen Medienwahl und Kommunikation*, Höflich, 1997, S. 102).

> Kommunikation mittels interaktiver Medien kann immer nur zusammen mit anderen erfolgen, so daß die Verbindung von Medien und Kommunikationssituation auf eine intersubjektive Grundlage gestellt werden muß. Damit rückt eine daraus entstehende *Koordinierungsproblematik* und deren intersubjektive Lösung in den Vordergrund, wobei sich hierzu eine regelorientierte Betrachtung anbietet. Vor dem Hintergrund einer Handlungsperspektive unterliegt direkte Face-to-Face Kommunikation wie auch vermittelte interpersonale Kommunikation sozialen/kommunikativen Regeln. So gesehen sind es nicht ausgeblendete – vor allem nonverbale – Ausdrucksmöglichkeiten, die a priori zu Kommunikationsdefiziten führen, sondern, zumal im Falle neuer Technologien, fehlende normative Bezüge respektive eine defizitäre Handhabung von Regeln. *Prozedurale Regeln* beziehen sich auf den formalen Ablauf von Kommunikation, während sogenannte *Medienregeln* eine situationsadäquate Medienverwendung auf der Grundlage einer gemeinsamen Definition der Mediensituation und eine Koordinierung der Kommunikationspartner ermöglichen. Medienregeln sind Ausdruck einer sozialen Normierung von Gebrauchsweisen, die wiederum, gratifikationstheoretisch argumentiert, medienbezogene Gratifikationen erwartbar machen. (Höflich, 1996, S. 111f.)

Statt zu erfragen, wie intensiv die gesamte Kollegenschaft einer Person Email nutzt, und wie sie Email bewertet, wäre es aus interpersonaler Sicht relevanter, sich auf die konkreten Kommunikationspartner der Zielperson zu konzentrieren. Die Mediennutzung von Kolleginnen und Kollegen schafft nämlich nicht nur sozialen Druck in Richtung Einstellungsänderung, sondern erhöht gemäß der Theorie der kritischen

Masse de facto auch den Nutzen der eigenen Netzaktivitäten (Markus, 1987): Wie viele Kontaktpersonen wir per Email erreichen und wie zuverlässig diese antworten, ist eine wichtige Determinante unserer eigenen Email-Nutzung. Scholl, Pelz und Rade (1996) haben in ihrem *sozialpsychologischen Modell der Medienwahl und Mediennutzung* neben den Prädiktoren Geräteverfügbarkeit, Medienwissen, Medieneinstellungen und Bedürfnisbefriedigung auch das Verhalten der (potentiellen) Kommunikationspartnerinnen und -partner berücksichtigt. Allerdings wird das wahrgenommene und erwartete Email-Nutzungsverhalten der (potentiellen) Kontaktpersonen nur mit verhältnismäßig groben Schätzurteilen erfasst.

Wie stark das eigene Medienverhalten von dem der Gegenseite abhängt, zeigen die anekdotisch oft berichteten Eskalationsdynamiken beim Chatten und Mudden: Lernt man eine Person im Netz kennen, die oft auf dem eigenen „Stamm-Channel" oder im eigenen „Lieblings-MUD" anzutreffen ist, wird man selbst immer häufiger dort „vorbeischauen", um diese Person zu treffen. Negative Medieneffekte wie übermäßige Netznutzung oder emotionale Distanz sind aus der Perspektive interpersonaler Medienwahl und Mediennutzung (auch) dadurch erkärbar, dass zwei ungünstige Nutzungsstile aufeinandertreffen, während erfolgreiche Netznutzung dadurch begünstigt wird, dass wir es mit netzkompetenten Partnerinnen und Partnern zu tun haben, von deren konstruktivem Nutzungsverhalten wir mitprofitieren (z.B. indem wir neue Regeln des Mediengebrauchs erlernen). Die meisten anekdotischen Evidenzen zur interpersonalen Medienwahl und Mediennutzung stammen von Personen, die romantische Beziehungen im Netz erleben und somit ihr eigenes Medienverhalten und das des Gegenübers besonders aufmerksam beobachten, deuten und sich subtil aufeinander einzustellen versuchen (z.B. Ullman, 1996). Insgesamt muss man konstatieren, dass detaillierte Informationen über individuelle Nutzungsstile weitgehend fehlen (vgl. Kap. 4), so dass die wechselseitige Beeinflussung im Nutzungsverhalten erst recht ein empirisch unbearbeitetes Feld darstellt. Das Modell der interpersonalen Medienwahl akzentuiert nicht nur die Koordinationsproblematik, sondern auch den Symbol- und Zeichencharakter von Medienwahlen:

> Medien sind dergestalt „soziale Objekte", deren Bedeutung auf dem Gebrauch gründet. Als Träger von Bedeutung sind sie nicht nur Codes, die auf den Gebrauch hinweisen, sondern Meta-Codes, die die Interpretation medienvermittelter Inhalte bestimmen. Nicht allein was gesagt wird, sondern wie, durch welches Medium etwas gesagt wird, ist somit entscheidend. Das betrifft über den Inhalt hinaus auch die Beziehung der Kommunikationspartner, indem die Verwendung von Medien als Metakommunikation – als technische Ergänzung des ansonsten meist nonverbal vermittelten Beziehungsaspektes – aufgefaßt werden kann (Höflich, 1996, S. 112).

Eine im ökonomischen Sinne irrationale (z.B. zu kostenintensive) Medienwahl kann also interpersonal betrachtet als *Metakommunikation* eine wichtige Funktion erfüllen, etwa indem sie besonderes Interesse und Entgegenkommen signalisiert: *The medium is the message* (McLuhan, 1994).

6.6 Soziale Informationsverarbeitung

Die *Theorie der sozialen Informationsverarbeitung* (social information processing perspective, Walther, 1992) ist stärker kulturalistisch ausgerichtet. Sie unterstellt keine technisch bedingte Kommunikationsveränderung, der Menschen entweder generell ausgesetzt sind (Kanalreduktion, Filter-Modell) oder durch vernünftiges Medienhandeln ausweichen können (rationale Medienwahl), sofern sie nicht durch sozialen Druck und die Mediengewohnheiten ihrer Kommunikationspartner daran gehindert werden (normative Medienwahl, interpersonale Medienwahl), sondern behauptet, dass es erst gar nicht zu medienbedingter Kommunikationsverarmung kommen muss. Im Zuge einer aktiven Aneignung von CvK-Szenarien stimmen gemäß der Theorie der sozialen Informationsverarbeitung Menschen ihr Kommunikationsverhalten in der Weise auf die technischen Systemeigenschaften ab, dass mediale Einschränkungen kompensiert werden. Ähnlich argumentiert Rutter (1987) in seinem für die Telefonkommunikation entwickelten *Cuelessness-Modell*: Die Kommunikationspartner konzentrieren sich demgemäß nicht auf die fehlenden, sondern auf die medial verfügbaren sozialen Hinweise, erleben auf dieser Basis unterschiedliche Grade psychologischer Distanz zum Gegenüber und reagieren auf dieses Erleben mit unterschiedlichen Anpassungen ihres Kommunikationsverhaltens. Indem die Bedeutung des medialen Kommunikationsverhaltens jedoch auf *Defizit-Kompensation* zugespitzt wird, übt das Modell der sozialen Informationsverarbeitung nur „schwache Kritik“ am Kanalreduktions-Modell (siehe Kap. 6.1).

Gemäß sozialer Informationsverarbeitung ist beim Fehlen nonverbaler Informationen (das als restriktives Hauptmerkmal der CvK verstanden wird) nicht etwa die Beziehungsebene ausgeblendet, Emotionalität reduziert oder der soziale Hintergrund herausgefiltert, sondern werden genau diese Informationen eben einfach auf andere Weise – durch Textzeichen – ausgedrückt (Walther & Burgoon, 1992). Mediennutzerinnen und -nutzer entwickeln neue soziale Fertigkeiten bei der Textproduktion und Textinterpretation, die es ihnen erlauben, eine befriedigende Kommunikation zu realisieren, indem sie medienbedingte Informationslücken beim Gegenüber antizipieren und diese explizit füllen. Dabei wird jedoch in der Regel mehr Zeit benötigt als in Face-to-Face-Situationen. Denn nicht nur die *verbale* Kommunikation dauert schriftlich länger als mündlich, sondern auch *paraverbale* und *nonverbale* Botschaften, die in Face-to-Face-Situationen zeitgleich mit den verbalen Äußerungen präsentiert werden, sind bei der CvK explizit in Worte bzw. alphanumerische Zeichen zu fassen, was zusätzlich Zeit erfordert. Ob und wie sich die *unbewusste* Kommunikationsebene unwillkürlich nicht nur im körperlichen Ausdruck oder in der Handschrift, sondern auch in maschinenschriftlichen Äußerungen niederschlagen kann (z.B. Nuancen in der Wortwahl, Reaktionszeit bei der Interaktion etc.), ist bislang weitgehend unerforscht.

Die *bewusste* Übermittlung paraverbaler und nonverbaler Botschaften per Tastatur erfolgt im Internet mit Hilfe einer tradierten Parasprache: Emoticons, ASCII-Art, Soundwörter, Aktionswörter, Disclaimer, Grossbuchstaben, Emoting, Akronyme usw. kommen zum Einsatz (Kap. 2, Kap. 3), darüber hinaus stehen subtile sprachliche Variationsmöglichkeiten in grafischen Chat- und MUD-Umgebungen zur Verfügung (siehe Suler, 1997a). Schriftliche Kommunikation ist durch solche Ausdrucksmittel weit davon entfernt, emotionslos und sachlich reduziert zu wirken. Im Unterschied zur zivilisationskritischen und pessimistischen Haltung des Kanalreduktions-Modells ist aus Sicht der Theorie der sozialen Informationsverarbeitung das Internet ein neuer sozialer Handlungsraum, in dem Menschen auf kreative Weise Gefühle ausdrücken, Beziehungen realisieren und soziale Fertigkeiten erlernen, ohne dass dabei automatisch Kommunikationsstörungen und Beziehungsverarmung resultieren müssen. Kommunikationsstörungen sind vielmehr dann wahrscheinlich,

- wenn Personen die netzspezifischen Ausdrucksmittel nicht beherrschen (*Kompetenz*),
- wenn sie sich nicht die Mühe machen, sie einzusetzen (*Motivation*),
- wenn sie durch *soziale Normen* (z.B. Zwang zur Sachlichkeit) davon abgehalten werden, expressive Gesten zu verwenden,
- wenn nicht genügend *Zeit* zur Verfügung steht, um eine lebendige Kommunikationsatmosphäre auf der Basis getippter Botschaften entstehen zu lassen.

Nimmt man die Face-to-Face-Kommunikation als Vergleichsmaßstab und kontrastiert das persönliche Gespräch mit all seinen von der Konversationsanalyse beschriebenen Details (Pausen, Blickkontakt etc.) mit einer Newsgroup-Diskussion oder einem Chat, so erscheint die These von der vollständigen Übersetzbarkeit in Textzeichen jedoch recht gewagt. Allein die netztechnisch bedingten Verzögerungen bei der synchronen CvK bringen deutliche Interpretationsprobleme mit sich: Ist das Netz gerade überlastet und meine Äusserung noch nicht angekommen? Kann die andere Person nur langsam tippen? Überlegt sie sich die Antwort so gründlich? Oder ist sie vielleicht gerade vom Computer aufgestanden?

Freilich *können* solche Unsicherheiten im Zuge wechselseitiger Fragen („komme ich bei dir auch so langsam an“) und Hinweise („ich muss gerade mal auf die Toilette“) reduziert werden. Ob und unter welchen Umständen wir die Strapaze umfassender Explizierungen auf uns nehmen, ist jedoch eine empirische Frage. Immerhin erzeugen gerade charakteristische Verunsicherungen durch fehlende nonverbale Informationen und zeitliche Verzögerungen bei der synchronen CvK auch lustvolle Spannung, für die Young (1994) einen treffenden Vergleich gefunden hat:

> Perhaps the only experience that closely resembles this language event in real life is passing notes during class in grade school. You write a note on a scrap of

> paper, and stealthily pass it to Lucy, anxiously watching as she writes out a note in reply. The message is passed back to you and you read it with excitement, ready to send another note. Asking the same question of Lucy orally, outside of class, never seems the same as scrawling out the words as fragments on a physical object and visually handing the meaningful note back and forth.

Das *Weitergeben von Zettelchen* „funktioniert“ eben nicht deshalb so gut, weil das Face-to-Face-Gespräch durch soziale Informationsverarbeitung möglichst „naturgetreu“ nachgestellt wird, sondern eben weil es sich unterscheidet – und dieser Unterschied (spannungsvolle Verzögerung, Herstellen eines symbolischen Objektes) im spezifischen Situationskontext gerade das Gegenteil eines Defizits darstellt.

Die Grundidee der Theorie der sozialen Informationsverarbeitung, dass mediale Restriktionen textuell kompensierbar sind oder sogar erweiterte Möglichkeiten des Selbstausdrucks bieten, ist sicherlich fruchtbar, zumal CvK andere Kommunikationsformen ergänzt und nonverbale Kommunikation nicht per se als *die* eigentliche, authentische Kommunikation zu idealisieren ist (vgl. DePaulo, 1992). Allerdings unterscheiden sich die bislang untersuchten betrieblichen bzw. experimentellen CvK-Szenarien (begrenzter Teilnehmerkreis, enger zeitlicher Rahmen, klar definierte Kommunikationsaufgabe) sehr deutlich von öffentlichen Kommunikationsszenarien im Internet, so dass kontextspezifische Determinanten mehr oder minder erfolgreicher sozialer Informationsverarbeitung im Netz noch zu ermitteln sind. Wünschenswert wäre es, enger an kognitive Modelle des Textverstehens und der Textproduktion anzuschließen und soziale Informationsverarbeitung in Internet-Szenarien nicht nur via Inhaltsanalysen von Äußerungen zu operationalisieren (also eine Außenperspektive einzunehmen), sondern auch die subjektiven Rezeptionsmuster, Deutungen und Interpretationsprobleme der Beteiligten einzubeziehen.

6.7 Simulation

Während das Filter-Modell (Kap. 6.2) davon ausgeht, dass wir einander bei der computervermittelten Kommunikation durch einen spezifischen, mediendeterminierten Informationsverlust gleichberechtigter gegenüberstehen, betont das Simulations-Modell, dass die Beschränkung auf den Textkanal es den Menschen im Netz erlaubt, selbst zu bestimmen, welche Informationen sie über sich und ihren Lebenszusammenhang offenbaren wollen. Diese Kontrolle erlaubt es nicht nur – wie von der Theorie der sozialen Informationsverarbeitung (Kap. 6.6) beschrieben – medial bedingte Informationslücken zu schließen, sondern auch, Identitäten in nahezu beliebiger Weise zu konstruieren bzw. zu simulieren. Wenn zentrale Merkmale wie Geschlecht, Alter, Aussehen explizit verbal übermittelt werden müssen („seit ich bei einem Motorradunfall den linken Arm verloren habe, sehe ich das nicht mehr so locker...“), bedeutet dies, dass man auch Fehlinformationen geben kann, die vom Gegenüber nicht überprüfbar sind. Hinzu kommt, dass nicht nur Personen beliebige Identitäten simulieren können, sondern dass auch Programme (Robots; siehe Kap. 3.3.3) als virtuelle Personen im Netz agieren (allerdings bislang bei näherer Betrachtung relativ leicht am stereotypen „Verhalten" erkennbar sind). Textvermittelte Kommunikationsräume lassen sich somit als *Hyperrealitäten* interpretieren, in denen das Fiktive immer weniger (und manchmal gar nicht) vom Realen unterscheidbar ist, bzw. „wirklicher" erscheint als das Reale (Baudrillard, 1988, S. 18).

Zwar spielen wir auch in Face-to-Face-Situationen Rollen und stimmen unsere Selbstdarstellungen auf die jeweilige Situation und Adressatengruppe ab (Goffman, 1991; Mummendey, 1990), aber wir sind qua *Körper* stets als dieselbe Person identifizierbar und – gerade wenn es um körperliche Attribute geht – in der kosmetischen und modischen Veränderung deutlichen Beschränkungen unterworfen. Bei der CvK dagegen können wir über Online-Identitäten bzw. mit virtuellen Körpern agieren, die jedes beliebige Attribut annehmen und ggf. nicht einmal mit uns als Person in Zusammenhang gebracht werden können. Die Dialektik dieser Situation besteht darin, dass Freiheitsgrade in der Gestaltung der eigenen Identität einerseits einen *Kontrollgewinn* bedeuten können, dass man aber gleichzeitig den Simulationen der anderen ausgesetzt ist und damit vielleicht verletzbarer und täuschbarer wird (*Kontrollverlust*). Dies gilt zumindest in solchen Situationen, in denen es relevant ist, ob die im Netz dargestellte Identität des Gegenübers ähnliche Eigenschaften und Gewohnheiten hat, wie sie die am Computer sitzende Person im sonstigen („wirklichen") Leben zeigt.

Eine soziale Situation, in der wir einander in Form modellierbarer Identitäten bzw. Stellvertreter-Charaktere gegenübertreten, wirft sowohl für die Beteiligten als auch für Außenstehende viele Fragen auf, ruft mühelos moralische Bewertungen und philosophische Erörterungen auf den Plan: Ist es nicht subversiv, den Körper und seine kulturelle Symbolik, immerhin Dreh- und Angelpunkt sozialer Kategorisierung und Diskriminierung, hinter sich zu lassen und sich – direkter – zu begegnen? Ist es nicht alarmierend, dass Menschen sich hinter Computern und Schein-Identitäten verstecken, statt einander – wirklich – zu berühren? Ist es nicht lehrreich und heilsam, in einem spielerischen Schonraum mit Identitäten und Selbstaspekten zu experimentieren, die im sonstigen Alltag unterrepräsentiert bleiben (müssen)? Ist es nicht affirmativ, wenn per Knopfdruck virtuelle Welten bereitstehen, in denen Menschen ihre Illusionen und Phantasien kultivieren, statt die – realen – Probleme zu lösen? Ist es angesichts zunehmender Rollenvielfalt und Verunsicherung des (post)modernen Subjekts nicht der letzte Schritt in Richtung Selbstentfremdung, wenn sich das virtualisierte, körperlose Selbst in fragmentarischen, technisch konstituierten Erlebniswelten bewegt?

Der alte erkenntnistheoretische Diskurs um Sein und Schein, Wirklichkeit und Vorstellung, Innen und Aussen, ist mit der Verfügbarkeit von CvK-Szenarien plötzlich nicht mehr nur akademisch, sondern auch alltagsrelevant (vgl. Chayko, 1993;

Lauria, 1997): „Mara winkt und lächelt dir zu". Woher weiss ich, dass es Mara wirklich gibt? Und was wäre „wirklich"? Und was bedeutet es, wenn es sie nicht gibt, und ich mich doch über den Gruß freue? Wer essentialistisch am Primat der physikalischen Realität festhält, kann nur vor der verunsichernden, Orientierungslosigkeit schaffenden Konfrontation mit Virtualität warnen (Virilio, 1995). Raulet (1992, S. 61) rückt Selbstdarstellungsaktivitäten im Netz sogar in die Nähe von Narzissmus, Autismus und Schizophrenie. *Realität* und *Virtualität* als Körper/Geist- oder Natur/Technik-Dichotomie zu deuten und gegeneinander auszuspielen liegt dagegen all jenen fern, die Realität ohnehin als eine (auch) im Diskurs – also „virtuell" – konstruierte begreifen. Damit steht dann nicht die materiale Wirklichkeit, „wie sie ist", einer durch Worte beschriebenen Scheinwelt gegenüber, die Menschen sich im Internet vorgaukeln, sondern es werden Vorgänge der Wirklichkeitskonstruktion als situations- und medienabhängig aufgefasst, ohne dass Face-to-Face-Konstruktionen unbedingt „echter" sein müssen als CvK-Konstruktionen (vgl. Heim, 1993).

Spezifisch für Wirklichkeitskonstruktionen im CvK-Kontext ist eine Verschiebung der Grenzen zwischen Subjekt, Körper und Technologie. So endet bei virtueller Interaktion der menschliche Körper eben nicht an der Hautoberfläche (*physischer Körper*), sondern agiert als *virtueller Körper* in einem technisch und sozial konstruierten, schwer lokalisierbaren Cyberraum (Mazur, 1994; Müller, 1996; Stone, 1993). Aber kann man überhaupt „im" Internet sein? Wo befindet sich der Cyberspace? In den Köpfen und Körpern der Beteiligten, in ihren vernetzten Rechnern, oder irgendwo dazwischen? In welcher Beziehung zueinander stehen 1) interpersonal geteilte physische Umwelten, 2) interpersonal geteilte virtuelle Umwelten, 3) deren subjektive Repräsentationen und 4) intrapersonale imaginäre Umwelten? Inwiefern verändern Erfahrungen mit Virtualität die Handelnden und lassen sie als *Cyborgs* (*cyb*ernetic *org*anisms), als von und durch Technologie geprägte Wesen erscheinen, auch wenn sie nicht wie ihre Cyborg-Kollegen der Science-Fiction-Welt (z.B. Robocop, Terminator) offensichtliche Zeichen einer Mensch-Maschine-Hybridisierung (Cyborgisierung) tragen (Haraway, 1992; Yeaman, 1994)?

Biocca (1997) prognostiziert, dass die *Virtual Reality*-Technologie in zunehmendem Maße auf das menschliche Wahrnehmungssystem abgestimmt wird, so dass sich das Gefühl des Eintauchens in einen virtuellen Körper, der sich wiederum in einer virtuellen Umgebung bewegt, schrittweise intensiviert (*progressive embodiment*). Indem sich die Technologie den Erfordernissen des menschlichen Körpers immer besser anpasst, begünstigt sie umgekehrt eine immer stärkere Assimilation des menschlichen Erlebens und Verhaltens an die Technik.

> The cyborg's dilemma: The more natural the interface the more „human" it is, the more it adapts to the human body and mind. The more the interface adapts to the human body and mind, the more the body and mind adapts to the non-human interface. Therefore, the more natural the interface, the more we become „unnatural," the more we become cyborgs. (Biocca, 1997)

Auch im Cyborg-Diskurs spielt neben der Erkundung des Neuen das Hinterfragen des Altbekannten eine zentrale Rolle. Indem man nämlich im Zusammenhang mit Cyborgisierung von einer Hybridisierung von Natur und Technik spricht, stellt sich die Frage, inwiefern wir überhaupt „natürliche" (untechnisierte) Körper antreffen. Die Gegenüberstellung von Natur und Technik lässt sich schliesslich auch in der Weise auflösen, dass man die Möglichkeit und Bereitschaft von Menschen, sich aktiv in mediale Szenarien hineinzuversetzen und sie als „präsent" und „wirklich" anzuerkennen, als Teil der menschlichen „Natur" begreift. Somit würde dann Cyborgisierung nicht einseitig als von aussen auferlegte Entfremdung erscheinen. Schliesslich ist mit der Virtual Reality-Technologie und ihrer zunehmenden Anpassung der Systemschnittstellen an den menschlichen Körper auch die Vision verbunden, dass mediale Kontakte nicht nur *genauso* lebendig und persönlich erlebt werden wie Face-to-Face-Begegnungen, sondern diese sogar hinsichtlich medialer Reichhaltigkeit, sozialer Präsenz und Intimität *übertreffen* (*Hyperpräsenz*):

> Of course, it is hard for us now to imagine a medium that can create *greater* intimacy than face-to-face communication. But this misses the point of social presence and the very artifice of the body itself. In face-to-face communication the body is used to communicate one's sensory experiences, observations, and inner states to another. The body is the medium for this transfer. Communication codes such as spoken language and non-verbal codes such as facial expression, posture, touch, and motion are used. But, for example, inner states might be communicated more vividly through the use of sensors that can amplify subtle physiological or non-verbal cues. These can augment the intentional and unintentional cues used in interpersonal communication to assess the emotional states and intentions of others. (Biocca, 1997)

Weniger futuristisch als der anthropologische Cyborg-Diskurs nimmt sich der psychologische Ansatz von Bruckman (1992), Turkle (1994, 1995, 1996) und Stone (1995) aus, die in Internet-Szenarien nichts anderes als Bühnen der Selbstdarstellung sehen, auf denen das Subjekt seine vielfältigen Facetten ausdrücken und ausleben kann, was nicht selten der Persönlichkeitsentwicklung zugute kommt. Sich in unterschiedlichen Kommunikations-Szenarien im Netz zu bewegen, sich mit asynchronen und synchronen Textbeiträgen vor unterschiedlichen (zudem größtenteils unbekannten) Publika zu präsentieren, ungewohnte Rollen einzunehmen, in virtuelle Körper zu schlüpfen und dementsprechend auch unvertraute Rückmeldungen zu erhalten, bedeutet, Flexibilität in der Identitätspräsentation zu üben und verschiedene Selbstaspekte zu reflektieren. Turkle (1995) knüpft damit an die Grundüberzeugung postmoderner Theorie an, dass die Vielheit nicht als Zerfall von wünschenswerter Einheit zu kritisieren ist, sondern dass die Vielheit gerade durch ihre Anerkennung und nicht ihre Bekämpfung integrierbar wird (Welsch, 1993, S. 4ff.). Auf Identitäten gemünzt bedeutet dies eine Abkehr von der Idee des monolithischen *wahren Selbst* (dessen

Zerfall in Online-Identitäten zu beklagen wäre) zugunsten flexibler *multipler Identitäten* (deren Realisation in Online-Identitäten zu begrüßen ist).

Was es bedeutet, Identitäten und Wirklichkeiten in CvK-Szenarien zu „simulieren", ist aus philosophischer, anthropologischer, soziologischer und psychologischer Sicht noch unklar. Modelle der *Wirklichkeits-Zerstörung* (Realitäts-Verlust, Orientierungslosigkeit und Täuschung), der *Wirklichkeits-Veränderung* (Cyborgisierung) sowie der *Ver-Wirklichung* (Ausleben von unterrepräsentierten Selbst-Aspekten) stehen nebeneinander und sind jeweils kontextspezifisch anzuwenden.

6.8 Imagination

Im Unterschied zur Theorie der sozialen Informationsverarbeitung und zum Simulations-Modell, die sich v.a. mit der *Darstellung* personenbezogener Informationen beschäftigen, konzentriert sich das Imaginations-Modell auf die interpersonale *Wahrnehmung*. Das Imaginations-Modell betont, dass bei der *Personenwahrnehmung* im Netz gerade die fehlenden Informationen einen kognitiven Konstruktionsprozess in Gang setzen, der in besonders starkem Maße von Imagination geprägt ist und der – je nach Beziehungs- und Situationskontext sowie aktueller Motivation – das Bild der wahrgenommenen Person oftmals in positiver Richtung (entsprechend individuellen Wünschen und Präferenzen), aber zuweilen auch in negativer Richtung (entsprechend den eigenen Aversionen, Vorurteilen) überspitzt. Im Netz präsente Personen sind damit besonders prädestiniert, als Projektionsflächen zu fungieren, zumal sie die Eindrucksbildung beim Gegenüber oftmals schwer überprüfen und ggf. regulieren können. Somit verbindet sich eine Reduktion der Sinneskanäle oftmals eher mit einer Steigerung als einer Verarmung des Empfindens. Aus dieser Perspektive rekonstruiert Pauser (1995, S. 24) das Telefon als „visuelles Medium", das gerade durch die Intimität der Stimme am Ohr bei gleichzeitig fehlenden visuellen, olfaktorischen und taktilen Reizen umso lebhaftere Phantasiebilder evoziert.

Dieser Grundgedanke ist auf textbasierte Netzkommunikation übertragbar, die wegen fehlender visueller Kontrolle einen offeneren Austausch über persönliche und schambesetzte Themen begünstigt (vgl. Kap. 6.2). Die so erzeugte Intimität mag dazu veranlassen, sich in Gedanken stärker mit dem Gegenüber zu beschäftigen. Hierbei wird eine positive, von Sympathie und Attraktion getragene Eindrucksbildung dadurch erleichtert, dass eine Reihe potentiell als störend empfundener Merkmale im Textmedium überhaupt nicht thematisch sind oder stillschweigend gemäß den eigenen Erwartungen imaginiert werden. In Netzkontexten, in denen es um geselliges Beisammensein und mögliche erotisch-sexuelle Kontakte geht, ist man ohnehin besonders motiviert, andere Menschen in positivem Licht zu sehen, um sich besser mit ihnen zu amüsieren. Sind jedoch Aversionen und Befürchtungen salient – z.B. wenn man sich in einer Newsgroup-Kontroverse angegriffen fühlt – können

Imaginationsprozesse freilich auch eine deutlich negative Tönung annehmen und zum Flaming gegen das selbsterzeugte Feindbild animieren.

Die Dialektik von körperlicher Abwesenheit und sinnlicher Präsenz, physischer Distanz und psychischer Nähe, wie sie auch im *Modell der Intimitätsbalance* von Argyle und Dean (1965) zum Ausdruck kommt, steht in Opposition zum naiven Körperrealismus des Kanalreduktions- und Entsinnlichungsmodells, demgemäß das Gefühl der Nähe zu einem Menschen etwas mit dem räumlichen Abstand oder mit der Anzahl der dabei beteiligten Sinnesorgane zu tun hat. Pauser (1995, S. 26) spekuliert, dass das (gerade von der Technologiekritik immer wieder angeführte) Sehnsuchtsbild ganzheitlicher zwischenmenschlicher Nähe womöglich weniger ein Erfahrungswert aus der Face-to-Face-Situation ist, sondern erst durch die Erfahrung medialer Distanz denkbar und spürbar wird.

Es wäre empirisch und theoretisch im einzelnen zu klären, unter welchen Bedingungen in CvK-Situationen spezifische Imaginationsprozesse in Gang kommen bzw. bewusst in Gang gesetzt oder verhindert werden. Schließlich ist die „Wirkung" der Virtualität wie der Fiktionalität in entscheidendem Masse an die eigene Bereitschaft geknüpft, sich aktiv in die Situation hineinzuversetzen, während eine physikalische Stimulation der Sinnesorgane kein besonderes Bemühen erfordert, um zu wirken. Wie „real" sind also Empfindungen, die durch Text evoziert werden und vielleicht näher an Illusion, Traum und Projektion als an das „wirkliche" Leben reichen, das durch seine Widerständigkeit das phantasierende und begehrende Subjekt in seine Schranken weist? Auch dies wird sich nicht pauschal, sondern nur jeweils kontextspezifisch beantworten lassen.

6.9 Digitalisierung

Während die bislang behandelten CvK-Modelle v.a. darauf abstellen, dass computervermittelte Kommunikation eine Schreiben-und-Lesen-Kommunikation ist, betrachtet das Digitalisierungs-Modell die Konsequenzen, die sich aus der digitalisierten Übertragungsform der Botschaften ergeben. Digitalisierte Übertragung steigert nicht nur die *Transportgeschwindigkeit,* sondern ermöglicht auch eine mit Interaktivität gekoppelte, fast beliebige *Erweiterung des Teilnehmerkreises* (kollaborative Massenkommunikation, many-to-many), so dass sich die Grenzen zwischen Individual-, Gruppen- und Massenkommunikation verwischen bzw. es zu einer *Hybridisierung* kommt (Rafaeli & LaRose, 1993; vgl. Kap. 2.6). Digitale Texte können *computergestützt verarbeitet*, verändert, mehrfach genutzt, weitergeleitet, automatisch beantwortet, gespeichert und nach Schlagworten durchsucht werden; die *Dokumentation* der Kommunikation ist integraler Systembestandteil (Williams, 1982). Genuin neue Merkmale erhält Textualität durch Digitalisierung zudem dahingehend, dass Texte nicht nur linear, sondern auch vernetzt aufgebaut sein können (*Hypertext*) und mit anderen Medien kombinierbar sind (Multimedia, Hypermedia).

Allgemein lässt sich sagen, dass sämtliche digitalisierungsbedingten technischen Möglichkeiten (z.B. erhöhte Transportgeschwindigkeit, Erweiterung des Teilnehmerkreises, Dokumentation und automatische Analyse der Kommunikation, hypertextuelle Verknüpfung) in sozialer Hinsicht mit Vor- und Nachteilen verbunden, also durch *Ambivalenz* gekennzeichnet sind. So ermöglicht die hohe Transportgeschwindigkeit eine Verdichtung von Kommunikationsnetzen und die Vergrößerung des Teilnehmerkreises eine Erweiterung von Kommunikationsnetzen. Beides steigert die Chancen für umfassenden Informationsaustausch, soziale Unterstützung und soziale Integration, was bei vielen Alltagsanforderungen eine *Entlastung* bedeutet. Gleichzeitig wachsen aber auch Gefahren der *Überlastung* und Fehlnutzung, etwa weil unmittelbares Reagieren erwartet wird oder weil man sich über die Beschaffenheit der adressierten Öffentlichkeit nicht im Klaren ist.

> Unter dem Druck, eine Antwort aus dem Stegreif zu formulieren, verzichte ich auf nochmaliges Durchlesen und gute Präsentation meiner Argumente. Ich schenke meinen Botschaften nicht die Aufmerksamkeit, die sie verdienen. Beim Lesen wie beim Schreiben ist langsam besser als schnell. Ich habe viel E-Mail verschickt, die ich später bereut habe. (Stoll, 1996, S. 247).

Im Unterschied zu bereuenswerten mündlichen Äusserungen bleibt die Email als schriftliches, digitales Dokument erhalten und lässt sich ohne Aufwand weiterverbreiten. Ambivalent sind auch die Konsequenzen, die sich aus der *Dokumentation und automatischen Verarbeitung* digitaler Texte ergeben. So lassen sich eingehende Emails nach Absender, Thema, Priorität o.ä. automatisch vorsortieren und filtern, so dass z.B. Emails von bestimmten Absendern automatisch gelöscht oder zurückgewiesen werden. Bei ausgehenden Emails kann man sich bestätigen lassen, ob und wann sie gelesen wurden oder einen Zeitpunkt bestimmen, zu dem sie in der Mailbox des Empfängers bzw. der Empfängerin gelöscht werden. Im IRC ist es möglich, eine Notify-Liste zu definieren, so dass man darüber informiert wird, welche Chat-Bekannten gerade im IRC aktiv sind, und wann sie das Netz wieder verlassen. Auf diese Weise erhält man bessere *Kontrolle* über die Kommunikationsabläufe. Gleichzeitig birgt die automatische Archivierung und Analysierbarkeit der individuellen Netzkommunikation die Gefahr des *Kontrollverlusts* im Sinne mangelnder Privatheit. Newsgroup-Postings können ohne großen Aufwand von Marktforschungsinstituten zur Erstellung von Konsumentenprofilen ausgewertet oder zu wissenschaftlichen Zwecken analysiert werden, ohne dass wir dies bemerken. Auch Arbeitgeber und Konkurrenten können in unseren öffentlich zugänglichen Dokumenten im Netz auf einfache Weise nach „belastendem" Material suchen. Unser eigenes Chat-Verhalten kann minutiös mitverfolgt werden, und auch im WWW mehren sich die Techniken, unsere individuellen Suchwege zu verfolgen und zu protokollieren.

Die *hypertextuelle Verknüpfung* von Dokumenten gibt uns mehr Entscheidungsmöglichkeiten hinsichtlich der Rezeptionsrichtung und -abfolge (*Emanzipierung*).

Ein großer Informationsfundus steht für uns allzeit zugreifbar bereit und befreit von herkömmlichen Zugangsbarrieren zu Materialquellen (z.B. Öffnungszeiten von Bibliotheken). Gleichzeitig werden das mühsame Suchen nach geeigneten Quellen und der Entscheidungszwang beim Navigieren im Netz auch als *Disziplinierung* erlebt (vgl. Schmutzer, 1997). Die Fülle der verknüpften Dokumente („Information Overload") und die Schwierigkeiten bei der Orientierung und Strukturierung des Materials („Lost in Hyperspace") können schnell überfordern (vgl. Kap. 2.5.4).

Das Digitalisierungs-Modell ist tendenziell als technikdeterministisches Modell zu verstehen, verknüpft es doch das *Medienmerkmal* des digitalen Datenformates mit psychosozialen Folgen. Da allerdings ambivalente Effekte genannt werden, liegt es nahe, dass Merkmale des Mediengebrauchs darüber entscheiden, ob und inwiefern sich Digitalisierung in einer konkreten Situation jeweils als Vorteil oder Nachteil erweist bzw. den Erhalt von bestimmten Gratifikationen erleichtert oder erschwert. So versucht man, den aus der *gesteigerten Transportgeschwindigkeit* resultierenden Zwängen bzw. Verführungen (z.B. schnelles, unüberlegtes Reagieren beim Mailen oder Posten) durch soziale Normen des Mediengebrauchs entgegenzuwirken (z.B. Empfehlung der Netiquette, Postings gründlich Korrektur zu lesen und nicht aus einer aktuellen Stimmung heraus abzuschicken, vgl. Kap. 2.4.4). Andererseits scheinen auch nicht alle Nutzerinnen und Nutzer einen „Zwang" zum sofortigen Reagieren zu verspüren und gefährden den Kommunikationserfolg beim Mailen manchmal sogar umgekehrt durch zu langsames Reagieren, das dem Gegenüber eine irritierende Wartezeit beschert und vielleicht sogar als negative Metakommunikation („das Beantworten deiner Mail ist für mich nicht so wichtig") verstanden wird.

Auch die Folgen einer *umfassenden Dokumentation* digitaler Netzkommunikation sind durch soziale Normen des Mediengebrauchs überformt. Ob und wie wir uns de facto erfolgreich mit individuellen Strategien (Benutzung anonymer Remailer, Verwendung von Verschlüsselungsprogrammen etc.) gegen Überwachung und Datenmissbrauch schützen können, und inwieweit die Optionen und Gefahren der Digitalisierung das Kommunikationsverhalten verändern, ist jedoch eine empirisch weitgehend offene Frage. So wird anekdotisch berichtet, dass die meisten Nutzerinnen und Nutzer wider besseren Wissens sensible Daten (Emails mit intimem Inhalt, Kreditkartennumern etc.) unverschlüsselt verschicken.

Negative Urteile über den Nutzen des *kollaborativen Hypertext-Systems* WWW (siehe Kap. 2.5) resultieren oftmals aus übertriebenen Erwartungen und mangelnder Erfahrung. Pauschale Urteile über *Datenmüll*, apokalyptische Metaphern von der *Informationsflut* (kritisch dazu Winterhoff-Spurk, 1994) und die Behauptung ubiquitärer Orientierungslosigkeit spiegeln in erster Linie die Erfahrung von *Netzneulingen* wieder und werden außerdem von kommerzieller Seite gerne verbreitet, um die Notwendigkeit vorstrukturierter Angebote nach dem *Push-Prinzip* zu begründen. *Netzerfahrene* schätzen die Vorteile eines selbstbestimmten Informationszugriffs nach dem *Pull-Prinzip* meist höher ein als die Gefahr der Überlastung (vgl. Schmutzer, 1997, S. 229f.), zumal sie nicht nur Strategien der effizienten WWW-Nutzung entwickeln, sondern auch besser abschätzen können, welche Informationen sie am besten welchem Medium entnehmen können. Denn schließlich stellt das Internet nur eine *Ergänzung* des Medienspektrums dar und sollte nicht zur alleinigen oder primären Informationsquelle gemacht werden.

Soziale Implikationen der Digitalisierung sind noch nicht vollständig beschrieben. Die hier genannten Aspekte der erhöhten Transportgeschwindigkeit, vollständigen Dokumentation und Hypertextualisierung sind also um weitere (mit Digitalisierung verknüpfte) Medienmerkmale zu ergänzen. Zudem ist in Rechnung zu stellen, dass viele Effekte vermutlich nicht nur ambivalent, sondern polyvalent sind: Neben Vor- und Nachteilen wird mit nuancierten qualitativen Veränderungen der Informationsverbreitung und sozialen Kommunikation zu rechnen sein, deren (potentielle) Gratifikationen nicht leicht auszumachen sind. Bereits die häufig beobachtete Beschleunigung und Vervielfachung von Kommunikationsprozessen macht deutlich, dass Computernetze und ihre Dienste als „neue Medien" eben nicht einfach dieselben Botschaften in anderer Weise als die „alten Medien" transportieren, sondern dass sie die Art und Weise, wie Botschaften zustandekommen, wie sie gestaltet und in welchen sozialen Kommunikationsstrukturen sie ausgetauscht werden, entscheidend beeinflussen.

6.10 Kulturraum

Während das Digitalisierungs-Modell Besonderheiten der computervermittelten Kommunikation am (individuellen oder kollektiven) Umgang mit dem digitalen Datenformat festmacht, stellt das *Kulturraum-Modell* die gemeinsamen Aktivitäten der Nutzerinnen und Nutzer in den Mittelpunkt. Ausgehend von der Beobachtung, dass in verschiedenen Computernetzen jeweils spezifische *Teilnehmer-Populationen* in charakteristischer Weise Kommunikationsnetze bilden, netztypische symbolische Ausdrucksformen entwickeln, ein spezifisches Wissen teilen und neue soziale Regularien und Werte etablieren, lassen sich Computernetze als „Kulturräume" begreifen (Helmers, Hoffmann & Hofmann, 1995). Dieser Gedanke liegt auch der sozialen Internet-Definition zugrunde, die das Internet als Gesamtheit der beteiligten Personen und Dokumente versteht (siehe Kap. 1.1). Da das Internet das weltweit größte und wichtigste Computernetz ist, hat es die besten Chancen, eine genuine, binnendifferenzierte Netzkultur zu entwickeln, während beispielsweise kleine organisationsinterne Netzwerke stark von der Unternehmenskultur geprägt sind und den Beteiligten – nicht zuletzt durch die vordefinierte aufgabenbezogene Anwendung – weniger Gestaltungsmöglichkeiten einräumen.

Charakteristisch für eine Kultur ist neben ihrem Wissensfundus und ihren Werten die von den Mitgliedern geteilte und entwickelte Sprache. Diese stellt bei der computervermittelten Kommunikation eine mit Elementen der *Mündlichkeit* (Oralität) versehene genuin neue Form der *Schriftlichkeit* (Literalität) dar, weshalb man auch von *Oraliteralität* spricht (Langham, 1994; December, 1993). Typisch für mündliche Kommunikation ist zeitliche Unmittelbarkeit: Denken, Fühlen und Sprechen bilden einen einheitlichen Erlebensfluss, und die Beteiligten können bzw. müssen spontan aufeinander reagieren. Demgegenüber führt der schriftliche Austausch in Briefen oder Printmedien durch die stärkere Reflexion beim Schreiben „im stillen Kämmerlein" zu elaborierteren Äußerungen. Zudem können fixierte Botschaften an einen sehr großen und räumlich verstreuten Teilnehmerkreis verteilt werden, wodurch allerdings Rückmeldungen – wenn überhaupt – nur mit zeitlicher Verzögerung eintreffen. Besonders deutlich ist dies etwa bei der wissenschaftlichen Kommunikation über Fachzeitschriften zu beobachten, die Artikel in der Regel mit ein- bis zweijähriger Verzögerung abdrucken, so dass Rückmeldungen aus der *Scientific Community* erst dann möglich sind, wenn die Autorin oder der Autor sich vielleicht längst mit anderen Themen beschäftigt. Via Datennetz können nun unter anderem für den wissenschaftlichen Austausch die Vorteile der Mündlichkeit (schnelles Feedback, Partizipation am Diskussionsprozess, Informalität) mit denen der Schriftlichkeit (größere Reichweite, bessere Elaboration der Texte, Fixiertheit der Äußerungen) kombiniert werden (Harnad, 1991).

Das für die Buchkultur typische isolierte Lesen und Schreiben wird somit durch das mit privater Email, Mailinglisten, Newsgroups oder IRC-Channels gekoppelte elektronische Publizieren stärker in einen *interaktiven Kontext* eingebettet. Die Distanz zwischen Autor oder Autorin einerseits und Publikum andererseits schrumpft, gleichzeitig kann innerhalb des Publikums ein Austausch stattfinden. Allerdings ist dies nicht einfach als Digitalisierungseffekt zu verstehen (vgl. Kap. 6.9), sondern auch und vor allem als kulturelle Leistung. So werden *Kontakt- und Hilfsbereitschaft* im Internet als besondere Werte angesehen. Dahinter steht im dezentralen Internet die Philosophie, dass sich die Betroffenen um ihre Belange vor Ort selbst kümmern und sich dabei ggf. informell unterstützen sollen, anstatt nach übergeordneten Institutionen zu verlangen. Den Autor oder die Autorin eines Online-Textes unvermittelt und in eher informell-persönlichem Stil per Email zu kontaktieren, ist im Internet üblich. Und die Netiquette verlangt es, dass solche Anfragen in angemessener Zeit und mit Wohlwollen und Hilfsbereitschaft beantwortet werden.

Die für computervermittelte Kommunikation typische elektronische Schriftlichkeit hat eine Reihe *netzspezifischer Ausdrucksmittel* (z.B. Emoticons, Aktionswörter, ASCII-Art etc.) hervorgebracht, die nicht nur im Sinne sozialer Informationsverarbeitung (siehe Kap. 6.6) auf funktionalen Mitteilungswert zu reduzieren sind, sondern auch kulturelle Bedeutung in der Weise besitzen, dass ihre Verwendung kunstvoll-kreativ, aber auch ironisch-satirisch variiert wird und dazu dient, *Zugehörigkeit zur Netzkultur* zu demonstrieren und zu regulieren. Gerade die Verarbeitung netzspezifischer Probleme und Besonderheiten mit Mitteln des Humors ist ein Merkmal der Netzkultur. Zudem ist die Netzkultur durch Motive aus den Bereichen *Science Fiction* und *Computer* stark beeinflusst, da diese Themen in der Netz-Population traditionell sehr beliebt sind (vgl. Kap. 1.1).

Weiterhin ist die nicht-kommerzielle sowie unzensierte und unkontrollierte Informationsverbreitung ein zentraler Wert der Internet-Kultur. Im Unterschied zu Online-Diensten (siehe Kap. 1.3), die ihrer Kundschaft ein vorgefertigtes „Programm“ anbieten, basierte das Internet ursprünglich nur auf Beiträgen, die kooperativ von den Teilnehmerinnen und Teilnehmern selbst produziert und kostenlos verbreitet wurden. Die mit der Popularisierung des Internet Anfang der 90er Jahre begonnene *Kommerzialisierung* (z.B. kostenpflichtige Informationsangebote im WWW) wird deshalb oftmals als Bedrohung der ursprünglichen Netzkultur kritisiert. Ebenso kollidieren die immer wieder geforderten *Zensur- und Kontrollmassnahmen*, mit denen man von politischer Seite etwa die Verbreitung von Pornografie oder rechtsextremer Propaganda im Netz unterbinden will, mit dem für die Internet-Kultur fundamentalen Wert des *Free Flow of Information*. Zentrale Kontrollansprüche widersprechen nämlich der auf Selbstregulierung setzenden Philosophie des Internet, das sein emanzipatorisches Potential gerade darin sieht, allen Beteiligten uneingeschränkte Ausdrucksmöglichkeiten zu liefern, während der Zugang zu anderen *medialen Öffentlichkeiten* (z.B. Fernsehen, Zeitung) stark reglementiert ist. Zur Netzkultur gehört nicht nur der Wert, allen Beteiligten ein Forum zur freien Meinungsäußerung zu bieten, sondern diese Meinungsfreiheit auch anderen zuzugestehen nach dem Motto: *Every user has the right to say anything and to ignore anything.*

Es ist konsensfähig, dass die Meinungsfreiheit im Netz dort ihre Grenzen finden muss, wo Menschenrechte berührt sind (z.B. ist die Verbreitung von Abbildungen realen sexuellen Missbrauchs an Kindern weltweit illegal). Im Sinne einer netzinternen Selbstkontrolle wird hier z.B. so verfahren, dass Netznutzer, die auf einer WWW-Seite entsprechendes Material finden (was extrem selten vorkommt, vgl. Kap. 4.6), den jeweiligen Betreiber des WWW-Servers kontaktieren, damit dieser die Seiten sperrt. Wird illegales Material in Mailinglisten oder Newsgroups gepostet, so kann man auch hier den Betreiber des Mail-Servers und ggf. die Polizei benachrichtigen. Nicht empfehlenswert dagegen ist „Selbstjustiz“ in Form von *Mailbomben*. Eine Mailbombe (das Versenden einer riesigen Datei) bewirkt nämlich nicht nur, dass die Mailbox des Empfängers außer Funktion gesetzt wird, sondern belastet auch das Netz erheblich und erzeugt damit Unbeteiligten Kosten und Ärger.

Während Selbstkontrolle in Form der beschriebenen Gegenmaßnahmen bei Kinderpornografie weitgehend konsensfähig ist, stellt sich natürlich die Frage, welche anderen Inhalte auf diese Weise aus dem Netz ferngehalten werden sollen. Erscheinen etwa Beiträge, die den Holocaust leugnen, auf einem in den USA betriebenen WWW-Server, so ist ihre Publikation dort legal. Nicht nur heterogene juristische Regelungen, sondern vor allem heterogene kulturelle Vorstellungen über die Regelung öffentlicher Kommunikation sind hier angesprochen (Ishii, 1995). So sind etwa die *Guardian Angels* als sogenannte Cyber Angels auch im Internet aktiv (http://www.cyberangels.org/) und verfolgen das Ziel, gegen WWW-Seiten vorzugehen, die psychologischen Schaden anrichten könnten. Ob und inwiefern ein solches – den Kontrollgängen in U- und S-Bahnen nachempfundenes – „Patroullieren“ der

Guardian Angels im Cyberspace die so aktivierten Jugendlichen in die traditionelle Netzkultur sozialisiert oder eben konträre Werte vermittelt (Auftreten als *Netz-Sheriff*), wäre im Einzelnen zu klären.

Das Kulturraum-Modell lenkt die Aufmerksamkeit darauf, dass Besonderheiten der computervermittelten Kommunikation auch durch das geteilte Wissen, durch die Traditionen, die sozialen Normen und die Werte der in einem Computernetzwerk agierenden Personen beeinflusst sind – was Traditionsbrüche und Wertkonflikte einschließt. So läßt sich etwa Flaming in Diskussionen über die Zensurfrage einerseits mit Enthemmungseffekten gemäß dem Filter-Modell (siehe Kap. 6.2) erklären, aber auch darauf zurückführen, dass die Zensurfrage zentrale *Werte* der Netzkultur berührt. Dementsprechend ist eine (mehr oder minder pointierte und vehemente) Positionierung in diesem Diskurs identitätskritisch, weil sie anzeigt, wie man die eigene Rolle als Netzbürgerin oder Netzbürger (*netizen*) versteht.

Studien zur Netzkultur arbeiten oft mit ethnografischen Methoden und liefern neben einer allgemeinen Charakterisierung von Merkmalen der Internet-Kultur auch Beschreibungen internet-interner Subkulturen wie etwa der Cyberpunk-, der MUD-, der IRC- oder Hacker-Szene (z.B. Helmers, 1993). Für die sozialpsychologische Forschung ist dem Kulturraum-Modell u.a. die Variable „Identifikation mit der Internet-Kultur“ bzw. „Identifikation mit einer spezifischen internet-internen Subkultur“ zu entnehmen. Damit lassen sich Netzaktive grob in zwei Gruppen einteilen: Eine Gruppe, die das Internet primär als funktionales Instrument versteht und eine Gruppe, die das Internet als Kultur- und Lebensraum begreift, sich für Netzbelange einsetzt, netzspezifische Ausdrucksformen und Traditionen pflegt, mehr netzvermittelte Kontakte unterhält und insgesamt über ein größeres internet-bezogenes Wissen verfügt (vgl. Wetzstein & Dahm, 1996; Utz, 1995). Wie Personen im Netz miteinander interagieren, wird also auch dadurch mitbestimmt, dass sie Normen, Werte und Erkennungsmerkmale netzinterner Kulturräume reproduzieren und somit auch ihre Identität als Netznutzerin oder Netznutzer darstellen (vgl. Höflich, 1996).

6.11 Medienökologisches Rahmenmodell

Der theoretische Stand der CvK-Forschung ist durch eine Reihe von Modellen geprägt, die aus wenigen Kernthesen bestehen, in der Literatur überwiegend unverbunden nebeneinander stehen und zum Teil gegeneinander ausgespielt werden (z.B. Kanalreduktions-Modell versus Modell der sozialen Informationsverarbeitung).

CvK-Theorien beschäftigen sich durchgängig mit der Frage, welche *Besonderheiten* die computervermittelte Kommunikation aufweist, wie diese Besonderheiten zustandekommen und welche kurz- und langfristigen Konsequenzen sie haben. Mit „Besonderheiten“ sind dabei üblicherweise Abweichungen von der Face-to-Face-Kommunikation gemeint. Die in unterschiedlichen Disziplinen (u.a. Organisationspsychologie, Kommunikationswissenschaft, Soziologie) entwickelten zehn CvK-Modelle (siehe Tab. 6.7) unterscheiden sich im zugrundegelegten Wirkungsmodell sowie im Grad ihrer empirischen Überprüfung zum Teil gravierend.

Tab. 6.7: Kernaussagen der zehn wichtigsten CvK-Modelle

	Theoretisches Modell	*Kernaussage*
1.	Kanalreduktion	CvK ist wegen fehlender Sinneskanäle im Vergleich zur Face-to-Face-Kommunikation defizitär und unpersönlich.
2.	Herausfiltern sozialer Hinweisreize	CvK führt wegen ihrer Anonymität zu Enthemmung und steigert sowohl prosoziales als auch antisoziales Verhalten.
3.	Rationale Medienwahl	CvK ist für bestimmte Kommunikationsanlässe geeignet, für andere nicht. Richtig eingesetzt ist CvK eine Bereicherung.
4.	Normative Medienwahl	CvK wird durch soziale Normen im Umfeld beeinflusst und ist deshalb oft irrational und dysfunktional.
5.	Interpersonale Medienwahl	CvK wird durch die medienspezifischen Kommunikationsmuster der konkreten Kommunikationspartnerinnen mitbeeinflusst.
6.	Soziale Informationsverarbeitung	CvK ist genauso lebendig wie Face-to-Face-Kommunikation, denn nonverbale Botschaften lassen sich verbalisieren.
7.	Simulation	CvK liefert Freiheitsgrade in der Selbstdarstellung und begünstigt damit Wirklichkeitsverlust, -veränderung sowie Verwirklichung.
8.	Imagination	CvK regt durch fehlende Sinneskanäle Projektionsprozesse an und evoziert sinnliche Phantasiebilder.
9.	Digitalisierung	CvK verändert durch die Möglichkeiten digitaler Textverarbeitung die Produktion, Verbreitung und Rezeption der Botschaften.
10.	Kulturraum	CvK wird durch die im jeweiligen Computernetz etablierte Kultur (Jargon, Traditionen, Werte etc.) mitbeeinflusst.

Ganz grob lässt sich sagen, dass die aus dem Bereich der Gruppen- und Organisationskommunikation stammenden – primär die Nutzungssituation fokussierenden – Theorien (Filter-Modell, rationale Medienwahl, normative Medienwahl, interpersonale Medienwahl, soziale Informationsverarbeitung) systematischen empirischen Prüfungen (v.a. mittels Fragebogenuntersuchungen und Experimenten) unterzogen wurden, ohne dass bislang eine Theorie ausgesondert wurde. Alle fünf Theorien widersprechen der Kernthese des Kanalreduktions-Modells, dass CvK per se eine defizitäre – tendenziell sozialschädliche – Kommunikationsform darstelle und betonen statt dessen ihre situative Nützlichkeit sowie die Möglichkeit zur Defizitkompensation. Sie bleiben in dieser Auseinandersetzung jedoch in einem Paradigma, das die Face-to-Face-Situation normativ als ideale Kommunikations-Situation auffasst und ihre Restriktionen negiert.

Demgegenüber hängen Simulations-, Imaginations-, Digitalisierungs-, und Kulturraum-Modell weniger der Frage nach „Was fehlt der CvK im Vergleich zur Face-to-Face-Kommunikation, und wie können wir diese Defizite ausgleichen?", sondern lenken ihre Überlegungen eher in die Richtung „Welche Chancen bietet die CvK, welche neuen Handlungs- und Erfahrungsmöglichkeiten tun sich auf, die der Face-to-Face-Situation fehlen?" Diese Modelle wurden primär im Zusammenhang mit Feldbeobachtungen und Interviews entwickelt und bislang selten in hypothesenprüfenden Studien herangezogen.

Insgesamt ist zu konstatieren, dass theorievergleichende empirische Untersuchungen weitgehend fehlen und dass insbesondere die Gültigkeitsbereiche der einzelnen Theorien unklar sind. Zudem ist klärungsbedürftig, ob und inwieweit Befunde, die in geschlossenen Computernetzen (z.B. in Betrieben oder in Forschungslabors) gewonnen wurden, auf öffentliche, nicht dezidiert aufgabenbezogene und durch spezifische kulturelle Muster geprägte Kommunikationsszenarien im Internet übertragbar sind. Traditionell stehen sich in der Medienforschung *technikdeterministische* (medienzentrierte) und *kulturalistische* (nutzerzentrierte) Ansätze gegenüber. Technikdeterministische Ansätze gehen davon aus, dass die objektiven technischen Medienmerkmale das Verhalten und Erleben der Nutzer bestimmen (und dabei meist negative Technikfolgen nach sich ziehen). Kulturalistische Ansätze betonen demgegenüber, dass Mediennutzer Technologien souverän für ihre Zwecke einsetzen und dementsprechend aktiv umfunktionieren bzw. neu erfinden. Dass beide Positionen in ihrer Reinform überspitzt und einseitig sind, ist offensichtlich: Weder sind Nutzerinnen und Nutzer nur passive Opfer übermächtiger *Medienwirkungen*, noch können sie durch kompetentes und aktives *Nutzungsverhalten* Medien in beliebiger Weise umgestalten und erschaffen. Modelle der computervermittelten Kommunikation vereinen deswegen in den meisten Fällen technikdeterministische und kulturalistische Annahmen – aber eben in unterschiedlicher Gewichtung.

So gehen das Kanalreduktions-Modell und die Medienwahl-Modelle technikdeterministisch davon aus, dass computervermittelte Kommunikation notwendigerweise eine im Vergleich zur Face-to-Face-Situation defizitäre Kommunikation darstellt. Diese Defizite sind gemäß Kanalreduktions-Modell nicht kompensierbar, während die Medienwahl-Modelle in Rechnung stellen, dass in bestimmten Situationen (z.B. bei einfachen Kommunikationsaufgaben) nach rationaler Abwägung CvK ohne negative Konsequenzen einsetzbar ist, sofern Nutzungsnormen im Umfeld oder individuelle Medienpräferenzen dem nicht im Wege stehen. Gemäß den Medienwahl-Modellen können also technikdeterminierte Defizite durch das Nutzungsverhalten kompensiert werden, womit Kultivierungsleistungen immerhin eine gewisse Bedeutung zugebilligt wird, während das Kanalreduktions-Modell einen reinen Technikdeterminismus unterstellt.

Auch das Modell der sozialen Informationsverabeitung weist dem Nutzungsverhalten primär kompensatorische Funktion zu, allerdings wird hier die Defizitkompensation nicht durch situationsangemessene Medienwahl, sondern durch medienangepassten Kommunikationsstil erreicht. Filter-Modell und Digitalisierungs-Modell sind insofern technikdeterministisch ausgerichtet, als sie soziale Wirkungen wiederum in erster Linie aus den Medienmerkmalen ableiten. Allerdings postulieren sie (im Unterschied zum Kanalreduktions-Modell und den Medienwahl-Modellen) keine pauschal defizitäre Kommunikation, sondern benennen ambivalente Medieneffekte: So leitet etwa das Filter-Modell aus dem Medienmerkmal „Anonymität" eine Zunahme sowohl von Intimität als auch von Anomie ab; und das Digitalisierungs-Modell verbindet mit dem Medienmerkmal „digitaler Datenaustausch" sowohl eine Zunahme von Kontrolle als auch von Kontrollverlust. Kultivierungsprozesse kommen bei diesen beiden Modellen erst ins Spiel, wenn es darum geht, welcher der konträren Effekte im Nutzungskontext jeweils dominiert. Die Modelle der Simulation, der Imagination und des Kulturraums sind insofern primär kulturalistisch geprägt; als sie die Funktion des Nutzungsverhaltens nicht in einer Kompensation medial vorgegebener Defizite begreifen, sondern eher in einer Erweiterung und Veränderung bisheriger Kommunikationsgegebenheiten. Mediale Besonderheiten werden hier also in stärkerem Maße schon als Effekte des Nutzungsverhaltens konzeptualisiert. So schreiben etwa Simulations- und Imaginations-Modell der CvK nicht als Medienmerkmal „Anonymität" zu, sondern sie gehen von mehr oder minder anonymisierten oder identifizierten Nutzungsvarianten aus, die den Beteiligten neue Freiheitsgrade im Handeln gewähren.

Obwohl sich in der CvK-Diskussion kulturalistische Argumentslinien finden lassen, scheinen technikdeterministische Sichtweisen zu dominieren. So wird im Zusammenhang mit computervermittelter Kommunikation oft von universellen *Medieneffekten* (z.B. Anonymität, geringe soziale Präsenz) ausgegangen, individuelle und kollektive Aneignungsprozesse sowie die konkrete Kommunikationssituation bleiben dabei weitgehend unberücksichtigt. CvK-Erfahrungen sind in ihrer Vielfalt, Vielschichtigkeit und Polyvalenz ungenügend konzeptualisiert, stattdessen erscheinen die diskutierten Netzeffekte überwiegend als Defiziterfahrungen gegenüber der zur Idealform zwischenmenschlicher Kommunikation erklärten Face-to-Face-Begegnung.

Zur Überwindung dieser normativen Sichtweise ist eine *medienökologische Perspektive* fruchtbar. Sie versteht computervermittelte Kommunikation nicht als Mediennutzungsverhalten, sondern als spezifische (in einer spezifischen medialen Umgebung stattfindende) Form der interpersonalen Kommunikation. Die *Umgebungs-Metapher* soll die Aufmerksamkeit darauf lenken, dass natürliche und technische Kommunikationsmedien jeweils spezifische Optionen und Restriktionen für die zwischenmenschliche Verständigung zur Verfügung stellen, die von den Kommunizierenden situativ und übersituativ auf unterschiedliche Weise angeeignet und gestaltet werden. Im Zuge dieser Transaktionen (Technisierung des Alltags und Veralltäglichung der Technik) bleiben auch die Nutzerinnen und Nutzer nicht die selben, sondern machen Erfahrungen, die ihr Denken und Handeln innerhalb und außerhalb medialer Umwelten verändern. Eine solche *medienökologische Perspektive* integriert mit den Aneignungsprozessen auch die intra- und interindividuellen Differenzen im Kommunikationsverhalten als entscheidende Determinanten für CvK-Effekte.

Damit werden dann herkömmliche Entweder-Oder-Kontroversen über universelle Netzeffekte auflösbar: Für alle in der Literatur behandelten CvK-Effekte liegen (mehr oder minder systematische) Evidenzen vor, so dass es nicht darum geht, jene Effekte auszusondern, die nicht gelten, sondern die Randbedingungen zu finden, unter denen die einzelnen Effekte jeweils zustandekommen. Zudem legt die medienökologische Perspektive eine Abkehr von der isolierten Betrachtung einzelner Medien zugunsten einer ganzheitlichen Beschreibung von Kommunikationsprozessen über unterschiedliche mediale Umgebungen hinweg nahe. Diese Fokusverschiebung vom Einzelmedium zur *sozialen Kommunikation im medialen Kontext* trägt auch dazu bei, Besonderheiten bei der CvK als genuin sozialpsychologische (statt nur medienpsychologische) Phänomene zu konstruieren. Die in der CvK-Praxis ubiquitär auftretende Notwendigkeit, kontextspezifische Kommunikationsregeln zu etablieren, zeigt ebenfalls, dass CvK-Effekte als soziale Effekte und nicht nur als Medieneffekte zu verstehen sind.

Um die unterschiedlichen theoretischen Modellierungen der Netzkommunikation zu systematisieren und zu integrieren, bietet es sich an, die zentralen Konstrukte und Konstruktverknüpfungen der zehn CvK-Modelle zu extrahieren und in einem *medienökologischen Rahmenmodell* zusammenzufassen. Dieses Rahmenmodell geht davon aus, dass soziale Kommunikation und Interaktion stets in einer Umgebung stattfinden. Unter *Umgebung* sollen dabei sämtliche physikalischen oder medialen (virtuellen) Gegebenheiten verstanden werden, mit denen die am sozialen Austausch aktuell Beteiligten konfrontiert sind bzw. die ihnen zur Verfügung stehen.

Das medienökologische Rahmenmodell umfasst fünf Komponenten: 1. die *Medienwahl*, 2. die *mediale Umgebung*, 3. das mediale *Kommunikationsverhalten*, 4. die *kurzfristigen sozialen Effekte* und 5. die *langfristigen sozialen Folgen* (siehe Abb. 6.1). Das medienübergreifende Modell wird im Folgenden näher erläutert und dabei auf CvK-Szenarien angewandt. Es liefert einen Rahmen, der die Kontrastierung der zehn CvK-Theorien sowie die Ableitung empirisch prüfbarer Hypothesen erlaubt und zudem als Heuristik zur Interpretation von dokumentierten (anekdotischen und systematischen) Netzphänomenen dient.

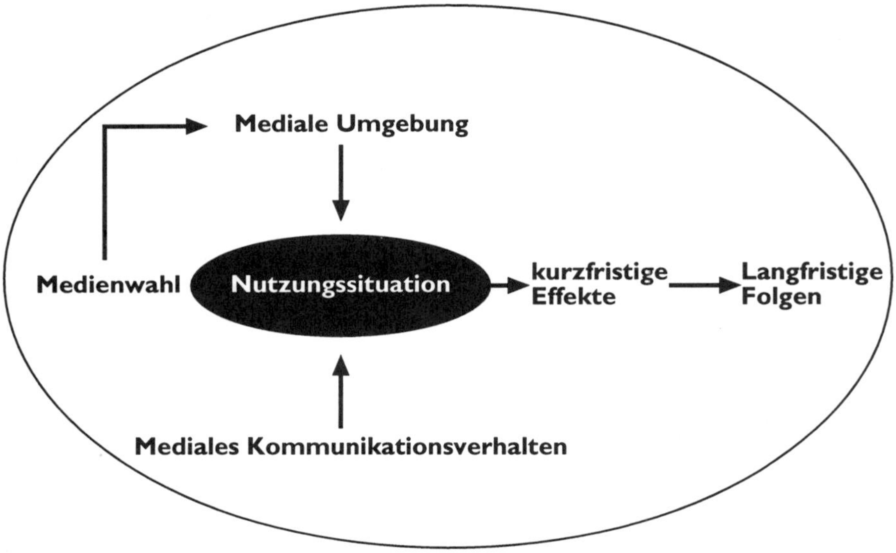

Abb. 6.1: Medienökologisches Rahmenmodell

1. Medienwahl

Welches Medium wird von einer Person, Dyade oder Gruppe in einer konkreten Situation eingesetzt?

Auf welche Weise und mit welchen Konsequenzen wir mit anderen Menschen kommunizieren und interagieren, hängt entscheidend von der Wahl der medialen Umgebung ab. In der Sozialpsychologie wird die Face-to-Face-Situation als *natürliche Grundform* sozialer Kommunikation und Interaktion begriffen, so dass medial vermittelte Kommunikation als *Sonderform* erscheint und beispielsweise in der Medienpsychologie oder Kommunikationswissenschaft separat behandelt wird. Dabei ist es im Alltag keinesfalls so, dass Face-to-Face-Kontakte einfach „da sind" und stets vor einer Verdrängung durch mediale Kontakte bewahrt werden müssen. Stattdessen will auch die Face-to-Face-Situation als Kommunikations- und Interaktions-Umgebung bewusst hergestellt bzw. aufgesucht werden. Dies gilt insbesondere in den entwickelten Industriegesellschaften, in denen Wohnen, Lernen, Arbeiten und Freizeit an unterschiedlichen Orten stattfinden und soziale Kontakte sich nicht auf den lokalen Nahbereich beschränken.

Will man umgebungsspezifische Effekte im Kommunikations- und Interaktionsverhalten beschreiben und erklären, ist es aus medienökologischer Perspektive wünschenswert, das Problem der *Wählbarkeit* medialer Umgebungen zu thematisieren.

Besonders relevant scheint die Frage, ob Medienwahlen *selbst- oder fremdbestimmt* wahrgenommen werden, inwieweit sie *beziehungs- und aufgabenadäquat* sind und in welchem Ausmaß sie *reflektiert und sozial ausgehandelt* werden. So können individuelle Medienpräferenzen oder -abneigungen mit aufgabenspezifischer Medieneignung oder den Medienvorlieben von Kommunikationspartnern kollidieren. Zudem wird oft diskutiert, wie sich die Verfügbarkeit eines (neuen) Mediums auf die Wahl anderer Medien auswirkt (*Mediensubstitution, Medienwechsel*, z.B. verzichten Personen mit Internet-Zugang zugunsten von Emails auf Telefonate?).

Einzelne Medienwahlen lassen sich aggregieren, um etwa *beziehungsspezifische* (z.B. welches Kommunikationsmedium nutzt eine Person am häufigsten in Freundschaftsbeziehungen versus Familienbeziehungen) oder *aufgabenspezifische* (z.B. welches Kommunikationsmedium nutzt eine Person am häufigsten für den Austausch dringender Nachrichten oder vertraulicher Informationen) Muster der Medienwahl zu beschreiben. Ein Problem besteht dabei in der Klassifikation und Identifikation konkreter Kommunikationsaufgaben. Es ist davon auszugehen, dass in vielen Kommunikationssituationen mehrere Aufgaben bewältigt werden und sich der Fokus im Laufe des Kommunikationsprozesses oftmals ändert (z.B. telefonische Mitteilung einer Terminverschiebung entwickelt sich zu einem ausführlichen Gespräch über Erziehungsfragen). Wenn man Medienwahlen einer Person über Kommunikationspartner und Aufgaben hinweg zusammenfasst, resultiert die *globale* Medienwahl als Nutzungsintensität einzelner Medien. Eine Reihe von Determinanten beeinflussen das globale, beziehungs- und aufgabenspezifische Medienwahlverhalten. Sie lassen sich grob in drei Gruppen einteilen:

- *Medienbezogene Faktoren* (Verfügbarkeit, Kosten- und Zeitaufwand, mediale Reichhaltigkeit bzw. soziale Präsenz, Aufgabeneignung)
- *Personenbezogene Faktoren* (Medienausstattung bzw. -verfügbarkeit, Medieneinstellungen, Mediengewohnheiten, Medienkompetenz, Lebenssituation und Persönlichkeit, Ziele, Nutzen)
- *Interpersonale Faktoren* (Erreichbarkeit von Kommunikationspartnern mittels einzelner Medien, soziale Normen, Zwang)

In der CvK-Forschung wird die Dimension der Medienwahl von drei Modellen (rationale Medienwahl, normative Medienwahl, interpersonale Medienwahl) thematisiert. Die anderen sieben CvK-Modelle gehen einfach vom Vorliegen computervermittelter Kommunikation aus, ohne zu betrachten, warum überhaupt computervermittelt (und nicht z.B. telefonisch oder persönlich) kommuniziert wird. Wie steht es nun mit dem differentiellen Erklärungswert der drei einzelnen Medienwahl-Modelle?

- Die Theorie der *rationalen Medienwahl* erklärt aufgabenspezifische Medienwahl mittels medienbezogener Faktoren (v.a. Kosten, mediale Reichhaltigkeit, soziale Präsenz).

- Die Theorie der *normativen Medienwahl* erklärt globale Medienwahl mittels personenbezogener und interpersonaler Faktoren (v.a. eigene sowie kollektive Medienkompetenz und Medieneinstellungen).
- Die Theorie der *interpersonalen Medienwahl* erklärt beziehungsspezifische Medienwahl mittels interpersonaler Faktoren (v.a. Erreichbarkeit und Antwortverhalten).

Wichtig ist zu betonen, dass die drei CvK-Modelle der Medienwahl primär erklären, wie eine CvK-bezogene Medienwahl zustandekommt und weniger darauf eingehen, welche Bedeutung *subjektive Aspekte der getroffenen Medienwahl* (z.B. selbstbestimmte versus fremdbestimmte Medienwahl; Zufriedenheit mit der Medienwahl) für kurzfristige und langfristige Effekte bei der CvK haben. Vielmehr wird zugrundelegt, dass eine adäquate Medienwahl dazu führt, dass Codebeschränkungen bei der CvK nicht in defizitär erlebter Kommunikation resultieren (siehe Kap. 6.11, Punkt 4).

2. Mediale Umgebung

Welche Restriktionen und Optionen beinhaltet die gewählte mediale Umgebung im Hinblick auf das Kommunikations- und Interaktionsverhalten?

Wenn man davon spricht, dass Telekommunikationsmedien Botschaften auf unterschiedliche Weise (schneller oder langsamer, schriftlich oder mündlich etc.) „übermitteln“, bedient man sich der *Metapher des Kommunikationskanals* (vgl. Krippendorff, 1994). Demgegenüber akzentuiert die *Umgebungs-Metapher* die Tatsache, dass unterschiedliche Medien nicht einfach dieselbe Botschaft in anderer Form (sprich: in anderem Code) oder mit anderer Geschwindigkeit übermitteln, sondern das gesamte Kommunikations- und Interaktionsverhalten mitbeeinflussen, indem sie spezifische Restriktionen und Optionen für das Verhalten und Erleben der Beteiligten bereithalten und somit mitbestimmen, wer, wann, wie und mit wem kommunizieren kann. Medienmerkmale beeinflussen also nicht nur die Medienwahl (siehe Kap. 6.11, Punkt 1), sondern auch das medienvermittelte Kommunikationsverhalten. So führen hohe Telekommunikationsgebühren etwa dazu, dass man ein Medium seltener nutzt (Medienwahl) und dass man sich bei der Nutzung kurzfasst (mediales Kommunikationsverhalten).

Aus den zehn CvK-Modellen lassen sich die folgenden sieben kommunikationsrelevanten Medienmerkmale (z.B. Kosten) extrahieren, die sich je nach Ausprägung und Situation als Optionen (z.B. kostengünstige Kommunikationsverbindung) oder Restriktionen (z.B. kostenintensive Kommunikationsverbindung) darstellen können:

- *Kosten* (Geld, Zeitaufwand)
- *Teilnehmerkreis* (Anzahl, Zusammensetzung)
- *Zeit* (zeitgleich, zeitversetzt mit unterschiedlicher Transportgeschwindigkeit)
- *Modalität* (sehen, hören, fühlen, riechen, schmecken)

- *Code* (gesprochene Sprache, Kleidung, Möbel, Schmuck, Mimik, Gestik, Proxemik, Handschrift, Maschinenschrift, Grafik, Foto, Film etc.)
- *Raum* (Kopräsenz, Telepräsenz, keine gemeinsame Lokalität)
- *Kultur* (medienspezifische Normen, Werte, Traditionen, Sprachgebräuche etc.)

Computervermittelte Kommunikation bildet hinsichtlich Kosten (vgl. Kap. 1.3), Modalität (sehen) und Code (meist digitale Maschinenschrift) eine Einheit gegenüber anderen Kommunikationsformen (z.B. Telefon, Brief, Face-to-Face), ist jedoch in Abhängigkeit vom verwendeten Computernetz (z.B. Online-Dienst, Internet, Mailbox-Netz) und Netzdienst (z.B. Newsgroup, Email, WWW) auf den Dimensionen Teilnehmerkreis, Zeit, Raum und Kultur zu differenzieren.

Da die CvK-Forschung sich primär mit der Kontrastierung von computervermittelter Kommunikation mit Face-to-Face-Kommunikation befasst und demgegenüber Unterschiede zwischen einzelnen Computernetzen und Netzdiensten eher vernachlässigt, ist es kein Wunder, dass in erster Linie *Modalität und Code* als CvK-Merkmale fokussiert werden. Dieser Fokus und die Annahme, dass Einschränkungen hinsichtlich Modalitäten und Codes immer mit einer Zunahme an unerwünschten Kommunikationsrestriktionen verbunden sind, prägt insgesamt die öffentliche CvK-Diskussion (vgl. Kap. 6.1 zum Kanalreduktions-Modell). Das hier ausgeführte medienökologische Rahmenmodell verdeutlicht jedoch, dass die mediale Umgebung Internet auch Merkmale aufweist (z.B. spezifische Internet-Kultur, Telepräsenz-Szenarien, kostengünstige und schnelle internationale Verbindungen), die gegenüber der Face-to-Face-Situation als Vorteile bzw. zusätzliche Optionen erscheinen.

Diese zusätzlichen Optionen zu explorieren, ist aus pragmatischen Gründen (Verbesserung der CvK) sowie aus epistemischen Gründen (besseres Verständnis von zwischenmenschlichen Kommunikationsprozessen) wünschenswert. So liefern Lombard und Ditton (1997) eine sehr differenzierte Auflistung derjenigen Merkmale medialer Umgebungen, die das Gefühl von (Tele)Präsenz und sozialer Präsenz beeinflussen. Von besonderer Bedeutung sind hier nicht zuletzt Fragen der Software-Ergonomie: So erscheint etwa ein Chat-Channel in Abhängigkeit vom verwendeten Client als eher übersichtliche oder unübersichtliche mediale Umgebung (z.B. Texteingaben unterschiedlicher Personen sowie virtuelles Sprechen und Handeln werden mit je verschiedenen Farben oder mit derselben Farbe auf dem Monitor dargestellt). Auch die Größe des Monitors oder die Beschaffenheit der Tastatur haben entscheidenden Einfluss darauf, wie lebendig und reibungslos bzw. wie anstrengend und defizitär die computervermittelte Kommunikation erlebt wird.

3. Mediales Kommunikationsverhalten

Wie gehen Personen bei ihren interpersonalen Verständigungsprozessen mit den medienspezifischen Restriktionen und Optionen um?

Das mediale Kommunikationsverhalten ist als situationsabhängige Auseinandersetzung mit und Aneignung der medienspezifischen Optionen und Restriktionen im

Zusammenhang mit sozialen Verständigungsprozessen zu verstehen. Oft wird auch von „Mediennutzung“ (z.B. „Internet-Nutzung“, „Telefonnutzung“) gesprochen. Mit Mediennutzung ist einerseits die Auseinandersetzung der Person mit dem Medium und seinen Inhalten gemeint (z.B. fernsehen), andererseits aber auch die medial vermittelte soziale Kommunikation mit anderen Personen (z.B. telefonieren). Aufgrund seiner *Multifunktionalität* lässt sich das Internet sowohl interpersonal-kommunikativ (z.B. Email-Austausch), produktiv (z.B. Publikation von Postings) als auch rezeptiv (z.B. Browsen im WWW) nutzen.

In Face-to-Face-Situationen wie auch in technischen Umgebungen greifen die Beteiligten häufig aktiv gestaltend in die Umwelt ein, etwa indem sie Tische und Stühle in bestimmer Weise anordnen, Zugangsbeschränkungen einführen (geschlossene Gesellschaft, privater Channel) oder sich auf Zeitlimits einigen. Auch die Etablierung umgebungsspezifischer Ausdrucksmittel und Verhaltensregeln (z.B. Rednerliste) ist Teil des Aneignungsprozesses. Geht man davon aus, dass Merkmale der Umgebung als Optionen oder Restriktionen erlebt werden können, lassen sich drei Einflussrichtungen des Kommunikationsverhaltens unterscheiden:

- kein Einfluss (rein technikdeterministisches Modell): Merkmale der medialen Umgebung bedingen universell bestimmte Effekte in der medialen Kommunikation. (Kanalreduktion)
- Kompensation von Restriktionen (kulturalistisches Modell 1): Restringierende oder nachteilige Merkmale der medialen Umgebung werden durch entsprechend modifiziertes Kommunikationsverhalten kompensiert (soziale Informationsverarbeitung; rationale, normative, interpersonale Medienwahl). Der von den Beteiligten geschaffene Nutzungskontext trägt dazu bei, dass mögliche ambivalente Effekte eher in ihren positiven Ausprägungen zur Geltung kommmen (Filter-Modell, Digitalisierungs-Modell).
- Ausschöpfen von Optionen (kulturalistisches Modell 2): Durch entsprechend kreatives Kommunikationsverhalten lassen sich mit Hilfe der Merkmale der medialen Umgebung Kommunikationsprozesse grundlegend verändern und ggf. auch verbessern (Simulation, Imagination, Kulturraum). Um diese liberalisierenden Gratifikationen zu erlangen, ist jedoch besonders gute Netzkompetenz ebenso erforderlich wie ein Konsens der Beteiligten über die Bedeutung der virtuellen Kommmunikation.

4. Kurzfristige soziale Effekte

Welche spezifischen Effekte im Kommunikations- und Interaktionsverhalten resultieren aus der Situiertheit in einer bestimmten medialen Umgebung?

Wenn sich Personen im Anschluss an einen Medienwahlprozess in einer konkreten medialen Umgebung begegnen und auf deren Merkmale mit ihrem Kommunikationsverhalten entweder gar nicht, kompensierend oder supplementierend reagieren, resultieren spezifische psychische, physische und soziale Effekte (vgl. Lombard & Ditton, 1997). Welche Kommunikationseffekte hierbei als „medienspezifische Effekte" zu betrachten sind, ist gar nicht so leicht festzustellen. Denn das Spezifische tritt nur durch den Vergleich mit anderen Medien hervor. Typischerweise wird hierbei eben die Face-to-Face-Kommunikation als Vergleichsmaßstab herangezogen, so dass Abweichungen von ihr dann als Telefon-, Brief- oder Internet-Effekte hervortreten und meist zunächst technikdeterministisch mit Blick auf Codebeschränkungen als Defiziteffekte beschrieben werden (siehe Tab. 6.8). Eine aus der Codebeschränkung der CvK (digitale Maschinenschrift) resultierende *Kommunikationsverarmung* lässt sich jedoch gemäß einiger CvK-Modelle unter bestimmten Bedingungen kompensieren.

Tab. 6.8: Bedingungen defizitärer oder defizitloser CvK

	defizitäre CvK durch Codebeschränkung tritt auf bei	*defizitlose CvK* ist trotz Codebeschränkung möglich bei	CvK-Vorteil unter defizitloser Bedingung
rationale Medienwahl (*Medienwahl*)	zu komplexen Kommunikationsaufgaben	einfachen Kommunikationsaufgaben	Ökonomie
normative Medienwahl (*Medienwahl*)	wenig Kompetenz, dysfunktionalen Nutzungsnormen	genug Kompetenz, funktionalen Nutzungsnormen	Nützlichkeit
interpersonale Medienwahl (*Medienwahl*)	inkompatiblen, dysfunktionalen Kommunikationsstilen	kompatiblen, funktionalen Kommunikationsstilen	wechselseitiges Lernen
Kanalreduktion (*mediale Umgebung*)	immer	-	-
soziale Informationsverarbeitung (*Kommunikationsverhalten*)	zu wenig Zeit, Kompetenz, Motivation zur kompensatorischen Informationsverarbeitung	genug Zeit, Kompetenz, Motivation zur kompensatorischen Informationsverarbeitung	neue verbale Ausdrucksformen

Tab. 6.9: Spezifische Vor- und Nachteile der CvK und ihre Bedingungen

	spezifische CvK-Vorteile	*spezifische CvK-Nachteile*	*kritische UV*
Herausfiltern sozialer Hinweisreize (*mediale Umgebung*)	Anonymität begünstigt *Egalität, Intimität, prosoziales Verhalten*	Anonymität begünstigt *antisoziales Verhalten*	soziale Normen Teilnehmerkreis
Digitalisierung (*mediale Umgebung*)	Vervielfältigung, Beschleunigung, Dokumentation von Kommunikationsprozessen führt zu *Kontrollgewinn und Entlastung*	Vervielfältigung, Beschleunigung, Dokumentation von Kommunikationsprozessen führt zu *Kontrollverlust und Belastung*	Kompetenz
Simulation (*Kommunikationsverhalten*)	Textbasierte Selbstdarstellung in unterschiedlichen sozialen Szenarien erlaubt *Erfahrungen mit alternativen, modifizierten Teil-Identitäten*	Textbasierte Selbstdarstellung in unterschiedlichen sozialen Szenarien *erschwert Repräsentation eigener Identitäten*	Selbstdarstellungs-Motivation Kompetenz
Imagination (*Kommunikationsverhalten*)	Textbasierte Personenwahrnehmung ist für *sinnliche Imagination* besonders sensibel	Textbasierte Personenwahrnehmung ist für *Täuschung, Fehleinschätzung* besonders sensibel	Eindrucksbildungs-Motivation Kompetenz
Kulturraum (*Kommunikationsverhalten*)	Kulturspezifische Ausdrucksformen fördern *soziale Integration*	Kulturspezifische Ausdrucksformen fördern *soziale Isolation*	Identifikation mit Netzkultur

Neben einer (teilweise kompensierbaren) codebedingten Kommunikationsverarmung beschreiben die CvK-Theorien noch eine Reihe weiterer (meist ambivalenter) netzspezifischer Effekte (siehe Tab. 6.9). Ob diese sich eher als Vorteile oder Nachteile ausprägen, hängt von der Interaktion mit weiteren unabhängigen Variablen (*kritische UV*) ab, wobei Kompetenz eine Schlüsselrolle einnimmt. Kompetenz beinhaltet hierbei technische und soziale Fertigkeiten sowie deren Zusammenspiel (z.B. Tippen auf der Computertastatur; Bedienung von Software; Umgang mit netzspezifischen Ausdrucksmitteln; Antizipation netzspezifischer Kommunikationsprobleme etc.).

5. Langfristige soziale Folgen

Welche langfristigen sozialen Folgen hinsichtlich Identitäten, Beziehungen und Gruppen ziehen die aktuellen, umgebungsspezifischen Kommunikations- und Interaktionseffekte nach sich?

In Abhängigkeit davon, ob die in einer konkreten Situation realisierte *computervermittelte Kommunikation defizitär oder defizitlos* erlebt wird und welche *spezifischen Positiv- oder Negativ-Merkmale* sie aufweist, gestalten sich dann auch die kommunikativ ausgehandelten Identitäten, Beziehungen und Gruppen mehr oder minder bereichernd oder problematisch. Wer netzspezifische Ausdrucksformen (z.B. Emoticons) und Darstellungsmittel (z.B. persönliche Homepage, Selbstbeschreibung) nicht kompetent und zielgruppenspezifisch einsetzen kann, ist in der Selbstpräsentation eingeschränkt. Wer diese Kommunikationsmittel dagegen beherrscht, kann verschiedene Selbst-Aspekte ggf. sogar umfassender darstellen als außerhalb des Netzes und erleidet keinerlei Identitätsverlust (Kap. 7).

Entscheidend für die langfristigen sozialen Folgen computervermittelter Kommunikation ist nicht nur die Qualität der CvK-Prozesse, sondern auch die *Kombination von CvK mit anderen Kommunikationsformen* (z.B. Telefon, Brief, Face-to-Face-Treffen). So kann beispielsweise eine netzkompetente Person, die defizitlose computervermittelte Kommunikation realisiert, durchaus negative Folgen im Beziehungsbereich erleben, wenn sie das Netz eskapistisch nutzt, so dass ihre Netzkontakte auf den Netz-Kontext beschränkt bleiben und gleichzeitig Kontakte außerhalb des Netzes vernachlässigt werden. Andererseits sind Netzkontakte oftmals der Ausgangspunkt für längerfristige lockere oder enge Bindungen, die aus dem Netzkontext heraus expandieren und die bestehenden sozialen Netzwerke der Beteiligten ergänzen und verdichten (Kap. 8).

Schließlich ist zu beachten, dass dieselben Kommunikationseffekte *situations- und personenspezifisch differentielle Folgen* entfalten. So kann defizitär erlebte CvK (z.B. unpersönliche Emails) im einen Fall als negative Beziehungsbotschaft aufgefasst werden und zum Abbruch der Beziehung führen, während im anderen Fall die unpersönliche Ausdrucksweise als Medieneffekt verstanden und nicht weiter beachtet wird („in Emails fasst man sich eben kurz", siehe Kap. 2.4.4 zur Netiquette). Die globale Sichtbarkeit von Kommunikationsprozessen im Netz (z.B. in öffentlichen Mailinglisten, Newsgroups, Chat-Channels) kann für manche Gruppen eine Erweiterung ihres Teilnehmerkreises und Wirkungsbereiches bedeuten, während sie für andere Gruppen eher einen Zuwachs an unerwünschter Kontrolle und Überwachung mit sich bringt (Kap. 9).

Universelle Aussagen über netzbedingte Veränderungen von Identitäten, sozialen Beziehungen und Gruppen sind nicht sinnvoll, vielmehr muss man sich in allen drei Bereichen mit kontextspezifischen, subtilen und ambivalenten Effekten beschäftigen. Für deren Erklärung sind die CvK-Theorien mit *sozialpsychologischen Identitäts-, Beziehungs- und Gruppentheorien* zu verbinden. CvK-Folgen betreffen dabei nicht nur die Minderheit der Netzaktiven sondern auch die netzabstinente Mehrheit: Sie mag einerseits potentiellen Negativfolgen der CvK entgehen (z.B. hoher Zeitaufwand), bleibt andererseits aber auch von ihren Positivfolgen ausgeschlossen (z.B. erweiterte soziale Kontaktmöglichkeiten). Damit verändert sich individuell und kollektiv das Verhältnis zwischen Personen mit und ohne Netzzugang (z.B. Ausschluss von Personen ohne Internet-Zugang aus diversen sozialen Kommunikationsnetzwerken; Divergenz von Interessen und Meinungen hinsichtlich Technikgebrauch in Abhängigkeit vom eigenen Internet-Engagement etc.).

Die hier beschriebenen sozialpsychologischen Folgen des Internet-Gebrauchs sind in größere *soziologische* Prozesse eingebettet. So beschreibt Braun (1993) Technikentwicklung und ihre sozialen Folgen im Alltag als *spiralförmigen Verlauf*: Die Vielfalt alltagsweltlicher Handlungsanforderungen in der (post)modernen Gesellschaft erfordert die Anschaffung funktionell erweiterter und technologisch raffinierterer Geräte, deren Gebrauch wiederum zur stärkeren Vervielfältigung alltagsweltlicher Handlungsanforderungen und zur Individualisierung von Lebensstilen führt. Auch hier ist also weder *technikdeterministisch* von einer Rationalisierung in dem Sinne auszugehen, dass die Technik den Alltag uniformiert und rationalisiert; noch ist kulturalistisch davon auszugehen, dass Menschen die Technik souverän in ihre herkömmlichen Alltagsroutinen eingliedern. Vielmehr kommt es im Zuge der Wechselwirkungen zwischen Alltagsanforderungen einerseits und Technikoptionen andererseits zu einem Aufschaukelungs- und Differenzierungsprozess. Dabei ist der alltägliche Einsatz technischer Geräte zunehmend von technischen Infrastruktursystemen und deren Betreibern abhängig. Somit stößt die *kulturelle Plastizität* auch des alltäglichen Internet-Gebrauchs dort an ihre Grenzen, wo *alltagsferne Institutionen* wie etwa die Betreiberorganisationen von Telekommunikationsinfrastrukturen, wo Normungsverbände oder die wissenschaftliche Hardware- und Software-Entwicklung Rahmenbedingungen setzen, die für uns im Alltag nur begrenzt transparent und beeinflussbar sind.

6.12 Zusammenfassung

Es liegen eine Reihe von Theorien vor, die beschreiben und erklären, welche Besonderheiten computervermittelte Kommunikation aufweist, wie sie zustandekommen und welche sozialen Konsequenzen sie haben. Die vorliegenden CvK-Theorien stehen untereinander in einem Ergänzungsverhältnis und können daher in ein medienökologisches Rahmenmodell integriert werden. Dieses Rahmenmodell fasst die von den CvK-Theorien eingeführten Konstrukte und Konstruktverknüpfungen strukturierend zusammen, kann als heuristisches Modell zur Interpretation beschriebener Netzeffekte sowie zur Ableitung empirisch prüfbarer Hypothesen herangezogen werden.

Die erste Komponente im Modell ist die *Medienwahl*. Hier geht es um die Frage, unter welchen Bedingungen aus dem zur Verfügung stehenden Medienspektrum ein konkretes Medium (z.B. Telefon, Email, Newsgroup) ausgesucht wird. Die zweite Komponente im Modell ist die *mediale Umgebung* selbst, die durch spezifische – Optionen oder Restriktionen darstellende – Merkmale gekennzeichnet ist. Im Medienvergleich wird hier der Kommunikationscode meist als zentrales Medienmerkmal betrachtet, allerdings spielen daneben auch Teilnehmerkreis, Lokalität und Temporalität eine Rolle. Die dritte Komponente im Modell ist das *mediale Kommunikationsverhalten*, durch das Personen in ihren wechselseitigen Verständigungsprozessen auf die mediale Umgebung reagieren und sich diese im Zuge eigener Kompetenzentwicklung aneignen. Technikdeterministische Modelle negieren den Einfluss des Medienverhaltens wie des Medienwahlverhaltens und gehen davon aus, dass Medienmerkmale unmittelbar soziale Effekte verursachen. Demgegenüber thematisieren kulturalistische Modelle die Frage, ob und wie Personen durch ihr mediales Kommunikationsverhalten restringierende Medienmerkmale kompensieren oder sogar supplementär spezifische Vorteile aus der medialen Situation ziehen können. Diese Handlungsspielräume sind jedoch nicht zu überschätzen, da die Medien auch bei kreativster Aneignung eine gewisse Widerständigkeit behalten und bestimmte Nutzungsformen ausschließen.

Die vierte Komponente im Modell sind die *kurzfristigen sozialen Effekte*, die durch Medienwahl, Medienmerkmale und Medienverhalten bedingt sind und im Mittelpunkt der CvK-Modelle stehen. Hierbei geht es um mediale Besonderheiten wie z.B. Ent-Sinnlichung, Enthemmung oder Kommunikationsbeschleunigung. Da einzelne Kommunikations- und Interaktionsakte die Bausteine situationsübergreifender sozialer Prozesse der Identitäts-, Beziehungs- und Gruppenbildung sind, werden als fünfte Komponente *langfristige soziale Folgen* in das Modell aufgenommen. Zu ihrer Beschreibung und Erklärung sind gängige sozialpsychologische Theorien (z.B. Theorien der Selbstdarstellung, Beziehungsentwicklung und Kooperation in Gruppen) mit CvK-Modellen zu verbinden.

Textbasierte computervermittelte Kommunikation wird anders erlebt als Face-to-Face-Kommunikation und kann diese auch nicht ersetzen. Demnach ist es müßig, pauschal in Entweder-Oder-Kategorien zu argumentieren und das eine gegen das andere auszuspielen. Welche Unterschiede zwischen computervermittelter Kommunikation und Face-to-Face-Kommunikation (sowie anderen Formen der Individualkommunikation wie etwa Telefon-Kommunikation oder Briefpost) sich im einzelnen ergeben, hängt gemäß dem medienökologischen Rahmenmodell nicht nur von den spezifischen Restriktionen und Optionen der jeweils gewählten medialen Umgebung ab. Maßgeblich beteiligt sind vielmehr auch die medienbezogenen sozialen Fertigkeiten und Erfahrungen der Beteiligten, die sich mit spezifischen Motiven und zu konkreten Anlässen innerhalb und/oder außerhalb des Netzes begegnen. Vor diesem Hintergrund wird im Folgenden beleuchtet, welche Implikationen computervermittelte Kommunikationsprozesse für den Umgang mit Identitäten (Kap. 7), mit sozialen Beziehungen (Kap. 8) und mit sozialen Gruppen (Kap. 9) haben.

7 Identitäten und Internet

Unter *Identität* im *klassischen* Sinne (vgl. Erikson, 1973, Erstdruck 1956) versteht man das Bewusstsein, sich von anderen Menschen zu unterscheiden (*Individualität*) sowie über die Zeit (*Kontinuität*) und verschiedene Situationen (*Konsistenz*) hinweg – auch für die Umwelt erkennbar – dieselbe Person zu bleiben. Identitätsmerkmale in diesem klassischen Sinne sind nicht nur Name, Geburtstag oder Aussehen, sondern auch die Persönlichkeits-Attribute, mit denen eine Person sich definiert und interpretiert. Diese *Selbstinterpretation* entwickelt sich in Auseinandersetzung mit den Wahrnehmungen, Einschätzungen und Reaktionen der Umwelt, wobei es gemäß klassischer Sichtweise bei der Identitätsentwicklung darum geht, die einzelnen Identifikationen im Laufe der Adoleszenz schrittweise zu einem stabilen und einheitlichen Ganzen zu integrieren.

Betont das traditionelle Identitäts-Verständnis Dauerhaftigkeit und Einheit, so stellen neuere Identitäts-Konzepte Veränderung und Vielfalt in den Mittelpunkt. Identität wird heute als komplexe Struktur aufgefasst, die aus einer Vielzahl einzelner Elemente besteht (*Multiplizität*), von denen in konkreten Situationen jeweils Teilmengen aktiviert sind oder aktiviert werden (*Flexibilität*). Eine Person hat aus dieser Perspektive also nicht nur *eine* „wahre" Identität, sondern verfügt über eine Vielzahl von gruppen-, rollen-, körper- oder tätigkeitsbezogenen Teil-Identitäten (z.B. Berufs-Identität, Familien-Identität, Geschlechts-Identität, sexuelle Identität, Fan-Identität, nationale Identität, religiöse Identität). Diese Teil-Identitäten bilden zusammengenommen kein stabiles und homogenes Ganzes, sondern eher ein – in lebenslanger Entwicklung befindliches und durch alltägliche Identitätsarbeit immer wieder neu entworfenes – *Patchwork* (Keupp, 1997) oder *Pastiche* (Gergen, 1991).

Kap. 7.1 erläutert das Identitäts-Konstrukt und zeigt Verbindungen zum Selbstkonzept auf. Kap. 7.2 widmet sich der Bedeutung unterschiedlicher medialer Umgebungen für unseren Umgang mit Identitäten. Anschließend geht es darum, wie sich bestehende Identitäten durch Netznutzung verändern (Kap. 7.3) und wie sich im Zuge der Netznutzung neue Identitäten entwickeln (Kap. 7.4). Wenn hier und im Folgenden von „neuen" Identitäten gesprochen wird, ist damit keinesfalls gemeint, dass Personen ihre „alte" Identität durch eine „neue" Identität ersetzen, wie dies das klassische (homogene) Identitäts-Modell nahelegen würde. Vielmehr geht es auf der Basis des modernen (multiplen) Identitäts-Modells darum, wie neue Teil-Identitäten ausgebildet und in das bestehende Identitäts-Patchwork eingearbeitet werden. Aus dieser Perspektive werden bestimmte Formen der Internet-Nutzung als identitätskritisch betrachtet, ebenso wie dies auf bestimmte Formen der sportlichen, politischen oder künstlerischen Betätigung außerhalb des Netzes zutrifft. Kap. 7.5 bewertet die populäre These, dass Kommunikation im Internet durch Identitätsverluste und Schein-Identitäten geprägt sei. Kap. 7.6 liefert eine kurze Zusammenfassung.

7.1 Identitäten

Um die Auseinandersetzung mit Identitäten in den sozialpsychologischen Forschungskontext einzugliedern, werden zunächst die zentralen Konstrukte *Selbstkonzept* und *Identität* voneinander abgegrenzt. Außerdem wird erläutert, dass sich Identitäten als kontextspezifisch gebündelte und strukturierte kognitive, emotionale und konative Selbstinhalte hoher subjektiver Relevanz definieren lassen (Kap. 7.1.1). Anschließend geht es um *individuelle* und *kollektive* Identitäten (Kap. 7.1.2) sowie um *Selbstdarstellung* und *Eindrucksbildung* (Kap. 7.1.3).

7.1.1 Selbstkonzept und Identität

Begriffe wie „Selbst", „Selbstkonzept" oder „Identität" werden im Alltag und in der Literatur nicht nur sehr oft, sondern auch in unterschiedlicher Bedeutung verwendet und haben somit die Tendenz, inhaltlich zu verwässern. Unter *Selbst* wollen wir die Gesamtheit der auf die eigene Person bezogenen *Inhalte* samt der auf ihnen operierenden *Prozesse* verstehen (Staudinger & Greve, 1997, S. 7). Zur Differenzierung sowohl der Inhalte als auch der Prozesse lassen sich unterschiedliche Dimensionen heranziehen, z.B. Bewusstheit (bewusst, unbewusst), Chronizität (retrospektiv, aktuell, prospektiv) und Faktizität (real, möglich).

Die selbstbezogenen Inhalte und die auf ihnen operierenden Prozesse sind zudem drei *Funktionsebenen* zuzuordnen: kognitiv-beschreibend, emotional-bewertend und konativ-handlungsleitend (3-Komponenten-Modell, siehe Frey & Haußer, 1987, S. 20; Haußer, 1995). Die Gesamtheit der kognitiven Selbstinhalte bildet das selbstbezogene Wissen oder *Selbstkonzept*, das vor allem Resultat von Selbstbeobachtungs- und Selbstexplorationsprozessen ist. Die emotionale Bewertung des Selbst konstituiert das *Selbstwertgefühl*. Mit *Selbstwirksamkeit* meint man die Überzeugung von der eigenen Handlungsfähigkeit. Selbstkonzept, Selbstwertgefühl und Selbstwirksamkeit sind übersituative summarische Konzepte. Das Selbstwertgefühl einer Person ergibt sich aus der (gewichteten) Summe aller verfügbaren situativen Selbstbewertungen, die wiederum von Fremdbewertungen mitbeeinflusst sind („looking-glass self": Cooley, 1902; „me" versus „I": Mead, 1934).

Menschen neigen sowohl wegen ihres Bewusstseins (das Selbstreflexivität impliziert) als auch aufgrund der jeweiligen sozio-kulturellen Rahmenbedingungen in vielen Situationen zu – mehr oder minder expliziten – subjektiven Selbstthematisierungen. Solche situativen Selbstthematisierungen beinhalten konative, emotionale und kognitive Komponenten, wobei aus der kognitiven Komponente zuweilen noch die soziale Selbstwahrnehmung als vierter Erfahrungsmodus ausgegliedert wird. Straus und Höfer (1997) veranschaulichen die vier *Erfahrungsmodi bei der situativen Selbstthematisierung* am Beispiel der 18jährigen Marlene, die während ihrer Ausbildung zur Schreinerin unter den Augen des kritischen Meisters gerade einen Stuhl bearbeitet (s. Abb. 7.1).

Kognitive Selbstwahrnehmung Ich bin ein Schreinerlehrling und versuche, so genau, wie ich es gelernt habe und es mir möglich ist, einen Stuhl zu bauen.	Soziale Selbstwahrnehmung Der Meister denkt, daß ich es nicht genau genug mache. Er fragt sich, ob ich überhaupt für diesen Beruf geeignet bin.
Produktorientierte Selbstwahrnehmung Der Stuhl ist eigenwillig, aber schön. Er ist etwas von mir Geschaffenes und Ausdruck meiner handwerklichen Fähigkeiten.	Emotionale Selbstwahrnehmung Ich fühle mich nicht verstanden, meine Leistung wird nicht geschätzt und akzepiert. Ich bin nichts wert.

Abb. 7.1: Vier Erfahrungsmodi situativer Selbstthematisierung
(Quelle: Straus & Höfer, 1997, S. 274)

Selbstbezogenes Erleben bleibt nicht auf situativer Ebene stehen, sondern wird situationsübergreifend nach thematischen Perspektiven oder Handlungskontexten zusammengefasst. Beispiele für solche Perspektiven oder Kontexte sind 1. Fähigkeiten und Tätigkeiten (z.B. Selbst bei der Arbeit), 2. Gruppenzugehörigkeiten (z.B. Selbst als Jugendliche), 3. Rollen und Beziehungen (z.B. Selbst als Mutter), 4. persönliche Attribute (z.B. körperbezogenes Selbst) sowie 5. Einstellungen und Überzeugungen (z.B. Selbst als Atomkraftgegnerin). Derartig gebündelte übersituative Selbstwahrnehmungen werden auf kognitiver Ebene als *Selbst-Aspekte* oder *Selbst-Schemata* bezeichnet. Welche kognitiven Selbst-Aspekte temporär aktiviert und salient sind, ist von deren situationaler und chronischer Zugänglichkeit abhängig und kann aktiv gesteuert werden (vgl. Hannover, 1997). Im Folgenden sollen unter *Selbst-Aspekten* kontextgebundene Anteile des sozialen und nicht-sozialen Selbstwissens, aber auch der Selbstbewertung und der Selbstwirksamkeit verstanden werden. Das *Selbst-Aspekt-Modell* (Simon & Mummendey, 1997) wird somit nicht nur rein kognitiv interpretiert. Die Differenzierung der globalen Konstrukte Selbstkonzept, Selbstwertgefühl und Selbstwirksamkeit in ihren jeweiligen kontextgebundenen Komponenten entspricht der Vorstellung vom dynamischen und multiplen Selbst und kann sowohl pragmatisch (nicht in jeder Situation sind sämtliche Selbstinhalte nützlich) als auch ökonomisch (die Gesamtheit der Inhalte übersteigt die Ressourcen) begründet werden.

Selbst-Aspekte lassen sich nach ihrer Relevanz für die Person ordnen. So wird etwa der Selbst-Aspekt „Selbst als Mann" in der Regel eine sehr viel höhere Relevanz besitzen als der Selbst-Aspekt „Selbst als Mieter". Eine höhere Relevanz sollte mit einer stärkeren Ausprägung *möglicher* Selbstinhalte einhergehen: Für relevante Selbst-Aspekte und deren Verknüpfungen existieren Zielvorstellungen und Idealbilder, über die wir phantasieren (z.B. Selbst als Mutter *und* berufstätige Frau, Oettingen, 1997). Mögliche Selbstinhalte (possible selves, Cross & Markus, 1991) sind einerseits Motivatoren, denn sie wirken als Anreiz für künftiges Verhalten. Gleichzeitig sind sie Legitimatoren, denn sie dienen der Affirmation und Verteidigung gegenwärtiger Selbst-Aspekte, indem sie ihnen Sinn und Perspektive geben.

An dieser Stelle lässt sich nun vom Selbst-Aspekt-Modell eine Brücke zum Identitäts-Konzept schlagen. Unter *Identitäten* sollen kontextspezifisch gebündelte und strukturierte kognitive, emotionale und konative Selbstinhalte hoher subjektiver Relevanz verstanden werden. Identitäten sind also subjektiv besonders wichtige Selbst-Aspekte. Dabei spielen neben den realen Selbstinhalten auch die möglichen Selbstinhalte („so könnte ich werden", „so möchte ich sein") eine wichtige Rolle (McCall & Simmons, 1966, S. 67). Und schließlich ist neben der innerpsychischen Dimension von Identitäten (private Identität) die interpersonale Dimension nicht zu vergessen, bei der es darum geht, ob und wie andere Menschen auf die (nach außen dargestellten) eigenen Selbst-Aspekte reagieren (öffentliche Identität).

Die Vorstellung, dass eine Person nicht einfach über ein universales „wahres Selbst" oder eine „wahre Identität" verfügt, die sie entweder ehrlich äußert oder hinter Masken bzw. Schein-Identitäten verbirgt, sondern dass sie mit einer Vielzahl von (durchaus auch konfligierenden) Identitäten operiert, hat nichts mit dem klinischen Störungsbild der *multiplen Persönlichkeit* zu tun (vgl. Sader & Weber, 1996, S. 163ff.). Vielmehr tragen die multiplen Identitäten den multiplen sozialen Kontexten Rechnung, in denen wir uns im Laufe unseres Lebens bewegen (Bilden, 1997, Turkle, 1995). Dabei sind Multiplizierung und Flexibilisierung auch nicht zu verabsolutieren: Die tägliche Identitätsarbeit ermöglicht und erfordert es, die einzelnen Teil-Identitäten immer wieder neu aufeinander zu beziehen, was auch partielle Abschirmung einschließt. In dem Maße, in dem mit unseren Lebenswelten auch unsere Selbst-Aspekte sich ausdifferenzieren, gewinnt also *Identitäts-Kompetenz* an Bedeutung: Es geht nicht länger um die Verfügbarkeit einer gesicherten Identität als vielmehr um die Fähigkeit, Teil-Selbste kontextspezifisch zu bilden und sie – in Anerkennung ihrer Konflikthaftigkeit – auszubalancieren. Die Produktion und Reproduktion von Selbst-Aspekten bzw. Identitäten wird heute also als symbolisch-medialer Konstruktionsprozess verstanden, als Resultat institutioneller und kultureller Sprachregelungen und symbolischer Codierungen im Kontext machtbestimmter Sozialverhältnisse (vgl. Keupp, 1997). Die hierbei notwendige Identitätsarbeit ist egozentrisch und sozialbezogen zugleich: Indem wir uns selbst fortwährend zu Objekten unserer Aufmerksamkeit und Gestaltungskraft machen sind wir umso mehr von anderen Menschen und ihrer bestätigenden Anerkennung abhängig (Gergen, 1991).

Auf Kohärenz- oder Kontinuitätserleben – im Sinne des traditionellen Identitätsbegriffes – muss bei aller Komplexität moderner Subjektivität keineswegs verzichtet werden. Denn die Teil-Identitäten lassen sich so konfigurieren, dass *Identitäts-Kerne* bzw. übergeordnete *Meta-Identitäten* entstehen. Drei Methoden sind hierbei einschlägig (Straus & Höfer, 1997, S. 296ff.):

- Die *biografische Narration* erfordert durch ihre Erzählzwänge eine kohärente Selbstkonstruktion, in der die verschiedenen Teil-Identitäten ihren Platz finden.
- Die Konzentration auf *wenige Teil-Identitäten* während bestimmter Lebensphasen wirkt komplexitätsreduzierend.
- Übergeordnete Ziele der Identitätsarbeit entstehen durch *Generalisierung auf der Ebene der Erfahrungsmodi.* So können wir a) Entschiedenheit und Autonomie (kognitiver Modus), b) Zugehörigkeit und Anerkennung (sozialer Modus), c) Selbstobjektivierung und Originalität (produktorientierter/konativer Modus) oder d) Selbstwertschätzung und Selbstachtung (emotionaler Modus) ins Zentrum unseres Selbstverständnisses rücken und aus dieser Sicht unsere Teil-Identitäten zusammenfügen und akzentuieren.

7.1.2 Individuelle und kollektive Identitäten

Gemäß der *Theorie der sozialen Identität* (Tajfel & Turner, 1986) und der *Selbstkategorisierungs-Theorie* (Turner, Hogg, Oakes, Reicher & Wetherell, 1987) ist zwischen personalen und sozialen Identitäten zu unterscheiden, die bei ein und derselben Person situationsspezifisch aktiviert werden. Identifiziert sich die Person gerade über individuelle Besonderheiten wie etwa körperliche Attribute, Interessen oder Tätigkeiten, spricht man von *personaler Identität.* Identifiziert sie sich dagegen gerade mit den Merkmalen einer sozialen Gruppe oder Kategorie, deren Mitglied sie ist (Ingroup), so spricht man von *sozialer Identität.* Die Theorie der sozialen Identität sagt vorher, dass Personen sich mit positiv bewerteten Gruppen identifizieren und sich dabei von anderen, negativer bewerteten Gruppen abgrenzen (Outgroup). Auf diese Weise etablieren sie nicht nur soziale Identitäten (z.B. nationale Identität, Berufsidentität, Geschlechtsidentität) und erhöhen ihr Selbstwertgefühl, sondern fördern auch spezifische Gruppenprozesse (sowohl intragruppale Prozesse: z.B. Kohäsion, Kooperation, soziale Unterstützung, Konflikt, als auch intergruppale Prozesse: z.B. Stereotypisierung, Konkurrenz).

Während soziale Identitäten auf der Selbstinterpretation als austauschbares Gruppenmitglied beruhen, betonen personale Identitäten die Individualität und Distinktheit von allen anderen Menschen (auch von den Mitgliedern der Ingroup). Bei Salienz sozialer Identitäten werden zwischenmenschliche Interaktionen als Inter-Gruppen-Begegnungen gestaltet, das Verhalten orientiert sich an Gruppennormen. Bei aktivierter personaler Identität tragen die Kontakte dagegen interpersonalen Charakter, man reagiert auf die individuellen Besonderheiten des Gegenübers und orientiert sich im Verhalten in erster Linie an den eigenen Standards und Werten. Zwischen personalen und sozialen Identitäten besteht ein fließender Übergang: Je *inklusiver* die identitätskritische soziale Kategorie, umso stärker bewegen wir uns von personalisierten zu de-personalisierten, kollektiven Identitäten.

Die Selbstzuordnung zu einer sozialen Kategorie erfordert keine Kommunikation mit den anderen Kategorienmitgliedern; *Selbstkategorisierungs-Gruppen* konstituieren sich allein durch Merkmalsähnlichkeit und nominelle Mitgliedschaft. Allerdings ist nicht jede Gruppenzugehörigkeit mit einer sozialen Identität verbunden. Identitätskritisch sind vielmehr nur solche Gruppenzugehörigkeiten, die subjektive Relevanz besitzen. Auf welche Selbstkategorisierungen dies zutrifft, wird unter anderem mit dem *20-Aussagen-Test* erfasst, in dem Personen auf die offene Frage „Wer bin ich?“ die für sie relevanten Selbstkategorisierungen nennen (vgl. Forgas, 1995, S. 271).

Problematisch an der hier referierten traditionellen Konzeption personaler und sozialer Identitäten ist der Umstand, dass sämtliche Merkmale, die eine Person sich *individuell* zuschreibt, auch *Gruppen*mitgliedschaften begründen können, denn identitätsrelevante Merkmale treten eben in der Regel nicht singulär auf. Beispielsweise konstituiert die Eigenschaft, dick zu sein, einen Selbst-Aspekt oder (bei subjektiver Relevanz) auch eine Identität, von der pauschal nicht gesagt werden kann, wie inklusiv sie ist bzw. ob sie personal oder sozial ist. Vielmehr ist kontextspezifisch eine individualisierte („Ich, die ich unter anderem dick bin“) ebenso wie eine kollektivierte („Wir, die Dicken“) Selbstinterpretation möglich. Die situative Aktivierung *kollektiver Identitäten* setzt voraus, dass *ein* ähnlichkeitsstiftender Selbst-Aspekt dominant ist, während *individuelle Identität* die Salienz *mehrerer* Selbst-Aspekte beinhaltet, die in ihrer Kombination Individualität ausmachen (Simon & Mummendey, 1997, S. 19). Diese neuere Konzeption individueller und kollektiver Identitäten macht Inklusivität also nicht an der Art des Merkmals fest, sondern daran, ob und inwiefern es für die Person gerade wichtig ist, dass sie ein salientes Merkmal mit anderen Personen teilt.

7.1.3 Selbstdarstellung und Eindrucksbildung

Die Darstellung von Identitäten richtet sich wesentlich nach sozialen Normen, wird aber gleichzeitig durch Selbstansprüche reguliert und stellt somit einen Balanceakt zwischen (wahrgenommener) Außenperspektive und Innenperspektive dar. Man spricht von *Selbstdarstellungsverhalten* (impression management), um zum Ausdruck zu bringen, dass wir unser soziales Verhalten so gestalten, dass wir bei denjenigen Personen, die gerade anwesend sind oder denen unser aktuelles Verhalten bekannt werden könnte, einen „günstigen Eindruck" hinterlassen. Ein „günstiger Eindruck" ist nicht unbedingt ein „positiver Eindruck", sondern ein zielkonformer Eindruck (z.B. mag es in manchen Situationen günstig sein, besonders inkompetent oder unsympathisch zu erscheinen).

Die Selbstdarstellungs-Psychologie unterscheidet eine Reihe von verbalen und nonverbalen Strategien und Taktiken, die Personen in bestimmten Konstellationen eindrucksmodifizierend anwenden (Mummendey, 1990). Umgekehrt beschäftigt sich die Forschung zur *Eindrucksbildung* (impression formation) bzw. zur interpersonalen Wahrnehmung mit der Frage, wie Personen sich ein Bild voneinander machen und dabei jeweils auch Selbstdarstellungs-Prozesse antizipieren (Jones, 1990).

Die Selbstdarstellungs-Forschung nennt im wesentlichen sieben Variablen, die das Impression Management beeinflussen:

1. *Öffentlichkeit*
   Selbstdarstellung ist nur notwendig, wenn das Verhalten öffentlich beobachtbar ist oder bekannt werden kann. (Beispiel: Kleidungsstil allein zu Hause oder in sozialen Situationen).
2. *Adressat / Art des Publikums*
   Inhaltlich und taktisch müssen erfolgreiche Selbstdarstellungen auf das Publikum und seine Erwartungen und Interpretationsmöglichkeiten abgestimmt sein. (Beispiel: Einschmeicheln bei einem Kind oder bei einem Erwachsenen).
3. *Art des Kontakts / der Beziehung*
   Die Abstimmung der Selbstdarstellung auf die Erwartungen des Publikums ist umso besser möglich und nötig, je intensiver und länger der Kontakt ausfällt, allerdings sind bei intensivierten Beziehungen Diskrepanzen zwischen Selbstbild und vermitteltem Eindruck problematischer (Beispiel: Hilfsbedürftigkeit gegenüber persönlich bekannten oder unbekannten Personen).
4. *Intention*
   Die Auswahl einer konkreten Selbstdarstellungstaktik oder -strategie ist vom intendierten Ziel abhängig. Grob lassen sich defensive Zielsetzung (negativen Eindruck verhindern) und assertive Zielsetzung (positiven Eindruck erzeugen) unterscheiden. Die assertive Strategie ist erfolgreicher, wenn es darum geht, das Selbstwertgefühl zu stabilisieren oder zu erhöhen.
5. *Inhaltsbereich*
   Defensive oder assertive Selbstdarstellungsziele können sich auf unterschiedliche Inhaltsbereiche beziehen. Der Inhaltsbereich ist unter anderem relevant für die Überprüfbarkeit von Selbstdarstellungen (z.B. Eigenwerbung für sportliche oder intellektuelle Leistungsfähigkeit).
6. *Selbstaufmerksamkeit*
   Ob und in welcher Weise wir in einer konkreten Situation Selbstdarstellung

betreiben, hängt davon ab, wie stark wir uns bewusst machen, von anderen Menschen beobachtet und beurteilt zu werden. Liegt der Aufmerksamkeitsfokus eher innerhalb der Person (situativ als private Selbstaufmerksamkeit, Fenigstein, Scheier & Buss, 1975, Carver & Scheier, 1981; oder habituell als Low Self-Monitoring, Snyder, 1987) sind gezielte Selbstdarstellungsaktivitäten weniger wahrscheinlich als bei externem Aufmerksamkeitsfokus (situativ als öffentliche Selbstaufmerksamkeit oder habituell als High Self-Monitoring).

7. *Selbstwirksamkeit der Selbstdarstellung*
   Um effektive Selbstdarstellung zu betreiben, reicht es nicht, dass eine Person sich Gedanken darüber macht, welchen Eindruck sie bei anderen hinterlässt (öffentliche Selbstaufmerksamkeit bzw. High Self Monitoring) – sie muss auch davon überzeugt sein, einen gewünschten Eindruck erfolgreich erzeugen zu können. Diese Kontroll-Überzeugung nennt man Selbstwirksamkeit der Selbstdarstellung. Sie ist vom verwendeten Medium oder Code abhängig (z.B. Selbstdarstellung im Face-to-Face-Gespräch oder beim Telefongespräch).

Selbstdarstellungstechniken greifen in die Informationsverarbeitungsprozesse bei der Personenbeurteilung und Eindrucksbildung ein (z.B. Attributionsprozesse, Urteilsheuristiken). Da Selbstdarstellung ein ubiquitäres Phänomen ist, stellen Personen sie bei der Einschätzung anderer Menschen oftmals in Rechnung (Jones, 1990, S. 190ff.). So wird die Selbstdarstellungstechnik der Eigenwerbung (self-promotion), bei der sich eine Person als besonders leistungsfähig und kompetent präsentiert, in ihrem Erfolg bedroht, wenn allzu viele Verdienste in stark übertriebener Weise herausgestellt werden. Dies nötigt dem Publikum dann nämlich nicht Bewunderung ab, sondern erzeugt eher den Verdacht der Angeberei. Effektiver ist somit die Taktik, die eigenen Leistungen und Verdienste hervorzuheben und gleichzeitig in weniger relevanten Bereichen Schwächen einzugestehen oder zu untertreiben (Mummendey, 1990, S. 157ff.). Selbstdarstellung ist inhaltlich keinesfalls auf „Täuschung" oder „Heuchelei" zu reduzieren, sondern erfüllt auch wichtige *prosoziale Funktionen* (z.B. Konfliktvermeidung, soziale Unterstützung). Es ist davon auszugehen, dass die Darstellung individueller Identitäten in besonderem Maße mit der *Selbstoffenbarung* privater Informationen (self-disclosure) verbunden ist und auf der Seite der Eindrucksbildung aufwendigere Konstruktionsprozesse erfordert, während die Vermittlung kollektiver Identitäten über die Zuordnung zu Gruppen abläuft, für die bereits kognitive Schemata verfügbar sind. Selbstdarstellungsprozesse zielen dann eher darauf ab, dass diese sozialen Kategorien nicht stereotyp (oder gar stigmatisierend), sondern differenziert angewandt werden.

Selbst-Aspekte unterscheiden sich nicht nur in ihrer subjektiven Relevanz, sondern auch in ihrer *Valenz*. Gesellschaftlich abgelehnte Attribute oder Merkmalsausprägungen können bei subjektiver Bedeutung dazu führen, dass wir eine Identität ausbilden, die mit Scham- und Schuldgefühlen einhergeht und die wir deshalb nicht selten vor uns selbst verleugnen und vor anderen verbergen. Demgegenüber ermöglichen gesellschaftlich anerkannte Attribute bei subjektiver Relevanz die Entwicklung von Identitäten, die Stolz und Selbstvertrauen vermitteln und gerne öffentlich präsentiert werden. Obwohl negative Valenz für viele Stigmata typisch ist, sind jedoch allgemein alle normabweichenden Attribute oder Merkmalsausprägungen als *Stigmata* aufzufassen (so kann z.B. auch auffallende Schönheit ein Stigma sein). Bei *stigmatisierten Identitäten* (Frable, 1993) ist zu unterscheiden, ob die ihnen zugrundeliegenden Attribute *unauffällig* und somit verheimlichbar sind (z.B. Identität als Lesbe, als HIV-Positiver, als Vergewaltigungsopfer), oder ob sie durch ihre *Auffälligkeit* auch für andere ständig salient werden können (z.B. Identität als Rollstuhlfahrer, als Dicker, als Blinde). Stigmatisierte Identitäten gehen *intrapersonal* häufig mit aversiven Gefühlen der Isolation, des Andersseins, der Einsamkeit, der Wertlosigkeit usw. einher. Interpersonal wirken sie sich – sofern sie nicht verborgen werden (können) – in der Weise aus, dass die Betroffenen negativ bewertet, anders behandelt und in mehr oder minder subtiler oder offensichtlicher Weise sozial ausgegrenzt werden. Es liegt somit im Sinne *defensiver Selbstdarstellung* nahe, stigmatisierte Identitäten gegenüber allen Publika oder gegenüber einigen Publika zu verheimlichen (Doppelleben).

Diese defensive Selbstdarstellung hat jedoch den Nachteil, dass man schwerer mit anderen Betroffenen in Kontakt kommt, was die Ausbildung einer selbstwertstützenden kollektiven Identität erschwert. Zudem ist das Diskrepanzerleben zwischen *privater Identität* (z.B. lesbisch sein) und *öffentlicher Identität* (z.B. sich nicht explizit als Lesbe darstellen und somit für heterosexuell gehalten werden) meist sehr unangenehm und behindert durch die notwendigen Lügen authentische Beziehungen zu anderen Menschen. Nicht zuletzt ist die ständige Geheimhaltung aufwendig und anstrengend und sorgt für permanente Salienz der verheimlichten Identität (vgl. Jones, Farina, Hastorf, Markus, Miller & Scott, 1984). Diese Situation erzeugt Stress, stellt eine besondere Bedrohung des Selbstwertgefühls dar und schränkt auch die Handlungsmöglichkeiten ein (z.B. als Lesbe nicht mit der eigenen Frau oder Freundin in der Öffentlichkeit auftreten können). Sich a) der eigenen stigmatisierten Identität bewusst zu werden und ein positives Verhältnis zu ihr zu entwickeln und sie b) anderen Personen gegenüber selbstbewusst zu offenbaren – das sind die wesentlichen Komponenten des *Coming-Out*-Prozesses. Die *politische* Bedeutung des *selbstinitiierten* Coming-Out liegt darin, dass eine verbesserte Sichtbarkeit marginalisierter Gruppen in der Bevölkerung zum Abbau von Stigmatisierung und Diskriminierung beiträgt. Ob und unter welchen Bedingungen ein *fremdinitiiertes Outing* ethisch vertretbar ist und eher emanzipatorischen als diffamierenden Charakter hat, wird kontrovers diskutiert.

Coming-Out ist aus der Perspektive der Selbstdarstellungs-Psychologie nicht einfach auf ein Aufgeben des Versteckens und Verheimlichens zugunsten „ehrlicher" Selbstpräsentation zu reduzieren. Denn die öffentliche Darstellung stigmatisierter Identitäten bedeutet selbstdarstellerisch häufig, dass man sich individuell und kollektiv gezielt in einer Weise äußert, die Vorurteile widerlegen und eine positive Beurteilung begünstigen soll. Deshalb werden in der öffentlichen Selbstdarstellung marginalisierter Identitäten in der Regel Normalität, Problemlosigkeit und Zufriedenheit besonders hervorgehoben: So müssen *Dicke*, die sich gegen Ausgrenzung wehren, stets versichern, dass sie sich rundum wohlfühlen und „gar nicht anders sein wollen". Beim Stigma *Homosexualität* ist Problemverleugnung sogar Programm: „being gay" (wobei sich der Zustand unbeschwerter Fröhlichkeit freilich auch als Utopie verstehen lässt). Zudem ist das Negieren von Differenz ein verbreitetes Mittel der selbstdarstellerischen Akzeptanzwerbung: So entlastet die Formel, dass Schwule im Grunde „genauso wie Heterosexuelle" lieben und leben und bloß „andersherum gepolt" seien, das heterosexuelle Publikum vom beunruhigenden Eindruck des Unvertrauten und Fremden, verlangt aber dafür das Verleugnen schwulenspezifischer Sexualitäten und Lebensweisen.

Echte *De-Marginalisierung* bzw. *Ent-Stigmatisierung* würde bedeuten, dass Menschen, die sich aufgrund ihrer Berufstätigkeit, ihrer Ethnizität, ihrer körperlichen Merkmale, ihrer Biografie oder ihrer sexuellen Vorlieben außerhalb des Mainstream befinden, gesellschaftliche Anerkennung und Unterstützung genießen, auch wenn ihr Verhalten für die Mehrheit teilweise schwer verständlich oder schlichtweg nicht nachvollziehbar ist oder wenn es mit spezifischen Risiken und eben zuweilen auch mit Unzufriedenheit und Unglück einhergeht. Nur eine Haltung, die Differenzen zulässt, Grenzen der Nachvollziehbarkeit reflektiert und auch das Unvertraute und Problematische anerkennt, entlastet vom ubiquitären Zwang zur defensiven (vorurteilswiderlegenden, akzeptanzwerbenden) *Selbstdarstellung* und ermöglicht eine Auseinandersetzung *auch* und gerade mit jenen Aspekten marginalisierter Identitäten, die für die Betroffenen zu den vordringlichsten gehören – eben gerade weil sie mit Unsicherheit, Zweifel, Einsamkeit, Angst oder Scham verbunden sind. Die Würdigung und Anerkennung von Differenzen muss umgekehrt jedoch nicht in eine Überhöhung von Verschiedenheit münden, die jegliches empathische Nachvollziehen und verständnissuchende Feststellen von Gemeinsamkeiten ausschließt. In den Konzepten der Selbstkategorisierungstheorie formuliert läuft de-marginalisierende Akzeptanz darauf hinaus,

- dass man die inklusive Kategorie, in der sich Angehörige von Mainstream und marginalisierten Gruppen zusammenfinden, vielgestaltiger definiert und repräsentiert (anstatt ihre prototypischen Merkmale vom Mainstream abzuleiten) oder
- dass man eine solche Inklusion und die damit einhergehende Definitionskonkurrenz (die in der Regel eben zugunsten der zahlenmäßig überlegenen und kulturell etablierteren Mainstream-Gruppe ausfällt) gänzlich vermeidet zugunsten der Akzentuierung distinkter Kategorien, die es eher erlauben, Non-Mainstream-Gruppen an ihren eigenen Maßstäben und nicht an den Mainstream-Normen zu messen.

Ein dritter identitätspolitischer Weg wird unter dem Stichwort „Dekonstruktion" beschritten und beinhaltet eine grundsätzliche Reserviertheit gegenüber jeglicher Form der eindeutigen Selbstkategorisierung. Essentialistische Zuschreibungen von kategorisierenden Merkmalen werden mit Verweis auf situationsspezifisch variierende Erlebens- und Verhaltensweisen zurückgewiesen. Statt um Toleranz für oder Akzeptanz des *„Anders-Seins"* zu plädieren, wird die zugrundelegte Differenzbehauptung in Frage gestellt (vgl. zur Dekonstruktion der Geschlechterdifferenz Hagemann-White, 1998, und zur Dekonstruktion der sexuellen Identität Hark, 1996).

7.2 Mediale Umgebungen und Identitäten

Welche Identitäten wir entwickeln, wie wir sie darstellen und wie wir die Identitäten anderer Personen wahrnehmen, hängt entscheidend davon ab, in welchen medialen Umgebungen wir auf welche Weise mit anderen Menschen in Kontakt treten. Im Folgenden soll skizziert werden, welche Rolle Massenmedien, Hybridmedien und Individualmedien bei der Entwicklung, Darstellung und Wahrnehmung von kollektiven Identitäten (Kap. 7.2.1) und individuellen Identitäten (Kap. 7.2.2) spielen, bevor wir detaillierter auf den Umgang mit Identitäten im Kontext der Internet-Nutzung eingehen. Illustrierende Beispiele beschäftigen sich dabei im Folgenden oft mit sexuellen Identitäten, Geschlechter-Identitäten und Fan-Identitäten – eine Schwerpunktsetzung, die sich in der identitätsbezogenen Internet-Forschung eingebürgert hat und dringend der Erweiterung bedarf.

7.2.1 Mediale Umgebungen und kollektive Identitäten

Der Zugang zu etlichen Personen und Personengruppen (und damit auch die Entwicklung der jeweiligen kollektiven Identitäten) ist daran gebunden, spezifische *Massenmedien* nutzen zu können. So wird beispielsweise nur eine Person, der Fernseher, Videorekorder und Zeitschriften zur Verfügung stehen, durch entsprechenden Massenmediengebrauch eine kollektive Identität als Star-Trek- oder Pop-Musik-Fan aufbauen können. Insbesondere der durch starke Diversifikation geprägte Zeitschriftenmarkt (vgl. Röper, 1994) trägt unterschiedlichen Gruppenzugehörigkeiten und sozialen Identitäten – etwa als Hausfrau, Jäger, Kunstkennerin, Trucker, Körperschmuckträgerin oder Surferin – Rechnung. Nonkonforme Identitäten (z.B. sexuelle Identitäten jenseits des Mainstream) werden wegen ihres Exoten-Charakters in den Massenmedien (insbesondere in Talkshows und Reportagen) zunehmend vorgeführt, wobei die Medien (und teilweise auch die Anbieter entsprechender sexueller Dienstleistungen) tendenziell eine quotensteigernde Dramatisierung anstreben (z.B. professionelle Sadomasochisten treten im Outfit auf und bieten eine kleine Vorführung ihrer Praktiken), während es den politisch engagierten Angehörigen der Spezialkulturen in ihrer strategischen Selbstdarstellung häufig eher darum geht, den Eindruck von unspektakulärer Normalität zu erzeugen, um Teilhabe an den vom Mainstream domi-nierten inklusiven Kategorien zu beanspruchen und ihren „Exoten-Charakter“ zu verlieren (siehe Kap. 7.1.3).

Diese massenmedialen Darstellungen bieten potentiell Interessierten zwar einerseits die Möglichkeit zur Identifikation mit der nun sichtbaren Bezugsgruppe; andererseits wird durch die Popularisierung einer derart verzerrten und verkürzten (z.B. an Äußerlichkeiten wie Kleidung und Utensilien orientierten) Darstellung einer erneuten Stereotypisierung Vorschub geleistet (zum emanzipatorischen Potential der Sichtbarkeit nonkonformer Sexualitäten in Talkshows siehe Gamson, 1998). Schließlich führt die starke massenmediale Präsenz marginalisierter sexueller Identitäten auch zu der verbreiteten Fehlannahme, es wäre mittlerweile geradezu chic, im Lebensmodell und in der Sexualität vom Mainstream abzuweichen. Wenn wir die massenmedial inszenierte sexuelle Tabulosigkeit mit der Wirklichkeit verwechseln, laufen wir jedoch Gefahr, reale Ausgrenzung und Diskriminierung zu bagatellisieren. So sind beispielsweise Schwule und Lesben zwar in Talkshows und Soap Operas mittlerweile alltäglich, im realen Leben aber bei weitem noch nicht gleichgestellt (siehe Dannecker, 1997). Der inzwischen inflationäre auf alle möglichen Mainstream-Selbst-Aspekte angewandte Gebrauch des „Coming-Out“ („ich oute mich jetzt als Nichtraucher“) verführt dazu, die vielfältigen Probleme zu unterschätzen, die mit der öffentlichen Darstellung stigmatisierter Identitäten auch heute noch verbunden sein können.

Es ist in modernen Gesellschaften nicht zuletzt massenmedialen Umgebungen vorbehalten, die Bevölkerungsmehrheit mit der Pluralität von Identitäten vertraut zu machen und den jeweils Betroffenen Gelegenheit zu bieten, Ähnlichkeit und Unterschiedlichkeit selbstdarstellerisch zu bearbeiten. Massenmedienrezeption unterstützt – bei allen damit verbundenen Problemen und Nebenwirkungen – die Etablierung kollektiver Identitäten nicht nur durch zielgruppenorientierte Identifikations- und Informationsangebote, sondern auch durch *Kontaktmöglichkeiten* (z.B. Kontaktanzeigen in Szenezeitschriften, Terminankündigung für gruppenspezifische Veranstaltungen). Im Zuge *parasozialer Interaktion* und Identifikation erlaubt die Auseinandersetzung mit Medienakteurinnen und -akteuren das Kennenlernen sozialer Spielregeln, das Entdecken neuer Handlungsmöglichkeiten und die stellvertretende Teilhabe an (kollektiven) Handlungen. Über die Funktion der Identitätsbildung hinaus ist Massenmediennutzung *selbstdarstellerisch* relevant, dies betrifft sowohl den gemeinsamen und den öffentlich sichtbaren *Mediengebrauch* als Zeichen von Gruppenzugehörigkeit, als auch den *Medienverzicht* oder das *Verheimlichen* bestimmter Formen der Medienrezeption. So wurde etwa geringer Fernsehkonsum lange Zeit mit grün-alternativen Identität assoziiert.

Die Gruppen, auf die sich kollektive Identitäten gründen, stellen oft keine durch Interaktion ihrer Mitglieder gekennzeichneten Kleingruppen oder Gemeinschaften (vgl. Kap. 9), sondern Selbstkategorisierungs-Gruppen dar (siehe Kap. 7.1.2). Diese konstituieren sich zunächst durch subjektive Selbstzuordnung aufgrund von Merkmalsähnlichkeit, ohne dass es zu Interaktionen zwischen den Gruppenmitgliedern kommen muss. So gehört ein Star-Trek-Fan zur weltweit verstreuten Selbstkategorisierungs-Gruppe der Star-Trek-Fans, von denen er in der Regel höchstens einen winzigen Bruchteil kennenlernt (z.B. per Briefreundschaft oder auf einer Convention). Bei vielen Selbstkategorisierungs-Gruppen besteht jedoch durch den gemeinsamen Fokus durchaus Anlass und Bedürfnis zum Kontakt, wobei aufgrund der räumlichen Verteilung neben Face-to-Face-Kontakten mediale Individualkontakte (Briefe, Telefonate) sowie Begegnungen in interaktiven medialen Umgebungen (Mailboxen, Newsgroups) besonders wichtig sind. Im Internet können die Beteiligten sich solche nichtkommerziellen Kontaktforen selbständig erschaffen und sie teilweise auch taktisch gegen kommerzialisierte Mainstream-Kulturen einsetzen (siehe Bruns, 1998, für die Bedeutung des Internet in der Musikszene). Kommerzielle Anbieter von Produkten versuchen teilweise gezielt, durch *Hybridmedien* (z.B. Mailinglisten, Newsgroups, WWW-Sites) bei ihrer Kundschaft kollektive Identitäten aufzubauen. Solche kollektiven Identitäten (z.B. als Nutzerin einer bestimmten Software; als Zuschauer einer bestimmten Fernsehsendung) bilden sich im Wechselspiel mit (hilfreichen) sozialen Austauschprozessen (z.B. wechselseitiges Informieren und Beraten bei der Produktbenutzung) und sollen im Interesse des Anbieters Produkttreue fördern. Schließlich sind räumlich verstreute ethnische Gruppen (z.B. die auf diverse Reservate verteilten Native Americans) auf mediale Kommunikationsforen angewiesen, um ihre Kultur zu bewahren und für eine angemessene öffentliche Darstellung ihrer kollektiven Identität zu sorgen. Interaktive Kommunikationsszenarien können aber nur dann kollektive Identitäten stützen, wenn sie von einer Mindestzahl von Mitgliedern der Zielkategorie mit Gratifikationsgewinn über längere Zeit hinweg genutzt werden.

Moderne Medien der *Individualkommunikation* werden unter anderem für die Darstellung professioneller Identität genutzt (z.B. Handy in der Brusttasche, Email-Adresse auf der Visitenkarte, Laptop auf dem Tisch), können aber bei selbstdarstellungskritischer Eindrucksbildung auch als übertriebene Self-Promotion abgelehnt werden. Die öffentliche Debatte um adäquate und inadäquate Handy-Nutzung sowie die ubiquitären Spekulationen über – vermeintliche oder tatsächliche – Selbstdarstellungsmotive von Handy-Nutzern zeigen, wie sehr ein Medium über seinen Gebrauchswert hinaus mit symbolischer Bedeutung und *Zeichencharakter* ausgestattet wird (vgl. Höflich, 1996).

7.2.2 Mediale Umgebungen und individuelle Identitäten

In den *Massenmedien* werden wir zunehmend mit den individuellen Identitäten anderer Personen konfrontiert. Gleichzeitig erhalten wir selbst (beschränkte) Möglichkeiten der massenmedialen Selbstdarstellung, etwa in Talkshows im Fernsehen oder in Call-in-Sendungen im Radio, in denen es darum geht, persönliche Erlebnisse zu schildern. Daneben ist das autobiographische Buch ein sehr prominentes Medium individueller Selbstinterpretation (vgl. Baacke, 1986; zu Selbstdarstellung in Literatur und Kunst siehe Mummendey, 1990, Kap. 2; zur Selbstdarstellung in der akademischen Literatur siehe Wolffram, 1998). Identitätsrelevant sind autobiografische Darstellungen nicht nur für die jeweiligen Autorinnen und Autoren, denen Gelegenheit zur narrativen Bildung von Identitäts-Kernen geboten wird (siehe Kap. 7.1.1), sondern auch für das Lesepublikum, das Identifikationsangebote erhält. Autobiografische Literatur bewegt sich dabei oftmals auf der Grenze zwischen individueller und kollektiver Identitätsdarstellung, da nicht nur individuelle Episoden und idiosynkratische Verarbeitungsweisen präsentiert werden, sondern auch die Zugehörigkeit zur Gruppe derjenigen betont wird, die ebenfalls von einem bestimmten Ereignis oder einer spezifischen Problemlage betroffen sind („Betroffenen-Literatur"). Während ursprünglich primär Personen des öffentlichen Lebens in Presse, Hörfunk und Fernsehen ihre individuellen Identitäten darstellten (z.B. Talkshows mit Prominenten), sind mittlerweile zunehmend auch Privatleute involviert (z.B. Talkshows mit „Menschen wie du und ich"). Zudem werden die thematisierten Selbst-Aspekte intimer. Prominente stellen sich mit einer immer größeren Vielfalt persönlicher Selbst-Aspekte dar (z.B. Familiensituation, Alltagsgestaltung, Hobbies, Reisegewohnheiten etc.) statt sich auf ihre (kollektive) Berufsidentität zu konzentrieren (vgl. Sennett, 1986). Diese Entwicklung mag teilweise dazu führen, dass man mit Personen des öffentlichen Lebens persönlich vertrauter wird. Andererseits leistet die Veröffentlichung des Privaten aber auch dem Zwang zur gezielten *Imagepflege* Vorschub, der das (nachweisliche oder vorgebliche) Erfüllen sozialer Normen im Privatleben einschließt und bei (tatsächlichen oder vermeintlichen) Normverletzungen aufwendige Reparaturen der öffentlichen Identität verlangt.

Medienproduktion (Fotografieren, Zeichnen, Schreiben, Videofilme produzieren, Computergrafiken erstellen etc.) wird pädagogisch oft als Mittel der Selbstexploration und Identitätsdarstellung eingesetzt (vgl. Niesyto, 1991), wobei die Produkte in der Regel nur einem sehr begrenzten Publikum zugänglich gemacht werden können (z.B. Ausstellung im Schulfoyer). Demgegenüber bieten *Hybridmedien* wie Computernetze bei aktiv-produktiver Nutzung die Möglichkeit, mit Eigenproduktionen ein disperses Publikum zu adressieren. Zudem kann auch der passiv-rezeptive Umgang mit Computernetzen identitätskritisch sein, etwa wenn individuelle Identitäten im Netz durch hochselektiven Informationsabruf bestätigt werden. Dieses individualisierte Rezeptionsverhalten kann wiederum öffentlich dargestellt werden (z.B. Publikation der eigenen Bookmarks auf der persönlichen Homepage, so dass Außenstehende erkennen können, für welche Informationen im Netz man sich besonders interessiert und wie gut man sich mit ihnen auskennt). Schließlich sind die Verfügbarkeit neuer Selbstdarstellungsmittel und der Zugang zu diversifizierten Zielpublika dazu angetan, bereits etablierte Selbst-Aspekte in anderer Weise als bisher sozial zu inszenieren (z.B. Diskussionsbeiträge in einem internationalen Netzforum, persönliche Homepage im WWW) und unterentwickelte Selbst-Aspekte zu explorieren (z.B. eigener Avatar in einem grafischen MUD).

Spezialisierte Muster der *Individualmedienkommunikation* können Bestandteile individueller Selbstinterpretation und Selbstdarstellung sein. So geben beispielsweise eine ganze Reihe von Personen ihrer Anrufbeantworter-Ansage durch Musikeinspielung und originellen Text bewusst eine unverwechselbare, persönliche Note. Zudem liefern medienvermittelte Kontakte und Beziehungen Anlässe und Publika für die Aktivierung und Darstellung persönlicher Distinktheit. Schließlich beeinflussen Individualmedien die Selbstdarstellung, indem sie die Präsentation individueller Besonderheiten selektiv begünstigen oder erschweren – und zwar in Abhängigkeit davon, wie man mit dem medienspezifischen Kommunikationscode zurechtkommt (z.B. „Kinderhandschrift", „Telefonstimme"). Auch die *Selbstwirksamkeit der Selbstdarstellung* schwankt intermedial, was Einfluss auf das Medienwahlverhalten hat. So stellte Sarch (1993, S. 139ff.) bei Leitfadeninterviews mit n=25 weiblichen Singles in den USA fest, dass diese es durchgängig begrüßten, wenn ihr Dating-Partner einen Anrufbeantworter besaß. Die Frauen waren am Beginn einer neuen Dating-Beziehung mit der Aufgabe konfrontiert, in ihrem Kommunikationsverhalten teilweise widerstreitende Bedürfnisse und soziale Anforderungen selbstdarstellerisch zu vereinen: Sie wollten einerseits ihren Gefühlen Ausdruck verleihen, gleichzeitig nicht unweiblich oder anklammernd wirken und zudem ganz praktisch für den individuell gewünschten Fortgang der Beziehung sorgen. Die Möglichkeit, eine Nachricht auf Band zu hinterlassen, gab ihnen mehr Kontrolle über ihre individuelle Selbstdarstellung, indem sie zu selbstgewählten Zeitpunkten gezielt vorbereitete Botschaften übermitteln konnten.

7.3 Veränderung bestehender Identitäten durch Internet

Bestehende Identitäten können sich im Zuge der Internet-Nutzung insofern verändern, als die Beteiligten sie in selektiver Weise in Netzkontexten *aktivieren* (Kap. 7.3.1) und in medienspezifisch modifizierter Weise *darstellen* (Kap. 7.3.2).

7.3.1 Selektive Aktivierung von Identitäten im Internet

Wenn es um Besonderheiten bei der Aktivierung von (Teil-)Identitäten im Kontext der Internet-Nutzung geht, werden vor allem drei Effekte genannt: 1. die *mangelnde Aktivierung* von Identitäten aufgrund von De-Individuation, 2. die *stärkere Akzentuierung* personaler und sozialer Identitäten aufgrund von Informationsdefiziten und veränderter Selbstaufmerksamkeit sowie 3. die *gezielte Aktivierung* erwünschter Identitäten aufgrund der großen Vielfalt leicht und anonym zugänglicher sozialer Szenarien im Netz.

Mangelnde Aktivierung von Identitäten

Eine mangelnde Aktivierung von Identitäten im Netz wird vor allem auf zwei Besonderheiten der Netzkommunikation zurückgeführt:

- Durch die Kanalreduktion (siehe Kap. 6.1) werden bei der textbasierten CvK Informationen über individuelle Besonderheiten und vor allem auch über Gruppenzugehörigkeiten herausgefiltert (siehe Kap. 6.2), was die Darstellung und Wahrnehmung und Darstellung individueller und kollektiver Identitäten behindert.
- Anonymität und physische Distanz im Netz reduzieren soziale Kontrollen (siehe Kap. 6.2), so dass man sich – ebenso wie als anonymes Mitglied einer Menschenmasse – nicht mehr für sein eigenes Handeln vor anderen verantworten muss (vgl. Diener, 1980; Zimbardo, 1969). Symptome einer anonymitätsbedingten Enthemmung bzw. De-Individuation sind in Menschenmassen z.B. Ausschreitungen oder Schlägereien, während im Netz typischerweise auf Flaming, provozierendes Verhalten und sexuelle Belästigung verwiesen sowie ein allgemein ent-persönlichtes, anomisches Klima unterstellt wird („Anarchie im Netz").

Inwieweit die anonymitätsbedingten Enthemmungs-Effekte (z.B. Flaming, siehe Kap. 2.3.4) besonders netzspezifisch sind, ist jedoch schwer zu beantworten, da Vergleichsmaßstäbe fehlen. Wer sich über provozierende, alberne, sinnlose oder dumme Netzbotschaften wundert oder sie gar zum Anlass für pauschale Netzkritik nimmt, legt sehr rigide Normvorstellungen über menschliches Kommunikationsverhalten zugrunde: Denn warum sollten ausgerechnet im Netz (interpretiert als soziales Kontaktforum und nicht als „Zeitung") alle Menschen sich fortlaufend sinnvoll und gehaltvoll äußern – in anderen Kommunikationssituationen tun wir das schließlich auch nicht.

> Netzteilnehmer neigen wie CB-Funker dazu, bunt schillernde Phantasienamen zu benutzen anstatt ihrer eigenen. Das wiederum kann sinnlosen Albernheiten oder unverantwortlichen Entgleisungen die Tür öffnen. Manche BBS-Ausdrücke [BBS: Bulletin Board System = Mailbox], die ich gelesen habe, waren mit einem ganzen Wust von Widerlichkeiten befrachtet, rassistischen und sexistischen Beschimpfungen, schmutzigen Witzen und Flüchen. Das Medium Computer droht zu einem Medium elektronischer Graffiti abzusinken. (Roszak, 1986, S. 248)

Sicherlich sind im Netz „Graffitis" und provozierende Äußerungen zu finden. Aber ebensowenig wie man aus den Flüchen auf der Strasse oder den Graffitis in öffentlichen Verkehrsmitteln ableiten würde, dass an diesen sozialen Orten typischerweise De-Individuation auftritt, sollte Netzkommunikation auf normverletzende Beiträge reduziert werden. Denn üblicherweise sind solche Ausdrucksformen singulär: Eine Person postet eine solche Mitteilung in eine Newsgroup, wird daraufhin ignoriert oder negativ sanktioniert und ist somit von der weiteren Kommunikation ausgeschlossen. Aufgrund der Masse der Netzaktiven treten singuläre Provokationen zwar gehäuft auf, lassen sich aber nicht als typische Nutzungsstile betrachten, da normverletzendes Verhalten einer Person im Netz auf Dauer wenig Gratifikationen bietet. Häufig ignorieren Netzerfahrene inadäquate Beiträge einfach. Problematisch ist dies allerdings, wenn man einen Netzzugang von zu Hause aus benutzt (siehe Kap. 1.2) und somit auch das Ignorieren von Beiträgen Kosten verursacht. Negativsanktionen im Sinne expliziter Kritik sind deswegen bei inadäquatem Verhalten ebenfalls an der Tagesordnung – sie können aversiv wirken, selbst wenn man nicht mit dem eigenen Namen auftritt.

Dass in der öffentlichen Internet-Darstellung De-Individuation und antisoziales Verhalten so stark hervorgehoben oder sogar zum Internet-Spezifikum erklärt werden, ist vermutlich in erster Linie als Medieneffekt zu verstehen („bad news are good news"). Denn entsprechende Phänomene treten auch in der Telefonkommunikation auf, ohne dass diese insgesamt in obskurem Licht dargestellt wird (z.B. Telefonstreiche und Juxanrufe von Jugendlichen siehe Skelton, 1989, S. 296, oder obszöne Telefonanrufe von Männern, siehe Katz, 1994). Nicht zuletzt ist wiederum daran zu erinnern, dass weder ein anonymes Auftreten noch ein Mangel an identitätsbezogenen Informationen durch das Medium vorgegeben sind. Beides hängt vom eigenen Kommunikationsverhalten ab (vgl. Kap. 6.11): So vereint die beim *Mailen* und *Posten* oft verwendete *Signature* in der Regel mehrere identitätsbezogene Informationsquellen (z.B. real name, nick name, Email-Adresse, Postadresse, Beruf, persönliche Homepage, Motto usw., siehe Abb. 7.2) und charakterisiert damit die beteiligten Personen sehr genau.

```
    Stefan Metzger ** e-mail: s.metzger@wad.org ** PGP available
Homepage: http://www.wad.org/users/s.metzger/ ** IRC Nickname: Kosh
                 ____________________________________
                         **-- captain flint --**
                      **- ambassador of raw meat -**
                 ____________________________________
                        Ich bin hier nur der Koch...
```

Abb. 7.2: Signature mit Identifizierung und netzspezifischer Selbst-Stilisierung

Buten (1996) wählte per Zufall 316 *persönliche Homepages* aus dem WWW aus und schickte den jeweiligen Autorinnen und Autoren per Email einen Fragebogen zu. 121 komplett ausgefüllte Fragebögen konnten ausgewertet werden. Fast alle Befragten (91%) berichteten, auf ihrer persönlichen Homepage umfängliche, authentische Angaben zu ihrer Person zu machen. Identifizierbarkeit und Authentizität stellten auch die im Rahmen dieser Arbeit befragten n=60 Chatterinnen und Chatter her (siehe

Anhang 4): Beim *Chatten* lässt sich durch die regelmäßige Teilnahme, die Verwendung eines festen Nick Names und den Verweis auf die persönliche Homepage für (Wieder)Erkennbarkeit sorgen, die ihrerseits mit der sozialen Integration im Netz zusammenhängt. Ohnehin scheint das Chatten trotz der Probleme mit (tatsächlicher oder vermeintlicher) Maskerade gerade besonders offenes und ehrliches Verhalten zu begünstigen. Von den 60 Befragungspersonen im IRC gaben 38% an, dass sie beim Chatten „oft" und weitere 45% dass sie „manchmal" ehrlicher und offener auf andere Menschen zugehen als im sonstigen Leben. Umgekehrt berichteten 48% der Befragten, von anderen Menschen beim Chatten oft etwas zu erfahren, an das man im sonstigen Leben nur schwer herankommt. Dass fehlende visuelle Kontrolle im Netz eine unbefangenere und intimere Kommunikation begünstigt und somit private Selbst-Aspekte aktiviert, die im sonstigen Leben seltener zum Ausdruck kommen, ist dabei einerseits als Zugewinn an identitätsbezogenen Handlungsspielräumen zu begrüßen, wirft aber andererseits auch die Frage auf, welche Faktoren offenere Selbstdarstellung außerhalb des Netzes behindern (vgl. Kap. 7.5.2).

Stärkere Akzentuierung salienter Identitäten

Das SIDE-Modell (*Social Identity and De-Individuation Model,* Spears, Lea & Lee, 1990; Spears & Lea, 1994; Reicher, Spears & Postmes, 1995) widerspricht der Vorstellung der klassischen De-Individuations-Forschung, dass Anonymität zu einem temporären Identitätsverlust (man ist sich nicht mehr darüber bewusst, wer man ist) und somit zu normverletzendem Verhalten führe, das der eigenen Person im Grunde fremd sei. Stattdessen geht das SIDE-Modell davon aus, dass bei Anonymität durchaus personale oder soziale Identitäten salient sind und dass diese sogar kognitiv besonders *akzentuiert* werden. *Soziale Identitäten* werden durch Anonymität (man sieht oder kennt die anderen Gruppenmitglieder nicht, kann ihr Gesicht nicht erkennen, ist räumlich von ihnen isoliert etc.) deswegen verstärkt, weil die individuellen Besonderheiten der anderen Gruppenmitglieder nicht erkennbar sind, die Gruppe also illusorisch homogen wahrgenommen wird (die Gruppenmitgliedschaft ist das dominante gemeinsame Merkmal). Die Zugehörigkeit zu einer *homogenen Gruppe* lässt – möglicherweise mit der Gruppenidentität konkurrierende – personale Identitäten in den Hintergrund treten. Somit kommt es zu einer konfliktlosen Identifikation mit der Gruppe und einer verstärkten Orientierung an ihren Normen. Diese Orientierung an der Gruppennorm ist nicht als „äußerer Zwang" oder Gruppendruck zu verstehen, sondern entspringt dem inneren Bedürfnis, sich konsistent zum eigenen Selbstverständnis als Gruppenmitglied (bzw. konsistent zur aktuell aktivierten kollektiven Identität) zu verhalten. Diese Haltung mag wiederum aus Inter-Gruppen-Perspektive einer *Stereotypisierung* Vorschub leisten: Eine starke Orientierung an der Ingroup-Norm erschwert es, Gemeinsamkeiten mit Angehörigen von Outgroups wahrzunehmen oder sie als Einzelpersonen (und nicht nur als depersonalisierte Gruppenmitglieder) zu sehen (vgl. Horwitz & Rabbie, 1989).

Ist jedoch von Anfang an keine soziale, sondern eine *personale Identität* salient, hat De-Individuation ebenfalls einen identitätsverstärkenden Effekt. Denn die mangelnde Kenntnis über die Attribute der anderen Personen verhindert die Wahrnehmung gemeinsamer Merkmale und die Aktivierung konkurrierender sozialer bzw. kollektiver Identitäten. Man nimmt sich als von den anderen anonymen Ingroup-Mitgliedern distinkt wahr und orientiert sich an den individuellen Standards und Werten. *Private Selbstaufmerksamkeit* unterstützt die Konzentration auf die eigenen Standards. Dieses standardorientierte Verhalten (gegenüber einem stärker situationsspezifisch angepassten) ist unter anonymitätsbedingter Unsicherheit insofern funktional, als atmosphärische Nuancen und die individuellen Charakteristika der anderen Beteiligten (auf die man sich situationsspezifisch einstellen könnte) eben zur Verhaltensorientierung weitgehend fehlen.

Das SIDE-Modell wird eingesetzt, um klassische De-Individuations-Experimente zu re-interpretieren, wobei angeblich anomisches Verhalten (z.B. gewalttätige Ausschreitungen in Menschenmassen) dann als normkonform (z.B. gezielte Aggression gegen die Outgroup) gedeutet wird (Reicher, Spears & Postmes, 1995, S. 170ff.). Außerdem unterzieht man das Modell weiteren experimentellen Prüfungen, wobei CvK-Szenarien besonders häufig zum Einsatz kommen.

Das SIDE-Modell benutzt CvK-Situationen also einerseits methodisch im Labor, um eine allgemeine sozialpsychologische Theorie zu testen, betrachtet CvK-Situationen andererseits aber auch als typische De-Individuations-Situationen und somit als ökologische Anwendungsfälle des Modells: Aufgrund der räumlichen bzw. visuellen Isolation der Personen bei der CvK kann man die anderen nicht gut einschätzen („Anonymität der anderen"), zudem können diese sich kein genaues Bild der eigenen Person machen („eigene Identifizierbarkeit"). Daraus schließen Spears und Lea (1994), computervermittelt zu kommunizieren bedeute, sich in eine durch De-Individuation gekennzeichnete Situation der Unsicherheit zu begeben. Das SIDE-Modell sagt somit vorher, dass im CvK-Kontext bereits saliente Identitäten weiter stabilisiert und jene Verhaltensweisen gefördert werden, die in Übereinstimmung mit der Gruppennorm bzw. den individuellen Standards stehen.

Inhaltlich wird die Hypothese anonymitätsbedingt verstärkter Orientierung an individuellen Standards bzw. kollektiven Normen häufig anhand des Phänomens der *Gruppen-Polarisierung* geprüft: Dabei geht es um die Frage, wie stark Personen durch Kommunikation mit anderen Menschen ihre ursprüngliche Meinung zu einem Thema der Gruppennorm anpassen. Beispielhaft sei hier das Experiment von Spears, Lea und Lee (1990) kurz geschildert: Versuchspersonen waren n=48 Studierende im Fach Psychologie. Manipuliert wurden die unabhängigen Variablen „saliente Identität" (personale Identität versus soziale Identität) und „De-Individuation" (Anonymität versus keine Anonymität), so dass sich ein 2x2-Design ergab (siehe Tab. 7.1).

Tab. 7.1: 2x2-Design zur Überprüfung des SIDE-Modells
(Quelle: Design gemäß Spears, Lea & Lee, 1990)

	De-Individuation (Anonymität)	*Individuation (keine Anonymität)*
soziale Identität salient	Drei Personen sitzen *in unterschiedlichen Räumen*, können sich nicht sehen , werden als „*Gruppenmitglieder*" angesprochen und kommunizieren computervermittelt	Drei Personen sitzen *im selben Raum*, können sich sehen, werden als „*Gruppenmitglieder*" angesprochen und kommunizieren computervermittelt
personale Identität salient	Drei Personen sitzen *in unterschiedlichen Räumen*, können sich nicht sehen, werden als individuelle „*Untersuchungsteilnehmer*" angesprochen und kommunizieren computervermittelt	Drei Personen sitzen *im selben Raum*, können sich sehen, werden als individuelle „*Untersuchungsteilnehmer*" angesprochen und kommunizieren computervermittelt

Als abhängige Variable diente die Meinungsänderung (Differenz der Meinungen vor und nach der Kommunikation). Die Kommunikation selbst bestand in 10minütigem Austausch zwischen je drei Personen nach dem Mailinglisten-Prinzip (jede Person verschickte ihre Botschaften an die jeweils anderen beiden Gruppenmitglieder).

Diskussionsgegenstände waren vier (auf der politischen Dimension „rechts-links") kontroverse Themen (1. Privatisierung staatlicher Betriebe, 2. nukleare Abrüstung, 3. staatliche Subventionierung des Theaters, 4. Anti-Diskriminierungsmaßnahmen für benachteiligte Bevölkerungsgruppen). Die Versuchspersonen gaben zunächst unabhängig voneinander ihre Meinungen zu den vier Themen ab (Zustimmung auf Rating-Skalen). Am Tag des eigentlichen Versuchs erhielten sie dann ein Informationsheft, dem sie nicht nur das erste Diskussionsthema (z.B. Privatisierung staatlicher Betriebe), sondern auch die Meinung von Studierenden zu diesem Thema erfuhren (z.B. „67,8% der Studierenden lehnen die Privatisierung ab"). Durch die Bekanntgabe eines solchen (empirischen) Meinungsbildes wurde die *Gruppennorm* vorgegeben. Nachdem sich die Versuchspersonen auf der Basis dieser Vorinformation ihre Argumente zurechtgelegt hatten, begann die Diskussion mit den jeweils anderen beiden Mitgliedern der Ad-hoc-Gruppe. Hierzu gaben zunächst alle drei der Reihe nach ein Statement ab, daraufhin wurden beliebig neue Kommentare produziert. Im Anschluss an die zehnminütige Diskussion teilte jede Person erneut ihre Meinung zum Thema auf einer Ratingskala mit. Dann folgte die Diskussion zum nächsten Thema.

Die Meinungsdifferenzen über alle vier Themen wurden zu einem Gesamtwert der normkonformen Meinungsänderung zusammengefasst. (Bei der Differenzenbildung wurde jeweils so gepolt, dass positive Differenzen eine Veränderung in Richtung Gruppennorm anzeigen, zudem wurden die Beträge der Differenzen um die Vorher-Werte residualisiert.)

Das SIDE-Modell sagt nun vorher, dass Personen ihre Meinung bei De-Individuation (bzw. Anonymität) und salienter sozialer Identität besonders stark der vorgegebenen Gruppennorm anpassen, während sie bei De-Individuation und salienter personaler Identität besonders stark von der Gruppennorm abweichen und sich an ihren individuellen Wertvorstellungen orientieren. Erwartet wird also ein *Interaktionseffekt*, der sich tatsächlich auch zeigte (siehe Tab. 7.2): Bei De-Individuation folgen diejenigen Personen mit salienter personaler Identität der Gruppennorm besonders wenig und die mit salienter sozialer Identität der Gruppennorm besonders stark.

Tab. 7.2: Meinungsänderung in Richtung Gruppennorm nach CvK-Diskussion
(Quelle: Daten aus Spears, Lea & Lee, 1990, S. 128)

	De-Individuation	*Individuation*
soziale Identität salient	+1,20 (n=12)	-0,29 (n=11)
personale Identität salient	-1,51 (n=11)	+0,75 (n=10)

Abgesehen davon, dass die bislang vorliegenden experimentellen Laborbefunde zum SIDE-Modell widersprüchlich sind (vgl. Sassenberg & Boos, 1997), erweist sich die Übertragung des SIDE-Modells auf den Internet-Kontext als schwierig. Denn die vom SIDE-Modell postulierten Akzentuierungs-Effekte beziehen sich auf jeweils *eine* bereits saliente (personale oder soziale) Identität. Wie diese Startbedingung in Internet-Szenarien zustandekommt, die durch große, heterogene und binnenstrukturierte Publika geprägt sind, ist kontextspezifisch jeweils vorab zu klären.

So lässt sich etwa vermuten, dass bei der Teilnahme an Netzforen ohne Zugangsbeschränkungen und/oder bei Foren mit Mainstream-Themen seltener eine bestimmte kollektive Identität salient ist als bei der Teilnahme an Netzforen mit *Zugangsbeschränkungen* und/oder marginalisierten *Themen.* Zudem ist anonymitätsbedingte Unsicherheit (man nimmt die anderen Mitglieder als unpersönliche Masse wahr) bei

Neulingen und *weniger engagierten Mitgliedern* eines Netzforums sehr viel stärker ausgeprägt als bei den Alteingesessenen, die in vergangenen Diskussionen im betreffenden Forum durch soziale Informationsverarbeitung (Kap. 6.6) und Imagination (Kap. 6.8) bereits einen lebendigen Eindruck von der Vielfalt der Positionen gewonnnen haben und zudem eine Reihe anderer Mitglieder persönlich kennen. Neben den Zugangskriterien und dem Thema des Forums sowie dem eigenen Netzengagement ist auch der aktuell verhandelte *Thread* ausschlaggebend dafür, ob man einfach als Individuum persönliche Meinungen äußert, oder sich als Mitglied einer sozialen Gruppe angesprochen fühlt und aus dieser Perspektive reagiert. Geben sich Personen im Zuge eines kontroversen Threads als Mitglieder unterschiedlicher sozialer Kategorien zu erkennen, so dass sich die Kommunikation als Inter-Gruppen-Prozess gestaltet, ist die Gefahr des Ingroup-Outgrup-Antagonismus insofern verstärkt, als die beiläufige Wahrnehmung individualisierender Merkmale entfällt. Andererseits besteht wegen der Pluralität der Publika in öffentlichen Foren auch die Chance, dass Diskussionen sich eben nicht in einer Pro- und Kontra-Struktur festfahren, sondern vielfältigere Perspektiven eröffnen, die es den Angehörigen unterschiedlicher Kategorien auch ermöglichen, in einem dritten oder vierten Fokus eine inklusive Kategorie zu entdecken.

Gezielte Aktivierung erwünschter Identitäten

Welche Identitäten wir realisieren können, hängt maßgeblich von den zugänglichen sozialen Szenarien ab. Da das Internet eine Fülle sozialer Orte und Foren bietet, die man zunächst unverbindlich und unbeobachtet aufsuchen kann, bietet sich gemäß den von der *Theorie der sozialen Identiät* beschriebenen Motiven die Chance, bewusst Netzszenarien auszuwählen, die bevorzugten Identitäten weitere Ausdrucksmöglichkeiten verschaffen. Indem man eine bereits außerhalb des Netzes etablierte Identität zusätzlich auch im Netz realisiert, erweitern sich die Möglichkeiten, soziale Bedürfnisse nach Zugehörigkeit, Anerkennung, Unterstützung und Selbstwerterhöhung zu befriedigen. So können Personen ihr *Berufs- und Fachwissen* sowie ihre *Computer- und Internet-Kompetenz* gezielt in themenbezogene Netzforen einbringen. Dadurch ist es möglich, in großen Gruppen eine Expertenrolle einzunehmen und ggf. auch über ein einzelnes Forum hinausgehende Netzberühmtheit (Net Fame) zu erringen. Letzteres wird besonders wahrscheinlich, wenn die Betreffenden einschlägige Informationssysteme im WWW anbieten, die durch Mundpropaganda und vielfache Verlinkung schnell populär werden. Allerdings kann man Netzberühmtheit durch unqualifizierte Beiträge auch im negativen Sinne erwerben.

Es gibt eine Reihe von Netzforen, in denen die Weitergabe von spezifischen *Lebenserfahrungen* (z.B. Erfahrungen mit Kindererziehung, Auslandsreisen, Drogenkonsum, Religion etc.) gefragt ist. Während im lokalen Umfeld das Interesse an derartigen Erzählungen oft begrenzt und auch bald erschöpft ist, dürfen wir in öffentlichen Netzforen, die einen ständigen Zustrom von Neulingen verzeichnen und zudem aus einem Kern ernsthaft Interessierter bestehen, in aller Ausführlichkeit jene Selbst-Aspekte thematisieren, die uns persönlich gerade besonders wichtig sind. Insbesondere *ältere Menschen*, die häufig viel Zeit haben, aber teilweise in ihrer Mobilität eingeschränkt sind, haben im Internet die Möglichkeit, ihre Einsichten und Erfahrungen gezielt Interessierten mitzuteilen und somit mehr Selbst-Aspekte zu realisieren, als das im häuslichen Umfeld möglich ist.

Die gezielte computervermittelte Aktivierung von Identitäten, die im sonstigen Alltag unterrepräsentiert sind, ist aber auch für Jüngere eine Option. So wird beispielsweise die Identität als *Star-Trek-Fan* im Alltag nur selten aktiviert, wenn sich im sozialen Umfeld keine anderen Fans befinden oder man an Fan-Kultur-Ereignissen nur sporadisch teilnimmt. Internet-Zugang kann in dieser Situation bedeuten, dass man regelmäßig und aktiv an der Fan-Kultur partizipiert und mit anderen Mitgliedern der Fan-Gemeinde interagiert, statt sich ihnen qua Selbstkategorisierung nur nominell zugehörig zu fühlen. Die identitätsbestätigende Partizipation an der Fan-Kultur kann im Netz ganz unterschiedlich aussehen und etwa die Gestaltung von Star-Trek-Seiten im WWW, das Posten selbstgeschriebener Star-Trek-Episoden über eine Mailingliste, das Beantworten von Fan-Fragen in einer Newsgroup, das Plaudern mit anderen Fans auf einem Chat-Channel oder das Pflegen von Email-Freundschaften beinhalten, die wiederum nicht selten zu persönlichen Treffen und Reisen anregen. Durch diese Aktivitäten kann die (Teil-)Identität als Fan gestärkt werden. Die Möglichkeit, eigene *Gedichte und Geschichten* im WWW zu publizieren und eine Leserschaft zu finden, die nicht nur Spuren im Sinne eines Hochsetzens des Seiten-Counters hinterlässt, sondern auch per Email Rückmeldungen gibt, mag die Identität als Autorin oder Autor wirkungsvoller bestätigen, als im Selbstverlag produzierte Publikationen.

Das mit marginalisierten Identitäten einhergehende Gefühl des (aversiven) Andersseins, der Isolation und der Entfremdung von der Gesellschaft wird erst gemildert, wenn man mit Gleichgesinnten in Kontakt kommt, die dem gesellschaftlich abgewerteten Selbst-Aspekt das Stigma nehmen und ihn darüber hinaus positiv z.B. mit Gefühlen von Stolz und Unabhängigkeit konnotieren (z.B. „black is beautiful", „gay pride"). Newsgroups der <soc.culture.*>-Hierarchie sowie diverse Mailinglisten erfüllen derartige Funktionen für religiöse und ethnische Identitäten (z.B. native americans; mexican-americans, siehe Martin, 1995; Zurawski, 1996). Ergänzend zu Büchern, Fernsehreportagen, Filmen, Interviews und Talkshows, in denen Identifikationspersonen sichtbar werden und ihre Selbstdefinitionen und Erfahrungen dem Publikum mitteilen, liefern Netzforen die Chance, Gleichgesinnte nicht nur auf einer medial inszenierten Plattform zu beobachten, sondern selbst am sozialen Austausch mit ihnen zu partizipieren, Stellung zu beziehen und Kontakte zu knüpfen. Unsichere oder ambivalente Identitäten können also im Zuge bewußter Aktivierung im Netz bekräftigt und ausgebaut werden.

McKenna und Bargh (1998) wählten aus der <alt.*>-Hierarchie sämtliche aktiven Newsgroups (Kriterium: mehr als 100 Postings pro Woche) aus, teilten diese gemäß inhaltlichem Fokus in zwei Kategorien (marginalisiert versus Mainstream) und entnahmen zufällig jeweils vier Newsgroups aus beiden Kategorien (siehe Tab. 7.3). Die Hypothese, dass marginalisierte Newsgroups für die – mit hoher Wahrscheinlichkeit vom angesprochenen Stigma betroffenen – Mitglieder wichtiger sind als die Mainstream-Gruppen, bestätigte sich anhand einer quantitativen Inhaltsanalyse der Postings in zweierlei Weise: Zum einen posteten die einzelnen Mitglieder in marginalisierten Gruppen signifikant häufiger, was auf ein größeres Engagement hindeutet. Zum anderen ergab sich auch ein engerer Zusammenhang zwischen der Posting-Intensität und der Positivität des Feedbacks (operationalisiert als Anzahl der Follow-Ups mit positiver, unterstützender, zustimmender Bewertung reduziert um die Anzahl der Follow-Ups mit ganz oder teilweise negativer, ablehnender, kritischer Bewertung). Offensichtlich herrschte in den marginalisierten Gruppen größere *Interdependenz*, die kausal z.B. so interpretierbar ist, dass Personen, die häufiger Threads eröffneten (und somit in der Gruppe vielleicht bekannter und beliebter waren), mehr positives Feedback erhielten und/oder umgekehrt, dass nämlich Personen, die positives Feedback erhielten, sich von den anderen Mitgliedern besonders stark zu weiterem Posten motivieren ließen.

Tab. 7.3: Posting-Intensität in marginalisierten und Mainstream-Newsgroups (Quelle: Daten aus McKenna & Bargh, 1998, Studie 1)

	Marginalisierte Newsgroups	*Mainstream-Newsgroups*
Newsgroups	<alt.drugs> <alt.homosexual> <alt.sex.spanking> <alt.sex.bondage>	<alt.culture.us.1970s> <alt.parents.teens> <alt.politics.economics> <alt.tv.melrose-place>
Posting-Intensität (3 Wochen)	236 Threads insgesamt M = 5,5 Postings pro Person	97 Threads ingsamt M = 1,9 Postings pro Person
Posting-Intensität positives Feedback	r = .30 (p<.001)	r = .17 (p=.052)

Dass dieser überzufällige Zusammenhang nur in marginalisierten, nicht aber in den Mainstream-Gruppen auftrat, lässt sich als Indiz dafür werten, dass im Zusammenhang mit Marginalisierungs-Problemen das Posten größere Bedeutung erlangt und die Beteiligten stärker auf Feedback reagieren. Bonchek (1996) zählte bei seiner Inhaltsanalyse der Newsgroup <alt.sex.politics.homosexuality> binnen zwei Wochen 493 Postings in 111 Threads, die von 227 Personen stammten. Obwohl <alt.sex.politics.homosexuality> zu den marginalisierten Newsgroups gehört, war hier also die Posting-Intensität (M=2,2 Postings pro Person in zwei Wochen) eher vergleichbar mit den Verhältnissen in den von McKenna und Bargh (1998) analysierten Mainstream-Gruppen. Diese Diskrepanz ist vermutlich darauf zurückzuführen, dass <alt.sex.politics.homosexuality> als politikorientierte Gruppe nicht nur Personen anzieht, die Netzaktivitäten zur Identitäts-Stützung und De-Marginalisierung einsetzen, sondern dass diese Gruppe auch verstärkt von politischen Gegnern von Homosexualität aufgesucht wird, die sich nur in vereinzelten Repliken äußern. Demgemäß wäre die Newsgroup dann eher als heterogenes *virtuelles soziales Netzwerk* zum Austausch über Sexualpolitik zu verstehen denn als virtuelle soziale Gemeinschaft von Betroffenen (siehe Kap. 9.4.1 und 9.4.2 zu virtuellen sozialen Netzwerken und virtuellen Gemeinschaften).

Um zu ermitteln, ob und inwieweit die Beteiligung an Newsgroups Personen mit marginalisierten Identitäten tatsächlich bei der De-Marginalisierung bzw. beim Coming Out hilft, führten McKenna und Bargh (1998) zwei *Online-Fragebogen-Studien* durch. In der ersten Studie befragten sie die Mitglieder von drei Newsgroups, die sich mit marginalisierten Sexualitäten beschäftigen, in der zweiten Studie die Mitglieder von sechs Netzforen, die marginalisierten politischen Ideologien gewidmet sind (siehe Tab. 7.4). Dazu verschickten sie ihren Fragebogen per Email gezielt an alle Personen, die während des Untersuchungszeitraums mindestens einen Artikel in den betreffenden Foren publiziert hatten (Gruppe der *Poster*) und platzierten gleichzeitig den Fragebogen öffentlich in den betreffenden Newsgroups mit der Bitte, dass möglichst viele passiv Mitlesende ihn ausfüllen (Gruppe der *Lurker*).

Tab. 7.4: Mitglieder marginalisierter Newsgroups
(Quelle: Daten aus McKenna & Bargh, 1998, Studien 2 und 3)

	sexualbezogene marginalisierte Newsgroup	*politikbezogene marginalisierte Newsgroups*
Newsgroup	<alt.homosexual> <alt.sex.spanking> <alt.sex.bondage>	<alt.conspiracy> <alt.conspiracy.area51> <alt.politics.nationalism.white> <alt.skinheads> <misc.activism.militia> <RISKERS-Mailingliste>
Stichprobe	n = 152 Gesamt n = 103 Poster (von 160) n = 49 Lurker 38% Frauen, 60% Männer 18 - 68 Jahre (M = 37 Jahre)	*n = 77 Gesamt* n = 59 Poster (von 170) n = 18 Lurker 17% Frauen, 83% Männer 15 - 62 Jahre (M = 34 Jahre)
Teilnahmedauer	18,2 Monate (Gesamt) 19,5 Monate (Poster) 15,6 Monate (Lurker)	*14,5 Monate (Gesamt)* 16,1 Monate (Poster) 9,4 Monate (Lurker)

McKenna und Bargh (1998) konnten ihr *De-Marginalisierungs-Modell* in beiden Studien anhand eines Pfadmodells bestätigen: Die aktive Teilnahme an einer marginalisierten Newsgroup ging mit einer erhöhten subjektiven Wichtigkeit der betreffenden Identität einher, und diese erwies sich als guter Prädiktor für verstärkte Selbstakzeptanz und verringerte soziale Isolation. Entscheidend ist hierbei, dass weniger die Tatsache der Gruppenteilnahme allein zur De-Marginalisierung führte, sondern dass es auf eine subjektiv und objektiv *engagierte Partizipation* ankam – bei der die Beteiligten viel Zeit zum Posten aufwandten, diesen identitätsbezogenen Aktivitäten große Bedeutung schenkten und den Erfahrungsaustausch mit anderen Mitgliedern bewusst pflegten. Diese mit der engagierten Teilnahme verbundene, intensivierte Auseinandersetzung mit dem marginalisierten Selbst-Aspekt führte dazu, dass das Gefühl der sozialen Isolation zurückging, der bislang verheimlichte Selbst-Aspekt akzeptiert und auch außerhalb des Netzes der Familie und dem Freundeskreis enthüllt wurde.

Die kommunikative Realisation der marginalisierten Identität im relativ geschützten sozialen Netzkontext (Anonymität in der Gruppe, Rückzugsmöglichkeiten, soziales Szenario jenseits des sonstigen Alltags) diente also der Unterstützung des Coming-Out und ermutigte die Beteiligten zu einem – oft als biografischer Einschnitt empfundenen – Coming-Out „in real life" anstatt sie dazu zu veranlassen, sich in die Netzwelt zu flüchten und bei CvK-Kontakten zu verharren. Zudem ist es als besonderer Vorteil von Netzforen anzusehen, dass sie durch die Heterogenität der Stimmen aktiv Beteiligter oftmals strategische Akzeptanzwerbung durch differenzierte und (selbst)kritische Auseinandersetzung überwinden können.

Wer nur mitlesend an einer marginalisierten Newsgroup partizipiert, kann zwar andere Betroffene beobachten, verleiht der eigenen marginalisierten Identität jedoch keine soziale Realität, denn er oder sie ist für die anderen Gruppenmitglieder nicht sichtbar oder ansprechbar. Dass dennoch auch der passiv-rezeptive Modus offensichtlich Gratifikationen liefert, ist jedoch an der Teilnahmedauer abzulesen, die zwar bei den Lurkern im Vergleich zu den Postern geringer, aber nicht unbeträchtlich ist: Manche Personen lesen über Monate und Jahre hinweg nur mit, ohne sich selbst einzuschalten. Dies kann einerseits bedeuten, dass die Betreffenden den Schritt zur eigentlich gewünschten engagierten Partizipation und zum Coming-Out (noch) nicht wagen. Andererseits kann die Zurückhaltung beim Posten aber auch darauf hindeuten, dass sie dem jeweiligen Selbst-Aspekt keinen zentralen Stellenwert einräumen, sondern sich einfach umfassend aus erster Hand informieren wollen. Denn schließlich bringt die öffentliche Übernahme einer dezidierten Identität nicht nur Entlastungen (etwa im Sinne von Selbstversicherung und Zugehörigkeit) mit sich, sondern auch neue Einschränkungen und Festlegungen, etwa indem man sich den Normen der Bezugsgruppe anpassen muss, um wirklich dazuzugehören, oder indem man im Wandel befindliches Erleben und Verhalten auf eine spezielle Identität zuspitzt, sich dadurch festlegt und von anderen Menschen abgrenzt (zum politischen Potential der Verweigerung von Identitätszuweisungen siehe Hark, 1996).

7.3.2 Modifizierte Darstellung von Identitäten im Internet

Im Internet unterscheiden sich Selbstdarstellung und Eindrucksbildung in zweierlei Weise vom „real life“: Zum einen ist (durch grafische und audiovisuelle Elemente ergänzter) *Text* der primäre Darstellungsmodus, was mit spezifischen Optionen und Restriktionen verbunden ist. Zum zweiten sind Eindrucksbildung und Selbstdarstellung in neuer Weise *reflexionspflichtig*, weil explizit und unsicher: Während das Kanalreduktions-Modell (Kap. 6.1), das Filter-Modell (Kap. 6.2) und die Medienwahl-Modelle (Kap. 6.3, 6.4 und 6.5) davon ausgehen, dass wir von anderen Personen im Netz generell nur einen unvollständigen und wenig lebendigen Eindruck gewinnnen, behauptet das Imaginations-Modell (Kap. 6.8), dass es aufgrund der evozierten Phantasien genau zum gegenteiligen Effekt kommen kann. Die Theorie der sozialen Informationsverarbeitung (Kap. 6.6) weist darauf hin, dass Defizite kompensierbar sind. Aus Sicht des Simulations-Modells (Kap. 6.7) steht bei der Eindrucksbildung im Netz die Frage nach Authentizität und Täuschung im Vordergrund. Netzbeiträge als Stimulusmaterial vorzulegen und Eindrucksbildungen systematisch zu untersuchen wäre naheliegend, da die experimentelle Forschung zur Personenwahrnehmung ohnehin häufig mit textuellen Stimuluspersonen operiert, so dass z.B. das *Asch-Paradigma der Eindrucksbildung* (Asch, 1946) im Netz nachträglich ökologische Validität gewinnt. Das Digitalisierungsmodell verweist darauf, dass wir bei der CvK einerseits mehr Kontrolle darüber haben, was wir über uns mitteilen oder nicht mitteilen wollen (*cues given*) und somit das Risiko reduzieren, versehentlich Informationen preiszugeben (*cues given off*; Goffman, 1991), dass wir aber andererseits auch neuen Formen von Kontrollverlust in Bezug auf unsere Selbstdarstellungen ausgesetzt sind (z.B. automatische Archivierung und Analyse von Netzbeiträgen).

Im Folgenden behandeln wir Besonderheiten der Identitätsdarstellung beim Email-Kontakt, in Mailinglisten und Newsgroups sowie auf persönlichen Homepages. Bei diesen Formen der zeitversetzten CvK geht es eher um eine modifizierte Darstellung *herkömmlicher* Identitäten, während zeitgleiche CvK (Chatten, Mudden) besonders häufig zum Anlass genommen wird, mehr oder minder spielerisch mit *neuen* Identitäts-Aspekten zu experimentieren (siehe Kap. 7.4).

Selbstdarstellung in Emails

Beim *Email-Kontakt* treten Personen üblicherweise mit ihrem realen Vor- und Zunamen in Erscheinung, außerdem ist die Email-Adresse bekannt. Zudem geben sie in ihrer Signature meist die berufliche Position, die Postadresse und (sofern vorhanden) die Netzadresse der persönlichen Homepage an, ggf. ergänzen sie die Signature durch kleine ASCII-Kunstwerke oder ein Zitat (vgl. Kap. 2.2). Somit wird im Sinne sozialer Informationsverarbeitung (Kap. 6.6) dem Herausfiltern sozialer Hintergrundinformationen (Kap. 6.2) selbstdarstellerisch entgegengewirkt. Kontaktiert man etwa das Mitglied einer Mailingliste oder eine Kollegin erstmalig per Email, so ist die Weitergabe von Hintergrundinformationen (z.B. Hinweis auf ein geteiltes Hobby, ein ähnliches Forschungsthema, den gleichen oder einen exotischen Wohnort etc.) insofern wichtig, als sie die Gegenseite eher motivieren und in die Lage versetzen, auf das Kommunikationsangebot einzugehen (zum Kennenlernen im Netz siehe Kap. 8.4.1). Hintergrundinformationen erhöhen also die Anschlussfähigkeit von Kommunikation und begünstigen über die Wahrnehmung kollektiver Identität einen unkomplizierten persönlichen Zugang zueinander. Die vom SIDE-Modell, aber auch vom Kanalreduktions- und Filter-Modell vorausgesetzte Annahme, dass Personen bei der CvK (oft) nicht identifizierbar seien, trifft deshalb sowohl im privaten wie im beruflichen Email-Kontakt in der Regel *nicht* zu.

Welche Identitäten im weiteren Email-Kontakt präsentiert werden und welchen Eindruck diese Selbstpräsentation beim Gegenüber hinterlässt, hängt von der Art des weiteren Kontakts und von der Selbstdarstellungs-Intention ab (siehe Kap. 7.1.3). Viele Email-Kontakte sind rein informationsbezogen (z.B. Weitergabe von URLs, Literaturangaben, Email-Adressen, Terminankündigungen etc.), so dass man sich wenig Gedanken über die Person des Gegenübers und die eigene Selbstpräsentation macht. Allgemein hat sich in Deutschland der berufliche Email-Kontakt formal sehr stark der schriftlichen Korrespondenz angenähert, so dass auf die (aus der internationalen Netzkultur geläufige) Anrede per Vornamen verzichtet wird (vgl. Kap. 2.4.4) und in Selbstdarstellungen meist zunächst die *berufliche Identität* im Vordergrund steht (z.B. Hinweis auf die berufliche Position in der Signature).

Zusätzlich zur beruflichen Identität ist bei der CvK häufig auch die Netzkompetenz salient. In der Email-Korrespondenz, die einen Austausch innerhalb weniger Minuten erlaubt und nicht über Sekretariate abgewickelt wird, lässt sich ein genauerer Eindruck von den Arbeitsgewohnheiten des Gegenübers gewinnen als bei der Briefkorrespondenz: Wie lange die andere Person für eine Antwort braucht, zu welcher Tageszeit sie sie abschickt, welches Mail-Programm sie verwendet – das alles wird automatisch im Header der ausgetauschten digitalen Dokumenten festgehalten; solche Informationen werden also nicht absichtlich weitergegeben, sondern unfreiwillig offenbart (cues given off). Selbstdarstellerisch relevant sein kann auch die Wahl des Internet-Providers (der an der Email-Adresse erkennbar ist), da die Nutzung von Online-Diensten den (falschen oder richtigen) Rückschluss nahelegt, dass die betreffende Person auf einen besonders einfach zu bedienenden (z.B. AOL) oder kostengünstigen (z.B. Metronet) Internet-Zugang angewiesen ist (zum *Stereotyp des Online-Dienst-Nutzers* siehe Kap. 2.4.5).

In einer medientechnischen Umgebung gehören somit neben *sprachlichen* auch *technikbezogene Cues* zu den unabsichtlich weitergegebenen. Je mehr netzspezifische Gestaltungsmittel eine Email enthält (z.B. Akronyme, Emoticons), umso eher wird eine *Identität als Netznutzerin oder Netznutzer* demonstriert (siehe Kap. 7.4.1) und zudem die Informalität der Kommunikation unterstrichen. Ohnehin ist es letztlich der eher sachbezogene und/oder persönliche *Beziehungskontext*, der den Rahmen vorgibt für die Deutung einzelner Email-Botschaften. Das Statische und Fixierte des schriftlichen Selbstausdrucks wird in dem Maße aufgeweicht, in dem durch eine längere

Beziehungsgeschichte und damit einhergehendes Kennenlernen, einzelne Äußerungen und Nicht-Äußerungen relativierbar sind (siehe Kap. 8.4. zur Entstehung und Entwicklung von neuen sozialen Beziehungen im Internet).

Selbstdarstellung in Mailinglisten und Newsgroups

Während man sich beim Email-Kontakt an eine konkrete Person wendet und (mit Ausnahme anonymer Remailer-Nutzung) wechselseitige Identifizierbarkeit gewährleistet ist, präsentiert man sich beim Posten in *Mailinglisten und Newsgroups* einem großen und unbekannten Publikum (bei Newsgroups analog den Massenmedien: einem dispersen Publikum). Auch hier wird in der Regel durch den Namen und die Signature Identifizierbarkeit hergestellt.

Viele Mailinglisten wünschen von den Neulingen auch eine explizite Vorstellung in Form eines *Kurzportraits*. Üblicherweise werden in diesem Kurzportrait die zentralen Hintergrundinformationen (Geschlecht, Alter, Herkunftsort, Bildung, Tätigkeit, Interesse am Thema usw.) mitgeteilt. Eine individuelle Note erhält die Vorstellung u.a. durch ein Abweichen von diesem Standardformat (z.B. eine ironische oder sehr lange Selbstbeschreibung). Eine Person, die nur ihr Kurzportrait abliefert und sich ansonsten kaum an der Diskussion beteiligt, wird von den anderen entweder gar nicht oder allenfalls sehr stereotyp anhand der mitgeteilten sozialen Kategorien wahrgenommen („noch so ein Teenager in dieser Liste"). Um mehr Selbst-Aspekte in der Mailinglisten- oder Newsgroup-Kommunikation zum Ausdruck zu bringen, ist aktives Posten unumgänglich, wobei in Abhängigkeit von der Quantität und der Qualität der Beiträge die anderen Beteiligten sich dann mehr oder weniger intensiv mit Form und Inhalt der Artikel beschäftigen, Rückschlüsse über die Autorin oder den Autor ziehen und ggf. entsprechende Imaginationsprozesse in Gang setzen.

Bei Netzforen, die sich explizit marginalisierten Identitäten widmen, dient die aktive Teilnahme und Selbstpräsentation (im Sinne von Coming-Out) vor allem der De-Marginalisierung (siehe Kap. 7.3.1). Manche Netzaktive nutzen Mailinglisten und Newsgroups auch bewusst als Öffentlichkeiten, um bestimmte politische Positionen oder Anliegen zu verbreiten. Durch intensives und kompetentes Posten kann man in Newsgroups und Mailinglisten recht schnell Anerkennung gewinnen und sogar regelrecht prominent werden. Eine solche *Netzberühmtheit* (Net Fame; vgl. Agre, 1994) zu genießen mag ein Motiv für engagiertes Posten sein. Eine Person, die sich über Monate und Jahre hinweg an den Diskussionen in Netzforen beteiligt, bringt in ihren Beiträgen vielfältige Selbst-Aspekte und Identitäten zum Ausdruck, deren Authentizität kaum in Frage zu stellen ist, da die betreffende Person in der Regel auch eine Reihe anderer Gruppenmitglieder persönlich kennt, das Netz als Kontakt- und Austauschforum begreift und in einzelnen Netzforen ein „Zuhause" gefunden hat (zu virtuellen Gemeinschaften siehe Kap. 9.4.2).

In Abhängigkeit davon, welche Qualität die Beiträge haben und wie sehr sie ontopic bleiben, können Personen mit Botschaft eine *Expertenrolle* erlangen oder auch zu skurrilen *Außenseitern* werden. Gerade im letztgenannten Fall gibt es dann in der Regel viele Spekulationen über die „wahre" Identität und die Motive der ja nur namentlich bekannten Person. Typischerweise werden in diesen Außenseiter-Postings Themen behandelt, die off-topic sind, Verschwörungstheorien verbreitet, andere Personen (z.B. medizinisches Personal, Polizei) beschuldigt etc.. Die Newsgroup-Öffentlichkeit wird hier manchmal zum Zeugen für Ungerechtigkeiten gemacht oder direkt zur Hilfeleistung aufgerufen. Solche Postings führen schnell zur Etikettierung als „Spinner" oder „Gruppenkasper" und ernten sehr unterschiedliche Reaktionen, z.B. psychiatrische Diagnosen, spöttische Bemerkungen, aber auch ernstgemeinte inhaltliche Repliken. In diesem Zusammenhang kann es durchaus passieren, dass eine Person ihr dringliches Anliegen selbstdarstellerisch nicht glaubwürdig transportieren kann und somit für einen *Troll* gehalten wird. Ein Troll ist ein fiktiver Netznutzer, dessen Postings unter falschem (fiktivem) Namen von einer anderen Person verschickt werden (z.B. zum Zweck der Provokation).

Besonders belastend ist es im Netz auch häufig, wenn eine Mailingliste oder Newsgroup den eigenen Beitrag mit *„Schweigen"* quittiert. Während eine schweigende Face-to-Face-Gruppe zumindest atmosphärisch signalisiert, ob z.B. gerade Betretenheit, wohlwollende Nachdenklichkeit oder Desinteresse vorherrscht, ist eine entsprechende Beurteilung der Stimmung in einem Netzforum kaum möglich. Wenn man gerade eine Informationsfrage gestellt hat, mag man das Schweigen einfach so auffassen, dass die anderen ebenfalls nicht bescheid wissen. Im Falle eines eher persönlichen Beitrages (z.B. Schilderung eines privaten Problems) erlebt man Reaktionslosigkeit dagegen schnell als „feindliches Schweigen". Denn Selbstoffenbarung wird üblicherweise als reziproker Prozess gestaltet, so dass man auf den eigenen „ersten Schritt" zumindest irgendeine Reaktion erwartet. Während manche Poster in dieser Situation zur Metakommunikation übergehen und ihre Enttäuschung oder Selbstzweifel artikulieren, werden sich viele auch wortlos aus der Gruppe zurückziehen.

Da das Geschehen in öffentlichen Netzforen in der Regel von heterogenen Teilpublika beobachtet wird, ist man bei der Darstellung kollektiver Identitäten potentiell nicht nur mit anderen Mitgliedern der Ingroup, sondern auch mit den Mitgliedern unterschiedlicher Outgroups konfrontiert (Reicher, Spears & Postmes, 1995, S. 186ff.; Spears & Lea, 1994, S. 443). Diese Situation erschwert strategische Selbstdarstellungen, die einen günstigen Eindruck erwecken sollen, erheblich. So kann das Darstellen einer marginalisierten Identität in einer Mainstream-Gruppe dazu führen, dass man sowohl von anderen Mitgliedern der marginalisierten Gruppe als auch von Angehörigen diverser Outgroups ablehnende Rückmeldungen erhält. Ein solcher sanktionierender Einfluss durch negatives Feedback trifft persönlich – unabhängig davon, ob man mit vollem Namen oder mit einem Pseudonym auftritt.

Nicht nur der Umgang mit unterschiedlichen Publika ist selbstdarstellerisch relevant, auch die *digitale Form* der Texte ist es. So mag sich die fehlende „Rückholbarkeit" und dauerhafte Speicherung im Netz verbreiteter digitaler Texte (das Canceln von Nachrichten wird sehr selten durchgeführt) als Selbstdarstellungsproblem erweisen, etwa wenn man in einer Mailingliste oder Newsgroup buchstäblich mitverfolgen kann, wie man missinterpretiert wird und eine lange Diskussion sich an diese Missinterpretation anheftet, ohne dass man selbst wirkungsvoll eingreifen könnte, weil auch die nachgeschobene Richtigstellung mit vielleicht 20 bis 30 mittlerweile publizierten Postings konkurriert. Solche misslungenen Selbstdarstellungen vor großen Publika müssen erst einmal bewältigt werden. Dasselbe gilt für öffentliches Flaming. Hier ist zu vermuten, dass Netzerfahrene neue Kompetenzen der Selbstdarstellung erworben haben, z.B. gegenüber der zunächst vielleicht irritierenden Konfrontation mit den eigenen Texten gefeit zu sein oder im Gespür zu haben, wann ein ausführlicher Disclaimer („falls das jetzt zu krass klingt, ich meine auf KEINEN FALL, dass...“; „ich werde Euch jetzt etwas sehr Merkwuerdiges erzaehlen, bitte beisst euch nicht an den Einzelheiten fest, sondern lest erst bis zu Ende...“) oder der Verweis auf frühere Postings („was ich zu dieser Frage meine, habe ich ja schon vor zwei Wochen hier geschrieben“) den naheliegendsten Missinterpretationen vorbeugen kann. Die konstruktive Bewältigung von Selbstdarstellungsproblemen sowie positives Feedback als Resultat gelungener Selbstpräsentationen erhöhen die *Selbstwirksamkeit der (netzbezogenen) Selbstdarstellung*:

> In general, it is your opinions and your manner of expression that really count. I like to think that people respect me; the responses I receive to my postings confirm that they do. My postings are not immune to being flamed, but usually I am *expecting* it, whether it is because of the opinion I express or the manner in which I express it. I feel I have a lot of *control* over how people perceive me. What works in one group may not work in another, but with careful reading, I've determined what will be accepted, appreciated and even admired. By paying attention to simple things such as using proper spelling and adequate grammar, as well as more subtle things such as the mood and traditions of the target group, you can become a well-respected poster, whether it be as an asker of intelligent questions or a good source of information. (Anderson, 1996, S. 138)

Selbstdarstellung auf persönlichen Homepages

Schon beim Email-Kontakt, in Mailinglisten und in Newsgroups spielen Personen meist keine fiktive Rolle, sondern sind bestrebt, ihre Positionen mitzuteilen und sich dem Publikum verständlich zu machen. Auf *persönlichen Homepages* aber werden Identitäten oft sogar umfassender dargestellt als in Face-to-Face-Situationen. Die Kreation einer persönlichen Homepage entspricht nicht selten einem nonreaktiven und besonders umfassend beantworteten „Wer bin ich?“-Test: Personen beantworten sich und anderen auf ihrer persönlichen Homepage, welchen Gruppen sie angehören, welchen Freizeitaktivitäten sie nachgehen, welche politischen Kampagnen sie unterstützen etc.. Es gibt eine Reihe von Gestaltungselementen, die sich auf vielen Homepages wiederholen: Fotos spielen eine große Rolle, schriftliche Lebensläufe, Aufzählungen von Hobbies mit entsprechenden Links (z.B. zu WWW-Seiten von Fußballteams oder Musikbands), eigene Arbeitsprodukte (z.B. Aufsätze, Programme, Grafiken) sowie Links zu Freunden oder sozialen Gemeinschaften im Internet (siehe Pantle, 1996, der in einer explorativen Studie eine Reihe von persönlichen Homepages inspizierte und n=22 Seiten-Autorinnen und -Autoren per Email über ihre Selbstdarstellungs-Motive befragte). Durch die hypertextuelle Verknüpfung der einzelnen, teilweise delokalisierten Elemente wird metaphorisch deutlich, wie diversifiziert Selbst-Aspekte heute sind und wie sie sich trotzdem integrieren lassen:

> If we take the home page as a real estate metaphor for the self, its decor is postmodern. Its different rooms with different styles are located on computers all over the world. But through one's efforts, they are brought together to be a piece. Home pages on the Web are one recent and dramatic illustration of new notions of identity as multiple yet coherent. (Turkle, 1995, S. 259).

Psychologisch interessant wäre nicht nur eine systematische Inhaltsanalyse persönlicher Homepages unter besonderer Berücksichtigung von Gruppenunterschieden (z.B. auf den Dimensionen Alter, Geschlecht, Netzerfahrung, Tätigkeit etc.), sondern auch eine längsschnittliche Untersuchung, die erfasst, ob und wie welche Beteiligten ihre Homepages umgestalten und damit ihre persönliche Entwicklung dokumentieren und verarbeiten.

Da das Internet-Publikum breitgefächert ist und für die Nutzerin sowohl aus engen Freunden, Berufskollegen und potentiellen Arbeitgebern besteht, ist es per Homepage besonders schwierig, ein *zielgruppenorientiertes Image* zu vermitteln. Ausserdem laden die im Netz zur Gestaltung einer Homepage zur Verfügung stehenden Dokumente und Dateien dazu ein, eine große *Vielfalt relevanter Selbst-Aspekte* und Interessensgebiete abzudecken. Während auf diese Weise einerseits sehr komplexe Selbstpräsentationen zu erstellen sind, die die übliche Trennung zwischen privater und beruflicher Sphäre auflösen, richten manche Netzaktive verschiedene Homepages für unterschiedliche Identitäten ein (z.B. als Wissenschaftlerin einerseits und politische Aktivistin andererseits). Wie unterschiedlich Personen bei der Kreation ihrer Homepages das potentielle Publikum imaginieren, lässt sich implizit erschließen: Manche Studierende gestalten ihre Homepages wie Bewerbungsunterlagen (hier ist der Adressat ein potentieller Arbeitgeber), andere listen einfach eine Reihe von Hobbies auf und fordern den Besucher auf: „Schreib' mir eine Mail!“ (hier ist der Adressat ein potentieller Bekannter oder Freund). Wieder andere Netznutzer spielen mit dem Widerspruch, eine „persönliche“ (intime Informationen preisgebende) Homepage ausgerechnet im WWW einzurichten und somit einer unüberschaubaren, anonymen Öffentlichkeit zu präsentieren. Hinter dem Link „Persönliches“ oder „Privates“ ist dann nur der Hinweis zu finden, dies ginge den unbekannten Besucher überhaupt nichts an.

Ob die spezifischen Selbstdarstellungsmittel im Netz zu Selbstreflexion und Selbstexploration Anlass geben und somit identitätskritisch werden, hängt wesentlich von der *Motivation* und der technisch-gestalterischen *Kompetenz* ab, aber auch von *sozialen Normen*: Wer in Netzforen aktiv ist und somit ein konkretes Publikum für die eigene Homepage (HP) im Auge hat, kann diese nutzen, um persönliche Informationen weiterzugeben und diverse Selbst-Aspekte zu präsentieren:

> hm..die hp is da, weil ich oft im *irc* zu finden bin, und die leute, mit denen ich viel kontakt hab, die sollen auch sehen koennen, wer ich bin, auch wenn sie selbst weit weg sind.. deshalb ist es auch ne seite mit nem netten foto..und mit netter musik, die ich gut find..und mit netten woertern von mir. im ganzen koennte man anhand der hp schon ein *persoenlichkeitsprofil* erstellen und dazu is sie im grunde auch da. (S.R., zit. nach Pantle, 1996)

In einer Online-Befragung von 60 chaterfahrenen Befragungspersonen zeigte sich, dass diejenigen, die regelmäßig einen Stamm-Channel besuchten, häufiger eine persönliche Homepage bereitstellten (38%) als diejenigen ohne Bezug zu einer Chat-Gemeinschaft (25%, siehe Anhang 4). Wer sich wenig in die Netzkultur involviert fühlt (siehe Kap. 6.10 zum Kulturraum-Modell), wird die Gestaltung einer persönlichen Homepage eher für eine sinnlose Spielerei halten und sich auf sachliche Informationen beschränken:

> Ich habe eine Homepage, um meine Arbeit am Institut darzustellen. Obwohl ich privat AOL nutze, habe ich mir dort keine (private) Homepage eingerichtet, weil ich wenig Lust habe, etwas Privates ueber mich ins Netz zu legen – wen soll das denn interessieren? Ich benutze keinen Counter, weil ich mir noch nicht die Muehe gemacht habe, herauszufinden, wie das funktioniert, und weil die Information, wie oft *ich* meine homepage aufgerufen habe (oder kann man das rausfiltern?), nicht so interessant ist. (H.K., zitiert nach Pantle, 1996)

Die Internet-Öffentlichkeit ist aus dieser Perspektive weder eine besonders relevante Bühne der Selbstdarstellung, noch werden eigene WWW-Seiten als Beiträge zur kollaborativen Gestaltung des Netzes und seiner Kultur verstanden. Wird einem jedoch die Außenwirkung von WWW-Aktivitäten erst einmal vor Augen geführt, so kann dies Selbstdarstellungs-Motivation erzeugen:

> Zu Beginn habe ich diese Homepage eigentlich nur erstellt, um die Seiten, die ich mir gerne ansehe, schneller zu finden. Seit ich einen Counter eingebaut habe, merke ich, dass sich auch andere fuer meine Seite interessieren. Ich weiss z.B. von Kollegen, dass sie meine Seite absichtlich ansehen und nicht zufaellig – vielleicht auf Grund des Namens – darauf klicken. (T.O., zitiert nach Pantle, 1996)

Neben fehlender Motivation kann auch fehlende Netzkompetenz dafür verantwortlich sein, dass erst gar keine Homepage angelegt wird oder dass man sich auf eine sehr kurze, schablonenhafte Darstellung beschränkt. Schließlich unterliegen Personen, die an einer umfassenden Selbstdarstellung auf ihrer persönlichen Homepage interessiert sind, nicht selten organisationsinternen Normen. Denn was Mitglieder einer Organisation ins Netz stellen, sollte schließlich mit dem Image der Organisation in Einklang stehen. Deswegen werden informelle und private Beiträge oft gänzlich abgelehnt. Oder eine individuelle und spielerische Gestaltung muss mit dem Hinweis auf *Corporate Identity* einem einheitlichen Seitenaufbau weichen. Hier kollidieren die Werte der Netzkultur, die u.a. Informalität, Kreativität und spielerischen Selbstausdruck honorieren, mit den Normen anderer sozialer Systeme (z.B. Sachlichkeit, Effizienz), innerhalb derer Internet-Kommunikation stattfindet.

7.4 Entwicklung neuer Identitäten im Internet

Identitätskritisch sind bei der Netzkommunikation zwei Umstände: Erstens bieten die vielfältigen Kommunikations- und Interaktionsszenarien den Netzaktiven soziale Erfahrungsbereiche, Gruppenzugehörigkeiten und Rollen an, die ihnen bislang nicht zugänglich waren. Zweitens gewährt computervermittelte Kommunikation zusätzliche Freiheitsgrade bei der Selbstpräsentation. Beide Faktoren können dazu beitragen, dass Personen im Zuge ihrer Netzaktivitäten neue Teil-Identitäten generieren (Kap. 7.4.1) und diese in unterschiedlicher Weise innerhalb und außerhalb des Netzes weiterentwickeln (Kap. 7.4.2).

7.4.1 Identitätsgenese im Internet

Wir können im Zuge der Internet-Nutzung auf verschiedene Weise neue Teil-Identitäten konstruieren: 1. durch Identifikation mit der Netzkultur und Übernahme von Netzämtern, 2. durch die besonders engagierte Teilnahme an bislang unzugänglichen virtuellen sozialen Netzwerken und Gemeinschaften, 3. durch die selbstdarstellerische Modifikation einzelner Personenmerkmale und 4. durch die Kreation alternativer „virtueller Identitäten" bzw. „Online-Identitäten". Mit der Wahl eines Spitznamens und dem Betreten eines Chats oder MUDs entsteht keinesfalls automatisch eine subjektiv relevante Online-Identität, vielmehr ist diese erst Ergebnis einer längeren Auseinandersetzung mit der nach und nach ausgestalteten virtuellen Person, über die wir Kontakte zu anderen Menschen knüpfen, die ihrerseits durch virtuelle Personen vertreten sind. Die virtuelle Person ist also eine Art Medium, eine Erweiterung unseres persönlichen Selbstausdrucks, die erst dann identitätsrelevant wird, wenn wir den Umgang mit ihr aktiv als Teil unserer Identitätsarbeit begreifen.

Identifikation mit der Netzkultur

Erfahrungsbereiche und Tätigkeitsfelder stellen identitätsrelevante Kontexte dar. Allein die Tatsache, dass man an der Internet-Kommunikation teilnimmt, birgt die Chance, eine *Identität als Netznutzerin oder Netznutzer* aufzubauen – sofern man entsprechendes internetbezogenes Engagement an den Tag legt (siehe Tab. 7.5). Frindte und Köhler (1997) erhoben die verbalen Selbstdarstellungen von erfahrenen und unerfahrenen Netznutzern (Faktor „CvK-Erfahrung"), indem sie diese a) unabhängig von jedem Computer-Bezug, b) während einer Computersitzung oder c) während einer computerbezogenen Gruppendiskussion untersuchten (Faktor „Computer-Öffentlichkeit"). Die Befragten identifizierten sich umso stärker mit der sozialen Kategorie der CvK-Nutzer, je mehr CvK-Erfahrung sie hatten und je stärker der Computer-Bezug der adressierten Öffentlichkeit war.

Tab. 7.5: Drei Typen von Computernetz-Nutzern
(Quelle: Typologie aus Wetzstein & Dahm, 1996)

	starke Identifikation mit der Netzkultur	*schwache Identifikation mit der Netzkultur*
viel Netz-Kompetenz	Freak	Pragmatiker
wenig Netz-Kompetenz	-	Hobbyist

In einem sozialen Umfeld, in dem häufig Kontroversen über das Internet auftreten und somit Netzaktive und *Netzabstinente* einander gegenüberstehen, wird der Internetbezug identitätskritischer sein (v.a. im Sinne kollektiver Identität) als in einer Konstellation, in der andere Menschen die eigenen Netzaktivitäten kaum zur Kenntnis nehmen. Indem Netznutzung und Nicht-Nutzung sozial beachtete Erfahrungsbereiche werden, sind auch Netzabstinente gezwungen, mit ihrer Position identitätsbewusst umzugehen, etwa indem sie eine *Identität als Netz-Kritiker* annehmen. Die Genese und Darstellung dieser Identitäten verläuft oft in Auseinandersetzung mit gängigen Stereotypen: Die Übernahme einer Identität als Netz-Nutzerin oder Netz-Nutzer kann beinhalten, dass man stereotype Vorstellungen über Internet-Freaks und ihre Gewohnheiten positiv umdeutend übernimmt (und z.B. stolz berichtet, wie viele Nächte man schon chattend oder muddend „durchgemacht" hat) oder sich von ihnen distanziert (z.B. indem man betont, das Netz zwar intensiv zu nutzen, aber keinesfalls „süchtig" zu sein). Ebenso wird bei der Übernahme einer Identität als Netz-Kritikerin oder Netz-Kritiker mit entsprechender Selbstdarstellung auf Stereotype über Technik-Feinde reagiert, etwa indem man diese bewusst affirmiert (und z.B. betont, dass man noch nie einen Computer benutzt hat und dies auch nicht vorhat) oder indem man sich von ihnen distanziert (und z.B. unterstreicht, dass man sehr wohl mit dem Internet umgehen kann, dies jedoch in den meisten Fällen als wenig bereichernd erlebt).

Wer das Internet sparsam und primär sachbezogen nutzt, wird keine spezifische Identität als Netznutzer entwickeln. Wer dagegen aktiv und engagiert an den vom Kulturraum-Modell (Kap. 6.10) beschriebenen Kultivierungsprozessen teilnimmt, kann eine Identität als Nutzerin oder Nutzer des Internt bzw. eines bestimmten Internet-Dienstes mit Inhalten und Werten füllen und wird durch spezifische Verhaltensweisen (z.B. Jargon, Spezialwissen, Freizeitgestaltung) innerhalb und außerhalb des Netzes auch als solcher erkennbar sein bzw. sich zu erkennen geben (siehe Abb. 7.3). Suchtähnliches Verhalten als Ausdruck von *Enthusiasmus* ist gängiger Bestandteil der Identität als Internet-Freak, andererseits kann Viel- oder Extrem-Nutzung aber auch zum echten *Sucht-Problem* werden (siehe Kap. 7.4.2 zum Eskapismus).

You know you are addicted to IRC when...

- You know all the lingo: lamer, ack, op, kick, ban.
- You start putting sideways smiley faces in notes and letters.
- You find yourself saying, „grin" ·or „smile".
- Your friends in real life address you by your IRC name.
- Your friends in IRC address you by your real name.
- Your nick is mentioned on an irc web page (or worse... it's published in printed material somewhere)
- You type messages to people while you're talking to them on the phone
- You spent $300+ on long distance calling those you met on IRC
- Whenever you log on to a server you immediately get 10 messages from people who have you on their notify list.
- Your notify list has over a hundred people on it.
- You log on just to see who is on, and find yourself still there 4 hours later.
- You added this list to your homepage.

Abb. 7.3: Humorvolle und treffende Charakterisierung von Chat-Freaks (Quelle: Ausschnitt aus www.rotfl.com/irc-addict/)

Identitätskonstituierend ist neben engagierter Netznutzung und entsprechender Netzkompetenz zusätzlich die Übernahme offizieller Funktionen bzw. Ämter z.B. als Mailinglisten-Moderatorin, Chat-Channel-Operator, WWW-Mistress oder Wizard in einem MUD. Die mit diesen *Netzämtern* verbundenen Rollen sind insofern identitätsrelevant, als sie überdauerndes Engagement erfordern, mit vielen sozialen Kontakten verbunden sind sowie soziale Einflussmöglichkeiten bereitstellen (z.B. bei der Gründung neuer Newsgroups, siehe Kap. 2.4.2).

Teilnahme an virtuellen sozialen Netzwerken und Gemeinschaften

Wegen der thematischen Vielfalt von Netzforen sowie ihrer leichten Zugänglichkeit kann man im Netz Anschluss an soziale Netzwerke und Gemeinschaften (zu Netzwerken und Gemeinschaften siehe Kap. 9) finden, die Foki gewidmet sind, mit denen man sich bislang nicht oder nur oberflächlich beschäftigt hat. Unbemerkt und mit *vergleichsweise* geringen Kosten ist es möglich, unverbindlich in Netzforen „hineinzuschnuppern", indem man einfach die Postings mitliest. So kann man sich einen Eindruck vom Kommunikationsablauf, vom Ton und von der Atmosphäre sowie von den aktiven Mitgliedern verschaffen (siehe Kap. 9.3.2 zum computervermittelten Zugang zu bereits netzextern bestehenden Gruppen und Kap. 9.4 zum Zugang zu netzimmanenten Gruppen). Wenn sich das Interesse dann vertieft, bietet es sich an – parallel zur intensivierten Auseinandersetzung mit dem Thema – schrittweise in die sozialen Verbindungen des Forums einzutreten: durch *Delurking*, erste eigene Postings und private Email-Kontakte zu anderen Beteiligten. Im Unterschied zu Personen, die bestimmte Netzforen gezielt aufsuchen, um bereits etablierte Identitäten auszubauen oder für unterentwickelte (z.B. marginalisierte) Selbst-Aspekte Unterstützung zu finden (siehe Kap. 7.3.1), ergibt sich somit im Kontext explorativer Netznutzung die Möglichkeit, *erstmals* auf bestimmte Selbst-Aspekte aufmerksam zu werden und diese allmählich durch das Beimessen größerer Relevanz zu Identitäten werden zu lassen. So kann der zufällige Erstkontakt mit einer Fan-Gemeinschaft, einer politischen, religiösen oder sexuellen Spezialkultur oder einer Selbsthilfegruppe im Netz dazu anregen, sich intensiver – und dennoch zunächst unverbindlich – mit dem Thema bzw. dem (möglichen) Selbst-Aspekt zu beschäftigen.

Während computervermittelte Kommunikation insbesondere im kritischen Diskurs der 80er Jahre unter anderem wegen ihrer Vorprogrammierung und mangelnden Spontaneität kritisiert wurde, sind mit der Popularisierung interaktiver Netzforen nun auch medial vermittelte zufällige und ungeplante Begegnungen möglich. Ob und wann wir ein bestimmtes Netzforum entdecken, ob die dort gerade aktuellen Beiträge und aktiven Beteiligten uns zusagen oder nicht – all dies ist nicht technisch vorprogrammiert, sondern stellt ein durch Unwägbarkeiten geprägtes soziales Ereignis dar.

Selbstdarstellerische Modifikation einzelner Personenmerkmale

Ein fundamentaler Unterschied zwischen Selbstdarstellungsprozessen bei der CvK und solchen bei der Face-to-Face-Kommunikation besteht darin, dass bei der CvK zahlreiche Personenmerkmale zunächst herausgefiltert sind und die im Netz relevanten *verbalen Identitätsrequisiten* es erlauben, sich *Attribute* fast beliebig zuzuschreiben. Das reicht von der Maskierung oder Modifizierung einzelner Personenmerkmale (z.B. Alter, Geschlecht, Aussehen) bis zur Etablierung einer kompletten *virtuellen Person*, deren Attribute und Verhaltensweisen unter Umständen deutlich von dem abweichen, was für die am Computer sitzende Person im sonstigen Leben typisch ist.

Die *Modifikation einzelner Personenmerkmale* kann selbstdarstellerisch defensive oder assertive Funktionen erfüllen. So scheinen gerade Frauen im Netz oft – *defensiv* – einen geschlechtsneutralen oder gegengeschlechtlichen Nick zu wählen und somit ihr Geschlecht zu maskieren. Durch den geringeren Frauenanteil im Netz und v.a. durch die geringere Sichtbarkeit der Netzaktivitäten von Frauen (vgl. Kap. 4.3) befinden sich diese im Netz oft in einer Minderheitenposition. Für Frauen stellen sich soziale Interaktionen im Netz somit häufig als Inter-Gruppen-Kontakte dar, in denen sie mit der zahlenmäßig überlegenen Outgroup der Männer konfrontiert und gleichzeitig von der Ingroup isoliert sind (sofern sie keine Kontakte zu anderen Netznutzerinnen pflegen). *Geschlechtsmaskierung* kann vor diesem Hintergrund als Strategie verstanden werden, soziale Kategorisierung und Stereotypisierung zu verhindern, um z.B. in formellen Kontexten gleichberechtigt mitdiskutieren zu können oder in informellen, geselligen Foren unwillkommenen Kontaktversuchen vorzubeugen. Zudem ist die regelmäßige Teilnahme an sozialen Interaktionen als geschlechtsneutrale Person womöglich auch insofern identitätskritisch, als sie die außerhalb des Netzes fehlende Möglichkeit eröffnet, einer fundamentalen sozialen Kategorisierung zu entgehen und somit selbstreflexiv zu erfahren, welchen Stellenwert sichere Geschlechtszuschreibungen im Alltag haben.

Jaffé, Lee, Huang und Oshagan (1995) boten ihren 61 Studentinnen und 53 Studenten an, vorlesungsbegleitend an einer Mailingliste teilzunehmen. 75 Studierende machten von diesem Angebot Gebrauch und wurden per Zufall einer Mailingliste mit Real-Name-Pflicht und einer Mailingliste mit Möglichkeit zur Pseudonymisierung (Nick Name) zugeteilt. Die Hypothese, dass Frauen (81%) in der Nick-Name-Bedingung durch die Wahl eines geschlechtsneutralen oder gegengeschlechtlichen Spitznamen ihr Geschlecht häufiger maskieren als Männer (19%), konnte anhand der n=37 Personen der Nick-Name-Bedingung bestätigt werden ($\chi^2 = 14{,}15$, $df = 1$, $p < 0{,}001$; siehe Tabelle 7.6).

Tab. 7.6: Geschlechtsunterschiede beim Gebrauch von Nicks in einer Mailingliste (Quelle: Jaffé, Lee, Huan & Oshagan, 1995, Tabelle 1)

	Geschlecht am Nick erkennbar	*Geschlecht durch Nick maskiert*	*Gesamt*
Männer	17	4	21
Frauen	3	13	16
Gesamt	20	17	37

Mit welchen Intentionen die untersuchten US-amerikanischen Studentinnen in der vorlesungsbegleitenden Mailingliste ihr Geschlecht maskierten, ist nicht bekannt. Von den im Rahmen dieser Arbeit befragten n=60 chaterfahrenen Befragungspersonen maskierten insgesamt 41% ihr Geschlecht durch den Nick Name (Frauen: 59%, Männer: 35%), wobei allerdings geschlechtsneutrale Nicks häufiger (28%) als gegengeschlechtliche Nicks (13%) zur Anwendung kamen (siehe Anhang 4). Allgemein ist zu konstatieren, dass Geschlechtsmaskierung einerseits individuelle Entlastungen mit sich bringen kann (keine Identifizierbarkeit durch die Outgroup), andererseits aber auch dafür sorgt, dass Frauen im Netz „unsichtbarer" bleiben und einander weniger gut unterstützen können (keine Identifizierbarkeit durch die Ingroup, vgl. Kap. 7.3.2). Geschlechtshomogene Netzforen (z.B. Frauen-Mailinglisten, Frauen-Mailboxen; siehe http://www.women.de/) erlauben es, frauenspezifische Gesprächskulturen zu entwickeln und Themen zu behandeln, die sich in gemischtgeschlechtlichen Gruppen aufgrund der asymmetrischen Geschlechterverhältnisse kaum durchsetzen können (siehe Kap. 4.2). Solche geschlechtshomogenen Foren werden – entgegen dem populären Separatismus-Vorwurf – von den Beteiligten in der Regel nicht als einzig wahre Gegenwelt verstanden, sondern pragmatisch als sinnvolle (und teilweise wohl auch notwendige) Ergänzung des Spektrums sozialer Szenarien im Netz aufgefasst (vgl. Camp, 1996). Schließlich ist Geschlechts-Maskierung jedoch auch insofern zu relativieren, als sie v.a. beim Kontakt mit Neulingen in einem Netzforum eine Rolle spielt. Sobald Personen im Netz häufiger miteinander kommunizieren und sich regelmäßig in derselben virtuellen Gemeinschaft einfinden, ist auch ihre wahre Geschlechtsidentität bald kein Geheimnis mehr.

Während bei der CvK die Maskierung des Merkmals Geschlecht aktiv vorgenommen werden muss, da mit dem Real Name oder Nick Name eine Geschlechtsinformation transportiert oder zumindest erwartet wird, sind viele andere Merkmale im Netz durch mangelnden wechselseitigen Sichtkontakt zunächst automatisch maskiert (z.B. Körpergröße, Stimme, Alter) bzw. werden herausgefiltert (siehe Kap. 6.2 zum Filter-Modell). Beim Email-, Mailinglisten- oder Newsgroup-Austausch werden derartige Hintergrundinformationen häufig nach und nach preisgegeben, wenn eine Referenz darauf im Zusammenhang mit der inhaltlichen Diskussion notwendig oder sinnvoll erscheint. Allgemein ist die *körperliche Telepräsenz* der an Mailinglisten- und Newsgroup-Diskussionen beteiligten Personen eher gering ausgeprägt, die Präsentation ihrer Meinungen, ihres Wissens und ihrer Erfahrungen steht im Vordergrund. Personen mit auffälligen negativen Stigmata (z.B. Hauterkrankungen) sowie Personen mit Einschränkungen im Bereich der mündlichen Sprachproduktion (z.B. Stottern) oder Sprachrezeption (z.B. Schwerhörigkeit) können dank qua CvK automatisch bewerkstelligten Merkmals-Maskierung und der schriftlichen Form des Austauschs gleichberechtigt an der zwischenmenschlichen Kommunikation teilnehmen. Identitätskritisch ist dies insofern, als Betroffene, die in Face-to-Face-Situationen stets zunächst als Stigmatisierte wahrgenommen werden, bei der kontextarmen textbasierten CvK von Anfang an ganz andere Selbst-Aspekte in den Vordergrund stellen können.

Die Frage, wie Personen, die man im Netz kennenlernt, wohl aussehen mögen, stellt sich besonders beim Kennenlernen in geselligen Netzforen und wird hier auch oftmals explizit abgeklärt, sei es per Foto, Videofilm oder verbaler Selbstbeschreibung. Sowohl bei der Auswahl der weitergegebenen Fotos als auch beim verbalen

Austausch von Eckdaten über das äußere Erscheinungsbild (Alter, Körpergröße, Gewicht, Augenfarbe, Haar- und Barttracht) geht es neben der defensiven selbstdarstellerischen Strategie der Maskierung von Handicaps auch um *assertive* Selbstdarstellung. Dabei wird das Ziel verfolgt, besonders attraktiv auf potentielle Partnerinnen und Partner zu wirken, was nicht nur Kontaktchancen verbessert, sondern auch das Selbstwertgefühl und Wohlbefinden steigert und der Realisation einer gewünschten Identität entspricht (vgl. Leary & Kowalski, 1990, S. 37f.). Dementsprechend kommt es häufig zu *Idealisierungen* gemäß gängigen Schönheitsidealen oder den antizipierten Erwartungen des konkreten Gegenübers. Dieser unter anderem aus Kontaktanzeigen bekannte Idealisierungs-Effekt ist so verbreitet, dass eine recht große Skepsis bei der Eindrucksbildung im Netz vorherrscht. Das Wissen um Simulations-Effekte im Netz (Kap. 6.7) und die Neugier auf das „wirkliche" Aussehen des Gegenübers kollidieren hier jedoch vermutlich oftmals mit dem Motiv, den Kommunikationspartner in gutem Licht zu sehen und somit die Kommunikation intensiver zu genießen (Imaginations-Modell, Kap. 6.8). Das virtuelle Design des Körpers ist also im Spannungsfeld eigener Idealvorstellungen und Kontrollwünsche, antizipierter Erwartungen des Gegenübers und widerständiger Realitäten angesiedelt. Die Beteiligten begegnen einander dabei nicht körperlos, sondern quasi im „Gewand" zugeschriebener und selbst definierter Körper, mit deren sozialen Konnotationen sie ihre Interaktionen strukturieren (vgl. Müller, 1996). Damit werden Selbst-Aspekte sozial realisierbar bzw. gemeinsam imaginierbar, die aufgrund der mit materialer Körperlichkeit verbundenen Handlungsbarrieren sonst allenfalls allein erträumt werden.

Kreation alternativer Online-Identitäten

Von der CvK-spezifischen Modifikation einzelner Attribute (Geschlechtsmaskierung, Maskierung von Stigmata, Idealisierung körperlicher Merkmale) gibt es einen fließenden Übergang zur Konstruktion kompletter virtueller Personen, die bestimmte, subjektiv relevante Selbst-Aspekte erstmals pointiert zur Geltung bringen und somit als neue Teil-Identitäten zu interpretieren sind. Man beschränkt sich dann nicht darauf, vorhandene Merkmale idealisierend darzustellen (z.B. als durchschnittlich aussehender Mann im Netz sehr attraktiv zu erscheinen) oder einzelne Attribute zu maskieren (z.B. das Alter zu verschweigen oder mit geschlechtsneutralem Nick aufzutreten). Vielmehr ordnet man sich bewusst bestimmten sozialen Kategorien zu, identifiziert sich mit ihnen und versucht, ein entsprechend *modifiziertes Sozialverhalten* zu zeigen. Dies kann z.B. im Hinblick auf Nationalität, Alter oder sexuelle Präferenz der Fall sein und schließlich auch das Agieren als Phantasie-Lebewesen einschließen.

Ein spektakulärer Fall von *Ethnizitäts-Switching* ereignete sich 1993 in den Foren des Online-Dienstes AOL (siehe Martin, 1995). Hier bot *Blue Snake* aus erster Hand Informationen und Online-Seminare über indianische Zeremonieren, Rituale und Heilverfahren an und leitete mehrere Chat-Foren, die großen Anklang fanden. Als indianische Gruppen diese Angebote überprüften, stellte sich heraus, dass Blue Snake in Wirklichkeit gar kein „Indianer" war und seine Inszenierung *ethnischer Identität* vor allem auf Stereotypen beruhte (z.B. Pfeife als ubiquitäre Identitätsrequisite, die jedoch in der indianischen Kultur nur zu bestimmten Anlässen verwendet wird). Echte Native-Americans protestierten bei AOL gegen diesen Ethnizitäts-Switch, weil sie zum einen die netzöffentliche Darstellung indianischen Geheimwissens als Angriff auf die Integrität ihrer Kultur empfanden und zum anderen die Reproduktion eines der Wild-Western-Fiktion entlehnten Indianer-Klischees ablehnten. Obwohl bei sichtbarer Ethnizitätszugehörigkeit ein Ethnizitäts-Switch nur im Netz möglich ist, sollte man bei derartigen Fallbeispielen jedoch nicht vergessen, dass die Simulation von Identitäten (bei nicht-sichtbaren Zugehörigkeitsmerkmalen) auch außerhalb des Netzes vorkommt (z.B. sich ohne entsprechende Ausbildung als „Psychotherapeut" ausgeben).

Die Möglichkeit zum *Gender-Switching/Swapping* (Bruckman, 1993) – man wechselt im Netz das Geschlecht *und* verhält sich bewusst rollenbezogen – hebt nicht automatisch die klassischen Geschlechtsrollen-Stereotype in den Köpfen der Beteiligten auf. Nach der öffentlichen Wahl eines Online-Geschlechts bewegt man sich auch in der virtuellen Welt innerhalb gängiger Erwartungen über typisch weibliches oder männliches Aussehen und Verhalten. Selbstbeschreibungen von virtuellen Personen mit weiblichem Online-Geschlecht enthalten systematisch andere Attribute als solche mit männlichem Online-Geschlecht, wobei die gängigen Schönheitsideale Bezugspunkt sind (Reid, 1994a; Rosenberg, 1992; vgl. auch Kap. 3.4.3 zu Online-Charakteren). Personen mit weiblichem Online-Geschlecht haben nicht zuletzt wegen des geringeren (sichtbaren) Frauen-Anteils im Netz einen höheren Aufmerksamkeitswert, erhalten mehr Hilfe und Unterstützung, wobei diese Kontaktangebote zuweilen über das gewünschte Maß hinausgehen und die Ebene der Einvernehmlichkeit verlassen (Bruckman, 1993; Reid, 1994a). Umgekehrt wird Personen mit männlichem Online-Geschlecht oft mehr Kompetenz zugeschrieben.

Die Erfahrungen, die Männer als Frauen z.B. auf Chat-Channels oder in MUDs machen, sind somit zwiespältig (vgl. Rheingold, 1994, S. 204ff.; Turkle, 1995, S. 212ff.; Turkle, 1996, S. 326ff.): Sie können leichter mit „anderen" Frauen ins Gespräch kommen, genießen mehr Aufmerksamkeit von ihren Geschlechtsgenossen und können sich mehr Passivität leisten (z.B. werden sie plötzlich freundlich begrüßt und in Gespräche verwickelt, wenn sie einen Channel betreten, während sie mit männlichem Nick von ihren Geschlechtsgenossen kaum beachtet wurden). Andererseits sind sie mit unwillkommenen Hilfsangeboten und Belästigung konfrontiert (sie werden z.B. auch dann mit privaten Chats und Emails überhäuft, wenn sie der betreffenden Person mitgeteilt haben, dass sie keinen weiteren Kontakt wünschen). So kommt es in IRC- und MUD-bezogenen Newsgroups immer wieder zu Beschwerden von Männern über das Verhalten ihrer Geschlechtsgenossen Frauen gegenüber, das sie nun selbst erstmals hautnah miterleben.

Auch die Erlebnisse der Frauen, die beim Chatten oder Mudden als Männer auftreten, sind ambivalent: Die eigenen Geschlechtsgenossinnen begegnen ihnen nun mit größerer Distanz, und von Männern erhalten sie weniger Beachtung und Hilfe. Das kann einerseits den Spaß an der Netzkommunikation reduzieren, andererseits aber auch die Erkenntnis bescheren, dass sie so viel Hilfe ja eigentlich gar nicht brauchen und sich z.B. in einem MUD ganz gut allein zurechtfinden. Das Agieren als Mann ermöglicht die Teilnahme an „Männer-Gesprächen" und begünstigt zudem die Übernahme von expansiven und aggressiven Verhaltensweisen und Selbstinterpretationen, die traditionell als „männlich" – und damit gleichzeitig als „unweiblich" – gelten und deren Exploration für Frauen „in real life" wegen des (erlebten oder antizipierten) negativen Feedbacks erschwert ist:

> When much later I did try playing a male character, I finally experienced that permission to move freely I had always imagined to be the birthright of men. Not only was I approached less frequently, but I found it easier to respond to an unwanted overture with aplomb, saying something like, „That's flattering, Ribald_Temptress, but I'm otherwise engaged." My *sense of freedom* didn't just involve a different attitude about sexual advances, which now seemed less threatening. As a woman I have a hard time deflecting a request for conversation by asserting my own agenda. As a MUD male, doing so (nicely) seemed more natural; it never struck me as dismissive or rude. Of course, my reaction said as much about the construction of gender in my own mind as it did about the social construction of gender in the MUD. (Turkle, 1995, S. 211)

Gender-Switching kann also neue Einblicke in die Lebenssituation des anderen Geschlechts vermitteln, die sozialen Konstruktionen und Implikationen von Mannsein und Frausein transparenter machen und dadurch womöglich auch verändern. Reid (1994a) gibt eine lebendige Zusammenfassung ihrer Beobachtungen und Erfahrungen mit Gender-Switching:

> Many people are simply unable to negotiate social encounters without needing to fix, at least in assumption, the genders of their interlocutors. It is indeed a truly disorienting experience the first time one finds oneself being treated as a member of the opposite sex. My own forays into the realm of virtual masculinity were at first frightening experiences. Much as some of us may deplore what we see as the negative sides of our culture's sexual politics, we are brought up to align ourselves with gender-specific social navigation mechanisms. Once deprived of the social tools which I, as female, was used to deploying and relying on, I felt rudderless, unable to negotiate the most simple of social interactions. I did not know how to speak, whether to women or to „other" men, and I was thrown off balance by the ways in which other people spoke to me. It took much practice to learn to navigate these unfamiliar channels, an experience that gave me a greater understanding of the mechanics of sexual politics than any other I have ever had.

Die Möglichkeit, die *Identität des anderen Geschlechts* anzunehmen und mit dieser Identität sozial zu kommunizieren und zu interagieren, gab es zwar auch schon vor dem Internet (z.B. in der Briefkommunikation oder beim Fasching). Allerdings ist es wenigen Menschen vorbehalten, durch perfekte Verkleidung in Face-to-Face-Kontakten als Angehörige des anderen Geschlechts wirklich anerkannt zu werden (z.B. Drag King, Drag Queen). Diese praktische Erfahrung der Relativierung eigener Geschlechtszugehörigkeit ist erst durch computervermittelte Kommunikation in öffentlichen Netzen breiteren Kreisen möglich. Denn die Option, in Briefen oder Kontaktanzeigen eine falsche Geschlechtsangabe zu machen, ist nicht mit dem Gender-Switch im Netz zu vergleichen: Bei Briefen handelt es sich nur um bilaterale asynchrone Kommunikation, während im Internet auch zeitgleiche und multilaterale Kommunikationsszenarien zur Verfügung stehen, so dass hier erst entsprechende Bühnen und soziale Umwelten vorhanden sind, in denen man sich mit der anderen Identität bewegen kann und im Sinne des „Doing Gender“ bewähren muss. Etwa indem man mit der Identität des anderen Geschlechts gleich- und gegengeschlechtliche Kontakte und Freundschaften anknüpft oder Netsex bewerkstelligt (McRae, 1996). So beeindruckend Erfahrungen mit dem Geschlechtertausch im Netz sein mögen – aufgrund des eingeschränkten Aktionsradius bei computervermittelten Interaktionen sowie der ausgeblendeten materialen Leiblichkeit bleiben viele geschlechtsspezifische Verhaltens- und Erlebensdimensionen freilich unerschlossen.

Während ein Gender-Switch im IRC durch die Wahl eines entsprechenden Nickname unmittelbar vollzogen ist und anekdotischen Berichten zufolge von sehr vielen Internet-Nutzerinnen und -Nutzern hin und wieder ausprobiert, aber selten lange durchgehalten wird (vgl. Debatin, 1997; Dekker, Ehlebracht, Horch & Imsel, 1998), erfordert die Kreation einer kompletten Online-Persona in einem MUD zusätzliche Arbeit. Hier geht es um mehr als die Selbstzuordnung zu einer sozialen Kategorie, nämlich darum, eine *alternative individuelle Identität* aufzubauen, indem man eine Person mit eigenem Namen, spezifischem Aussehen, bestimmten Vorlieben und Fertigkeiten, Beziehungsnetzen und Familienbezügen im Netz entstehen lässt. Die Etablierung solcher Online-Persönlichkeiten ist in Mailinglisten und Newsgroups extrem selten, im IRC häufiger und in MUDs am häufigsten anzutreffen und erfordert üblicherweise einen längeren, manchmal über Monate und Jahre hinweg durchgehaltenen Entwicklungsprozess (vgl. Bruckmann, 1992; Reid, 1991, 1994a, 1995; Turkle, 1994).

In MUDs ist die explizite Kreation eines Online-Charakters eine Selbstverständlichkeit, die von den Beteiligten ganz unterschiedlich erlebt und bewerkstelligt wird:

> When people adopt an online persona they cross a boundary into highly-charged territory. Some feel an uncomfortable sense of fragmentation, some a sense of relief. Some sense the possibilities for self-discovery, even self-transformation. Serena, a twenty-six-year-old graduate student in history, says, „When I log on

> to a new MUD and I create a character and know I have to start typing my description, I always feel a sense of panic. Like I could find out something I don't want to know". Arlie, a twenty-year-old undergraduate says, „I am always very self-conscious when I create a new character. Usually, I end up creating someone I wouldn't want my parents to know about. It takes me, like, three hours. But that someone is part of me". In these ways and others, many more of us are experimenting with multiplicity than ever before. (Turkle, 1995, S. 260)

Die verbal erschaffene Online-Identität hat einerseits ein Eigenleben: So bietet bzw. erfordert der Bedeutungskontext der MUD-Welt die Zuordnung der eigenen Spiel-Figur zu einer bestimmten Rasse oder Klasse (z.B. Riese, Elfe, Tier, siehe Kap. 3.4.3) und stellt damit auch die zugehörigen Merkmale und Fähigkeiten zur Verfügung. Zudem tragen die MUD-Aktivitäten zum Image der Spiel-Figur bei, denn schließlich können alle anderen Beteiligtens am Punkteprofil erkennen, wie lange und wie erfolgreich der eigene Online-Charakter im MUD agiert. Andererseits fließen in die Gestaltung von Online-Charakteren bewusst und unbewusst reale Selbst-Aspekte ein. So lässt eine besonders poetische oder humorvolle Selbstcharakterisierung Rückschlüsse auf die Interessen und Fähigkeiten der Person hinter der Spiel-Figur zu. Ob es nun ein bestimmter Literatur- oder Musik-Geschmack ist, ein besonderes Interesse für Esoterik oder Sport – die Spiel-Figur nimmt bereitwillig jene Merkmale an, die für die Person hinter der Spiel-Figur wichtig sind. Entsprechende Ausdrucksmöglichkeiten im MUD finden sich bei der Gestaltung des eigenen Hauses und Besitzes oder in der Wahl der Gesprächspartner und Gesprächsthemen. Gleichzeitig mag es aber auch reizvoll sein, der Spiel-Figur als „Alter Ego" gerade solche Gewohnheiten mitzugeben, die einem selbst eher fremd sind. Je engagierter die MUD-Teilnahme ausfällt, umso differenzierter werden auch die Sinnzuschreibungen an die Spiel-Figur, die zunehmend ihre eigene MUD-Biografie entwickelt. Die textuelle Darstellung von Personen und Objekten in MUDs operiert symbolisch mit Merkmalen von Personen und Objekten der materialen Welt, so dass körper- oder materialbezogene Sinngebungen und Bedeutungszuweisungen reproduziert und nicht pauschal im Zuge einer Ent-Körperlichung (siehe Kap. 6.1) aufgehoben werden:

> These cyborgs do not exist in a „post-gender world." They are only quasi-disembodied. They do not attempt to posit their identities as amorphous, but instead revel in the possibilities of body-hopping. Play is not with escape from the claims of the flesh, but with the cultural meanings attached to different bodies. The adoption of masculinity, femininity, androgyny, animality or the more fantastical meanings attributed to fictional races or genders, is as easily accomplished as might be the donning of a new set of clothes. Thus clothed in the borrowed trappings of other's cultural expectations and imaginings, cyborg selves interact in fashions that are based both on superficial appearances and on an acceptance of whatever the individual wants to be. They do not reject gender, or

any other signs of identity, but play a game with them, freeing symbols from their organic referents and grafting the meanings of those symbols onto their virtual descriptors. (Reid, 1994a, Kap. 8.4)

Der Umgang mit Virtualität erlaubt dabei nicht nur ein flexibleres Zuschreiben realistischer Personenmerkmale, sondern auch die Erfindung fiktiver körperlicher Merkmale und Verhaltensweisen, die *kein* Äquivalent in der materialen Welt haben, aber wiederum symbolisch besetzt werden können (vgl. Riley, 1996). Während die textbasierten MUDs mit schriftlichen Selbstbeschreibungen operieren, wird die eigene Spiel-Figur in grafischen MUDs (Avatar-Welten) auch grafisch präsentiert etwa durch ein Foto, eine Foto-Montage oder eine Comic-Zeichnung (siehe Suler, 1997b). Auch hier können der Spiel-Figur (sog. *Avatar*) Merkmale verliehen werden, die sie mit der Person hinter der Spiel-Figur (sog. *Ratava*) teilt (z.B. eigenes Portraitfoto). Andererseits sind fiktionale Darstellungen gängig (z.B. Phantasielebewesen als Collage aus mehreren Tierfotos). Gerade bei den Avataren werden die starken technischen Restriktionen des Selbstausdrucks im Netz überdeutlich: Avatare sind durch systemdefinierte Versatzstücke (z.B. uniforme Statur, kleine Auswahl von Frisuren und Kleidungsstücken) meist präformiert und können sich allenfalls mit stereotypen Gesten bewegen (z.B. Arm heben zum Winken, geradeaus gehen). Im Vergleich zu den rein textbasierten MUDs haben grafische MUDs auf den ersten Blick deswegen (zum heutigen Zeitpunkt noch) stark vergröbernde und comic-artige Züge (Abb. 7.4).

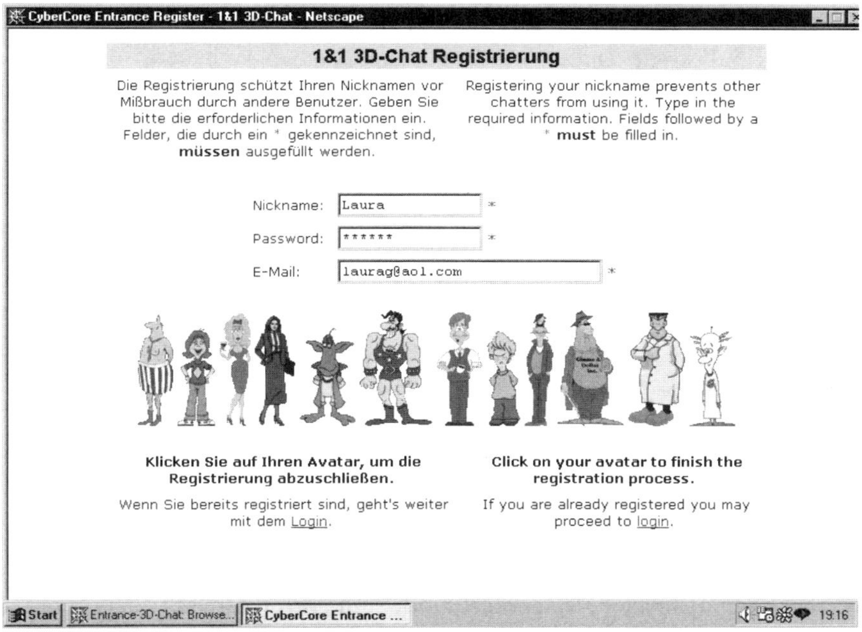

Abb. 7.4: Avatar-Auswahl im 1x1 3D-Chat (Quelle: http://cybercore.online.de/)

7.4.2 Identitätsentwicklung im Internet und darüber hinaus

Dass sich im Zuge der sozialen Erfahrungen im Netz neue Selbst-Aspekte herausbilden, die große subjektive Relevanz gewinnen und somit zu neuen Teil-Identitäten werden, ist nur bei sehr starkem Netzengagement möglich. Durch die Identifikation mit der Netzkultur kann etwa eine Identität als *Netizen* entstehen. Netzvermittelt ist der Zugang zu diversen *sozialen Gruppen* erleichtert, die sich bei aktiver Teilnahme zur Identifikation anbieten (z.B. soziale Identität als Vertreterin oder Vertreter einer bestimmten politischen Ideologie oder Fankultur). Indem man bei der CvK selbstdarstellerisch *einzelne Attribute modifiziert* (z.B. Geschlechtsmaskierung, Maskierung von Stigmata, Idealisierung körperlicher Attribute), ist es möglich, in sozialen Situationen mit einer neu akzentuierten individuellen Identität aufzutreten, die um störend empfundene Selbst-Aspekte quasi bereinigt ist. Schließlich geht es denjenigen, die bewusst *alternative Teil-Identitäten* im Netz ausleben (z.B. Auftreten als Person des anderen Geschlechts, als Tier, als historische Figur, als Phantasielebewesen etc.) zum Teil darum, im sonstigen Leben ausgeblendete, aber subjektiv bedeutsame Selbst-Aspekte zu explorieren und zu realisieren. Zum Teil handelt es sich jedoch auch um ein unterhaltsames Freizeitverhalten, ohne tiefgreifende identitätspsychologische Implikationen.

Im Zuge der Netznutzung herausgearbeitete Selbst-Aspekte können sich in unterschiedlicher Weise weiterentwickeln und Einfluss auch auf das Leben außerhalb des Netzes nehmen: Zunächst einmal regt die Erfahrung, in sozialen Situationen innerhalb des Netzes anders als gewohnt zu handeln und wahrgenommen zu werden, Prozesse der *Selbstreflexion* an. Darüber hinaus können Verhaltensweisen, die der eigene Online-Charakter im Netz an den Tag legt, auch auf soziale Situationen außerhalb des Netzes übertragen werden – und umgekehrt. Durch solche *Transfer-Effekte* sorgen Erfahrungen im Netz für eine Erweiterung sozialer Handlungsmöglichkeiten außerhalb des Netzes. Andererseits können kontrollierbare Netzszenarien und Selbstpräsentationen aber auch eine Gegenwelt darstellen, in die man sich bei Problemen flüchtet. Derartiger *Eskapismus* verhindert dann eher die Realisation möglicher Identitäten und sorgt für eine Problemverstärkung. Von den n=60 im Rahmen dieser Arbeit befragten Chatterinnen und Chatter berichteten 43% verstärkte Selbstreflexion, 12% Erfahrungs-Transfer und 7% Eskapismus im Zuge ihrer Netzaktivitäten (siehe Anhang 4).

Selbstreflexion

Identitäten als subjektiv relevante, kontextgebundene Selbstinterpretationen konstituieren und reproduzieren sich nicht zuletzt durch Selbstreflexionsprozesse. Jene sozialen Erfahrungen im Netz, die deutlich von den sonstigen Alltagserfahrungen abweichen, sind besonders prädestiniert, ein Infragestellen herkömmlicher Selbstinterpretationen einzuleiten. Solche ungewohnten Erfahrungen treten besonders im Zusammenhang mit Merkmalsmaskierungen und der Kreation alternativer

Identitäten auf. Dies betrifft zunächst den Prozess des *Erschaffens* einer virtuellen Person durch Namenswahl und Selbstbeschreibung: Während man eine virtuelle Person bzw. einen Avatar generiert, ist es oft naheliegend sich zu fragen, wie und warum man ihm welche Eigenschaften verleiht. Da besonders engagierte Netznutzer parallel mit unterschiedlichen virtuellen Personen operieren, können sie regelrecht experimentell prüfen, wie sich das Agieren mit unterschiedlich gestalteten virtuellen Personen auf das eigene Erleben und Verhalten sowie auf das Verhalten der anderen auswirkt (siehe Abb. 7.5).

I stepped [...] in my very first Dreamscape **avatar** form, as someone named **Harmony**. I'll bet none of you even remember her. She was normal ... the only normal avatar I've had. <G> She lasted about a month, because, being normal, she was *boring*. Basically, she was more or less like me, except younger, thinner and cuter. But she wasn't a whole lot of fun to be, so I decided that since we get two avatars in the Dreamscape it would be fun to experiment, so a goofy looking cat was born, **Cosmocat**, who was based on my real world cat, only he could type better. <G> Cosmocat was a whole lot more fun to be than Harmony, and he was smarter, too ... he figured out how to paint heads, which made him even *more* fun to be. It also made him famous. So, for about a year, I used Cosmocat, until he took on a life of his own and became unruly and obnoxious and I had to kill him.

But what made Cosmocat take on a life of his own? Did he really or was I using him to express some deep dark part of myself? Was I really an obnoxious, annoying, sarcastic little twit who was nosy and rebellious and oracle obsessed? <G> It is kind of interesting that soon after I killed Cosmocat the first time (he died at least three times), I created another cat. It's also interesting that over time NONOBADKITTY! has taken on some of Cosmocat's traits, like being oracle obsessed. What does this say about my **ratava**? Do I even want to know? <G>

Anyway, I've had **lots of identities** in the Dreamscape, 41 in fact, most of which only lasted a day or two, so technically they weren't really identities but just **name changes**. But I have experimented quite a bit, and the one thing that I've found most interesting, is that people treat you based on how you present yourself, and, if you pay attention, you'll notice that *you* change depending on how you present yourself. Or at least I do. When I was Cosmocat, he seemed to be accepted for his computer skills due to the fact that he painted heads, when in fact my ratava is totally clueless as far as computer programming is concerned, but somehow as Cosmocat I seemed to be able to fake it well enough that everyone assumed I was either a programmer or a hacker. I didn't have the heart to tell them I didn't even know what a hacker was until after I was accused of being one. <G> But since Cosmocat was male and males are smarter when it comes to computers, (everyone knows that, right? <G>), I just kind of believed I was a techno cat. If Cosmocat had been female, I'll bet not only would he not be accepted for his skills, but I wouldn't have felt comfortable pretending I knew stuff I didn't. As Cosmocat, it didn't matter, I just did it anyway, because Cosmocat had guts that my ratava didn't.

Abb. 7.5: Selbstreflexive Überlegungen zum Verhältnis von Avatar (Online-Identität) und Ratava (Offline-Identität) (Quelle: http://ourworld.compuserve.com/homepages/charles_langley/771224.htm)

Neben dem Vergleich unterschiedlicher Online-Identitäten drängt sich immer wieder auch die Frage nach dem *Verhältnis von Virtualität und Realität* auf. Sie wird unter Netzaktiven häufig öffentlich erörtert (vgl. Debatin, 1997), wobei unterschiedliche Interpretationen nebeneinander stehen, die teilweise der Realität (RL: real life), teilweise der Virtualität (VL: virtual life) größere Authentizität zuschreiben und manchmal auch die Trennung zwischen „realen" und „virtuellen" sozialen Interaktionen grundsätzlich in Frage stellen (siehe Abb. 7.6).

Verstellung im Virtual Life

Manche mögen die Anonymität des Internet ziemlich geil finden, sie ist doch aber immer auch eine Verlockung dazu, sich anders zu geben, als man wirklich ist.

Verstellung im Real Life

Das sehe ich nicht ganz so. Sicher weicht das Verhalten im RL oefters ziemlich stark von dem im Internet ab. Allerdings denke ich, viele zeigen gerade in der Anonymitaet das, was tief in ihnen drin steckt, wozu sie aber bei den meisten Kontakten im RL nicht die Traute haben. Wahrscheinlich verstellen sich diejenigen vielmehr im RL. Logischerweise wird man solche Leute im RL erstmal ganz anders kennenlernen als im Internet. Je mehr man jedoch an Vertrauen gewinnt, um so mehr wird bei der betreffenden Person das vom Internet bekannte Verhalten hervortreten.

Virtual Life als Teil des Real Life

Und ich bin der Ansicht, dass man eben nicht, wie es die meisten Menschen tun, zwischen Internet und RL unterscheiden sollte... Ich lasse mich auch beim Chatten nur von Menschen „virtuell" knuddeln, umarmen oder kuessen, die das auch im RL mit mir machen wuerden, weil ich es daemlich finde, sich im Netz „lieb" und „nett" und „zaertlich" zu verhalten, waehrend man im RL auf Distanz bleibt... Das Internet ist ein Teil des RL, welches leider nicht nur als Kommunikationsmittel, sondern oftmals nur als Spielwiese angesehen wird. Wobei ich gegen das Spielen an sich absolut nichts habe, aber viele Leute

```
ueberschreiten dabei Grenzen, welche sie sonst nicht anzu-
tasten wagen. Stell dir nur einmal vor, diese Menschen
wuerden sich am Telefon (oder gar bei einer richtigen
Begegnung) so verhalten, wie sie es hier im Internet tun.
Ich verstecke mich beim Chatten nicht mehr hinter einem
anonymen Namen, ich mache dabei nur Dinge, die ich auch
in RL tun wuerde. Ich uebernehme auch die Verantwortung
fuer die Folgen dessen, was ich beim Chatten so von mir
gebe, denn es gibt Menschen, die es durchaus ernstnehmen,
was ich sage. Und ich habe es schon oft genug erlebt,
dass Menschen durch Aeusserungen anderer beim Chatten tief
getroffen waren, mich selber eingeschlossen.
```

Abb. 7.6: Netzinterne Diskussion über das Verhältnis von Virtualität und Realität (Quelle: Ausschnitt aus einem Thread in <de.talk.romance>)

Das Erschaffen und Gestalten von virtuellen Personen, das Explizieren von körperlichen Merkmalen und nonverbalen Reaktionen beim virtuellen Handeln, die komplexe Mischung von Gefühlen der Diskrepanz und Übereinstimmung zwischen der eigenen Person und den virtuellen Personen, die uns im Netz vertreten sollen – all dies wird oft mit einer Steigerung (privater) *Selbstaufmerksamkeit* in Verbindung gebracht (siehe Bruckman, 1992). Man sollte die *Selbstexplorations-Funktion* des Muddens oder Chattens jedoch auch nicht überschätzen: Zunächst muss man sich vor Augen halten, dass das Mudden und Chatten neben anderen Netzaktivitäten eine eher untergeordnete Rolle spielt (siehe Kap. 4.4). Zudem sind unterschiedliche Aneignungsstile in MUDs zu differenzieren (siehe Kap. 3.4.5): Manche der Beteiligten konzentrieren sich besonders auf das Programmieren (Coder), andere auf geselligen Austausch (Chatter), wieder andere auf Rollenspiel (Player). Während sich die von Utz (1996) beschriebenen MUD-Spielerinnen und -Spieler auf diversen *Selbstkonzeptskalen* insgesamt nicht von der Normalbevölkerung unterschieden und auch keine erhöhte *Selbstaufmerksamkeit* an den Tag legten, zeigten sich deutliche Dispositions-Differenzen zwischen den Personen, die unterschiedliche MUD-Stile bevorzugten, was die differenzielle Aneignung sozio-technischer Optionen des MUDs belegt: *Coder* waren besonders leistungsorientiert und diszipliniert. *Player* zeichneten sich durch geringere Flexibilität und geringere Selbstsicherheit aus (möglicherweise nutzen sie das Spielen mit virtuellen Personen zur Überwindung von Handicaps). *Chatter* dagegen erwiesen sich als besonders kontaktfähig und tolerant (vgl. Utz, 1996, Kap. 4.3.3).

Verstärkte Selbstreflexion oder Selbstkomplexität ist somit nicht als Internet-Effekt zu betrachten. Vielmehr ist zu konstatieren, dass offensichtlich einige Netznutzer sowohl *Bedürfnisse* nach Identitätsexploration als auch die notwendigen *intelllektuellen Voraussetzungen* und *Netzkenntnisse* mitbringen, um in computervermittelten textuellen oder grafischen Umgebungen konstruktive soziale Erfahrungswelten zu erschaffen und diese auch explizit zur individuellen und kollektiven Selbsterkundung zu nutzen.

> Virtuality need not be a prison. It can be the raft, the ladder, the transitional space, the moratorium, that is discarded after reaching greater freedom. We don't have to reject life on the screen, but we don't have to treat it as an alternative life either. We can use it als a space for growth. Having literally written out our online personae into existence, we are in a position to be more aware of what we project into everyday life. Like the anthropologist returning home from a foreign culture, the voyager in virtuality can return to a real world better equipped to understand its artifices. (Turkle, 1995, S. 263).

Empirisch wäre zu prüfen, welche Determinanten im einzelnen ausschlaggebend dafür sind, dass Netzerfahrungen in der geschilderten Weise neue Erkenntnisse bescheren. Zu beachten ist dabei auch, dass die selbstreflexive Auseinandersetzung mit den vielfältigen faktischen und möglichen Selbstaspekten nicht per se eine Bereicherung unseres Alltags darstellt, sondern auch anstrengt und verunsichert. Befremdende und irritierende Netzerfahrungen mögen uns zuweilen zum Umdenken animieren und als Horizonterweiterung aufgefasst werden – sie können aber auch bald belastend und überfordernd sein. Es wäre also auch zu fragen, welche regressiven Ausgleichsmöglichkeiten wir uns schaffen, um uns von den gesteigerten Anforderungen selbstreflexiver Identitätsarbeit zumindest zeitweise zurückzuziehen (vgl. Bilden, 1997, S. 247f.).

Erfahrungs-Transfer

Erfahrungen in virtuellen sozialen Umgebungen sind durch ihre interpersonalen Bezüge zwar nicht beliebig oder konsequenzenlos, bieten aber mehr Freiheitsgrade, weil Negativsanktionen netzimmanent bleiben und das sonstige Alltagsleben zunächst nicht bedrohen. Das Netz kann somit als Schutzraum zum Erproben ungewohnter Identitäten genutzt werden. Im Unterschied zu *Rollenspielen* im Trainings-Bereich und zu *Psychodrama-Sitzungen* im psychotherapeutischen Bereich sind Netzaktivitäten zeitlich ausgedehnter – virtuelle Umgebungen sind rund um die Uhr zugänglich und verfügbar, was auch deren Abhängigkeitspotential erhöht. Eine Online-Identität kann für wenige Stunden oder viele Monate aufrecht erhalten werden. Zudem sind die Erfahrungen im Netz nicht nur auf Dyaden oder Kleingruppen beschränkt, sondern auch auf größere soziale Gebilde (z.B. virtuelle Städte und deren Populationen) bezogen. So erfordert bzw. ermöglicht der für größere MUDs typische Institutionalisierungsgrad spielerische Erfahrungen mit politischen Prozessen (z.B. Abhalten von Wahlen, Gestaltung polizeilicher Massnahmen etc.). Im Unterschied zu pädagogischen oder therapeutischen Lernumgebungen sind virtuelle Freizeit-Umgebungen nicht professionell angeleitet – allerdings sind MUDs, die computervermittelte Interaktionen dezidiert für Trainings- und Therapie-Zwecke nutzen, bereits in Erprobung.

Netzerfahrungen können das Erleben von *Selbstwirksamkeit* steigern und dadurch handlungsfähiger machen: Eine oft als therapeutisch bezeichnete Strategie im Umgang mit Virtualität besteht darin, sich qua *Merkmalsmaskierung* temporär von Handicaps (z.B. Dicksein) zu befreien und auf diese Weise neue soziale Erfahrungen zu sammeln (z.B. kontaktfreudig sein, von anderen Menschen gemocht und begehrt werden), die schließlich (z.B. im Verlaufe des persönlichen Kennenlernens von Netzbekanntschaften) auf das Leben außerhalb des Netzes übertragen werden (z.B. auf andere Menschen trotz Übergewicht selbstbewusst zugehen, vgl. Bahl, 1996). Eine solche Merkmalsmaskierung wird einerseits durch Kanalreduktion (siehe Kap. 6.1) hergestellt (bei der CvK sieht man die körperlichen Merkmale der anderen Beteiligten nicht); sie ist andererseits aber auch durch explizite Selbstbeschreibung zu unterstützen (z.B. kann man sich beliebige körperliche Attribute zuschreiben).

Eine andere Strategie besteht darin, subjektiv erlebte Fehler, Schwächen und Handicaps im Netz *offensiv* darzustellen. Der Schutzraum des Netzes ermöglicht es, negatives Feedback besser zu verarbeiten oder gar zu verhindern. Gleichzeitig bleibt die Möglichkeit erhalten, subjektiv bedeutsames positives Feedback zu erhalten, das ermutigt, entsprechendes Verhalten auch im sonstigen Leben zu zeigen. Somit kann *Vermeidungsverhalten* überwunden, alternatives Erleben ermöglicht und Selbstwirksamkeit gesteigert werden:

> Several years earlier, Ava (30) had been in an automobile accident that left her without a right leg. During her recuperation, she began to MUD. „Without giving it a lot of advance though“, Ava found herself creating a one-legged character on a MUD. Her character had a removable prothetic limb. The character's disability featured plainly in her description, and the friends she made on the MUD found a way to deal with her handicap. When Ava's character became romantically involved, she and her virtual lover acknowledged the „physical“ as well as the emotional aspects of the virtual amputation and prothesis. They became comfortable with making love, Ava found a way to love her own virtual body. Ava told that this experience enabled her to take a further step toward accepting her own body. „After the accident, I made love in the MUD, before I made love again in real life“, she said, „I think that the first made the second possible. I began to think of myself as whole again.“ (Turkle, 1995, S. 262f.).

Es gibt einen fließenden Übergang vom (ggf. als Probehandeln zu verstehenden) Selbstexperiment zur *bewussten Täuschung* anderer Menschen im Netz. Ein oft zitiertes Extrembeispiel dafür, in welcher Weise fiktive Identitäten im Netz ein Eigenleben gewinnen, liefert der Fall eines Psychiaters, der sich in den 80er Jahren in den Diskussionsforen von CompuServe als „Joan Greene“, eine nach einem Autounfall gelähmte Frau, vorstellte (Gelder, 1991; Rheingold, 1994, S. 20ff.; Stone, 1993). Joan fand im Netz zahlreiche enge Freundinnen und wurde eine beliebte Vertrauensperson. Ihr Schicksal machte vielen Mut. Dementsprechend groß waren Verwirrung, Trauer und Wut, als der Psychiater sich angesichts zunehmender Zweifel an Joans Identität schließlich selbst enttarnte und Joan (eine virtuelle Person mit fiktiver Biografie) verschwand. Der Psychiater selbst begründete sein Vorgehen damit, er habe in der Rolle der Joan im Netz einen Teil seiner Persönlichkeit und seiner Kompetenz besonders gut gegenüber anderen Menschen (insbesondere Frauen) ausdrücken können: In der Rolle der Joan hörte man ihm gerne zu, genoss er uneingeschränktes Vertrauen, war er eine bewunderte und als Vorbild wahrgenommene Netzpersönlichkeit, die anderen soziale Unterstützung zukommen ließ. Als bekannt wurde, dass Joan nicht wirklich existierte, interpretierten die Netzteilnehmerinnen, die Joan gekannt hatten, den Vorgang *nicht* im Paradigma multipler (authentischer) Identitäten, sondern ächteten das „Täuschungsmanöver" als unmoralischen Vertrauensbruch.

Offensichtlich ist es also nicht so, dass das Spielen mit alternativen, vom außermedialen Alltag abgekoppelten Identitäten im Netz allgemein verbreitet und akzeptiert ist, sondern dass es wiederum sozialen Regularien unterliegt. Dazu gehört, dass man im Netz bei vertraulichen Gesprächen (im Unterschied zu dezidierten Spielhandlungen oder oberflächlichen Kontakten) soziodemografische und biografische Daten weitgehend richtig angibt – nicht zuletzt deshalb, weil Kontakte im Netz von den Beteiligten häufig als Vorstufe eines Kennenlernens außerhalb des Netzes aufgefasst werden (siehe Kap. 8.4 zur Entstehung und Entwicklung neuer Beziehungen im Netz). In MUDs unterscheidet man deswegen zwischen Spielhandlungen, an denen man mit seiner Online-Identität teilnimmt (Role Play) und Privatgesprächen zwischen den Personen hinter den Spiel-Figuren (Out Of Character Conversation: OOC Conversation). Welche subtilen Wechselwirkungen zwischen netzimmanenten Handlungen einerseits und antizipierten netzexternen Handlungen andererseits auftreten können, illustriert der folgende Bericht einer ungewöhnlichen Netzerfahrung besonders eindrucksvoll (siehe Abb. 7.7).

Hi... you asked for stories about romances on MUDs, well I've got a terrific one! I met my husband on a MUD, but when we met he first became my girlfriend!

It started when I joined up on PernMUSH. I thought it would be fun to try playing a **male character**, just to see what would happen. In case you're interested, which I guess you probably are, there were some differences between being male and female on the MUSH. For one thing, I got to be in on all these conversations about women... most of them were just kind of, like, just guys talking about how they could get dates and stuff, but sometimes it was pretty grafic, which I thought was offensive sometimes. But then again I guess I tell my best girlfriend some pretty intimate details. I don't know, it just seemed weird sometimes. And of course no one tried to come onto me, which is pretty common if you're a female on a mud!

Anyway, so I was playing this male character, and one day I started talking to this female on the mush. We **got along *really* well**, *really* *really* well. We just had all these things in common, just dumb little things, favorite foods and tv shows and music and stuff. We started spending a lot of time together on the mush, chatting and stuff. After a while our characters kind of got involved. I should say that most of this was **role-playing**, we didn't swap real names or anything—we did have a few **out of character conversations**, but mostly we were getting along as our characters. Anyway, (I don't know if you've read the Pern books by Anne McCaffrey, but they are all about people having these telepathic relationships with dragons) this woman was a green dragon rider, and I was a brown rider, and one day her dragon flew to mate and my dragon flew hers.

After that our characters were weyrmates—a couple, if you haven't read the Pern books. At first I was pretty happy with that. It was really interesting, but as we got to know each other better, and since **our characters were a couple**, and we did all the netsex thing, I really began to feel strongly about the player. I was pretty confused by it all, cause I'd never been anything but straight, but I eventually I decided I was going to tell my friend that **I loved her IN REAL LIFE**!!

So I log into the mush, and I basically say to my weyrmate that I've been thinking about her a lot RL and I'd really like it if we could get to know each other RL more because I thought I was falling in love with her. At this point, before I can go any further, AND BEFORE I CAN BRING UP THE SUBJECT OF MY REAL GENDER, she logs out! No warning, she just disconnects. Well, I was devestated. At first I thought that maybe it was just a technical problem, but she didn't log back on for nearly a week (usually we'd log on together every day) and when she finally did she almost totally ignored me. I kept on trying to talk to her, and I was pretty distraught by this stage. Eventually, this would be about two weeks after our conversation, she says that she needs to tell me something. She just says that she's really sorry, she hadn't imagined that things would end up this way, and she really did like me as a friend, but that she was really a **MALE in real life**.

Well!! I just sat there stunned for a minute. Then I told her—HIM—that *I* was **really *female***. At first he didn't believe me, but after a while I convinced him to telephone me in real life, so I could prove what I was saying. He did and we had this really weird, tense conversation... I guess we were both pretty confused. It took us a while to become friends again, but after a while we did. **We both started new characters** on the MUSH, with the *right* gender this time, and **after a few weeks** we were close again. Closer, in fact, because there was now a real life element. We had a lot more phone calls, and eventually we decided that we should meet...and it was a complete success! We got along as well in real life as we had on the MUSH, and we ended up going out together. Luckily we lived in neighbouring states, so we were able to visit each other a lot, and in the end I transfered to college in his town so we could be together.

Abb. 7.7: Erlebnisbericht über die Verknüpfungen zwischen Avatar und Ravata (Quelle: Reid, 1994a, Anhang 2)

Dieses Beispiel erinnert erneut daran, dass Netzaktivitäten spezifische soziale Fertigkeiten erfordern. Nur so ist es möglich, soziale Erfahrungen in virtuellen und materialen Umgebungen konstruktiv aufeinander zu beziehen.

Eskapismus

Außenstehende vermuten schnell, dass Personen, die viel Zeit im Netz verbringen, „internet-süchtig" seien. Engagierte Netznutzung trägt jedoch häufig gerade nicht die Züge von Realitätsflucht, sondern begünstigt den Aufbau sozialer Beziehungen, die schließlich auch zu Kontakten außerhalb des Netzes führen. So kovariierte bei n=60 im Rahmen dieser Arbeit befragten Chatterinnen und Chatter (siehe Anhang 4) die Chat-Zeit sowohl überzufällig mit der Anzahl der engen Chat-Bekanntschaften (r=.38, p<.001) als auch mit der Anzahl der persönlich getroffenen Chat-Bekannten (r=.35, p<.01). Ob bei Vielnutzung überhaupt ein klinisches Problem vorliegt, hängt von der Funktion und Kontrollierbarkeit des Verhaltens ab. Viele Internet-Aktive berichten von Phasen starker Netznutzung, ohne dass diese hinsichtlich Ursache oder Wirkung mit besonderen psychosozialen Problemen in Verbindung stehen. Intensives Netzengagement kann etwa als *Novitätseffekt* auftreten, wobei die Faszination des Neuen und das damit verbundene Engagement *Explorations- und Lernprozessen* zugute kommen. Begrenzte Phasen intensivster Netznutzung können in manchen Situationen hilfreiche Copingstrategien sein (z.B. Ablenkung von einer Krankheit oder von Schmerzen). Solche Phasen enden in den meisten Fällen nach einigen Wochen oder Monaten von selbst, und auch die im Netz etablierten Identitäten verlieren dann wieder an Bedeutung, so dass nicht von einer pauschalen Zunahme der Nutzungszeit auszugehen ist: 68% von n=332 im Rahmen dieser Arbeit befragten newserfahrenen Netznutzerinnen und -nutzer gaben an, in Zukunft „genauso viel Zeit" im Netz zu verbringen, 18% erwarteten „mehr", 14% „weniger" Netznutzung (siehe Anhang 3).

Wenn Netzaktivitäten so stark Überhand nehmen, dass sie das Berufs- und Privatleben gefährden und die Betroffenen sowie deren Angehörige (siehe Kap. 8.3.1) darunter leiden, wird zuweilen von *Internet-Sucht* (Internet Addiction Disorder: IAD) gesprochen (vgl. Goldberg, 1996; Young, 1998; Shotten, 1991). Zur Operationalisierung von „Internet-Sucht" liegen erste Fragebögen vor (Brenner, 1996; Egger & Rauterberg, 1996). Es gibt auch bereits spezielle Therapieprogramme (z.B. Young, 1998), die nicht die Eindämmung der Internet-Nutzung in den Vordergrund stellen, sondern bei der Bearbeitung jener psychosozialen Schwierigkeiten ansetzen, die erst zu eskapistischer Netznutzung führen. Dies sind oftmals Lern- und Arbeitsprobleme, geringes Selbstwertgefühl, soziale Ängstlichkeit oder Partnerschaftsprobleme. Da exzessive Mediennutzung eine sehr verbreitete Form des Eskapismus darstellt, verwundert es nicht, dass auch die computervermittelte Kommunikation sich hierzu instrumentalisieren lässt. Das Phänomen der „Internet-Sucht" sollte deswegen nicht zum Anlass genommen werden, die Technik als solche abzulehnen („das Internet macht

Menschen süchtig"), sondern eher die Aufmerksamkeit darauf lenken, welche Probleme „in real life" Personen zur Wirklichkeitsflucht veranlassen (vgl. King, 1996). Ob „Internet-Sucht" ein abgrenzbares psychologisches Störungsbild darstellt, ist heute mangels einschlägiger Forschungsergebnisse noch unklar.

Im Zusammenhang mit Identitäten ist hier die Frage besonders relevant, ob und inwieweit Personen im Alltag Gelegenheit haben, die ihnen wichtigen Selbst-Aspekte sozial zu realisieren und aus herkömmlichen Rollenvorgaben auszubrechen. Techniken des Kontrollgewinns im Zusammenhang mit Selbstpräsentationen (z.B. die chirurgische Gestaltung des materialen Körpers oder die textuelle Gestaltung des virtuellen Körpers) sind insofern ambivalent, als sie einerseits dabei helfen, Restriktionen zu überwinden, andererseits aber auch Normen der Perfektionierung Vorschub leisten, die dann wiederum neue Zwänge und Einschränkungen bescheren. Wenn die Verfügbarkeit von Kontrolltechniken die Illusion ubiquitärer Kontrollierbarkeit nährt, wird es womöglich schwieriger, sich mit den Widerständigkeiten materialer Realität konstruktiv auseinanderzusetzen und sich auch damit abzufinden, dass manche möglichen Selbste eben nicht Wirklichkeit werden können.

7.5 Die These vom Identitätsverlust

Aus kulturpessimistischer Perspektive, die Netzkommunikation gemäß dem Kanalreduktions-Modell (Kap. 6.1) als prinzipiell defizitäre Kommunikationsform begreift, stellt das Internet für unseren Umgang mit Identitäten eine Gefahr dar: Denn entweder kommt es durch die Unpersönlichkeit der Kommunikation zu Identitätsverlusten in dem Sinne, dass vorhandene Identitäten nicht angemessen dargestellt und wahrgenommen werden können (Kap. 7.5.1), oder die Anonymität im Netz verleitet dazu, sich bewusst hinter neu kreierten Schein-Identitäten zu verstecken (Kap. 7.5.2). In beiden Fällen würde die Entwicklung echter Identitäten in authentischer Auseinandersetzung mit anderen Menschen zu kurz kommen.

7.5.1 *Mangelnde Präsenz herkömmlicher Identitäten?*

Häufig kommuniziert man im Netz mit Personen, die man auch auf andere Weise kontaktiert (z.B. Face-to-Face oder telefonisch; siehe Kap. 8), so dass Besonderheiten der Netzkommunikation eher einen zusätzlichen Informationsvorteil bringen; man lernt die Person ja in einem anderen medialen Kontext kennen. Aber auch wenn wir Personen im Netz erstmalig begegnen, ist nur unter bestimmten Umständen damit zu rechnen, dass es zu defizitärer Kommunikation kommt und man den Eindruck gewinnt, sich selbst nur ungenügend präsentieren zu können bzw. zu wenig von der Identität der anderen Person zu erfahren: Zeitknappheit, Motivationsmangel und

Kompetenzdefizite sowie medienunangemessen komplexe Kommunikationsaufgaben und dysfunktionale Nutzungsnormen sind hierbei gemäß den Medienwahl-Modellen (siehe Kap. 6.3, 6.4., 6.5) sowie dem Modell der sozialen Informationsverarbeitung (siehe Kap. 6.6) ausschlaggebend.

Umgekehrt kann kompetenter und situationsangepasster Internet-Gebrauch spezifische Vorteile für den Umgang mit Identitäten nach sich ziehen: Sowohl für präferierte und gut etablierte Identitäten als auch für bislang unterrepräsentierte (z.B. marginalisierte) Identitäten lassen sich Netzforen finden, die es erlauben, den jeweiligen Selbst-Aspekt mehr oder minder umfassend öffentlich darzustellen und in sozialen Interaktionen auch Rückmeldungen zu erhalten. Das Netz liefert somit durch *digitale* Telekommunikationstechnik (siehe Kap. 6.9) und spezifische Kultivierungsprozesse (siehe Kap. 6.10) neue Darstellungsmittel und Publika für die Realisation von Identitäten. Diese Optionen sind jedoch nur bei entsprechender *Kompetenz* auszuschöpfen: Hinter dem hohen Anteil von Lurkern verbergen sich womöglich nicht nur Netznutzer, die aus einem passiv-rezeptiven Nutzungsstil individuell die meisten Gratifikationen ziehen, sondern auch solche, die vor einer (eigentlich gewünschten) aktiv-produktiven Beteiligung unter anderem aus Furcht vor misslungener Selbstdarstellung zurückscheuen. Schließlich geht es z.B. bei der Selbstdarstellung in Mailinglisten und Newsgroups oder auf persönlichen Homepages um nichts Geringeres als die öffentliche Präsentation von Wissen und Kompetenz, ablesbar an der stilistischen und inhaltlichen Qualität der Netzbeiträge. Die physikalische Kanalreduktion (Kap. 6.1) behindert hierbei all diejenigen, die im schriftsprachlichen Ausdruck nicht so geübt sind und außerhalb des Netzes auf diverse andere Kommunikationscodes zurückgreifen können. Umgekehrt sind fehlende Codes wiederum eine Entlastung für diejenigen, die in der Face-to-Face-Begegnung aufgrund bestimmter Merkmale oder Stigmata stets zunächst auf eine bestimmte Identität festgelegt werden und somit Schwierigkeiten haben, in anderen Selbst-Aspekten gesehen und anerkannt zu werden.

Zudem ist zu bedenken, dass netzbedingte *Anonymität* – wenn sie nicht sowieso aufgehoben oder kompensiert wird – in manchen Kontexten gar keinen Nachteil darstellt: So kann gemäß dem SIDE-Modell (siehe Kap. 7.3.1) Anonymität im Netz dazu beitragen, dass eine saliente personale Identität aufgrund gesteigerter privater Selbstaufmerksamkeit besonders prägnant repräsentiert und – wie ja auch das Filter-Modell (siehe Kap. 6.2) vorhersagt – besonders offen ausgedrückt wird (Orientierung an den eigenen Standards und Werten statt an der Gruppennorm, verstärkte Selbstoffenbarung). Ist dagegen eine soziale Identität salient, sorgt Anonymität im Netz dafür, dass man die betreffende Gruppe als besonders homogen wahrnimmt, sich konfliktloser mit ihr identifiziert und folglich auch stärker an ihren Normen orientiert. Ist Anonymität jedoch aufgehoben, so vermeidet man strategisch die Darstellung jener Selbst-Aspekte, die negativ sanktioniert werden könnten – bestimmte Selbst-Aspekte bleiben in der Netzkommunikation dann ausgeblendet (siehe Kap. 7.3.2). Codebeschränkung und (mögliche) Anonymität im Netz haben somit hinsichtlich der

Aktivierung und Darstellung von Identitäten kontextspezifisch sowohl Vorteile als auch Nachteile und sind nicht pauschal als Kommunikations-Handicaps zu verstehen.

7.5.2 Flucht in virtuelle Schein-Identitäten?

Weit verbreitet ist die Vorstellung, dass die meisten Menschen im Netz an „*Maskerade und Anonymität*" (Rötzer, 1996, S. 119) interessiert sind und „*künstliche Identitäten*" (Wehner, 1997, S. 144) annehmen, sich also wechselseitig täuschen anstatt einander authentisch zu begegnen. Diese Vorstellung ist aber wenig plausibel. Geht man etwa von der Nutzungsintensität der einzelnen Netzdienste aus, so steht Email an erster Stelle, gefolgt von Mailinglisten und Newsgroups; das Chatten und Mudden dagegen ist nur bei einer (eher jüngeren) Minderheit beliebt (vgl. Kap. 4.5). Weder im Email-Austausch, noch in Mailinglisten und Newsgroups oder auf persönlichen Homepages sind Anonymität bzw. Pseudonymität gängig. Im Gegenteil: Name, Adresse, Beruf usw. sind oft in der Signature angegeben oder den Netzbeiträgen zu entnehmen; selten werden sie absichtlich verheimlicht. Wenn Phantasienamen (nick names, siehe Kap. 3.2.2) Verwendung finden, dienen sie häufig der Selbstdarstellung und nicht der Tarnung; sie sind im Netz eine Möglichkeit, sich selbst zu inszenieren und werden oft (z.B. in der Signature) mit dem realen Namen und sonstigen Identifizierungsmerkmalen verbunden. Somit stellen sie dann *Ergänzungen* (nicht Substitute) gängiger Identitätsrequisiten dar. Schließlich sind bestimmte Gratifikationen (z.B. soziale Anerkennung oder über den Netzkontext hinausgehende Kontakte) nur erhältlich, wenn man persönlich mit seinen Netzbeiträgen in Zusammenhang gebracht wird. Falls auf Pseudonymität zurückgegriffen wird (z.B. in Selbsthilfe-Newsgroups; vgl. Döring, 1997a; Janssen, 1998), dann dient sie (genau wie außerhalb des Netzes, z.B. Anonyme Alkoholiker) vielfach dazu, authentischen Selbstausdruck in riskanten Fragen zu ermöglichen und ist nicht dazu gedacht, andere Menschen zu täuschen oder eine fiktive Rolle zu spielen.

Selbst auf Chat-Kanälen und in MUDs, wo das Spiel mit Identitäten im synchronen Austausch mit anderen Beteiligten am verbreitetsten ist, sind Provokationen, Täuschungsabsichten oder eine kontaktverhindernde Maskierung nicht die Regel. Auch in diesen Foren wird freundliches und kooperatives Verhalten verlangt und antisoziales Verhalten negativ sanktioniert. Die *Maskierung einzelner Merkmale* kann identitätsbedingte Kontaktbarrieren abbauen, die Kreation von alternativen *Online-Identitäten* kann dazu verhelfen, im sonstigen Alltag unterrepräsentierte Selbst-Aspekte zu realisieren. Solche Netzerfahrungen behalten im Erleben der Beteiligten den Charakter des Scheinbaren, Äußerlichen oder Künstlichen (bzw. des Fremd- und Selbstbetrugs), wenn sie in keinerlei Verbindung zum Erleben und Verhalten außerhalb des Netzes stehen (*habitueller Eskapismus*).

> The freedom to be someone else on-line is an illusory freedom. We do not escape real life on-line, anymore than we escape the realm of necessity by working

> 40 or more hours a week. Getting a different name, leaving your body behind, or writing rather than speaking do not mean you are any less the person who has to get up at 6:00 am to make your morning commute. Nor will it be any easier for you to deal with your physical characteristics if you can pretend sometimes, on-line, that you do not have any. Inventing a self on-line which contradicts other aspects of your identity only perpetuates the problems we associate with real life and its vicious circles. Cyberspace personas do not free us; they doom us to an endless series of half-lives and partial selves which cannot adequately express who we are and what we desire. I believe we would wish for a society in which material reality is not so radically removed from the rest of our lives. That is, we might yearn for and begin to build a society in which we do not wish to become someone else – on-line or anywhere – because we are generally satisfied with our identities in real life. (Newitz, 1995)

Das Internet kommt jedoch nicht nur dysfunktionalen Bedürfnissen der (individuellen und kollektiven) Problemflucht und des Rückzugs aus Alltags-Identitäten entgegen, sondern befriedigt auch funktionale Bedürfnisse nach Exploration, Spiel und sozialem Lernen (*Transfer-Effekte*). Die Freiheiten im Netz sollten dabei nicht überschätzt werden und uns auch nicht dazu veranlassen, uns mit jenen Beschränkungen des Selbstausdrucks abzufinden, unter denen wir außerhalb des Netzes oft leiden. Andererseits nimmt eine Haltung, die den Umgang mit Phantasie, Fiktion und Spiel in medialen Umgebungen durchgängig als Fluchtbewegung kritisiert, unsere Bedürfnisse nach Transzendenz nicht ernst. Sie läuft Gefahr, das „wirkliche Leben" auf Materialität und Faktizität zu reduzieren und unsere „wahre Identität" auf eine widerspruchsfreie und gleichförmige Selbstpräsentation festzulegen.

7.6 Zusammenfassung

Computervermittelte Kommunikation im Internet kann dazu beitragen, dass Menschen *herkömmliche* Identitäten verändern (selektive Aktivierung und modifizierte Darstellung von Selbst-Aspekten) sowie *neue* Teil-Identitäten entwickeln (Identifikation mit der Netzkultur, Übernahme neuer sozialer Identitäten, Maskierung von Handicaps, Kreation alternativer Online-Charaktere). In beiden Konstellationen sind intra- und interpersonal sowohl destruktive als auch konstruktive Konsequenzen möglich, wobei allgemein nicht von allzu dramatischen Effekten auszugehen ist. Denn CvK ergänzt das Spektrum medialer Ausdrucksformen und ist somit nicht isoliert zu betrachten. Der pauschale kulturpessimistische Vorwurf des Identitätsverlusts (De-Individuation) und Versteckens hinter Schein-Identitäten (Eskapismus) ist ebenso zurückzuweisen wie die Annahme, dass Internet-Kommunikation generell Selbstexploration (umfassendere Realisation vorhandener Selbst-Aspekte) und Selbstentwicklung (Erproben neuer Handlungsweisen, Erfahrungstransfer) fördere und damit therapeutisch wirke oder gar zu einer weitgehenden Dekonstruktion sozialer (Macht-)Unterschiede führe.

Vielmehr kommt es besonders dann zu einer ausreichenden oder sogar umfassenderen Darstellung herkömmlicher Identitäten, wenn CvK situations- und beziehungsangemessen eingesetzt wird (Medienwahl) und die Beteiligten ihr Kommunikationsverhalten restriktions-kompensierend auf die Merkmale der medialen Umgebung abstimmen. Spektakuläre Erfahrungen mit neuen Netz-Identitäten samt ihren Folgen für die Persönlichkeitsentwicklung sind zwar psychologisch besonders interessant, in der Praxis allerdings eher selten. Solche Erfahrungen sind nur einer Minderheit von Netzaktiven vorbehalten, die sich intensiv mit dem Erstellen von persönlichen Homepages, dem Chatten oder Mudden beschäftigen und den Umgang mit Identitäten im Netz bewusst selbstexplorierend anlegen. Dieser betont experimentelle und spielerische Zugang zur CvK ist für den Netzalltag insgesamt eher untypisch, allerdings bleibt es repräsentativen Erhebungen überlassen zu ermitteln, wie verbreitet im Zusammenhang mit CvK eine verstärkte Selbstexploration, ein Erfahrungstransfer oder auch eine Flucht vor Identitätsproblemen im einzelnen ist. Wenn Netzkommunikation trotzdem für die Mehrzahl der Beteiligten identitätsrelevant ist, dann deshalb, weil wir im Netz mit neuen Präsentationsmitteln und Publika, mit ungewohntem Feedback und spezifischen Irritationen konfrontiert werden, die Anlass bieten, über herkömmliche Umgangsformen mit (eigenen und fremden) Identitäten kritisch nachzudenken. Welche der behandelten personen- und umgebungsbezogenen Determinanten (einzeln und in Wechselwirkung) den Umgang mit Identitäten im Netz erleichtern oder erschweren, ist in experimentellen Feld- und Labor-Untersuchungen zu elaborieren.

8 Soziale Beziehungen und Internet

Zwischen zwei Personen entsteht eine soziale Beziehung, wenn sie wiederholt miteinander *Kontakt* haben, also mehrfach zeitversetzt kommunizieren oder zeitgleich interagieren. Im Unterschied zum sozialen Kontakt als Einzelereignis erstrecken sich soziale *Beziehungen* über mehrere Zeitpunkte, so dass jeder einzelne Kontakt sowohl von den vorausgegangenen als auch von der Erwartung zukünftiger Kontakte beeinflusst wird. Im Laufe der Beziehungsentwicklung lernen die Beteiligten einander kennen und müssen eine gemeinsame Beziehungsdefinition aushandeln, etwa indem sie wechselseitig ihre Erwartungen abklären und diese Beziehungsklärung immer wieder aktualisieren. Da die Beziehung in den Zeiträumen zwischen den einzelnen Kontakten weiterbesteht, spielen neben dem Kommunikations- und Interaktionsverhalten emotionale, motivationale und kognitive Begleitprozesse (z.B. gemeinsame Erlebnisse erinnern, Sehnsucht empfinden, das nächste Treffen planen etc.) eine wichtige Rolle für die Qualität und Kontinuität der Beziehung (Hinde, 1993, S. 9). Schließlich können sogar Beziehungen mit extrem großen Kommunikations- und Interaktionspausen subjektiv als sehr eng und bedeutungsvoll erlebt werden.

Kap. 8.1 erläutert, welche Formen sozialer Beziehungen zu unterscheiden sind. Kap. 8.2 geht auf die Bedeutung unterschiedlicher medialer Umgebungen im Beziehungsalltag ein. Wie sich bestehende Beziehungen verändern, wenn computervermittelte Kommunikation das Spektrum der Kontaktformen erweitert, ist Thema von Kap. 8.3. Kap. 8.4 betrachtet den Fall, dass im Internet neue Beziehungen entstehen und verfolgt, wie sie sich (ggf. über den Internet-Kontext hinaus) weiterentwickeln. Auf dieser Basis diskutiert Kap. 8.5 die populäre These, dass Netzkommunikation zu Beziehungsverlusten und Einsamkeit führe. Kap. 8.6 liefert eine kurze Zusammenfassung.

8.1 Soziale Beziehungen

Soziale Beziehungen lassen sich grob in formale und persönliche Beziehungen einteilen (Kap. 8.1.1), wobei die persönlichen Beziehungen noch in starke und schwache Bindungen zu differenzieren sind (Kap. 8.1.2). Die Gesamtheit aller sozialen Beziehungen einer Person konstituiert ihr soziales Netzwerk (Kap. 8.1.3). Objektive Maße sozialer Integration (oder Isolation) sind von subjektivem Erleben von Zugehörigkeit (oder Einsamkeit) zu unterscheiden (Kap. 8.1.4).

8.1.1 Formale und persönliche Beziehungen

Über *formale Beziehungen* werden Personen in *Funktionssysteme* eingebunden, die dazu dienen, gesellschaftliche Aufgaben zu erfüllen, wobei es meist um den Tausch von Leistungen und Gütern geht. Hierbei wird, ganz im Sinne ökonomischer Transaktionen, Verschiedenes getauscht (z.B. politische Unterstützung gegen politische Leistung, Geld gegen Arbeitskraft). Dabei agieren die beteiligten Personen nach weitgehend formalisierten Rollen: Sie sind Verkäufer oder Käufer, Wählerin oder Gewählte, Staatsanwältin oder Verteidiger. Systemfremde Rollen und Motive von Personen bleiben (zumindest offiziell) eher ausgeklammert. Interaktionsstrukturen sind durch formale Vorgaben reglementiert, oft auch durch Abhängigkeits- oder Hierarchie-Verhältnisse vorstrukturiert und der Bewältigung konkreter Aufgaben untergeordnet (vgl. Rucht, 1994, S. 44). Allgemein kann man sagen, dass formale Beziehungen schwerpunktmäßig auf der Sachebene angesiedelt sind. Die Beziehungsebene wird dabei möglichst „neutral“ gestaltet, da sowohl zu große emotionale Nähe als auch übertriebene Distanz die Aufgabenabwicklung stören können. Grob lassen sich drei Gruppen von formalen Beziehungen unterscheiden: Dienstleistungs-Beziehungen, Verwaltungs-Beziehungen und Arbeits-Beziehungen. *Formale Beziehungen* werden u.a. in der Arbeits-, Betriebs- und Organisationspsychologie (Kollegin-Kollegin, Vorgesetzter-Mitarbeiter), in der Pädagogischen Psychologie (Ausbilder-Auszubildender, Lehrerin-Schülerin) und in der Klinischen Psychologie (Therapeutin-Klientin) behandelt.

Im Unterschied zu formalen Beziehungen haben *persönliche Beziehungen* mehr Freiheitsgrade und können durch Aushandeln gestaltet werden. Über persönliche Beziehungen werden Personen in *soziale Systeme* oder Kollektive eingebunden. In Kollektiven geht es nicht wie in Funktionssystemen um den Austausch von Verschiedenem, sondern eher um das Aufgebot des Ähnlichen und Gleichen, um ein Gefühl der Nähe und Verbundenheit. Rollen, die in persönlichen Beziehungen eingenommen werden, sind variabel und erlauben die Integration systemexterner Motive und Themen, so dass mehrere Selbst-Aspekte bzw. Identitäten (siehe Kap. 7.1) involviert sind. Erwartungsgemäß spielt in persönlichen Beziehungen die *Beziehungsebene* (wechselseitige Wertschätzung, Vertrauen, Antipathie etc.) eine besonders wichtige Rolle, die *Sachebene* tritt oft dahinter zurück. Persönliche Beziehungen werden in sog. Beziehungsklassen (z.B. Eltern-Kind-Beziehung, Freundschafts-Beziehung, Nachbarschafts-Beziehung) eingeteilt.

Die Gegenüberstellung von formalen und persönlichen Beziehungen bzw. Funktionssystemen und sozialen Systemen beschreibt aus soziologischer Perspektive zwei elementare Grundmuster sozialer Handlungskoordination, die – obwohl analytisch trennbar – in der Alltagspraxis ineinandergreifen. So ist anekdotisch bekannt, dass bestimmte Dienstleistungsberufe (z.B. Taxifahrer, Friseure, Barkeeper) neben ihren instrumentellen auch emotionale Aufgaben erfüllen, etwa wenn Kunden ihnen private Probleme anvertrauen. Manche Beziehung am Arbeitsplatz kann zur Feindschaft ausarten, persönlich indifferent bleiben, freundschaftlichen oder erotisch-sexuellen Charakter bekommen (Neuberger, 1993). Eine Sonderstellung nehmen professionelle Helfer im psychosozialen Bereich ein, deren formale Aufgabe gerade darin besteht, eine spezifische emotionale Beziehungsebene bereitzustellen.

Die Beziehungs- und Netzwerkforschung hat vielfach gezeigt, dass persönliche Beziehungen für subjektives Wohlbefinden, Gesundheit und Persönlichkeitsentwicklung unverzichtbar sind (vgl. Diewald, 1991). Demgegenüber sind die psychosozialen Funktionen der zahlreichen (oftmals langjährigen) formalen Beziehungen, die wir zu Ärztinnen, Lehrern, Verkäufern etc. unterhalten, weniger gut untersucht (Adelman, Parks & Albrecht, 1987). Allerdings wird vermutet, dass die bloße Existenz solcher formalen Beziehungen (unabhängig von ihrer emotionalen Qualität) sozial unterstützend wirkt, weil sie individuelle oder kollektive Identitäten sichern, Geselligkeit und Gesprächsanlässe bieten, Ratschläge und Informationen vermitteln (Diewald, 1991, S. 79). Andererseits stellen negativ erlebte Kontakte zu formalen Beziehungspartnern auch häufig besondere Belastungen dar (z.B. unfreundliche Behandlung in Geschäften, in Arztpraxen, auf Ämtern).

8.1.2 Starke und schwache Bindungen

Bei persönlichen Beziehungen differenziert man zwischen starken und schwachen Bindungen. *Starke Bindungen* zeichnen sich durch folgende Merkmale aus (vgl. Diewald, 1991, S. 102): Sie schließen starke Emotionalität und *Intimität* ein, berücksichtigen eine Vielfalt gemeinsamer Interessen und Aktivitäten (*Multiplexität*) und weisen einen hohen Zeitaufwand sowie dauerhaftes und stabiles Engagement (*Commitment*) auf. Der Verpflichtungscharakter enger Beziehungen bringt es mit sich, dass hohen Erträgen auch hohe Kosten gegenüberstehen. Auf dieser Basis können wir in engen Beziehungen einen zeitlich versetzten Austausch von Gütern zulassen. Im Vertrauen darauf, dass die Beziehung weiterbesteht, lassen sich einseitige Unterstützungsangebote zu einem späteren Zeitpunkt „ausgleichen". Asymmetrien im Geben und Nehmen können somit auch über längere Zeiträume bestehen, ohne die Beziehung zu gefährden. Enge Beziehungen bestehen in der Regel zu Lebenspartner oder Lebenspartnerin, zu nahen Familienangehörigen sowie zu guten Freunden und Freundinnen. Diese Personen sind uns in soziodemografischer Hinsicht (vor allem Bildung und Schicht) in der Regel ähnlich bzw. werden nach Ähnlichkeit ausgewählt (*Homophilie-Prinzip*). Unsere engen Bezugspersonen kennen sich in der Regel untereinander (*Transitivität*). Da die psychologische „Enge" oder „Stärke" einer Beziehung aus der Qualität der einzelnen sozialen Kontakte (und des Erlebens *zwischen* den Kontakten) resultiert, sind prinzipiell auch schwache Bindungen zum Ehepartner oder zu nahen Familienangehörigen möglich, wenngleich im Mittel bestimmte Beziehungsklassen typischerweise als starke oder schwache Beziehungen gekennzeichnet werden können.

Schwache Bindungen sind im Gegensatz zu starken Bindungen weniger emotional und intim. Sie spezialisieren sich auf einige wenige gemeinsame Interessen oder Aktivitäten, verlangen insgesamt einen geringen Zeitaufwand und nur temporäres Engagement, das relativ leicht zu kündigen ist (*Convenience*). Der geringe Verpflichtungscharakter bringt es mit sich, dass geringen Kosten meist auch geringere Erträge gegenüberstehen. Außerdem muss die Bilanz von Geben und Nehmen unmittelbar ausgeglichen werden, da ein Fortbestand der Beziehung unsicher ist (z.B. würde man guten Freunden eher größere Geldsummen leihen als Urlaubsbekanntschaften). Gegenüber Personen, zu denen wir schwache Beziehungen unterhalten, präsentieren wir uns gewöhnlich nur in wenigen, ausgewählten Identitäten (z.B. gemeinsames Hobby, ähnlicher Beruf). Schwache Bindungen bestehen in der Regel zu Bekannen, entfernteren Verwandten, Nachbarn und Kollegen, die sich untereinander in der Regel kaum kennen (Intransitivität).

Auch schwache Bindungen erfüllen wichtige soziale Funktionen und sind deshalb keineswegs als oberflächliche oder defizitäre Beziehungsformen aufzufassen. Eine Defizitsituation entsteht nur, wenn enge Bindungen fehlen und schwache Bindungen zur Kompensation herangezogen werden. Die *Stärke der schwachen Bindungen* (Granovetter, 1973) liegt unter anderem darin, dass diese uns mit Menschen außerhalb unseres engen (weitgehend bildungs- und schichthomogenen) persönlichen Umfeldes in Kontakt bringen und zudem bei kritischen Lebensereignissen oder Statusveränderungen neue Informationen, Orientierungen und Rollenangebote liefern, die im sozialen Netzwerk der engen Beziehungen mit ihren eingefahrenen Rollenmustern und Normen nicht vorhanden sind (vgl. Diewald, 1991, S. 103; Gräf, 1997b, S. 108).

8.1.3 Soziale Netzwerke

Die Gesamtheit der sozialen Beziehungen einer Person (Ego, Fokalperson) zu anderen Menschen (Alteri) sowie deren Beziehungen untereinander bezeichnet man als *soziales Netzwerk* (egozentriertes Netzwerk, persönliches Netzwerk). Empirisch ist es kaum möglich, persönliche Netzwerke einzelner Personen vollständig zu erfassen, da die Zahl der Alteri, zu denen Ego Beziehungen unterhält, in der Regel sehr groß ist und meist mehrere Hundert Personen umfasst. Indem man sich auf bestimmte Beziehungsklassen (z.B. Freundschaftsbeziehungen, Familienbeziehungen) oder Beziehungsinhalte (z.B. Hobby, Kinderbetreuung, Religion) beschränkt, sind partielle Netzwerke eingrenzbar und mit speziellen Befragungs- und Auswertungsmethoden empirisch erfassbar (*Netzwerkanalyse*; Wassermann & Faust, 1994). Das Netzwerk-Konzept bietet vielfältige Möglichkeiten, unsere komplexe Beziehungswirklichkeit zu erfassen. Inwieweit Detailinformationen über das persönliche Netzwerk einer

Person jedoch für eine konkrete Untersuchungsfrage fruchtbar gemacht werden können, ist jeweils im Einzelfall zu prüfen, nicht zuletzt deswegen, weil die empirische Erfassung (partieller) sozialer Netzwerke vergleichsweise aufwendig ist.

Netzwerke lassen sich gliedern in einen *engeren Kernbereich* (bestehend aus starken Bindungen) und eine *weitere Zone* (bestehend aus schwachen Bindungen). Zudem wird das Netzwerk noch durch eine *Peripherie* indirekter bzw. sehr lockerer Bindungen umgeben (z.B. Freundesfreunde). Diese Peripherie hat eine doppelte Funktion (Gräf, 1997b, S. 102ff.):

- Einerseits konstituieren alle Personen, die Ego auch nur entfernt kennen, eine persönliche Öffentlichkeit, in der Egos Handlungsgeschichte beobachtet und bewertet wird und die somit identitätskritisch ist (*Verhaltenskonto*).
- Andererseits stellt die Menge aller Personen, die Ego kennen, eine Ressource dar: Ego kann von diesen Personen Wertschätzung, Liebe, Fürsorge, Anerkennung sowie die unterschiedlichsten Formen von Hilfeleistungen bekommen (*soziales Kapital*).
- Soziale Netzwerke können auf der Ebene des Individuums (Bsp.: Welche sozialen Rollen übernimmt Ego im Netzwerk), der Dyade (Bsp.: Wie eng ist die Beziehung zwischen Ego und einzelnen Alteri) und der Gruppe (Bsp.: Welche Beziehungen bestehen zwischen dem Freundeskreis und der Familie von Ego) untersucht werden.

Hinzu kommen auf der Makroebene spezifische Merkmale, die das ganze Netzwerk charakterisieren, darunter etwa:

- Netzwerkgröße (Zahl der Alteri im persönlichen Netzwerk),
- Netzwerkdichte (Zahl der Beziehungen zwischen den Alteri),
- Netzwerkheterogenität (Zahl der verschiedenen Beziehungsklassen im Netzwerk).
- Netzwerkvariabilität (Veränderungen des Netzwerks in der Zeit).

Ein soziales Netzwerk ist mehr als die Summe der einzelnen dyadischen Beziehungen. Denn Ego ist auch von indirekten Effekten, die durch die Beziehungen zwischen den Alteri entstehen, betroffen. Solche indirekten Effekte können nicht nur Unterstützungsleistungen vergrößern, sondern im Konfliktfall auch für eine Eskalation sorgen, etwa indem Gerüchte gestreut und Koalitionen gebildet werden. Im Zuge der Individualisierung und Pluralisierung von Lebensmodellen verändern sich soziale Netzwerke tendenziell in der Weise, dass ihre Variabilität und Heterogenität zunimmt und gleichzeitig auch ihre Peripherie wächst (vgl. Gräf, 1997b).

8.1.4 Soziale Isolation und Einsamkeit

Soziale Isolation liegt vor, wenn das soziale Netzwerk sehr klein, sehr locker oder überhomogen strukturiert ist (Beziehungsarmut) und/oder wenn die Kommunikations- und Kontaktfrequenz unter dem Durchschnitt liegt (häufiges Alleinsein). Soziale Isolation wird hauptsächlich aus drei Gründen als psychologisches Problem aufgefasst:

- *Fehlende soziale Kontrolle*:
  Das Zusammensein mit anderen Menschen erzeugt eine *Öffentlichkeit* für eigenes Verhalten und übt somit eine Kontrollfunktion aus. Diese kann (z.B. im Zusammenhang mit marginalisierten Identitäten, siehe Kap. 7.1.3) problematisch und unerwünscht sein, andererseits bietet sie aber auch oft ein wichtiges Regulativ eigenen Verhaltens. So ist bei Alleinwohnenden das Risiko erhöht, dass sie sich selbst und/oder die Wohnung vernachlässigen oder auf die Zubereitung warmer Mahlzeiten verzichten, was von den Betroffenen selbst zuweilen als Problem erlebt wird („ich kann mich einfach nicht dazu motivieren").
- *Fehlende soziale Unterstützung*:
  Beziehungsmangel bedeutet auch einen Mangel an *sozialen Ressourcen* wie Hilfeleistung, Orientierung oder Anerkennung und behindert dadurch die Persönlichkeitsentwicklung. Zudem sind sozial Isolierte vulnerabler, wenn es darum geht, Belastungen zu bewältigen und ihre Gesundheit zu erhalten bzw. wiederherzustellen.
- *Subjektive Einsamkeit*:
  Beziehungsarmut und Alleinsein werden nicht zuletzt häufig als sehr unangenehm empfunden. Man spricht von Einsamkeit, um *Gefühle des Ausgeschlossenseins*, des Verlassen- und Verlorenseins, des Abgeschnittenseins vom sozialen Leben zu adressieren (zur Einsamkeitsforschung siehe Elbing, 1991; Peplau & Perlman, 1982).

Soziale Isolation und Einsamkeit werden oftmals synonym verwendet, obwohl es sich um distinkte Konzepte handelt. So sind Phasen des Alleinseins für viele Tätigkeiten notwendig (z.B. Lesen, Schreiben, Erlernen eines Musikinstruments etc.), ohne dass Beziehungspartner fehlen müssen oder subjektiv Einsamkeit erlebt wird. Umgekehrt garantieren die rege Beteiligung an geselligen Zusammenkünften und ein großes soziales Netzwerk keinen Schutz vor subjektiver Einsamkeit, da diese durch individuelll-le Bedürfnisse vermittelt wird und in stärkerem Masse von der *Qualität* sozialer Integration als von der *Quantität* sozialer Beziehungen oder Kontakte abhängt (siehe Tab. 8.1).

Tab. 8.1: Bivariate Korrelationen (r) und multiple Korrelationen/Regressionen (R, b , *:p<.001) zwischen Einsamkeits-Selbstrating und sozialer Integration (Quelle: eigene Repräsentativumfrage 1995, s. Anhang 1)

Häufigkeit von Kontakten	*Einsamkeit r (b)*	*Anzahl von Beziehungen*	*Einsamkeit r (b)*	*Qualität sozialer Integration*	*Einsamkeit r (b)*
Gespräche gestern	-.20 (-.17*)	Partnerschaft	-.18 (-.20*)	Oberflächlichkeit	+.34 (.20*)
Gäste letzten Monat	-.08 (-.04)	enge Freunde	-.16 (-.09*)	Schüchternheit	+.28 (.07*)
Briefe letzten Monat	-.04 (-.02)	Familienmitglieder	-.15 (-.09*)	ans Haus gebunden	+.40 (.27*)
Anrufe gestern	-.03 (.01)	Kollegen	-.12 (-.12*)	Marginalisierung	+.41 (.27*)
		Verwandte	-.09 (-.02)		
		Nachbarn	-.04 (-.00)		
	R=.18 (3%)		R=.28 (8%)		R=.55 (30%)

Der Zusammenhang zwischen sozialer Isolation (z.B. oft allein sein, wenige Freunde haben) und Einsamkeit ist allgemein im eigenen Erleben nicht so eng wie in *der Zuschreibung*, dergemäß Personen, die oft allein sind, meist für vereinsamt gehalten werden (siehe Anhang 2). Einsamkeit wird in der Regel *internal* auf soziale Inkompetenz attribuiert: Wir stellen uns Einsame als unsicher, gehemmt, beziehungsunfähig oder schüchtern vor. Zusätzlich zu dieser *Stereotypisierung* werden Einsame auch im Zuge von *Stigmatisierung* in ihrer gesamten Person abgelehnt: Ihnen werden negative Attribute zugeschrieben, die nichts mit dem Kontaktverhalten zu tun haben (Lau & Gruen, 1992; siehe Anhang 2). Dies mag daran liegen, dass im zwischenmenschlichen Miteinander soziale Kompetenzmängel, wie sie mit Einsamkeit assoziiert werden, eine zentrale Bedeutung haben bzw. zentrale Eigenschaften im Sinne Aschs (1946) sind und somit qua Halo-Effekt die Valenz des gesamten Personeneindrucks prägen.

Es ist empirisch belegt, dass subjektive Einsamkeit mit Defiziten in den sozialen Fertigkeiten einhergeht und dass sie zurückgeht, wenn mit Trainingsmaßnahmen die *sozialen Fertigkeiten* (aber auch die Fertigkeiten zum konstruktiven Alleinsein: *solitude skills*) verbessert werden (zu Einsamkeitstherapien siehe Elbing, 1991; Schwab, 1994). Dennoch sind *externale* Faktoren bei der Einsamkeitsgenese nicht zu vernachlässigen (z.B. kritische Lebensereignisse wie Tod oder Krankheit, Arbeitslosigkeit, Armut, Marginalisierung etc.). Die Pluralisierung der Lebensmodelle und die wachsende Bedeutung von selbstgewählten und selbstgestalteten Interessensgemeinschaften gegenüber lokal vorfindbaren Gemeinschaften (siehe Kap. 9.1.2) ist insofern einsamkeitskritisch, als soziale Integration nicht einfach „da ist", sondern vom eigenen Engagement und der eigenen Attraktivität für andere abhängt. Andererseits bieten die neuen Möglichkeiten der Kontakt- und Beziehungspflege sowie die Dynamik sozialer Netzwerke auch die Chance, sich das soziale Umfeld gemäß eigenen Bedürfnissen zu gestalten und somit Einsamkeit zu vermeiden, die aus Unverständnis oder konflikthaften bzw. emotionsarmen Not- und Zweck-Beziehungen resultiert. Entgegen pauschalen Gesellschafts-Diagnosen wachsender Vereinsamung durch Modernisierung ist somit eher von einem Polarisierungs-Prozess in der Weise auszugehen, dass es für bestimmte Bevölkerungsgruppen schwieriger wird, soziale Integration herzustellen, während andere von den neuen Optionen liberalisierter Beziehungsgestaltung stärker profitieren (vgl. Diewald, 1991; siehe auch Anhang 1). Umfragedaten bestätigen bislang jedenfalls nicht die Vermutung, dass subjektive Einsamkeit in Deutschland seit dem zweiten Weltkrieg deutlich zugenommen habe (vgl. Döring, 1997b).

8.2 Mediale Umgebungen und soziale Beziehungen

Soziale Beziehungen konstituieren sich durch die einzelnen Kontakte und durch die kognitiven, motivationalen und emotionalen Begleitprozesse, die in den Kontaktpausen ablaufen. In der Regel stützen sich weder formale Beziehungen (Kap. 8.2.1) noch persönliche Beziehungen (Kap. 8.2.2) allein auf Face-to-Face-Kontakte. Stattdessen setzen wir *Individualmedien* (allen voran das Telefon) und in wachsendem Maße *Hybridmedien* (v.a. Computernetzwerke) ein, um Kontakte zu unseren Mitmenschen herzustellen und aufrecht zu erhalten. Zudem sind *Massenmedien* wie etwa das Fernsehen durchaus beziehungsrelevant und werden zunehmend interaktiver gestaltet.

8.2.1 Mediale Umgebungen und formale Beziehungen

Viele *Dienstleistungs-Beziehungen* beschränken sich auf Face-to-Face-Kontakte (z.B. Verkäufer-Kunde, Bedienung-Gast). Allerdings zeichnet sich die Tendenz ab, bestimmte Dienstleistungen medial unterstützt oder vollkommen automatisiert abzuwickeln. Hierbei sind unterschiediche Szenarien möglich; so können ergänzend zum Face-to-Face-Kontakt (z.B. Besuch in der Bankfiliale) Telefonkontakte (z.B. Telefonbanking) oder Mensch-Maschine-Interaktionen (z.B. Telebanking per Computernetz, Geldautomat) eingesetzt werden. Im Verkaufsbereich ist eine Kombination von Fernsehpräsentation und Telefonbestellung typisch (*Teleshopping*, Ridder, 1995). Bei Verkaufsshows im Fernsehen soll das Publikum eine *parasoziale Beziehung* zum Moderationsteam aufbauen, das die Rolle von vertrauenswürdigen und glaubwürdigen Bekannten einnimmt und freundschaftliche Einkaufstips gibt.

Ebenso wie bei der Katalogbestellung (die monatlich von 21% der Deutschen in Anspruch genommen wird, siehe Anhang 1) tritt auch beim *Online-Shopping* im Netz die soziale Komponente völlig in den Hintergrund: die Produktpräsentation erfolgt in Form elektronischer Kataloge (Kollmann, 1997). Für digitale Produkte (z.B. Computerprogramme) und auch für diverse nicht-digitale Waren (z.B. Reisen, Bücher) ist diese Präsentationsform ideal, da sie individuelle Suchabfragen erlaubt und das Vergleichen von Angeboten erleichtert. Bei vielen anderen Produkten dagegen kommt es beim Kauferlebnis darauf an, sich nicht nur mit Informationen über die Ware, sondern mit der Ware selbst unmittelbar auseinanderzusetzen (z.B. Anprobieren von Schuhen), so dass Online-Shopping hier nur geringe Attraktivität besitzt. Zudem werden Konsumgüter des täglichen Bedarf komfortabler im Geschäft gekauft, da Online-Shopping mit einer mehr oder weniger zeitaufwendigen Bearbeitung der Bestellung und anschließender Lieferung verbunden ist. Bei An- und Verkäufen im privaten Bereich, spielen Medien seit langem eine wichtige Rolle. Kleinanzeigen erscheinen in Zeitungen und Zeitschriften, im Videotext, der sich zunehmend auf regionalisierte Serviceangebote und Werbung spezialisiert (Zimmer, 1995), und natürlich im Internet.

Großen Einfluss haben mediale Umgebungen auch auf die Gestaltung *sexueller Dienstleistungen*. So institutionalisierten sich mit der Popularisierung des Telefons ergänzend zur Straßen- und Bordell-Prostitution die Appartment-Prostitution („Callboy“, „Callgirl“; vgl. McLuhan, 1994, S. 406f., Erstdruck 1964) und die Begleit-Agenturen (zu Formen der Prostitution siehe genauer Ahlemeyer, 1996, S. 79). Das Telefon hat aber nicht nur zu Varianten der herkömmlichen Face-to-Face-Prostitution geführt, sondern auch zu einer medienspezifischen sexuellen Dienstleistung: dem prostitutiven *Telefonsex*. Aufgrund ihrer Multifunktionalität sind Computernetze im Bereich der sexuellen Dienstleistungen vielfältig einsetzbar. Sie dienen beispielsweise als Werbemedium und zur Kontaktvermittlung. Genau wie das Telefon ermöglichen Computernetze auch medienspezifische sexuelle Dienstleistungen, etwa Hot Chat-Dienste oder virtuelle Peep Shows. Neben medialen (telefonischen oder computervermittelten) *interpersonalen* Kontakten zwischen Sexworkern und ihrer Klientel werden in den entsprechenden Szenarien jeweils auch Sex-Dienste angeboten, bei denen sich die Interaktivität auf einen *Mensch-Maschine-Dialog* beschränkt (z.B. bei Telefonsex-Diensten kann das Abspielen von Tonbändern an die Stelle des Live-Gesprächs treten; bei virtuellen Peep Shows ist das Einspielen vorgefertigter Videobilder anstelle einer interaktiv abgesprochenen Live-Darbietung möglich). Da sowohl das Anbieten als auch das Inanspruchnehmen sexueller Dienstleistungen nach wie vor ein beträchtliches soziales Stigma darstellt, kann die Mediatisierung beide Seiten durch Kontrollgewinn von psychischen, physischen und sozialen Risiken entlasten.

Die Mediatisierung (insbesondere Informatisierung) des Dienstleistungssektors dient auf Anbieterseite dazu, Kosten einzusparen und gleichzeitig flexibler auf Kundenwünsche einzugehen. Auch die Kunden können hierbei durchaus einen Ökonomievorteil erleben (z.B. zeit- und ortsunabhängiges Erledigen von Bankgeschäften und Einkäufen). Zudem entwickeln sich genuin neue medial vermittelte Dienstleistungen (z.B. im sexuellen oder im psychotherapeutischen Bereich), die u.a. den Vorteil leichter Zugänglichkeit haben. Die Mediatisierung von Dienstleistungen bringt es mit sich, dass ein Teil der Leistungen von der Kundschaft durch Selbstbedienung erbracht werden muss – dies schafft einerseits für die Technikkompetenten mehr Unabhängigkeit (z.B. Recherche in elektronischen Katalogen anstelle eines Verkaufsgesprächs), schließt aber gleichzeitig Personen mit geringerer Technikkompetenz aus und steht den Interessen derjenigen entgegen, die nicht nur auf den funktionalen, sondern auch auf den *sozialen Aspekt formaler Beziehungen* besonders angewiesen sind (z.B. isoliert lebende Menschen, für die alltägliche Besorgungen die wichtigsten Kontaktgelegenheiten darstellen; siehe Tab. 8.2). Medial vermittelte Dienstleistungen bergen schließlich auch neue Risiken der Datenüberwachung sowie des kriminellen Missbrauchs (siehe z.B. Biervert, Monse, Behrendt & Hilbig, 1991), der vom Betrug bis zum relativ geschützten Austausch illegaler Waren reichen kann.

Tab. 8.2: Anzahl von Gesprächskontakten in Abhängigkeit von der Nutzung mediatisierter und persönlicher Finanz-Dienstleistungen (M, SD) (Quelle: eigene Repräsentativumfrage 1995, s. Anhang 1)

	n=1563	Personen gesprochen gestern	Alter
Ich hole mein Geld meistens am Schalter	45%	9,2 (12,0)	52,6 (18,6)
Ich hole mein Geld mal am Schalter, mal am Automaten	21%	10,7 (12,0)	42,5 (16,6)
Ich hole mein Geld meistens am Automaten	35%	12,5 (13,0)	39,5 (15,5)
	100%	10,6 (12,4)	46,0 (18,1)

Verwaltungs-Beziehungen basieren primär auf schriftlichen Kontakten, ergänzt um telefonische Rücksprachen oder Face-to-Face-Konsultationen, die nicht selten wegen langer Wartezeiten und unfreundlicher Behandlung aversiv erlebt werden. Unter dem Stichwort *Bürgernähe* werden im Rahmen der Verwaltungsreform Umstrukturierungen vorgenommen, die Verwaltungs-Beziehungen einen Dienstleistungscharakter geben sollen. Ein Modell sind hierbei sogenannte *Bürgerämter*, die mehrere Ämter unter einem Dach vereinigen und oft auch verlängerte Öffnungszeiten haben, so dass

Wege und Wartezeiten eingespart werden. Noch größere Bürgernähe soll hergestellt werden, indem die Verwaltung per Computernetz quasi zu uns nach Hause kommt. Im Rahmen von Pilotprojekten bringen die Länder und Kommunen mittlerweile verstärkt Informations- und Serviceangebote ins Netz (z.B. Berlin: http://www.berlin.de). So kann man sich etwa Formulare des Finanzamtes oder der Meldestellen aus dem Internet herunterkopieren (z.B. Online Formulare beim Bürgeramt Münster: http://neu.muenster.de/stadt/buergeramt/). Diese Formulare müssen dann jedoch ausgedruckt, ausgefüllt und auf regulärem Postweg an die Ämter zurückgeschickt werden. Ob in Zukunft die Möglichkeit geschaffen wird, zeitaufwendige Verwaltungsakte online abzuwickeln (z.B. Kfz-Anmeldung, Verlängerung von Ausweisen und Pässen etc.), hängt im Wesentlichen davon ab, welche Sicherheitsvorkehrungen gegen Missbrauch und Datenschutzverletzungen implementierbar sind und wie sich Medienbrüche bequem überwinden lassen (z.B. Digitalisierung von Papier-Dokumenten).

Eine Substitution von Face-to-Face-Kontakten mit Verwaltungspersonal zugunsten einer komfortablen computervermittelten Abwicklung von zu Hause aus kommt den Interessen vieler Bürgerinnen und Bürger entgegen und wird gleichzeitig von Verwaltungsseite als Rationalisierungschance begriffen. So berichteten z.B. 80% der von Matheisen und Voltenauer-Lagemann (1983, S. 30, S. 24) befragten n=225 Bildschirmtext-Nutzer, sie würden den Besuch der Bankfiliale *nicht* vermissen, wenn die meisten Bankgeschäfte über Btx abgewickelt würden, zudem forderten mehr als zwei Drittel, dass durch Btx mehr Behördengänge (z.B. zu Polizei und Finanzamt) substituiert werden. Allerdings stellt die geringe Verbreitung von Computernetzen eine erhebliche Hürde für derartige Projekte dar. Von besonderer politischer Brisanz ist die Idee, auch *Wahlen* elektronisch abzuwickeln. Eine digitale Stimmabgabe per Computernetz hätte den Vorteil, dass die Stimmauszählung ohne Personalaufwand automatisch erfolgen könnte, wodurch Organisations- und Kostenaufwand von Wahlen dramatisch sinken würde. Mit digitalen Abstimmungen und Wahlen wäre dem Politikmodell der *direkten Demokratie* (im Unterschied zur repräsentativen Demokratie) ein wirksames Instrumentarium an die Hand gegeben: Das häufige Einholen von Bürgervoten wäre möglich, wodurch sich vielleicht sogar die allgemeine Politikverdrossenheit abbauen und das Gefühl der persönlichen Beteiligung stärken ließe. Neben dem Problem der Vulnerabilität gegenüber Sabotage und Systemangriffen wirft die Utopie einer solchen „*Cyberpolitik*" jedoch erneut die vieldisktuierte Frage auf, welche Gefahren eine unmittelbare Kopplung politischer Entscheidungen mit dem aktuellen Stimmungsbild in der Bevölkerung in sich birgt.

Welche Rolle mediale Kontakte in *Arbeits-Beziehungen* spielen, ist vom Tätigkeitsfeld abhängig. Mit der zunehmenden Globalisierung von Unternehmen wächst neben den Reiseaktivitäten die Bedeutung medialer Kontakte im Arbeitsleben, wobei letztere die ersteren oftmals nicht ersetzten, sondern vor- und nachbereiten (siehe Ollmann, 1989). Zur Telefonie als bislang mit Abstand wichtigster Form medialer Kommunikation im Berufsleben ist nun die computervermittelte Kommunikation als ein wesentliches Hilfsmittel hinzugetreten. Computervermittelte Kommunikation soll z.B. kooperatives Arbeiten räumlich verstreuter Personen und Gruppen unterstützen (CSCW: *Computer-Supported Cooperative Work*), stellt aber neben der Telefonkommunikation auch eine wichtige Basis diversen Formen der Telearbeit dar. Auch im Bildungsbereich wird zunehmend mit Online-Szenarien gearbeitet (vgl. Döring, 1997c), teils um auf Telearbeit vorzubereiten, teils um Bildungsangebote flexibler (computergestütztes Selbstlernen) und kommunikationsintensiver (CSCL: *Computer-Supported Collaborative Learning*) zu gestalten. Medienwahlen werden hierbei institutionell vorgegeben und folgen sowohl Rationalitätskriterien (rationale Medienwahl, siehe Kap. 6.3.) als auch sozialen Normen (normative Medienwahl, siehe Kap. 6.4.). Die Umsetzung von Online-Szenarien bereitet in der Praxis jedoch nach wie vor Schwierigkeiten – nicht nur wegen technischer Restriktionen (v.a. im Bereich der Audio- und Videokommunikation), sondern auch weil man häufig versucht, Face-to-Face-Szenarien (z.B. Kleingruppen-Arbeit, Vorlesung) ohne strukturelle Veränderungen in den Netzkontext zu übertragen (etwa als „virtuelle" Teamarbeit oder „virtuelle" Vorlesung) anstatt genuine Netzszenarien zu entwickeln, die den Optionen und Restriktionen der spezifischen medialen Umgebung Rechnung tragen (siehe Wulf & Schinzel, 1997, für die ausgesprochen selbstkritische Evaluation einer computervermittelten Tele-Vorlesung und Tele-Übung).

8.2.2 Mediale Umgebungen und persönliche Beziehungen

Dass sich *persönliche* Beziehungen allein auf Face-to-Face-Kontakte oder ausschließlich auf medial vermittelte Kontakte stützen (z.B. reine Brieffreundschaft), ist selten. Stattdessen greifen wir auf ein mehr oder weniger großes Spektrum von Kontaktformen zurück: Gedankliche Kontakte und Gespräche mit Dritten über die Beziehung spielen eine wichtige Rolle; hinzu kommen Telefonate und Nachrichten auf dem Anrufbeantworter; gegenseitige Besuche und Treffen (sofern man nicht zusammen wohnt) sowie gelegentliche Briefe oder andere schriftliche Nachrichten. In der Beziehungsforschung wurde die Bedeutung von Kommunikationsmedien bislang nicht besonders hervorgehoben (Stichworte wie „Telefon" oder „Brief" tauchen in vielen einschlägigen Sammelbänden nicht im Index auf, siehe z.B. Auhagen & von Salisch, 1993; Duck, 1987). Aufgrund ihrer Privatheit stehen Dokumente medialer Individualkommunikation (z.B. Aufzeichnungen von Telefonaten, private Korrespondenz) kaum für Forschungszwecke zur Verfügung, weshalb sich Angaben über die Bedeutung medial vermittelter Kommunikation im Beziehungskontext meist auf Befragungsdaten beschränken.

Auhagen (1991) ließ 72 Personen (18 Freundespaare und 18 Geschwisterpaare) zwei Monate lang im Tagebuch alle Kontakte zur Freundin bzw. zum Geschwister notieren. Dabei ergab sich die in Tabelle 8.3 dargestellte Häufigkeitsverteilung unterschiedlicher Kontaktformen (die Prozentzahlen beziehen sich auf die Gesamtzahl der 72*60=4320 Untersuchungstage).

Tab. 8.3: Häufigkeit von Kontaktformen bei Geschwister- und Freundespaaren
(Quelle: Daten aus Auhagen, 1991, S. 24)

1.	Gedankliche Kontakte	31%
2.	Gespräche mit Dritten	20%
3.	Telefonische Kontakte und Kontaktversuche	20%
4.	Face-to-Face-Kontakte	16%
5.	Sonstige Kontakte	3%
6.	Schriftliche Kontakte	2%

Diese Ergebnisse verdeutlichen, dass Face-to-Face-Kontakte im persönlichen Beziehungsalltag nicht an erster Stelle stehen, und sie zeigen auch, wie vergleichsweise selten Netzabstinente einander schriftlich kontaktieren. Das Telefon ist das mit Abstand wichtigste Medium der Individualkommunikation, sowohl was Verbreitung als auch Nutzungsintensität betrifft. Briefpost oder Telefax schneiden vergleichsweise schlecht ab, Email oder andere Netzdienste stehen bislang nur einer Minderheit in der Bevölkerung zur Verfügung (vgl. Kap. 4.3). Da persönliche Treffen und Besuche in der Regel telefonisch verabredet bzw. vorangekündigt werden, stellt der Nicht-Besitz eines Telefons ein erhebliches Isolationsrisiko dar (Häußermann & Petrowsky, 1989, S. 128f.).

Tab. 8.4: Relative Häufigkeiten des kostenbedingten Verzichts auf Telefonate
(Quelle: eigene Repräsentativumfrage 1995, s. Anhang 1)

Verzicht auf Telefonate aus Kostengründen

	nie	*selten*	*gelegentlich*	*häufig*	
Ost	64%	12%	10%	14%	100% (n=324)
West	61%	15%	15%	9%	100% (n=1213)
Gesamt	62%	15%	14%	10%	100% (n=1537)

Die Bedeutung von Kommunikationsmedien im Beziehungsalltag hängt nicht nur von quantitativen Merkmalen des medialen Kommunikationsverhaltens ab (z.B. Häufigkeit und Dauer von Telefonaten), sondern auch von qualitativen Merkmalen (z.B. Kommunikationsstil, Kommunikationsinhalte beim Telefonieren). Aus medienökologischer Sicht stellen die einzelnen medialen Kommunikationsumgebungen jeweils spezifische Ausdrucksmöglichkeiten zur Verfügung, die je nach

Beziehungsstatus, Medienkompetenz, Kommunikationsanlass etc. unterschiedlich realisiert werden. So dürfte der Griff zum Telefon oft gemäß *rationaler Medienwahl* (siehe Kap. 6.3) erfolgen, da das Telefonat gegenüber dem Face-to-Face-Treffen zeit- und kostensparender ist. Andererseits müssen 24% der Deutschen gelegentlich oder häufig aus Kostengründen auf Telefonate verzichten (siehe Tab. 8.4).

Wenn Personen brieflich kommunizieren, dann tun sie dies oft gemäß *normativer Medienwahl* (siehe Kap. 6.4) zu bestimmten Anlässen (z.B. werden wichtige Einladungen schriftlich und nicht telefonisch mitgeteilt) oder gemäß *interpersonaler Medienwahl* (siehe Kap. 6.5) in Abstimmung mit der Medienwahl des Gegenübers (z.B. beantwortet man einen persönlichen Brief eher schriftlich als telefonisch). Trotz der Bequemlichkeit des telefonischen Kontakts haben 40% der Deutschen regelmäßigen Briefkontakt zu mindestens einer Person, wobei die Jüngeren (die bereits mit dem Telefon im Haushalt aufgewachsen sind) das Briefeschreiben sogar stärker kultivieren als Personen im mittleren Lebensalter (vgl. auch Anhang 2 für Brieffreundschaften bei Jugendlichen). Briefkontakte werden stärker von Frauen als von Männern gepflegt (siehe Tab. 8.5).

Tab. 8.5: Anzahl der im letzten Monat geschriebenen privaten Briefe in Abhängigkeit von Geschlecht und Alter (Mittelwerte, Streuungen) (Quelle: eigene Repräsentativumfrage 1995, s. Anhang 1)

	14-19 Jahre	*20-29 Jahre*	*30-49 Jahre*	*50-64 Jahre*	*65+ Jahre*	
Frauen	2,5 (3,6)	1,8 (0,9)	1,3 (1,9)	1,1 (2,0)	1,6 (2,4)	1,5 (2,3)
Männer	0,8 (1,3)	0,9 (1,3)	1,3 (2,2)	1,0 (2,0)	1,3 (2,3)	1,1 (2,0)
	1,7 (2,8)	1,3 (2,0)	1,3 (2,0)	1,1 (2,0)	1,5 (2,3)	1,3 (2,1)

Individualmedien haben in erster Linie die Funktion, Kontakte zu Personen herzustellen und aufrecht zu erhalten, mit denen man bereits durch soziale Beziehungen verbunden ist. So sind Individualmedien unverzichtbar, wenn es darum geht, temporäre räumliche Trennungen zu überbrücken, wie sie sowohl alltäglich (z.B. telefonische Erreichbarkeit von berufstätigen Eltern am Arbeitsplatz durch ihre Kinder) als auch außeralltäglich vorkommen (z.B. Kontakte per Brief, Telefon und Email zum heimischen sozialen Netzwerk während eines Auslandspraktikums). Schließlich werden die sozialen Netzwerke verschiedener soziodemografischer Gruppen in unterschiedlicher Weise durch mediale Kontakte getragen. Für Personen, deren außerhäuslicher Aktionsradius eingeschränkt ist (z.B. durch Krankheit, körperliche Behinderung oder Kinderbetreuung), sind mediale Kontakte besonders wichtig. Die Verfügbarkeit des Telefons ermöglichte vielen älteren Menschen erst das (häufig gewünschte) selbständige Wohnen, da im Bedarfsfall schnell Hilfe geholt oder

Gesprächspartner gefunden werden können (vgl. Dimmick, Sikand, & Patterson, 1994; zu den Kommunikationsbedürfnissen älterer Menschen siehe Barbato & Perse, 1992). Allerdings ist die Telefon-Kompetenz in einigen Bevölkerungsgruppen gering ausgeprägt, so dass sich etwa ältere Arbeiter im Falle von Arbeitslosigkeit die Gratifikationen des Telefons (z.B. soziale Kontaktpflege, Krisenintervention, Arbeitssuche) kaum erschließen können (siehe Häußermann & Petrowsky, 1989). Auch ein kompensatorischer Mediengebrauch in dem Sinne, dass Personen, die ans Haus gebunden sind und kaum unter Menschen kommen, verstärkt auf Telefon- und Briefkontakte zurückgreifen, ist wenig verbreitet (siehe Anhang 1).

Dem Zugewinn an Unabhängigkeit und Flexibilität in der Beziehungsgestaltung, den Kommunikationsmedien mit sich bringen, wird häufig ein verstärktes Risiko der sozialen Isolation und Vereinsamung gegenübergestellt. Dass man heutzutage beim Telefonieren kaum noch einen Menschen erreiche, sondern ständig auf „Maschinen" (*Anrufbeantworter*) treffe, wird nicht selten als Symptom einer wachsenden Entpersönlichung und Beziehungszerstörung durch Kommunikationstechnik verstanden. Tatsächlich empfinden es 48% der Bundesdeutschen als unangenehm, auf einen Anrufbeantworter zu sprechen. Allerdings ist diese Wahrnehmung maßgeblich dadurch bestimmt, ob man selbst zu Hause über einen Anrufbeantworter verfügt oder nicht (siehe Tab. 8.6).

Tab. 8.6: Reaktionen bei der Nutzung von Anrufbeantwortern in Abhängigkeit von eigenem Geräte-Besitz (relative Häufigkeiten) (Quelle: eigene Repräsentativumfrage 1995, s. Anhang 1)

	„Auf einen Anrufbeantworter zu sprechen, ist mir ..."			
	unangenehm	*egal*	*angenehm*	
mit eigenem Anrufbeantworter	25%	59%	15%	20%
ohne eigenen Anrufbeantworter	54%	43%	3%	80%
	48%	46%	5%	100%

Nachrichten auf dem Anrufbeantworter einer Zielperson zu hinterlassen, kann in bestimmten Situationen zudem selbstdarstellerisch einen Zugewinn an Kontrolle bedeuten, der wiederum der Beziehungsentwicklung zugute kommt (siehe Sarch, 1993; vgl. Kap. 7.2.2). Nicht zuletzt helfen uns Anrufbeantworter und *Mobiltelefone* (Handys), soziale Kontakte zu koordinieren, wenn wir eben nicht den ganzen Tag (ggf. allein) zu Hause verbringen, sondern viel unterwegs sind und Geselligkeit erleben.

Hybridmedien wie Mailinglisten, Newsgroups, Chat-Channels, MUDs oder auch telefonische Party- und Flirt-Lines (siehe Leky & Schumacher, 1989; Wigand, 1990) bieten neben der Pflege vorhandener Beziehungen zudem die Möglichkeit, neue Beziehungen anzuknüpfen. Nicht nur trifft man in öffentlichen medialen Foren Menschen, denen man im sozialen Umfeld nicht begegnet wäre, man hat durch den medialen Erstkontakt auch die Möglichkeit, sich in anderer Weise darzustellen (vgl. Kap. 7.4): Modifizierte Selbstdarstellungen können dabei einerseits im Sinne einer attraktivitätssteigernden Idealisierung bewusst intendiert sein (z.B. Selbstbeschreibung gemäß gängiger Schönheitsideale), sie können aber auch daraus resultieren, dass man sich individuell in einer bestimmten medialen Umgebung besonders wohlfühlt und somit in der Kommunikation mit anderen unbefangener und sicherer auftritt (z.B. sind Party Lines für Personen mit angenehmer „Telefonstimme“ und Chat-Channels für Personen, die im schriftsprachlichen Ausdruck sehr gewandt sind, besonders geeignete Bühnen der Selbstdarstellung und somit auch der Kontaktanbahnung).

Schließlich erweisen sich *Massenmedien* ebenfalls als beziehungskritisch, speziell wenn es um das Kennenlernen geht (z.B. Kontaktanzeigen in Zeitungen und Zeitschriften, Videoannoncen und Spielshows für Singles im Fernsehen, siehe z.B. Müller, 1994). Indem Massenmedien ihre Programme zunehmend parasozialer (z.B. tägliche Soap Operas, siehe Cerulo, Ruane & Chayko, 1992) und interaktiver (z.B. Call-In-Sendungen) gestalten, werden die Beziehungen des Publikums zu Medienakteuren tendenziell lebendiger und persönlicher. Die Verknüpfung massenmedialer Programme mit *Hybridmedien* (z.B. sendungsbegleitende Mailingliste, siehe Barth & Münch, 1997) soll das jeweilige Zielpublikum aktivieren und miteinander in Kontakt bringen.

8.3 Veränderung bestehender Beziehungen

Um zu betrachten, welches Veränderungspotential Internet-Nutzung hinsichtlich bestehender persönlicher Beziehungen in sich birgt, sind zwei Fälle zu unterscheiden: Persönliche Beziehungen, in denen nur *eine* Person das Netz nutzt und die andere Person (völlig oder weitgehend) netzabstinent bleibt (Kap. 8.3.1) sowie persönliche Beziehungen, in denen *beide* Personen das Netz nutzen (Kap. 8.3.2).

8.3.1 Beziehungsveränderungen durch Netzaktivitäten einer Person

Von Computernetzen ist nicht nur die Minderheit betroffen, die sie nutzt (vgl. Kap. 4.2 und 4.3 zur sozialstatistischen Zusammensetzung der Internet-Population), sondern auch die Mehrheit, die abstinent geblieben ist – und dies zum Teil wohl auch bleiben wird. Sei es aus finanziellen Gründen, sei es, weil Zeit und Mühe in die Auseinandersetzung mit der Technologie zu investieren ihnen nicht lohnenswert erscheint oder schlicht nicht möglich ist. Wenn Netzabstinente und Netzaktive (oder Wenig-nutzer und Vielnutzer) aufeinandertreffen (z.B. weil Angehörige oder Freunde Netzzugang bekommen und sehr großes Netzengagement entwickeln), können spezifische Konflikte und Veränderungen der Beziehungsqualität resultieren. Dies betrifft 1. das Zeitbudget für gemeinsame Aktivitäten, 2. Verschiebungen in den Machtverhältnissen sowie 3. Veränderungen in den sozialen Netzwerken.

Zeitbudget für gemeinsame Aktivitäten

Eine Hauptquelle konflikthafter Auseinandersetzungen im Zusammenhang mit Computer- und Internet-Nutzung ist die Wahrnehmung der abstinenten Personen, dass die Netzaktiven in ihrem Umfeld *zu viel Zeit* am Computer bzw. im Netz verbringen und dabei gemeinsame Aktivitäten vernachlässigen. In Partnerschaften fühlen sich manche Netzabstinente oder Wenignutzer gar in die Rolle der *Computerwitwe* oder des *Computerwitwers* gedrängt (Stoll, 1996, S. 46). Beziehungskonflikte wegen des starken Netzengagements einer Person treten nicht nur zwischen Lebensgefährten, sondern auch zwischen den Generationen auf, wenn Eltern die mangelnde Teilnahme ihrer Kinder am Familienleben auf übersteigerte Netzaktivitäten zurückführen. In den genannten Konstellationen erlebt die (ganz oder weitgehend) netzabstinente Person das Internet als Auslöser von Beziehungsstörungen. Entsprechende Fallbeispiele (siehe Abb. 8.1) werden oftmals mit *Internet-Sucht* und Eskapismus (siehe Kap. 7.4.2) in Verbindung gebracht.

Hi all,

My name is Anja and I'm an ex-partner of an Internet AOL chat addict. I left my lesbian partner of 5 years a month ago after she found the chat rooms on AOL and started corresponding with this 19 year old bimbo from Maryland. To make a long story short, she's seriously addicted to the Internet - spends every night until 2 a.m. either online or talking on the phone to friends she's met online from around the country. She started this addiction around July 10th and July 19th I moved out - it had gotten to the point where she was treating me like I was a stranger in my own home and relationship. When „high" on the Internet (i.e. online and chatting), she verbally abused me and treated me like I was her enemy... much to my shock...

I am totally devastated... sure didn't see this coming. I don't have an Internet addiction, and have a healthy social and professional life - I see the Net as a way of doing research.. Up to this point, although we had been in counseling and were working on different problems, we had been getting along beautifully and were engaged to have our Holy Union sometime next year. Now, after 5 years of being in love with the person I wanted to spend the rest of my life with, I am now sadly having to learn to use what I learnt in Al-Anon - to detach myself emotionally, and geographical-

```
cally (moved 40 miles away) as needed. Our friends are calling me
asking me why they can't get through on the phone to her anymo-
re... and when friends have gone over to say hello to the house
she's always online. (how rude, right?).

The icing on the cake is that she told me the Friday after I moved
out (called me at work) that she's decided to cash in $5K of her
$10K retirement money to go to San Francisco for 2 weeks to „get
away from it all" with a friend she met online. (this isn't the
girl from maryland, although they could be going together for all I
know). I broke up from her at this point and told her that I did-
n't want to be with someone that impulsive and I didn't want to be
with someone who was addicted to the Internet. She denies having an
addiction and is furious at me for telling our friends about her
behavior, even though she proves it when they come over and she's
online...

Are there any resources out there for us partners/ex-partners?
Please write me.
```

Abb. 8.1: Beziehungsprobleme aus Sicht der weitgehend netzabstinenten Person (Quelle: Posting aus der Mailingliste <Internet-Addiction-Support-Group>)

Die Vorstellung, dass das Internet soziale Beziehungen zerstört, ist allerdings als technikdeterministisch zu kennzeichnen. Ob Netzaktivitäten einer Person soziale Beziehungen beeinträchtigen, hängt nämlich davon ab, wie das Internet-Engagement sich im einzelnen gestaltet und wie es sich in den Beziehungsalltag einfügt.

Da bei den meisten Menschen Netzaktivitäten eher wenig Zeit beanspruchen (siehe Kap. 4.4), sollten Probleme mit dem Zeitbudget auf die Gruppe der Intensivnutzer beschränkt sein. Bei ihnen kann Netznutzung tatsächlich aufgrund des Zeitaufwandes und der notwendigen Konzentration ungewollt zur *Entfremdung* von Beziehungspartnern führen oder auch eine willkommene Möglichkeit sein, sich aus einer (bereits vorher unbefriedigend empfundenen) Beziehung *zurückzuziehen* und der Kommunikation aus dem Weg zu gehen. Dagegen kann nicht-eskapistisches Netzengagement auch nur deshalb auf Kritik stoßen, weil die andere Person sich langweilt, keine eigene Freizeitbeschäftigung gefunden hat oder weil sie ein größeres Bedürfnis nach gemeinsamen Aktivitäten hat. Solche Konflikte ließen sich teilweise umgehen, wenn die netzabstinente Person sich stärker darüber bewusst wäre, dass sich Phasen intensiver Netznutzung nach dem Netzeinstieg meist als passager und funktional (Explorations- und Lernphase) herausstellen. Ein solcher *Novitätseffekt* ist für Computernutzung generell, aber auch für andere Medien (z.B. Videorekorder, siehe Zapf, Hampel, Mollenkopf & Weber, 1989, S. 65) recht typisch.

Intensive Netzaktivitäten einer Person müssen zudem nicht notgedrungen solitär stattfinden oder die andere Person ausschließen. So können Netzaktive ihr Wissen und ihre Erfahrungen im sozialen Umfeld weitergeben und somit Netzabstinenten durch Erzählungen einen *Einblick* in das Netzleben bieten oder ihnen durch praktische Anleitung sogar einen *Einstieg* erleichtern, falls dieser gewünscht wird. Schließlich haben Netzabstinente, die ihr Wissen über Computernetze primär aus Presse und Rundfunk beziehen (müssen), wo oft genug von den *vier apokalyptischen Reitern der Rechnernetze* (Pornografie, Neonazi-Propaganda, Bombenbau-Anleitungen und Drogenhandel) die Rede ist (Tangens, 1996, S. 361), oftmals gar keine Chance herauszufinden, welche Informations- und Kontaktmöglichkeiten sie verpasssen. Allenfalls im Berufsleben werden sie häufiger damit konfrontiert, dass Netzaktive Vorteile genießen. Gerade wenn Netzabstinente jedoch beruflich unter Druck geraten, sich mit der Technik zu befassen, werden sie Computernetze zunächst kaum als sinnvolle Bereicherung ihres Lebens begrüßen, sondern sie eher als Belastung und Bedrohung wahrnehmen. Der durch persönliche Beziehungen angeregte und unterstützte Netzeinstieg trägt also entscheidend zur Diffusion des Mediums bei (siehe Wetzstein, Dahm, Steinmetz & Eckert, 1994 und Wetzstein, Dahm, Steinmetz, Lentes, Schampaul & Eckert, 1995). Gleichzeitig können Netzaktivitäten dann auch zum geteilten Interessensgebiet und Gesprächsthema in der Beziehung werden und somit das Erleben von Gemeinsamkeit unterstützen.

Verschiebungen in den Machtverhältnissen

Der durch Internet-Nutzung erworbene Wissens- und Kompetenzvorteil der netzaktiven Person wird nicht selten ein *Machtfaktor* gegenüber der netzabstinenten Person. Da Internet-Kenntnisse prestigeträchtiges Wissen darstellen, das sich etwa durch die Verwendung von Spezialvokabular im Alltag darstellen lässt, eignet es sich, neue kompetenzbasierte Autoritätsverhältnisse herzustellen, die bestehende Machtasymmetrien teils verstärken, manchmal aber auch unterlaufen (vgl. Kap. 9.3.1): Wenn Ältere (z.B. *Eltern, Lehrer*) die Internet-Aktivitäten Jüngerer nicht nachvollziehen können, ermöglicht dies den Heranwachsenden, Bereiche eigener Kompetenz und Überlegenheit zu erobern und individuell sowie kollektiv Machtzugewinn zu erleben (Negroponte, 1995, S. 249, S. 280). Allerdings ist hier nicht romantisierend von einem „unbefangenen“ Zugang der Kinder zur Technik auszugehen. Tatsächlich benötigen Kinder für einen kompetenten Internet-Umgang Anleitung – und diese erhalten sie meist von ihren Eltern und von Freunden, selten in der Schule. Internetaktive Kinder sind daher in der Regel keine vernachlässigten *Computerkids*, sondern eher besonders geförderte, sozial gut integrierte und privilegierte Kinder (vgl. Weiler, 1995). Obwohl die Mehrzahl (54%) der 12-19jährigen im eigenen Haushalt Zugang zu einem Computer hat und PC-Nutzung unter Jugendlichen stark verbreitet ist, sind Jugendliche bislang nicht überproportional, sondern nur entsprechend ihrem Altersanteil von 7% an der deutschen Internet-Population beteiligt (Eimeren & Maier-Lesch, 1997, S. 594f.).

Machtrelevant sind Internet-Kenntnisse nicht nur in der Eltern-Kind-Beziehung und im Schüler-Lehrer-Verhältnis sondern auch in *Peer-Beziehungen*. Computerbesitz und Internet-Kompetenz können beispielsweise *Statussymbole* darstellen und somit die Beliebtheit und den sozialen Einfluss ohnehin privilegierter Kinder und Jugendlicher vergrößern, während Kinder, deren Eltern durch Einkommen und Bildung unterprivilegiert sind, Gefahr laufen, aus Peer-Beziehungen und Peer Groups ausgeschlossen zu bleiben, weil sie nicht mitreden und mitmachen können (zu bildungsspezifischen Unterschieden in der Computerausstattung von Jugendlichen siehe Eimeren & Maier-Lesch, 1997, S. 594).

Eine Verstärkung oder Stabilisierung von Machtasymmetrien durch Technik- und Mediengebrauch wird häufig auch in den Geschlechterverhältnissen befürchtet (vgl. Zapf, Hampel, Mollenkopf & Weber, 1989). Ist etwa in einer gemischtgeschlechtlichen Beziehung der Junge oder Mann netzaktiv, das Mädchen oder die Frau dagegen netzabstinent, besteht die Gefahr, dass diese geschlechtsrollenkonformen Startbedingungen Rollenzuschreibungen innerhalb der Beziehung verfestigen, indem die Netznutzung als männliche Domäne besetzt wird und die Beziehungspartnerin die komplementäre (und machtärmere) Rolle der Nicht-Expertin einnimmt (vgl. Famulla, Gut, Möhle, Schumacher & Witthaus, 1992). So wird für Computernutzung oft berichtet, dass Prozesse der Ausgrenzung (z.B. Jungen unterhalten sich über Computerthemen eher mit anderen Jungen als mit Mädchen) und des Rückzugs (z.B. Mädchen halten sich in Computerfragen häufiger für inkompetenter als Jungen) Hand in Hand gehen mit einer geringeren Computernutzung bei Mädchen (siehe Feierabend & Klingler, 1997, S. 609). Andererseits kann eigener Internet-Zugang Frauen auch dabei helfen, geschlechtsasymmetrische Machtverhältnisse in Beziehungen zu überwinden, etwa indem ein aktiv genutzter Netzzugang (bei traditionell stärker auf den häuslichen Bereich ausgerichteter Lebensweise) die Bildungs-, Arbeits- und Kontaktmöglichkeiten von Frauen erweitert. Ob jedoch beispielsweise internetbasiertes Fernlernen oder Teleheimarbeit die wirtschaftliche und soziale Unabhängigkeit von Frauen (insbesondere Frauen mit Kindern) stärken, oder eher ihre Zuständigkeit für (unbezahlte) Haus- und Familienarbeit bekräftigen, ist vor allem von drei Faktoren abhängig: Von verbreiteten geschlechtsspezifischen Rollenzuschreibungen und Identitäten, von den strukturellen Bedingungen auf dem Arbeitsmarkt und vom Grad der Partnerschaftlichkeit bei der Arbeitsteilung in privaten Beziehungsmodellen (vgl. Lakemann, 1992).

Veränderungen in den sozialen Netzwerken

Netzaktive erwerben nicht nur prestigeträchtiges Wissen, das sie mit Netzabstinenten teilen oder als Machtquelle nutzen können, sondern erweitern auch ihre sozialen Netzwerke über Kommunikationswege, von denen Netzabstinente ausgeschlossen sind. Damit kann für die netzabstinente Person *Eifersucht* besonders virulent werden. Dies gilt insbesondere für jene (eher seltenen) Fälle, in denen die Netzaktiven nicht nur lockere sachbezogene Netzbekanntschaften pflegen, sondern auch mehr oder minder enge emotionale Bindungen im Netz eingehen (siehe Kap. 8.4.2).

Ob und inwieweit die netzabstinente Person von den Netzkontakten ihres netzaktiven Beziehungspartners negativ oder positiv tangiert wird, hängt wiederum in erster Linie von der Beziehungsstruktur ab: So kann die netzabstinente Person durch Erzählungen auf dem Laufenden gehalten oder auch in persönliche Treffen einbezogen werden, wodurch die Netzbekanntschaften der Bezugsperson (mehr oder minder peripherer) Teil ihres eigenen sozialen Netzwerkes werden. Umgekehrt kann die netzabstinente Person aber auch im Unklaren gelassen oder direkt in eine Konkurrenzsituation gebracht bzw. mit dem Problem des Treuebruchs konfrontiert werden. Da mediale Kontakte sich relativ unaufwendig und unauffällig von zu Hause aus aufbauen lassen, greifen partnerschaftlich Gebundene, die Abwechslung bzw. Ergänzung suchen oder auch eine Trennung vorbereiten, zum Kennenlernen besonders oft auf Telefon-Lines, Kontaktanzeigen oder eben auch auf das Chatten und Mudden zurück (Tamosaitis, 1995, S. 148f.; Turkle, 1995, S. 224ff.). Solche Aktivitäten werden üblicherweise verheimlicht und führen zu umso größeren Konflikten, wenn sie bekannt werden. Andererseits interpretieren manche Paare die medialen Außenkontakte von Netzaktiven explizit als unbedenklich, akzeptieren also lieber einen Online-Flirt (siehe Kap. 8.4.1) als einen Seitensprung außerhalb des Netzes. Auch hier hängt es also wieder primär von den bereits etablierten Beziehungsdefinitionen und Interaktionsmustern ab, ob Netzaktivitäten als bedrohlich erlebt, eher als nebensächlich eingeschätzt oder auch als bereichernd im Sinne einer Erweiterung sozialer Netzwerke und Erfahrungsmöglichkeiten empfunden werden.

Mit Netznutzung kann jedoch nicht nur eine (im Beziehungskontext ggf. für Konfliktstoff sorgende) *Erweiterung*, sondern auch auch eine *Reduktion* des sozialen Netzwerkes einhergehen. Zumindest in den Phasen, in denen die netzaktive Person stark von ihren Netzaktivitäten absorbiert ist und weniger Zeit und Interesse für Treffen im (gemeinsamen) Bekannten- und Freundeskreis hat, können auch die netzabstinenten Beziehungspartner Kontakt- und Beziehungseinbußen erleiden. Obwohl eine (teilweise sogar dramatische) Reduktion des sozialen Netzwerkes bei Extremnutzung anekdotisch oft berichtet wird, gibt es kaum Belege dafür, dass durchschnittlich ausgeprägtes oder auch intensives Netzengagement soziale Integration verschlechtert. Katz und Aspden (1997a) stellten im Oktober 1995 für die USA anhand einer repräsentativen Telefonumfrage (n=2.500 ergänzt durch 400 Internet-Nutzer) fest, dass Internet-Nutzerinnen und -Nutzer (Anteil im Repräsentativ-Sample: 8%) sich nicht etwa seltener mit Freunden trafen, sondern dass sie (auch nach Kontrolle soziodemografischer Variablen wie Alter, Einkommen, Geschlecht und Ethnizität) eher etwas häufigeren medialen und nicht-medialen Kontakt in ihren sozialen Netzwerken pflegten als diejenigen, die das Internet nicht (69%) oder nicht mehr (8%) nutzten oder noch nie etwas vom Internet gehört hatten (15%).

Im Rahmen der an der Carnegie Mellon University durchgeführten *HomeNet-Studie* (Kraut, Patterson, Lundmark, Kiesler, Mukophadhyay & Scherlis, 1998) wurde zwei Jahre lang das Internet-Verhalten einer Gelegenheits-Stichprobe von n=73 Pittsburgher Haushalten automatisch aufgezeichnet, nachdem die Haushalte im

Rahmen der Untersuchung kostenlos erstmals mit Computern ausgestattet und vernetzt worden waren (n=169 Personen füllten den Baseline- sowie den Follow-Up-Fragebogen zu sozialer Integration und subjektivem Wohlbefinden aus). Es zeigte sich, dass Internet-Nutzung sowohl zur Aufrechterhaltung bestehender sozialer Bindungen genutzt wurde (z.B. Kontakte von Eltern zu ihren erwachsenen Kindern) als auch zum Aufbau neuer Bekanntschaften diente und bei Jugendlichen beliebter war als bei Erwachsenen. Mit dem *Ersteinstieg* einiger Familienmitglieder ins Internet erweiterte sich zwar das jeweilige *überlokale soziale Netzwerk*, es kam jedoch nicht zu einer deutlichen Reduktion der *familialen Kommunikation* oder des *lokalen Netzwerks* (siehe Tab. 8.7). Abgesehen von den *geringen Effektstärken* der berichteten Negativzusammenhänge zwischen wöchentlichen Internet-Stunden (M=2.43, SD=4.94) und sozialer Integration ist noch zu bedenken, dass unter Bedingungen des Ersteinstiegs eher progressiv getestet wird, da der *Novitätseffekt* die Varianz der Internet-Stunden aufbläht. Weiterhin lassen sich die in der HomeNet-Studie gefundenen Negativ-Zusammenhänge teilweise als *Entwicklungs-Effekte* erklären: Die untersuchten Jugendlichen wandten sich im Zuge sozialer Entbindung eher vom lokalen und familialen Umfeld ab und brachten gleichzeitig dem Internet mit seinen Optionen mehr Interesse entgegen als die Erwachsenen.

Tab. 8.7: Veränderungen der sozialen Integration nach dem Internet-Einstieg einzelner Familienmitglieder (n=169) (Quelle: Daten aus Kraut, Patterson, Lundmark, Kiesler, Mukophadhyay & Scherlis, 1998, Tab. 1 und Tab. 2)

	Base-Line	*Follow-Up*	*Korrelation Follow-Up mit Internet-Stunden*
Family Communication (Stunden pro Tag)	4,29 (2.67)	4.51 (2.65)	-.08 n.s.
Local Social Network (Anzahl der Personen in der Region, mit denen mindestens 1 Treffen im Monat stattfindet)	23.94 (17.87)	22.90 (16.58)	-.11 n.s.
Distant Social Network (Anzahl der Personen außerhalb der Region, mit denen mindestens 1 Treffen pro Jahr stattfindet)	25.43 (27.30)	31.73 (31.04)	-.05 n.s.

Erweitern oder reduzieren sich nun durch den Internet-Einstieg die sozialen Netzwerke der Netzaktiven und ihrer Bezugspersonen? In weiteren Untersuchungen sollte gar nicht erst der Versuch unternommen werden, diese Frage zugunsten der einen *oder* der anderen Aussage pauschal zu entscheiden. Vielmehr geht es gemäß medienökologischem Rahmenmodell darum, die Determinanten und Merkmale von Medienwahl- und Mediennutzungs-Prozessen zu ermitteln, die mit unterschiedlichen kurz- und langfristigen Effekten auf die soziale Integration einhergehen. So könnte die HomeNet-Studie die Hypothese nahelegen, dass Menschen in krisenhaften Übergangsstadien ihrer Biografie (z.B. Ablösung vom Elternhaus, Scheidung) verstärkt dazu neigen, partiellen Rückzug aus dem lokalen Umfeld mit einer – durch Netzkommunikation erheblich erleichterten – Erweiterung des entfernten sozialen Netzwerkes zu koppeln. Dies kann zwar potentiell hilfreich sein, aber womöglich eben häufiger dazu führen, dass die Konflikte im nahen sozialen Umfeld unbearbeitet bleiben und man sich unwohl fühlt. Die unkomplizierte Freundlichkeit, Wärme und Intimität, die sich in Netzbeziehungen vergleichsweise schnell erleben und herstellen lässt, mag die Defizite im unmittelbaren Umfeld umso deutlicher vor Augen führen.

8.3.2 Beziehungsveränderungen durch Netzaktivitäten beider Personen

Wie sich bestehende soziale Beziehungen verändern, wenn beide Beteiligten über einen Netzzugang verfügen, hängt hauptsächlich davon ab, 1. wie oft sie sich computervermittelt kontaktieren, 2. welche Qualität die Netzkontakte haben und 3. in welcher Relation die Netzkontakte zu anderen medialen Kontakten innerhalb der Beziehung stehen.

Quantität der medialen Kontakte

Wenn man Personen, mit denen man bislang nur gedanklich, telefonisch, Face-to-Face oder brieflich in Kontakt stand, mit der Verfügbarkeit eines Netzanschlusses auch computervermittelt ansprechen kann, ist bei intensivem Netzaustausch (z.B. mehrmaliges Mailen, Chatten oder Mudden pro Woche) mit eher großen, bei geringem Netzaustauch (z.B. gelegentliches Mailen) dagegen höchstens mit geringfügigen Effekten auf das Beziehungsgeschehen zu rechnen. Intensive Netznutzung ist besonders dann zu erwarten, wenn den Beteiligten ein leicht erreichbarer und finanzierbarer Netzzugang zur Verfügung steht (z.B. eigener Internet-Zugang am Ausbildungs- oder Arbeitsplatz), wenn aufgrund äußerer Umstände mediale Kontakte zentralen Stellenwert einnehmen (z.B. wegen großer geografischer Entfernung) und/oder die Beteiligten mit textbasierter Netzkommunikation sehr gut zurechtkommen (z.B. an getrennten Orten wohnende, befreundete Studenten, die sich regelmäßig in einem MUD treffen, um dort nicht nur gemeinsam zu spielen, sondern sich auch über alltägliche Belange auszutauschen).

Intensive Netznutzung kann dazu führen, dass man Personen, zu denen der Kontakt zwischenzeitlich abgerissen ist, zufällig im Netz *wiedertrifft* (z.B. Entdecken der persönlichen Homepages oder Postings von alten Schulfreunden oder Urlaubsbekanntschaften). Solche Zufalls-Begegnungen, die zu einer Wiederbelebung der eingeschlafenen Beziehung führen können, sind umso wahrscheinlicher, je breiter das Spektrum der Netzaktivitäten einer Person ist (z.B. regelmäßige WWW-Recherchen, regelmäßiges Lesen vieler Newsgroups und Mailinglisten, Netzpräsenz mit eigenen WWW-Seiten und Postings).

Da auch engagierte Nutzerinnen und Nutzer letztlich nur begrenzte Zeit für Netzaktivitäten aufwenden können und wollen, und Netzkontakte schnell erheblichen Aufwand bedeuten (z.B. Bearbeiten von Dutzenden von Emails täglich), ist eine Priorisierung notwendig. Die Gefahr der Überlastung und Überforderung durch hohes Email-Aufkommen ist nicht nur dadurch zu reduzieren, dass man bei der *Rezeption* mit effektiven Selektionsstrategien „die Spreu vom Weizen trennt“ (vgl. Scholl, Pelz & Rade, 1996, S. 98f.). Notwendig ist auch ein bewusster und kritischer Umgang mit den sozialen Normen der Produktion von Netzbeiträgen (z.B. subjektiver Zwang zum schnellen Antworten). Insgesamt ist zu erwarten, dass Personen E-Mail-Kommunikation genau wie andere Telekommunikationsmedien einsetzen, um in erster Linie ihre engen Bindungen bzw. die Kernbereiche ihrer sozialen Netzwerke zu stabilisieren (Gräf, 1997b, S. 116). Der größte Teil des Zeitbudgets würde demnach auf Netzkontakte zu jenen Personen entfallen, die man auch persönlich kennt und deren Mitteilungen man deswegen mit Vorrang behandelt. In der siebten W3B-Umfrage, an der sich per Selbstselektion n=16.755 WWW-Nutzerinnen und -Nutzer aus Europa beteiligten, stellte sich heraus, dass 87% der Befragten in der letzten Woche „Freunde oder Bekannte“ per Mail kontaktiert hatten, während geschäftliche Email-Kontakte zu „Kollegen oder Mitarbeitern“ von nur 55% der Befragten genannt wurden (Fittkau & Maaß, 1998), was die Bedeutung des Mailens zur Stärkung informeller sozialer Beziehungen unterstreicht.

Qualität der medialen Kontakte

Um die Bedeutung zusätzlicher computervermittelter Kontakte in einer bestehenden Beziehung einzuschätzen, spielt nicht nur ihre Quantität (Häufigkeit und/oder Dauer der Kontakte), sondern vor allem ihre Qualität eine zentrale Rolle. Gemäß dem medienökologischen Rahmenmodell sind computervermittelte Kontakte nicht pauschal als defizitäre Kontakte zu kennzeichnen. Vielmehr hängt ihre subjektive Qualität in erster Linie davon ab, wie die Beteiligten sich situativ in ihrem Kommunikationsverhalten aufeinander, auf die Kommunikationsaufgabe und auf die Merkmale der medialen Umgebung einstellen.

Email-Austausch kann bestehende Beziehungen intensivieren, weil häufigere Kontakte zustandekommen und man sich schriftlich zuweilen offener äußert als mündlich. Insbesondere die für Email typische Verbindung zwischen eher monologischem Schreiben einerseits und minutenschnellem dialogischen Austausch der Texte von Rechner zu Rechner andererseits, unterstützt das Gefühl, in enger Verbindung zu stehen. So sind mehrmalige Email-Wechsel am selben Tag nicht untypisch. Das

Wissen, dass die andere Person die eigene Botschaft binnen kürzester Zeit beantworten *kann*, sorgt jedoch andererseits auch für Unsicherheit und Besorgnis, wenn Kommunikationspausen entstehen. So wird das Zeitmuster im Antwortverhalten auch zur Meta-Botschaft über die Priorität einer Beziehung. Per Email können wir Beziehungen untergraben, indem wir nicht zuverlässig antworten oder, das andere Extrem, einfach zu oft mailen, Themen anschneiden, die besser mündlich zu klären wären, Texte sachlich kalt und schwer verständlich formuliern, Emails an Dritte weiterleiten (im Netz per Tastendruck möglich) oder einfach von einem unterschiedlichen Verständnis des Kommunikationsmediums E-Mail ausgehen:

> Erfahrungsgemäß kann es zu Irritationen führen, wenn einer der Beteiligten den Austausch von E-Mail als kultivierten Briefwechsel wahrnimmt, während der andere E-Mail eher im Modus des rauhen Informierens und Nachfragens verwendet (Rost, 1997, S. 32, Fußnote 10).

Defiziterleben oder Irritationen durch unterschiedliche Nutzungsstile sind zudem zu erwarten, wenn Freaks und pragmatische Nutzer aufeinandertreffen oder wenn Personen mit unterschiedlichem kulturellen Hintergrund computervermittelt kommunizieren: So wird in den USA häufig eine besonders schnörkellose Netzkommunikation gepflegt, die persönliche Anreden auf ein Minimum verkürzt (z.B. „ursula:" oder „u:"), sehr sachbezogen bleibt und knappe Formulierungen verwendet. Dieser Nutzungsstil kann vor dem Hintergrund des tendenziell etwas betulicheren Austauschs in Deutschland leicht als unpersönlich oder abweisend aufgefasst werden, obwohl er durch seine Effizienz (schnelles, zuverlässiges Reagieren) sich oftmals als besonders hilfreich und unterstützend erweist. Während manche beim freundschaftlichen E-Mail-Kontakt die positive Zuwendung durch besonders herzliche *Begrüßungen* und *Verabschiedungen* deutlich machen wollen, empfinden andere solche Floskeln gerade dann als überflüssig oder zu formell, wenn sich die Email-Partner persönlich gut kennen.

Medienwechsel

Beim *Medienwechsel* geht es um die Frage, welche herkömmlichen Kontaktformen durch computervermittelte Kontakte ersetzt werden. Die von der Technikkritik am häufigsten befürchtete Form des Medienwechsels ist die *Substitution* von Face-to-Face-Kontakten durch computervermittelte Kontakte. Hierbei wird zugrundegelegt, dass sowohl Face-to-Face-Kontakte im Rahmen von *formalen Beziehungen* durch computervermittelte Kontakte ersetzt werden (z.B. Telebanking, Teleshopping, Teleteaching, Teleworking) als auch in *privaten Beziehungen* das persönliche Treffen dem computervermittelten Kontakt weicht (z.B. Mailen oder Chatten anstelle persönlicher Gespräche, Cybersex anstelle des realen Sex usw.). Eine solche allgemeine Substitution ist zunächst theoretisch unplausibel, da die technische Infrastruktur nur insofern genutzt wird, als Rationalitätskalküle (siehe Kap. 6.3), soziale Normen (siehe Kap. 6.4) sowie individuelle Präferenzen und deren interpersonale Aushandlung (siehe Kap. 6.5) es zulassen oder verbieten. Ist in der konkreten Situation ein substitutiver Medienwechsel (z.B. E-Mail statt Telefonat) Ergebnis selbstbestimmter Medienwahl, so geht damit vermutlich kein soziales Defiziterleben einher. Zudem hat sich bei medialen Innovationen in der Vergangenheit immer wieder gezeigt, dass die neuen Medien die alten nicht einfach verdrängen, sondern dass sich für alte und neue Medien differentielle Gebrauchsweisen herausbilden, die einander ergänzen. So ist z.B. trotz enormer Diffusion des Telefons die Briefkorrespondenz nach wie vor nicht obsolet geworden – im Gegenteil, der Briefverkehr wächst von Jahr zu Jahr. Digitale Dokumente sind mittlerweile von zentraler Bedeutung, haben aber keineswegs das „papierlose Büro" geschaffen. Trotz routinemäßiger Fernsehübertragungen von Großveranstaltungen verzeichnen diese jährlich immer wieder Zuschauer- und Teilnehmerrekorde.

Empirische Untersuchungen zeigen, dass es bei computervermittelter Kommunikation insgesamt nicht zu einem Medienwechsel kommt, der auf Kosten persönlicher Begegnungen geht. Stattdessen besteht der häufigste Medienwechsel nach dem Netzzugang darin, dass wir in beruflichen und privaten Beziehungen schriftliche Nachrichten statt per herkömmlicher Briefpost häufiger per Email versenden und zuweilen auch Telefonate durch Emails ersetzen (siehe Jähnke, 1994; Kneer, 1994; Scholl, Pelz & Rade, 1996, S. 67f.), was den Austausch vereinfacht, beschleunigt, verbilligt und häufig auch *vervielfacht*: Kontakte in bestehenden Beziehungen werden häufiger und neue Beziehungen kommen hinzu (siehe Kap. 8.4).

Um Medienwechsel empirisch zu erfassen, kann man unterschiedlich vorgehen. So lässt sich der Einfluss der CvK auf das individuelle Kommunikationsverhalten *direkt abfragen:*

> Hat sich durch die Möglichkeiten, die Ihnen die Kommunikation mittels des Mediums Computer bietet, etwas an ihrem Kommunikationsverhalten geändert? Wenn „ja", würden Sie bitte kurz in Stichworten beschreiben, was sich geändert hat? (Jähnke, 1994, S. 129)

75% (n=276) der insgesamt 370 Untersuchungsteilnehmerinnen und -teilnehmer von Jähnke (1994) bejahten diese Frage. Der Fragebogen wurde als Email-Umfrage an sämtliche N=3.095 Email-Adressen von drei Servern der Universität Freiburg verschickt und zudem ergänzend in eine universitätsinterne Mailingliste gepostet (zu Online-Umfragen siehe Kap. 5.2.3). Die 276 Befragungspersonen, die eine Veränderung festgestellt hatten, lieferten 753 Aussagen über die Art der Veränderung: Besonders betont wurden dabei u.a. die Verfügbarkeit neuer Dienste, der verbesserte Kommunikationskomfort und eine gesteigerte Kommunikationsfrequenz. 157 Nennungen (21%) bezogen sich auch auf Medienwechsel und zwar wurde CvK vor allem als *Brief- und Telefon-Ersatz*, ein paarmal auch als Fax-Ersatz – nicht jedoch als Face-to-Face-Ersatz – beschrieben. Kommunikationsverschlechterungen durch Medienwechsel (z.B. „ich kommuniziere fast nur noch per Computer"; „weniger 'echte' Kontakte"; „Abnahme der Kontakte zu Personen ohne Email") wurden nur in 6 von 753 Äußerungen angesprochen.

Neben direkten Fragen zum Medienwechsel lassen sich Veränderungen auch indirekt durch den *Vergleich von Nutzungsmustern* ermitteln: So kann man zum einen prüfen, wie sich das mediale und nicht-mediale Kommunikationsverhalten von Personen nach dem Internet-Einstieg verändert (Messwiederholung) und zum anderen vergleichbare Stichproben von Nutzern und Nicht-Nutzern einander gegenüberstellen (Gruppenvergleich). So ergaben Vergleiche a) von Netz-Nutzern und b) von Fax-Nutzern jeweils mit der übrigen Bevölkerung keine Differenzen im Sinne verminderter privater Telefon- oder Briefkontakte (siehe Anhang 1). Die us-amerikanische Repräsentativ-Studie von Katz und Aspden (1997a) zeigte, dass Netzaktive (bei Kontrolle soziodemografischer Variablen) Brief-, Telefon-, Telefax- und Anrufbeantworter-Kommunikation sogar intensiver betrieben als Nicht-Nutzer.

Tab. 8.8: Nutzung verschiedener Kommunikationsmedien bei Universitätsangehörigen (durchschnittliche Stundenzahl und Streuungen) (Quelle: Daten aus Scholl, Pelz & Rade, 1996, S. 227 und S. 65)

	CvK-Nutzer	*Nicht-Nutzer*	*CvK-Nutzer*	*Nicht-Nutzer*
wöchentliche Arbeitszeit	48,3	46,5	48,3 (8,8)	45,2 (10,0)
davon Kommunikationszeit	16,0	15,6	16,8	14,0
Direkte Gespräche (FtF)	9,5	8,6	8,4 (6,5)	8,0 (5,7)
Telefonate	1,9	2,4	3,2 (3,0)	2,9 (3,1)
Briefverkehr	2,6	4,6	3,3 (4,4)	3,0 (2,5)
Email, Mailinglisten, News	2,1	-	1,8 (2,1)	-
Stichprobengröße	85	98	163	620

Scholl, Pelz & Rade (1996, S. 223ff.) verschickten im Wintersemester 1990/1991 postalisch 1.200 persönlich adressierte Fragebögen an Göttinger Universitätsinstitute sowie die örtlichen Max-Planck-Institute und erhielten n>300 ausgefüllte Fragebögen. Der Gruppenvergleich ergab, dass die befragten Personen mit CvK-Zugang (n=85) insgesamt genauso viel Zeit mit beruflicher Kommunikation verbrachten wie die befragten Nicht-Nutzer (n=98), wobei allerdings signifikant weniger Zeit auf Telefonate und Briefverkehr entfiel, was für einen durch Netzzugang bedingten Medienwechsel spricht (Substitution von Telefonaten und Briefen durch Emails und Postings, siehe Tab. 8.8). Im Wintersemester 1992/1993 wurde derselbe Fragebogen postalisch an 4.695 (jeweils persönlich angesprochene) Angehörige von 12

Fachhochschulen, 12 Universitäten und 25 sonstigen Forschungseinrichtungen verschickt, wobei die Rücklaufquote 32% betrug (Scholl, Pelz & Rade, 1996, S. 46ff.). Hierbei ergaben sich allerdings keine signifikanten Unterschiede bei persönlichen Gesprächen, Telefonaten oder Briefen, lediglich die Kommunikationszeit insgesamt war bei Befragten mit Netzzugang durch das Hinzukommen von CvK-Kontakten erhöht.

Schließlich würden Studien mit *Dyaden als Untersuchungsobjekten* wichtige Informationen über die Bedeutung von CvK-Kontakten im Beziehungskontext geben (z.B. differenzierte Informationen über Medienwechsel und typische Muster der Medienkombination unter Berücksichtigung interpersonaler Aushandlungsprozesse, siehe Kap. 6.5). Für entsprechende Längsschnittstudien eignet sich z.B. die Methode des Doppeltagebuchs (Auhagen, 1991), bei der beide Seiten Art und Zeitpunkt ihrer wechselseitigen Kontakte und Kontaktversuche unabhängig voneinander standardisiert festhalten. Auch hierbei lassen sich Dyaden mit und ohne Netzzugang bzw. dieselben Dyaden vor und nach dem Netzzugang kontrastieren. Entsprechende Untersuchungen fehlen jedoch bislang.

8.4 Entwicklung neuer Beziehungen

Während die herkömmlichen Telekommunikationsmedien (Telefon, Anrufbeantworter, Fax, Brief etc.) auf *Individualkommunikation* beschränkt sind, bieten Computernetze diverse Formen der hybridisierten *Gruppen- und Massenkommunikation.* Dadurch ist es möglich, im Netz neue Kontakte zu knüpfen und sogar neue Beziehungen aufzubauen. Tatsächlich ist das sogar bei der Mehrzahl der Netzaktiven der Fall. Am einfachsten ist das Kennenlernen in MUDs und auf Chat-Kanälen, wo unmittelbares Aufeinander-Reagieren möglich ist. Aber auch die Kommunikation in Mailinglisten und Newsgroups bietet Anlässe und Gelegenheiten für eine private Kontaktaufnahme. Im Folgenden wird beschrieben, wie das Kennenlernen im Netz abläuft (Kap. 8.4.1) und in welcher Weise sich im Netz entstandene Beziehungen langfristig weiterentwickeln (Kap. 8.4.2).

8.4.1 Kennenlernen im Internet

Diverse Umfragen im Netz zeigen, dass ein Großteil der (jeweils befragten) Personen mit Netzzugang im Laufe ihrer Netzaktivitäten neue soziale Kontakte anknüpften:

- 42% von n=332 Befragungspersonen, die im Rahmen dieser Arbeit über Newsgroups und eine Netztagung angeworben worden waren, pflegten mindestens eine subjektiv bedeutungsvolle reine Netzbeziehung. Im Mittel hatten die Befragten 3 Personen im Netz kennengelernt, die ihnen persönlich wichtig waren und die sie regelmäßig (ausschließlich) computervermittelt kontaktierten (siehe Anhang 3).

- 61% der Befragungspersonen von Parks und Floyd (1996) berichteten, bereits mindestens eine „persönliche Beziehung" zu einer Person aufgebaut zu haben, die sie über eine Newsgroup kennengelernt hatten (n=176, Zufallsauswahl von 24 Newsgroups, daraus jeweils Zufallsauswahl von 22 Postern, Email-Anschreiben an N=528, 33% Rücklauf). 55% der Beziehungen waren gegengeschlechtlich, 45% gleichgeschlechtlich. Nur 8% aller Beziehungen hatten erotisch-sexuellen Charakter. Der hohe Anteil gegengeschlechtlicher Beziehungen legt hierbei nahe, dass die im Netz unterrepräsentierten Frauen beziehungsaktiver sind als die Männer.
- 63 % der Befragungspersonen von Kneer (1994) teilten mit, „durch e-mail feste Kommunikationspartner gefunden" zu haben (n=518, Fragebogen in 24 deutschsprachige Newsgroups gepostet).
- 66% der Befragungspersonen von Wetzstein, Dahm, Steinmetz, Lentes, Schampaul und Eckert (1995, S. 64) bejahten die Aussage „Durch meine Netzaktivitäten hat sich mein Bekanntenkreis vergrößert" (n=450, Fragebogen in verschiedene deutsche Mailboxen und Mailbox-Netze gepostet).
- 90% von n=60 im Rahmen dieser Arbeit befragten Chatterinnen und Chatter hatten mindestens eine Chat-Bekanntschaft, die sie regelmäßig kontaktierten und der sie sich nahe fühlten. Die durchschnittliche Zahl der Chat-Bekanntschaften belief sich auf 4 (siehe Anhang 4).
- 91% der Befragungspersonen von Schildmann, Wirausky und Zielke (1995) gaben an, sich mit anderen Teilnehmerinnen und Teilnehmern aus dem MUD MorgenGrauen angefreundet zu haben (n=62, Fragebogen wurde in der MUD-internen Zeitung veröffentlich, ca. N=300 Stammspieler von MorgenGrauen).
- 94% der Befragungspersonen von Parks und Roberts (1997) hatten nach eigenen Angaben bei ihren MUD-Aktivitäten mindestens eine neue persönliche Beziehung angeknüpft (n=230, der Fragebogen wurde an 1.200 zufällig ausgewählte MUD-Charactere aus sieben MUDs geschickt). 84% der Beziehungen waren gegengeschlechtlich, 16% gleichgeschlechtlich. Die Befragten charakterisierten ihre Beziehungen folgendermaßen: 1. Enge Freundschaft (41%), 2. romantische Beziehung (26%), 3. Freundschaft (26%), 4. Bekanntschaft (5%), 5. Kollegialbeziehung (2%). Im Mittel hatten die Befragten rund 5 neue Beziehungen durch das Mudden angeknüpft (Mdn=6.0, Mo=5.0).

Offensichtlich ist das Netz für viele der aktiv Beteiligten ein Kontaktforum. Relativierend ist hierbei jedoch zu sagen, dass netzinterne Selbstselektions-Umfragen vermutlich gerade die *besonders kontaktfreudigen* Nutzerinnen und Nutzer erreichen. Rekrutiert man Internet-Nutzerinnen und -Nutzer aus repräsentativen Stichproben, so zeigt sich ein etwas anderes Bild: Gerade 14% von n=601 Internet-Nutzerinnen und -Nutzern, die teils einem telefonischen Repräsentativ-Sample der Gesamtbevölkerung der USA (n=201) und teils einem telefonischen Repräsentativ-Sample von Internet-Nutzern (n=400) entnommen wurden, berichteten, sie hätten im Internet Menschen kennengelernt, die sie als „Freunde" bezeichnen würden (Katz & Aspden, 1997a). 30% von ihnen berichteten 1-3 neue Freundschaften, 40% 4-10 neue Freundschaften, 22% 11-30 neue Freundschaften und 9% mehr als 31 neue Freundschaften. Das Potential zur Freundschafts-Bildung im Netz wird hier zwar deutlich, allerdings von einem geringeren Prozentsatz der Beteiligten ausgeschöpft.

Es fragt sich nun, ob Kennenlernprozesse im Netz in charakteristischer Weise vom Kennenlernen „in real life" (am Arbeitsplatz, auf einer Party, im Bekanntenkreis, im Verein etc.) abweichen. So vermuten Walther und Burgoon (1992, S. 58) auf der Basis des Modells der sozialen Informationsverarbeitung (Kap. 6.6), dass die Annäherung beim Face-to-Face-Kennenlernen exponentiell, beim computervermittelten Erstkontakt dagegen langsamer, nämlich linear verläuft – schließlich braucht man für den Austausch verbalisierter Informationen mehr Zeit. Demgegenüber ist gemäß dem Filter-Modell (Kap. 6.2) eine geringere Hemmschwelle zur Kontaktaufnahme und ein schnellerer Übergang zu privaten Themen zu erwarten. Ein einfaches *Modell der Beziehungsentwicklung* stammt von Levinger und Snoek (1972), die vier Stadien der Annäherung unterscheiden: 1. kein Kontakt, 2. einseitige Wahrnehmung, bei einer Person entsteht ein Kontaktwunsch, 3. oberflächlicher Kontakt, erstes Kennenlernen, beiläufige Interaktionen, 4. Beziehungsvertiefung, persönlichere Interaktionen, zunehmende Interdependenz.

Die Beziehungs- und Attraktionsforschung hat eine Reihe von Faktoren herausgearbeitet, die zur Kontaktaufnahme führen, also den Übergang von Nicht-Kontakt zu Stadium 2 (Kontaktwunsch) und Stadium 3 (Kennenlernen) begünstigen. Diese Faktoren sind zu gruppieren als 1. *Merkmale der Fokusperson* (z.B. Geselligkeit, Extraversion, High Self-Monitoring), 2. zugeschriebene *Merkmale der Zielperson* (z.B. physische Attraktivität, Einstellungsähnlichkeit, Persönlichkeitsmerkmale), sowie 3. *Kontextfaktoren* (z.B. häufige Interaktionsgelegenheiten, räumliche Nähe, gemeinsamer Fokus).

Kontextfaktoren des Kennenlernens

Mailinglisten, Newsgroups, WWW-Seiten, Chat-Channels und MUDs liefern insofern ideale *Gelegenheitsstrukturen* für Stadium 2 (einseitiger Kontaktwunsch), als man andere Personen im Netz antreffen und beobachten kann, ohne selbst in Erscheinung zu treten. Nimmt man etwa längere Zeit an einer Mailingliste oder Newsgroup teil, so kann man sich anhand der Postings der aktiven Mitglieder ein mehr oder minder lebendiges Bild ihrer präsentierten Identitäten und Lebensumstände machen. Zu welchem Zeitpunkt man sich in welcher Weise in die Kommunikation einschaltet, lässt sich bei asynchroner CvK freier entscheiden und besser kontrollieren als in Face-to-Face-Situationen, in denen durch die Unmittelbarkeit leicht Handlungszwänge entstehen, die sich als Kontaktbarrieren erweisen.

Hinzu kommt, dass Kommunikationsszenarien im Netz in der Regel thematisch und lokal gruppiert sind, so dass man gezielt Personen mit ähnlichem *Fokus* aufsuchen kann (zur *Fokustheorie* siehe Feld, 1981). Dies gilt für Diabetes-Patienten ebenso wie für Personen in aktueller Scheidungskrise, für Physikerinnen ebenso wie für alleinerziehende Väter, für Science-Fiction-Fans ebenso wie für Seniorinnen und Senioren. In diesem Sinne ist das Netz insbesondere für Angehörige von Minderheiten und Spezialkulturen, denen im lokalen Umfeld die kritische Masse fehlt oder die Hemmungen haben, sich in die jeweiligen Szenen zu begeben, eine ideale Kontaktbörse (siehe Kap. 7.3.1). Die Digitalisierung (Kap. 6.9) macht das Netz zu einer mächtigen, vergleichsweise kostengünstigen, selbstverwalteten Infrastruktur, die schnellen, überlokalen Austausch und anonyme Teilnahme erlaubt. Diese Merkmale des digitalen Mediums erweisen sich gerade für belastete oder benachteiligte Bevölkerungsgruppen als besonders hilfreich und können etwa im Bereich der Selbsthilfe von Psychiatrie-Betroffenen im wahrsten Sinne des Wortes lebensrettende Kontakte vermitteln (z.B. Netzforen von Menschen mit Angststörungen, Alkoholproblemen oder Suizidgedanken, siehe Janssen, 1998). Gleichzeitig werfen sie aber auch große Probleme auf, wenn sie von Menschen genutzt werden, die Gleichgesinnte suchen, um antisoziale Ziele zu verfolgen (z.B. Vernetzung der rechtsextremen Szene).

Genau wie „in real life“ (Single-Bar, Kontaktanzeigen) kann auch im Netz der Kontakt- oder Partnerschaftswunsch selbst zum Fokus werden (z.B. in den Newsgroups <soc.singles> oder <de.soc.kontakte> oder auf dem Chat-Channel #singles). Kommerzielle Partnervermittlungs-Agenturen haben sich im WWW längst etabliert. Flirt- und Single-Foren unterschiedlichster Ausrichtung boomen, wobei die diversen Web-Präsenzen von Paaren, die sich im Netz kennengelernt haben, vom möglichen Erfolg dieser Methode zeugen (z.B. http://www.soft.net.uk/ashford/iromance/). Es liegen eine Reihe von Büchern vor, die Singles bei der virtuellen Partnersuche ratgebend zur Seite stehen (z.B. Skriloff & Gould, 1997).

Nicht zuletzt sind eine Reihe von Netzforen (v.a. textbasierte Chat-Channels, siehe Kap. 3.3, aber auch Video-Chat-Channels, siehe Kap. 3.5.2 sowie telefonische Party-Lines) explizit sexualbezogen. Vom Betreten sexualorientierter Treffpunkte außerhalb des Netzes werden viele Interessierte abgehalten, weil sie spezifische Risiken physischer Kopräsenz (z.B. Übergriffe) und soziale Kontrollen (z.B. Gesehenwerden) fürchten. Die erstgenannten Probleme sind in Netzszenarien wegen der räumlichen Trennung ausgeschlossen, die letztgenannten deutlich reduziert. So wagt sich jemand, der vor dem Besuch einer Sexparty „in real life“ zurückscheut, durchaus auf IRC-Channels wie #netsex, #gaysex, #bisex oder #bondage sowie in einschlägige MUDs oder Mailinglisten, um sich dort unbesorgt umzuschauen und prinzipiell die Gelegenheit zu haben, andere Menschen unter explizit sexuellem Vorzeichen kennenzulernen. Zwar sind auch bei virtuellen Interaktionen Konsensverletzungen möglich, allerdings lassen sie sich sehr viel wirkungsvoller bekämpfen oder verhindern als in Face-to-Face-Szenarien (vgl. Benedikt, 1995; Spertus, 1996). Das im Netz erleichterte Anbahnen sexueller Affären hat sehr gespaltene Reaktionen ausgelöst: Während aus psychotherapeutischer Sicht oft die Gefahr der Bedrohung bestehender Ehen oder Partnerschaften hervorgehoben wird (z.B. Gwinnell, 1998; Young, 1998; vgl. Kap. 8.3.1), bedient die Ratgeber-Literatur vor allem Neugier, Voyeurismus und Abenteuerlust (z.B. Adamse & Motta, 1996); zudem liegen auch sexualerzieherisch ausgerichtete Sachbücher zu diesem Thema vor (z.B. Levine, 1998).

Merkmale der Fokusperson beim Kennenlernen

Die im Internet gebotenen Kontakt*gelegenheiten* allein genügen natürlich noch nicht zum erfolgreichen Kennenlernen – man muss sie auch ergreifen. Insbesondere zwei *Merkmale der Fokusperson*, nämlich ihre Motivation (z.B. Geselligkeit) und ihre soziale Kompetenz bzw. Nicht-Kompetenz (z.B. soziale Ängstlichkeit) kommen hier ins Spiel. König und Koch (1995) fanden bei ihren n=302 Befragungspersonen eine positive lineare Korrelation von $r = +.19$ ($p<.001$) zwischen *Extraversion* und wöchentlichen Internet-Stunden (der Fragebogen wurde an alle N=1.835 Email-Adressen des Mailservers der Universität Marburg geschickt). Kraut, Patterson, Lundmark, Kiesler, Mukophadhyay und Scherlis (1998) stellten bei ihren jugendlichen und erwachsenen Probanden dagegen keinen überzufälligen Zusammenhang zwischen Extraversion und wöchentlichen Internet-Stunden fest ($r = -.10$, n=169, $p>.05$). Da soziale Ängstlichkeit oder Schüchternheit (Buss, 1986, S. 128ff.) primär beim mündlichen Gespräch und bei der auf die eigene Person gerichteten visuellen Aufmerksamkeit eines Publikums auftritt, ist anzunehmen, dass *Schüchterne* mit computervermittelter Kommunikation besser zurechtkommen – zumindest wenn sie im schriftlichen Ausdruck gewandt sind (siehe Livingood, 1995, sowie entsprechende Äußerungen in der Newsgroup <alt.support.shyness>). Roberts, Smith und Pollock (1997) führten offene Online-Interviews mit n=58 Mudderinnen und Muddern sowie mit n=43 Chatterinnen und Chattern durch. Diejenigen, die sich selbst als „schüchtern" bezeichneten, gaben an, im Netz leichter Kontakte anzuknüpfen – seien es Bekanntschaften, Freundschaften, romantische und/oder sexuelle Beziehungen. Sie verhielten sich nach eigenen Angaben weniger schüchtern, weil sie nicht beobachteten wurden, den anderen nicht ins Gesicht schauen mussten und sich weniger unter Bewertungs- und Handlungs-Druck fühlten. Möglicherweise verliert also soziale Ängstlichkeit als Prädiktor für Kontakterfolg im Netz an Bedeutung.

Die kompetente Anwendung von Selbstdarstellungs-Strategien wie etwa die *Maskierung von Handicaps* oder die *attraktivitätssteigernde Idealisierung* des eigenen Erscheinungsbildes können Kontaktschwellen bei der computervermittelten Kommuniation abbauen. Hierbei gehen mehr oder minder bewusst idealisierte Selbstdarstellungen einerseits und wohlwollende Imaginationen des Gegenübers andererseits oft eine Allianz ein (vgl. Kap. 6.8 zum Imaginations-Modell). Zudem steht es den Beteiligten beim Chatten und Mudden frei, sich in *alternativen Identitäten* zu präsentieren (z.B. als Phantasielebewesen aufzutreten, siehe Kap. 3.4.3) und aus dieser

Perspektive soziale Interaktionen zu gestalten. Bei derartigen Simulationen (siehe Kap. 6.7) ist die Frage der gemeinsamen *Rahmung* sozialer Interaktionen (zur Rahmentheorie siehe Goffman, 1980) besonders virulent, da das Experimentieren mit Selbst-Aspekten (z.B. Geschlechtertausch) bei anderen Person unter Umständen falsche Erwartungen weckt und dann als Betrug oder Täuschung wahrgenommen wird (siehe Kap. 7.4).

Ob es tatsächlich gelingt, Kontaktmöglichkeiten im Netz auszuschöpfen, hängt entscheidend von der netzspezifischen sozialen Kompetenz ab. Diese wiederum besteht vor allem darin, netzspezifische *Ausdrucksmittel* souverän zu nutzen (z.B. Wahl eines aussagekräftigen Nick Name; phantasievolle Selbstbeschreibung in einem MUD; Verwendung persönlich ansprechender Formulierungen und expressiver Gesten in Emails etc.) sowie die netzspezifischen *Regeln* des sozialen Umgangs zu beachten. Ob, wann und wie man eine andere Person im Netz kontaktiert und ein Kennenlernen initiiert, unterliegt in unterschiedlichen Internet-Szenarien recht klaren Normen, deren Verletzung nicht nur dafür sorgt, dass eine positive Reaktion des Gegenübers ausbleibt, sondern zuweilen auch erheblichen Ärger hervorruft.

Allgemein kann man sagen, dass privates Mailen oder Chatten mit unbekannten Personen im Netz eines adäquaten *Anlasses* und/oder einiger Vorbereitung bedarf, um auf positive Resonanz zu stoßen. Die *technische* Erreichbarkeit anderer Netzteilnehmer ist somit nicht mit *sozialer* Erreichbarkeit gleichzusetzen. Wenn es um einen sachbezogenen Fokus geht (z.B. Bitte um Zusendung von Material, Nachfrage wegen einer speziellen Information), kann man sich auf die – zumindest historisch in der Netzkultur (siehe Kap. 6.10) besonders stark verankerte – Norm zur Hilfsbereitschaft verlassen, sofern das Anliegen an die zuständige Zielperson gerichtet wird und sich der Aufwand im akzeptablen Rahmen hält. Für solche sachbezogenen Kurzanfragen eignet sich das Mailen sehr viel besser als das (umständlichere) Briefeschreiben und das (aufdringlichere) Telefonieren. Bei sachbezogenen Kurzanfragen ist ein persönliches Kennenlernen in der Regel nicht intendiert – und gerade diese Intentionslosigkeit begünstigt es zuweilen, dass sich aus solchen Erstkontakten durch Vertiefung des Ausgangsthemas und das Aufwerfen weiterer Themen nach und nach ein privater Austausch entwickelt. Meist bricht der Kontakt jedoch nach Erledigung der funktionalen Aufgabe wieder ab.

Die Vorbeitung für einen persönlich motivierten Erstkontakt besteht üblicherweise darin, dass die Fokusperson sich am öffentlichen Austausch des jeweiligen Netzforums aktiv und konstruktiv beteiligt, so dass sie vom Publikum überhaupt erst bemerkt wird. Da im Netz der Blickkontakt als mehr oder minder subtiles Signal für zwischenmenschliches Interesse fehlt, muss die Fokusperson durch ihr verbales Kommunikationsverhalten zu erkennen geben, welchen anderen Mitgliedern eines Netzforums sie besondere Aufmerksamkeit schenkt. Das prompte und freundliche Beantworten von Fragen, das Weiterführen von Diskussionsanstößen, namentliches Begrüßen und Verabschieden und andere Formen eines betont kooperativen Kommunikationsstils deuten an, für welche Personen man besonderes Interesse hegt und bieten dem Gegenüber Gelegenheit, auf diese Beziehungsbotschaft zu reagieren. Kristallisiert sich wechselseitiges Interesse heraus, so ist der Übergang zum privaten Mailen oder Chatten der selbstverständliche nächste Schritt.

Als mangelnde soziale Kompetenz wird es dagegen durchgehend angesehen, wenn Personen im Netz sich a) an der öffentlichen Kommunikation kaum beteiligen (z.B. keine Zeit investieren, um informative Postings zu schreiben oder kein Engagement aufbringen, um eine erlahmte Chat-Diskussion durch witzige Bemerkungen anzukurbeln) und wenn sie b) aus dieser passiv-unsichtbaren Haltung heraus die durch aktive Beteiligung attraktiven Mitglieder unmittelbar privat kontaktieren: „Deine Postings finde ich immer sehr interessant. Wollen wir uns nicht näher kennenlernen?“. Wer als Lurker eine solche Email verschickt, vergisst über dem eigenen Kontaktwunsch, dass es der Adressatin oder dem Adressaten vermutlich schwerfallen wird, spontan ein Kontaktinteresse gegenüber einer vollkommen unbekannten und unsichtbaren Person zu entwickeln. Ebenso sind die Chancen, einen Kontakt anzuknüpfen, sehr gering, wenn man schweigend auf einem IRC-Channel sitzt, auf die nächstbeste Person mit weiblichem Nick wartet, um diese dann sofort per privatem Chat anzusprechen. Dass dieses von nicht wenigen Männern verfolgte *Kennenlern-Skript* im Grunde erfolglos bleiben muss, wird beim Perspektivenwechsel deutlich. Denn dieses verbreitete Verhalten bewirkt, dass sich bei einer Person mit weiblichem Nick wenige Sekunden nach dem Betreten eines Chat-Channels regelmäßig diverse private Chat-Fenster öffnen.

Diese anonymen privaten Begrüßungen ignorierend wird die Zielperson sich dem Geschehen auf dem Channel bzw. im MUD zuwenden und/oder sich in private Chats mit denjenigen anderen Netzteilnehmern vertiefen, die durch ihre konstruktiven Netz-Beiträge Sympathie und Interesse auf sich gezogen haben und durch regelmäßige Teilnahme am jeweiligen Forum keine Unbekannten sind. Ähnlich wie auch außerhalb des Netzes ist somit die Intention, jetzt sofort jemanden kennenzulernen, eher kontraproduktiv, vielmehr sind Spass und Freude an der (öffentlichen) Netzkommunikation sowie die Teilnahme an virtuellen Gemeinschaften (siehe Kap. 9.4) die besten Kennenlern-Voraussetzungen, die die Fokusperson mitbringen kann.

Merkmale der Zielperson beim Kennenlernen

Mit Ausnahme des eher wahllosen und meist wenig erfolgreichen Erstkontakts, spielen konkrete *Merkmale der Zielperson* als Auswahlkriterien beim computervermittelten Kennenlernen eine wichtige Rolle. Unter den Merkmalen der Zielperson, die Aufmerksamkeit erregen und einen Kontaktwunsch entstehen lassen, steht in Face-to-Face-Situationen die körperliche Attraktivität mit an erster Stelle (Bierhoff & Grau, 1993). Beim Kennenlernen im Netz (z.B. in Mailinglisten, Newsgroups, auf IRC-Channels und in MUDs) spielt *körperliche Attraktivität* dagegen zunächst kaum eine Rolle, vielmehr ist Text der Modus der Selbstpräsentation, so dass Stil, Witz, Prägnanz und Inhalt der Botschaften sowie die Subtilität des wechselseitigen Abstimmens von Interaktionen ausschlaggebend sind für den Eindruck, den man bei anderen hinterlässt bzw. von ihnen gewinnt.

Wie stark sich das Vorhandensein oder Nichtvorhandensein eines visuellen Kanals auf die Netzkommunikation auswirkt, zeigt der Vergleich des rein textbasierten Chat mit dem *Video-Chat* (siehe Kap. 3.5.2), bei dem neben dem textbasierten Austausch auch ein Videobild zur Verfügung steht. Auf Video-Chat-Channels macht man sich zunächst ein Bild der anderen Personen anhand ihres Aussehens. Wer visuell nicht gut abschneidet, hat kaum Chancen, diesen Eindruck durch verbales Kommunikationsverhalten zu kompensieren, da er in der Kommunikation von vornherein weniger beachtet wird. Ohnehin liegt der Aufmerksamkeitsfokus beim Video-Chat durchgängig vor allem im visuellen Bereich und den dadurch neu hinzukommenden Ausdrucksmöglichkeiten (z.B. nonverbale Gesten vor der Kamera; spielerischer Umgang mit der Zoomfunktion), so dass ein kreativer Umgang mit schriftsprachlichem Ausdruck und die zugehörigen Imaginationsprozesse (wie sie für Text-Chat typisch sind) an Bedeutung verlieren. Der beim Video-Chat hinzukommende visuelle Kanal bedeutet deswegen zwar ein „mehr" an Information, aber gleichzeitig auch ein „weniger" an spezifischen textorientierten Kommunikationsmöglichkeiten.

Sind also rein textbasierte („kanalreduzierte") Netzforen u.a. deswegen zukunftsträchtig, weil sie endlich soziale Orte darstellen, an denen die „inneren Werte" über „Äußerlichkeiten" triumphieren, Schönheitsmängel durch Intelligenz und Freundlichkeit kompensierbar sind? Wenn körperliche Attraktion als Kennenlern-Filter ausfällt und soziale und demografische Ähnlichkeiten, die ebenfalls zum Teil visuell kodiert sind, zunächst ausgeblendet bleiben bzw. selektiv mitgeteilt werden können, dann scheinen *fachliche Kompetenz* und die insbesondere von den *Konsistenztheorien* behandelte *Einstellungsähnlichkeit* als Bedingungen für Sympathie tatsächlich gegenüber dem Kennenlernen in Face-to-Face-Situationen an Bedeutung zu gewinnen. So schildern zwei Respondenten von Parks und Floyd (1996) den Beginn ihrer Netzfreundschaften folgendermaßen:

- *„He saw a posting I had made on <comp.human-factors> and invited me to a meeting of the local chapter of the Human Factors Society."* (Kompetenz)
- *„We met via a Usenet support group because we both found that we were the only ones on one side of a major debate. We got together ‚off line' to compare notes and viewpoints."* (Einstellungsähnlichkeit)

Auch wenn man andere Menschen im Netz zunächst nicht sieht, macht man sich doch aufgrund ihres Kommunikationsverhaltens ein Bild ihrer Attribute. Hilfsbereitschaft, Offenheit, Spontaneität und Einfühlungsvermögen des Gegenübers sind im interpersonalen Austausch außerhalb wie innerhalb des Netzes wertvolle Güter. Die Befürchtung, dass egozentrische, sozial inkompetente, beziehungsunfähige Menschen im Netz bequem und risikolos „auf Knopfdruck" soziale Kontakte „konsumieren", ist vor diesem Hintergrund zu hinterfragen, denn schließlich ist die wohlwollende und hilfsbereite Zuwendung zu anderen Menschen auch im Netz Voraussetzung dafür, dass diese einen überhaupt näher kennenlernen möchten. Zu recht wird ja immer wieder kolportiert, wie langweilig es auf Dauer ist, beim belanglosen Small Talk in Netzforen stehenzubleiben anstatt ihn (wie sonst auch im Leben) als Einstieg für ein persönlicheres Kennenlernen und einen belangvolleren Austausch zu nutzen.

8.4.2 Beziehungsentwicklung im Internet und darüber hinaus

Im Netz begonnene soziale Beziehungen sind zunächst einmal als schwache Bindungen zu kennzeichnen und lassen sich dahingehend unterscheiden, ob sie einen eher sachbezogenen, formalen Fokus (a) oder einen eher emotionalen, persönlichen Fokus haben (b). Im erstgenannten und noch häufiger im zweitgenannten Fall werden (unter bestimmten Bedingungen) die schwachen Bindungen zu starken Bindungen ausgebaut (c).

Schwache sachbezogene Netzbeziehungen

Interpersonale Kommunikation im Netz ist häufig sehr kurzfristig und unverbindlich, etwa wenn man bei der Autorin einer WWW-Seite Informationen einholt, Fachkollegen aus anderen Ländern kontaktiert oder in einer Newsgroup eine Frage stellt und daraufhin Antworten von einigen anderen Gruppenmitgliedern erhält. Manchmal bleibt es beim einmaligen Kontakt, manchmal entwickeln sich aus solchen formalen oder sachbezogenen Erstkontakten jedoch auch längerfristige schwache Beziehungen, etwa indem man hin und wieder Emails austauscht und vielleicht auch chatttet, sowie wechselseitig die persönlichen Homepages inspiziert. Insbesondere bei Personen, die sich mit der Netzkultur und ihren Werten der Informalität und Kontaktpflege identifizieren (z.B. Verwendung netzspezifischer Ausdrucksmittel, umfassende Darstellung auch privater Interessen auf der persönlichen Homepage etc.) ist es wahrscheinlich, dass sachbezogene Netzkontakte gleichzeitig auch eine persönlichere Note tragen als dies etwa in der herkömmlichen beruflichen Korrespondenz der Fall ist.

Die verringerten Kontaktschwellen im Netz sowie die bequeme und kostengünstige Erreichbarkeit unterschiedlichster Personengruppen weltweit begünstigen den Aufbau und die Pflege schwacher Bindungen. Diese nehmen im persönlichen sozialen Netzwerk eher eine periphere Position ein, sie werden bei Bedarf (von beiden Seiten) aktiviert und vergrößern somit das soziale Kapital der Beteiligten. Zudem liefern sie auch neue (teils segregierte, teils überlappende) personale Öffentlichkeiten und sind insofern identitätskritisch (vgl. Kap. 7). Solche sachbezogenen *schwachen Bindungen* erfüllen außerhalb und innerhalb des Netzes wichtige soziale Funktionen (z.B. Kontakte über das homogene soziale Umfeld hinaus) und sind deshalb keineswegs als defizitäre Bindungsformen aufzufassen (siehe Kap. 8.1.2). So mag etwa ein per Newsgroup entstandener lockerer Email-Kontakt ins Ausland eines Tages bei

Berufs- oder Reiseplänen hilfreich sein. Wenn es um akute Unterstützung geht (z.B. dringendes Auffinden einer Information oder Lösen eines Problems), ist rasches und unaufdringliches „Ansprechen" von Netzbekanntschaften besonders erfolgversprechend.

Die ökonomische Erweiterung des eigenen (u.a. berufsbezogenen) Bekanntenkreises im Netz wirkt sich zudem in der Weise kontaktfördernd aus, als man häufiger motiviert wird, an persönlichen Zusammenkünften (z.B. Konferenzen, Messen, Weiterbildungen) teilzunehmen, einfach um dort Leute zu treffen, die man schon aus dem Netz kennt. Sachbezogene Netzbekanntschaften sind besonders wichtig für Personen, die sich mit informations- und kommunikationsintensiven Themen und Aufgaben (z.B. aus den Bereichen Technik, Wissenschaft, Politik oder Kultur) beschäftigen und dabei mit organisatorisch und lokal verstreuten Personen kooperieren müssen.

Schwache emotionale Netzbeziehungen

Während sachbezogene Netzkontakte im Zusammenhang mit Interessen aus dem Berufs-, Computer- oder Hobbybereich in der Regel noch vergleichsweise gute Chancen haben, in der breiten Öffentlichkeit in ihrer Bedeutung und *Nützlichkeit* gewürdigt zu werden, stößt es im allgemeinen auf wenig Verständnis, wenn Menschen Netzbeziehungen eingehen, die in erster Linie gesellige, emotionale, erotische oder sexuelle Bedürfnisse befriedigen sollen. Denn für Geselligkeit sind, so die normative Vorannahme, nur die Menschen im unmittelbaren sozialen Umfeld zuständig und Face-to-Face-Kontakte das einzig Wahre (vgl. Kap. 6.1). Es sind in erster Linie diese Vorannahmen die dafür sorgen, dass die emotionale Zuwendung zu Netzbekanntschaften intentional als Flucht vor „echtem" zwischenmenschlichen Zusammensein gedeutet und pauschal als Verlust beklagt wird:

> In San Francisco und Chicago gibt es mittlerweile Nachtclubs mit eingebauten Computerterminals. Man sitzt am Tisch und kommuniziert via *Internet Relay Chat*, liest Netznachrichten oder spielt *Netrek*. Welch einsame Art, einen Abend zu verbringen – umgeben von Menschen, aber auf der Flucht zu Fremden in der Ferne. (Stoll, 1996, S. 45)

Sich anderen Menschen computervermittelt zuzuwenden und an geselligen Netzforen teilzunehmen, erfordert Zeit und Engagement. Wer dieses aufbringt, erhöht seine Chancen, im Netz Beziehungen anzuknüpfen und anderen Menschen in anderer als der sonst üblichen Weise nahe zu kommen. So zeigte sich bei den im Rahmen dieser Arbeit befragten n=60 chat-erfahrenen Befragungspersonen, daß eine längere wöchentliche Chat-Zeit auch mit einer größeren Anzahl von persönlich bedeutsamen Chat-Beziehungen einherging ($r=.39$, $p<.001$, siehe Anhang 4). Wenn Menschen ihren Netzbekanntschaften auch einmal Priorität einräumen, muss dies nicht automatisch heißen, dass sie vor „realem" Kontakt flüchten, sondern unterstreicht vielleicht eher die Tatsache, dass sie sich ihren (ebenfalls „realen" und „menschlichen") Netzbekanntschaften verpflichtet und verbunden fühlen. Wenn Netzkritiker von vermeintlich „Internet-Süchtigen" fordern, sie mögen doch den Rechner abschalten und sich lieber den Menschen vor Ort zuwenden, so schreiben sie als Außenstehende den Netzbeziehungen Zweitrangigkeit und Austauschbarkeit zu – eine Haltung, die von Netzaktiven oft nicht geteilt wird.

Wie oberflächlich oder tiefgehend Netzbekanntschaften erlebt werden, ob sie das Gefühl von Nähe und Zuneigung vermitteln oder den Eindruck des Illusorischen und Künstlichen behalten, hängt vor allem davon ab, wie man selbst Kontakte im Netz gestaltet. Während beim ersten Kennenlernen in öffentlichen Netzforen genau wie beim Kennenlernen außerhalb des Netzes zunächst eher unverbindliche Interaktionen und *Small Talk* vorherrschen („woher kommst du, was machst du so..."), ist bei wechselseitiger Sympathie und häufigerem Kontakt ein Übergang zu persönlicheren Themen typisch. Selbstoffenbarung und ein Austausch über private Angelegenheiten sind durch die relative Sicherheit im Netz (kein Sichtkontakt, physische Distanz, Pseudonymität etc.) erleichtert (vgl. Kap. 6.2 zu anonymitätsbedingter Enthemmung). Dass solche emotional aufgeladenen Beziehungen trotzdem zunächst schwache Bindungen darstellen, liegt daran, dass das Spektrum gemeinsamer Aktivitäten und dargestellter Selbst-Aspekte beschränkt ist und die Netzbekanntschaft auch kaum Kontakte zu anderen Mitgliedern des eigenen sozialen Netzwerkes hat. Die Möglichkeit zum Rückzug ohne Rechtfertigungsdruck vermittelt Sicherheit und Unsicherheit zugleich und stellt die Beteiligten vor die Aufgabe, den Grad der Verbindlichkeit ihrer Bekanntschaft auszuhandeln.

Fragen der *Verbindlichkeit* betreffen hierbei etwa die Zuverlässigkeit, mit der die andere Person bei Verabredungen auf einem Chat-Channel oder in einem MUD erscheint oder Emails beantwortet. Verbindlichkeit wird zusätzlich erhöht, wenn man Telefonnummern austauscht, so dass nicht nur die Identität und der textvermittelte Eindruck überprüfbar werden, sondern im Falle netztechnischer Schwierigkeiten oder dringender Angelegenheiten sofortige Ansprechbarkeit gewährleistet ist. Während Email-Freundschaften ungestört nebeneinander bestehen können, tritt bei Netzbekanntschaften in Chat-Channels oder MUDs des öfteren das Problem der Priorisierung auf. So erwartet man etwa, von der eigenen Netzbekanntschaft auf dem Channel freundlich begrüßt und durch einen privaten Chat mit Aufmerksamkeit bedacht zu werden. Wendet sich die Netzbekanntschaft dagegen zunächst anderen Personen zu, so ist dies nicht selten Anlass für Unmut oder Eifersucht.

Da Personen, die regelmäßig chatten oder mudden, üblicherweise stets denselben Nick verwenden, um von ihren Netzbekanntschaften erkannt zu werden (z.B. verwendeten von n=60 im Rahmen dieser Arbeit befragten Chatterinnen und Chatter 58% einen festen Nick, siehe Anhang 4) kann man z.B. durch automatisierte Abfragen genau feststellen, wann eine Zielperson sich in das IRC-Netz einloggt, welche Channels sie besucht oder nicht besucht, auf welchen Channels sie Operator-Rechte hat, welche anderen Personen sich auf diesen Channels aufhalten usw. (siehe hierzu auch Kap. 3.2.2). Gerade im Internet Relay Chat (im Unterschied zu den Chat-Räumen im WWW) herrscht in dieser Hinsicht eine *Transparenz*, die außerhalb des Netzes nur mit kleinen Dorf-Öffentlichkeiten zu vergleichen ist („gestern habe ich x gesehen, der war mit y und z drei Stunden auf Channel #abc"). Ein wechselseitiges Beobachten, das teilweise detektivische Züge annimmt, wird gerade im Zusammenhang mit romantischen Netzbeziehungen immer wieder berichtet. Ein sang- und klangloses Untertauchen in einem IRC-Netz oder MUD ist somit nur möglich, wenn man den herkömmlichen Nick (und damit alle unter diesem Nick geknüpften Kontakte) aufgibt. Ein weiterer Indikator dafür, wie *wichtig* eine Netzbekanntschaft von den Beteiligten genommen wird, ist die Frage, ob die Anfrage zu einem privaten Chat mit Vorrang behandelt wird, oder ob wir zu hören bekommen, dass die Zielperson gerade „beschäftigt" ist, also Chats mit anderen Personen vorzieht.

Neben den Inhalten der gemeinsamen Kommunikation, der Häufigkeit, Zuverlässigkeit und Priorität von Kontakten sowie der wechselseitigen Abstimmung von Kommunikationsstilen ist auch textvermittelter Körperkontakt ein zentraler Indikator emotionaler Nähe in Netzbeziehungen. Ein solcher virtueller Körperkontakt, der fehlende nonverbale Kommunikationskanäle (siehe Kap. 6.6) nicht nur kompensiert, sondern durch Häufigkeit und Intensität der Berührungsgesten in expressiver Weise überkompensiert, reicht vom weitgehend ritualisierten *Knuddeln* (meist im Zusammenhang mit Begrüßungen und Verabschiedungen) über liebevollen und freundschaftlichen Austausch von *Zärtlichkeiten* bis zu explizit sexuellen Interaktionen (sog. *Netsex*, Cybersex, Tinysex oder Hot Chat). Bei virtuellem Körperkontakt werden sämtliche Aktionen und Reaktionen durch zeitgleiches Tippen auf der Tastatur ausgedrückt und sinnlich erlebbar, indem man sich aktiv in die Situation hineinversetzt und Phantasiebilder erzeugt. Neben direkter Rede spielt hier auch das Emoting (siehe Kap. 3.2.3) eine große Rolle, zudem verwenden die Beteiligten unterschiedliche Sprachregister (z.B. explizit oder poetisch, siehe Reid, 1994a, Kap. 8.3):

```
Arista continues to nip little kisses back down your neck.
Pete mmmms, his hands stroking a little at your sides.
Arista presses her body to yours, rubbing herself like a
cat over you.
Pete groans softly, laying back on the long seat, writhing
softly under you.
Arista moves her mouth down over your chest slowly.
Arista plants open mouth kisses over your left nipple as
she flicks her tongue over it gently.
Pete's body arches up towards your mouth, softly.
```

Der textbasierte Netsex ist nicht zu verwechseln mit futuristischen Cybersex-Szenarien, bei denen die Beteiligten Datenanzüge tragen und einander auch physisch stimulieren können (sog. *Teledildonik*, Rheingold, 1991), und er ist auch nicht pauschal als mehr oder minder amüsantes Gespräch „über Sex" abzutun. Wie emotional, beeindruckend oder beglückend sexuelle Interaktionen im Netz verlaufen, ist nicht durch das Medium vorgegeben, sondern hängt von der Bereitschaft und Fähigkeit der Beteiligten ab, ihr Begehren verbal zu offenbaren und sich aufeinander einzustellen – dementsprechend variiert auch der subjektive Ernstcharakter oder Realitätsgehalt des Geschehens interindividuell erheblich (vgl. Dabiri & Helten, 1998, S. 174ff.; Stahl, 1997): Die relative Sicherheit von räumlicher Distanz und möglicher Anonymität kann es beim Netsex erleichtern, unter anderem jene innerspychischen Sexualskripts zu thematisieren, die aus Scham oder Angst oft verschwiegen werden. Zu erleben, dass und wie eine andere Person den eigenen sexuellen Wünschen und Vorstellungen zumindest einmal symbolisch folgt, kann nicht nur als intim und befriedigend erlebt werden, sondern ggf. auch hilfreich sein im Sinne von Probehandeln. Neben einer solchen Ergänzung und Erweiterung des Ausdruckspotentials kann Netsex aber auch die Funktion haben, aktuelle oder chronische Defizite im sexuellen Erleben zu kompensieren. Eine solche Kompensation kann sich subjektiv positiv (z.B. gelungene Bewältigung anderweitig nicht behebbarer Mängel) oder auch negativ auswirken (z.B. Flucht aus der Wirklichkeit und Problemverschärfung). Schließlich stehen eine Reihe von Netzaktiven sexuellen Netzkontakten auch desinteressiert oder ablehnend gegenüber.

Es ist auffällig, dass bislang eine Reihe von Autorinnen das Phänomen Netsex wohlwollend und sensibel behandelt haben (z.B. Albright, o.J.; Benedikt, 1995; McRae, 1996; Reid, 1991, 1994a; Stone, 1995; Tamosaitis, 1996; Turkle, 1994, 1995, 1996; Traudisch, 1995), während Autoren sich in ihren eher raren und distanzierten Stellungnahmen zum Thema meist kulturpessimistisch über zwischenmenschliche Entfremdung äußern (z.B. Glotz, 1995; Volpert, 1985, S. 99), kritisch einen Trend zur Masturbationsgesellschaft vermelden oder die Sexualität ihrer Geschlechtsgenossen rezensieren:

> Ob sein Gesicht voller Pickel ist, kann ich nicht sagen, da ich Oliver nur aus den sexuellen Oasen des Cyberspace kenne; die ich übrigens unter dem albernen und daher Männer wie Fliegen anlockenden Pseudonym Thelo Velyrita – The lovely Rita – bereiste. Doch zweifellos ist Oliver ein Musterexemplar jener testosteronsatten Teenager, die die Hot Chat-Räume des Cyberspace bevölkern [...] Von Modems wissen sie alles, von Damen nichts [...] Dass er mal mit einer Partnerin zusammenleben könnte, die von Computern nichts versteht und virtuellen Sex eklig oder langweilig findet, hält Oliver für undenkbar. Doch vielleicht versagt da nur seine Phantasie, in der Realität ist er, der versierte CompuLover, nämlich recht unerfahren. „Hast du überhaupt schon mal richtigen Sex gehabt?", frage ich ihn. (Freyermuth, 1996, S. 264, 269).

Erfahrungsberichte von netzerfahrenen Jungen und Mädchen zeigen jedoch, dass sexuelle Begegnungen im Netz ihnen dabei helfen können herauszufinden, wie der für sie persönlich „richtige" Sex überhaupt beschaffen sein könnte und wie mit sexuellen Kontakten und Beziehungen umzugehen ist (Turkle, 1995, S. 226ff.). Beziehungstheoretisch wäre es besonders interessant zu untersuchen, wie die Beteiligten die Option des computervermittelten Austauschs, ungewohnt schnell emotionale Nähe herzustellen und gleichzeitig in Reserve zu bleiben, mit herkömmlichen Vorstellungen von Bindungsstärke in Einklang bringen. Ausgedehnte Meta-Diskussionen drehen sich in Netzforen jedenfalls gerade um diese Frage (vgl. Debatin, 1997).

Starke Netzbeziehungen

Beziehungstheorien beschreiben als Indikatoren der Beziehungsvertiefung und Beziehungszufriedenheit: wachsendes Engagement, zunehmende Selbstoffenbarung und Intimität, steigende Interdependenz, eine Vervielfachung der gemeinsamen Foki, einen vertraulichen Kommunikationsstil, Verlässlichkeit und subjektive Nähe (vgl. Parks & Floyd, 1996). Welche Bedingungen spielen beim Übergang schwacher Netzbeziehungen zu Stadium 4 (Beziehungsvertiefung) eine Rolle? Welche Kriterien legen Netznutzer selbst an, um den Status ihrer Beziehungen zu beurteilen?

Gemäß der *Uncertainty Reduction Theorie* (Berger, 1988) ist es generell ein Problem der Beziehungsentwicklung, die Wünsche und Erwartungen des Gegenübers herauszufinden und zu einer gemeinsamen Beziehungsdefinition zu kommen. Dieses Problem ist möglicherweise im Internet besonders virulent, weil aufgrund mangelnder kultureller Erfahrungen und Normen weniger *Beziehungsskripts* (Forgas & Dobosz, 1980) zur Verfügung stehen, auf die man approximativ zurückgreifen kann. Andererseits mag gelungene Beziehungsvertiefung letztlich dazu führen, dass man Netzbeziehungen überhaupt nicht mehr als Sonderklasse von anderen Beziehungen abgrenzen muss: Denn sobald die Beteiligten eine Vielzahl von Medien (u.a. auch Face-to-Face-Kontakte) zur Beziehungspflege nutzen, ist es unerheblich, ob sie sich ursprünglich in einem geselligen Forum im Netz (z.B. Hobby-Mailingliste) oder außerhalb des Netzes (z.B. Sportverein) begegnet sind.

Wenn sich im Netz angeknüpfte Beziehungen vertiefen, dann werden schrittweise immer reichhaltigere mediale Umgebungen aufgesucht: Personen, die sich etwa in einer sachbezogenen Mailingliste oder Newsgroup bzw. in einem geselligen Chat-Channel oder MUD erstmal begegnet sind und sich gut verstehen, gehen üblicherweise zunächst von der öffentlichen Gruppenebene zu privaten Emails und privaten Chats über und schicken einander auch Postkarten und Briefe. Im nächsten Schritt wird dann telefoniert und schließlich tauscht man noch Fotos aus, bevor man sich persönlich trifft (vgl. Parks & Roberts, 1997). Die Wahrscheinlichkeit, dass es schließlich zu einem persönlichen Treffen kommt, steigt mit räumlicher Nähe und emotionaler Bedeutung der Netzbeziehung. Die Bedeutung persönlicher Treffen für die Festigung von im Netz entstandenen sozialen Beziehungen und Gruppen steht außer Frage. Um die Zusammengehörigkeit zu stärken, organisieren deswegen viele Netzforen (Mailinglisten, Newsgroups, Chat-Channels, MUDs) regelmäßige Treffen und

Parties „in real life“ (Brückmann, 1995, S. 184f.; Seidler, 1994; Wetzstein, Dahm, Steinmetz, Lentes, Schampaul & Eckert, 1995, S. 65).

Mailinglisten und *Newsgroups* werden metaphorisch häufig mit Zeitungen, die nur aus Leserbriefen bestehen oder mit Schwarzen Brettern verglichen. Diese Metaphern heben den Informationsaustausch hervor und vernachlässigen den *geselligen Aspekt.* 64% der n=176 zufällig ausgewählten Newsgroup-Posterinnen und -Poster von Parks und Floyd (1996) hatten mindestens eine persönliche soziale Beziehung (überwiegende Beziehungsklasse: Bekanntschaft/Freundschaft), die in Mailinglisten oder Newsgroups begonnen hatte, wobei die Beziehungsdauer zwischen weniger als einem Monat und sechs Jahren variierte (Md=5 Monate, M=10 Monate). 55% kontaktierten die Netzbekanntschaften einmal wöchentlich, 30% häufiger als dreimal pro Woche. Die Mehrheit der Personen mit Netzbeziehungen (64%) nutzte nicht nur das Netz, sondern auch das Telefon (35%), die Briefpost (28%) und Face-to-Face-Begegnungen (33%), um sich auszutauschen. In Newsgroups entstandene Beziehungen blieben somit keine „virtuellen Beziehungen“, sondern expandierten mit wachsendem Engagement über den Newsgroup- und auch über den Internet-Kontext hinaus.

Tab. 8.9: Übergang von Netz-Kontakten zu Face-to-Face-Kontakten (Quelle:Daten aus Kneer, 1994, Kap. 7.5.1; n=295)

Wie viele Email-Partner haben Sie bislang persönlich getroffen?		*Wie oft treffen Sie sich persönlich mit ihren Email-Partnern?*	
weniger als 5	29%	nicht mehr	2%
zwischen 5 und 10	30%	selten	52%
mehr als 10	40%	häufig	22%
		regelmäßig	24%
	100%		100%

Von den n=518 Respondenten der Online-Befragung von Kneer (1994) – bei denen es sich um postingaktive Nutzerinnen und Nutzer deutscher Newsgroups handelte – gaben 63% (n=326) an, im Netz neue Email-Partner gefunden zu haben, wobei es in den meisten Fällen (90%) nicht bei Netzkontakten blieb, sondern auch persönliche Treffen stattfanden (siehe Tab. 8.9). Dies war vor allem deshalb möglich, weil nur 4% der Befragten im Netz ausschließlich Email-Kontakte zu Personen außerhalb von Deutschland geknüpft hatten. Die meisten hatten berufliche und private Email-Kontakte nur innerhalb von Deutschland (54%) oder innerhalb von Deutschland und in anderen Ländern (42%) aufgenommen, so dass die geografische Distanz durch kurze Reisen überbrückbar war (was in englischsprachigen, internationalen Netzforen meist nicht der Fall ist). Auffällig ist, dass die Befragten nicht nur verhältnismäßig viele neue Beziehungen aufgebaut hatten, sondern diese zum großen Teil (46%) durch häufige oder regelmäßige persönliche Kontakte zu engen Bindungen verfestigt hatten.

Nicht nur schwache sachbezogene, sondern auch schwache emotionale Beziehungen haben die Tendenz, sich zu vertiefen und aus dem Netzkontext heraus zu expandieren. Da Chat- und MUD-Bekanntschaften von Anfang an meist einen informelleren und emotionaleren Anstrich haben, ist bei ihnen die Sehnsucht nach mehr Intimität und besserem Kennenlernen oftmals stärker ausgeprägt als bei den sachbezogen fokussierten Mailinglisten- und Newgroup-Bekanntschaften. Im Netz zu plaudern, zu flirten, Netsex zu erleben, sich über Alltagsprobleme auszutauschen usw. kann in einer durch Emails und Chats über Wochen und Monate hinweg aufrechterhaltenen Beziehung ein hohes Maß an *emotionaler Bindung* und eben auch *Verbindlichkeitserwartung* erzeugen. Bei vielen solcher im Netz begonnenen Freundschaften und Romanzen entsteht früher oder später der Wunsch nach einem persönlichen Treffen, das meist durch Telefonate und Briefe vorbereitet wird. Ob und wie im Netz präsentierte eigene und fremde Identitäten von dem Erscheinungsbild außerhalb des Netzes abweichen, wird dann zur vordringlichen Frage. Werden große Diskrepanzen erwartet, verzichtet man vielleicht lieber doch auf eine persönliche Begegnung; oder man vertraut darauf, dass die bereits etablierte Zuneigung dabei hilft, Diskrepanzen zwischen Wunsch und Wirklichkeit zu ertragen, speziell wenn es um körperliche Merkmale geht.

Von n=60 Befragungspersonen im IRC berichteten 90% mindestens eine persönlich wichtige Chat-Bekanntschaft. 47% hatten sich auch schon mit mindestens einem Chat-Partner persönlich getroffen (siehe Anhang 4). Zwischen der Anzahl der persönlich getroffenen Chat-Bekannten und der wöchentlichen Chat-Zeit bestand ein positiver Zusammenhang ($r=.35$, $p<.001$). Dass das Chatten und vor allem das Mudden in der Regel mit besonders großem Zeiteinsatz und *Engagement* betrieben werden (vgl. Kap. 4.4 zum Zeitbudget für Internet-Nutzung), begünstigt die Beziehungsvertiefung in zweierlei Weise: Zum einen erzeugt allein das häufige Zusammensein bereits Verbundenheit, zum anderen ist man auch auf wechselseitige Hilfestellungen und Kooperation (z.B. bei Spielhandlungen in MUDs) angewiesen.

Die überwältigende Mehrzahl (91%) der von Schildmann, Wirausky und Zielke (1995) befragten n=62 MUD-Spielerinnen und -Spieler hatten innerhalb des MUD MorgenGrauen einen festen Freundeskreis gefunden, 86% (49 von 57) kannten einige oder alle dieser MUD-Freunde persönlich; 21% (13 von 62) waren im MUD verheiratet, 69% (9 von 13) kannten ihren jeweiligen MUD-Ehepartner persönlich. Das MUD-Spielen als soziales Hobby verbindet also die Beteiligten und legt einen über den MUD-Kontext hinausgehenden sozialen Austausch nahe. Da die Pflege des MUD und das Vorantreiben des Spielablaufs kollektive Aktivitäten darstellen, birgt aktive MUD-Teilnahme auch Verpflichtungen gegenüber den anderen Spielerinnen und Spielern. Der in der *virtuellen Gemeinschaft* des MUD (vgl. Kap. 9.4) eingenommene Platz kann also nicht ohne weiteres verlassen werden.

Die von Parks und Roberts (1997) befragten zufällig ausgewählten Mudderinnen und Mudder (n=235) hatten fast alle (94%) eine persönliche Beziehung im Netz angeknüpft. Von diesen zunächst lockeren emotionalen Bindungen waren die meisten vertieft worden: In 93% der Fälle blieb es nicht bei MUD-Kontakten, sondern griffen die Beteiligten ergänzend auf andere mediale Umgebungen zurück, nämlich auf private E-Mails (80%), auf das Telefon (67%) auf Postkarten und Briefe (54%) sowie auf digitale Fotos (40%). In 38% der Fälle kam es auch zu persönlichen Treffen. Wenn ein persönliches Treffen stattfand, dann waren diesem in den meisten Fällen (66%) wechselseitige Kontakte in mindestens drei der oben aufgeführten medialen Umgebungen vorausgegangen. Personen, die in eine romantische MUD-Beziehung involviert waren, realisierten sehr viel häufiger ein persönliches Zusammentreffen (58%), als Personen, die im MUD „gute Freunde" (35%) oder einfach nur „Freunde" (23%) gefunden hatten. Nicht nur die Expansion von Netzbeziehungen über diverse mediale Umgebungen hinweg bis zum Face-to-Face-Treffen relativiert das Negativ-Bild von den oberflächlichen „Pseudo-Beziehung" der „Internet-Freaks" – auch die Beziehungsdauer widerspricht der vielzitierten Flüchtigkeit und Beliebigkeit: Die realisierten Netzbeziehungen bestanden im Durchschnitt schon gut ein Jahr (M=13.31 Monate, SD=9.03) und wurden pro Woche mit rund sieben Kommunikations-Stunden gepflegt (M=7.27, SD=9.41).

Wenn sich im Netz entstandene Beziehungen durch langes Bestehen, häufige und medial vielfältige Kontakte auszeichnen, deutet dies darauf hin, dass es sich um starke Bindungen handelt. Präzisiert wird das Beziehungsprofil, wenn man explizit psychologische Beziehungs-Qualitäten wie etwa 1. Interdependenz (interdendence), 2. Multiplexität (breadth), 3. Intimität (depth), 4. Vertraulichkeit (code change), 5. Vorhersagbarkeit (predictability, understanding), 6. Verbindlichkeit (commitment), 7. Transitivät im Netz (network convergence on-line) und 8. Transitivität außerhalb des Netzes (network convergence off-line) erfasst. Zur Messung dieser Konstrukte liegen reliable Kurz-Skalen vor (siehe Abb. 8.2), deren Items auf 7-stufigen Ratings (1: „stimmt gar nicht" bis 7: „stimmt völlig") zu beantworten sind.

Interdependence

- *The two of us depend on each other.*
- *This person and I have a great deal of effect on each other.*
- *We often influence each other's feelings toward the issues we're dealing with.*
- *The two of us have little influence on each other's thoughts. (-)*

2. Breadth

- *Our communication ranges over a wide variety of topics. (-)*
- *Our communication ranges over a wide variety of topics.*
- *Once we get started we move easily from one topic to another.*

3. Depth

- *I usually tell this person exactly how I feel.*
- *I have told this person what I like about her or him.*
- *I feel I could confide in this person about almost anything.*

- *I would never tell this person anything intimate or personal about myself. (-)*
- *I have told this person things about myself that he or she could not get from any other source.*

4. Code Change
- *We have developed the ability to „read between the line" of each other's mind.*
- *The two of us use private signals that communicate in ways outsiders would not understand.*
- *We have special nicknames that we use with each other.*
- *I can get an idea across to this person with a much shorter message than I would have to use with most people.*

5. Predictability/Understanding
- *I am very uncertain about what this person is really like. (-)*
- *I can accurately predict how this person will respond to me in most situations.*
- *I can accurately predict what this person's attitudes are.*
- *I do not know this person very well. (-)*

6. Commitment
- *I am very committed to maintaining this relationship.*
- *This relationship is not very important to me. (-)*
- *I would make a great effort to maintain my relationship with this person.*
- *I do not expect this relationship to last very long. (-)*

7. Network Convergence On-line
- *This person and I do not know any of the same people on the net. (-)*
- *We contact a lot of the same people on the net.*

8. Network Convergence Off-line
- *We have introduced (face to face or otherwise) each other ot each other's work/school associates.*
- *This person and I do not know any of the same people in real-life. (-)*
- *We have introduced (face to face or otherwise) each other to members of each other's circle of friends and family.*

Abb. 8.2: Acht Kurz-Skalen zur Erfassung qualitativer Beziehungsmerkmale (Quelle: Parks & Roberts, 1997, in Anlehnung an Parks & Floyd, 1996)

Zur Einschätzung der psychologischen Enge von Netz-Beziehungen stehen Angaben über Beziehungen zur Verfügung, die in Newsgroups (Parks & Floyd, 1996) und in MUDs (Parks & Roberts, 1997) entstanden sind. Die empirischen Skalenmittelwerte der beiden Varianten von Netz-Beziehungen können a) untereinander, b) mit den theoretischen Skalenmittelwerten sowie c) mit den empirischen Skalenmittelwerten für Offline-Beziehungen verglichen werden: 155 der n=235 Befragungspersonen von Parks und Roberts (1997) hatten Angaben sowohl für eine ihrer MUD- als auch für jeweils eine ihrer Offline-Beziehungen geliefert. Die Skalenmittelwerte für die Newsgroup-Beziehungen gemäß Parks und Floyd (1996) wurden für die revidierten Kurz-Skalen neu berechnet anhand der jeweiligen Item-Mittelwerte, wie sie auch bei Parks und Roberts (1997) berichtet sind.

Tab. 8.10: Vergleich von Newsgroup-, MUD- und Offline-Beziehungen hinsichtlich ihrer psychologischen Enge (M, SD, *:p< .01 t-Test MUD vs. Offline-Beziehung) (Quellen: Parks & Floyd, 1996; Parks & Roberts, 1997)

	Skalen-Mittelwert (theoretisch)	*Newsgroup-Beziehungen (n=176)*	*MUD-Beziehungen (n=155)*	*Offline-Beziehungen (n=155)*
Interdependence	16	15 (4)	18 (6)*	20 (6)
Breadth	12	13 (3)	13 (4)	18 (3)
Depth	20	22 (4)	29 (6)	29 (6)
Code Change	16	12 (3)	17 (6)	19 (6)
Predictability	16	16 (3)	21 (5)*	24 (4)
Commitment	16	18 (3)	22 (6)*	24 (5)
On-line Netw. Conv.	8	8 (2)	10 (3)*	5 (4)
Off-line Netw. Conv.	12	7 (3)	10 (6)*	19 (3)
Beziehungsdauer (Monate)			14 (9)*	67 (75)
Kommunikation (Stunden pro Woche)			7 (9)*	14 (25)

Es zeigte sich, dass die mit sachlichem Fokus begonnenen Newsgroup-Beziehungen nicht in so starkem Maße vertieft wurden wie die mit geselligem Fokus begonnenen MUD-Beziehungen, welche wiederum hinter der Stärke der Face-to-Face-Beziehungen zurückblieben. Dennoch ist zu konstatieren, dass die Netz-Beziehungen mittlere bis starke Ausprägungen auf den qualitativen Maßen der Beziehungs-Enge erreichten.

Selbstverständlich geht die Vertiefung sozialer Beziehungen, die im Netz entstanden sind, nicht immer reibungslos vonstatten. Konflikte, Enttäuschungen, Unzufriedenheit und schließlich auch Trennungen sind also auch bei der Entwicklung von Beziehungen im Netz an der Tagesordnung. Dabei gestaltet sich die Auflösung romantischer Beziehungen innerhalb wie außerhalb des Netzes nicht selten dramatisch, während Bekanntschaften und Freundschaften üblicherweise enden, indem man sie einfach „einschlafen" lässt. Anlässe zum Beenden von Netzbeziehungen unterscheiden sich in der Regel nicht von den bekannten Trennungsgründen (z.B. Streit, Auseinanderleben etc., vgl. Casimir & Harrison, 1996). Medienspezifische Umstände sind dagegen beispielsweise:

a) Probleme mit dem Kommunikationsrhythmus (z.B. unzuverlässiges Email-Antwortverhalten oder zu intensives Mailen, das schließlich von einer Person wegen Überforderung abgebrochen wird),
b) längere Offline-Perioden (z.B. im IRC technisch bedingt durch Netsplit, siehe Kap. 3.2.1),
c) Probleme bei der Koordination des Medienwechsels (z.B. Abstimmung darüber, ob und wann von CvK-Kontakten zu telefonischen oder Face-to-Face-Kontakten übergegangen werden soll),
d) der (begründete oder bestätigte) Verdacht, dass die andere Person mit Täuschungsabsicht eine Identität simuliert,
e) ein desillusionierendes erstes Telefonat oder Face-to-Face-Treffen, bei dem man zu dem – im Netz sprichwörtlichen – Schluss kommt: „real life gave me too much information",
f) ein durch beschleunigte Intimität und imaginationsbedingt starke Emotionalisierung verstricktes Beziehungsverhältnis, aus dem zumindest eine Partei sich schließlich entnervt zurückzieht – manchmal gar durch einen fingierten Tod (vgl. Debatin, 1997).

Gerade im Zusammenhang mit Trennungen von engen Netzfreundschaften wird man oft daran erinnert, dass an der Metapher vom „globalen Dorf" etwas dran ist. So erweist es sich nicht selten als unmöglich, einer Person im Internet aus dem Weg zu gehen, weil die meisten (qua Sprache und Thema spezifizierten) Netzforen alternativlos sind und sich die dort Aktiven zum großen Teil kennen. So ist es keine Seltenheit, dass sich Personen mit bekanntermaßen gemeinsamer Beziehungsvergangenheit auf Chat-Channels oder in MUDs demonstrativ nicht grüßen oder in Mailinglisten und Newsgroups notorisch gegenseitig anflamen (zum Flaming siehe Kap. 2.3.4). Indem wir einen Teil unseres Beziehungsgeschehens in öffentliche virtuelle Treffpunkte verlagern und somit digitale Datenspuren hinterlassen, wird unsere soziale Umwelt also *dörflicher* (gesteigerte Sichtbarkeit und Dokumentation des eigenen Verhaltens durch global zugängliche Verhaltenskonten) und *städtischer* (Kontakte über soziale und geografische Distanzen hinweg, gesteigerte Mobilität, Möglichkeit zur Anonymität) zugleich (vgl. Gräf, 1997b, S. 122).

8.5 Die These vom Beziehungsverlust

Die populäre These vom Beziehungsverlust basiert auf der Annahme, dass bestehende Beziehungen durch computervermittelte Kommunikation verarmen (Kap. 8.5.1) und Menschen zudem reale Beziehungen zugunsten neuer virtueller Schein-Beziehungen aufgeben (Kap. 8.5.2).

8.5.1 Verarmung bestehender Beziehungen?

Beziehungsveränderungen resultieren sowohl dann, wenn in einer Dyade nur *eine* Person das Netz nutzt, als auch, wenn beide Beziehungspartner Netzzugang haben. Wenn nur eine Person das Netz nutzt, kann dies für die Beziehung sowohl positive Konsequenzen (z.B. neue Gesprächsthemen, Netzeinführung der anderen Person) als auch negative Folgen (z.B. Verlust gemeinsamer Themen, Rückzug der netzaktiven Seite aus der Beziehung oder gemeinsamen sozialen Netzwerken) haben; in vielen Fällen wird es jedoch weitgehend *folgenlos* bleiben (z.B. wenn Netzaktivitäten im Leben der einen Person ohnehin keinen wichtigen Platz einnehmen). Somit hängt es entscheidend von der Qualität der Beziehung und der Qualität und Quantität der Netzaktivitäten ab (vgl. Kap. 4), ob und wie Internet-Gebrauch konstruktiv integrierbar ist (und z.B. auch für die nicht-nutzende Person indirekte Gratifikationen liefert) oder zum Problemverstärker wird (z.B. Verstärkung asymmetrischer Machtverhältnisse, Zunahme von Kommunikationsarmut, Entstehung von Eifersucht). Das destruktive Potential des Internet liegt darin, dass es zusätzliche Eskapismus-Chancen bietet und damit in ohnehin gefährdeten Beziehungen einen weiteren Risikofaktor darstellt.

Steht in einer Beziehung beiden Personen Netzzugang zur Verfügung, so sind netzbedingte Beziehungsveränderungen davon abhängig, a) wie *intensiv* das Netz genutzt wird, b) welche *Qualität die Netzkontakte* haben und c) in welcher Relation Netzkontakte zu *anderen medialen Kontakten* stehen. Wenn davon gesprochen wird, dass das Internet zur Beziehungsverarmung führe, legt man zugrunde, dass Dyaden sehr intensiv auf Netzkontakte zurückgreifen, dass Netzkontakte andere Kontaktformen (insbesondere Face-to-Face-Treffen, Telefonate) ersetzen und zudem qualitativ unbefriedigend erlebt werden. Somit würden dann tatsächlich zwischenmenschliche Bindungen durch Mediatisierung oder Virtualisierung „abgekühlt", echte Nähe und Verbundenheit wäre kaum mehr erlebbar (vgl. Roßnagel, Wedde, Hammer & Pordesch, 1990, S. 239).

Dass sich Personen durch Netzaktivitäten in eine isolierte und vereinsamte Situation bringen, wird sehr viel häufiger von Netzabstinenten (59%) als von Netzaktiven (23%) befürchtet (siehe Batinic, Bosnjak & Bereiter, 1997, S. 208) und ist gemäß dem medienökologischen Rahmenmodell zwar möglich, aber nicht als Regelfall zu betrachten. Denn zum einen ist Netzkommunikation keine Selbstverständlichkeit, sondern das Ergebnis mehr oder minder reflektierter individueller und interpersonaler *Medienwahlprozesse* – so würden wir etwa bei sehr persönlichen oder komplizierten Kommunikationsanlässen gemäß dem Modell der rationalen Medienwahl nicht auf CvK, sondern auf ein reichhaltigeres Medium zurückgreifen und somit das Risiko einer defizitär empfundenen Kommunikation verringern. Zum anderen sind wir durch unser *mediales Kommunikationsverhalten* in der Lage, Netzkontakte so zu gestalten, dass sie in der konkreten Situation nicht nur nicht defizitär ausfallen, sondern vielleicht sogar bereichernd wirken (z.B. verdichtete Kommunikation durch häufige Email-Mitteilungen). Besonders wichtig sind die Möglichkeiten, per Netz die bereits bestehenden Beziehungen zu räumlich verstreuten Personen zu pflegen:

> Die neuen Medien erleichtern es, mit engen Vertrauten auf kostengünstige, schnelle und einfache Weise in Kontakt zu bleiben. Schon das Telefon hat dazu geführt, dass insbesondere der Kontakt mit nahen Verwandten (in der Regel mit der Mutter) auch über weite Entfernungen kontinuierlich aufrechterhalten wird. Mit den neuen Medien kann diese Kontaktpflege auch auf Personen ausgedehnt werden, die zwar nicht dem engsten Verwandtenkreis angehören, die aber doch als fundamentale Beziehungspersonen erachtet werden. Dazu zählen z.B. Klassenkameraden, Jugendfreunde, Kommilitonen etc.. Kontakte zu diesen Personenkreisen wurden bisher bei einem Ortswechsel kaum mehr gepflegt. Ob diese Chancen zur Kontaktpflege jedoch wirklich genutzt werden, muss einer empirischen Untersuchung vorbehalten bleiben. Was sich bisher durch räumliche Trennung vielfach von selbst ergab, wird nun zu einer Frage der *Beziehungsökonomie*. Die Zahl der Personen, zu denen ein Akteur enge Verbindungen eingehen kann, ist begrenzt, und es können nicht alle ehemals wichtigen Kontakte aufrechterhalten werden. In bezug auf Verwandtschaftskontakte vermuten wir, dass sie ihre Bedeutsamkeit nicht einbüßen und sogar eher noch wichtiger werden (Gräf, 1997b, S. 115f.)

Probleme sind besonders dann zu erwarten, wenn innerhalb der Beziehung sehr unterschiedliche Medienpräferenzen oder Nutzungsstile aufeinandertreffen und es schwerfällt, diese wechselseitig abzustimmen. Zudem ist Beziehungsverarmung zu befürchten, wenn Medienwahlen eben nicht gemäß den Präferenzen der Beteiligten getroffen werden, sondern durch *äußere Zwänge* vorgegeben sind. Hier kann dann z.B. im Berufsleben oder im Bildungsbereich (Fernlernen) ökonomisches Kalkül dazu führen, dass computervermittelt kommuniziert wird, obwohl dabei die sozialen Bedürfnisse der Beteiligten nur ungenügend befriedigt werden. Allerdings ist zu hoffen, dass eine sozial dysfunktionale Medienwahl nicht nur zu Unzufriedenheit, sondern auch zu so negativen Kommunikationsresultaten führt, dass eine vollständige *Substitution* anderer Kontaktformen durch computervermittelte Kommunkation letztlich nicht durchgesetzt werden kann und Netzkommunikation stattdessen eine reflektiert und gezielt eingesetzte *Ergänzung* des Medienspektrums darstellt. Zu berücksichtigen ist hierbei jedoch das Problem differentieller sozialer Bedürfnisse und Medienpräferenzen: So kann es im Berufsleben etwa auch zu neuen Selektionsprozessen in der Weise kommen, dass verstärkt Personen beschäftigt werden, die sich auch mit defizitärer computervermittelter Kommunikation abfinden, und es somit insgesamt doch zu einer Verschlechterung der Arbeitsbedingungen kommt (Telefonate werden z.B. aus Kostengründen weitgehend durch Emails ersetzt).

8.5.2 Flucht in virtuelle Schein-Beziehungen?

Beziehungen, die im Netz angeknüpft werden, sind häufig *lockere sachbezogene Beziehungen*, die das soziale Kapital der beteiligten Personen vergrößern. Sie entstehen durch die Teilnahme an Mailinglisten und Newsgroups oder das Lesen von WWW-Publikationen anderer Netzteilnehmer, basieren in der Regel auf einem gemeinsamen *Fokus* aus den Bereichen Hobby, Computer oder Beruf und zeichnen sich durch wechselseitige Identifizierbarkeit und sporadische, sachbezogene Kontakte aus. Folglich sind sie kaum vom Flair des Illusorischen oder Scheinbaren umgeben, sondern haben in erster Linie funktionalen Charakter (Austausch von Informationen und Software etc.). Sie bieten die Chance, Kontakte außerhalb des engen persönlichen Umfeldes aufzunehmen und erleichtern somit die Integration in die funktional differenzierte Gesellschaft mit ihren unterschiedlichen Sphären.

Im Netz entstandene Beziehungen können netzimmanente lockere Bindungen bleiben, oder sich im Laufe der Zeit intensivieren. Dabei treten dann zum sachlichen Fokus aus dem Hobby-, Computer- oder Berufsbereich weitere (auch persönlichere) Themen hinzu, die Kontaktfrequenz erhöht sich, der Kommunikationsstil wird informeller und schließlich ist schrittweiser Medienwechsel (z.B. Übergang zu Briefen, Telefonaten, persönlichen Treffen) ein Indiz für die Beziehungsvertiefung. Das Spielen fiktiver Rollen, das für Netzkontakte angeblich so zentralen Stellenwert hat (vgl. Kap. 7.5.2), ist kaum möglich, wenn eine im Netz begonnene Beziehung *aus dem Netzkontext expandieren* soll. Beginnt man einen Netzkontakt nämlich auf der Basis einer alternativen Identität (also mit Merkmalszuschreibungen, die außerhalb des Netzes nicht auf die eigene Person zutreffen), so muss man sich entweder beim Medienwechsel „enttarnen" oder darauf verzichten, die entsprechende Beziehung weiter zu entwickeln.

In geselligen Netzforen wie Chat-Channels und MUDs spielt sachbezogener Austausch eine geringere Rolle, dafür stehen Small Talk, Flirt und Spiel im Vordergrund. Auf diese Weise werden zunächst *lockere emotionale Beziehungen* angeknüpft. Solche affektiv aufgeladenen Netzbeziehungen bergen am ehesten die Gefahr, im nur Scheinbaren und Fiktionalen verhaftet zu bleiben. Soziale Ängstlichkeit und sonstige Kontaktschwierigkeiten können dazu führen, dass eine Person emotionale Bedürfnisse bevorzugt in besser kontrollierbaren reinen Netzbeziehungen zu befriedigen versucht, die die gesuchten Gratifikationen nur teilweise bieten können und somit auf Dauer eine *Defizitsituation* schaffen bzw. im Falle von Eskapismus zur *Problemverstärkung* führen. Allerdings können in manchen Fällen emotionale Netzbeziehungen anderweitig nicht behebbare Kontaktdefizite (z.B. durch Behinderung, geringe Mobilität) zumindest teilweise *kompensieren*.

Zudem neigen auch lockere emotionale Netzbeziehungen dazu, mit wachsendem Engagement aus dem Netzkontext heraus zu expandieren. Allerdings verläuft diese Expansion häufig turbulenter als die Vertiefung von Netzkontakten mit Fokus aus dem Hobby-, Computer- oder Berufsbereich. Da beim geselligen Kennenlernen im

Netz Kontakte sehr viel schneller persönlichen, intimen und ggf. auch erotisch-sexuellen Charaker annehmen, wird der Medienwechsel (speziell der Übergang zu Face-to-Face-Kontakten) enttäuschungsanfälliger und verunsichernder. Indem er jedoch antizipiert und realisiert wird, ist ein nahtloses Eintauchen in fiktive Schein-Beziehungen kaum möglich. Vielmehr wird im Spannungsfeld von „Realem" und „Virtuellem" für die Beteiligten erst zum Thema, was für sie in sozialen Beziehungen zu anderen Menschen „wirklich" und wichtig ist. Einer ansonsten sozial integrierten Person können Netzkontakte zusätzliche Gratifikationen bieten, etwa hinsichtlich der Erreichbarkeit bestimmter sozialer Gruppen. Außerdem ist zu beachten, dass Kennenlernen und Beziehungsvertiefung im Netz genau wie außerhalb des Netzes durch Störungen und Konflikte belastet sind, so dass die Vorstellung, im Netz wäre problemloser „Beziehungs-Konsum" möglich, irreführt – man kann sich mangels sozialer Kompetenz auch im Netz erfolgreich Feinde schaffen und sozial isolieren.

Emotionale enge Netzbeziehungen zu pflegen, ist in erster Linie einer Minderheit besonders Netzaktiver vorbehalten, die sich mit der Netzkultur identifizieren und sich an unterschiedlichen geselligen Netzforen engagiert beteiligen, während pragmatische Nutzerinnen und Nutzer (siehe Kap. 7.4.1) es in der Regel dabei bewenden lassen, bereits (persönlich oder namentlich) bekannte Personen computervermittelt zu kontaktieren und allenfalls sachlich-funktionale lockere Netzbeziehungen eingehen.

Dass netzengagierte Menschen kontaktarme, vereinsamte Singles sind, die sich mit defizitären Surrogat-Formen „echten" sozialen Austauschs abgeben, ist eine oft wiederholte Vorstellung, die beim aktuellen Forschungsstand als Vorurteil zu kennzeichnen ist: Weder hinsichtlich subjektiv erlebter Einsamkeit noch objektiver sozialer Isolation stellen Netznutzer (oder Computernutzer) eine besonders belastete Gruppe dar (siehe Anhang 1, 3, 5). In stereotyper Weise von einsamen Computer- oder Internet-Freaks zu sprechen, mag zwar einerseits Ausdruck von echter Besorgnis um deren psychosoziales Wohlergehen sein, kann andererseits aber auch eine – in Sozialkritik gekleidete – Abwertung von Personengruppen darstellen, deren Aktivitäten der Mehrheit fremd sind. Dann geht es nicht darum, wie die betreffenden Personen sich fühlen und ob sie subjektiv Einsamkeit empfinden, sondern darum, dass zugeschriebene Einsamkeit und damit einhergehende Zuschreibungen sozialer Inkompetenz stigmatisierend wirken (siehe Anhang 2). So kann beispielsweise *Netsex* bzw. Cybersex nur deswegen zum Sinnbild zwischenmenschlicher Entfremdung hochstilisiert werden, weil man auf den Affekt gegen das Unvertraute setzt und sich der Vielfalt sexueller Ausdrucksformen nicht verständnissuchend nähert. Vernachlässigt wird bei pauschalen Vereinsamungs-Warnungen nicht zuletzt oft die Tatsache, dass sich die Netzpopulation (bislang) vornehmlich aus den privilegierten – und dementsprechend überdurchschnittlich gut sozial integrierten – Bevölkerungsgruppen rekrutiert (vgl. Kap. 4.2 und Kap. 4.2; siehe auch Anhang 1).

Zudem konstruiert das *Substitutions-Modell* eine fragwürdige Konkurrenzsituation zwischen „echten" Face-to-Face-Kontakten und einsamer Computertätigkeit, die die vielfältigen Wechselwirkungen zwischen unterschiedlichen medialen und nicht-medialen zwischenmenschlichen Kontaktformen in verschiedenen Beziehungskonstellationen negiert (siehe Anhang 3 und 4). Die überwiegend lockeren Beziehungen zu anderen Personen im Netz, die vornehmlich durch computervermittelte Kontakte gepflegt werden, stehen in der Regel nicht in Konkurrenz zum bestehenden Nahbereich des sozialen Netzwerkes (Netzbekanntschaften können weder beim Umzug helfen, noch im Krankheitsfall Pflege anbieten etc.), sondern sie erweitern und modifizieren es. Dem Stereotyp des Internet-Freaks, der in virtuelle Schein-Beziehungen abdriftet, steht somit das Bild einer Person gegenüber, die durch Netzaktivitäten mit einer größeren Formenvielfalt sozialer Kontakte konfrontiert ist:

> Das Hinzutreten von Cyberfreunden und die zusätzlichen neuen flüchtigen Kontakte verändern die Struktur persönlicher Netze. Die Netzwerke werden größer und ihre innere Dichte verringert sich. Sie fransen an den Rändern stärker aus. Es entsteht eine wahrnehmbare Grauzone, innerhalb derer es auch für das Individuum selbst unklar ist, ob ein Ko-Mitglied in einer Online-Gemeinschaft als Mitglied des eigenen Netzwerkes angesehen wird. Es kann darüber hinaus erwartet werden, dass die internen Überlappungen zwischen Teilbereichen des Netzwerkes abnehmen und die Netze damit noch weiter partialisiert werden. Dabei ist zu vermuten, dass die Interessens- und Neigungshomogenität in Teilbereichen des Netzwerkes zunimmt und zugleich damit die Heterogenität zwischen den Teilbereichen steigt (Gräf, 1997b, S. 115).

Ebenso wie die Auseinandersetzung mit virtuellen Identitäten ist auch der Diskurs über virtuelle Beziehungen stark durch Skandalisierung geprägt. Sehr seltene Konstellationen (z.B. zwei Personen, die sich im Netz kennengelernt haben, beschließen, bereits beim ersten Treffen „in real life“ zu heiraten) werden aufgrund ihres Unterhaltungswertes in den Massenmedien besonders ausführlich dargestellt und bleiben im Gedächtnis haften, während der weniger spektakuläre Netzalltag in den Hintergrund tritt (z.B. Pflege bereits bestehender Beziehungen durch ergänzende Netzkontakte, Erweiterung des persönlichen Netzwerkes durch lockere sachbezogene Netzbekanntschaften). Netzphänomene wie etwa reine Netzbeziehungen oder Netsex werden in der öffentlichen Diskussion nicht nur in ihrer Auftretenshäufigkeit überschätzt, sondern oftmals auch aufgrund vorgefertigter Meinungen bewertet und selten zum Anlass genommen, tradierte Vorstellungen über die Beschaffenheit sozialer Bedürfnisse sowie mögliche Befriedigungsformen zu hinterfragen. Indem das Netzspezifische tendenziell als das nur Scheinbare abgewertet wird, besteht die Gefahr, dass soziale Netzphänomene lediglich insofern verstanden und anerkannt werden, als man sie als Defizit-Varianten oder Vorformen bekannter Face-to-Face-Konstellationen deuten kann; ihre psychosoziale Eigenständigkeit – aber auch ihre Ähnlichkeit mit anderen Kontaktformen – wird damit negiert.

8.6 Zusammenfassung

Computervermittelte Kommunikation im Internet kann dazu beitragen, dass *bestehende* zwischenmenschliche Beziehungen sich verändern (sei es, weil eine oder beide Personen das Internet nutzen) sowie *neue* soziale Beziehungen entstehen (Kennenlernen und Beziehungsentwicklung im Netz und darüber hinaus). In beiden Fällen sind sowohl beziehungsförderliche als auch beziehungsstörende Konstellationen möglich. Der pauschale kulturpessimistische Vorwurf des Beziehungsverlusts (soziale Isolation am Computer) und des Flüchtens in Schein-Beziehungen (Eskapismus) ist ebenso zurückzuweisen wie die Annahme, dass Internet-Kommunikation generell die vorhandenen formalen und persönlichen Beziehungen stabilisiert und intensiviert und das persönliche Netzwerk um neue Freundschaften und Bekanntschaften erweitert.

In bestehenden sozialen Beziehungen (und in der Gesellschaft allgemein) ist mit wachsender Bedeutung von Computernetzen eine Benachteiligung oder Ausgrenzung von Netzabstinenten zu befürchten. Gleichzeitig haben Netzaktive bei entsprechender Nutzungskompetenz und Motivation die Chance, ihre privaten und beruflichen Kommunikations- und Beziehungsnetzwerke zu erweitern, wobei die Erschließung neuer sozialer Ressourcen auch Engagement und Unterstützung für andere erfordert und nicht „auf Knopfdruck“ zu haben ist. Intensive private Netzbeziehungen sind besonders dann zu erwarten, wenn eine Person sich mit der Netzkultur identifiziert, über Mailinglisten, Newsgroups, WWW-Seiten, Chat-Channels oder MUDs mit anderen Menschen in Kontakt tritt und diese Kontakte durch private Emails und Chats ausbaut.

Dabei können sich Netzkontakte in Abhängigkeit von Persönlichkeitsmerkmalen (z.B. Selbstwertgefühl, soziale Kompetenz) und aktueller Bedürfnislage als *eskapistisch* (Netzbeziehungen werden vom sonstigen Leben isoliert wahrgenommen und gestaltet), *kompensatorisch* (anderweitig nicht behebbare Kontaktdefizite werden partiell im Netz ausgeglichen) oder *supplementär* (im Internet entstandene Beziehungen expandieren aus dem Netz-Kontext; reine Netzbeziehungen ergänzen das bisherige Beziehungsspektrum) herausstellen. Wie häufig und bei welchen Personen einzelne dieser Konstellationen auftreten, wird in Repräsentativ-Befragungen zu klären sein. Es zeichnet sich allerdings ab, dass für die meisten Menschen mit Netzzugang computervermittelte soziale Kontakte und Beziehungen supplementäre Funktion haben.

Welche Merkmale des textbasierten Kommunikationsverhaltens im einzelnen den Wunsch nach privater Kontaktaufnahme im Netz entstehen lassen und zu dessen Realisation beitragen, ist zudem in experimentellen Studien genauer zu elaborieren. Hierbei ist aus medienökologischer Sicht zu berücksichtigen, dass die Beteiligten ihre Netzumgebung aktiv gestalten: In bestimmten Situationen werden Hintergrundinformationen in Form von persönlichen Homepages angeboten bzw. angeschaut, in anderen Situationen werden Fotos während des Chattens oder Briefe zwischen Email-

Kontakten ausgetauscht, in wieder anderen Situationen wird bewusst über längere Zeit Anonymität beibehalten. Um Beziehungsentwicklungen zu beschreiben und zu erklären, bietet es sich an, den Medienwahlen der Beteiligten besondere Beachtung zu schenken, da diese nicht nur Quantität und Qualität der ausgetauschten Botschaften und gemeinsamen Handlungsmöglichkeiten bestimmen, sondern auch als Meta-Botschaften fungieren.

9 Gruppen und Internet

Interpersonale Kommunikation bringt nicht nur dyadische Beziehungen hervor, die untereinander teilweise zu *Netzwerken* verknüpft sind, sondern es entstehen auch größere soziale Gebilde mit gemeinsamem Kommunikations- und Handlungsbezug. Unter ihnen nimmt die *Kleingruppe* (z.B. Arbeitsteam, Freundes-Clique) in ihren unterschiedlichen Varianten eine besonders wichtige Stellung ein. Kleingruppen bestehen aus aus einer überschaubaren Zahl von Personen (Minimum: 2; Maximum: ca. 30), die über einen längeren Zeitraum hinweg wiederholt Face-to-Face oder medial vermittelt miteinander in Kontakt treten, sich persönlich kennen und als zusammmengehörig erleben, die räumlich und/oder zeitlich von anderen Individuen der Umgebung abgehoben sind, gemeinsame Ziele verfolgen, Normen und Vorschriften für einen bestimmten Verhaltensbereich entwickeln sowie Aufgabenteilung und Rollendifferenzierung vollziehen (vgl. Sader, 1996, S. 39). Soziale *Gemeinschaften* dagegen haben eine deutlich größere Mitgliederzahl als Kleingruppen und sind zudem offener und zeitstabiler; hier kennen sich nicht notwendigerweise alle Mitglieder untereinander, und eine stärkere Mitgliederfluktuation ist zu verzeichnen. In modernen Gesellschaften bildet häufig die Übereinstimmung von Interessen und Lebensstilen das Fundament einer Gemeinschaft (Community of Interest: z.B. Gay Community, Techno-Gemeinde); die lokale Nähe verliert ihre Vormachtstellung als gemeinschaftsstiftender Faktor (z.B. Nachbarschaft, Dorfgemeinschaft).

Kleingruppen und soziale Gemeinschaften befriedigen sowohl individuelle Bedürfnisse als auch Anforderungen der Allgemeinheit, und zwar sowohl auf sozioemotionaler Ebene (z.B. soziale Unterstützung, Wir-Gefühl, Vermittlung sozialer Normen und Werte) als auch auf sachlich-funktionaler Ebene (z.B. effektive Arbeitsteilung, Wissensvermittlung, Interessensvertretung). Die psychologische Untersuchung von Gruppen umfasst ihre Binnenverhältnisse (z.B. Gruppenzusammenhalt, Gruppenstruktur, Gruppenführung, Gruppenleistung) ebenso wie ihre Außenbeziehungen (z.B. Intergruppenkonflikte, Konkurrenz, Stereotypisierung, Vernetzung von Gruppen). Aus Anwendungsperspektive beschäftigt man sich mit der Frage, wie man Gruppen so zusammenstellen und Gruppenprozesse so organisieren kann, dass sowohl die sozio-emotionalen Bedürfnisse der Beteiligten befriedigt als auch die sachlich-funktionalen Aufgaben erfolgreich erledigt werden können. Kap. 9.1 stellt unterschiedliche Typen von Gruppen vor und konzentriert sich dabei auf Kleingruppen und soziale Gemeinschaften. In Kap. 9.2 geht es dann um die Bedeutung medialer Umgebungen für soziale Gruppen. Kap. 9.3 widmet sich der Frage, wie sich bestehende Gruppen durch Internet-Kommunikation verändern. Kap. 9.4 beschreibt die Entstehung neuer sozialer Gruppen im Internet. Auf dieser Basis diskutiert Kap. 9.5 die populäre These, dass Kommunikation im Internet zu Gruppenzerfall und Gemeinschaftsverlusten führe. Kap. 9.6 liefert eine kurze Zusammenfassung.

9.1 Gruppen

In der Sozialpsychologie und in der Soziologie stellt die Kleingruppe die meistuntersuchte Gruppenform dar. Oftmals beschränkt sich die Behandlung von Gruppen sogar gänzlich auf Kleingruppen, so dass Großgruppen, Netzwerke, Vereine, Gemeinschaften, soziale Bewegungen, Szenen und andere soziale Zusammenschlüsse vollkommen ausgeblendet bleiben (Tenbruck, 1989, S. 215ff.). Eine allgemeine Systematisierung sozialer Gebilde fehlt; und sie kann an dieser Stelle auch nicht entwickelt werden. Wir beschränken uns deshalb darauf, Kleingruppen und Großgruppen (Kap. 9.1.1) sowie soziale Gemeinschaften und Öffentlichkeiten (Kap. 9.1.2) zu behandeln, da diese Gruppenformen im Netzkontext die größte Rolle spielen.

9.1.1 Kleingruppen und Großgruppen

Von einer *Gruppensituation* wird gesprochen, wenn eine Person ihr Erleben und Verhalten mit dem anderer (in der Regel kopräsenter) Personen abstimmen muss. Die Gruppensituation stellt dann den aktuellen Kontext individuellen Handelns dar. Gruppensituationen beeinflussen beispielsweise Urteilsprozesse, führen zur Verbesserung individueller Leistungen oder auch dazu, dass man wegen des Effekts der verteilten Verantwortung weniger Hilfeverhalten zeigt. Die experimentelle Kleingruppenforschung, die meist einander fremde Personen für kurze Zeit zusammenbringt (künstliche *Ad-hoc-Gruppe*), beschäftigt sich also im Grunde primär mit Gruppensituationen und ihrem Einfluss auf das Individuum (Witte, 1989, S. 441ff.; s. Kap. 5.4). Erst länger anhaltende bzw. wiederholte Interaktionen ermöglichen es, dass sich aus einer Gruppensituation eine *interdependente Gruppe* bzw. ein Mikrosystem mit differenzierter Binnenstruktur und geregelten Außenkontakten entwickelt.

Typischerweise werden soziale Gruppen auf unterschiedlichen Dimensionen beschrieben: Gruppengröße, Gruppenziele, Gruppenzusammenhalt, Gruppenleistung, Gruppenstruktur usw., wobei Parameter aller Dimensionen sowohl als unabhängige Variablen (UV) als auch als abhängige Variablen (AV) betrachtet werden können. So mag man fragen „Wie wirkt sich guter/schlechter Gruppenzusammenhalt (UV) auf die Gruppenleistung (AV) aus?“, kann andererseits umgekehrt aber auch untersuchen „Wie wirkt sich gute/schlechte Gruppenleistung (UV) auf den Gruppenzusammenhalt

(AV) aus?". Die Gruppenforschung hat gezeigt, dass sich keine allgemeinen Determinanten für bestimmte Ausprägungen abhängiger Variablen (z.B. gute Gruppenleistung) angeben lassen. Vielmehr sind differentielle Modellierungen für unterschiedliche Gruppengrößen, Mitgliederstrukturen und Aufgabentypen notwendig (vgl. Sader, 1996).

Kleingruppen bestehen aus bis zu 30 Personen und werden als formelle Gruppen üblicherweise im Kontext größerer Organisationen zur Abwicklung definierter Aufgaben konstituiert, während in informellen Gruppen sozioemotionale Bedürfnisse im Vordergrund stehen. *Formelle Kleingruppen* sind je nach inhaltlicher Zielsetzung Gegenstand unterschiedlicher Disziplinen, etwa der Pädagogischen Psychologie (z.B. Lerngruppen, Unterrichtsgruppen), der Klinischen Psychologie (z.B. Therapiegruppen) oder der Organisationspsychologie (z.B. Arbeitsteams). *Informelle Gruppen* oder Zirkel (z.B. Skatrunde, Stammtisch, Clique, Jugendgang) sind weniger erforscht, da sie definitionsgemäß meist nicht in größeren Organisationen angesiedelt sind, ihre Zielsetzung selbstbestimmt ist und die Zielerreichung keiner offiziellen Kontrolle unterliegt. Häufig herrscht in informellen Gruppen auch eine unklare Zieldefinition; neben den offiziellen Funktionen der Gruppe spielen andere (insbesondere gesellige) Motive der Gruppenmitglieder eine wichtige Rolle:

> Ich war von 1947 bis 1950 Vorstandsmitglied einer Esperanto-Gruppe; nach meiner Schätzung hat über die Hälfte der Mitglieder nicht die geringsten Anstalten gemacht, die Welthilfssprache Esperanto tatsächlich zu erlernen: Vereinsfeste, Vorstandsquerelen und organisatorische Probleme nahmen die meiste Energie in Anspruch. (Sader, 1996, S. 64).

Informellen Gruppen wird eine ähnliche Funktion wie schwachen Bindungen (s. Kap. 8.1) zugeschrieben: Über multiple Gruppenmitgliedschaften bringen sie uns mit Personen unterschiedlicher sozialer Herkunft zusammen und erfüllen so eine gesellschaftsintegrative Funktion (Tenbruck, 1989). Gleichzeitig erfordern sie nur partielles Engagement, nur wenige Selbst-Aspekte werden in der Gruppe realisiert, ein Gruppenwechsel ist vergleichsweise leicht möglich. Eine Ausnahme stellt hierbei die heute in vielfältigen Formen auftretende Familie (definiert als Zusammenleben von Erwachsenen mit Kindern) dar, die wegen ihrer biologischen und psychosozialen Reproduktionsfunktion in der Regel eine besonders dauerhafte und verbindliche Gruppenzugehörigkeit impliziert (natürliche Gruppe, Primärgruppe). Die Familie wird als Sozialisationsinstanz umd Krankheitsfaktor unter anderem in Entwicklungspsychologie und klinischer Psychologie untersucht.

In *Großgruppen* (ca. 30 bis mehrere hundert Personen) können aufgrund der großen Mitgliederzahl nicht alle gleichermaßen aktiv am Geschehen partizipieren. Vielmehr wird die Kommunikation von einigen wenigen Personen getragen (z.B. Podium, Rednerin, Moderator), während die übrigen Mitglieder der Großgruppe sich eher in einer Zuschauerposition befinden:

> The distinguishing characteristics of large-group communication is that there are too many people present for everybody to be a contributor. Large groups often illustrate a one-way type of communication, where the participants are mainly an audience. The communicator may be an individual speaker or speakers, or perhaps a film or some other type of medium is involved. As distinguished from mass communications, the audience is present to give immediate feedback to the communication. (Williams, 1984, S. 37)

Großgruppen sind typisch für Situationen, in denen es um Informationsvermittlung geht (z.B. Bildungsmaßnahmen, Kongresse, politische Veranstaltungen), während Kleingruppen mit konkreten Arbeitsaufgaben betraut werden. Beide Gruppenformen werden auch häufig kombiniert eingesetzt, etwa wenn sich die Teilnehmerinnen und Teilnehmer einer Großveranstaltung phasenweise in Arbeitsgruppen zurückziehen und ihre Kleingruppen-Ergebnisse später im Plenum präsentieren. Die organisatorische Einbindung formeller Klein- und Großruppen und ihre klare Aufgabenstellung erleichtern und erfordern häufig Interventionen (z.B. Feststellung und Verbesserung des Gruppenklimas, Kontrolle der Stoffvermittlung in Vorlesungen) und legen damit als Forschungsstrategie summative oder formative *Evaluationsstudien* nahe.

9.1.2 Gemeinschaften und Öffentlichkeiten

Soziale Gemeinschaften werden hier als relativ stabile und offene Netzwerke von Personen und Gruppen begriffen, die sich in *gemeinsamer* Kommunikations- und Handlungspraxis aufeinander beziehen und dabei Gemeinschaftsgefühl empfinden – ohne sich jedoch allesamt persönlich kennen zu müssen oder kopräsent zu sein.

> I view Sense of Community as a spirit of belonging together, a feeling that there is an authority structure that can be trusted, an awareness that trade, and mutual benefit come from being together, and a spirit that comes from shared experiences that are preserved as art. (McMillan, 1996, S. 315)

Die zentrale Bedeutung der emotionalen Zusammengehörigkeit ist eng verknüpft mit der Dauerhaftigkeit der Teilnahme und der Relvanz für zentrale Selbstaspekte (kollektive Identitäten vgl. Kap. 7.2.1). Die Mitgliederzahl von Gemeinschaften kann stark varrieren: Sie reicht von beispielsweise drei Personen (z.B. Wohngemeinschaft) bis zu mehreren Tausend oder Zehntausend Personen (z.B. Fangemeinschaft). Aufgrund ihrer zuweilen beträchtlichen Größe sind soziale Gemeinschaften binnenstrukturiert und bilden den Kontext für dyadische Beziehungen, Kleingruppen und Großgruppen. Sie nutzen für ihre Kommunikation lokale Treffpunkte (z.B. Szenekneipen), aber sind oft auch auf mediale Umgebungen angewiesen (z.B. Szenezeitschriften). Personen schließen sich zu sozialen Gemeinschaften zusammen, wenn sie in räumlicher Nähe leben (z.B. Nachbarschaftsgemeinschaft), wenn sie ähnliche

Interessen haben (z.B. Fangemeinschaft), wenn sie aktuell vom selben Problem bestroffen sind (z.B. Schicksalsgemeinschaft anlässlich einer Überschwemmungskatastrophe) oder wenn sie gemäß ihrer Merkmale in eine gemeinsame soziale Kategorie fallen (z.B. ethnische Gemeinschaft).

Dieses *sozialpsychologische Gemeinschafts-Konzept* hat die im traditionellen soziologischen Gemeinschaftsverständnis zentrale Anforderung gemeinsamer *geografischer Lokalität* aufgegeben. Es lässt sich jedoch von den Konzepten „soziales Netzwerk“ und „soziale Kategorie“ klar abgrenzen, in dem es gemeinsames Handeln und wechselseitigen emotionalen Bezug verlangt. Somit wird also das Bekanntschaftsnetzwerk von Ego hier (im Unterschied zur Begriffsverwendung bei Wellman & Wortley, 1990, und Höflich, 1996) nicht als soziale Gemeinschaft verstanden, weil die Bekannten von Ego nicht regelmäßig *gemeinsam* handeln oder sich als zusammengehörig wahrnehmen. Die Zugehörigkeit zu sozialen Kategorien (d.h. zu Mengen von Personen mit ähnlichen Merkmalen) ist besonders bedeutsam für die Identitätsdefinition (vgl. Kap. 7.1), erfordert dabei jedoch keinerlei Kommunikation mit den anderen Kategorienmitgliedern (nominelle Mitgliedschaft in einer Selbstkategorisierungs-Gruppe). Deshalb werden Selbstkategorisierungs-Gruppen, die sich auf nominelle Mitgliedschaft beschränken, nicht als soziale Gemeinschaften aufgefasst. Häufig werden soziale Kategorien oder Selbstkategorisierungs-Gruppen aber auch aktiv, weil sich aus der spezifischen Merkmalsähnlichkeit ihrer Mitglieder bestimmte Ziele oder Interessen ableiten, für deren Verwirklichung man sich gemeinsam einsetzen will. Solche *aktivierten sozialen Kategorien* spielen in modernen Gesellschaften eine zentrale Rolle; sie können sich als soziale Bewegungen, Verbände, Vereine, Netzwerke etc. konfigurieren (Tenbruck, 1989, S. 222). Kommen zu wechselseitiger Hilfestellung und vertrauenswürdigen Autoritätsverhältnissen auch emotionaler Zusammenhalt und die Erinnerung gemeinsamer Erlebnisse hinzu, so entwickelt sich die aktivierte soziale Kategorie zur sozialen Gemeinschaft.

Wenngleich sich der sozialpsychologische Gemeinschafts-Begriff zunehmend in der Literatur und im alltäglichen Sprachgebrauch durchsetzt, ist er aus zwei Gründen problematisch: Zum einen weist er sehr starke *positiv-idealisierende* Konnotationen auf, indem er nahelegt, eine soziale Gemeinschaft sei per se eine gelungene und glückliche soziale Gruppierung, was mit dem Risiko verbunden ist, dass Probleme und Konflikte in Gemeinschaften übersehen oder unterschätzt werden. Zum anderen ist umstritten, ob und inwiefern mit der *Weiterverwendung* des von Tönnies (1887) etablierten Gemeinschaftsbegriffes impliziert wird, dass moderne überlokale *(Interessens-)Gemeinschaften* strukturell oder funktionell den früheren lokalen *(Zwangs-)Gemeinschaften* gleichen.

Vormoderne Gemeinschaften waren durch lokale Bindung, Dauerhaftigkeit und persönliches Kennen geprägt; sie lieferten einerseits Sicherheit und Orientierung, verlangten aber andererseits die strikte Einhaltung sozialer Normen. Sie boten durch ihre Totalität und Unausweichlichkeit kaum persönliche Entfaltungsmöglichkeiten jenseits normierter Lebenswege und waren insgesamt durch eher geringe Emotionalität geprägt. Moderne überlokale Gemeinschaften dagegen sind disponibler. Sie erlauben multiple und transitorische Mitgliedschaften, die soziale Integration ist vom eigenen Engagement abhängig. Somit sind den Individuen in der Moderne vielfältige soziale Welten zugänglich, in denen sie sich gemäß Interessenslage oder emotionaler Zugehörigkeit bewegen, wobei sie allerdings die Separiertheit und Disparatheit der Gemeinschaften und ihrer jeweiligen Wirklichkeitskonstruktionen teilweise aversiv erleben und bei mangelndem persönlichen Engagement schnell in soziale Isolation geraten können (Beck & Beck-Gernsheim, 1994; Diewald, 1991).

Während gemeinsamer Handlungsfokus und emotionale Zusammenhalt für soziale Gemeinschaften charakteristisch sind, spricht man von *Öffentlichkeiten*, um Personenmengen zu adressieren, die kollektiv bestimmte Informationen zur Kenntnis nehmen. Häufig wird das Private pauschal dem Öffentlichen gegenübergestellt, obwohl moderne, ausdifferenzierte Gesellschaften über eine Vielzahl von Teil-Öffentlichkeiten verfügen, die hinsichtlich ihrer Größe und ihrer Homogenität zu differenzieren sind. Typischerweise stellen Massenmedien eine sehr große und heterogene Öffentlichkeit dar, weil sie ein disperses Publikum erreichen.

Die Informationsverbreitung über Massenmedien erzeugt zwar eine *große Öffentlichkeit*, vermag aber den universellen Öffentlichkeitsanspruch (freier Informationszugang für alle) nicht zu realisieren:

> Die Paradoxie des Informationszeitalters liegt im Antagonismus von universellem Öffentlichkeitsanspruch und chronisch knapper Aufmerksamkeit und hat zur Folge, daß Massenkommunikation nur durch temporäre Ignoranz der meisten Informationsangebote zu realisieren ist. (Merton & Westerbarkey, 1994, S. 199)

Die Medienöffentlichkeit bzw. das *disperse Publikum* (Maletzke, 1978) erfährt somit nur ausschnitthaft vom Weltgeschehen und kann selbst die „veröffentlichte Meinung" wenig beeinflussen. Gleichzeitig profitiert das Publikum aber auch von der vereinheitlichenden Programmgestaltung, indem es gemeinsame Medienerlebnisse und eine kollektiv geteilte Agenda angeboten bekommt (vgl. Reiter, 1997; Wehner, 1996, S. 138ff.). Demgegenüber können sich Kollektive (z.B. Warteschlange beim Einkaufen) als *kleinste Öffentlichkeitseinheiten* unmittelbar artikulieren, sie sind nicht nur Empfänger von Einweg-Kommunikation, sondern können in der situativen Mehrweg-Kommunikation selbst Stellung beziehen (vgl. Gerhards & Neidhardt, 1991). Öffentlichkeiten lassen sich also hinsichtlich der Größe und Zusammensetzung des Publikums in diverse Teil-Öffentlichkeiten differenzieren. Solche *Teil-Öffentlichkeiten* sind oftmals Adressaten medialer Botschaften (z.B. Kampagnen). Im Unterschied zur massenmedialen Informationsverbreitung an ein disperses Publikum (*Broadcasting*), bezeichnet man zielgruppenspezifische Informationsdarbietung als *Narrowcasting*. Teil-Öffentlichkeiten können sich durch aktive Beteiligung an der Selektion und Produktion von Informationen gegenüber den Mainstream-Medien als Gegenöffentlichkeiten positionieren, sonfern ihnen entsprechende mediale Umgebungen zur Verfügung stehen.

9.2. Mediale Umgebungen und Gruppen

Wenn man Gruppen mit Kleingruppen gleichsetzt und als deren definierendes Merkmal die Face-to-Face-Kommunikation der Gruppenmitglieder betrachtet, bleibt medial vermittelte Kommunikation aus dem Gegenstandsbereich ausgeklammert. Eine solche für die sozialpsychologische Literatur typische Betrachtungsweise bildet reale Gruppenerfahrungen jedoch nur ungenügend ab. Zum einen sind auch Kleingruppen und Großgruppen, die Face-to-Face kommunizieren, in wachsendem Maße auf ergänzende mediale Kontakte angewiesen (Kap. 9.2.1). Zum anderen erlangen soziale Gruppierungen an Bedeutung, die sich aufgrund ihrer Mitgliederzahl und deren räumlicher Verstreuung erst in oder mit Unterstützung von medialen Umgebungen bilden und entfalten können (Kap. 9.2.2).

9.2.1 Mediale Umgebungen und Kleingruppen/Großgruppen

Die *Familie* als Primärgruppe wird nicht selten als von Massen- und Individualmedienkommunikation bedroht beschrieben. Gespräche, Spiele und sonstige Freizeitaktivitäten im familiären Kreis werden demnach durch Fernsehkonsum, Computerspiele oder (neuerdings) „Netzsurfen" verdrängt; Kommunikationsverlust und Vereinzelung sind die Folgen. Diese kulturkritische, mediendeterministische Sichtweise ist zwar nach wie vor populär, wird jedoch durch empirische Studien nicht gestützt. Stattdessen ist gemäß dem medienökologischen Rahmenmodell (s. Kap. 6.11) davon auszugehen, dass einerseits Medienmerkmale ein bestimmtes Gebrauchsprofil nahelegen, andererseits aber familiale Voraussetzungen ausschlaggebend dafür sind, wie die Medien genutzt werden (z.B. selektives oder habituelles Fernsehen, gemeinsames Besprechen von Sendungen etc.) und welche Funktionen sie im Familienalltag erfüllen (Hurrelmann, 1994). So kann das Fernsehen sowohl struktural gebraucht werden als Hintergrundgeräusch, zur Zeitstrukturierung und Handlungsplanung als auch relationale Funktionen erfüllen: Erleichtung von Kommunikation durch Bereitstellung von Themen, Zusammengehörigkeitsgefühl, Konfliktvermeidung, Kompetenz- und Machtdarstellung, soziales Lernen usw. (Lull, 1980a, 1980b).

Ein differenzierter und reflektierter Mediengebrauch, der Anregungen vermittelt und Kommunikation fördert, ist besonders in privilegierten Familien mit flexiblen Interaktionsstrukturen und gutem Klima zu erwarten. Demgegenüber ist ein extensiver Fernsehkonsum, der Gespräche einschränkt, für Familien mit ohnehin unterentwickelter Kommunikationskultur (wenig Gespräche, seltenes Lesen oder Vorlesen etc.) typisch und erweist sich somit als Problemverstärker (Hurrelmann, 1989). Ebensowenig wie von pauschaler Kommunikationszerstörung durch Fernseh- oder Computergebrauch auszugehen ist, muss mit einer familialen Kommunikationszerstörung durch Individualmedien gerechnet werden. Vielmehr erlangen diese Medien für die Binnen- und Außenbeziehungen der (an getrennten Orten arbeitenden, lernenden und teilweise auch wohnenden) Familienmitglieder immer größere Bedeutung und werden gemäß den jeweiligen Kommunikationsbedürfnissen bildungs-, geschlechts- und altersdifferentiell angeeignet (vgl. Forschungsgruppe Telefonkommunikation, 1989).

Formelle Kleingruppen kommunizieren und interagieren üblicherweise Face-to-Face, wobei vor und nach Gruppensitzungen Kontakte zwischen einzelnen Gruppenmitgliedern üblich sind (Notizen, Brief, Telefonat). Auch wenn eine Kleingruppe am selben Ort zusammenarbeitet, kann sie zur Arbeitsorganisation auf computervermittelte Gruppenkommunikation zurückgreifen. Hierbei wird dann meist spezielle Software (*Groupware*) eingesetzt, die etwa bei der Terminplanung und Entscheidungsfindung helfen soll, eine gemeinsame Datenbank zur Verfügung stellt oder den raschen und komfortablen Austausch von Zwischenergebnissen erlaubt (Höflich, 1996, Kap. 3). Mit zunehmender räumlicher Ausbreitung von Unternehmen (Globalisierung) wird die Kooperation delokalisierter Mitarbeiter wichtiger, deren Gruppensitzungen per Telefonkonferenz, Videokonferenz oder Computerkonferenz ablaufen. Allerdings sind dabei ein besonders diszipliniertes Vorgehen notwendig (z.B. genaue Zeitplanung und Vorbereitung von Videokonferenzen) und eine Flankierung der medialen Kommunikation durch Face-to-Face-Treffen wünschenswert (z.B. wegen der Komplexität einzelner Aufgaben oder um den Gruppenzusammenhalt zu verbesssern). In Bildungseinrichtungen ist aufgrund mangelnder technischer Ausstattung die Face-to-Face-Sitzung in Groß- und Kleingruppen meist die einzige Form der Gruppenkommunikation. Wenn Internet-Dienste zum Einsatz kommen, verspricht man sich dadurch einerseits didaktische Vorteile (z.B. stärkere Aktivierung der Mitglieder einer Großgruppe; erleichterte Außenkontakte zu Praxisfeldern), andererseits geht es oftmals auch explizit darum, Technikkompetenz zu erwerben und sich damit auf veränderte Berufsbilder und Arbeitsbedingungen vorzubereiten (Telearbeit, virtuelle Unternehmen).

Informelle Kleingruppen stellen gemeinsame Freizeitaktivitäten in den Mittelpunkt. Sie profitieren generell von Individualmedien, um sich zu koordinieren, gemeinsame Treffen vor- und nachzubereiten, Kontakt zu halten. Zudem stellt die Auseinandersetzung mit alten und neuen Medien ein immer verbreiteteres Hobby dar. Sie bietet Anlass für neue Gruppenbildungen oder ist Thema in bestehenden Gruppen. Der gemeinsame Medienbezug (z.B. Fernsehprogramm, Computerspiel, Internet-Nutzung) liefert Gesprächsanlässe, erfordert wechselseitige Hilfeleistungen (z.B. Tausch von Programmen, Bedienungstips) und erlaubt die Darstellung von Kompetenz. Indem Mediengebrauch als neuer Fokus eingeführt wird, resultiert nicht nur verstärkter Zusammenhalt über geteilte Interessen, sondern kann es auch zu spezifischen Ausgrenzungserfahrungen kommen, etwa wenn diejenigen, die sich die Technik nicht leisten können, dann auch nicht „mitreden" können. Gerade in Peer Groups können Mediengebrauch und Medieneinstellungen wichtige soziale *Signale der Zugehörigkeit* sein (vgl. Höflich, 1992).

9.2.2 *Mediale Umgebungen und Gemeinschaften/Öffentlichkeiten*

Massenkommunikation ist eine One-to-many-Kommunikation, bei der das disperse Publikum (bzw. die „breite Öffentlichkeit") mit informativen und unterhaltsamen Inhalten versorgt wird. Die Vorstellung, dass *Massenmedien* eine „objektive Berichterstattung" des Weltgeschehens bieten können, ist illusorisch, da a) aufgrund begrenzter Zeit und Aufmerksamkeit immer selegiert werden muss und b) Wertungen und Meinungen der Medienmacher die Darstellung der ausgewählten Ereignisse bewusst und unbewusst beeinflussen (vgl. z.B. Kap. 4.2 zur geschlechtsbezogenen Internet-Berichterstattung). Auch ein intermedialer Ausgleich verzerrter Darstellungen ist aufgrund der starken publizistischen Konzentration im Mediensystem kaum möglich (vgl. Röper, 1994). Somit ist die in den Medien scheinbar dokumentarisch abgebildete Wirklichkeit als (durchaus funktionale) soziale Konstruktion zu begreifen, die alternative Sichtweisen oft ausblendet. Gegen die Übermacht der großen Medienkonzerne etablieren sich deshalb sogenannte *Gegenöffentlichkeiten* (z.B. alternative Presse, öffentlicher Kanal), um gerade das zu publizieren, was in den gängigen Medien nicht auf die Agenda gelangt.

Drei aktuelle Veränderungen der Medienlandschaft werden mit dem Stichwort *Interaktivität* adressiert: Erstens das Modell eines selektiven und zeitunabhängigen Programmabrufs (interaktives Fernsehen, Video on Demand), zweitens die Integration eines Feedback-Kanals, der es dem Publikum ermöglicht, zu den Medieninhalten Stellung zu nehmen (z.B. Leserbriefseite, Call-In-Sendung, Teledialog: TED, Newsgroup einer Tageszeitung) und drittens die kollaborative Massenkommunikation, bei der alle Personen Botschaften senden und empfangen können (dies ist aktuell nur per Internet möglich). „Interaktivität" wird somit einmal im nicht-sozialen Sinne (differenzierte Reaktionsmöglichkeiten eines technischen Systems) und einmal im sozialen Sinne (wechselseitige zeitgleiche oder zeitversetzte Verständigung zwischen Personen) gebraucht. Interaktivität im nicht-sozialen Sinne kann dazu genutzt werden, Informationsangebote (z.B. im WWW) zielgruppenspezifisch zu gestalten:

> Narrowcasting is the targeted delivery of information to a group known to be receptive to the information. In broadcasting, a message is delivered to a large group of people, only some of whom are expected to have an interest. Network television advertising is an example of broadcasting since only a fraction of the viewers of any given show are likely to have an interest in the product being advertised. The Web allows for narrowcasting because of its capabilities for

> interactive communication and automated information processing. In the case of broadcast media, the sender does not know who is receiving the broadcast, nor can the broadcast be customized for that particular receiver. On the Web, interactivity allows the sender to know who is viewing the Web page and automation allows the sender to customize the delivery of that information to the specific needs or interests of the receiver. The Web therefore supports customized delivery of information, or narrowcasting. (Bonchek, 1996, Kap. 7)

Im Vergleich zum Internet sind die Möglichkeiten des Fernsehens, das Publikum interaktiv an den Sendungen zu beteiligen, sehr gering (Höflich, 1992, S. 389). Neben der Strategie, das Publikum durch einen Feedback-Kanal (z.B. Anrufmöglichkeiten in einer Sendung) oder durch Internet-Szenarien (z.B. sendungsbegleitende Newsgroups, Chat-Channels und Mailinglisten) kommunikativ zu beteiligen, verfolgt das Fernsehen zunehmend auch das Ziel, Sendungsformate anzubieten (z.B. tägliche Fernsehserien), die *parasoziale Kommunikation* erlauben, starke Emotionalisierung nahelegen (sog. *Affektfernsehen*, s. Bente & Fromm, 1997) oder sogar als funktionale Äquivalente von Gemeinschaften interpretierbar sind:

> Primary group relationships have traditionally been equated with family, friendship, and neighborhood ties. We have suggested that a true definition of a primary group cannot be based strictly on the status of those involved. Rather, the primary group must be defined solely in terms of the functions it provides for its members: a strong sense of identity and purpose, strong and enduring emotional bonds, and the ability to exercise immediate social control. Over the past 10 years, the mass media have acquired the capability to approximate and thus fulfill these crucial primary group functions. (Cerulo, Ruane & Chayko, 1992, S. 125).

Soziale Gemeinschaften sind aufgrund ihrer (meist) großen Mitgliederzahl und räumlichen Verstreutheit in besonderer Weise auf Massen- und Individualmedien sowie auf interaktive Massenkommunikation angewiesen. *Überlokale Fan-Gemeinschaften* bestehen beispielweise aus einer Vielzahl vernetzter lokaler Kleingruppen, die teils formal als Fan-Clubs organisiert sind, teils aus informellen Freundesgruppen bestehen, die sich regelmäßig treffen, um z.B. ihre Lieblingsserie gemeinsam zu sehen.

> Fandom is a community, a social network of small groups and individuals scattered across the United States, Canada and other English-speaking countries, created and maintained through overlapping, conflicting, complex ties to each other. Fannish activities are the ties that bind the community together. Though the acitivities are diverse, many are discursive – the most primal instinct a fan has is to talk to other fans about their common interest. (Clerc, 1996, S. 74)

Ein wichtiges Kommunikationsmittel der Fan-Kultur sind Zeitschriften, die von den Fans selbst herausgegeben und gestaltet werden. Über Kontaktanzeigen in diesen Zeitschriften sowie über das Kennenlernen auf Fan-Parties bilden sich häufig Brieffreundschaften. Durch ihre diskursive Praxis (gemeinsames Besprechen und Analysieren der Lieblingsmusikgruppe oder Lieblingsfernsehserie, Austausch über die Stars, Schreiben eigener Lieder, Episoden etc.) ist Fan-Kultur im wesentlichen eine Schriftkultur, so dass der eingeschränkte Kommunikationscode der CvK kein großes Hindernis darstellt. Der Cyberspace vermittelt durch seine permanente Präsenz (Archivierung der asynchronen Texte) eine ununterbrochene Verbindung zu anderen Fans und kann dadurch das Zugehörigkeitsgefühl zur Fan-Gemeinde verstärken.

Massenmedien liefern eine gemeinsame Informationsbasis und inhaltliche Fokussierung für überlokale Interessensgemeinschaften (z.B. Fan-Gemeinden, politische Initiativen); *Individualmedien* erlauben die Vernetzung einzelner Mitglieder der Gemeinschaft (z.B. durch Brief, Telefon, Email); *Hybridmedien* bieten der gesamten Gemeinschaft ein gemeinsames Austauschforum, einen virtuellen Treffpunkt (z.B. Mailingliste, Newsgroup, IRC-Channel, Party-Line). Während sich *bestehende* überlokale Gemeinschaften in wachsendem Masse der Hybridmedien bedienen, entstehen mittlerweile auch neue soziale Gemeinschaften in medialen Umgebungen (z.B. auf Party-Lines, Leky & Schumacher, 1989). Hierbei ist zu beachten, dass die Kommunikationsinfrastruktur allein (z.B. eingerichtete Newsgroup, Mailbox) nicht darüber entscheidet, ob eine elektronische oder virtuelle Gemeinschaft vorliegt. Der Gemeinschaftscharakter ergibt sich erst durch die Kommunikationspraxis (z.B. Kultivierung bestimmter Traditionen und Werte, Gemeinschaftsgefühl etc.), die auch Konflikte und Ausgrenzungsprozesse beinhaltet.

9.3 Veränderung bestehender Gruppen durch Internet

Wenn in bestehenden Gruppen einige oder alle Mitglieder über einen Internet-Zugang verfügen und somit ein Teil der Gruppenkommunikation computervermittelt abläuft, ist mit Veränderungen sowohl in den *Binnenbeziehungen* (Kap. 9.3.1) als auch in den *Außenbeziehungen* (Kap. 9.3.2) der Gruppen zu rechnen.

9.3.1 Veränderungen innerhalb von Gruppen

Binnenveränderungen bestehender Gruppen durch Internet-Nutzung bzw. computervermittelte Kommunikation werden meist auf drei Ebenen beschrieben: 1. Veränderungen von Machtverhältnissen, 2. Veränderungen auf der sachlich-funktionalen Ebene und 3. Veränderungen auf der sozio-emotionalen Ebene.

Veränderungen von Machtverhältnissen

Wird in einer bestehenden Gruppe Internet-Kommunikation eingeführt, entstehen zwischen Netzaktiven und Netzabstinenten sowie zwischen erfahrenen und weniger erfahrenen Nutzerinnen und Nutzern Machtverschiebungen (zu unterschiedlichen Formen sozialer Macht s. French & Raven, 1959). Herkömmliche Machtquellen können an Bedeutung verlieren und netzbezogene Kompetenz kann die Möglichkeiten vergrößern, in der Gruppe Einfluss auf andere auszuüben. So sind den netzaktiven Gruppenmitgliedern Informationen und Kontakte verfügbar, die sie durch selektive Weitergabe an Netzabstinente strategisch im Sinne von *Informationsmacht* ausnutzen können. Ihre Netzkompetenz verschafft ihnen zudem in technischen Fragen *Expertenmacht.*

Gute Netzkenntnisse können, wenn sie in der Gruppe hoch bewertet werden, zusätzlich *Identifikationsmacht* (die anderen passen sich der netzkompetenten Person an, um ihr zu ähneln) sowie *Belohungs- und Bestrafungsmacht* (die anderen sind auf die netzkompetente Person und ihre Hilfe und Unterstützung angewiesen) vermitteln. In Abhängigkeit von der Zentralität der CvK für die jeweilige Gruppenaufgabe ist es möglich, dass eine Person qua Netzkompetenz und Übernahme eines Netzamtes (z.B. Verwaltung der gruppeninternen Mailingliste, Betreuung des gruppeneigenen WWW-Servers) eine Führungsrolle in der Gruppe erhält. Andererseits ist es aber auch möglich, dass Netzkompetenz der Person anstelle vermehrter Macht nur vermehrte Arbeit beschert, weil von ihr Serviceleistungen erwartet werden. Verschiebungen im Machtgefüge, die bereits bei der Einführung unvernetzter Computer auftreten, sind oftmals sehr konfliktträchtig (z.B. Netzunerfahrene fühlen sich bedroht und ausgeschlossen), so dass in formellen Klein- und Großgruppen eine sorgfältige Schulung und Einführung notwendig ist, um gleiche Partizipationschancen zu sichern (vgl. Leithäuser, Löchel, Scherer & Tietel, 1995). Wenn in Arbeitsgruppen computervermittelt kommmuniziert wird, dann greift man dazu in der Regel auf *Groupware* zurück (vgl. Kap. 9.2.1). Dadurch wird das individuelle Kommunikationsverhalten stark durch die mediale Umgebung vorstrukturiert (Mantovani, 1993). Mit der Technik kann also die von der Organisation vorgegebene Machthierarchie besonders wirkungsvoll fortgesetzt werden (z.B. hierarchische Lese- und Schreibrechte in einem geteilten Informationssystem).

Von vielen *Großgruppen* (z.B. Fachgruppen innerhalb der Gesellschaft für Psychologie, Seminargruppen, Kongressen) werden momentan WWW-Seiten, Mailinglisten und Newsgroups eingerichtet, um den Informationsaustausch zwischen allen Beteiligten zu verbessern. Gerade in diesen Konstellationen bilden die Netzerfahrenen meist eine Minderheit, die ggf. als Elite betrachtet wird. Um hier Machtasymmetrie zu vermeiden, wird das digitale Informationsmaterial in der Regel übergangsweise auch in gedruckter Form verschickt. Dadurch ist niemand vom Informationsfluss ausgeschlossen, gleichzeitig erhofft man sich aber, dass im Zuge von Gruppendruck (normative und interpersonale Medienwahl, s. Kap. 6.4 und 6.5) sowie wahrgenommener Nützlichkeit (rationale Medienwahl, Kap. 6.3) die Internet-

Adoption innerhalb der Großgruppe steigt (Williams, Rice & Rogers, 1988, S. 163ff.).

Neben dem Problem, dass eine Umstellung auf computervermittelte Kommunikation einzelne Gruppenmitglieder benachteiligt und ausschließt, ergibt sich aber auch die Chance, dass Personen, die sich in der Face-to-Face-Gruppensituation weniger gut präsentieren können, durch den souveränen Einsatz netzspezifischer Ausdrucksmittel mehr Einfluss gewinnen. Ob eine Person, die dazu tendiert, Face-to-Face-Gruppendiskussionen durch ausgedehnte Wortbeiträge zu dominieren, auch in der gruppeneigenen Mailingliste durch intensives Posten eine zentrale Rolle einnimmt, oder ob sich in der anderen medialen Umgebung nicht auch andere „Stars" entwickeln, wäre untersuchenswert. Zwar scheinen computervermittelte Foren insbesondere in Großgruppen mehr Personen zum aktiven Beitragen zu veranlassen (vgl. Scholl & Pelz, 1997), allerdings bleibt meist ein starkes Gefälle zwischen Wenig- und Viel-Postern erhalten. Um beispielsweise in virtuellen Lehrveranstaltungen dieses Gefälle abzubauen, wird von allen Beteiligten explizit verlangt, regelmäßig (z.B. zweimal pro Woche) zu posten (vgl. Hiltz, 1997; Turoff, 1995). Da Teilnahmemuster sich in einer digitalen Umgebung automatisch archivieren und auswerten lassen (wer hat wann wie viele und welche Nachrichten gelesen und gepostet?), ist das Gruppengeschehen objektiv zu beschreiben, wobei der feststellte Status Quo sich durch entsprechende Rückmeldungen einerseits verfestigen, andererseits aber auch Anlass zu Reflexion und Modifikation bieten kann.

Veränderungen auf der sachlich-funktionalen Ebene

Wenn in einer Gruppe CvK eingeführt wird, erhofft man sich dadurch in der Regel eine höhere Effektivität der Arbeit durch schnelleren und komfortableren Informations- und Dokumentenaustausch, verbesserte Kooperation und verdichtete Kommunikation. Es liegen eine Reihe von Experimenten vor, die vergleichen, wie Face-to-Face-Gruppen und CvK-Gruppen bestimmte Aufgaben lösen (vgl. Kiesler & Sproull, 1992; Kraemer & Pinsonneault, 1990). Zentrale Befunde sind hierbei, dass CvK-Gruppen mehr Zeit zur Aufgabenlösung benötigen (Tippen dauert länger als Sprechen), dass sich die Gruppenmitglieder gleichmäßiger beteiligen und dass die Gruppenleistungen denen von Face-to-Face-Gruppen nicht unterlegen sind, solange die Aufgaben strukturiert und von begrenzter Komplexität sind. Die Generalisierbarkeit von Effekten, die bei netzunerfahrenen Ad-hoc-Gruppen und der Bearbeitung artifizieller Aufgaben zustandekommen, ist natürlich stark eingeschränkt. Insbesondere ist zu prüfen, inwieweit computervermittelte Kooperation bei bestehenden Gruppen durch die im Face-to-Face-Kontext etablierten Normen und Rollen beeinflusst wird. Haben sich etwa in einer Gruppe bereits bestimmte Arbeitsgewohnheiten oder Meinungsführer etabliert, ist fraglich, ob bei einzelnen computervermittelten Gruppensitzungen diese Strukturen dann im Sinne von Egalisierung aufgebrochen werden können.

Während bei lokalen Kleingruppen die Kommunikationschancen einer CvK-Sitzung mit denen einer herkömmlichen Face-to-Face-Sitzung konkurrieren, stellt Vernetzung für die Mitglieder von Großgruppen eine viel deutlichere *Erweiterung* der (im Face-to-Face-Kontext eingeschränkten) Beteiligungsmöglichkeiten dar: Computervermittelte Foren (meist Mailinglisten) sollen die frontalen Face-to-Face-Veranstaltungen ergänzen, vor- und nachbereiten und dabei die Mitglieder zum wechselseitigen Austausch anregen. So wird Mailinglisten-Kommunikation als sinnvolle Begleitung von Frontalunterricht angesehen, weil die Lernenden dabei untereinander im informellen Frage-Antwort-Verfahren den Stoff vertiefen und außerdem ein öffentliches Forum für ihre Arbeitsergebnisse (z.B. Aufsätze) bereitgestellt bekommen, so dass diese nicht nur für die Lehrkraft produziert werden (Fanderclai, 1996).

Die Vorstellung, Großgruppen (z.B. Fachgruppen wissenschaftlicher Gesellschaften, Mitglieder eines Instituts) durch die Bereitstellung einer computervermittelten Kommunikationsinfrastruktur zu aktivieren und zu fruchtbaren Diskussionen anzuregen, wird jedoch sehr häufig auch enttäuscht. Resultat sind die allseits bekannten schweigenden oder toten Mailinglisten, über die alle paar Monate eine Terminankündigung oder sonstige Kurzinformation verbreitet wird, in denen aber keinerlei inhaltliche Diskussionen stattfinden. Oftmals wird das sogar als Mangel empfunden und wechselseitig der Appell ausgesprochen, man möge doch die Mailingliste „stärker nutzen". Dabei wird jedoch übersehen, dass viele soziale Gruppierungen gar keinen besonders großen Diskussionsbedarf entwickeln und dass die Beteiligten ihre knappen Ressourcen bereits anderweitig einsetzen.

> Zwölf Wissenschaftler arbeiten an einem Hochschulinstitut in enger räumlicher Verbundenheit, aber an je eigenen wissenschaftlichen Arbeiten. Einige sitzen an ihren Dissertationen, andere an Forschungsprojekten, andere an Buchveröffentlichungen. Das landläufige Stereotyp der Kooperation geht dahin, dass sie eigentlich, wenn sie sowohl wissenschaftlich interessierte als auch kooperationsbereite Menschen wären, wechselseitig über ihre Tätigkeit informiert sein müßten, Erfahrungen und Ratschläge austauschen und so ihre Arbeit wechselseitig befruchten könnten. Die Alltagserfahrung lehrt, dass dies weitgehend nicht der Fall ist. [...] Denn für ein ernsthaftes wissenschaftliches Gespräch selbst muß man wohl auch ziemlich viel Zeit veranschlagen. Es ist sicher nicht sinnvoll, sich hier auf Zeitstunden festzulegen, zumal das von Fach zu Fach und je nach der Dichte der Arbeitsbereiche zueinander variieren wird. Aber wenn diese zwölf Wissenschaftler die Kommunikation mit den jeweils elf anderen ernst nehmen wollten, so könnte es leicht passieren, daß sie für eigene Arbeit keine Zeit mehr übrig behalten. Es scheint mir ganz allgemein ein nützlicher Ratschlag, diese Utopie der eigentlichen, wahren und schrankenlosen Kommunikation, die unrealistisch hohe Normen des „eigentlich sollte man" kritisch zu überprüfen und sich solchen Fragen des Informationsaustauschs mit dem Rechenstift und Terminkalender zu nähern. (Sader, 1996, S. 140)

Zeitliche Restriktionen sind auch maßgeblich, wenn es darum geht, ob kollektive Leistungen als *Pseudo-Gruppenleistungen* (Einzelpersonen liefern unabhängig voneinander Beiträge, deren Intergration von einer Person vorgenommen wird, s. Crott, 1979, S. 94) oder als *echte Gruppenleistungen* (die Beteiligten erarbeiten und integrieren ihre Beiträge gemeinschaftlich) erbracht werden können. Ein typisches Beispiel für eine Pseudo-Gruppenleistung ist ein *Buchprojekt*, bei dem alle Beteiligten ihre Texte abliefern, ohne dass es zu wechselseitiger Abstimmung, Kritik oder gemeinsamen Überlegungen hinsichtlich Vorwort oder Kapitelanordnung kommt. Pseudo-Gruppenleistungen profitieren einerseits von der Kompetenz vieler Menschen und vermeiden andererseits jene Kosten hinsichtlich Zeit- und Arbeitsaufwand, die mit einer Gruppenkommunikation verbunden wären (z.B. regelmäßige Face-to-Face-Treffen, zu denen man anreisen muss).

Soll und kann nun die Mailingliste einer räumlich verstreuten Autorengruppe dazu beitragen, dass statt individueller Einzelarbeit verstärkt kooperative Telegruppenarbeit stattfindet? Indem alle Beteiligten Texte und Textteile in die Liste posten und sich vornehmen, einander durch konstruktive Kritik zu helfen und somit im Zuge der Textproduktion zu einer besseren wechselseitigen Abstimmung zu kommen, haben sie sich vermutlich schon zu viel vorgenommen, denn ein solches Verfahren bedeutet immensen Zeit- und Arbeitsaufwand, ganz zu schweigen von den nach wie vor erstaunlich verbreiteten Problemen mit inkompatiblen Dateien und sonstigen technischen Problemen (Rost, 1996a). Statt isolierte Einzelarbeit durch CvK in gemeinschaftliche Gruppenarbeit überführen zu wollen, scheint es aussichtsreicher, eine flexible, *netzwerkartige Kooperation* anzustreben, bei der sich einzelne aus der Gruppe kurzschließen und intensiver zusammenarbeiten, während in der Gesamtgruppe ein schneller Informationsaustausch via Mailingliste oder WWW-Seite vorherrscht (s. Kap. 9.4.1 zur Entstehung virtueller sozialer Netzwerke). Eveland und Bikson (1988) verglichen Arbeitsgruppen (jeweils 40 Mitglieder) mit und ohne CvK-Unterstützung. Im Unterschied zur Arbeitsgruppe ohne CvK kommunizierte die CvK-Gruppe häufiger, gliederte sich in mehrere vernetzte Untergruppen und erhielt ihr Kommunikationsnetzwerk auch nach dem offiziellen Ende des Projektes aufrecht.

Veränderungen auf der sozio-emotionalen Ebene

An formellen Gruppen wird oft kritisiert, dass ihre interne Kommunikation zu unpersönlich sei, dass man sich zu wenig kenne, dass es an Wärme, Unterstützung und Zusammengehörigkeit fehle. Vor allem *gruppendynamische Ansätze* wie z.B. die Themenzentrierte Interaktion (Langmaack, 1994) oder die Moderationsmethode (Klebert, Schrader & Straub, 1984) haben immer wieder auf die Vernachlässigung sozio-emotionaler Gruppenprozesse hingewiesen. Da anekdotische Schilderungen von Erlebnissen in Mailinglisten, Newsgroups, Chat-Channels oder MUDs Netzkommunikation oftmals als ungezwungenen, spielerischen und egalitären Austausch erscheinen lassen (vgl. Kap. 2, Kap. 3), liegt es nahe zu glauben, dass formelle

Gruppen durch computervermittelte Kommunikation ihr Klima und den Gruppenzusammenhalt verbessern können (z.B. vorlesungsbegleitende Mailingliste reduziert Anonymität der Massenuniversität). Diese Erwartung ist jedoch wiederum als technikdeterministisch zu kennzeichnen, denn der informelle, persönliche und emotionale Charakter, der die Kommunikation in einem konkreten Netzforum (z.B. in einer Selbsthilfe-Mailingliste) auszeichnet, ist eben kein Mailinglisten-Effekt, sondern resultiert daraus, dass Personen mit dezidiert geselligen und Unterstützungs-Bedürfnissen sich das Medium aneignen und netzspezifisch gestaltete sozio-emotionale Botschaften austauschen. Wenn diese Rahmenbedingungen fehlen, kann CvK auf sozio-emotionaler Ebene keine Verbesserungen bringen, sondern wird eher für Verschlechterungen sorgen (z.B. unzuverlässiges Antwortverhalten wird als feindliches Schweigen interpretiert; das Gruppenklima ist schwerer feststellbar).

Dass eine bestehende (Groß)Gruppe eine besonders emotionale und lebendige Netzkommunikation zustandebringt, ist vor allem dann wahrscheinlich, wenn die Gruppe sich bislang in ihren Kontaktmöglichkeiten sehr eingeschränkt fühlte (z.B. seltene Face-to-Face-Treffen) und wenn sie in erster Linie geselligen Funktionen dient, wie das bei Interessens- und Hobby-Gemeinschaften der Fall ist. Wenn die Beteiligten bereits den Wunsch mitbringen, im Netz ein Gemeinschaftserlebnis zu gestalten, wenn sie netzerfahren sind und sich mit der Netzkultur identifizieren, werden sie die expressiven Ausdrucksmittel der CvK besonders intensiv nutzen, sich um häufigen und regelmäßigen Austausch bemühen, gemeinsame Regeln etablieren, interne Witze und Symbole erfinden etc.. Die leichte Erreichbarkeit der anderen Gemeinschaftsmitglieder per Netz und die ständige Verfügbarkeit ihrer archivierten Beiträge verstärkt dann das Gefühl von Verbundenheit und Stabilität, indem es der überlokalen Gemeinschaft einen gemeinsamen virtuellen Treffpunkt bietet (Höflich, 1995).

9.3.2 *Veränderungen in den Außenbeziehungen von Gruppen*

Viele Kleingruppen arbeiten autark und sind kaum in Außenbeziehungen involviert. So behandelt z.B. Sader (1996) Gruppen nur unter der Binnensperspektive. Wenn Außenbeziehungen von Gruppen in der Sozialpsychologie thematisiert werden, dann meist Inter-Gruppen-Beziehungen und die damit verbundenen Probleme (z.B. Konkurrenz, Stereotypisierung). Dabei ist die Isolation von Gruppen in der Praxis durchaus ein Problem: Dass Kleingruppen isoliert hinter Schul- und Universitätsmauern weitab vom „wirklichen Leben“ lernen und theoretisieren, wird im Bildungsbereich oft moniert. Zudem sind für lokale Gruppen, die zu überlokalen Gemeinschaften gehören, Außenkontakte im Sinne wechselseitiger Vernetzung besonders wichtig.

Außenbeziehungen von netzextern bereits bestehenden Gruppen ändern sich, wenn diese Gruppen eigene Netzforen gründen. Dies sind üblicherweise WWW-Seiten, Mailinglisten und Newgroups sowie (seltener) Chat-Channels. WWW-Seiten beschreiben Gruppenaktivitäten und können zu Partizipation oder Kontakt anregen. In Mailinglisten, Newsgroups und Chat-Channels findet Gruppenaustausch (teil)-

öffentlich statt; Außenstehende können das Geschehen beobachten, aber auch aktiv eingreifen. Grob lassen sich CvK-bedingte Veränderungspotentiale in den Außenbeziehungen von Gruppen auf drei Dimensionen ansiedeln: 1. Zugang zur Gruppe, 2. Öffentlichkeit der Gruppenaktivitäten sowie 3. Vernetzung mit anderen Gruppen.

Zugang zur Gruppe

Indem die Gruppe Teile ihrer Kommunikation an einem virtuellen Ort stattfinden lässt, den alle Interessierten zeit- und ortsunabhängig aufsuchen können, werden Zugangsbarrieren reduziert. Wir können die Kommunikation der jeweiligen Gruppen heimlich beobachten, probeweise teilnehmen und uns jederzeit kommentarlos wieder zurückziehen. Damit erweitern sich unsere Handlungsspielräume (z.B. können wir auf bislang kaum beachtete Selbst-Aspekte aufmerksam werden und diese u.a. durch den netzvermittelten Austausch mit Gleichgesinnten zu neuen Teil-Identitäten ausbauen, s. Kap. 7.4.1),

Der Abbau von Zugangsbarrieren erschließt der Gruppe neue Mitgliederkreise, geht aber teilweise auch mit einem Verlust von Exklusivität und Gemeinschaftsgefühl bei den eingesessenen Gruppenmitglieder einher. Zudem steigt das Risiko absichtlicher und unabsichtlicher Störungen (z.B. provozierende Postings, Übermaß an sich wiederholenden Fragen von Neulingen). Bei vielen Arbeits- und Lerngruppen, die u.a. computervermittelt kommunizieren, ist öffentliche Zugänglichkeit gar nicht gewünscht, während sie für soziale Interessensgemeinschaften essentiell ist, um bei recht hoher Mitgliederfluktuation regelmäßig „Nachwuchs" zu erhalten (siehe Scholl, Pelz & Rade, 1996, S. 165f., zu Fluktuationsraten in wissenschaftlichen Mailinglisten).

Wenn soziale Gemeinschaften über Netzaktivitäten neue Mitglieder werben, verändert sich ihr Mitgliederprofil in Richtung auf die soziodemografische Zusammensetzung der Netzpopulation. So stellen beispielsweise in Fan-Gemeinschaften engagierte Frauen fest, dass sie zwar außerhalb des Netzes die Mehrheit bilden, aber in den der jeweiligen Fan-Gemeinde gewidmeten Internet-Foren deutlich unterrepräsentiert sind, was jeweils dann zu Schwierigkeiten führt, wenn geschlechtsspezifisch differenzierte Diskussionsinteressen und Sichtweisen ausgehandelt werden müssen (Clerc, 1996). Eine Möglichkeit, derartige Konflikte zu lösen, besteht darin, neben den öffentlich zugänglichen Newsgroups auch Mailinglisten einzurichten, für die Zugangskriterien definiert werden können (z.B. Mailingliste nur für weibliche Fans; zu Geschlechterverhältnissen im Netz siehe Kap. 4.2).

Öffentlichkeit der Gruppenaktivitäten

Wenn Gruppen mit eigenen Informationsangeboten und Kommunikationsforen im Internet präsent sind, werden sie auch für jene Nutzerinnen und Nutzer sichtbar, die gar nicht selbst an einer Mitgliedschaft interessiert sind, sondern die Existenz der Gruppe nur zur Kenntnis nehmen und dadurch ggf. in ihrer Wirklichkeitskonstruktion oder Meinungsbildung beeinflusst werden. Eine solche *Außenwirkung* ist besonders von politisch engagierten Gruppen explizit gewünscht und lässt sich im Netz vergleichsweise kostengünstig und effektiv bewerkstelligen (digitale Dokumente können fortlaufend aktualisiert und in unbeschränkter Auflage abgerufen werden). Die öffentliche Sichtbarkeit bietet der Gruppe aber nicht nur die Chance politischer Einflussnahme, sondern birgt auch das Risiko der Kontrolle und Kritik von außen.

Gruppenaktivitäten im Netz adressieren drei Arten von Öffentlichkeiten: Die kleinste Öffentlichkeitseinheit ist das Publikum des jeweiligen *themenspezifischen Netzforums* (Mailingliste, Newsgroup, Chat-Channel, WWW-Seite). Über diese Teil-Öffentlichkeit hinaus können die Netzaktivitäten bestimmter sozialer Gruppierungen (z.B. Scientology) in der *gesamten Netzöffentlichkeit* auf die Agenda kommen und werden dann in zahlreichen Einzelforen besprochen und auf WWW-Seiten zusammmenfassend dargestellt. Ereignisse, die im Netz große Aufmerksamkeit erregen, werden im Sinne eines intermedialen Agenda-Setting auch durch Massenmedien aufgegriffen und damit der *breiten Öffentlichkeit* publik gemacht (vgl. Marschall, 1997; Reiter, 1997, S. 413). Da hier die Fernsehsender, Zeitungen und Zeitschriften als Gatekeeper fungieren, gelangen viele Netzereignisse gar nicht und viele andere nur sehr verzerrt in die breite Öffentlichkeit. Typischerweise werden zum einen die Themen der massenmedialen Agenda durch Verweise auf entsprechende Internet-Angebote illustriert (z.B. wird in einem Zeitungsartikel über die aktuelle Raummission auf das WWW-Angebot der NASA verwiesen) und wird zum anderen das vielfältige Netzleben auf skandalträchtige Ereignisse reduziert (z.B. Aktivitäten von Neonazis oder Kinderpornografie-Anbietern). Die Befürchtung, dass via Internet in großem Stil rechte Propaganda verbreitet wird, ist vermutlich unbegründet:

> Computernetze können rechten Gruppierungen nur bedingt als öffentliches Forum dienen. Durch ihre spezifischen internen Teilöffentlichkeiten und ihre Randständigkeit im Spektrum heutiger Massenmedien können mit ihnen nur spezialisierte Öffentlichkeiten hergestellt werden. Nicht zuletzt wirken auch die Unübersichtlichkeit der Informationsflut in den Netzen und die politisch sensible Netzöffentlichkeit sowie die Arbeit der Antifa-Gruppen als Hemmnisse bei dem Versuch, Öffentlichkeit und Aufmerksamkeit herzustellen. Unsere These im Anschluss an diese Überlegungen ist, dass entscheidender für die Arbeit rechter Gruppierungen darum verborgene Kommunikationen und die Herstellung abgeschotteter sozialer Netzwerke sein dürfte. (Vogelsang, Steinmetz & Wetzstein, 1995, S. 541)

Da in der Netzkultur nationalistische (und insbesondere deutsch-nationalistische) Propaganda stark abgelehnt wird, ist für rechte Gruppierungen ein öffentliches Wirken im Internet nicht gut möglich, weshalb sie sich vornehmlich in Mailboxen organisieren, die es Außenstehenden nur unter Preisgabe der eigenen Personalien ermöglichen, die Informationsangebote einzusehen (Schröder, 1995). Zu den „vier apokalyptischen Reitern“ der Rechnernetze (Tangens, 1996) gehören neben *Pornografie* und *Drogenhandel* nicht nur *Neonazi-Propaganda*, sondern auch *Bombenbau-Anleitungen*. Dass sich neben rechtsradikalenm auch linksradikale Gruppen im Netz ungehindert darstellen und verfassungsfeindliche Aktionen propagieren und organisieren, ist ebenfalls ein häufig genannter Kritikpunkt am Internet. Andererseits wird aber auch positiv hervorgehoben, dass sich *oppositionelle Gruppen* (z.B. in Lateinamerika) an die interessierte Netzöffentlichkeit wenden können und auf diesem Weg im zweiten Schritt ggf. sogar in der Lage sind, die Massenmedien auf sich aufmerksam zu machen. Allerdings beschränkt sich ein solches intermediales Agenda-Setting oftmals auf einen Bericht über die Tatsache des Netzengagements bestimmter Gruppen, wobei deren konkrete Ziele und Forderungen ungenannt bleiben. Ob die Öffentlichkeitsarbeit konkreter politischer Bewegungen und Gruppen im Netz emanzipatorischen Charakter hat, oder ob sie als regierungsfeindlicher „Netzkrieg“ zu verstehen ist, hängt von der politischen Perspektive ab (siehe Wehling, 1997, für ein Beispiel aus Mexiko).

Wie effektiv im Internet Öffentlichkeit hergestellt werden kann, illustriert der Fall einer Londoner Umweltschutzgruppe. Sie gab 1990 eine Broschüre mit dem Titel „What's wrong with McDonald's?“ heraus, in der die Produkte und Herstellungsverfahren der Fast-Food-Kette *McDonalds* kritisiert wurden, und gegen die der McDonalds-Konzern daraufhin mit einer Verleumdungsklage vorging. Zwei Mitglieder der Umweltschutzgruppe, Helen Steel und Dave Morris, die bald den Spitznamen „McLibel Two“ (Libel suit = Verleumdungsklage) erhielten, zogen daraufhin ihrerseits vor Gericht, um zu beweisen, dass sämtliche Aussagen in der Broschüre den Tatsachen entsprachen und nicht verleumderisch waren. Obwohl einige der in der Broschüre aufgeführten Kritikpunkte anerkannt wurden, galten andere als nicht zweifelsfrei belegt, so dass „McLibel Two“ diesen Fall verloren. Die gerichtlichen Auseinandersetzungen sind jedoch noch nicht beendet. Anlässlich des ersten Prozesses wurde ein umfassendes Informations- und Diskussionsforum im WWW erstellt (McSpotlight: http://www.mcspotlight.org). McSpotlight besteht bis heute, enthält rund 16.000 Dokumente und wird von Freiwilligen aus 16 Ländern gepflegt:

> McSpotlight ist eine WWW-Seite mit wirklich allen Informationen über den längsten Zivilprozess in Großbritanniens Geschichte. Inklusive einer akustischen Führung durch die McLibel Two, die die Besucher durch die wichtigsten Details leiten: der Fall, der Konzern, die Lebensläufe aller Beteiligten und die Medienberichterstattung. [...] Der brandneue „Diskussionsraum“ ist ein weiteres Juwel dieser Seiten im Internet. Jede Besucherin kann an der Listendiskussion dort teilnehmen. Alle Anti-Mc-Bewegungen können sich in einer anderen Sektion vorstellen, und jedes Flugblatt kann in jede beliebige Sprache übersetzt gleich ausgedruckt werden. Dieser Service ist eine spezifische Variante von „Mehrwert“ im Internet. Zusammen mit all den umfassenden Informationen ist McSpotlight das vermutlich erste weltweite Handbuch für politische Aktivist-

> Innen. Es liefert alles: Fakten, Zahlen und ein Forum für Öffentlichkeit und Unterstützung in der ganzen Welt. [...] Vier Wochen nach Eröffnung der Web-Seiten konnte McSpotlight bereits seine millionste Besucherin verzeichnen, darunter 2000 von McDonalds.com allein in der ersten Woche. [...] McSpotlight ist ein wunderbares Beispiel für die Verquickung von bewährten und bekannten Strassenaktionsmethoden und der Nutzung allerneuester Technologie. (Lubbers, 1997, S. 172)

Während Rechtsextreme sich im Netz eher vor Öffentlichkeit hüten und Umweltgruppen in Newsgroups oder auf WWW-Seiten effektiv Öffentlichkeit herstellen, haben ethnische Gruppen und Fan-Gemeinschaften mit Netzöffentlichkeit schon zwiespältige Erfahrungen gemacht: Ethnische Gruppen suchen im Netz die Chance, Selbstdarstellungen jenseits gängiger Stereotypisierungen zu verbreiten, wobei sie nicht nur mit rassistischen Angriffen zu rechnen haben, sondern auch in besonderem Maße von gruppeninternen Eliten abhängig sind, die ggf. mit einer einzigen WWW-Site die Repräsentation der Ethnie vor der Netzöffentlichkeit prägen (Zurawski, 1996). Fan-Aktivitäten im Netz (z.B. Newsgroups für bestimmte Musikgruppen oder Fernsehserien) werden von den adressierten Stars oder Produktionsfirmen oftmals mitverfolgt und teilweise auch bewusst als Quelle von Anregungen und Ideen begriffen. Andererseits gibt es aber auch Beschwerden der Produktionsfirmen wegen Copy-Right-Verletzungen oder Klagen der Stars über Fan-Äußerungen, was zu einer teilweisen Verlagerung von Fan-Fiction und Schwärmerei in Mailinglisten geführt hat (Clerk, 1996). Hier zeigt sich erneut, dass Netzkommunikation *Dörfliches* (Sichtbarkeit und Kontrolle) und *Urbanes* (Kultivierung überlokaler Interessensgemeinschaften) verbindet.

Vernetzung mit anderen Gruppen

Neben der Möglichkeit, neue Mitglieder zu werben und die Gruppenaktivitäten öffentlich darzustellen, besteht manchmal auch der Wunsch oder die Notwendigkeit, die eigene Gruppe mit anderen Gruppen oder Einzelpersonen zu vernetzen, um sich auf diese Weise gegenseitig zu unterstützen. Da die globalen Kontaktmöglichkeiten des Internet häufig sehr idealisierend dargestellt werden, sind hier negative Erfahrungen und Enttäuschungen aufgrund falscher Erwartungen recht wahrscheinlich. Denn es müssen nicht nur technische und interkulturelle Barrieren überwunden werden. Auch die Intergruppen-Kommunikation selbst birgt (speziell unter CvK-Bedingungen) spezifische Probleme. Ist die Netzkommunikation zwischen den Gruppen beispielsweise durch technische Systemeinschränkungen belastet, entsteht leicht eine kooperationsbehindernde Ingroup-Outgroup-Polarisierung (vgl. Müller-Scholl, 1996).

Beginnen wir mit einem positiven Beispiel, nämlich der Vernetzung von Umweltgruppen im Kontext der oben geschilderten McDonalds-Kampagne:

> Bevor es McSpotlight gab, gab es bereits die McLibel-Diskussionsliste im Internet, und sie war damals schon ein Riesenerfolg. Aktivisten rund um den Globus hatten sich darin versammelt und hielten sich mit ihren Anti-McDonalds-Aktionen auf dem laufenden. Der McLibel-Prozess in London wurde das virtuelle Zentrum der Bewegungen (Suburbia gegen Drive-Ins; Gandhi-inspirierte Prediger, die mit den Managern ihres örtlichen McDonalds philosophische Einwände abwogen, Indien gegen McDonalds usw.). Diskussionslisten sind eine ausgezeichnete Form, wie durch das Internet einzelne Kampagnen aufgewertet werden können, da hier ansonsten recht isoliert aktive Gruppen miteinander in Verbindung treten können. So merken die Leute auch, dass ihre begrenzten Aktivitäten doch *Teil einer globalen Bewegung* sind. Zeitverzögerungen durch den Postweg wären für solche Aktionen tödlich. Die Vorteile, sofort und direkt reagieren und beraten zu können, Leute weltweit zu unterstützen zum Preis eines Ortsgesprächs, ist hier unschätzbar. (Lubbers, 1997, S. 170).

Inspiriert von derartigen Erfolgsgeschichten über globale Kommunikation wurden im Bildungsbereich diverse Konzepte für internet-basierte internationale Klassenpartnerschaften entwickelt. Das Grundmodell sieht dabei vor, dass zwei Klassen eine Partnerschaft eingehen und untereinander Emails austauschen (vgl. Donath, 1995; Vilmi, 1994). Diese Email-Freundschaften erfüllen potentiell mehrere Funktionen: Sie motivieren zum Sprachenlernen (üblicherweise Englisch), tragen zum landeskundlichen Wissen bei (z.B. wechselseitige Aufklärung von Vorurteilen) und lassen sich inhaltlich durch die Wahl bestimmter Diskussionsthemen dem regulären Unterrichtsstoff anpassen (die Emails werden im Unterricht besprochen). Wie schwierig sich ein im Grunde so einfaches Unterrichtsmodell unter den aktuellen schulischen Bedingungen realisieren lässt, ist Außenstehenden oft nicht bewusst. Das beginnt mit technischen Engpässen und Pannen, reicht über Fragen der Kontrolle und Zensur privater Post, über unzuverlässiges Antwortverhalten der Partnerschule, Sorgen der Eltern wegen Pornografie im Netz bis hin zum überraschenden Ausbleiben der Kindern und Jugendlichen oft unterstellten Internet-Begeisterung – nicht alle Teenager sind „Screenager“.

Die Schulpartnerschaft Hamburg-Chicago startete mit der Vision vom „transatlantischen Klassenzimmer“. Nachdem es Komplikationen bei der Gründung einer Newsgroup gab, wurde eine projekteigene Mailingliste ins Leben gerufen:

> Innerhalb weniger Wochen stieg die Zahl der Teilnehmer von 50 auf 200 E-Mail-Adressen, darunter viele Zaungäste, die sich nicht an der Diskussion beteiligten. Wer sich hinter den Adressen verbarg – einzelne Schüler, Lehrer oder eine ganze Klasse – ließ sich nur schwer sagen. An den Schulen wurde die Mailinglist schnell zur Bürde. Statt sich – wie bei einer Newsgroup – die Rosinen herauspicken zu können, erhielt jede Schule bis zu 100 Briefen pro Woche: in der

> Mehrzahl Kontaktangebote wie „Ich heisse... und meine Hobbys sind...". Einige Lehrer fühlten sich von der Datenmenge „erschlagen", für den Unterricht ergab sich wenig. Neben der schwierigen Vorbereitung der Unterrichtsstunden mußten sie den „Bildschirm- und Papierkram" erledigen. Die Computer in den Schulen waren in der Regel nicht vernetzt, die Schüler hatten keine persönlichen E-Mail-Adressen. So präsentierte sich in den meisten Schulen die E-Mail-Botschaft als Fax: Nach dem „Netcall" mußten die empfangenen Briefe ausgewählt, ausgedruckt oder auf Disketten überspielt werden. Gehütet wie der heilige Gral, stand außerdem der Computerraum auch nicht immer zur Verfügung, engagierte Briefeschreiber konnten sich nicht spontan an den Schirm setzen (Musekamp, 1996, S. 196).

Während die Umwelt-Aktivistinnen und -Aktivisten durch Vernetzung ihrer Gruppen wichtige emotionale und politische Zielen verfolgen konnten, wurde den Schulklassen die Vernetzung von außen vorgegeben, so dass im Grunde eine intrinsische *Kommunikationsmotivation* erst entwickelt werden musste. Da die Kommunikation aber von vornherein immer auch öffentlicher und benoteter Unterrichtsgegenstand war und die Schülerinnen und Schüler zudem keine technische Kontrolle über ihre Netzkontakte ausüben konnten, überrascht es nicht, dass nur ein sporadischer und in seinen Inhalten oft floskelhafter Austausch zustandekam, der teilweise eher als Belastung denn als Bereicherung erlebt wurde. Hier zeigt sich gemäß medienökologischem Rahmenmodell wieder, dass es das *Zusammenspiel* von medientechnischer Infrastruktur, Medienwahl und medialem Kommunikationsverhalten ist, das über gelingende oder misslingende soziale Vernetzung entscheidet.

9.4 Entwicklung neuer Gruppen im Internet

Wir haben im letzten Abschnitt betrachtet, wie bestehende Gruppen ihre Kommunikationsmöglichkeiten und Wirkungskreise durch Netzkommunikation mehr oder minder erfolgreich erweitern. Nun widmen wir uns dem Fall, dass sich im Netz *neue* Gruppen bilden (Kap. 9.4.1), deren Mitglieder zunächst ausschließlich computervermittelt kommunizieren, bevor sich im Zuge wachsenden Engagements die Kommunikation auch auf andere Medien verlagert und aus dem Netz heraus expandiert (Kap. 9.4.2).

9.4.1 Gruppenbildung im Internet

Bei der Bildung genuiner Netzgruppen sind drei unterschiedliche Typen zu unterscheiden: 1. virtuelle Kleingruppen, 2. virtuelle soziale Netzwerke und 3. virtuelle Gemeinschaften.

Entstehung virtueller Kleingruppen

Man spricht von „virtuellen Kleingruppen", wenn eine überschaubare Zahl von Personen computervermittelt zusammenarbeiten (hier häufig nur drei bis fünf Personen), um in einem festen Zeitplan gemeinsam umschriebene Aufgaben zu erledigen. Damit wird die herkömmliche Face-to-Face-Kleingruppe einfach für den CvK-Kontext adaptiert. Dies ist etwa im Arbeits- und Bildungsbereich der Fall. Fernlernende sollen analog den Referatgruppen in Präsenzseminaren virtuelle Teams bilden und gemeinsam Lösungen erarbeiten, um damit die Isolation des gängigen Fernstudiums aufzuheben. Eine andere Motivation, virtuelle Lerngruppen zu bilden, liegt darin, die Lernenden auf das Arbeiten in virtuellen Teams vorzubereiten. Dabei werden dann meist bewusst internationale Teams zusammengestellt, die mit interkulturellen Problemen, verschiedenen Zeitzonen und Sprachdifferenzen zu kämpfen haben. Die Gruppenbildung erfolgt durch einen äußeren Anlass (z.B. Seminarteilnahme), wobei die Teilnehmerinnen und Teilnehmer sich entweder selbst zu Gruppen zusammenfinden oder eingeteilt werden.

Die Erfahrungen mit solchen virtuellen Gruppen sind insgesamt recht ernüchternd (Heidbrink, 1997; Knoll & Jarvenpaa, 1995; Nistor & Mandl, 1997): Technische und organisatorische Probleme scheinen übermächtig, die computervermittelte Kommunikation wird oft als beschwerlich und unzureichend erlebt. Wenn die Gruppenmitglieder dennoch zu einer positiven Bewertung kommen, dann weniger, weil sie die konkreten Vorteile computervermittelter Kooperation schätzen, sondern eher weil sie es interessant und wichtig finden, das „neue Medium" auszuprobieren oder weil sie ergänzend auf andere Medien (z.B. Telefon) zurückgreifen konnten. Im Unterschied zu experimentellen Untersuchungen, die sich auf einmalige Sitzungen (ca. 30 bis 90 Minuten) beschränken und somit eher Gruppen*situationen* darstellen, stehen virtuelle Referatgruppen vor dem Problem, ihre Kooperation über Wochen und Monate hinweg zu gestalten und dabei relevante Arbeitsergebnisse zu produzieren. Das auch aus Face-to-Face-Gruppen bekannte Phänomen asymmetrischen Engagements (einige wenige machen die Arbeit, die anderen werden „mitgeschleppt" oder entpuppen sich als „Trittbrettfahrer") ist im Netzkontext teilweise noch verbreiteter, weil man weniger Möglichkeiten hat, Commitment zu erzeugen und die Versuchung größer ist, sich einfach aus der Gruppe zurückzuziehen oder auf Email-Anfragen nicht zu reagieren.

Die Organisation virtueller Gruppenprozesse erfordert in der Regel überproportionalen Einsatz von Seiten der Moderation: Man muss sich nicht nur um technische Belange kümmern, sondern auch dafür sorgen, dass die netzvermittelten Kommunikationsprozesse „am Laufen" bleiben und sieht sich somit gezwungen, selbst sehr häufig Beiträge zu schreiben (z.B. damit Anfragen nicht unbeantwortet bleiben). In Fernlern-Szenarien, die mit virtuellen Gruppen operieren und zudem als „Plenum" eine gemeinsame Newsgroup oder Mailingliste einsetzen, stammen in der Regel 40-50% der Beiträge von der Seminarleitung (vgl. Heidbrink, 1997; Hiltz, 1995; Nistor & Mandl, 1997; Turoff, 1995). In einem vom 12. März 1996 bis 1. Oktober 1996 an der FernUniversität Hagen durchgeführten virtuellen Seminar zur Fragebogenentwicklung (Heidbrink, 1997) produzierten die 25 Gruppenmitglieder insgesamt 166 Postings (durchschnittlich insgesamt knapp 7 Postings pro Person bzw. 1 Posting pro Person und Monat), während der Dozent allein 121 Postings schrieb (siehe Tab. 9.1).

Tab. 9.1: Beteiligung an einem Seminar mit virtueller Gruppenarbeit (Quelle: Heidbrink, 1997, S. 403)

	Newsgroup-Postings	*private Emails (zwischen TN und Dozent)*
Teilnehmerinnen (TN)	166 (58%)	281 (59%)
Dozent	121 (42%)	191 (41%)
	287 (100%)	472 (100%)

Ob stärkere Dozentenorientierung grundsätzlich notwendig ist, um räumlich verteilte Gruppen zu leiten, deren Mitglieder sich persönlich nicht kennen, oder ob Moderation bislang nur deswegen so wichtig ist, weil die Beteiligten so wenig Erfahrung mit dem Medium haben und noch keine optimalen Kooperationsmodelle entwickelt sind, wird sich erst in Zukunft beantworten lassen.

Entstehung virtueller sozialer Netzwerke

Die Netzwerkstruktur ist im Unterschied zur artifiziell vorgegebenen Kleingruppenstruktur eher als organisch wachsendes soziales Gebilde zu verstehen. Der Bezug zum gemeinsamen Thema bietet den Anlass für eine Kooperation vieler Nutzerinnen und Nutzer. Diese nehmen sich jedoch (im Unterschied zu den Mitgliedern einer sozialen Gemeinschaft, s.u.) kaum als Gesamtheit wahr und entwickeln kein ausgeprägtes Zusammengehörigkeitsgefühl, sondern stellen sich in erster Linie wechselseitig *soziales Kapital* zur Verfügung (vgl. Gräf, 1997b). Die Kommunikationsmotivation ist hier primär aufgabenbezogen und nicht gesellig.

Soziale Netzwerke, die kollektiv Leitungen erbringen, entstehen manchmal aus der Initiative einer einzelnen Person: 1991 entwickelte der finnische Informatikstudent Linus Torvalds einen Nachbau des sehr verbreiteten, aber teuren Betriebssystems Unix. Diesen (später *Linux* getauften) Unix-Nachbau sowie eine entsprechende Beschreibung der Software veröffentlichte Linus Torvalds im Internet. Dadurch erhielten alle Interessierten die Chance, das kostenlose Programm auszuprobieren. Und nicht nur das: Sie programmierten Ergänzungen, die sie Linus Torvalds zuschickten, der sie in sein Programm integrierte. Auf diese Weise wurde Linux kooperativ Stück für Stück erweitert und verbessert:

> Ein kritischer Punkt bei jeglicher Softwareentwicklung für die verbreiteten PCs ist immer die große Anzahl verschiedener Hardware-Komponenten, die unterstützt werden muß. PC-Anwender kennen das Kopfzerbrechen über die Unzahl von Video- und Netzwerkkartentreibern. Gravierender wird das Problem aber noch für den Autor der Software: So viele verschiedene Rechner kann niemand zur Verfügung haben, um die ganzen Treiber auch zu testen. Hier kommt die Verbreitung der Software via Netz und die Möglichkeit für jeden Netzteilnehmer, selber an der Entwicklung mitzuarbeiten, einem Projekt enorm zugute: Wer eine Hardwarekomponente besitzt, mit der das Betriebssystem noch nicht umgehen kann, und die Programmierkenntnisse dazu hat, schreibt den nötigen Treiber selber und schickt ihn durch das Datennetz an den Koordinator des Projekts, der dafür sorgt, daß er ins Gesamtsystem eingepasst wird und damit allen Anwendern zugute kommt. So kann Linux inzwischen mit einer breiten Palette unterstützter Hardware aufwarten, die ihresgleichen sucht. Gleichzeitig werden auch viele Entwurfsentscheidungen im Netz getroffen. In weltweiten Diskussionsforen kann jeder Interessierte seine Vorstellungen einbringen, wie das in der Entwicklung befindliche System aussehen sollte. Fähigkeiten, die sich besonders viele Anwender wünschen, werden so besonders schnell eingebaut. Die konkrete Ausgestaltung ist dabei oftmals Stoff für heiße Diskussionen. Viele Teilnehmer besitzen für ein bestimmtes Gebiet Expertenwissen und beeinflussen den Entscheidungsprozess damit maßgeblich. (Titz, 1996, S. 206)

Am nicht-kommerziellen Linux-Projekt beteiligten sich bislang rund 150 Personen aus aller Welt – in erster Linie aus intrinsischem Interesse. Obwohl einzelne Beiträger sich durch Mail-Kontakte kennen mochten, kooperierten sie dennoch nicht als Gruppe, sondern lieferten ihre individuellen Beiträge bei Linus Torvalds ab, der als Projektkoordinator fungierte (zentralistisches Kommunikationsnetz). Gleichzeitig fanden aber in den Newsgroups auch öffentliche Diskussionen über die Merkmale von Linux statt, in denen es um Fragen der Programmierung wie der Anwendung ging – es entwickelte sich dabei ein dezentrales Kommunikationsnetz. Im Unterschied zum Linux-Projekt, das sich unerwartet als „Selbstläufer“ entpuppte, scheitern viele Modelle, in denen Publikumsbeteiligung im Netz ermöglicht und erwartet wird, an der mangelnden Teilnahme-Motivation (z.B. kollaborative Kunstprojekte, bei denen Netznutzer gemeinsam Grafiken erstellen oder Archive anlegen sollen; zur Kunst im Netz siehe Rotermund, 1996).

Neben Projekten, die zentraler Koordination bedürfen, werden computervermittelte Kommunikationsforen oftmals von Organisationen (Unternehmen, Bildungseinrichtungen) bereitgestellt, um Personenkollektiven die Möglichkeit zu geben, sich gegenseitig informell zu informieren und zu unterstützen. Das Forum soll damit allen Beteiligten als Ressource zur Verfügung stehen. Häufig werden Mailinglisten und Newsgroups in der Weise idealisiert, dass hier jede erdenkliche Frage binnen kürzester Zeit von Menschen aus aller Welt beantwortet würde (vgl. Kiesler, 1992). Tatsächlich bestätigt die Praxis sowohl überwältigende Hilfsangebote als auch die gegenteilige Erfahrung, dass nämlich eine Anfrage gar keine Resonanz findet, dass die Art der Frage kritisiert wird oder offensichtlich unsinnige Antworten gegeben werden. Die Vielzahl „toter" Mailinglisten und Newsgroups zeigt, dass allein die nominelle Gründung eines virtuellen Forums noch kein virtuelles soziales Netzwerk konstituiert, sondern dass hierfür ein starkes Kommunikationsbedürfnis und (mindestens) *ein* relevanter gemeinsamer Fokus notwendig ist. So können virtuelle soziale Netzwerke sich auch im Kontext computergestützter Kleingruppenarbeit (siehe Kap. 4.3.1) entwickeln, etwa indem über das Projektende hinaus ein lockerer Kontakt bestehen bleibt und ggf. auch Neulinge hinzukommen.

Anders ist es bei virtuellen sozialen Netzwerken, die anlässlich aktueller Ereignisse (z.B. Militärputsch, Umweltkatastrophe, Tod bekannter Persönlichkeiten) spontan entstehen. Hierbei wird entweder eine bereits bestehende, thematisch passsende Newsgroup genutzt (z.B. <soc.culture.china> 1989 anlässlich der Geschehnisse auf dem Tiananmen-Platz) oder es wird eine Newsgroup in der Hierarchie <current-events> gegründet, da hier kein langwieriger Anmeldungsprozess notwendig ist (z.B. <uk.current-events-princess-diana> anlässlich des Unfalltodes von Lady Diana Spencer). Auch Chat-Channels dienen in akuten Krisen- und Katastrophenfällen (Erdbeben, Militärputsch, Bombenanschlag etc.) zur sozialen Vernetzung und bieten Betroffenen die Chance zur Live-Berichterstattung (siehe Kap. 3.3.2).

Entstehung virtueller Gemeinschaften

In der Literatur wird der Begriff der *virtuellen* oder *elektronischen Gemeinschaft* (virtual community, online-community, computer community) meistens sehr weit gefasst und schließt alle Personenkollektive ein, die sich regelmäßig in computervermittelten Umgebungen (Mailinglisten, Newsgroups, Chat-Channels, MUDs, Mailbox-Netze, Foren von Online-Diensten etc.) treffen und dort miteinander kommunizieren (Fernback & Thompson, 1995, Hoffmann, 1996; Smith & Kollock, 1998).

> Eine virtuelle Gemeinschaft ist eine Gruppe von Menschen, die miteinander kommunizieren, die sich zu einem gewissen Grad untereinander kennen, in gewissem Maß Wissen und Informationen teilen und sich bis zu einer gewissen Grenze als menschliche Wesen umeinander kümmern, sich treffen und in erster Linie über Computernetzwerke miteinander kommunizieren. (Rheingold, 1996, S. 255).

Während Rheingold (1994, 1996) den emotionalen Charakter und das *Zusammengehörigkeitsgefühl* virtueller Gemeinschaften (manchmal etwas idealisierend) hervorhebt und somit einen sozialpsychologischen Gemeinschaftsbegriff verwendet (vgl. Kap. 9.1.2), entwickelt Höflich (1996) einen kommunikationstheoretischen Begriff der elektronischen Gemeinschaft, bei dem sozial normierte *Kommunikationsregeln* und gemeinsamer Mediengebrauch im Zentrum stehen:

> [Elektronische Gemeinschaften sind] Gruppen von Personen, die via Kommunikationstechnologien im Kontext gemeinsamer Gebrauchsweisen miteinander verbunden und trotz wechselnder Mitgliedschaften von relativer Beständigkeit sind. Es muß nicht von vornherein unterstellt werden, daß sich die Kommunikationspartner persönlich kennen, sei dies über Face-to-Face-Kontakte oder, durch Preisgabe der Identität, beim Namen kennen, sondern nur, dass unter der Voraussetzung der Identifikation und Zuordnung von Kommunikationspartnern die Beziehungen situativ über eine elektronische Kontaktaufnahme aktualisierbar sind. Virtuell sind solche Gruppen in dem Sinne, weil Mitglieder am Kommunikationsgeschehen partizipieren, ohne physisch präsent zu sein; der Kommunikationsraum ist nicht sozio-geografisch lokalisiert, sondern ein imaginärer elektronischer „Ort“ des Zusammenkommunizierens. (Höflich, 1996, S. 260)

Im Unterschied zu virtuellen *Kleingruppen* sind virtuelle *Gemeinschaften* zeitstabiler. Sie bieten ein offenes Austausch- und Kontaktforum, das von einer größeren und fluktuierenden Mitgliederzahl besucht wird. Auch wird kein konkretes Arbeitsergebnis erstellt, sondern es werden eine Vielzahl sozialer Güter gemeinschaftlich produziert und konsumiert. Virtuelle Gemeinschaften konstituieren sich durch wiederholte, regelgeleitete Kommunikation an einem *virtuellen Ort*. Diese Orte (Mailinglisten, Newsgroups, IRC-Channels, MUDs) sind durch ihren – den thematischen Fokus ansprechenden – Namen (z.B. Newsgroup <de.sci.psychologie>, IRC-Channel #berlin, MUD „MorgenGrauen“) und ihre Netzadresse von anderen virtuelllen Orten abgegrenzt. Viele virtuelle Orte sind genau wie Parks, Schwimmbäder oder Kneipen öffentlich zugänglich, so dass wir ungehindert das Geschehen beobachten und uns auch einmischen können. Damit ist man jedoch weder im eigenen Empfinden noch für die anderen Beteiligten bereits ein „Mitglied“ der jeweiligen virtuellen Gemeinschaft. Vielmehr scheint der Weg vom Passanten oder „Touristen“ zum eingesessenen Gemeinschaftsmitglied über regelmäßiges Engagement, kompetente Beiträge und das Knüpfen von Kontakten zu laufen.

Was *virtuelle Netzwerke* von virtuellen Gemeinschaften unterscheidet, ist die zum gemeinsamen inhaltlichen Fokus hinzukommende Betonung der geselligen und sozialen Funktion des Zusammenschlusses. Dabei ist von einem fließenden Übergang zwischen computervermittelten sozialen Netzwerken und sozialen Gemeinschaften auszugehen – so können sich Netzwerke zu Gemeinschaften weiterentwickeln und andererseits Gemeinschaften für periphere Teilnehmerinnen und Teilnehmer als Netzwerke erscheinen.

Um den Unterschied zwischen virtuellen sozialen Netzwerken und virtuellen Gemeinschaften zu illustrieren, seien hier zwei deutschsprache Usenet-Newsgroups kontrastiert: Die Newsgroup <de.news.newusers.questions> und die Newsgroup <de.talk.romance>. Die Erstgenannte ist als *virtuelles Netzwerk* aufzufassen: In <de.news.newusers.questions> können Netzneulinge Fragen stellen, die von Netzerfahrenen beantwortet werden; inhaltlich ist der Austausch sehr sachbezogen. Ein

Gemeinschaftsgefühl kann kaum zustandekommen, weil man wenig Persönliches voneinander erfährt, weil die Neulinge sich nur dann an die Gruppe wenden, wenn sie mit einem konkreten Problem konfrontiert sind und Service benötigen, und weil der Kreis der Neulinge ständig fluktuiert.

Demgegenüber ist die Newsgroup <de.talk.romance> klar als *virtuelle Gemeinschaft* ausgewiesen. Bereits das Thema der Gruppe (Austausch über Erfahrungen und Probleme mit Verliebtheit und Liebe) legt persönliche und emotionale Beiträge nahe und erleichtert es den Beteiligten, einander kennenzulernen. Von einer anderen Person im Netz Unterstützung und Verständnis bei emotionalen Problemen zu erhalten, schafft ein viel stärkeres Gefühl der Bindung und Nähe als der Erhalt von Tips zum Computer- und Internet-Gebrauch. Diverse Mitglieder von <de.talk.romance> beteiligen sich seit mehreren Jahren an dieser Newsgroup, organisieren regelmäßige Treffen, stehen untereinander telefonisch und brieflich in Verbindung, sind als Stamm-Mitglieder auf der Newsgroup-Homepage aufgelistet und treffen sich auch gemeinsam auf einem IRC-Channel (#weltenhaus). Die Tradition der Gemeinschaft wird durch Artefakte (Fotos von Newsgroup-Parties, Wortneuschöpfungen, ein Archiv mit selbstgeschriebenen Geschichten und Gedichten etc.) bewahrt, die nicht nur in <de.talk.romance> verteilt werden, sondern auch auf WWW-Seiten zur Verfügung stehen (http://www.romance.org/dtr/). Durch die öffentliche Zugänglichkeit der Newsgroup erfüllt die Gemeinschaft nach außen dieselbe Servicefunktion wie ein Netzwerk: Auch wer sich nur einmalig oder sporadisch an die Gruppe wendet, kann mit Antworten und Unterstützung rechnen und sich nach erhaltener Hilfeleistung wieder zurückziehen, ohne selbst Beiträge zu liefern.

Offene virtuelle Gemeinschaften bestehen meist aus einem *harten Kern* von etablierten Mitgliedern (sog. Regulars) – die eine soziometrisch beschreibbare kohäsive (Klein)Gruppe bilden und Prozessen der Gruppendynamik unterliegen – und einer *fluktuierenden Peripherie*. So lässt sich die soziale Gemeinschaft des MUD MorgenGrauen folgendermaßen strukturieren: Im harten Kern befinden sich die ca. 60 Mitglieder des Fördervereins MorgenGrauen e.V., rund 300 Personen sind Magier (also durch große Spielerfahrung ausgezeichnet), ca. 4.000 verschiedene Charaktere werden binnen eines Monats aktiviert, wobei im Januar 1996 die Gesamtzahl der im MUD repräsentierten Charaktere bei 11.500 lag (Bölling, 1997).

Virtuelle Gemeinschaften lassen sich nach unterschiedlichen Kriterien gruppieren (vgl. Forschungsschwerpunkt Technik – Arbeit – Umwelt, 1996):

- *Internet-Dienst oder Computernetz*: Der Dienst liefert den virtuellen Treffpunkt der Gemeinschaft und beeinflusst durch seine spezifischen Optionen und Restriktionen die gemeinsamen Gebrauchsweisen. Zunehmend ist zu beobachten, dass virtuelle Gemeinschaften sich nicht auf einen Dienst beschränken, sondern ihre gemeinsamen Aktivitäten auf mehrere Dienste ausdehnen (z.B. IRC-Channel mit eigener Mailingliste und Homepage; MUD mit eigenen Newsgroups und Mailinglisten und Direktverbindung zum IRC etc.).

- *Thema oder inhaltlicher Fokus*: Themen lassen sich auf verschiedenen Dimensionen anordnen und auf diese Weise möglicherweise systematisch mit dem Gemeinschaftszusammenhalt in Verbindung bringen. Themen, die von vordringlicher persönlicher Bedeutung sind, die sich klar abgrenzen lassen und/oder gemeinsames Handeln implizieren, sollten stärkere Bindungskraft erzeugen. Nicht untypisch ist für virtuelle Gemeinschaften, dass sie ihren jeweiligen Aktivitäten in einem eher allgemeinen Sammel-Forum nachgehen (das z.B. die gemeinsame Musikrichtung der Fan-Kultur adressiert) und flankierend mehrere spezialisierte Foren (die z.B. einzelnen Bands gewidmet sind) nutzen (vgl. Bruns, 1998).
- *Lokaler Bezug*: Die Mitglieder einer virtuellen Gemeinschaften können regional, national oder global verstreut sein. So sind explizite Gemeindenetze eingerichtet worden, die sich auf kommunale Belange konzentrieren (community networks, vgl. Cisler, 1993; Wagner & Kubicek, 1996). Regional gebundene virtuelle Gemeinschaften bilden sich oftmals in Mailboxen oder Chat-Kanälen und pflegen intensive Face-to-Face-Kontakte. Demgegenüber müssen sich globale Gemeinschaften auf seltene persönliche Treffen beschränken bzw. auf dezentrale Teil-Treffen ausweichen.

Ein zunehmend bedeutsameres Merkmal virtueller Gemeinschaften ist ihr Kommerzialisierungsgrad. Nachdem sich virtuelle Gemeinschaften zunächst dank Eigeninitiative von Privatleuten entwickelten, werden sie heute gezielt von Unternehmen ins Leben gerufen und gestaltet. Potentielle Nutzerinnen und Nutzer sollen durch einen möglichst großen Pool von Gleichgesinnten, durch diverse originelle Kontakt- und Spielgelegenheiten zusammengeführt und zusammengehalten werden. Der Zugang zur virtuellen Gemeinschaft kann kostenpflichtig sein. Zudem lässt sich in den einzelnen Foren zielgruppenspezifische Werbung platzieren. Nicht zuletzt kann man das Nutzungsverhalten registrieren und auf der Basis dieser Informationen Kundenprofile erstellen.

9.4.2 Gruppenentwicklung im Internet

Während die *Bildung* von virtuellen Kleingruppen mit der konkreten Zusammenstellung der Mitglieder durch Selbstselektion oder Zuteilung erfolgt, konstituieren sich virtuelle soziale Netzwerke durch Personenkollektive mit gemeinsamem inhaltlichen Fokus, die sich wechselseitig auch computervermittelt kontaktieren können. Bei virtuellen Gemeinschaften ist neben einem (in der Regel persönlicheren) inhaltlichen Fokus der Wunsch nach Geselligkeit ausschlaggebend für die Teilnahme. Bei der weiteren Entwicklung von virtuellen Teams stehen Fragen der Aufgabenerledigung und Koordination im Mittelpunkt. Für den Erfolg virtueller Netzwerke ist die Quantität und Qualität der produzierten Beiträge entscheidend. Es zählen vor allem Zusammengehörigkeitsgefühl und soziale Unterstützung.

Entwicklung virtueller Kleingruppen

Die bisherigen Erfahrungen mit virtuellen Kleingruppen geben wenig Auskunft über Gruppenentwicklung und Gruppendynamik, da im Fall der virtuellen Seminare meist keine sehr intensive Binnenkommunikation zustande kam (z.B. Heidbrink, 1997; Knoll & Jarvenpaa, 1995; Nistor & Mandl, 1997) und im Falle der Experimentalgruppen aufgrund der Zeitknappheit im Grunde nur von einer Gruppen*situation* gesprochen werden kann (siehe Kiesler & Sproull, 1992, S. 114ff.). Die von Knoll (1995) zusammengestellten Hinweise zum Verhalten in virtuellen Kleingruppen beleuchten die typischen Schwierigkeiten, die räumlich verteilte Personen bewältigen müssen, um erfolgreich über längere Zeit als virtuelle Gruppe zusammenzuarbeiten:

1. *Soziales Klima (virtual socialization skills)*
   Neben allgemeinen Hinweisen zu freundlich-kooperativem Verhalten (z.B. „Apologize for mistakes“) und intensiver sowie zuverlässiger Kommunikation („Begin communicating with teammates as soon as possible, and keep communicating“; „Try to respond within one business day“) wird hier zu kompensierenden Aktivitäten im Sinne sozialer Informationsverarbeitung aufgefordert (z.B. „Describe your context vividly so teammates can fill in their picture of you“) und vor typischen Problemen bei der Differenzierung von Privatheit und Öffentlichkeit gewarnt („Avoid references to private discussions that you have with individual team members“).
2. *Gruppenkoordination (virtual collaboration skills)*
   Hier wird eine besonders gute Planung und Disziplinierung des Ablaufs empfohlen („When communicating about a point that requires a return response, include what you think may be an answer to the question you are asking“) sowie dazu aufgefordert, neben Emails auch das WWW zur Dokumentation und Organisation zu nutzen („Archive group process documents, schedule, assignments, outstanding issues in email messages or on the web“). Zur Gruppenkoordination gehört auch die verbindliche Verteilung von Aufgaben und Rollen („Assign accountability for roles such as task coordination, document preparation, time monitoring“).
3. *Aufgabenbearbeitung*
   Bei vielen intellektuellen Aufgaben (wie z.B. dem Erstellen eines Business Plans) wird das Vorgehen nach der „Methode des gemeinsamen Dokuments“ empfohlen („Summarize all team members’ ideas in a working document“; „Exchange working document among team members for editing“; „Archive working versions of documents, final documents, outstanding issues, change control logs in email messages or on the web“).
4. *Technische Besonderheiten*
   Zu den technischen Besonderheiten der Netzkommunikation wird zum einen der Umgang mit der Sprache gezählt, wobei zwischen Schreibtechnik („Use emoticons or capital letters to communicate tone of message“) und Lesetechnik

(„Become skillful at understanding the meaning of an entire idea from a few words“) zu differenzieren ist. Zum anderen geht es um netztechnische Belange, wie etwa die schnelle Diagnose und Lösung technischer Störungen („Contact the coordinator when there seem to be long delays in receiving messages“) sowie die wechselseitige Instruktion in der Systembenutzung („Send decoding instructions with coded documents“). Schließlich sind gerade angesichts technischer Probleme Möglichkeiten zu schaffen, auf andere Kommunikationskanäle auszuweichen (z.B. im Notfall telefonieren; umfangreiche Dokumente per Post schicken). Die Ergänzung asynchroner durch synchrone Netzkommunikation ist jedoch angesichts der Zeitzonen-Differenzen besonders aufwendig („Interact simultaneously by using 'chat' or 'talk', but be aware of the time spent arranging such a session“).

Das Erlernen virtueller Team-Fähigkeit sowie die alltägliche Umsetzung der Hinweise ist aufwendig und anstrengend. Virtuelle Teamarbeit ist deswegen vor allem dann von Erfolg gekrönt, wenn die Beteiligten starke intrinsische Motivation mitbringen, etwa weil sie bestimmte Aufgaben ausschließlich computervermittelt als Gruppe lösen können. McCreary und Brochet (1992, S. 83) nennen neun Erfolgskriterien für CvK im Organisationskontext:

1. The urgent need to communicate frequently
2. The pressing desire to communicate frequently
3. Commitment from senior management
4. User access to equipment
5. Access to reliable communication connections
6. Staff time to learn
7. Access to basic training
8. Access to technical support
9. Critical mass of users and messages

Ernüchternde Ergebnisse, die z.B. bei der virtuellen Gruppenarbeit im Rahmen von Hochschulseminaren erzielt werden, mögen im wesentlichen darauf zurückzuführen sein, dass eben gerade der genuine überlokale Kommunikationsbedarf fehlt. Vielmehr werden überlokale Gruppen oft zum Selbstzweck zusammengestellt, bloß „um Erfahrungen mit virtueller Gruppenarbeit zu sammeln“. Zudem entpuppt sich der fehlende technische Support als großer Hemmschuh: Sind virtuelle Gruppenmitglieder mit technischen Problemen konfrontiert, so finden sie in der Regel nicht sofort eine kompetente Ansprechsperson.

Entwicklung virtueller sozialer Netzwerke

Während bei virtuellen Kleingruppen die Teilnehmerzahl begrenzt und die Aufgabenerledigung meist external motiviert ist, geht es bei der Weiterentwicklung von virtuellen sozialen Netzwerken zunächst darum, dass sich ein genügend großer Teilnehmerkreis zusammenfindet, der kontinuierlich adäquate Beiträge produziert. Das Lesen dieser Beiträge liefert im Wesentlichen drei Gratifikationen: 1. Information, 2. Unterhaltung und 3. interpersonale Kommunikation (siehe Kap. 4.6: Inhalte und Ziele der Netznutzung). Da diese Gratifikationen virtueller sozialer Netzwerke allen (auch den passiven) Teilnehmerinnen und Teilnehmern als *Public Goods* unbegrenzt zur Verfügung stehen (die Güter verbrauchen sich nicht), fragt es sich, warum Menschen überhaupt Anstrengungen unternehmen, Zeit und Geld investieren und sogar Risiken eingehen, um zu den gemeinsamen Gütern beizutragen, anstatt einfach nur zu konsumieren (sog. *Free-Riding*; Kollock & Smith, 1994; Smith, 1992; Thorn & Connolly, 1990). Das *Public Goods Dilemma* der kollaborativen Massenkommunikation besteht also darin, dass die Motivation zum Beitragen für eine „rationale Netznutzerin" gering ist (sie maximiert ihren Nutzen durch Konsum ohne Produktion), andererseits diese „rationale Strategie" des Lurkens aber die Produktion der Public Goods verhindert, die ja gerade erst durch die *Aktivitäten* der Beteiligten entstehen.

Dass wir normalerweise gar keine Motivation zur Produktion von Beiträgen haben, ist freilich eine unplausible, vom sozialen Kontext abstrahierende Vorannahme auf der Basis eines ökonomischen Menschenbildes vom „rationalen Informationskonsumenten". Stellt man sich die „rationale Informationsverarbeiterin" z.B. als Angestellte eines Unternehmens vor, so hat sie zumindest zwei utilitaristische Gründe, um Beiträge zu liefern: 1. Beiträge, die dazu dienen, die Arbeitsaufgaben zu erfüllen, und 2. Beiträge, die dazu dienen, die eigene Arbeit und Kompetenz öffentlich darzustellen (Gundry, 1992, S. 175). Es zeigt sich jedoch, dass ein Großteil der in unternehmensinternen Netzwerken zirkulierenden Botschaften nicht nur diesen Zwecken dient, sondern vielmehr dem informellen Austausch, der Unterhaltung und Unterstützung gewidmet sind (Kiesler, 1992). Oft wird sogar behauptet, dass unternehmensinterne Netzwerke hauptsächlich zum Austausch privater und sachfremder Botschaften dienen (z.B. Informationen über Sportveranstaltungen, Kochrezepte, Witze usw.). Ob dies tatsächlich zutrifft und ob diese mediale Gebrauchsweise im Organisationskontext tatsächlich kontraproduktiv ist, sind jedoch empirische Fragen. Informelle Botschaften auszutauschen kann den Beteiligten schließlich auch helfen, einander besser kennenzulernen und eine Atmosphäre schaffen, in der auch berufliche Hilfeleistungen eher erbracht werden, weil neben utilitaristischen Motiven bei der Kooperation weitere soziale Motive ins Spiel kommen (Skyrme, 1989).

Tatsächlich lassen sich eine ganze Reihe von Motiven durch die Produktion von Postings befriedigen: Es kann um Selbstdarstellung und soziale Identität gehen (vgl. Kap. 7), um Helfen, Kontaktaufnahme und Geselligkeit (vgl. Kap. 8), um Macht und Einfluss (vgl. Kap. 9.3) usw.. Diesen möglichen Motiven zum Beitragen stehen jedoch auch spezifische Risiken und Hemmnisse gegenüber (z.B. Schwierigkeiten im Umgang mit dem Medium, Zeitknappheit, Unsicherheit und soziale Ängstlichkeit, mangelndes Wissen über das aktuell diskutierte Thema, Angst vor Konflikten und Flaming usw.). Neben solchen allgemeinen Überlegungen, die bekannte Motive für Sozialverhalten auf den Netzkontext übertragen, können zur Erklärung und Vorhersage des Postingverhaltens in virtuellen sozialen Netzwerken sowohl die Modelle der rationalen, normativen und interpersonalen Medienwahl herangezogen werden (Kap. 6.3, Kap. 6.4, Kap. 6.5) als auch die Theorie der kritischen Masse (Markus, 1987) und die Theorie der freiwillig selbsterstellten Datenbasen (theory of discretionary data bases, Thorn & Conolly, 1990). Weiterhin lassen sich empirischen Untersuchungen explorativ Zusammenhänge zwischen Postingverhalten und anderen Personen- und Kontextvariablen entnehmen (z.B. Hiltz, 1984). Die *Theorie der kritischen Masse* sagt vorher, dass die Adoption eines Mediums in einer Bevölkerungsgruppe (und damit auch der potentielle aktive Teilnehmerkreis) umso schnellller wächst, je geringere Anforderungen (Kosten, Zeit, Lernaufwand) ein Medium stellt. Die *Theorie der freiwillig selbsterstellten Datenbasen* sagt vorher, dass Mitglieder von virtuellen Gruppen (4-8 Personen im organisationalen Kontext) umso eher aktiv werden und eigene Beiträge liefern, a) je vielfältiger und anspruchsvoller die bereits vorhandenen Beiträge sind und b) je ausgewogener das Verhältnis von aktiven und passiven Gruppenmitgliedern ist.

> Rafaeli und LaRose (1993) stellten eine Liste mit N=7.600 öffentlichen Mailboxen in den USA zusammen, zogen daraus eine Zufallsauswahl von 500 Mailboxen und wandten sich an die jeweiligen Verwalterinnen und Verwalter. Dabei erzielten sie einen Rücklauf von n=126 ausgefüllten Fragebögen. Es stellte sich heraus, dass die Mailboxen im Durchschnitt 3,5 Jahre existierten und 900 Mitglieder aufwiesen, von denen die Hälfte als passiv-rezeptiv (Lurker) eingeschätzt wurde. Rund zwei Drittel der Mailbox-Beiträge behandelten Computer-Themen. Weiterhin zeigte sich, dass in einer Mailbox der Anteil an neuen Textbeiträgen an den gesamten Mailbox-Aktivitäten umso höher war, je größer das Themenspektrum (r=+.27) und je ausgewogener das Verhältnis von aktiven und passiven Mitgliedern war (r=+.22). Die Mitgliederzahl spielte keine Rolle (r=-.07), was darauf hindeutet, dass Postingaktivitäten eben nicht egalitär verteilt sind.

Bonchek (1996) analysierte alle n=493 Postings, die binnen zwei Wochen (9. Juli - 22. Juli 1996) in der Newsgroups <alt.politics.homosexuality> erschienen (automatische Aufzeichnung, siehe Kap. 5.1.3). Diese knapp 500 Postings wurden von 227 Personen produziert. Auf jeden Poster entfielen also im Mittel 2,2 Beiträge. Es zeigte sich jedoch, dass die Beitragsaktivitäten interpersonal sehr stark variierten (siehe Tab. 9.2).

Tab. 9.2: Posting-Aktivitäten in <alt.politics.homosexuality> (2 Wochen)
(Quelle: Daten aus Bonchek, 1996, Kap. 5)

Anzahl der Postings	*Anzahl der Poster/innen*	*Anteil der Poster/innen*
1	162	71%
2	25	11%
3-5	23	10%
6-10	13	6%
>10	4	2%
	227	100%

Wichtig ist hervorzuheben, dass in der Newsgroup keine Meinungshomogenität, sondern gerade pointierter Dissens vorherrschte, denn die Gruppe wurde sowohl von Personen genutzt, sie sich selbst als schwul oder lesbisch identifizierten als auch von Personen, die Homosexualität (z.B. aus religiösen Gründen) explizit ablehnten. Im Unterschied zur massenmedialen Berichterstattung, die sich eher am Mehrheitskonsens orientiert, steht uns in Newsgroups ein Informationsnetzwerk zur Verfügung, über das wir auch mit singulären und extremen Positionen sowie mit entsprechenden Gegenargumenten konfrontiert werden und uns auch selbst in die Diskussion einschalten können. Inhaltlich ging es in der beobachteten Periode um folgende Themen:

> The 493 messages posted to the newsgroup contained 111 distinct threads. Each posting therefore generated an average of 4.5 responses. The 111 threads can be divided into eleven categories, or conversations. The most extensive conversation addressed the question of whether the bible condones or forbids homosexuality. Thirty different threads addressed this topic for a total of 243 messages, or 49% of the message volume. The second most extensive conversation addressed the issue of homophobia. Eleven threads totaled 72 messages, or 15% of the message volume. Other topics included the treatment of homosexuality in the movie Braveheart (8%), gay marriage (5%), positions of political parties on homosexuality (5%), political activism on issues affecting homosexuals (4%), personal or sexually-oriented subjects (3%), gay rights (2%), and AIDS (1%). Messages posted about political activism and personal or sexually-oriented subjects were primarily informational, prompted fewer than 1 response on average. In contrast, the Braveheart posting elicited 40 responses and the bible and homophobia-related postings elicited an average of 8 responses each. (Bonchek, 1996, Kap. 5)

Ob in Mailinglisten und Newsgroups tatsächlich eine Many-to-Many-Kommunikation stattfindet oder im Wesentlichen nur Botschaften einseitig publiziert werden (One-to-Many), ist an der Struktur der *Threads*erkennbar: Lange Threads deuten darauf hin, dass die Gruppenmitglieder wechselseitig auf ihre Beiträge reagieren, während kurze Threads eher den Charakter von „Zetteln am schwarzen Brett“ haben. Eine Analyse der Mailingliste MN-Politics (Diskussion über Politik in Minnesota) ergab (Bonchek, 1996, Kap. 4), dass von den 266 subskribierten Mitgliedern jedes zweite im Zeitraum zwischen dem 1. Mai und 15. Juli 1996 (2,5 Monate) mindestens ein Posting veröffentlicht hatte. Die Gesamtzahl der Postings betrug N=1.049. Die zehn aktivsten Mitglieder (Regulars) posteten 40% der Mitteilungen. Die Thread-Länge variierte von einem Posting bis zu 50 Postings (siehe Tab. 9.3).

Tab. 9.3: Thread-Längen in der Mailingliste <MN-Politics> (2,5 Monate)
(Quelle: Bonchek, 1996, Kap. 4)

Größe des Threads (Anzahl der Postings)	*Anzahl der Threads*	*Anteil der Threads*
1	182	54.0%
2	95	28.0%
3-5	40	12.0%
6-10	18	5.0%
11-25	1	0.3%
26-50	1	0.3%
	336	100%

Die Thread-Struktur deutet darauf hin, dass die Mailingliste sowohl Mitteilungsfunktionen (One-to-Many) als auch Diskussionsfunktionen (Many-to-Many) erfüllt; zudem kontaktieren sich Gruppenmitglieder auch privat per Email (One-to-One). Postings, die keine längere Diskussion in der Mailingliste nach sich ziehen, sind jedoch nicht nur Ankündigungen oder privat beantwortete Anfragen, sondern zuweilen auch gescheiterte Versuch, das virtuelle soziale Netzwerk zu nutzen (z.B. inadäquate Frage; in sich geschlossener Beitrag ohne Diskussionsanstoß etc.).

Das im zweiwöchigen Beobachtungszeitraum in <alt.politics.homosexuality> dominante Thema, ob die Bibel Homosexualität verbietet, wurde nicht nur innerhalb der Newsgroup sehr kontrovers diskutiert, sondern durch *Crossposting* der Beiträge (siehe Kap. 2.4.3) auch in anderen Newsgroups aufgeworfen. Statt einer Segregierung von Öffentlichkeiten erhielt das Thema also ein weites, mehrere Teil-Öffentlichkeiten umfassendes Forum. Insgesamt 89% der n=493 analysierten Postings aus <alt.politics.homosexuality> wurden durch Crossposting in mindestens einer anderen Newsgroup zur Diskussion gestellt (siehe Tab. 9.4).

Tab. 9.4: Cross-Posting in <alt.politics.homosexuality> (2 Wochen)
(Quelle: Bonchek, 1996, Kap. 5)

Cross-Posting (Anzahl der Newsgroups)	*Anzahl der Postings*	*Anteil der Postings*
1	55	11%
2-4	104	21%
5-9	159	32%
10-14	134	27%
15+	41	8%
	493	100%

Die meisten Crosspostings wurden an die allgemeinere (nicht auf Fragen der Sexualpolitik beschränkte) Newsgroups <alt.homosexual> adressiert. Entsprechend dem „Bible-forbids-Homosexuality?"-Thread schickten die Posterinnen und Poster zudem viele ihrer Beiträge auch in religiöse Newgroups (Tab. 9.5). Sparsames Crossposting ist sinnvoll, um verschiedene newsgroupspezifische Publika zu einem Diskussionsthema zusammenzuführen. Übermäßiges Crossposting dagegen weicht den inhaltlichen Fokus der Gruppen zu sehr auf.

Tab. 9.5: Top 10 Cross-Posted Newsgroups <alt.politics.homosexuality>
(Quelle: Bonchek, 1996, Kap. 5)

Newsgroups	*Anzahl der Postings*	*Anteil der Postings (an n=493)*
alt.homosexual	166	34%
alt.censorship	145	30%
alt.christnet	145	30%
alt.atheism	143	29%
alt.christnet.sex	110	23%
alt.christnet.bible	109	22%
alt.mens-rights	101	21%
alt.fan.rush-limbaugh	100	21%
soc.culture.british	100	21%
soc.culture.israel	96	20%

Heute sind sexualbezogene Newsgroups so stark durch Spams belastet (vgl. Kap. 2.4.3), dass sich die inhaltliche Diskussion aus der <alt.*>-Hierarchie teilweise in die <soc.*>-Hierarchie und in moderierte Newsgroups oder auch in Mailinglisten verlagert hat.

Bei Newsgroups und Mailinglisten (und ebenso bei Mailboxen oder den Foren der Online-Dienste) sind beträchtliche Differenzen im Gruppenklima und Kommunikationsstil festzustellen.

> There were small-scale, rationally managed, tightly economical (or exchange-governed) boards, where the public goods of information were traded. At the same time, many other boards exist and survive where the emphasis is placed on diversity, numerous callers, and generalized reciprocity expectations rather than tightly managed quantitative exchange rates (Rafaeli & LaRose, 1993, S. 292).

Systematische Langzeitstudien zur Netzwerkentwicklung und Gruppendynamik liegen bislang nicht vor und stehen ohnehin vor dem methodischen Problem, dass virtuelle soziale Netzwerke ihre Kommunikation nicht auf (öffentliche) Netzplattformen beschränken, sondern auch auf private Formen der Netzkommunikation (Email, Chat) sowie Telefonate und persönliche Treffen zurückgreifen. Solche ergänzenden Formen der Individualkommunikation tragen dazu bei, soziale Beziehungen zwischen einzelnen Netzwerk-Mitgliedern auszubauen und zu festigen (Kap. 8.4). Sie werden jedoch zuweilen auch als kontraproduktiv für das virtuelle soziale Netzwerk aufgefasst, da Kontakte „hinter den Kulissen" die netzwerkspezifischen Gratifikationen niederschwelliger, egalisierter Kommunikation bedrohen können. Geht etwa aus den Postings einiger Mitglieder hervor, dass sie sich bereits persönlich kennen und benutzen sie dementsprechend persönlichere Anreden und Anspielungen, wird es für Neulinge schwieriger, das Geschehen zu überblicken und sich zu integrieren.

Abbildung 9.1 zeigt ein im Netz populäres Modell der Mailinglisten-Bildung, das eine Ausdifferenzierung des allgemeinen *Gruppenbildungs-Modells* von Tuckman (1965) – Forming, Storming, Norming, Performing – darstellt.

THE NATURAL LIFE CYCLE OF MAILING LISTS

Every list seems to go through the same cycle:

1. **Initial enthusiasm** (people introduce themselves, and gush a lot about how wonderful it is to find kindred souls).

2. **Evangelism** (people moan about how few folks are posting to the list, and brainstorm recruitment strategies).

3. **Growth** (more and more people join, more and more lengthy threads develop, occasional off-topic threads pop up).

4. **Community** (lots of threads, some more relevant than others; lots of information and advice is exchanged; experts help other experts as well as less experienced colleagues; friendships develop; people tease each other; newcomers are welcomed with generosity and patience; everyone – newbie and expert alike – feels comfortable asking questions, suggesting answers, and sharing opinions).

5. **Discomfort with diversity** (the number of messages increases dramatically; not every thread is fascinating to every reader; people start complaining about the signal-to-noise ratio; person 1 threatens to quit if *other* people don't limit discussion to person 1's pet topic; person 2 agrees with person 1; person 3 tells 1 & 2 to lighten up; more bandwidth is wasted complaining about off-topic threads than is used for the threads themselves; everyone gets annoyed).

6a. **Smug complacency and stagnation** (the purists flame everyone who asks an 'old' question or responds with humor to a serious post; newbies are rebuffed; traffic drops to a doze-producing level of a few minor issues; all interesting discussions happen by private email and are limited to a few participants; the purists spend lots of time self-righteously congratulating each other on keeping off-topic threads off the list).

OR

6b. **Maturity** (a few people quit in a huff; the rest of the participants stay near stage 4, with stage 5 popping up briefly every few weeks; many people wear out their second or third 'delete' key, but the list lives contentedly ever after).

Abb. 9.1: Populäres Modell der Mailinglisten-Bildung
(Quelle: unbekannt)

Welche Bedingungfaktoren, jeweils die Weiterentwicklung eines virtuellen Netzwerkes zur nächsten Stufe begünstigen oder behindern, ist bislang im einzelnen noch unklar.

Entwicklung virtueller Gemeinschaften

Um den für virtuelle Gemeinschaften charakteristischen emotionalen Bezug und das Gemeinschaftserleben zu ermöglichen, scheinen Face-to-Face-Kontakte unumgänglich. So finden sich in sämtlichen Berichten über Netzgemeinschaften Hinweise auf persönliche Treffen, sei es zwischen einzelnen Mitgliedern, sei es gemeinsam auf

Parties oder sonstigen Veranstaltungen (Rheingold, 1994, 1996; Weinreich, 1997; Wetzstein, Dahm, Steinmetz, Lentes, Schampaul & Eckert, 1995). Die bundesweit verstreute Gemeinschaft des MUD MorgenGrauen beispielsweise trifft sich dezentral zu regelmäßigen Stammtischen in diversen Städten (Informationen dazu: http://mg.mud.de/Treffen/).

Dieses Ergebnis zeigt, dass trotz globaler Vernetzung geografische Lokalität durchaus weiterhin eine Rolle spielt. Debatin (1997) beschreibt ein von ihm über längere Zeit teilnehmend beobachtetes Chat-Forum im Online-Dienste CompuServe folgendermaßen:

> In dem von mir untersuchten Forum gab es im Untersuchungszeitraum eine stabile Gruppe von etwa 40 bis 50 Regulars, von denen etwa 60% weiblich waren. Die Regulars setzten sich zu ca. 40% aus US-amerikanischen, zu weiteren 40% aus britischen bzw. irischen und zu 20% aus sonstigen meist europäischen Nutzern zusammen. Eine Sonderrolle spielten die britischen Mitglieder, da diese sich relativ häufig als Gruppe auch im Real Life trafen (in der Regel in Londoner Pubs) und davon auch Bilder in der Library aushängten, während die anderen Gruppen (auch die US-amerikanische) für solche Treffen zu weit voneinander entfernt waren. Gerade in den USA gab es aber auch eine Reihe von privaten RL-Besuchen zwischen einzelnen Mitgliedern, die sich miteinander angefreundet hatten.

Stone (1995, 1996) unterscheidet auf der Basis ausgedehnter *Feldbeobachtungen* drei Stadien von virtuellen Gemeinschaften gemäß ihrer „Reife“: Gemeinschaften im *jungen Stadium* konzentrieren sich demgemäß vor allem auf die technischen Aspekte der virtuellen Umgebung. Das Ausprobieren und Verbessern der Funktionsfähigkeit steht im Mittelpunkt der Aktivitäten und Diskussionen, die Beteiligten sind überwiegend technikbegeisterte Pioniere (typische Umgebung: textbasiertes oder grafisches MUD). Gemeinschaften im *mittleren Stadium* dagegen sind durch Small Talk, Flirt und die Anbahnung sexueller Interaktionen bestimmt, nicht das Technische, sondern das Soziale steht im Mittelpunkt (typische Umgebung: geselliger Chat-Channel). Gemeinschaften im *reifen Stadium* dagegen beschreibt Stone (1996) folgendermaßen:

> In the first place they are extremely hard to find because they don't like people bumping in and out and making random conversation or trying to get sex. The mature communities are usually closed virtual worlds which are by admission only, by permission only. You can watch a mature virtual world for hours and there are maybe ten or twelve people logged in and nobody says anything. They are all just there. They are present. They are kind of hanging out. People logged in a mature virtual community generally have this little window on the corner of their screen. These are people who generally spend their whole lives in front of screens. Having a window open in one corner means that in a sense they are

> logged in because that window is open. They are participating in that community by sitting quietly in it. Every once in a long while someone will say something. After hours and hours of observation someone will say something like „Hey, I found a peculiar thing happening in my script. It does this. What do you think about that?" There will be a long pensive silence lasting a few minutes or perhaps an hour or more. Finally, someone will say, „Have you tried changing line 12 to this?" More silence. Eventually the other person will come back and say „Oh, that's better. Thank you." Nobody logs out, nobody changes. They go back to sitting there again. It is very quiet. When we talk to the people who occupy these communities they say things like „It's a very nice social space. We all know each other very well. We know our habits. We don't really have to explain them to each other. We are just there." I find this deeply comforting in some ways.

Diese Beschreibung widerspricht anekdotisch der Vorstellung, virtuelle Gemeinschaften seien per se durch Oberflächlichkeit und Unverbindlichkeit geprägt und unterstreicht die Notwendigkeit, zwischen unterschiedlichen Typen virtueller Gemeinschaften zu differenzieren. Allerdings ist das lineare Stufenmodell fragwürdig. Entgegen der Utopie von der egalitären und anarchischen Netzwelt strukturieren sich virtuelle Gemeinschaften nicht selten hierarchisch und stellen strikte Verhaltensregeln auf. Welche inhaltlichen und formalen Kriterien einen erwünschten Beitrag bzw. sozialverträgliches Verhalten qualifizieren (Ciskowski & Benedikt, 1995) und mit welchen Sanktionsmaßnahmen zu rechnen ist, wird meist in gruppeneigenen FAQs (Frequently Asked Questions) expliziert. Dasselbe Verhalten, das in der einen virtuellen Gemeinschaft akzeptiert oder sogar geschätzt wird (z.B. anonymes Posten, polarisierende Äußerungen), kann in anderen virtuellen Gemeinschaften zu Konflikten oder sogar zum Ausschluss führen (vgl. McLaughlin, Osborne & Smith, 1995, für eine Typologie verhaltenskontrollierender Episoden in fünf Newsgroups). Alle aktiven Mitglieder einer virtuellen Gemeinschaft beteiligen sich an der wechselseitigen Verhaltenskontrolle, etwa indem sie einzelne Postings positiv oder negativ rezensieren, anderen Mitgliedern Expertenstatus zu- oder absprechen, auf einige Netznutzer kaum reagieren und anderen großen Einfluss und Meinungsführerschaft überlassen (Wetzstein, Dahm, Steinmetz & Eckert, 1994, S. 208ff.). Neben einer sozialen Normierung des Verhaltens der Gemeinschaftsmitglieder sind auch Zugangsbarrieren für Außenstehende gemeinschaftsförderlich: Obwohl sich alle Nutzerinnen und Nutzer des Internet die Beiträge der Newsgroup <alt.folklore.urban> durchlesen und selbst eigene Postings beisteuern können, partizipieren sie damit keinesfalls an der virtuellen Gemeinschaft. Denn in <alt.folklore.urban> hat sich der Brauch des *Trolling* etabliert: Scherzhafte Bemerkungen werden in die Runde geworfen, die wie vernünftige Einwände klingen (Tepper, 1997). Neulinge geben sich meist unfreiwillig als solche zu erkennen, indem sie die Troll-Postings ernsthaft und belehrend kommentieren und somit zur Belustigung der gesamten Newsgroup-Gemeinschaft beitragen – oft sogar ohne das „Spiel“ zu durchschauen, das schließlich mit einem speziellen Akronym offengelegt wird: WAFU, YN (We're alt.folklore.urban, you're not).

Manche virtuellen Gemeinschaften räumen einzelnen Personen durch Netzämter zusätzliche Kontrollmöglichkeiten ein, weil Selbstselektion und Selbstregulation nicht ausreichen, um die von der virtuellen Gemeinschaft avisierten Ziele zu erreichen (Agre, 1995; Bruckman, 1996). So versucht man mittels Moderationsverfahren, Mailinglisten und Newsgroups von inadäquaten Postings freizuhalten und die charakteristischen gruppendynamischen Eskalationen zu vermeiden (siehe Abb. 9.2). Chat-Channel-Operatoren können störende Teilnehmer aus dem Channel werfen (kick) und ihnen ggf. auch die Rückkehr auf den Channel verwehren (ban). Ob und in welcher Weise es gerechtfertigt ist, einzelnen Personen über Netzämter Machtprivilegien einzuräumen und die Netzkommunikation zu reglementieren, ist ein kontrovers diskutiertes Thema. Dies kommt u.a. darin zum Ausdruck, dass nicht selten unmoderierte und moderierte Newsgroups zum selben Thema koexistieren (z.B. <alt.support.loneliness> unmoderiert und <soc.support.loneliness> moderiert, <alt.feminism> unmoderiert und <soc.feminism> moderiert), Chat-Channels sich spalten oder in MUD-eigenen Newsgroups erbitterte Diskussionen über das tatsächliche oder vermeintliche Fehlverhalten der Wizards stattfinden. Ähnlich wie in Gruppen und Gemeinschaften außerhalb des Netzes Machtunterschiede zwar oft theoretisch abgelehnt werden, aber praktisch notwendig erscheinen (Sader, 1996, S. 68f.), sind auch virtuelle Gemeinschaften auf Rollenverteilungen angewiesen, die manchen Mitgliedern mehr Einfluß und Macht zugestehen. Nicht umsonst werden größere MUDs mittlerweile aufgrund ihrer binnenstrukturierten Ämter und Institutionen mit Kleinstaaten verglichen.

How many mail list subscribers does it take to change a light bulb?

Answer: 1.331

1 to change the light bulb and to post to the mail list that the light bulb has been changed.

14 to share similar experiences of changing light bulbs and how the light bulb could have been changed differently.

7 to caution about the dangers of changing light bulbs.

27 to point out spelling/grammar errors in posts about changing light bulbs.

53 to flame the spell checkers.

41 to correct spelling in the spelling/grammar flames.

156 to write to the list administrator complaining about the light bulb discussion and its inappropriateness to this mail list.

109 to post that this list is not about light bulbs and to please take this email exchange to another list.

203 to demand that cross posting to other lists about changing light bulbs be stopped.

111 to defend the posting to this list saying that we all use light bulbs and therefore the

posts *are* relevant to this mail list.

3 to post about links they found from the URLs that are relevant to this list which makes light bulbs relevant to this list.

306 to debate which method of changing light bulbs is superior, where to buy the best light bulbs, what brand of light bulbs work best for this technique, and what brands are faulty.

27 to post URLs where one can see examples of different light bulbs.

14 to post that the URLs were posted incorrectly, and to post corrected URLs.

33 to concatenate all posts to date, then quote them including all headers and footers, and then add „Me Too."

12 to post to the list that they are unsubscribing because they cannot handle the light bulb controversy.

19 to quote the „Me Too's" to say, „Me Three." .

4 to suggest that posters request the light bulb FAQ.

48 to propose new change.lite.bulb newsgroup.

47 to say there is already an alt.light.bulb newsgroup.

143 to ask if anyone ever did change the lightbulb.

Abb. 9.2: Beschreibung der Gruppendynamik in virtuellen Gemeinschaften (Quelle: unbekannt)

Über die Entwicklungsverläufe virtueller Gemeinschaften wissen wir wenig. Denn häufig konzentrieren sich Berichte auf krisenhafte Ereignisse und deren Konsequenzen und weniger auf die alltäglichen Reproduktionsprozesse. Ohnehin ist nicht damit zu rechnen, dass virtuelle Gemeinschaften einem einheitlichen Entwicklungsmuster folgen. Dieselben Bedingungen, die die Entwicklung einer Gemeinschaft auf einem Chat-Channel oder in einem MUD begünstigen, können eine Mailingliste oder Newsgroup zum Aussterben verurteilen. Da die Regulars den entscheidenden Beitrag zur Aufrechterhaltung der Gemeinschaft leisten, sind Konflikte zwischen ihnen existenzgefährend für das gesamte soziale Gebilde:

> Zur Entwicklung der Gruppenstruktur [seit September 1995] im Forum ist zu vermerken, daß es trotz des lange Zeit guten Klimas gegen Ende des Untersuchungszeitraums (etwa ab April 1997) große Konflikte zwischen einigen zentralen, vorwiegend weiblichen Regulars gab, die mit der Frage nach der Moralität und Legitimität von Cyber-Relationships zu tun hatten. Diese Konflikte, in deren Verlauf sich auch die Sysops untereinander zerstritten, führten zu einer weitgehenden Umstrukturierung des Forums, zur Entlassung einiger Sysops und zur Abwanderung von vielen Regulars. Das Forum machte eine etwa halbjährige Krise durch, während der es sehr schlecht besucht war. Nur selten sah man ein paar alte Regulars, die dann meist den alten Zeiten nachzutrauerten. Heute besuchen nur noch wenige der alten Regulars aus der Zeit vor dem Konflikt das Forum. (Debatin, 1997)

Zudem ist der Erfolg virtueller Gemeinschaften nicht nur von internen Strukturen und Prozessen abhängig, sondern auch von Umgebungsfaktoren. So konnte Schwartz (1996) für den Zeitraum zwischen November 1991 und November 1993 zeigen, dass die Misserfolgswahrscheinlichkeit neu gegründeter MUDs von der Zahl der bereits existierenden MUDs abhing.

9.5 Die These vom Gemeinschaftsverlust

Wenn im Zusammenhang mit computervermittelter Kommunikation vor Gemeinschaftsverlusten gewarnt wird, ist damit einerseits die Gefahr angesprochen, dass bestehende Gruppen ihre Kommunikation zunehmend ins Netz verlagern und dadurch immer häufiger das mit der Face-to-Face-Kommunikation verbundene Gemeinschaftserleben entbehren (Kap. 9.5.1). Zudem wird kritisiert, dass die Bildung überlokaler virtueller Gemeinschaften auf der Basis von Interessens- und Einstellungshomogenität zu einer Zersplitterung der Gesellschaft führe: Wir begeben uns demnach in virtuelle Schein-Gemeinschaften mit Gleichgesinnten und schotten uns sowohl von unserem lokalen Umfeld außerhalb des Netzes als auch von Andersdenkenden innerhalb des Netzes ab: Soziale Segregation statt Integration wäre die Folge (Kap. 9.5.2).

9.5.1 *Zerfall herkömmlicher Gruppen?*

Wenn bereits bestehende Gruppen zusätzlich auf CvK zurückgreifen, können ihre Mitglieder auf ökonomische Weise häufiger und unkomplizierter miteinander kommunizieren. Werden synchrone CvK-Gruppen-Sitzungen (z.B. wöchentliche Treffen auf einem Chat-Kanal) und asynchrone CvK-Foren (z.B. gruppeninterne Mailingliste) gemäß rationaler und interpersonaler Medienwahl auf die Kommunikationsaufgabe sowie die individuellen Medienpräferenzen abgestimmt und mit anderen Medien kombiniert, wird es eher zu einer Stärkung als zum Zerfall der Gruppe kommen. Dieser Chance stehen jedoch erhebliche Risiken gegenüber: Den Gruppenmitgliedern fehlen häufig Netzerfahrungen und/oder ihre Netzkompetenzen sind sehr heterogen, was nicht selten Kommunikationsstörungen und konflikthafte Verschiebungen im Machgefüge zur Folge hat. Zudem können äußere Nutzungszwänge oder dysfunktionale organisatorische Nutzungsnormen sowie die (nicht selten berechtigte) Angst vor Datenschutzverletzungen angesichts automatischer Dokumentation digitaler Netzaktivitäten die Kommunikation behindern.

Die Möglichkeiten, Großgruppen (z.B. Vorlesungsgruppen, Fachgruppen wissenschaftlicher Gesellschaften) durch computervermittelte Vernetzung stärker zu aktivieren und zu sozialer Vernetzung anzuregen, wurden bislang deutlich überschätzt. Motivationsmangel sowie knappe Ressourcen (Zeit, Geld, Lernaufwand) sind dafür verantwortlich, dass eine Reihe von gruppeneigenen Netzforen unbelebt bleiben. Hier zerstört also nicht die Technik die soziale Kommunikation, sondern werden die falschen (Heils)Erwartungen der Kommunikationsgesellschafts-Rhetorik mit den Grenzen unserer realen Kommunikationswünsche konfrontiert.

Besonders fruchtbar erweist es sich jedoch, wenn lokale Gruppen Netzzugang bekommen, die an Außenkontakten, Mitgliederwerbung und öffentlicher Selbstdarstellung interessiert sind. Umweltschutzgruppen oder Fan-Clubs, die sich mit ihren lokalen Aktivitäten ohnehin als Teile einer globalen Bewegung begreifen, bringen erheblichen Kommunikations- und Koordinationsbedarf mit – für sie ist CvK die Lösung eines Problems, das sie tatsächlich haben. Dabei ersetzt computervermittelte Kommunikation eben nicht Telefonate oder persönliche Treffen (die wegen hoher Kosten und geografischer Distanz selten möglich sind), sondern bietet die Gelegenheit, bislang nur mühsam aufrechterhaltene Kontakte zu intensivieren, was eher mit verstärkten als reduzierten Aktivitäten vor Ort einhergeht (z.B. wird die eigene Arbeit durch praktische Tips und moralische Unterstützung anderer Gruppen erfolgreicher).

9.5.2 Flucht in virtuelle Schein-Gemeinschaften?

Virtuelle Kleingruppen im Bildungs- oder Arbeitsbereich sind durch ihre funktionale Orientierung kaum dazu geeignet, Suchtpotential zu entwickeln oder eskapistische Motive zu befriedigen. Im Gegenteil: Gelingt die Gruppenarbeit, so entsteht häufig der Wunsch nach einem persönlichen Treffen. Misslingt die virtuelle Teamarbeit dagegen, weil die Kommunikation zu anstrengend, unpersönlich und ineffizient erlebt wird, zieht man sich aus der Gruppe zurück (sofern organisatorische Verpflichtungen dies nicht verbieten).

Virtuelle Netzwerke bergen dagegen ein größeres Risiko für die Beteiligten, den Bezug zum „realen Leben" zu verlieren – etwa duch eine einseitige Beschränkung auf meinungskonformen Informationsabruf:

> In einer virtuellen Gesellschaft hat die Öffentlichkeit fragmentarischen Charakter, an die Stelle der klassischen Massenmedien der Industriegesellschaft treten vielfältig strukturierte virtuelle Öffentlichkeiten (Bühl, 1997, S. 57)

Die Vorstellung, dass Mailinglisten, Newsgroups oder WWW-Seiten die herkömmlichen Massenmedien (Zeitung, Radio, Fernsehen) ersetzen, ist jedoch insofern unplausibel, als diese Medien distinkte Gratifikationen liefern und keine funktionalen Äquivalente darstellen. Statt einer Substitution ist somit eher eine *funktionale Differenzierung* zu erwarten, wobei Orientierungsgebung und Vereinheitlichung zentrale Aufgaben massenmedialer Darstellung bleiben werden (vgl. Bonchek, 1996; Reiter, 1997; Wehner, 1997) und zudem ihre politische Funktion (Bereitstellung einer Weltöffentlichkeit) eher wächst:

> Vom Ende der Konversation kann nur sprechen, wer das Potential nicht erkannt hat, das in der weltweiten Telekommunikation steckt, und wer sich in der Provinzialität geschlossener Tischrunden oder in die feine Welt elitärer Diskussionszirkel zurücksehnt. Dort wird heute allerdings keine Geschichte gemacht. Geschichte wird in zunehmendem Maße durch *globale Kommunikation* gemacht, in der das Wort mit seinen eigenen Gesetzen regiert. Hier hat nur Chancen, was sich vor einer weltweiten kritischen Öffentlichkeit mit Gründen rechtfertigen läßt, denen jeder zustimmen muß. Man kann es jetzt beobachten: Der universelle Diskurs über Frieden, Freiheit und Selbstbestimmung zwingt ganze Machtblöcke in die Knie. Gewiß wird diese Entwicklung nicht ohne weitere Konflikte vorangehen. Es werden auch neue Konflikte entstehen. Aber der universelle Diskurs über Menschenrechte und Bürgerrechte ist zu einem machtvollen Faktor geworden, der in die Geschichte eingreift und auf ihre Entwicklung einwirkt. Die globale Telekommunikation ist der treibende Motor dieser Entwicklung. (Münch, 1991, S. 114)

Universelle Diskurse auf der Plattform einer – freilich durch differentielle Beteiligung gefilterten – massenmedialen Weltöffentlichkeit gewinnen im Zuge der Globalisierung an Bedeutung, zudem sind die durch Hybridmedien konstituierten Teil-Öffentlichkeiten (z.B. Newsgroups mit politischen Themen) nicht pauschal als homogene, voneinander abgeschottete *Insider-Zirkel* zu beschreiben wie z.B. Habermas (1995) kritisiert, sondern sie zeichnen sich gerade durch ein hohes Maß an Meinungsheterogenität aus. Anhänger religiöser Gruppen tauschen sich beispielsweise nicht nur mit Gleichgesinnten aus, sondern posten gezielt in jene Netzforen, in denen Outgroups (andere religiöse Gruppen, Nicht-Religiöse etc.) besonders stark vertreten sind.

Virtuellen Netzwerken wird nicht nur vorgeworfen, segregierte Öffentlichkeiten und meinungskonforme Insider-Zirkel zu schaffen, sondern auch, die Teilnehmerinnen und Teilnehmer davon abzuhalten, sich für die Belange in ihrem realen Umfeld einzusetzen:

> Zwar wohnen Cyberbürger weiterhin an einem geografisch zu lokalisierenden Ort, da sie sich jedoch tagtäglich überwiegend in virtuellen Welten bewegen, könnte ihr Interesse am sozialen Geschehen in der unmittelbaren Umgebung abnehmen. (Bühl, 1997, S. 57)

Bei den bislang anzutreffenden Nutzerinnen und Nutzern konnten Katz und Aspden (1997b) kein reduziertes, sondern stattdessen ein überdurchschnittliches soziales und politisches Engagement außerhalb des Netzes feststellen. Der Rückzugs-Befürchtung (vgl. auch Marschall, 1997, S. 318) steht zudem die Erfahrung entgegen, dass nicht nur bestehende lokale Bewegungen und Initiativen sich untereinander computervermittelt vernetzen und dadurch handlungsfähiger werden, sondern dass sich im

Netz auch neue Initiativen und Kampagnen bilden, die sich mit netzinternen (z.B. „Free Speech Online“) sowie netzexternen Belangen (z.B. Kritik an Scientology) befassen:

> In Gesellschaften, die durch eine hohe interne Online-Präsenz ihrer Mitglieder gekennzeichnet sind, können soziale Bewegungen, Kampagnen und Selbsthilfegruppen leichter organisiert werden. Durch die Verkürzung der Kommunikationswege sind Personen, die von einer Problemlage in gleicher Weise betrofffen sind, schnell aufzufinden und können durch Koordinationsstellen auf einfache Weise mit Informationsmaterial versorgt werden. Zusätzlich verbreitert sich mit den neuen Medien das organisierbare Protestpotential. Die Möglichkeiten, Protest auszudrücken, erweitern sich um Formen der elektronischen Kommunikation. Statt langwierig Unterschriften sammeln zu müssen, können nun E-Mail-Kampagnen organisiert und Massenprotest durch Zusendung von E-Mails ausgedrückt werden. Durch die einfache Handhabung von E-Mail senkt sich die Aktivitätsschwelle. Es ist daher zu erwarten, daß für solche Protestformen auch Personen angesprochen werden können, die sich bisher nicht an Unterschriftensammlungen oder Demonstrationen beteiligt haben. Für die Organisation von sozialen Bewegungen ergeben sich insgesamt deutlich geringere Transaktionskosten. Als Konsequenz vermuten wir daher eine Zunahme von Versuchen, Protest in der Form einer sozialen Bewegung zu organisieren. (Gräf, 1997b, S. 121)

Da *politische Partizipation* generell steigt, wenn die Kosten für die eigenen Aktivitäten sinken, kann das Internet tatsächlich einen Beitrag zur Mobilisierung leisten. Allerdings ist auch hierbei ein Polarisierungs-Effekt zu konstatieren: Ohnehin politisch Aktive und Interessierte schöpfen die Optionen stärker aus, während Personengruppen ohne Lobby oft auch keinen Netzzugang haben (vgl. Bonchek, 1996): So hat es sich in den USA mittlerweile eingebürgert, dass Interessenvertretungen einzelnen Abgeordneten ihre Anliegen oder ihren Protest durch massenhafte Emails mitteilen (Marschall, 1997, S. 318).

Ob Personen virtuelle soziale Netzwerke überhaupt dazu benutzen, sich politisch mit anderen auszutauschen und gesellschaftlich zu engagieren, hängt in erster Linie von ihren Motiven ab und wird nicht vom Medium determiniert. Tatsächlich lassen sich virtuelle soziale Netzwerke ja auch *eskapistisch* nutzen, etwa indem man täglich Dutzende von Newsgroups überfliegt, immer auf der Suche nach dem nächsten evtl. interessanten Artikel, ohne sich selbst am Informationsaustausch und den sozialen Kommunikations- und Gruppenprozessen innerhalb oder außerhalb des Netzes zu beteiligen. Wenn eine Person *eskapistische Motive* hat und chronisch vor Problemen ausweicht, kann sie also durch das exzessive Lesen von Netzforen tatsächlich in eine vom sonstigen Leben isolierte Schein-Welt eintauchen – wie das ja auch beim Fernsehen oder Romanlesen der Fall sein kann.

Virtuelle Gemeinschaften schließlich entfalten ihre Verführungskraft nicht nur, indem sie durch die Fülle ihrer digitalen Dokumente Neugier, Such- und Sammelleidenschaft ansprechen, sondern auch und vor allem, indem sie emotionale Gratifikationen versprechen. Die Vorstellung, man könne sich im Internet in soziale Gemeinschaften sozusagen „einloggen" und sofort und risikolos Wir-Gefühl erleben, stößt bei der Netzkritik auf heftiges Unbehagen. Virtuelle Gemeinschaften werden deswegen als *Pseudo-Gemeinschaften*, *Fast Food-Gemeinschaften* oder *Drive-Trough-Gemeinschaften* tituliert (vgl. Wigand, 1990, S. 252). Betrachtet man die Binnenstruktur virtueller Gemeinschaften zeigt sich jedoch, dass die Mitglieder sich hinsichtlich ihres Engagements auf einem Kontinuum von unverbindlichem Vorscheischauen bis zu verbindlicher Mitgliedschaft ansiedeln lassen.

Eingesessene Mitglieder, die der Gemeinschaft seit Jahren angehören, Netzämter übernommen haben und viele andere Mitglieder persönlich kennen, sind weder gewillt noch in der Lage, beim kleinsten Problem in eine andere Gemeinschaft zu „zappen", da dies das Verlassen ihrer kommunikativen *Heimat* (Krotz, 1997) bedeuten würde. Durch ihre Arbeit und ihre sozialen Bezüge sind sie mit Gefühlen der Vertrautheit und Zugehörigkeit an die Gemeinschaft gebunden. Dies beinhaltet das Austragen von Konflikten und Machtkämpfen, das Aushalten von Intrigen und Klatschgeschichten und das Absolvieren von Face-to-Face-Treffen mit anderen Gemeinschaftsmitgliedern. Ein übermäßiges Gefühl des Scheinbaren und Fiktionalen kommt dabei nicht auf, und auch ein Verstecken hinter künstlichen Identitäten ist kaum möglich. Von n=60 Befragungspersonen im IRC (siehe Anhang 4) hatten 53% einen „Stamm-Channel", auf dem sie sich persönlich zu Hause fühlten; 72% von ihnen (gegenüber 43% derjenigen ohne Stamm-Channel) benutzten einen festen Nick und waren so für die anderen Channel-Mitglieder jederzeit wiedererkennbar. Gleichzeitig pflegten diejenigen Personen mit Stamm-Channel mehr persönlich enge Chat-Beziehungen (M=5,5, SD=2,55) als diejenigen ohne Stamm-Channel (M=3,3, SD=2,3).

Demgegenüber ist es peripheren Mitgliedern, die einfach aus Neugier „hineinschnuppern", möglich, sich jederzeit ohne Bedauern und Erklärung wieder zurückzuziehen. Und eine solche Rückzugsmöglichkeit mag es erleichtern, ungewohnte und sozial riskant empfundene Handlungen auszuprobieren – dazu gehört das konstruktive Überwinden sozialer Ängstlichkeit ebenso wie das destruktive Provozieren. Periphere Mitglieder erleben sich selbst (noch) nicht als Gemeinschaftsmitglieder, sondern eher als Gäste oder Außenseiter, da sie z.B. die sozialen Normen und Rollenverteilungen der Gemeinschaft nicht durchschauen und von den „Einheimischen" dementsprechend als Neulinge wahrgenommen und behandelt werden. Teilnahmeformen, die hinsichtlich Verbindlichkeit und Engagement im *Mittelfeld* liegen, sind aus psychologischer Sicht analog den emotionalen reinen Netzbeziehungen zu bewerten. Einerseits können sie Ersatzhandlungen darstellen und Eskapismus manifestieren, andererseits können sie jedoch einer sozial integrierten Person *netzspezifische Gratifikationen* bieten.

9.6 Zusammenfassung

Computervermittelte Kommunikation im Internet kann dazu beitragen, dass sich *herkömmliche* Kleingrupen, Großgruppen und Gemeinschaften verändern (und zwar sowohl in ihren Binnenverhältnissen als auch in den Außenkontakten) und dass sich *neue* soziale Gebilde entwickeln (virtuelle Kleingruppen, virtuelle soziale Netzwerke und virtuelle Gemeinschaften). In beiden Fällen sind Chancen, aber auch Risiken für die Gruppen und die Gesellschaft zu erwarten. Der pauschale kulturpessimistische Vorwurf des Gemeinschaftszerfalls und der Flucht in Schein-Gemeinschaften ist ebenso zurückzuweisen wie die Annahme, dass Internet-Kommunikation generell Kooperation und soziale Vernetzung verbessere oder gar die Netzaktiven allesamt in eine globale Gemeinschaft integriere.

Bestehende Gruppen profitieren besonders dann von Vernetzung, wenn sie an Außenkontakten, Mitgliederwerbung und öffentlicher Selbstdarstellung interessiert sind. *Virtuelle Teamarbeit* wird dagegen meist defizitär erlebt, wenn sie nur auf CvK-Kontakte beschränkt ist (und somit die Beteiligten selbst gar keine aufgabendifferenzierte Medienwahl treffen können) und wenn wegen Zeitknappheit, Motivationsmangel, dysfunktionalen Nutzungsnormen und geringer Netzerfahrung das Kommunikationsverhalten kaum dem Medium angepasst wird. *Virtuelle soziale Netzwerke* dagegen entwickeln sich in der Regel organisch. Hier gibt es einen gemeinsamen inhaltlichen Fokus, zu dem viele Personen beitragen, wobei die sachliche Ebene im Vordergrund steht.

Virtuelle Gemeinschaften, die sich durch Dauerhaftigkeit und Zusammengehörigkeitsgefühl auszeichnen, kommen letztlich kaum ohne Face-to-Face-Treffen aus. Sie werden durch einen harten Kern von engagierten Mitgliedern getragen und funktionieren üblicherweise mit ausdifferenzierter Rollen- und Machtverteilung. Ob und inwiefern das „Wir-Gefühl", das eine Person hier erfahren kann, illusorisch oder „echt" ist, hängt wesentlich von ihrer Selbstpräsentation ab (Kap. 7), von der Art der Beziehungen, die sie zu anderen Gemeinschaftsmitgliedern pflegt (Kap. 8) – und natürlich auch von ihren Bedürfnissen: Fehlt einer Person etwa die soziale Integration außerhalb des Netzes und trägt sie entsprechend viele Bedürfnisse an das Netzleben heran, wird sie bald Enttäuschungen erleben und vielleicht schlussfolgern, dass die angebliche „virtuelle Gemeinschaft" ja im Grunde nur eine „Pseudo-Gemeinschaft" ist. Demgegenüber kann eine Person, die gezielt nur bestimmte netzspezifische Gratifikationen in einer virtuellen Gemeinschaft sucht und diese dort dank eigener aktiver Partizipation auch findet, das soziale Geschehen im Netz kaum als scheinbar wahrnehmen, schließlich werden ihre „echten" Bedürfnisse „real" befriedigt.

Welche Gratifikationen sich Personen mit differentiellen Beteiligungsstilen in unterschiedlichen Netzforen im einzelnen erschließen und welche Determinanten andererseits eine erfolgreiche Partizipation verhindern, wäre in weiteren Befragungsstudien zu vertiefen. Auch Untersuchungen, die die Vielfalt sozialer Gebilde im Netz anhand struktureller und funktionaler Merkmale kategorisierend beschreiben, fehlen weitgehend. Dabei ist wiederum besonders im Auge zu behalten, dass Gruppen, die im Netz entstehen, sich langfristig ebensowenig auf CvK beschränken, wie umgekehrt Face-to-Face-Gruppen auf mediale Kontakte verzichten. Eine genauere Betrachtung der Medienwahlen und Mediennutzungsstile von Gruppenmitgliedern könnte also der sozialpsychologischen Gruppenforschung zusätzliche Informationen für die Erklärung gruppendynamischer Prozesse liefern.

10 Diskussion

Das *Internet* als weltweit größtes öffentliches Computernetzwerk (Kap. 1) dient dem Dateitransfer, der Steuerung entfernter Rechner, der Präsentation von Informations- und Unterhaltungsangeboten und vor allem auch der zwischenmenschlichen Kommunikation und Kooperation. Diese *computervermittelte Kommunikation* (CvK) ist bislang in erster Linie eine Textkommunikation: wir tippen auf der Computertastatur und lesen vom Monitor. Audio-visuelle Elemente haben aufgrund technischer Restriktionen nach wie vor eher Ergänzungscharakter. Über Computernetzwerke können Botschaften und Meta-Botschaften zeitversetzt (Kap. 2) oder zeitgleich (Kap. 3) ausgetauscht werden, wobei jeweils zwei Personen, eine begrenzte Gruppe oder eine Menschenmasse beteiligt sind. Das Internet liefert durch seine unterschiedlichen Dienste und Anwendungen somit distinkte (vorwiegend) textbasierte Kommunikations- und Interaktions-Szenarien (Tab. 10.1).

Tab. 10.1: Kommunikations-Szenarien im Internet in Abhängigkeit von Teilnehmerkreis und Zeitdimension

Zeitdimension *Teilnehmerkreis*	*zeitversetzte CvK*	*zeitgleiche CvK*
zwei Personen	Email	Chat
begrenzte Gruppe	Mailingliste	Chat-Channel/Chat-Room MUD-Raum
Masse	Newsgroup WWW-Seite	MUD

Die verschiedenen Kommunikationsmöglichkeiten des Internet werden individuell und kollektiv sehr unterschiedlich angeeignet und umgesetzt. So sind von Newsgroup zu Newsgroup und von Chat-Channel zu Chat-Channel zum Teil deutliche Unterschiede in den Kommunikationsgewohnheiten festzustellen (z.B. in einer Newsgroup findet sehr sachliche und unpersönliche, in einer anderen besonders emotionale Kommunikation statt). Es macht deswegen in den meisten Fällen wenig Sinn, pauschal von „Internet-Nutzung" oder gar „Netz-Surfen" zu sprechen – zumal der letztgenannte Begriff die interpersonale Bedeutung des Geschehens nicht zum Ausdruck bringt, sondern eher oberflächlichen Umgang mit Informationsangeboten assoziieren lässt. Vielmehr ist es notwendig, genau zu differenzieren, wie oft und wie lange eine Person in welchen Internet-Diensten welchen Aktivitäten nachgeht und welche Gratifikationen dabei individuell und kollektiv gesucht und erhalten werden (Kap. 4). Die Multifunktionalität des Internet stellt eine besondere Herausforderung für die methodische Erfassung (Kap. 5) der quantitativen und qualitativen Merkmale individueller Nutzungsmuster dar.

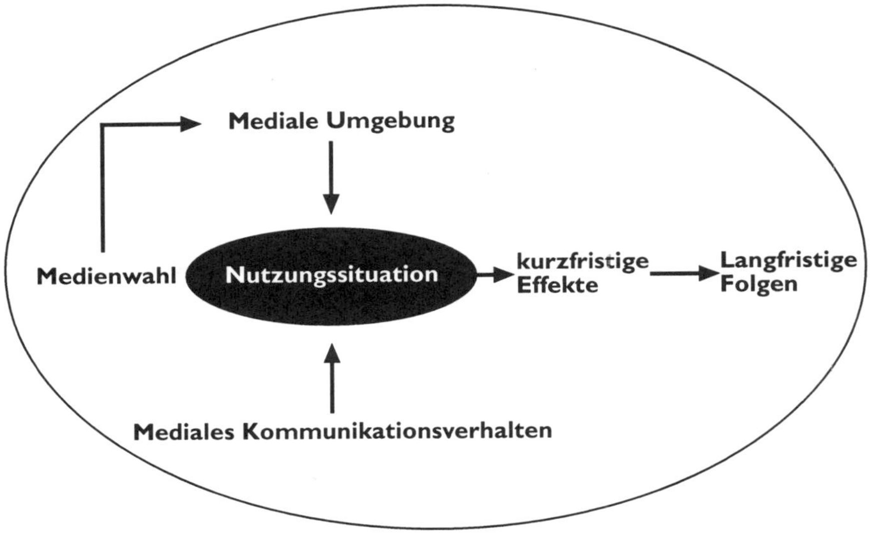

Abb. 10.1: Medienökologisches Rahmenmodell

Die *Nutzungssituation* wird bei der computervermittelten Kommunikation gemäß *medienökologischem Rahmenmodell* (Abb. 10.1; vgl. Kap. 6.11) besonders dann defizitär und unpersönlich erlebt, wenn die Beteiligten das Internet nicht aufgabenangemessen einsetzen, es nicht sinnvoll mit anderen Medien kombinieren, und wenn sie sich zu wenig mit ihren Kommunikationspartnern über Medienpräferenzen verständigen (*Medienwahl).* Schließlich sind auch *Merkmale der medialen Umgebung* für den Kommunikationserfolg ausschlaggebend. So schränken etwa eine langsame Netzanbindung, hohe Verbindungskosten, veraltete Software-Versionen oder ein zu kleiner oder zu großer Teilnehmerkreis die Möglichkeiten des computervermittelten sozialen Austauschs stark ein. Durch entsprechend modifiziertes und sozial normiertes *mediales Kommunikationsverhalten* lassen sich mediale Restriktionen teilweise kompensieren und zudem auch neue Optionen des Mediums ausschöpfen. Die unmittelbaren bzw. *kurzfristigen Effekte* computervermittelter Kommunikation beschränken sich also nicht auf Unbehagen, Überforderung und Defiziterleben, sondern umfassen auch diverse positive Erlebnisse (z.B. verstärkte zwischenmenschliche Offenheit, schnelle Erreichbarkeit). Eine im subjektiven Empfinden erfolgreiche Netzkommunikation erfordert in der Regel nicht unerhebliche medienspezifische Kompetenz (z.B. technische Fertigkeiten, Orientierungs-Fertigkeiten, Darstellungs-Fertigkeiten, soziale Fertigkeiten, Selbstmanagement-Fertigkeiten). Zudem erschließen sich viele Gratifikationen erst bei nennenswertem persönlichen Engagement.

Langfristige Folgen des Internet-Gebrauchs im Hinblick auf Identitäten (Kap. 7), soziale Beziehungen (Kap. 8) und Gruppen (Kap. 9) sind ambivalent: *Negativfolgen* sind vornehmlich unter zwei Bedingungen zu erwarten:

a) Mangelnde Netzerfahrung, ungenügende technische Ausstattung und/oder dysfunktionale Nutzungsnormen verhindern es, dass computervermittelte Kommunikationsprozesse aufgabenangemessen mit anderen Kommunikationsformen verbunden und lebendig gestaltet werden. Bei einem solchen *unsachgemäßen Internet-Gebrauch* erleben wir die computervermittelte Kommunikation als unpersönlich, anstrengend und ineffizient. Wir haben das Gefühl, uns selbst nicht umfassend darstellen zu können und nur einen unklaren Eindruck von den anderen zu gewinnen. Soziale Kontakte und Beziehungen wirken oberflächlich und unverbindlich, es kommt gehäuft zu Missverständnissen. Gruppenprozesse sind durch Informationsmängel und fehlenden emotionalen Zusammenhalt erschwert. Derartig frustrierende Erlebnisse sind auch dann besonders wahrscheinlich, wenn zu hohe und/oder zu diffuse Nutzenerwartungen bestehen, die meist mit unzureichender Vorbereitung und Einbettung der Netzaktivitäten einhergehen.
b) Chronifizierte oder akute persönliche Probleme und soziale Defizite veranlassen zuweilen dazu, ersatzweise im Internet Gratifikationen zu suchen, die das Medium nicht bieten kann. Im Falle eines solchen *eskapistischen Internet-Gebrauchs* behalten die – zuweilen gerade besonders lebendig, fachgerecht und kreativ gestalteten – Netzaktivitäten letztlich den Anstrich des Scheinbaren und Unechten, weil sie unverbunden neben dem sonstigen Alltag stehen. Ausgefeilte virtuelle Selbstdarstellungen, hochemotionale Netzbeziehungen, die Integration in virtuelle Gemeinschaften – all diese Erfahrungen werden wir nicht als wirklich befriedigend und bereichernd empfinden, wenn wir wissen, dass wir den Problemen im sonstigen Alltag durch exzessive Netznutzung *ausweichen* – anstatt sie außerhalb oder auch innerhalb des Netzes (z.B. in virtuelllen Selbsthilfegruppen, siehe Janssen, 1998) anzugehen. Sich Überforderung und Fluchtverhalten zuzugestehen, ist nicht so einfach. Trotzdem berichten einige Nutzerinnen und Nutzer offen von entsprechenden Problemen und titulieren sich sogar selbst als „internet-süchtig". Internet-Manie kann ein weiteres

Symptom eines diagnostizierten psychologischen Störungsbildes sein (z.B. bipolare Depression), sie kann aber auch in Belastungssituationen bei Personen auftreten, die bislang klinisch unauffällig waren (z.B. anlässlich von Beziehungskrisen). Exzessive Netznutzung erzeugt teilweise erheblichen Leidensdruck für die Betroffenen und ihre Angehörigen und ist deswegen ernstzunehmen. Andererseits sollten Phasen obsessiv anmutender Netznutzung aber auch nicht vorschnell pathologisiert werden, sie erweisen sich nicht selten als passager und durchaus fruchtbar (z.B. im Sinne eines persönlichen Memorandums oder eines „Crash-Kurses" in Sachen Netzkompetenz).

Ist ein sachgemäßer Umgang mit dem Netz möglich und stehen eskapistische Motive nicht im Vordergrund, so lassen sich im wesentlichen zwei Grundkonstellationen unterscheiden, die Quantität und Qualität von *Positivfolgen* des Netzgebrauchs bestimmen:

a) Eine *sachlich-instrumentell Ausrichtung* beim Netzzugang stellt Informationsaustausch und Kooperation in den Vordergrund. Formale soziale Beziehungen, virtuelle Teams und virtuelle soziale Netzwerke werden kultiviert. Der Handlungsspielraum in beruflichen Belangen wird vergrößert, viele Arbeitsaufgaben lassen sich effizienter abwickeln. Mit Nachteilen wie Informationsüberflutung wird dank reflektierter Nutzungstechniken souverän umgegangen.
b) Eine *sozial-expressive Ausrichtung* beim Netzzugang stellt Geselligkeit, Unterhaltung und persönliche Selbstdarstellung in den Vordergrund. Informelle soziale Beziehungen, virtuelle soziale Netzwerke und virtuelle Gemeinschaften werden kultiviert. Man begreift das Netz auch und vor allem als Kontaktforum, interessiert sich für Netzbelange und verfeinert das eigene Repertoire an netzspezifischen Ausdrucksformen.

Sozial-expressiver und sachlich-instrumenteller Netzzugang müssen sich nicht ausschließen. So kann eine Person, die begeistert chattet und muddet, die privaten Vorteile des Netzes gleichzeitig auch für Beruf und Studium fruchtbar machen. Es ist davon auszugehen, dass die Netzpopulation mehrheitlich einen überwiegend sachlich-funktionalen Zugang hat und dezidiert sozial-expressive Nutzungsweisen (bislang?) eher für eine Minderheit typisch sind. So haben nahezu alle Personen mit Netzzugang schon erfolgreich per Email Informationen eingeholt; was es mit Avataren auf sich hat, wissen dagegen nur wenige. Soziale Beziehungen zu anderen Netzaktiven beschränken sich sowohl bei sachlich-instrumenteller als auch bei sozial-expressiver Zugangsweise nicht auf CvK, sondern beziehen auch andere mediale Kontakte (Telefonate, Briefe) sowie persönliche Treffen mit ein.

Das medienökologische Denken begreift die einzelnen Dienste und Anwendungen in Computernetzwerken als soziotechnische Kommunikations*umgebungen* und nicht als technische Kommunikations*kanäle*. Die Verwendung der Raum-Metapher wird der Kanal-Metapher vorgezogen, um zum Ausdruck zu bringen, dass ein Computernetzwerk nicht nur „Informationen“ bzw. „Daten“ transportiert, sondern dass Mailinglisten, Newsgroups, Chat-Channels oder MUDs durch ihre spezifische „Architektur“ Optionen und Restriktionen für kommunikatives Handeln bereitstellen. Damit übermitteln sie nicht vorgefertigte Botschaften, sondern beeinflussen zunächst einmal, ob und wie überhaupt kommuniziert wird, welche sozialen Aushandlungsprozesse in welcher Form zwischen welchen Personen stattfinden können – und welche nicht. Da Personen Einfluss darauf haben, welche medialen Umgebungen sie in konkreten Situationen auswählen und wie sie sich die mediale Umgebung durch Medienetikette aneignen, ist eine *technikdeterministische Betrachtungsweise* („Internet-Nutzer sind in erster Linie passive Opfer von Medienwirkungen“) ebenso unangemessen wie ein ungebrochener – d.h. soziale und technische Einschränkungen negierender – Glaube an *Kultivierungsprozesse* („Internet-Nutzer können Netzdienste beliebig zu ihren Gunsten umfunktionieren“).

Leider fällt der Internet-Diskurs immer wieder in *dichotome Schematisierungen* zurück und stellt unangemessene Entweder-Oder-Fragen anstatt sowohl die Vorstellung eindimensionaler Negativwirkungen (Einschränkung und Kontrolle durch die Technik) als auch eindimensionaler Positivwirkungen (neue Freiheitsgrade durch die Technik) zurückzuweisen und sich einer *kontextspezifischen Untersuchung des Internet-Gebrauchs* zuzuwenden. Ob Netzkommunikation z.B. machtasymmetrische Geschlechterverhältnisse auflöst, widerspiegelt oder verfestigt, ob Frauen im Netz Benachteiligung im selben oder sogar in stärkerem Maße erleben als „in real life“ oder ob sie neue Freiheiten genießen, lässt sich nicht pauschal beantworten, wenn man die Vielfalt sozialer Räume und Gemeinschaften im Netz berücksichtigt (Bruckman, 1996). Die Enttäuschung darüber, dass Netzkommunikation eben nicht auf wundersame Weise Machtungleichgewichte aufhebt, verleitet leicht zu dem falschen Umkehrschluss, dass soziale Verhältnisse sich im Netz 1:1 abbilden (müssen). Wie wir Geschlecht, Alter oder Ethnizität darstellen und wahrnehmen und Kontrolle aushandeln, hängt jedoch in subtiler Weise von der jeweiligen Kommunikationsumgebung ab, wobei medienspezifische Entlastungen und Belastungen oft Hand in Hand gehen.

Obwohl sich beim jetzigen Forschungsstand sozialpsychologische Aspekte des Gebrauchs von Computernetzwerken bereits recht gut beschreiben und strukturieren lassen, sind eine ganze Reihe von *Forschungsdesideraten* zu nennen:

- Unter welchen Bedingungen sind welche *Netzmetaphern* („Cyberspace“, „Datenmeer“, „Datenautobahn“, „elektronischer Dorfplatz“, „digitale Stadt“, „globale Netzgemeinschaft“) Verständnishilfen oder Verständnishindernisse?
- Wie lässt sich das *Netzspezifische* einerseits von Personen-, Beziehungs-, Gruppen- oder sonstigen Kontext-Effekten andererseits abgrenzen? Inwiefern ist z.B. Flaming eher als netzspezifische verbale Aggression oder als herkömmliche verbale Aggression, die im Netzkontext auftritt, zu interpretieren?

- Wie lassen sich *differentielle Nutzungsmuster* von multifunktionalen Computernetzwerken möglichst ökonomisch und objektiv erfassen?
- An welchen *ethischen Richtlinien* sollen sich reaktive und vor allem nonreaktive Datenerhebungen in verschiedenen Netz-Kontexten orientieren?
- Inwieweit dienen Netze als *Projektionsflächen* gesellschaftlicher Kontroversen, so dass tatsächliche oder vermeintliche Gebrauchsweisen des Internet ideologisch behandelt werden?
- Inwiefern lässt sich textbasierte computervermittelte Kommunikation als *genuine soziale Kommunikationsform* verstehen? Welche Implikationen sind damit verbunden, wenn man Netzkommunikation als schriftliche Form des mündlichen Gesprächs (schnelles Tippen und schneller Transport der Texte), als eine durch Elemente der Mündlichkeit (Umgangssprache, expressive Parasprache) angereicherte Form des Schriftverkehrs oder als Mischung aus Mündlichkeit und Schriftlichkeit (Oraliteralität) begreift?
- Welche Bedeutung messen Menschen in unterschiedlichen Situationen im Netz der Frage bei, ob sie gerade mit anderen Menschen oder mit *Programmen (Bots)* interagieren? Unter welchen Bedingungen ist diesbezügliche Unsicherheit irrelevant, aversiv oder vielleicht auch faszinierend?
- Wie lässt sich die *Effektstärke* von spezifischen Folgen der Netznutzung realistisch abschätzen, um die bekannte Polarisierung zwischen Marginalisierung und Dramatisierung von Technikfolgen zu verlassen?
- Welche Unterschiede ergeben sich in Abhängigkeit davon, ob der Netzeinstieg im privaten oder beruflichen Kontext erfolgt und in welcher Lebensphase er stattfindet (Internet-Biographie)?
- Welche *geschlechts-, alters- und ethnizitätsspezifischen* Erfahrungen und Gebrauchsweisen von Computernetzwerken und ihren Diensten sind (vor allem in Kombination miteinander und mit anderen Merkmalen) zu unterscheiden? Inwiefern kann sozialer Austausch im Netz tradierte Konnotationen dieser sozialen Kategorisierungen auflösen, verändern oder verfestigen?
- Wie lassen sich Befunde der sozialwissenschaftlichen Netzforschung fruchtbar machen, um *zukünftige Prozesse der Technikgenese und Technikaneignung* (z.B. wachsende Bedeutung von computervermittelter Audio- und Videokommunikation sowie von Virtual Reality-Anwendungen) sozialverträglicher zu gestalten?

Die *sozialpsychologische Internet-Forschung* bietet nicht nur die Chance, diese und andere Fragen zu beantworten und somit Netzkommunikation als Forschungsgegenstand besser zu verstehen und im praktischen Handeln erfolgreicher zu verwirklichen, sondern kann umgekehrt auch dazu beitragen, die Begrenzungen sozialpsychologischer Theoriebildung zu erkennen. So werden die eingeführten sozialpsychologischen Theorien traditionell meist nur auf Face-to-Face-Situationen bezogen – ohne dass ihre Konstrukte und Methoden diese Einschränkung verlangen. Insofern verspricht die Untersuchung sozialer Phänomene im Netzkontext nicht nur ein besseres Verständnis der Zusammenhänge zwischen interpersonaler Kommunikation und Medientechnologie, sondern auch einen frischen Blick auf den Theoriefundus: Gerade wenn die (tatsächliche oder vermeintliche) *Körperlosigkeit* als Charakteristikum – und oft auch: Schwäche – der Netzkommunikation hervorgehoben wird, fällt auf, wie eingeschränkt unsere sozialpsychologische Modellierung von *Körperhaftigkeit* in Face-to-Face-Situationen bislang gewesen ist (vgl. Radley, 1991). Dies betrifft nicht zuletzt die weitgehende Ausblendung des Sexuellen als einer Komponente des Sozialen – das Stichwort *Sexualität* taucht in sozialpsychologischen Lehr- und Handbüchern üblicherweise nicht einmal im Index auf. Wenn computervermitteltes Sozialverhalten so leicht als „körper- und seelenlos" oder Geschlechterwechsel im Netz so leicht als „Täuschung" verurteilt wird, kommt darin ein unkritisches Festhalten an essentialistischen Konzepten von Körperlichkeit und Geschlechtlichkeit zum Ausdruck, das beispielsweise im feministischen und kulturtheoretischen Geschlechter-Diskurs (Butler, 1995) aber auch im Transsexualitäts- bzw. Transidentitäts-Diskurs (Hirschauer, 1993) längst hinterfragt wird.

Zudem wird im Kontext der sozialpsychologischen Internet-Forschung deutlich, dass sich die Beziehungs- und Gruppenforschung durch eine stärkere Beachtung des *Mediengebrauchs* zusätzliche Informationsquellen – auch im Hinblick auf Metakommunikation – erschließen kann (z.B. Beschreibung von Beziehungsdynamiken anhand von Medienwahlprozessen). Schließlich lenken die im Internet-Diskurs so häufig angesprochenen sozialen *Konzepte* „Identität" und „Gemeinschaft" die Aufmerksamkeit darauf, dass die psychologische Sozialpsychologie diese aus soziologischer Tradition stammenden Konstrukte bislang ungenügend adaptiert hat. Die Auseinandersetzung mit sozialen Gruppen und ihren Netzaktivitäten schließlich erfordert es, neben der Kleingruppe andere *soziale Gebilde* mit ihren Binnen- und Außenbeziehungen verstärkt zu behandeln. Präzisiert werden müssen anlässlich der Diskussion um die Ethik netzimmanenter Datenerhebung auch unsere Konzepte von Privatheit(en) und Öffentlichkeit(en). Die Internet-Forschung kann somit Anlass bieten, bislang unterrepräsentierte sozialpsychologische Konzepte theoretisch und empirisch besser zu elaborieren – wobei die vergleichsweise komfortablen netzimmanenten Datenerhebungsmethoden sich als äußerst hilfreich erweisen (z.B. automatische Aufzeichnung des gesamten öffentlichen Kommunikationsverlaufs in einer Mailingliste, einer Newsgroup oder einem Chat-Channel).

Nicht zuletzt findet die sozialwissenschaftliche Untersuchung der Netzkommunikation in einem gesellschaftlichen Umfeld statt, das die technischen und sozialen Möglichkeiten und Grenzen des Gebrauchs von Computernetzwerken entscheidend beeinflusst. Soziale Ausgrenzungsprozesse, Kommerzialisierung und Zensurbestrebungen sind gewichtige Problembereiche im gesellschaftlichen Umgang mit öffentlichen Computernetzwerken. Wie wir diesen Problemen theoretisch und praktisch begegnen, ist ausschlaggebend dafür, welche Netzkulturen sich in Zukunft entwickeln werden, und wie sie mit dem sozialen Leben außerhalb des Netzes verknüpft sind.

Aber werden wir soziale Netzszenarien zukünftig überhaupt so deutlich als „virtuelle Realität“ (VR) vom „realen Leben“ (RL) abgrenzen? Während einige befürchten, dass es zum Realitätsverlust kommt, wenn die Abgrenzung nicht aufrechterhalten wird, erhoffen sich andere einen Erkenntnisgewinn gerade von der Kritik entsprechender Abgrenzungsversuche. Vielleicht werden die auf eine VR-RL-Dichotomisierung reagierenden Gegen-Diskurse noch eine Weile aktuell bleiben, die – wie dieses Buch – sowohl die Realität des Virtuellen als auch die Virtualität des Realen herausarbeiten. Aber schon heute ist es schwierig, mit der Metapher des „Virtuellen“ zu operieren, ohne gleichzeitig ihr absehbares Verblassen vorwegzunehmen.

Anhang I
Interview-Studie (offline)

Fragestellung und Hypothesen

„Fremde Welten rücken mit Hilfe der Massenmedien und modernen Kommunikationsmittel ganz nah, während gleichzeitig der Nachbar wie der Bewohner einer fremden Welt immer ferner rückt" (Opaschowski, 1994, S. 182). Dass moderne Informations- und Telekommunikationsmedien zur *Vereinzelung und Vereinsamung* des Menschen führen, ist eine Befürchtung, die seit den 80er Jahren die Verkabelungs- bzw. Vernetzungs-Kritik prägt (z.B. Bleuel, 1984; Eurich, 1983; Kubicek & Rolf, 1986; Roßnagel, Wedde, Hammer & Pordesch, 1990, S. 233ff.; Volpert, 1985) und in den 90er Jahren angesichts der Verbreitung globaler Computernetze mit ihrer Vielfalt an Diensten neue Brisanz gewonnen hat. Sah man gestern noch den *verkabelten Menschen* im Bann von Btx-Seiten ein Einsiedler-Leben zu Hause am Bildschirm zwischen Homebanking und Teleshopping, Fernarbeit und Fernlernen, Online-Sex, Computerspiel und Kabelfernsehen führen, so stellt man sich den *Datenreisenden* von morgen im Sog der Virtuellen Realitäten vor, die ein perfektes Konkurrenzmodell zur Wirklichkeit bieten und damit der Realitätsflucht und dem Rückzug aus realen sozialen Beziehungen Vorschub leisten. Werden soziale Aspekte der Internet-Nutzung diskutiert, so steht bei den Negativfolgen der Vereinsamungs-Verdacht ganz oben auf der Agenda. In kulturkritischer Lesart setzen die neuen Medien eine Entfremdungs-Tendenz fort, die von den alten Medien (z.B. Telefon, Fernsehen) vorgezeichnet ist.

Ziel dieser repräsentativen Interview-Studie war es, solche *Vereinsamungs- und Substitutions-Thesen* mit empirischen Evidenzen zu konfrontieren. Dabei werden zum einen Ergebnisse aus der Einsamkeitsforschung zugrundegelegt, die zeigen, dass objektive Isolation und subjektive Einsamkeit mit soziodemografischen Variablen und vor allem mit sozialer Unterprivilegierung zusammenhängen (vgl. Döring & Bortz, 1993b). Da gleichzeitig der Zugang zu moderner Informations- und Kommunikationstechnologie ein Indikator sozialer Privilegierung ist, kann die starke Thematisierung von modernen Medien als Einsamkeitsursachen möglicherweise zu einer verzerrten Problemsicht führen. Zum anderen sind pauschale Substitutions-Thesen dahingehend zu relativieren, dass multifunktionale Medien wie das Internet (siehe Kap. 2 und 3) aber auch monofunktionale Medien wie das Telefon ganz unterschiedlich angeeignet werden in Abhängigkeit von Lebenssituationen und Kommunikationsgewohnheiten der Nutzerinnen und Nutzer (z.B. Ost-West-Differenzen hinsichtlich der sozialen Bedeutung des Telefons).

Ausgehend von der differentiellen Eignung unterschiedlicher medialer Umgebungen für unterschiedliche Kommunikationsanlässe weisen die Forschungshypothesen dieser Interview-Studie medialen Kontakten im privaten zwischenmenschlichen Bereich eher eine Ergänzungs- als eine Substitutions-Funktion zu. Zudem wird aus medienökologischer Perspektive (siehe Kap. 6.11) berücksichtigt, dass Personen aufgrund unterschiedlicher Lebenssituationen und Kommunikationsgewohnheiten mediale Umgebungen differentiell gestalten und nutzen bzw. entsprechende Gestaltungsmöglichkeiten entbehren.

H1: *Soziale Unterprivilegierung* (geringes Einkommen, geringe formale Bildung, hohes Alter) geht mit verminderter medialer wie nicht-medialer sozialer Integration einher (weniger enge Freunde, weniger Personen persönlich gesprochen gestern, weniger Personen privat angerufen gestern, weniger private Briefe im letzten Monat geschrieben, seltener ein Computer im Haushalt verfügbar, mehr subjektive Einsamkeit). Eine geringe Nutzung von Telekommunikationsmedien ist also kein Hinweis auf verstärkte Face-to-Face-Kommunikation, sondern eher ein Indikator sozialer Isolation.

H2: Personen, die regelmäßig in ihrer Freizeit am *Computer* sitzen, sind nicht kontaktärmer, schüchterner oder einsamer als Personen, die in ihrer Freizeit wenig oder keinen Gebrauch vom Computer machen. Männer nutzen Computer intensiver als Frauen.

H3: Personen, die regelmäßige private *Brief-Kontakte* haben, sind nicht kontaktärmer, schüchterner oder einsamer als Personen, die wenige oder keine per Brief medial vermittelten Beziehungen pflegen, sondern sogar besser sozial integriert. Frauen haben mehr feste Brief-Partner/innen als Männer.

H4: Personen, die oft und lange *telefonieren*, sind nicht kontaktärmer, schüchterner oder einsamer als Personen, die weniger telefonieren, sondern sogar besser sozial integriert. Frauen telefonieren häufiger und länger als Männer. In den neuen Bundesländern wird (trotz mittlerweile annähernd gleicher Ausstattung mit häuslichen Telefonanschlüssen) seltener und kürzer telefoniert als im Westen.

H5: Mediale Individual-Kontakte (Brief, Telefon) haben überwiegend Ergänzungsfunktion, sie *verdrängen persönliche Kontakte nicht* (siehe H1), werden aber auch kaum zur Kompensation von Face-to-Face-Kontaktdefiziten eingesetzt: Personen, die unter Einsamkeit oder Schüchternheit leiden oder ans Haus gebunden sind, greifen nicht verstärkt auf mediale Individual-Kontakte per Brief oder Telefon zurück (zur möglichen Einsamkeits-Entlastung durch mediierte soziale Kontakte siehe auch Anhang 3).

H6: Mediale Kontakte (Brief, Telefon, Telefax, Computernetz) verdrängen nicht nur persönliche Kontakte nicht (siehe H5), sondern *verdrängen einander auch nicht wechselseitig*: Personen, die über ein häusliches Fax-Gerät oder einen Online-Zugang verfügen, haben nicht weniger telefonische oder briefliche Kontakte als die sonstige Bevölkerung.

H7: Die *Substitutionsthese* („Computer, Fax und Telefon verdrängen zunehmend die persönlichen Kontakte") ist in der Bevölkerung sehr verbreitet. Sie wird eher von Personen vertreten, die selbst diese Medien *nicht* nutzen.

Untersuchungsmethode

Die Befragung erfolgte im Oktober 1995 computergestützt in mündlicher Form (CAPI-Methode: computer assisted personal interviewing) und wurde von EMNID durchgeführt. (Ich danke EMNID für die Schenkung der Interview-Zeit im Rahmen einer öffentlichen Ausschreibung) Der programmierte Fragebogen wurde von den Interviewern am Laptop abgerufen; er war als Protokollgrundlage in bezug auf Reihenfolge und Wortlaut der Fragen für die Interviewer verbindlich. Der Fragebogen bestand aus vier Blöcken:

1. Fragen zum Besitz und zur Nutzung verschiedener *Individualmedien, Hybridmedien und Massenmedien* (Telefon, Anrufbeantworter, Telefax, Computer, Computernetz, Fernsehen, Video, Zeitung). Mit Ja/Nein-Fragen wurde jeweils erfasst, ob das betreffende Medium im privaten Haushalt verfügbar ist.
2. Fragen zur *Anzahl privater sozialer Beziehungen* in unterschiedlichen Beziehungsklassen (Partnerschaft, enge Freunde, enge Familienmitglieder, Kollegen, entferntere Verwandte, Nachbarn) sowie zur *Häufigkeit von sozialen Kontakten* (Besuche im letzten Monat, persönliche Gespräche gestern, Telefonkontakte gestern, Briefkontakte im letzten Monat). (Die offenen Angaben von Anzahlen und Häufigkeiten werden als *Kardinaldaten* aufgefasst.)
3. Statements zur *subjektiven Bewertung der eigenen Lebenssituation und der Gesellschaft*. Die Statements waren auf Ratingskalen (0%: „trifft überhaupt nicht zu" bis 100%: trifft völlig zu) zu beantworten. (Das Ratingformat mit Prozentangaben wurde gewählt, da es im mündlichen Interview intuitiv leicht anwendbar ist. Für die Auswertung wurde die 101-stufige Prozentskala in eine fünf- oder dreistufige Intensitätsskala transformiert, wodurch sich ausgeglichene Verteilungsformen ergeben.)
   - *Subjektive Einsamkeit*: a) Selbstrating: „Ich fühle mich einsam". b) 4-Item-Kurzform der UCLA Loneliness Scale (Cronbachs α=.84; vgl. Döring & Bortz, 1993a). (stimmt 0%-100%)
   - *Beziehungsqualität*: „Viele meiner privaten Kontakte sind oberflächlich und unbefriedigend." (stimmt 0%-100%)
   - *Schüchternheit*: „Ich bin schüchtern und knüpfe schwer Kontakte." (stimmt 0%-100%)

- *Ans Haus gebunden*: „Ich bin ans Haus gebunden und komme kaum unter Leute." (stimmt 0%-100%)
- *Marginalisierung*: „Ich fühle mich von der Gesellschaft im Stich gelassen." (stimmt 0%-100%)
- *Substitutions-These*: „Computer, Fax und Telefon verdrängen zunehmend die persönlichen Kontakte." (stimmt 0%-100%)
- *Kalte Gesellschaft*: „Wir leben in einer kalten und herzlosen Gesellschaft." (stimmt 0%-100%)

4. *Sozialstatistik* (Geschlecht, Alter, Schulabschluss, Haushalts-Netto-Einkommen, Tätigkeit). (Das Haushalts-Netto-Einkommen wurde äquidistant gestuft von <1000 DM in 500er-Schritten bis >6000 DM abgefragt und kann als *intervallskaliert* aufgefasst werden. Der Schulabschluss wurde in fünf Stufen erfasst – 1. Volks-/ Hauptschule ohne Lehre, 2. Volks-/Hauptschule mit Lehre, 3. weiterführende Schule, 4. Fachabitur/Abitur, 5. Fachhochschule/Studium – und wird hier pragmatisch auch *intervallskaliert* behandelt, vgl. zur Skalenniveau-Problematik Bortz, 1993, S. 26ff.).

Stichprobe

Bei der Stichprobe handelt es sich um eine Repräsentativauswahl der Bevölkerung Ost- und Westdeutschlands über 14 Jahre (n=537 Ost, n=1.026 West). Die Interviews wurden über 315 Sample Points des ADM-Mastersamples (ADM: Arbeitsgemeinschaft Deutscher Marktforschungsinstitute) gestreut, 210 Sample Points lagen in den westlichen und 105 Sample Points in den östlichen Bundesländern (berücksichtigt wurden alle Bundesländer und Ortsgrößenklassen). Innerhalb der Sample Points wurden Zielhaushalte nach dem Random Route-Verfahren und Zielpersonen nach einem Zufallsschlüssel ausgewählt.

Die bei Zufallsstichproben üblicherweise auftretenden strukturellen Abweichungen (Über- bzw. Unterrepräsentation bestimmter sozio-demografischer Gruppen) wurden durch faktorielle Gewichtung ausgeglichen. Da beim Random Route-Verfahren die Zieleinheiten Haushalte sind, erfolgte eine Umgewichtung in eine Personen-Stichprobe. Mit Gewichtung besteht die Gesamtstichprobe (n=1.563) aus 328 Personen in Ostdeutschland und 1.235 Personen in Westdeutschland. Werden nur die Erwachsenen (Personen ab 18 Jahre) berücksichtigt, so umfasst die Stichprobe n=1498 Befragungspersonen (310 Ost und 1.188 West).

Ergebnisse

Hypothese 1

Eine *kanonische Korrelationsanalyse* (siehe Bortz, 1993, S. 582ff.) bestätigte für Personen ab 18 Jahre hypothesenkonform den Gesamtzusammenhang zwischen sozialer Privilegierung einerseits und sozialer Integration andererseits (erste kanonische Korrelation CR_1=.53, V=135,9, p<.001). Es konnten 7% der Varianz der Kriteriumsvariablen durch den ersten Prädiktorfaktor aufgeklärt werden; umgekehrt klärte der erste Kriteriumsfaktor 14% der Varianz der Prädiktorvariablen auf (siehe Tab. A1.1).

Tab. A1.1: Erste kanonische Korrelation zwischen ausgewählten Indikatoren sozialer Privilegierung und sozialer Integration (Faktorladungen, Eigenwerte, Varianzaufklärungen)

erster Prädiktorfaktor	*a*	*erster Kriteriumsfaktor*	*a*
1. Schulabschluss	-.76	1. Anzahl enge Freundschaften	-.26
2. Alter	+.70	2. Anzahl Personen gesprochen gestern	-.75
3. Haushalts-Einkommen	-.65	3. Anzahl aktive Telefonate gestern	-.35
		4. Anzahl Briefe geschrieben letzten Monat	-.23
		5. Computer im Haushalt	-.75
		6. subjektive Einsamkeit	+.26
Eigenwert	1,49	Eigenwert	1,44
Varianzaufklärung	50%	Varianzaufklärung	24%

Hypothese 2

21% der Deutschen konnten zum Untersuchungszeitpunkt im eigenen Haushalt auf einen Computer zugreifen; doch nur 15% der Männer und 5% der Frauen nahmen diese Möglichkeit in Anspruch und schalten mindestens einmal pro Woche in ihrer Freizeit den Rechner ein (siehe Tab. A1.2). Ein *kxl-Chi-Quadrat-Test* (siehe Bortz, 1993, S. 159ff.) zeigte, dass Geschlecht und Computernutzung hypothesenkonform nicht voneinander unabhängig waren (χ^2=35,4, df=4, p<.001; zu Geschlechts-Effekten im Zusammenhang mit Computer- und Netznutzung siehe Kap. 4.2. und Kap. 8.3.1).

Tab. A1.2: Computernutzung in der Freizeit in Abhängigkeit vom Geschlecht (relative Häufigkeiten)

	Computernutzung					
	täglich	*mehrmals pro Woche*	*einmal pro Woche*	*seltener*	*nie*	*n*
Männer	3%	8%	4%	7%	77%	737
Frauen	1%	2%	2%	5%	89%	826
	2%	5%	3%	6%	83%	1563

Tab. A1.3: Vergleich von Computer-Nutzern und Nicht-/Wenig-Nutzern hinsichtlich Isolation und Einsamkeit (Mittelwerte, Irrtumswahrscheinlichkeiten von univariaten Kovarianzanalysen; *:p<.05; **: p<.01)

	Computer-Nutzer (10%)	*Nicht-/Wenig-Nutzer (90%)*	*p*
Partnerschaft vorhanden	72%	77%	.21
Anzahl enge Freundschaften	4,65	3,83	**
Anzahl Personen gesprochen gestern	5,67	5,49	.35
Anzahl aktive Telefonate gestern	1,55	1,34	.22
Häufigkeit von Gästen im letzten Monat	3,98	3,21	**
Anzahl Briefe geschrieben im letzten Monat	1,31	1,39	.37
ans Haus gebunden	1,43	1,46	.65
subjektive Einsamkeit	1,72	1,60	.18
Schüchternheit	1,71	1,49	*

Vergleicht man die 10% der erwachsenen Deutschen, die mindestens einmal pro Woche in der Freizeit den Computer einschalten mit den 90% Nicht- oder Selten-Nutzern, so zeigen sich (bei Kontrolle von Alters-, Geschlechts- und Bildungseffekten) anhand eines *multivariaten Mittelwertvergleichs* (siehe Bortz, 1990, S. 548ff.) mit 9 abhängigen Variablen und 3 Kovariaten insgesamt keine überzufälligen Unterschiede *im Sinne stärkerer Isolation* der PC-Nutzer (Wilks λ=.98, F(9,1320) = 4,12, p<.001). PC-Nutzerinnen und -Nutzer erlebten zwar subjektiv mehr *Schüchternheit*, hatten aber gleichzeitig überzufällig mehr enge Freundschaften und auch häufiger im Monat Gäste als Nicht-Nutzer (dadurch kommt der signifikante Haupteffekt zustande). Insgesamt bestätigte sich das Stereotyp vom sozial isolierten Computer-Freak also nicht (siehe Tab. A1.3).

Hypothese 3

Ein *kxl-Chi-Quadrat-Test* auf Unabhängigkeit (siehe Bortz, 1993, S. 159ff.) zeigte hypothesenkonform, dass Frauen überzufällig mehr feste Briefpartner/innen hatten als Männer (χ^2=12,5, df=3, p<.01; siehe Tab. A1.4).

Tab. A1.4: Anzahl fester Briefpartner/innen in Abhängigkeit vom Geschlecht (relative Häufigkeiten)

	Anzahl der festen Briefpartner/innen				
	0	1	2	3+	n
Männer	64%	16%	12%	8%	654
Frauen	57%	16%	14%	13%	751
	60%	16%	13%	10%	1405

Personen mit mindestens einer festen Briefpartnerin waren (bei Kontrolle von Geschlechts-, Alters- und Bildungseffekten) hypothesenkonform insgesamt signifikant besser sozial integriert (multivariater Mittelwertvergleich, Wilks λ=.70, F(9, 1298)= 60,1, p<.001; siehe Tab. A1.5).

Tab. A1.5: Vergleich von Viel-Briefschreibern und Wenig-Schreibern hinsichtlich Isolation und Einsamkeit (Mittelwerte, Irrtumswahrscheinlichkeiten von univariaten Kovarianzanalysen; ***: p<.001)

	mit Briefpartner/in (40%)	*ohne Briefpartner/in (60%)*	*p*
Partnerschaft vorhanden	67%	79%	***
Anzahl enge Freundschaften	4,24	3,59	***
Anzahl Personen gesprochen gestern	5,40	5,05	***
Anzahl aktive Telefonate gestern	1,57	1,20	***
Häufigkeit von Gästen im letzten Monat	3,67	2,81	***
Anzahl Briefe geschrieben letzten Monat	*2,66*	*0,41*	***
ans Haus gebunden	1,58	1,51	.23
subjektive Einsamkeit	1,65	1,66	.93
Schüchternheit	1,52	1,53	.89

Hypothese 4

kxl-Chi-Quadrat-Tests auf Unabhängigkeit (siehe Bortz, 1993, S. 159ff.) zeigten hypothesenkonform, dass Frauen sowohl häufiger (χ^2=25,8, df=3, p<.001; siehe Tab. A1.6) als auch länger (χ^2=42,1, df=3, p<.001; siehe Tab. A1.7) telefonierten als Männer. Außerdem telefonierten Westdeutsche sehr viel häufiger (χ^2=62,4, df=3, p<.001; siehe Tab. A1.8) und oft auch länger (χ^2=71,2, df=3, p<.001; siehe Tab. A1.9) als Ostdeutsche.

Tab. A1.6: Anzahl der aktiven Telefonate gestern in Abhängigkeit vom Geschlecht (relative Häufigkeiten)

	Anzahl der aktiven Telefonate gestern				
	0	1	2	3+	n
Männer	45%	21%	18%	16%	668
Frauen	33%	25%	19%	23%	773
	39%	23%	18%	20%	1441

Tab. A1.7: Häufigkeit von langen Telefonaten in Abhängigkeit vom Geschlecht (relative Häufigkeiten)

	Häufigkeit von Telefonaten >1 Stunde				
	nie	selten	gelegentlich	häufig	n
Männer	74%	18%	8%	1%	688
Frauen	61%	21%	13%	5%	779
	67%	20%	11%	3%	1467

Tab. A1.8: Anzahl der aktiven Telefonate gestern in Abhängigkeit vom Landesteil (relative Häufigkeiten)

	Anzahl der aktiven Telefonate gestern				
	0	1	2	3+	n
Ost	58%	18%	14%	10%	300
West	34%	25%	19%	22%	1141
	39%	23%	18%	20%	1441

Tab. A1.9: Häufigkeit von langen Telefonaten in Abhängigkeit vom Landesteil (relative Häufigkeiten)

	Häufigkeit von Telefonaten >1 Stunde				
	nie	selten	gelegentlich	häufig	n
Ost	87%	11%	2%	0%	306
West	62%	22%	13%	3%	1161
	67%	20%	11%	3%	1467

Personen, die viel telefonierten (3 und mehr aktive private Anrufe gestern), hatten im Vergleich zu Personen, die weniger telefonierten (0-2 aktive private Anrufe gestern) unter Kontrolle von Alters-, Geschlechts-, Bildungs- und Ost-West-Unterschieden sowohl mehr Face-to-Face-Kontakte als auch mehr Briefkontakte und fühlten sich weniger einsam (multivariater Mittelwertvergleich mit 9 abhängigen Variablen und 4 Kovariaten, Wilks λ=0.34, F(9,1327)=281,9, p<.001; siehe Tab. A1.10).

Tab. A1.10: Vergleich von Viel-Telefonierern und Wenig-Telefonierern hinsichtlich Isolation und Einsamkeit (Mittelwerte, Irrtumswahrscheinlichkeiten von univariaten Kovarianzanalysen; *: p<.05; ***: p<.001)

	Viel-Telefonierer (20%)	*Wenig-Telefonierer (80%)*	*p*
Partnerschaft vorhanden	69%	75%	.06
Anzahl enge Freundschaften	4,03	3,80	.19
Anzahl Personen gesprochen gestern	5,85	5,04	***
Anzahl aktive Telefonate gestern	*3,72*	*0,78*	***
Häufigkeit von Gästen im letzten Monat	4,16	2,92	***
Anzahl Briefe geschrieben letzten Monat	2,32	1,07	***
ans Haus gebunden	1,48	1,56	.24
subjektive Einsamkeit	1,50	1,70	***
Schüchternheit	1,41	1,57	*

Hypothese 5

Personen, die ans Haus gebunden waren und kaum unter Leute kamen, griffen hypothesenkonform nicht kompensierend auf Telefon- oder Briefkontakte zurück (einfaktorielle, fünffach-gestufte multivariate Varianzanalyse mit 2 abhängigen Variablen und 4 Kovariaten: Alter, Geschlecht, Bildung, Ost-West; Wilks λ=0,99, F(8, 2742)=0,80, p=.60). Ebensowenig war ein entsprechendes Kompensationsmuster bei Einsamen (Wilks λ=0,99, F(12, 3540) = 1,20, p=.28) zu finden. Schüchterne telefonierten sogar überzufällig weniger als Nicht-Schüchterne (Wilks λ=.98, F(12, 3553)=2,6, p<.001). Da Unsicherheit bei der mündlichen Kommunikation (sei es telefonisch oder Face-to-Face) sehr viel schwerer zu verbergen ist als bei schriftlichem Austausch und zudem im Netz leichter neue schriftliche Kontakte zu knüpfen sind als auf herkömmlichem Wege (z.B. Anknüpfen von privaten Email-Kontakten im Kontext der Mailinglisten- oder Newsgroup-Teilnahme versus Suche nach Brieffreundschaften per Zeitungsannonce), ist es nicht ausgeschlossen, dass Schüchterne, die Netzzugang haben, sich kompensatorisch soziale Kommunikationsmöglichkeiten im Netz erschließen (aufgrund der nach wie vor geringen Verbreitung von Netzaktivitäten in der Bevölkerung kann diese Hypothese hier nicht geprüft werden; vgl. Kap. 8.4.1 zum Kennenlernen im Netz; zu verstärkter zwischenmenschlicher Offenheit beim Chatten siehe Anhang 4).

Hypothese 6

kxl-Chi-Quadrat-Tests (siehe Bortz, 1993, S. 159ff.) zeigten, dass Personen, die Computernetze nutzten, im Vergleich zur Gesamtbevölkerung weder ihre Telefonate eingeschränkt (χ^2 = 1, 1, df=3, p=.78; siehe Tab. A1.11) noch ihre Briefkontakte reduziert (χ^2=1,5, df=3, p=.67; siehe Tab. A1.12) hatten. Ebenso war auch bei Personen, die zu Hause über ein Faxgerät verfügten, kein unterdurchschnittliches Auftreten von Briefkontakten zu verzeichnen (χ^2=2,7, df=3, p=.44; siehe Tab. A1.13). Im Vergleich zur Gesamtbevölkerung wurde von den Fax-Besitzerinnen und -Besitzern sogar mehr telefoniert (χ^2=10,9, df=3, p<.05; siehe Tab. A1.14). Ein deutlicher Medienwechsel (vgl. Kap. 8.3.2) im Sinne einer Verdrängung herkömmlicher Individualmedien-Kontakte zeichnete sich in der Querschnitt-Betrachtung hypothesenkonform also nicht ab.

Tab. A1.11: Telefonkontakte bei privaten Netz-Nutzern und Nicht-Nutzern (relative Häufigkeiten)

	Anzahl der aktiven Telefonate gestern				
	0	1	2	3+	n
Netz-Nutzer	33%	30%	19%	18%	41
keine Netznutzung	39%	23%	18%	19%	1400
	39%	23%	18%	20%	1441

Tab. A1.12: Briefkontakte bei privaten Netz-Nutzern
und Nicht-Nutzern (relative Häufigkeiten)

	Anzahl der festen Briefpartner/innen				
	0	1	2	3+	n
Netz-Nutzer	64%	10%	11%	15%	35
keine Netznutzung	60%	16%	13%	11%	1369
	60%	16%	13%	11%	1405

Tab. A1.13: Briefkontakte bei privaten Fax-Nutzern
und Nicht-Nutzern (relative Häufigkeiten)

	Anzahl der festen Briefpartner/innen				
	0	1	2	3+	n
Fax-Nutzer	62%	10%	15%	13%	75
keine Faxnutzung	60%	17%	13%	10%	1319
	60%	16%	13%	11%	1394

Tab. A1.14: Telefonkontakte bei privaten Fax-Nutzern
und Nicht-Nutzern (relative Häufigkeiten)

	Anzahl der aktiven Telefonate gestern				
	0	1	2	3+	n
Fax-Nutzer	24%	22%	25%	30%	77
kein Fax	39%	23%	18%	19%	1353
	39%	23%	18%	19%	1430

Hypothese 7

Der Substitutionsthese („Computer, Fax und Telefon verdrängen zunehmend die persönlichen Kontakte“) stimmten 39% der Deutschen mittel oder stark zu. Wie anhand der deskriptiven Resultate zu ersehen ist und ergänzend noch mit *kxl-Chi-Quadrat-Tests* (siehe Bortz, 1993, S. 159ff.) geprüft wurde, reduzierte die Tatsache, dass Personen selbst Computernetze nutzten (χ^2=2,7, df=2, p=.26; siehe Tab. A1.15), ein Faxgerät im Haushalt hatten (χ^2=8,44, df=2, p<.05; siehe Tab. A1.16) oder mindestens einmal pro Woche in ihrer Freizeit am Computer saßen (χ^2=0,41, df=2, p=.82; siehe Tab. A1.17) die Verdrängungs-Befürchtung *nicht* wie erwartet.

Tab. A1.15: Verbreitung der Substitutions-These bei privaten Netz-Nutzern und Nicht-Nutzern (relative Häufigkeiten)

	„Computer, Fax und Telefon verdrängen zunehmend die persönlichen Kontakte."			
	eher nein	teils-teils	eher ja	n
Netz-Nutzer	49%	29%	22%	41
keine Netznutzung	62%	21%	17%	1417
	61%	22%	17%	1458

Tab. A1.16: Verbreitung der Substitutions-These bei privaten Fax-Nutzern und Nicht-Nutzern (relative Häufigkeiten)

	„Computer, Fax und Telefon verdrängen zunehmend die persönlichen Kontakte."			
	eher nein	teils-teils	eher ja	n
Fax-Nutzer	49%	35%	15%	77
keine Faxnutzung	62%	21%	17%	1368
	61%	22%	17%	1445

Tab. A1.17: Verbreitung der Substitutions-These bei privaten Computer-Nutzern und Nicht-/Wenig-Nutzern (relative Häufigkeiten)

	„Computer, Fax und Telefon verdrängen zunehmend die persönlichen Kontakte."			
	eher nein	teils-teils	eher ja	n
Computer-Nutzer	59%	24%	17%	140
keine Computernutzung	62%	21%	17%	1318
	61%	22%	17%	1458

Dass diejenigen, die neue Medien aus eigenem privaten Gebrauch kennen und gleichzeitig sozial besser integriert sind als die Nicht-Nutzer (siehe H2, H6; vgl. auch Anhang 3), dennoch der Verdrängungs-These tendenziell sogar stärker zustimmten (z.B. äußerten 50% der befragten Netz-Nutzer und Fax-Nutzer versus 38% der Nicht-Nutzer teilweise oder völlige Zustimmung), lässt sich spekulativ mit einer stärkeren

Sensibilisierung für medienbedingte Gesellschaftsveränderungen bei den befragten Nutzerinnen und Nutzern erklären.

Allerdings steht dieses Ergebnis im Widerspruch zu anderen Untersuchungen, die eine besonders netzkritische Haltung eher bei Außenstehenden feststellten (vgl. z.B. Batinic, Bosnjak & Bereiter, 1997, S. 208). Perspektivisch ist vielleicht davon auszugehen, dass eine stärkere Thematisierung medienökologischer Fragen in der Öffentlichkeit und eine größere Differenzierung von Medienerfahrungen auch zu *komplexeren Einstellungsmustern* führt, die nicht auf pausche Pro- oder Kontra-Bewertungen zuzuspitzen sind. Sinnvoll wäre es in weiteren Untersuchungen, universale Befürchtungen über sozialunverträglichen Medienwechsel an Beispielen konkretisiert abzufragen und damit der Ambivalenz von Medienerfahrungen stärker Rechnung zu tragen.

Allgemein wurde die Substitutions-These eher von Personen bejaht, die gleichzeitig das Gefühl hatten, in einer kalten Gesellschaft zu leben ($r=.34$), die ihre privaten Beziehungen als oberflächlich und unbefriedigend empfanden ($r=.22$), sich von der Gesellschaft im Stich gelassen ($r=.19$) und subjektiv einsam ($r=.18$) fühlten. Dagegen stand die Zustimmung zur Substitutions-These *nicht* in substantiellem Zusammenhang mit a) der Häufigkeit von medialen und nicht-medialen Kontakten, b) der Anzahl sozialer Beziehungen und c) der Ausprägung von soziodemografischen Merkmalen wie Bildung, Einkommen, Geschlecht, Ost-West-Zugehörigkeit oder Alter: Alle diesbezüglichen Produkt-Moment-Korrelationen hatten Koeffizienten im Bereich zwischen $r=-.07$ und $r=+.07$ (dies entspricht Varianzaufklärungen von nur rund 1%). Es wäre somit genauer zu prüfen, inwieweit sich in medienkritischen Einstellungen persönliche Befindlichkeiten artikulieren, die mit konkretem Mediengebrauch wenig zu tun haben und stattdessen eher *sinnbildlich* auf Medien und soziale Abkühlung verweisen.

Diskussion

Es zeigte sich, dass die populäre Annahme, mediatisierte zwischenmenschliche Kontakte gingen mit verstärkten Einsamkeitsgefühlen oder einer unterdurchschnittlichen Zahl sozialer Beziehungen und Kontakte einher, für den privaten Bereich empirisch nicht zutrifft. Vielmehr war bei den befragten Bundesbürgerinnen und Bundesbürgern ein Polarisierungseffekt (vgl. dazu auch Döring, 1997b) festzustellen: Sozial Privilegierte nutzten mehr Individual- und Hybridmedien, wobei sie sowohl auf alte Medien (z.B. Brief, Telefon) als auch auf neue Medien (z.B. Telefax, Computer) zurückgriffen. Sie hatten dadurch überdurchschnittlich viele mediatisierte zwischenmenschliche Kontakte, die ihr ohnehin über dem Durchschnitt liegendes Kontakt- und Beziehungs-Spektrum noch erweiterten. Soziale Isolation, Einsamkeit und verstärkter Fernsehkonsum gingen dagegen mit sozialer Unterprivilegierung einher, für die gerade auch ein Mangel an mediatisierten Kontakten typisch ist.

Zum Abbau von Isolationsproblemen ist also nicht nur eine Verbesserung von Face-to-Face-Kontaktmöglichkeiten anzustreben, sondern auch eine Erleichterung medialer Kontakte (z.B. Online-Zugänge in Seniorenheimen, günstige Telefontarife für sozial Bedürftige, Online-Projekte für Arbeitslose, Internet-Schulungen im Rahmen der Jugend- und Mädchenarbeit etc.). Denn sozial Isolierte werden in der Regel nicht mit Individual- oder Hybridmedien-Nutzung bzw. den durch sie vermittelten „Surrogat-Kontakten" abgespeist, sondern entbehren vielfach auch diese. Im Zusammenhang mit Vereinsamungs-Thesen ist zu beachten, dass subjektiv erlebte Einsamkeit nur gering mit quantitativen Maßen sozialer Integration korreliert und stärker von der *Beziehungsqualität* abhängt (siehe Kap. 8.1.4). Diese wiederum kann durch den reflektierten Gebrauch von Kommunikationsmedien verbessert werden, allerdings bergen mediale Kontakte auch wiederum neues Potential für Beziehungskonflikte (vgl. Kap. 8.3.1). Die Ergänzung und Erweiterung des bisherigen Beziehungsspektrums um mediatisierte Kontakte ist also nicht nur als additiver Effekt sozialen Zugewinns zu betrachten, sondern erfordert auch entsprechende Abstimmungsleistungen und Reorganisationen des persönlichen sozialen Netzwerkes. Solche Anforderungen zu antizipieren, wäre Teil einer umfassend verstandenen Medienkompetenz, die neben den technischen Fertigkeiten auch medienbezogene soziale Fertigkeiten einschließt.

Ergänzend zu Querschnittstudien wie der hier präsentierten sind Längsschnittstudien notwendig, die nicht nur Unterschiede zwischen Gruppen, sondern auch Veränderungen von Gruppen mitverfolgen. Schließlich ist es durchaus möglich, dass Grpppen, die im Vergleich zum Bevölkerungsdurchschnitt am Untersuchungstermin sehr gut sozial integriert erscheinen, sich im Vergleich zum eigenen Integrationsniveau im Vorjahr dennoch verschlechtert haben. Greift man auf demoskopische Studien zurück, so zeigt sich im Bevölkerungsdurchschnitt seit dem zweiten Weltkrieg kein genereller Rückgang hinsichtlich z.B. der Anzahl von Vertrauenspersonen oder von Besuchskontakten (vgl. Döring, 1997b). Allerdings ist die Arbeitslosigkeit in den neuen Bundesländern ein gravierender neuer Einsamkeitsfaktor. Er ist jedoch separat von möglichen medienbedingten Isolations- und Einsamkeitsrisiken zu diskutieren.

In der 1995 durchgeführten Interview-Studie zeigte sich die bekannte, geschlechtsrollenkonform größere Distanziertheit von Frauen gegenüber dem Computer. Gleichzeitig wurde aber auch deutlich, dass Frauen mediale Kontakte per Telefon oder Brief stärker kultivieren als Männer. Es hängt nun von unseren Internet-Konstrukten ab, ob wir Netznutzung als frauenvertraute oder -unvertraute Aktivität begreifen. Akzentuiert man Netznutzung als Computer-Anwendung in der Tradition etwa von Computerspielen, so erscheint sie fast automatisch als Männerdomäne. Heben wir jedoch die sozialen Kommunikationsmöglichkeiten hervor, so müssen wir viele Netzaktivitäten wie etwa das Mailen, das Chatten und das Gestalten von Homepages eigentlich als Frauendomänen auffassen. Eine Betrachtungsweise, die unsere vielfältigen medialen Kommunikationsformen in den Blick nimmt und Email-Kontakte z.B. mit Brief-

Kontakten in Verbindung bringt, anstatt sie vorrangig in Konkurrenz zur Face-to-Face-Begegnung zu sehen, lässt Metaphern von der kalten, entmenschlichten Computerkommunikation fragwürdig erscheinen.

Gerade weil Isolations- und Vereinsamungs-Befürchungen im Diskurs um neue Medien und Internet so leicht aktivierbar sind, ist eine genauere Exploration der Verknüpfungen dieser Medieneinstellungen mit dem eigenen Mediennutzungsverhalten wünschenswert. Offensichtlich ist es nicht so, dass entsprechende Negativ-Urteile ausschließlich Nicht- Nutzern vorbehalten sind. Inwieweit sich Nutzer bei der Äußerung ihrer Kritik am eigenen Erleben orientieren oder sich auf Nutzungs-Konstellationen beziehen, von denen sie selbst sich im Sinne eines Third-Person-Effektes ausgenommen sehen, wäre klärungsbedürftig.

Anhang 2
Experimentelle Fragebogen-Untersuchung (offline)

Fragestellung und Hypothesen

Wenn Computer- und Internet-Nutzer als besonders einsamkeitsgefährdet dargestellt werden, ist dies insofern zu relativieren, als Personen, die neue Technologien in der Freizeit nutzen, überwiegend sozial privilegierten Bevölkerungsgruppen angehören und überdurchschnittlich gut sozial integriert sind (siehe Anhang 1). Zudem ist zu beachten, dass Einsamkeitszuschreibungen in vielen Diskursen nicht nur sachliche Problembeschreibungen, sondern auch soziale Beurteilungen sind, bei denen Stereotypisierung und Stigmatisierung eine Rolle spielen können.

Soziale Aktivität und Geselligkeit befriedigen unsere sozialen Bedürfnisse, sind aber auch prestigeträchtig. Da der sogenannten Beziehungs- und Kommunikations-Fähigkeit heute große Bedeutung beigemessen wird, entstehen hier neue Leistungsanforderungen Wer viel Zeit alleine verbringt, muss nicht notgedrungen weniger soziale Beziehungen haben, denn enge zwischenmenschliche Bindungen können bestehen, ohne dass man sich persönlich sehr oft trifft. Auch muss häufiges Alleinsein nicht automatisch mit subjektiver Einsamkeit einhergehen - denn gemäß dem kognitiven Diskrepanzmodell der Einsamkeit sind die eigenen Kontaktwünsche und Attributionsmuster ausschlaggebend für die Einsamkeitsgenese (vgl. Döring & Bortz, 1993b). Unabhängig von dieser subjektiven Befindlichkeit verlangt es jedoch die Geselligkeits-Norm, dass wir unsere Kommunikations- und Beziehungs-Fähigkeit unter Beweis stellen, indem wir von ausgedehnten solitären Aktivitäten Abstand nehmen. Gerade diese solitären Aktivitäten sind jedoch – zumindest phasenweise – für intellektuell anspruchsvolle Tätigkeiten (zu denen auch eine kompetente Internet-Aneignung gehört) notwendig.

Ziel der *experimentellen Fragebogen-Untersuchung* war es, bei Jugendlichen Zusammenhänge zwischen sozialer Isolation und Einsamkeit zu erfassen und zudem zu ermitteln, inwieweit diese (für *erlebte* Einsamkeit geltenden) Zusammenhänge sich auch in der Bewertung von anderen Personen niederschlagen (*zugeschriebene* Einsamkeit). Die Forschungshypothesen gehen davon aus, dass Einsamkeits- und Isolationszuschreibungen – die gerade bei Computer- und Internet-Nutzern häufig vorgenommen werden (siehe Kap. 8.5 zur These vom Beziehungsverlust) – durch

Stereotypisierung und Stigmatisierung geprägt sind. *Stereotypisierung* bedeutet in diesem Zusammenhang, dass man der Zielperson soziale Fertigkeiten abspricht (Stereotyp des schüchternen, sozial inkompetenten Vereinsamten), während *Stigmatisierung* darüber hinaus Negativ-Bewertungen auf Dimensionen mit sich bringt, die mit sozialer Kompetenz unmittelbar nichts zu tun haben und somit eine pauschale Abwertung der Person bedeuten. Aufgrund der geringen Verbreitung von Netzaktivitäten unter Jugendlichen (vgl. Kap. 4.3) wurde kein expliziter Verweis auf Internet-Nutzung in das Experiment aufgenommen, sondern das bekannte Medienspektrum in den Forschungshypothesen adressiert:

H1: Wenn Jugendliche von einer etwa gleichaltrigen oder von einer älteren Person wissen, dass diese *oft allein* ist, schreiben sie ihr (unabhängig vom Geschlecht) soziale Isolation (weniger enge Freunde, weniger Bekannte, seltener eine feste Partnerschaft, selteneres Ausgehen) und Einsamkeit zu.

H2: Der Zusammenhang zwischen sozialer Isolation und Einsamkeit ist *im Erleben* deutlich geringer als *in der Zuschreibung*, d.h. Einsame werden für kontakt- und beziehungsärmer und Nicht-Einsame für kontakt- und beziehungsreicher gehalten als diese wirklich sind.

H3: *Lesen und Fernsehen* gelten als typische Tätigkeiten einsamer Menschen. Der Zusammenhang zwischen Lesen bzw. Fernsehen einerseits und Einsamkeit andererseits ist jedoch bei Jugendlichen im Erleben deutlich geringer als in der Zuschreibung.

H4: Einsamkeit wird bei anderen Menschen im Sinne internaler Attribution auf soziale Inkompetenz zurückgeführt (*negatives Stereotyp* des schüchternen, gehemmten Einsamen: „lonely loser").

H5: Positive Konnotationen von Freiheit, Unabhängigkeit oder Kreativität (*positives Stereotyp* des „lonely hero") hat Alleinsein für Jugendliche nicht.

H6: Zugeschriebene Einsamkeit führt zu einer generellen Abwertung der anderen Person (*Stigmatisierung*).

H7: Die Suche nach medialen Telekontakten (*Brieffreundschaften*) hängt bei Jugendlichen weder mit Kontakt- oder Beziehungsarmut noch mit subjektiver Einsamkeit zusammen.

Untersuchungsmethode

Zur Operationalisierung der Konstrukte wurde ein standardisierter Fragebogen mit experimenteller Variation entwickelt. Er wurde im Sommer 1994 mehreren Berliner Schulklassen vorgelegt. Zudem wurden zeitgleich postalisch Jugendliche befragt, die in Jugendzeitschriften per Inserat Brieffreundschaften suchten. Der Fragebogen bestand aus acht Seiten und erforderte eine Bearbeitungsdauer von ca. 20 Minuten. Er begann mit einer kurzen Instruktion, die als Thema der Untersuchung „Einrucksbildung“ nannte und die Probanden aufforderte, sich von einer in wenigen Worten beschriebenen Person einen möglichst lebendigen Eindruck zu bilden und dann einige Fragen zu dieser Person zu beantworten. Auf die Instruktion folgte die Beschreibung der Stimulusperson, der sich eine Reihe von Fragen zu dieser Person anschlossen.

Bei der *Stimulusperson* wurden die Merkmale Alter, Geschlecht und Alleinsein experimentell variiert:

> Stephanie [Stephan] M. ist 17 [67] Jahre alt und mittelgroß. Sie [Er] lebt in Berlin, hört gerne Musik und benutzt die öffentlichen Verkehrsmittel. Stephanie M. ist oft allein [selten allein / keine Angabe zum Alleinsein].

Somit ergab sich ein experimentelles 2 (Geschlecht der Stimulusperson) x 2 (Alter der Stimulusperson) x 3 (Alleinsein der Stimulusperson) Design.

Jede Versuchsperson beurteilte eine der 12 möglichen Stimuluspersonen auf folgenden abhängigen Variablen:

1. Offene Angaben zur *sozialen Isolation/Integration* der Stimulusperson (1. Anzahl von guten Freunden, 2. Anzahl von Bekannten, 3. Vorhandensein einer Partnerschaft, 4. Häufigkeit des abendlichen Ausgehens pro Monat) (Die offenen Angaben von Anzahlen und Häufigkeiten werden als *Kardinaldaten* aufgefasst.)
2. Häufigkeitsratings (täglich oder fast täglich – 2-/3mal pro Woche – 2-/3mal pro Monat – seltener oder nie) für ausgewählte *Freizeitaktivitäten* der Stimulusperson (1. Zusammensein mit Familie, Verwandten; 2. Fernsehen, 3. Treffen mit Freunden/Bekannten, 4. Lesen, 5. Vereinsaktivitäten (z.B. Sport, Kegeln), 6. Konzert, Kino, Theater) (Die vierstufigen Häufigkeitsratings werden pragmatisch als *intervallskaliert* behandelt.)
3. Intensitätsrating (gar nicht – wenig – ziemlich – völlig) der *Einsamkeit* der Stimulusperson. (Das vierstufigen Intensitätsrating wird pragmatisch als *intervallskaliert* behandelt.)
4. Intensitätsratings von Persönlichkeitsmerkmalen, die zum negativen Einsamkeitsstereotyp („*lonely loser*“) gehören (1. schüchtern, 2. gehemmt, 3. unsicher, 4. unscheinbar, 5. verschlossen, 6. ängstlich). Die sechs Items wurden zu einem additiven Index zusammengefasst (Cronbachs α=.90 bzw. α=.87 für junge bzw. ältere Stimuluspersonen).
5. Intensitätsratings von Persönlichkeitsmerkmalen, die zum positiven Einsamkeitsstereotyp („*lonely hero*“) gehören (1. selbständig, 2. freiheitsliebend, 3. individuell, 4. unabhängig, 5. eigenwillig, 6. willensstark). Die sechs Items wurden zu einem additiven Index zusammengefasst (Cronbachs α=.60 bzw. α=.58 für junge bzw. ältere Stimuluspersonen).

6. Intensitätsratings von negativ valenten Persönlichkeitsmerkmalen, die der *Stigmatisierung* dienen (1. unsympathisch, 2. unglücklich, 3. uninteressant, 4. frustriert, 5. unreif, 6. passiv). Die sechs Items wurden zu einem additiven Index zusammengefasst (Cronbachs α=.77 bzw. α=.79 für junge bzw. ältere Stimuluspersonen).

Nach den Fragen zur Stimulusperson wurde im zweiten Teil des Instruments eine Selbstbeschreibung der Probanden auf einer Teilmenge derselben Items erbeten:

1. *Sozialstatistik* (Geschlecht, Alter)
2. *Soziale Isolation/Integration* der Versuchspersonen (1. Anzahl von guten Freunden, 2. Anzahl von Bekannten, 3. Vorhandensein einer Partnerschaft, 4. Häufigkeit des abendlichen Ausgehens pro Monat) (Die offenen Angaben von Anzahlen und Häufigkeiten werden als *Kardinaldaten* aufgefasst.)
3. Häufigkeitsratings (täglich oder fast täglich – 2-/3mal pro Woche – 2-/3mal pro Monat – seltener oder nie) für ausgewählte *Freizeitaktivitäten* der Versuchspersonen (1. Zusammensein mit Familie, Verwandten; 2. Fernsehen, 3. Treffen mit Freunden/ Bekannten, 4. Lesen, 5. Vereinsaktivitäten (z.B. Sport, Kegeln), 6. Konzert, Kino, Theater) (Die vierstufigen Häufigkeitsratings werden pragmatisch als *intervallskaliert* behandelt.)
4. *Einsamkeit* der Versuchspersonen (8-Item-Kurzform der UCLA Loneliness Scale, Cronbachs α=.90; vgl. Döring & Bortz, 1993a). (Der Skalenwert der UCLA Loneliness Scale ist als *intervallskaliert* aufzufassen.)

Stichprobe

An der experimentellen Fragebogen-Untersuchung nahmen insgesamt n=248 Jugendliche teil (n=162 Mädchen, n=86 Jungen; Durchschnittsalter 16 Jahre, SD=1,6). Ein Teil der Probanden (n=158) stammte aus Berliner Oberschulen und wurde im Klassenverband untersucht. Weitere 90 Probanden wurden über Inserate kontaktiert, die sie in Jugendzeitschriften (Bravo, Bravo Girl, Pop Rocky) geschaltet hatten, weil sie Brieffreundschaften suchten. Sie nahmen postalisch an der Untersuchung teil. Von 187 kontaktierten Inserenten antworteten 90, das entspricht einer Rücklaufquote von 48%. Neun Fragebögen mussten wegen unvollständiger oder unsinniger Antworten ausgeschlossen werden, so dass insgesamt n=239 Fragebögen (n=160 Klasse, n=79 Inserate) in die Analyse eingingen. Die Probanden verteilten sich wie in Tab. A2.1. dargestellt auf die 2x2x3 verschiedenen Stimuluspersonen.

Für die Auswertungen wurde eine Gewichtung der Fälle in der Weise vorgenommen, dass a) Probandinnen und Probanden zu gleichen Teilen Berücksichtigung fanden (Gewichtungsfaktor .50/.66 für die Mädchen und Gewichtungsfaktor .50/.34 für die Jungen) und dass b) die Zellenbesetzungen einheitlich auf n'=20 ausgeglichen waren (Gewichtungsfaktoren für die 12 Zellen jeweils 20/n).

Tab. A2.1: Verteilung der n=239 Probanden auf die 12 Stimuluspersonen

		oft allein (n=80)	*keine Angabe zum Alleinsein* (n=61)	*selten allein* (n=98)
17 Jahre (n=120)	weiblich (n=53)	n=25	n=14	n=14
	männlich (n=67)	n=16	n=20	n=31
67 Jahre (n=119)	weiblich (n=69)	n=21	n=12	n=36
	männlich (n=50)	n=18	n=15	n=17

Ergebnisse

Hypothese I

Eine 2 (Geschlecht der Stimulusperson) x 3 (Alleinsein der Stimulusperson) *zweifaktorielle multivariate Varianzanalyse* (siehe Bortz, 1990, S. 553ff.) mit fünf abhängigen Variablen zeigte hypothesenkonform, dass Jugendliche einer gleichaltrigen Person, von der sie wissen, dass diese oft allein ist, unabhängig vom Geschlecht *soziale* Isolation und Einsamkeit zuschreiben (Haupteffekt Alleinsein Wilks l=0,43, F(10, 180)=9,3, p<.001; Haupteffekt Geschlecht p=.31; Interaktionseffekt Geschlecht x Alleinsein p=.16; siehe Tab. A2.2).

Tab. A2.2: Isolations- und Einsamkeitszuschreibungen bei den 17jährigen Stimuluspersonen in Abhängigkeit von ihrem Alleinsein (Mittelwerte, Streuungen, Irrtumswahrscheinlichkeiten der univariaten einfaktoriellen Varianzanalysen, ***: p<.001) .

n=123	*Gesamt*	*oft allein*	*keine Angabe zum Alleinsein*	*selten allein*	*p*
Freunde	3,1	2,0 (1,5)	3,8 (2,5)	3,7 (1,9)	***
Bekannte	13,0	6,6 (4,6)	16,4 (10,0)	16,1 (9,7)	***
Partnerschaft	46%	4%	65%	69%	***
Ausgehen	5,1	2,5 (1,5)	5,7 (3,7)	7,4 (5,7)	***
Einsamkeit	2,4	3,1 (0,64)	1,9 (0,69)	1,7 (0,81)	***

Eine weitere 2 (Geschlecht der Stimulusperson) x 3 (Alleinsein der Stimulusperson) *zweifaktorielle multivariate Varianzanalyse* mit fünf abhängigen Variablen zeigte, dass Jugendliche einer *älteren (67jährigen) Person*, von der sie wissen, dass diese oft allein ist, unabhängig vom Geschlecht ebenfalls soziale Isolation und Einsamkeit zuschreiben (Haupteffekt Alleinsein Wilks λ=0,51, F (10, 206)=8,2, p<.001; Haupteffekt Geschlecht p=.30; Interaktionseffekt Geschlecht x Alleinsein p=.24; siehe Tab. A2.3).

Tab. A2.3: Isolations- und Einsamkeitszuschreibungen bei den 67jährigen Stimuluspersonen in Abhängigkeit von ihrem Alleinsein (Mittelwerte, Streuungen, Irrtumswahrscheinlichkeiten der univariaten einfaktoriellen Varianzanalysen, *: p<.05; ***: p<.001) .

n=103	*Gesamt*	*oft allein*	*keine Angabe zum Alleinsein*	*selten allein*	*p*
Freunde	3,2	1,8 (0,55)	3,6 (2,2)	4,1 (2,6)	.17
Bekannte	10,6	7,1 (4,7)	12,1 (9,1)	12,3 (7,3)	.39
Partnerschaft	25%	4%	37%	32%	*
Ausgehen	4,3	3,0 (2,9)	3,0 (3,0)	6,7 (4,7)	*
Einsamkeit	2,2	3,0 (0,78)	2,2 (1,0)	1,5 (0,66)	***

Eine Gesamtanalyse in Form einer 2 (Geschlecht der Stimulusperson) x 2 (Alter der Stimulusperson) x 3 (Alleinsein der Stimulusperson) *dreifaktoriellen multivariaten Varianzanalyse* zeigte, dass die älteren Stimuluspersonen anhand der fünf ausgewählten abhängigen Variablen von den Jugendlichen überzufällig anders (und zwar insgesamt etwas isolierter) beurteilt wurden als die jüngeren Stimuluspersonen (Haupteffekte: Alleinsein Wilks λ=0,50, F(10, 394)=16,2, p<.001; Alter p=.02; Geschlecht p=.94; Interaktionseffekte: Alter x Alleinsein p=.07; Geschlecht x Alleinsein p=.72; Alter x Geschlecht p=.06; Alter x Geschlecht x Alleinsein p=.03). Die Interpretation der Interaktionseffekte im Zusammenhang mit dem Alter der Stimulusperson ist dadurch erschwert, dass die Jugendlichen hier teilweise sehr inkonsistente Urteile abgaben (z.B. schrieben sie den älteren Stimuluspersonen, die oft allein sind, mehr Bekannte und häufigeres abendliches Ausgehen zu als den jugendlichen Stimuluspersonen).

Hypothese 2 - Hypothese 3

Da die Stimuluspersonen, die laut Beschreibung oft allein waren, von den Probanden als *überdurchschnittlich einsam*, die Stimuluspersonen ohne Angabe zum Alleinsein als mittel bzw. *normal einsam* und die Stimuluspersonen, die selten allein waren, als *wenig einsam* eingeschätzt worden waren, bot es sich an, auch die Probanden gemäß ihrer subjektiv erlebten Einsamkeit in drei Gruppen einzuteilen. In Übereinstimmung mit der in demoskoptischen Untersuchungen ermittelten Verbreitung von Einsamkeitsgefühlen (vgl. Döring & Bortz, 1993b) waren 7% der Befragten sehr einsam, 20% mittel einsam und 72% wenig einsam. Die durchschnittliche erlebte Einsamkeitsintensität in den drei Probanden-Gruppen entsprach jeweils tendenziell der durchschnittlichen zugeschriebenen Einsamkeitsintensität in den drei Stimuluspersonen-Gruppen. Es ist zu beachten, dass die vorgenommene Gruppeneinteilung bei der erlebten Einsamkeit die Einsamkeitsunterschiede etwas stärker akzentuiert, so dass die Forschungshypothesen konservativ getestet werden.

Eine *einfaktorielle multivariate Varianzanalyse* (siehe Bortz, 1990, S. 548ff.) mit 10 abhängigen Variablen zeigte, dass Unterschiede im Alleinsein bzw. in der Einsamkeit bei den *Stimuluspersonen* 38% der zugeschriebenen Unterschiede in den 10 Isolationsmaßen erklärten (Wilks λ=0,39, $F(20, 216)=6{,}5$ $p<.001$; siehe Tab. A2.4).

Tab. A2.4: Zugeschriebene Unterschiede in der sozialen Integration in Abhängigkeit von Alleinsein/Einsamkeit der Stimulusperson (M, SD, p, Varianzaufklärung)

jugendliche Stimuluspersonen	*oft allein*	*keine Angabe zum Alleinsein*	*selten allein*	*p*	h^2
Einsamkeit	**3,1 (0,64)**	**1,9 (0,69)**	**1,7 (0,81)**	*******	**46%**
1. Anzahl Freunde	2,0 (1,5)	3,8 (2,5)	3,7 (1,9)	***	18%
2. Anzahl Bekannte	6,6 (4,6)	16,4 (10,0)	16,1 (9,7)	***	25%
3. Vorhandensein einer Partnerschaft	4%	65%	69%	***	31%
4. abendliches Ausgehen pro Monat	2,5 (1,5)	5,7 (3,7)	7,4 (5,7)	***	24%
5. Zusammensein mit Familie	3,1 (.95)	2,9 (.94)	3.0 (.89)	.47	2%
6. Fernsehen	*3,9 (.31)*	*3,6 (.82)*	*3,4 (.75)*	***	*11%*
7. Treffen mit Freunden, Bekannten	2,5 (.78)	3,5 (.77)	3,7 (.59)	***	35%
8. Lesen	*3,2 (.95)*	*2,0 (1,1)*	*2,5 (1,1)*	***	*18%*
9. Vereinsaktivitäten	1,6 (.83)	2,4 (.89)	2,4 (.97)	**	11%
10. Konzert, Kino, Theater	1,9 (.54)	2,0 (.75)	2,4 (.70)	***	12%

Demgegenüber erklärten Einsamkeitsunterschiede *bei den Befragungspersonen* nur 13% der Unterschiede in denselben 10 Isolationsmaßen (Wilks λ=.76, F(20,202)= 1,45, p=.10; siehe Tab. A2.5).

Tab. A2.5: Unterschiede in der sozialen Integration in Abhängigkeit von subjektiver Einsamkeit der Befragungspersonen (M, SD, p, Varianzaufklärungen)

jugendliche Befragungspersonen				*p*	h^2
Einsamkeit	**2,8 (.40)**	**2,2 (.12)**	**1,4 (.21)**	*******	**82%**
1. Anzahl Freunde	2,1 (1,0)	2,8 (1,8)	4,6 (3,2)	**	9%
2. Anzahl Bekannte	11,3 (10,3)	14,4 (13,6)	14,9 (11,3)	.75	1%
3. Vorhandensein einer Partnerschaft	11%	20%	21%	.82	0%
4. abendliches Ausgehen pro Monat	3,0 (5,0)	3,1 (2,9)	5,9 (5,9)	.12	4%
5. Zusammensein mit Familie	3,2 (.92)	3,1 (.88)	3,3 (.92)	.50	1%
6. *Fernsehen*	*3,6 (.96)*	*3,69 (.86)*	*3,65 (.72)*	*.89*	*0%*
7. Treffen mit Freunden, Bekannten	2,9 (.96)	3,2 (.66)	3,5 (.52)	**	9%
8. *Lesen*	*2,6 (1,3)*	*2,8 (1,0)*	*2,6 (1,2)*	*.65*	*1%*
9. Vereinsaktivitäten	2,2 (1,3)	2,6 (.95)	2,4 (1,0)	.35	2%
10. Konzert, Kino, Theater	1,5 (.73)	2,0 (.61)	2,0 (.58)	.12	4%

Dieser hypothesenkonform geringere Zusammenhang zwischen Isolation und Einsamkeit im Erleben (gegenüber der Zuschreibung) zeigte sich nicht nur bei den 123 Probanden, die die jugendlichen Stimuluspersonen beurteilt hatten: Berücksichtigt man bei der Analyse der erlebten Einsamkeit sämtliche Befragungspersonen mit vollständigen Angaben (n=220), so ergibt sich ebenfalls eine Gesamt-Varianzaufklärung von nur 13%. Allerdings kann dieser Effekt dank verbesserter Teststärke dann statistisch abgesichert werden (Wilks λ=.76, F(20,416)=3,07, p<.001). Er geht darauf zurück, dass subjektiv einsame Jugendliche überzufällig weniger Freunde haben und sich seltener mit Peers treffen (siehe Tab. A2.5).

In Übereinstimmung mit Hypothese 3 trat bei den Jugendlichen im Erleben kein überzufälliger Zusammenhang zwischen *Fernsehen* oder *Lesen* einerseits und Einsamkeit andererseits zutage (Fernsehen p=.89; Lesen p=.65). Dennoch wurde in der

Zuschreibung ein solcher Zusammenhang angenommen (Fernsehen p<.001; Lesen p<.001).

Der größte Unterschied war zwischen dem erlebten und dem zugeschriebenen Zusammenhang von Einsamkeit und Partnerschaft feststellbar: Die Jugendlichen mit festem Freund bzw. fester Freundin (34% der befragten Mädchen und 16% der befragten Jungen) waren gemäß einer 2 (Geschlecht) x 2 (Partnerschaft) *zweifaktoriellen univariaten Varianzanalyse* (siehe Bortz, 1990, S. 265ff.) nicht überzufällig weniger einsam als die Partnerlosen; allerdings fühlten sich die Jungen (und unter ihnen insbesondere die mit fester Partnerschaft) signifikant einsamer als die Mädchen (Haupteffekte: Partnerschaft F(1, 224)= 0,00, p=.98; Geschlecht p<.001; Interaktion: Partnerschaft x Geschlecht p=.02; Haupteffekt). In der Zuschreibung wurde der Effekt der Partnerschaft deutlich überschätzt und gleichzeitig der Geschlechtseffekt vernachlässigt (Haupteffekte: Partnerschaft F(1, 96)= 53,7, p<.001; Geschlecht p=.29; Interaktion Partnerschaft x Geschlecht p=.98; siehe Tab. A2.6).

Tab. A2.6: Erlebte und zugeschriebene Einsamkeit in Abhängigkeit von Geschlecht und Partnerschaft (Mittelwerte, Streuungen)

	erlebte Einsamkeit (1-4)		*zugeschriebene Einsamkeit (1-4)*	
	mit Freund/in	*ohne Freund/in*	*mit Freund/in*	*ohne Freund/in*
Mädchen	1,54 (.38)	1,66 (.43)	1,70 (.47)	2,88 (.84)
Jungen	1,88 (.37)	1,77 (.58)	1,52 (.52)	2,71 (.94)
	1,68 (.41)	1,72 (.53)	1,62 (.49)	2,79 (.89)

Hypothese 4 - Hypothese 6

Eine 2 (Geschlecht der Stimulusperson) x 2 (Alter der Stimulusperson) x 3 (Alleinsein der Stimulusperson) *dreifaktorielle multivariate Varianzanalyse* (siehe Bortz, 1990, S. 553ff.) mit den drei abhängigen Variablen negatives Stereotyp, Stigma und positives Stereotyp (jeweils Wertebereich von 1 bis 4) zeigte hypothesenkonform, dass Jugendliche andere Menschen, von denen sie wissen, dass diese oft allein sind, (unabhängig von Alter p=.51 und Geschlecht p=.40) für sozial inkompetent halten (negatives Einsamkeitsstereotyp), als unsympathisch und uninteressant abwerten (Stigmatisierung) und nicht in positiver Weise als freiheitsliebend oder unabhängig (positives Einsamkeitsstereotyp) beurteilen (Haupteffekt Alleinsein Wilks λ=0,58 F(6, 384=19,7), p<.001; Interaktionseffekte: Alter x Alleinsein p=.09; Geschlecht x Alleinsein p=.87; Geschlecht x Alter p=.93; Alter x Geschlecht x Alleinsein p=.53; siehe Tab. A2.7). Allein die Information, dass eine Person oft allein ist, veranlasst Jugendliche zu einer sehr negativen Personenbeurteilung und ist offensichtlich bei der Eindrucksbildung ein zentrales Merkmal im Sinne Aschs (1946). Die *Produkt-Moment-Korrelation* (siehe Bortz, 1993, S. 189ff.) zwischen dem negativen Stereotyp und dem Stigma betrug r=.76 (p<.001), die Korrelation zwischen dem positiven Stereotyp und dem Stigma betrug r=-.36 (p<.001). Negatives und positives Stereotyp waren ebenfalls korreliert r=-.42 (p<.001).

Tab. A2.7: Stereotypisierung und Stigmatisierung der Stimuluspersonen in Abhängigkeit vom Alleinsein (Mittelwerte, Streuungen, Irrtumswahrscheinlichkeiten univariaten einfaktoriellen Varianzanalysen, **: p<.01; ***: p<.001)

	oft allein	*keine Angabe zum Alleinsein*	*selten allein*	*p*
negatives Stereotyp	2,79 (.55)	1,99 (.63)	1,71 (.46)	***
Stigma	2,44 (.45)	1,89 (.51)	1,72 (.42)	***
positives Stereotyp	2,72 (.44)	2,81 (.49)	3,00 (.36)	**

Hypothese 7

Ein *multivariater Mittelwertvergleich* (siehe Bortz, 1990, S. 548ff.) mit 11 abhängigen Variablen zeigte hypothesenkonform, dass Jugendliche, die Brieffreundschaften suchten, sich hinsichtlich sozialer Integration/Isolation, subjektiver Einsamkeit und ausgewählten Freizeitaktivitäten nicht von anderen Jugendlichen unterschieden (Wilks λ=.94, F(11, 208)=1,18, p=.30; siehe Tab. A2.8).

Da auf Seiten der unabhängigen Variablen weitere mögliche Unterschiede zwischen den verglichenen Gruppen (z.B. Stadt-Land-Effekte oder Bildungs-Effekte) unberücksichtigt blieben, wären gefundene Isolations-Differenzen nicht eindeutig mit der Suche nach Brieffreundschaften in Verbindung zu bringen. Da jedoch – wie erwartet – die Nullhypothese nicht verworfen werden konnte, lässt sich die Annahme verstärkter Isolation und Einsamkeit im Zusammenhang mit der Suche nach schriftlichen Fernkontakten nur dann aufrechterhalten, wenn man Konfundierungseffekte annimmt, die der Nullhypothese auf allen 11 abhängigen Variablen jeweils genau entgegenwirken – was wenig plausibel ist.

Tab. A2.8: Vergleich von Jugendlichen, die Brieffreundschaften suchten, mit Jugendlichen, die im Klassenverband befragt wurden (Mittelwerte, Streuungen, zweiseitige Irrtumswahrscheinlichkeiten von t-Tests)

	Jugendliche, die im Klassenverband befragt wurden	*Jugendliche, die Brieffreundschaften suchten*	*p*
1. Anzahl Freunde	4,0 (3,9)	4,1 (2,8)	.90
2. Anzahl Bekannte	14,7 (10,7)	16,7 (12,2)	.26
3. Vorhandensein einer Partnerschaft	22%	28%	.29
4. abendliches Ausgehen pro Monat	5,4 (5,1)	5,9 (5,7)	.82
5. subjektive Einsamkeit	1,72 (.47)	1,75 (.61)	.47
6. Zusammensein mit Familie	3,3 (.87)	3,1 (1,0)	.21
7. Fernsehen	3,7 (.71)	3,7 (.70)	.87
8. Treffen mit Freunden, Bekannten	3,4 (.65)	3,6 (.64)	.13
9. Lesen	2,9 (1,0)	2,6 (1,2)	.06
10. Vereinsaktivitäten	2,4 (1,0)	2,4 (1,1)	.57
11. Konzert, Kino, Theater	2,0 (.45)	1,9 (.78)	.25

Diskussion

Die Untersuchung zeigt, dass Isolations- und Einsamkeitszuschreibungen bei Jugendlichen mit Stereotypisierung und Stigmatisierung einhergehen, was in Überstimmung steht mit anderen Untersuchungen, die entsprechende Effekte auch für Erwachsene zeigen (vgl. Lau & Gruen, 1992). Wenn Personen oder Personengruppen Alleinsein zugeschrieben wird, stellt man damit also gleichzeitig ihre soziale Kompetenz in Frage und wertet sie insgesamt ab. Positive Aspekte wie Unabhängigkeit oder Willensstärke werden nicht mit dem Alleinsein assoziiert. Vor diesem Hintergrund sind häufig zu hörende Aussagen über Isolation und Vereinsamung von Netznutzern nicht nur als Besorgnis wegen deren subjektiver Belastung zu interpretieren, sondern sind auch im Kontext sozialer Sanktionierung und Normierung zu sehen.

Obwohl solitäre Aktivitäten wie das Lesen und Schreiben im Zuge wachsender Bildungsanforderungen eine immer größere Rolle in unserer Kultur spielen, ist Alleinsein nach wie vor sehr negativ konnotiert und geradezu rechtfertigungsbedürftig. Dass aus augenfälligen Verhaltensweisen (z.B. Zeit allein verbringen) auf subjektive Einsamkeit geschlossen wird, birgt nicht nur das Risiko, dass Personen fälschlich Einsamkeit und soziale Inkompetenz zugeschrieben wird, sondern dass umgekehrt reale Einsamkeitsprobleme (z.B. Aufgrund von qualitativen Beziehungsmängeln) übersehen werden.

Jugendliche, die Brieffreundschaften suchen und somit bereit sind, einen Teil ihres Freizeitbudgets auf solitäre Tätigkeiten zu verwenden, sind weder isolierter noch kontakt- und beziehungsärmer oder einsamer als andere Jugendliche, was gegen das populäre Modell der Substitution privater Face-to-Face-Beziehungen durch mediale Fernbeziehungen spricht.

Anhang 3
Fragebogen-Untersuchung (online und offline)

Fragestellung und Hypothesen

Die Diskussion um Isolation und Einsamkeit im Zusammenhang mit Internet-Nutzung sollte die soziodemografischen Merkmale von Nutzern gegenüber Nicht-Nutzern ebenso miteinbeziehen (siehe Anhang 1) wie den möglichen Einfluß von Stereotypisierungs- und Stigmatisierungs-Prozessen (siehe Anhang 2). Darüber hinaus sind netzaktive Personen dahingehend zu differenzieren, wie ihre Nutzungsmuster quantitativ und qualitativ ausfallen. Um für eine derartige Studie Versuchspersonen anzuwerben bietet es sich an, auf netzinterne Umfragen zurückzugreifen und/oder netzexterne Orte aufzusuchen, an denen sich Netzaktive verstärkt aufhalten. In der vorliegenden Fragebogen-Untersuchung wurden beide Verfahren kombiniert.

Wenn mit Netznutzung soziale Defizite assoziiert werden, spielen Substitutions-, Degenerations- und Eskapismus-Thesen eine zentrale Rolle. Gemäß Substitutions-These ersetzen neue „virtuelle" Kontakte die bisherigen Face-to-Face-Verbindungen zu anderen Menschen. Querschnittlich würde man also bei Netzaktiven unterdurchschnittliche Ausprägungen auf den Variablen vorhandene Partnerschaft, Anzahl der Bekanntschaften und Anzahl der Freundschaften erwarten sowie überdurchschnittliche Einsamkeit. Gemäß Degenerations-These müssten sich diese Defizite im Laufe der Zeit immer mehr verschärfen, so dass das soziale Netzwerk außerhalb des Cyberspace bei den Beteiligten zunehmend verkümmert. Dies würde gemäß Eskapismus-These dadurch unterstützt, dass die Kommunikation im Netz weitgehend losgelöst vom sonstigen Alltag stattfindet, die Beteiligten somit in eine Art Scheinwelt eintauchen. Besonders stark gefährdet müssten MUD-Spielerinnen und -Spieler sein, die sich dezidiertem Rollenspiel in virtuellen Umgebungen widmen.

Ziel der innerhalb und außerhalb des Netzes durchgeführten Fragebogen-Untersuchung war es, Substitutions-, Degenerations- und Eskapismus-Thesen mit empirischen Evidenzen zu konfrontieren. Dabei widersprechen die Forschungshypothesen diesen populären Befürchtungen und stellen somit *Nullhypothesen* dar, die bei hohen Irrtumswahrscheinlichkeiten (bzw. bei geringen empirischen Differenzen zwischen den Vergleichsgruppen) beibehalten werden können:

H1: *Netznutzer und -nutzerinnen* sind nicht überdurchschnittlich sozial isoliert hinsichtlich Freundeszahl, Bekanntenzahl oder Partnerschaft und fühlen sich subjektiv auch nicht überdurchschnittlich einsam.

H2: *MUD-Spieler und -Spielerinnen* im besonderen sind nicht überdurchschnittlich sozial isoliert oder einsam.

H3: Es kommt bei Netznutzerinnen und -nutzern nicht zu einer *Substitution* persönlicher Kontakte durch computervermittelte Kontakte. Stattdessen ergänzen die Netzkontakte die sonstigen Kontakte. Gute soziale Integration manifestiert sich innerhalb und außerhalb des Netzes gleichzeitig.

H4: Es kommt im Zuge der Netznutzung auf Dauer nicht zu einer *Degeneration* sozialer Beziehungen und nicht zu einem Zuwachs an subjektiver Einsamkeit.

H5: Netznutzung dient eher der Realitätsbewältigung als der Realitätsflucht. Der „Cyberspace“ steht nicht als eine fiktionale Scheinwelt der „Wirklichkeit“ gegenüber, sondern er bietet Kontaktmöglichkeiten, bei denen *netzexterne Belange* (z.B. Arbeit, Urlaub, Hobby etc.) thematisiert werden.

H6: Während herkömmliche mediale Fernkommunikation (Telefonieren, Briefeschreiben) jeweils einzelne Zielpersonen adressiert, bieten Computernetze als Hybridmedien die Chance, in unterschiedlichen sozialen Szenarien viele Menschen erstmals kennenzulernen und unmittelbar zu kontaktieren. Indem man diese erweiterten und erleichterten Kontaktmöglichkeiten gezielt ausschöpft, lassen sich *Einsamkeitsgefühle verringern.*

Untersuchungsmethode

Zur Operationalisierung der Konstrukte wurde ein standardisierter Fragebogen entwickelt. Netzerfahrene Befragungspersonen wurden sowohl außerhalb als auch innerhalb des Netzes angeworben: Der Fragebogen wurde in Papierform auf den zweiten Kieler Netztagen 1994 verteilt (*Offline-Umfrage*, siehe Kap. 5.3.1) und zeitgleich als ASCII-Dokument in 15 deutschsprachige Usenet Newsgroups gepostet (*Online-Umfrage*, siehe Kap. 5.3.2). Berücksichtigt wurden 15 Gruppen, die ein weites thematisches Spektrum abdecken, unterschiedlich populär sind und zudem auch einen Bezug zur Mailbox-Welt herstellen: 1. <de.org.ccc>; 2. <de.talk.sex>; 3. <de.soc.kontakte>; 4.<de.comp.sys.amiga.misc>; 5. <zer.z-netz.freizeit.musik>; 6. <de. comm.isdn>; 7. <de.rec.fahrrad>; 8. <de.soc.familie>; 9. <de.etc.finanz>; 10. <de.alt.sport>; 11. <zer.t-netz.jokes>; 12. <fido.ger. boerse>; 13. <de.soc.politik>; 14. <de.alt. drogen>; 15. <maus.mathe>. Die Probanden schickten den Fragebogen per Email zurück, wobei ihnen geraten wurde, einen anonymen Remailer (siehe Kap. 2.2.3) zu verwenden. Diese Option wurde nur von 12 Personen in Anspruch genommen, die übrigen schickten den Bogen nicht-anonymisiert. Nach der Übertragung der Daten wurden die Orginal-Fragebögen gelöscht, so dass sich die einzelnen Datensätze nicht mit den Email-Adressen oder Real Names in Verbindung bringen lassen. Der Fragebogen war bewusst kurz gehalten und bestand aus fünf Teilen.

1. *Sozialstatistik*: Geschlecht, Alter, Schulabschluss, Tätigkeit und Einkommen.
2. *Angaben zur Netznutzung*: Netzerfahrung in Monaten, Häufigkeit und Nutzungsdauer einzelner Netzdienste, zukünftige Nutzungsintensität („weniger Zeit, genauso viel Zeit, mehr Zeit im Netz"), monatliche Ausgaben für Netznutzung in DM, Folgen der Netznutzung („Was haben Sie im Netz gefunden? a) Ehepartner, b) Freunde/ Bekannte, c) Fachkollegen, d) Wohnung, e) Arbeitsstelle, f) anderes").
3. *Soziale Integration*: Anzahl der guten Freunde („die mir z.B. bei Problemen helfen würden"), Anzahl der Bekannten („die ich z.B. zu einer Party einladen würde"), Familienstand bzw. Partnerschaft, Personenkreis, mit dem „nie über das Netz", „nur über das Netz" und „mit und ohne Netz" kommuniziert wird. (Die hier verlangten offenen Angaben von Anzahlen werden als *Kardinaldaten* behandelt.)
4. *Subjektive Einsamkeit*: Intensität subjektiv erlebter Einsamkeit gemessen mit der UCLA Loneliness Scale, bestehend aus 20 Items, die einsamkeitstypische Gedanken und Gefühle beschreiben und auf fünfstufigen Ratingskalen („stimmt gar nicht – wenig – teils-teils – ziemlich – völlig") zu beantworten sind (Döring & Bortz, 1993a). Der Gesamtwert der Skala (additive Durchschnittsbildung) hat einen Wertebereich von 1 (minimale Einsamkeit) bis 5 (maximale Einsamkeit). Wie zahlreiche Studien mit der UCLA Loneliness Scale zeigen, sind Werte zwischen 1,8 und 2,0 „normal" (vgl. Döring & Bortz, 1993b). Niedrigere Werte sprechen für eine besonders glückliche Lebenslage. Werte um 3,0 indizieren ausgeprägte Einsamkeitsgefühle und sind z.B. typisch für Personen, die sich für Einsamkeitstherapien anmelden (Russell, Peplau & Ferguson, 1978; Schwab, 1994). Die Reliabilität der eingesetzten Einsamkeitsskala war mit einem Cronbach-Koeffizienten von α=.90 zufriedenstellend. (Die Skalenwerte der UCLA Loneliness Scale sind *intervallskaliert* zu behandeln.)
5. *Selbstwertgefühl und Identität*: Selbstratings auf den Einzelitems: „Ich bin sicher und selbstbewusst" und „Ich würde gerne jemand anderes sein" („stimmt gar nicht – wenig – teils-teils – ziemlich – völlig"). (Das fünfstufige Intensitätsrating wurde als intervallskaliert aufgefasst.)

Stichprobe

Der Fragebogenrücklauf bei den Kieler Netztagen (ca. 150 Besucherinnen und Besucher) betrug n=43 vollständig ausgefüllte Fragebögen. Über die Publikation des Fragebogens in den Newsgroups konnten n=307 Untersuchungspersonen angeworben werden. Dabei handelte es sich sowohl um unmittelbaren Rücklauf des adressierten Newsgroup-Publikums (90%) als auch um Antworten von Personen, die den

Fragebogen a) per Email von anderen Netzteilnehmern erhalten oder ihn b) in lokalen Foren gefunden hatten, in die andere Netzteilnehmer ihn weitergeleitet hatten (10%). Der erste ausgefüllte Fragebogen wurde bereits am Publikationstag zurückgeschickt, der letzte kam zwei Monate später an (76% des Rücklaufs ging binnen einer Woche ein). Die meisten Bögen wurden von Lesern der Gruppen <de.org.ccc> (n=49) und <de.talk.sex> (n=28) ausgefüllt. 18 Personen schickten den Fragebogen mit einem Kommentar zurück, in dem sie die Vermutung äußerten, die Untersuchung habe nur das Ziel, Vorurteile über vereinsamte Computer-Freaks „zu bestätigen". Von diesen 18 skeptischen Probanden füllten dennoch 15 den Fragebogen aus, wobei sie deutlich geringere Einsamkeitswerte erzielten (M=1,66, SD=0,43) als die übrigen Probanden (M=1,86, SD=0,35). Obwohl es zwar möglich ist, dass die skeptischen Probanden tatsächlich unterdurchschnittlich einsam waren, wurden sie vorsichtshalber von den Hypothesentests ausgeschlossen, da mögliche (bewusst stereotyp-konträr angelegte) Antwortverzerrungen hypothesenkonform wären. Insgesamt gingen somit n=332 Personen in die Stichprobe ein (13% Kieler Netztage, 87% Newsgroups).

Die n=332 Befragungspersonen waren überwiegend männlich (96%) und jung (Durchschnittsalter 27 Jahre, SD=5,0, Md=26, Mo=25; 70% waren zwischen 20 und 30 Jahre alt). Ihr Bildungsstand war hoch: 33% hatten einen Hochschulabschluss, 56% Abitur und 11% Real- oder Hauptschulabschluss. Von den Probanden waren 49% Studierende, 44% Berufstätige und 7% Auszubildende oder Schüler. Die Mehrzahl der Befragten hatte in Ausbildung oder Beruf mit Informatik und Informationstechnik zu tun (57%), 17% waren im Bereich Technik und Ingenieurswesen tätig, 8% in den Naturwissenschaften und 18% in anderen Bereichen. Gut zwei Drittel der Befragten (62%) hatten ein monatliches Netto-Einkommen unter 2.000 DM, was angesichts des hohen Anteils an Studierenden kaum verwundert. 14% verdienten 2.000-3.000 DM, 13% 3.000-4.000 DM und 11% über 4.000 DM. Die durchschnittliche Netzerfahrung betrug 2,3 Jahre (ein Drittel der Befragten war kürzer als 1 Jahr am Netz).

Insgesamt entsprechen diese Befunde (siehe auch Tabelle 4.4 in Kap. 4.3) den Ergebnissen der Usenet-Umfrage von Kneer (1994) sowie der Mailbox- und Newsgroup-Umfrage von Wetzstein, Dahm, Steinmetz, Lentes, Schampaul und Eckert (1995).

Ergebnisse

Hypothese I

Die befragten Netznutzer waren sozial gut integriert, d.h. sie hatten durchschnittlich 7 gute Freunde (SD=4) und 32 Bekannte (SD=29). 43% hatten eine feste (eheliche oder nicht-eheliche) Partnerschaft. Subjektive Einsamkeitsgefühle waren mit M=1,90 (SD= 0,5) „normal" ausgeprägt (siehe oben). Zum Vergleich: 16jährige Jugendliche nannten 1994 im Mittel 4 Freunde und 15 Bekannte; 24% hatten einen festen Freund bzw. eine feste Freundin (siehe Anhang 2). Die Westdeutschen gaben 1986 durchschnittlich 3 enge Freunde an (vgl. Bruckner & Kaup, 1990, S. 50, ALLBUS-Daten, n=2.886). 1995 berichten Ost- und Westdeutsche ab 18 Jahre durchschnittlich 4 (SD=3) enge Freunde; in der Gruppe der 14-19jährigen hatten 35%, in der Gruppe der 20-29jährigen 72% und in der Gruppe der 30-49%jährigen 83% eine feste Partnerschaft; bei den Lehrlingen hatten 35% und bei den Studierenden 49% eine feste Partnerschaft (siehe Anhang 1). Der Bevölkerungsdurchschnitt liegt bei 31 Bekannten (Nölle-Neumann & Köcher, 1993, S. 79). Es zeigte sich hypothesenkonform also keine überdurchschnittliche Einsamkeit oder soziale Isolation bei den befragten Netzaktiven.

Hypothese 2

Ein *multivariater Mittelwertvergleich* (siehe Bortz, 1993, S. 548ff.) mit vier abhängigen Variablen zeigte hypothesenkonform, dass die n=48 befragten MUD-Spieler sich von den Nicht-Spielern weder hinsichtlich der ausgewählten Isolationsmaße noch hinsichtlich der subjektiv erlebten Einsamkeit unterschieden (Wilks λ=0,98, F(4, 286)=1,1 p=.34; siehe Tab. A3.1).

Tab. A3.1: Vergleich von MUD-Spielern und Nicht-Spielern hinsichtlich sozialer Isolation und Einsamkeit (Mittelwerte, Streuungen, zweiseitige Irrtumswahrscheinlichkeiten von t-Tests)

	MUD-Spieler (n=48)	*Nicht-Spieler (n=270)*	*p*
Anzahl der Freunde	6,9 (4,8)	6,7 (4,2)	.79
Anzahl der Bekannten	35,8 (33,3)	31,8 (29,4)	.42
Vorhandensein einer Partnerschaft	40%	54%	.11
subjektive Einsamkeit	1,95 (.56)	1,85 (.49)	.27

Der größte systematische Gruppenunterschied bestand im Alter: Die befragten MUD-Spieler waren signifikant jünger als die Nicht-Spieler (Durchschnittsalter 25 Jahre gegenüber 27 Jahre, t(305)=3,6, p<0,001). Zudem stimmten sie stärker der Aussage zu „Ich möchte gerne jemand anderes sein" (M=1,91 MUD-Spieler versus M=1,59 Nicht-Spieler, t(298)=-1,8, p<0.10), was sich mit dem MUD-spezifischen Spielen mit Identitäten und Rollen in Verbindung bringen lässt. Hinsichtlich Selbstwertgefühl (M=3,6 MUD-Spieler versus M=3,6 Nicht-Spieler) gab es jedoch keine Differenz.

Hypothese 3

Bivariate Produkt-Moment-Korrelationen (siehe Bortz, 1993, S. 189ff.) zeigten, dass die von der Substitutions-These nahegelegten negativen Zusammenhänge („je mehr Netzkontakte umso weniger sonstige Kontakte und Beziehungen“) nicht auftraten. Vielmehr schlug sich Geselligkeit innerhalb und außerhalb des Netzes nieder: Je mehr wichtige Personen ihres sozialen Netzwerkes die Befragten sowohl computervermittelt als auch anderweitig kontaktieren konnten, umso mehr Beziehungen hatten sie, die ganz auf CvK verzichteten oder nur auf CvK basierten (siehe Tab. A3.2).

Tab. A3.2: Korrelationen zwischen medialen und nicht-medialen Kontakten und Beziehungen (Korrelationskoeffizienten, einseitige Irrtumswahrscheinlichkeiten, *: p<.05; **: p<.01; *** p<.001).

	Anzahl Freunde	*Anzahl Bekannte*	*Anzahl Bezugs-personen nie CvK*	*Anzahl Bezugs-personen auch CvK*	*Anzahl Bezugs-personen nur CvK*
Freunde	I				
Bekannte	.29 ***	I			
nie CvK	.11 *	.13 **	I		
auch CvK	.20 ***	.22 ***	.22 ***	I	
nur CvK	.13 **	.08 (p=.10)	.04 (p=.26)	.38 ***	I

Alle befragten Netznutzer hatten wichtige Bezugspersonen, mit denen sie *nie* über das Netz kommunizierten. Zudem nutzten 80% der Befragten das Netz, um wichtige Beziehungspartner zu kontaktieren, die sie *auch* persönlich trafen. 42% pflegten subjektiv bedeutungsvolle, *reine* Netzbeziehungen. Die durchschnittliche Anzahl der *reinen* Netzbeziehungen pro Person belief sich auf 3 (SD=6, Md=Mo=0, Range: 0-50), während durchschnittlich 9 Personen (SD=9, Md=5, Mo=10, Range: 1-60) genannt wurden, mit denen die befragten Netznutzer *auch* computervermittelt in Kontakt traten. Die durchschnittliche Anzahl wichtiger Beziehungspartner, mit denen *nie* computervermittelt kommuniziert wurde, betrug 18 (SD=22, Md=Mo=10, Range: 1-150).

Dass Netzkontakte Überhand nehmen und persönliche Kontakte verdrängen bzw. substituieren, zeichnete sich hypothesenkonform bei den befragten Netzaktiven nicht ab.

Hypothese 4

Die *Degenerationshypothese* besagt, dass Netznutzung zu immer mehr Netznutzung führt und somit auf Dauer die Kontakte und Beziehungen außerhalb des Netzes immer mehr zurückgehen. 14% der befragten Netznutzer gaben an, in Zukunft „weniger“ Zeit im Netz zu verbringen, 68% erwarteten in Zukunft „genauso viel Zeit“ und 18% „mehr Zeit“ im Netz zu verbringen. Eine *einfaktorielle univariate Varianzanalyse* (siehe Bortz, 1993, S. 225ff.) erbrachte hypothesenkonform keine überzufälligen Gruppenunterschiede in der Weise, dass Personen, die sich schon lange mit Netzaktivitäten beschäftigen, eher zu einer (weiteren) Steigerung ihres Zeitbudgets im Netz tendieren (F(2, 320)=1,0, p=.37; siehe Tab. A3.3).

Tab. A3.3: Erwartete Entwicklung des Zeitbudgets für Netznutzung in Abhängigkeit von der Netzerfahrung (Mittelwerte, Streuungen)

	weniger Zeit im Netz	*genauso viel Zeit im Netz*	*mehr Zeit im Netz*
Netzerfahrung (Monate)	29,6 (21,1)	30,0 (22,5)	25,4 (21,5)

Eine *multiple Korrelations- und Regressionsanalyse* (siehe Bortz, 1993, S. 415ff.) mir vier Prädiktoren ergab hypothesenkonform, dass die Netzerfahrung in Monaten nicht mit dem Vorliegen einer Partnerschaft, der Anzahl von Freunden, der Anzahl von Bekannten und auch nicht mit subjektiver Einsamkeit zusammenhing (R=.08, F(4, 289)=0,51, p=.73).

Auch längerfristige Netznutzung hatte also nicht zu einer Art Internet-Sucht (i.S. zunehmender Nutzungs-Dosis) geführt oder zum Rückgang von sozialen Beziehungen geführt.

Hypothese 5

Da Netznutzer in der Regel nur ein begrenztes Zeitpensum im Netz verbringen (vgl. Kap. 4.4), können ihre Netzaktivitäten das sonstige Alltagsleben rein zeitlich gar nicht so stark bedrohen wie kritische Hinweise auf eine „Wirklichkeitsflucht im Cyberspace“ oft nahelegen. Eher stellen Netzforen eine Ergänzung der sonstigen sozialen Umwelten dar, häufig bereiten Netzaktivitäten auch direkte Alltagserfahrungen vor (Freundschaften, Urlaub etc). Von den 332 Befragten hatten 3 Personen ihre Wohnung, 10 Personen ihren Lebenspartner, 34 Personen ihre Arbeitsstelle, 135 Personen Fachkollegen und 192 Personen Freunde und Bekannte über das Netz gefunden. 67% der Befragten hatten mindestens eine der genannten Gratifikationen im Netz gefunden.

Zudem wurden unter der Kategorie „anderes" von 89 Personen Stichworte genannt, die sich grob in vier Kategorien einteilen lassen: 1. Kontakte zu Personen (Hobbypartner, Diskussionspartner), 2. Kauf/Verkauf von Waren (Computerteile, Fahrrad, Möbel), 3. Zugriff auf Informationen (Urlaubsziele, Hilfe bei Hard- und Softwareproblemen, Informationen für Diplomarbeit etc.) und 4. psychologische Gratifikationen (Amusement, Anerkennung, Unterhaltung).

Die explorative Auswertung der offenen Frage nach dem, was die Netzaktiven „im Netz gefunden" hatten, legt also hypothesenkonform keine eskapistische Haltung zum Medium nahe, sondern unterstreicht eher die wechselseitigen Bezüge zwischen dem „real life" und dem „virtual life" der Beteiligten.

Hypothese 6

Da die Informations-, Unterhaltungs- und Kontaktangebote des Netzes (siehe Kap. 4.6 für Gratifikationen der Netznutzung) gleichzeitig psychosozial der Stimmungsregulation, der Problemlösung oder der sozialen Unterstützung dienen können, sollte Netzkommunikation dabei helfen, Einsamkeitsgefühle zu verhindern oder zumindest zu verringern. Insbesondere alle Beteiligten, die die *kommunikativen* Möglichkeiten des Netzes ausschöpfen (z.B. Mailinglisten, Newsgroups, Chat-Channels), sollten besonders wenig unter Einsamkeits leiden, da sie temporäre Einsamkeitsgefühle während des Alleinseins durch Netzaktiväten überbrücken und durch zusätzliche computervermittelte Kontakte ihr soziales Netzwerk erweitern können.

Tab. A3.4: Vergleich von Viel- und Wenig-Nutzern kommunikativer Internet-Dienste hinsichtlich Isolation und Einsamkeit (Mittelwerte, Streuungen, einseitige Irrtumswahrscheinlichkeiten von t-Tests; ***: p<.001)

	Viel-Nutzer (n=44)	Wenig-Nutzer (n=81)	p
Freunde	6,8 (4,7)	7,0 (4,4)	.41
Bekannte	39,6 (36,9)	31,0 (24,1)	.09
Partnerschaft	51%	60%	.20
subjektive Einsamkeit	1,89 (.60)	1,83 (.47)	.25
Bezugspersonen nie CvK	12,7 (15,9)	17,4 (18,5)	.09
Bezugspersonen auch CvK	12,6 (9,8)	7,3 (7,3)	***
Bezugspersonen nur CvK	5,3 (10,8)	1,4 (3,7)	***

Ein deskriptiver Extremgruppenvergleich zwischen Personen, die Email, Newsgroups oder Chat-Channels *täglich und länger als eine halbe Stunde* nutzten (n=44), und Personen, die Email, Newsgroups oder Chat-Channels *höchstens 2/3mal pro Woche und weniger als 30 Minuten* nutzen (n=81), ergab, dass die besonders Aktiven deutlich mehr *reine* Netzkontakte pflegten und mehr Kontakte hatten, die *auch* durch Netzkommunikation aufrechterhalten wurden. Hinsichtlich der Anzahl von Freunden, Bekannten oder dem Vorliegen einer Partnerschaft bestanden dagegen keine Gruppenunterschiede (siehe Tab. A3.4).

Dass die besonders Aktiven gut die Hälfte (13 von 25) ihrer subjektiv wichtigen Bezugspersonen aus dem Alltagsleben auch über das Netz ansprechen konnten, während dies bei den weniger Aktiven nur durchschnittlich 28% (7 von 25) waren und dass die Aktiven mehr zusätzliche reine Netzbeziehungen unterhielten, wirkte sich jedoch nicht positiv auf ihre Einsamkeitsbelastung (gemessen mit der UCLA Loneliness Scale) aus. Ein *multivariater Mittelwertvergleich* (siehe Bortz, 1993, S. 548ff.) mit sieben abhängigen Variablen erbrachte hypothesenkonträr insgesamt keinen überzufälligen Unterschied zwischen beiden Extremgruppen (Wilks Lambda=.84, F(7,71)=1,8, p=.10).

Zum Ausbleiben der erwarteten Einsamkeits-Entlastung ist jedoch anzumerken, dass die UCLA Loneliness Scale eher überdauernde Einsamkeitsgefühle (trait loneliness) als kurzfristige Einsamkeitsstimmungen (state loneliness) erfasst. Um die vermuteten Zusammenhänge zwischen *temporären Einsamkeitsgefühlen* und Netznutzung zu untersuchen, wäre eine feinere Erfassung von Einsamkeitsgefühlen auf Situationsebene günstiger. Vielversprechend wäre auch eine Analyse der Unterstützungsfunktionen der Netzgemeinde im Zusammenhang mit der Bewältigung *kritischer Lebensereignisse* und der damit verbundenen sozialen Isolation und subjektiven Einsamkeit. So ist zumindest anekdotisch bekannt, dass die <alt.support.*> Hierarchie (z.B. <alt.support.loneliness>, <alt.support.divorce>) gut frequentiert ist und die Beteiligten diese elektronischen Selbsthilfegruppen äußerst hilfreich erleben (vgl. Döring, 1997d).

Um solche Effekte der Einsamkeitsentlastung zu untersuchen, müsste man jedoch gezielter besonders belastete Personen ansprechen oder bei Netzerfahrenen retrospektiv Situationen erfragen, in denen sie im Netz bei persönlichen Problemen Unterstützung erfuhren. Entscheidend ist hierbei, dass ein Entlastungseffekt nur insofern erwartet wird, als Netzkommunikation auf die einsamkeitsauslösenden Faktoren Einfluss nimmt (z.B. Hilfestellung bei der Bewältigung einer Trennungserfahrung), während bei *chronischer Einsamkeit* und den damit verbundenen Defiziten im Kommunikationsverhalten (z.B. mangelndes Eingehen auf die Äußerungen anderer Menschen) auch im Netz mit Isolation zu rechnen ist (siehe zur Einsamkeitsforschung Elbing, 1991; Peplau & Perlman, 1982).

Diskussion

Ein grundsätzliches Problem der psychometrischen Einsamkeitsforschung besteht darin, dass soziale Isolation und Einsamkeit Stigmata darstellen (siehe Anhang 2), die im Sinne sozial erwünschten Antwortens und/oder aus intrapsychischen Selbstdarstellungsgründen (vgl. Bortz & Döring, 1995, S. 211f.) nicht gerne zugegeben werden. Aufgrund des Stereotyps vom einsamen, kontaktgestörten Computerfreak reagieren manche Netznutzer auf einsamkeitsbezogene Fragen besonders sensibel und könnten motiviert sein, ihre Antworten bewusst in stereotyp-konträrer Richtung zu verzerren, was bei einigen in dieser Untersuchung ausgeschlossenen Fällen vermutlich der Fall war (siehe oben). Für die Mehrheit der Netznutzer und -nutzerinnen wird jedoch nicht angenommen, dass die Untersuchung Reaktanz auslöste, da sich aus der Innenperspektive der Netzgemeinde Netzaktive keineswegs als homogene Gruppe mit ausgeprägtem Kollektivbewusstsein darstellen (zur Netzkultur siehe Kap. 6.10), d.h. viele Netzaktive mögen es durchaus für möglich halten, dass Netznutzung bei manchen Personen negative Folgen wie z.B. Einsamkeit oder Sucht haben kann und deswegen ein relevantes Untersuchungsthema darstellt.

Die Untersuchung stellt pauschale Aussagen über Beziehungszerstörung und wachsende Vereinsamung durch *private* Netznutzung in Frage. Eine Generalisierung der Ergebnisse auf die Population der am Internet beteiligten Personen (siehe Kap. 4) ist auf der Basis einer Selbstselektions-Stichprobe freilich nicht möglich. Allerdings ist zu betonen, dass es sich bei den Befragungspersonen um besonders aktive und engagierte Netznutzer handelt (Besuch einer Netztagung, Nutzung von Newsgroups), deren netzbedingtes Isolationsrisiko dementsprechend in der Öffentlichkeit besonders hoch veranschlagt wird. Es zeigte sich jedoch, dass auch *engagierte* Nutzerinnen und Nutzer nicht automatisch überdurchschnittlich vereinsamt oder sozial isoliert sind. Im Gegenteil: Angesichts der Tatsache, dass für erfolgreiches soziales Handeln im Netz durchaus soziale Kompetenz notwendig ist, würde man unter den aktiven Newsgroup-Nutzerinnen und -Nutzern eher besondere Kontaktfreude vermuten, die sich oft innerhalb und außerhalb des Netzes niederschlägt (vgl. Kap. 8.4.1). Personen mit geringerem Netz-Engagement (z.B. nur gelegentliches Mailen oder Recherchieren im WWW) laufen dagegen ohnehin kaum Gefahr, dass ihre Netzaktivitäten sie von der Kontaktpflege außerhalb des Netzes abhalten.

Obwohl sich in der vorliegenden Querschnitt-Untersuchung zeigte, dass Personen mit ausgedehnter Netzerfahrung keine der Degenerations-These entsprechende Steigerung ihrer Nutzungszeit erwarteten und auch nicht isolierter oder einsamer waren als Netzneulinge, wären Längsschnittstudien wünschenswert, die individuelle Verläufe nachzeichnen. Solche Längsschnittstudien könnten auch (intra-, inter- und extrapersonale) Faktoren herausarbeiten, die an der Genese jener Nutzungsmuster beteiligt sind, die als unkontrollierbar erlebt werden und umgangssprachlich oft mit Suchtverhalten (vgl. Kap. 7.4.2 zu Eskapismus und „Internet-Sucht“) in Verbindung gebracht werden.

Anhang 4
Interview-Studie (online)

Fragestellung und Hypothesen

Das Chatten ist die Variante computervermittelter Kommunikation, die am stärksten mit Anonymität in Verbindung gebracht wird. Während man in Mailinglisten und Newsgroups sowie auf WWW-Seiten üblicherweise mit dem richtigen Namen auftritt und in sachbezogenen Austausch involviert ist, benutzt man beim geselligen Chatten fast durchgängig Pseudonyme (nick names, siehe Kap. 3.2.2). Im Unterschied zum Mudden, das nicht unerhebliche Kompetenz und wegen des Lernaufwands auch dauerhaftes Engagement in derselben virtuellen Umgebung verlangt, erlaubt die Teilnahme an Chat-Channels (siehe Kap. 3.3) ein beliebiges Wechseln des Forums. Denn wer grundsätzlich Chatten kann, kommt technisch auf jedem Chat-Channel bzw. in jedem Chat-Raum zurecht, während MUDs jeweils spezifisches Umgebungs- und Regelwissen verlangen. Durch Nick- und Channel-Wechsel kann man binnen einer Minute die bisherige öffentliche Identität hinter sich lassen und bei der Selbstpräsentation wieder völlig neu beginnen.

Negative Stimmen gehen davon aus, dass beim Chatten Anonymität vorherrschend ist und Identitätsverluste nach sich zieht. Die Beteiligten präsentieren sich selbst nur sehr ausschnitthaft oder sogar verfälscht und sind umgekehrt kaum in der Lage, ihr Gegenüber richtig einzuschätzen. Verbindlichkeit und Vertrauen können unter diesen Bedingungen schwerlich entstehen. Positive Stimmen dagegen betonen, dass gerade die Anonymität des Chattens den Boden bereitet für einen besonders offenen und unbefangenen Austausch. Die Beteiligten lernen sich auf diese Weise nicht in langsamer Annäherung „von außen", sondern sozusagen direkt „von innen" kennen, indem sie nach kürzester Zeit intime Gedanken und Gefühle preisgeben. Starke emotionale Bindungen, die nicht selten sogar bedeutungsvoller erlebt werden als die Small-Talk-Kontakte im sonstigen Alltag, sind Folge dieser Erfahrungen. Man kommt anderen, aber auch sich selbst näher.

Beide Positionen setzen voraus, dass Chatterinnen und Chatter sich im Netz durchgängig anonym bewegen und wenig Verbindungen zwischen Netzwelt und sonstigem Alltag herstellen. Zudem verstehen sie das Chatten als eine besonders beziehungs- und identitätskritische Tätigkeit und nicht etwa auch als unterhaltsamen, eher unspektakulären Zeitvertreib.

Ziel der *Online-Interview-Studie* war es, die These vom *Identitätsverlust* (z.B. „Beim Chatten verstecken sich die Leute hinter Schein-Identitäten") und die Gegen-These der therapeutischen *Identitätsentwicklung* (z.B. „Beim Chatten kann man unterrepräsentierte Selbst-Aspekte ausbauen und sich besser kennenlernen) mit empirischen Evidenzen zu konfrontieren (vgl. Kap. 7.5). Die Forschungshypothesen gehen dabei von ambivalenten und kontextspezifischen Effekten des Umgangs mit Identitäten beim Chatten aus:

H1: Das Chatten regt ein verstärktes Nachdenken über Diskrepanzen zwischen dem eigenen Verhalten/Erleben im Netz und im sonstigen Leben an (*Selbstreflexion*). Dass Menschen Chat-Erfahrungen unmittelbar auf das sonstige Leben übertragen können und einen offensichtlichen chatbedingten Verhaltenswandel feststellen (*Erfahrungs-Transfer*), tritt seltener auf. Und noch seltener kommt es vor, dass Menschen das Chatten vor allem zur Problemflucht nutzen (*Eskapismus*).

H2: Da Menschen in ihrer Selbstdarstellung im Alltag oftmals starken Restriktionen unterliegen und nicht selten Unsicherheit und Furcht vorherrschen, nutzen sie die (mögliche) Anonymität im Netz v.a. zu verstärkter *Offenheit und Ehrlichkeit*, seltener zum bewussten *Experimentieren mit Rollen.*

H3: Dem Erleben verstärkter *eigener wie fremder Offenheit* beim Chatten steht das Erleben verstärkten *Missverstandenwerdens und Getäuschtwerdens* gegenüber (Ambivalenz der Anonymität).

H4: Die verstärkte Offenheit beim Chatten geht mit dem Gefühl einher, im Netz eher dem eigenen *Idealselbst* zu ähneln. Das Selbst-Realisations-Potential der Chat-Kommunikation liegt somit stärker in einer Akzentuierung von herkömmlichen (aber im sonstigen Alltag – zum Beispiel wegen Schüchternheit – unterentwickelten Selbst-Aspekten) als in einer Übernahme alternativer Rollen.

H5: Personen, die häufiger chatten, einen festen Nick benutzen und eine persönliche Homepage anbieten (d.h. die mediale Umgebung identitätsbezogen gestalten), haben häufiger einen Stamm-Channel und mehr enge Chat-Bekannte (*bessere soziale Integration im IRC*).

H6: Die Anzahl der *persönlich getroffenen* Chat-Bekannten ist größer, wenn man mehr Chat-Bekanntschaften im IRC pflegt und wenn beim Chatten Eskapismus und Selbst-Realisation gemäß Ideal-Selbst eine geringere Rolle spielen.

H7: Frauen geben in der Selbstbeschreibung im IRC seltener ihren *vollen Namen* an und maskieren bei der *Nick-Wahl* häufiger ihr Geschlecht als Männer.

Untersuchungsmethode

Zur Operationalisierung der Konstrukte wurde ein Interview-Leitfaden entwickelt. Chaterfahrene Befragungspersonen wurden privat im Internet Relay Chat (IRC) angesprochen und um ein Interview gebeten (zu *Online-Interviews* siehe Kap. 5.2.3).

Der genutzte IRC-Server der Freien Universität Berlin (irc.fu-berlin.de) gehört zum IRCnet und ist stark frequentiert. Er weist in den Abendstunden ca. 4.000 Channels auf, die mindestens von einer Person, häufig von 10-20 und gelegentlich mit bis zu 100 und mehr Personen besetzt sind (Stand: 1997).

Mit dem /whois-Befehl ist es allen Beteiligten möglich, folgende Informationen über die auf dem Server eingeloggten Personen zu erhalten:

1. aktuell besuchte Channels der Zielperson
2. Nick Name der Zielperson
3. aktuelle Operator-Rechte der Zielperson
4. lokale Rechneradresse der Zielperson
5. eigene kurze Selbstdarstellung der Zielperson (meist Nick Name-Wiederholung oder Real Name oder Motto oder URL der persönlichen Homepage oder Email-Adresse)

Wie diese Informationen präsentiert werden und wie sie zu interpretieren sind, veranschaulicht Abbildung A4.1 an zwei Beispielen.

```
#ruhr.de Devil H@ rm@localhost.ruhr.de :4 Ralf
Mueller
```

Ralf Müller ist über den lokalen Rechner rm@localhost.ruhr.de mit dem IRCnet (bzw. dem IRC-Server der FU Berlin) verbunden. Er benutzt den Nick Name „Devil", befindet sich aktuell (H) auf dem deutschsprachigen Chat-Channel #ruhr.de und hat dort Operator-Rechte (@).

```
#biergarten Willybold H ~perstoro@clara.in-berlin.de
:0 besser idle im channel als idle im kopf
```

Die Person mit dem Nick Name „Willybold" gibt ihren richtigen Namen nicht an, sondern präsentiert stattdessen ein Motto. Sie befindet sich aktuell (H) auf dem Chat-Channel #biergarten und hat dort keine Operator-Rechte.

Abb. A4.1: Personenbezogene Informationen im IRC

Aus der Liste der Chat-Aktiven wurden einzelne deutschsprachige (Anhaltspunkte waren hierbei die lokale Rechneradresse und der Channel-Name) Personen am jeweiligen Untersuchungstag willkürlich ausgewählt und angesprochen mit der Bitte, an einer Umfrage zum Chat-Verhalten teilzunehmen. Die ca. 30minütigen Online-Interviews wurden zwischen April und Juni 1997 in den Nachtmittags-, Abend- und Nachtstunden durchgeführt und per Logfile-Recording aufgezeichnet, zudem wurde vermerkt, ob die Person in der Selbstbeschreibung einen Real Name angegeben hatte (der Name selbst wurde nicht registriert und auch nicht auf Richtigkeit überprüft). Nach der Übernahme der Daten wurden die Logfiles mit den Nick Names gelöscht, so dass die Datensätze weder mit einem Nick Name noch mit einem Real Name in Zusammenhang zu bringen sind. Der Interview-Leitfaden war bewusst kurz gehalten und bestand aus drei Teilen:

1. Fragen zum *Chat-Verhalten*: „Zuerst einige Fragen zu Deinem Chat-Verhalten" (Die mit den offenen Fragen und den Ja/Nein-Fragen erzeugten Daten werden als *kardinalskaliert* aufgefasst.)
   - Wie viele Stunden chattest Du normalerweise pro Woche? (offene Angabe der Stundenzahl)
   - Benutzt du einen festen Nick, unter dem dich andere Leute im Netz kennen? (ja/nein)
   - Gibt es einen Channel, auf dem Du oft anzutreffen bist und Dich „zu Hause" fühlst? (ja/nein)
   - Wie viele Chat-Bekannte hast Du, mit denen Du regelmäßig chattest und die Dir persönlich nahe stehen? (offene Angabe der Personenzahl)
   - Wie viele dieser Chat-Bekannten hast Du schon außerhalb des Netzes getroffen? (offene Angabe der Personenzahl)
   - Hast Du eine persönliche Homepage im WWW (ja/nein)
2. Fragen zum *Chat-Erleben*: „Nun ein paar Fragen zu Deinem Chat-Erleben. Gib bitte an, wie oft jede einzelne Aussage auf Dich persönlich zutrifft: selten – manchmal – oft" (Die mit den dreistufigen Häufigkeits-Ratingskalen erzeugten Daten sind im Skalenniveau zwischen *Ordinal- und Intervallskala* anzusiedeln.)
   - *Selbstreflexion*: „Ich denke darüber nach, wie sich mein Verhalten/Erleben beim Chatten von meinem sonstigen Verhalten/Erleben unterscheidet." (selten – manchmal – oft)
   - *Maskerade der anderen*: „Wenn ich chatte, habe ich das Gefühl, die anderen verstecken sich hinter einer Maske." (selten – manchmal – oft)
   - *Missverstandenwerden*: „Wenn ich chatte, habe ich das Gefühl, die anderen könnnen mich nicht so gut einschätzen oder missverstehen mit eher als im sonstigen Leben." (selten – manchmal – oft)
   - *Selbstrealisation gemäß Ideal-Selbst*: „Beim Chatten ähnele ich mehr der Person, die ich gern sein würde." (selten – manchmal – oft)
   - *Offenheit*: „Beim Chatten gehe ich ehrlicher und offener auf andere Menschen zu als im sonstigen Leben." (selten – manchmal – oft)
   - *Offenheit der anderen*: „Beim Chatten erfährt man einiges von anderen Menschen, an das man im sonstigen Leben schwer herankommt." (selten – manchmal – oft)

- *Experimentieren mit Rollen*: „Beim Chatten experimentiere ich mit unterschiedlichen Rollen (z.B. Geschlechter-Tausch).“ (selten – manchmal – oft)
- *Erfahrungs-Transfer*: „Beim Chatten lerne ich neue Verhaltensweisen, die ich auf das sonstige Leben übertragen kann.“ (selten – manchmal – oft)
- *Eskapismus*: „Ich chatte, um meiner Arbeit oder meinen Problemen im sonstigen Leben zu entfliehen.“ (selten – manchmal – oft)

3. Fragen zur *Sozialstatistik*: „Abschließend noch zwei Fragen für die Statistik“
   - Geschlecht? (weiblich/männlich)
   - Alter? (offene Angabe des Alters)

Stichprobe

Um die n=60 Befragungspersonen anzuwerben, wurden insgesamt 139 Personen per /query-Befehl kontaktiert und um ein Interview gebeten. 20 reagierten überhaupt nicht, 33 reagierten ablehnend, in 26 Fällen kam es zum Interview-Abbruch. 72% der Befragungspersonen gaben als Geschlecht männlich, 28% weiblich an. Der Altersdurchschnitt lag bei 26 Jahren (SD=5,8; Md=Mo=24 Jahre; Range: 16-48 Jahre).

Die Befragten berichteten Chat-Zeiten von 2 bis 36 Stunden pro Woche (M=8,2, SD=5,5; Mo=5; Md=7). 32% der Befragten hatten eine persönliche Homepage im WWW.

Ergebnisse

Hypothese I

Das Chatten wurde von 7% der Befragten oft zur Problemflucht benutzt und konnte in 12% der Fälle einen deutlichen Verhaltenswandel außerhalb des Netzes bewirken. Noch viel verbreiteter war dagegen eine verstärkte Selbstreflexion durch Chat-Erlebnisse, sie trat bei 43% aller Befragten oft auf (siehe Tab. A4.1). Der *Trendtest von Page* (siehe Bortz, Lienert & Boehnke, 1990, S. 277f.) bestätigte hypothesenkonform einen überzufälligen monotonen Trend im Sinne von „Eskapismus < Erfahrungs-Transfer < Selbstreflexion“ (L=784,8; E(L)=720; z=5,92; p<.001).

Tab. A4.1: Eskapismus, Erfahrungs-Transfer und Selbstreflexion beim Chatten (Häufigkeiten, Mittelwerte, Streuungen, Rangsummen)

	Eskapismus	*Erfahrungs-Transfer*	*Selbstreflexion*
3: oft	4	7	26
2: manchmal	13	21	29
1: selten	43	32	5
n	60	60	60
M (SD)	1,35 (.61)	1,58 (.70)	2,35 (.63)
Rangsumme T	93,6	109,8	157,2

Hypothese 2

Der *Vorzeichenrangtest* (siehe Bortz, Lienert & Boehnke, 1990, S. 259ff.) zeigte hypothesenkonform, dass sich die Befragten beim Chatten offener und ehrlicher anderen Menschen zuwandten, während die Möglichkeit zum Experimentieren mit Rollen eine deutlich geringere Rolle spielte (siehe Tab. A4.2). Es ergab sich ein signifikantes Ergebnis ($z=-3{,}83$, $p<.001$), obwohl die starken Rangbindungen zu Null- und Verbunddifferenzen führen und somit die Testentscheidung eher konservativ ausfällt, siehe Bortz, Lienert & Boehnke, 1990, S. 262f.).

Tab. A4.2: Offenheit und Rollenspiel beim Chatten (Häufigkeiten, Mittelwerte, Streuungen, Durchschnittsränge)

	Offenheit	*Rollenspiel*
3: oft	23	9
2: manchmal	27	15
1: selten	10	36
n	60	60
M (SD)	2,22 (.71)	1,55 (.75)
Durchschnittsrang	25,03	20,20

Hypothese 3

Die *einfaktorielle Rangvarianzanalyse von Friedman* (siehe Bortz, Lienert & Boehnke, 1990, 267f.) zeigte hypothesenkonform, dass die Befragten beim Chatten sowohl verstärkte eigene und fremde Offenheit als auch verstärkte Probleme mit Missverstandenwerden und Maskerade der anderen erlebten ($\chi^2=4{,}95$, $df=3$, $p=.17$; siehe Tab. A4.3).

Tab. A4.3: Eigene und fremde Offenheit, Missverstandenwerden und Maskerade beim Chatten (Häufigkeiten, Mittelwerte, Streuungen, Durchschnittsränge)

	eigene Offenheit	*Offenheit der anderen*	*Missverstanden-werden*	*Maskerade der anderen*
3: oft	23	29	12	15
2: manchmal	27	20	39	35
1: selten	10	11	9	10
n	60	60	60	60
M (SD)	2,22 (.71)	2,30 (.77)	2,05 (.59)	2,08 (.64)
Durchschnittsrang	2,59	2,76	2,30	2,35

Rangkorrelationen nach Spearman (siehe Bortz, Lienert & Boehnke, 1990, S. 414ff.) belegten, dass eigene und fremde Offenheit (r=.34, p<.05) sowie umgekehrt Probleme mit Missverstandenwerden und Maskerade (r=.39, p<.05) Hand in Hand gingen. Allerdings war es nicht so, dass Personen, die verstärkte Offenheit beim Chatten erlebten, von Problemen mit Missverstandenwerden und Maskerade verschont blieben, denn es fanden sich keine systematischen negativen Zusammenhänge (siehe Tab. A4.4).

Tab. A4.4: Rangkorrelationen zwischen eigener und fremder Offenheit, Missverstandenwerden und Maskerade der anderen beim Chatten (Korrelationskoeffizienten, zweiseitige Irrtumswahrscheinlichkeiten)

	eigene Offenheit	*Offenheit der anderen*	*Missverstanden-werden*	*Maskerade der anderen*
eigene Offenheit	1			
Offenheit der anderen	.34 (p<.05)	1		
Missverstanden-werden	.14 (p=.13)	-.02 (p=.90)	1	
Maskerade der anderen	.13 (p=.33)	-.08 (p=.57)	.39 (p<.05)	1

Im Hinblick auf die ethisch kontrovers diskutierte „Maskerade" bzw. Simulation im Netz (siehe Kap. 6.7) ist das Auftreten eines sog. *Third-Person-Effekts* zu verzeichnen: Während man für sich selbst das – im alltäglichen Sprachgebrauch eher mit geringer Authentizität assoziierte – „Experimentieren mit Rollen" seltener in Anspruch nimmt (M=1,55; siehe Hypothese 2), vermutet man eine Maskerade bei anderen häufiger (M=2,08).

Hypothese 4

Rangkorrelationen nach Spearman (siehe Bortz, Lienert & Boehnke, 1990, S. 414ff.) zeigten hypothesenkonform, dass Befragungspersonen, die das Gefühl hatten, beim Chatten ehrlicher und offener auf andere Menschen zugehen zu können als im sonstigen Leben, gleichzeitig eher das Empfinden hatten, beim Chatten der Person zu ähneln, die sie gern sein würden ($r=.32$, einseitige Irrtumswahrscheinlichkeit $p<.01$). Wenn Personen dagegen im Netz mit Rollen experimentierten, ging damit keine verstärkte Selbst-Realisation gemäß Idealselbst einher (Rangkorrelation $r=-.10$, zweiseitige Irrtumswahrscheinlichkeit $p=.44$). Dabei waren Rollenspiel und Selbstoffenbarung unkorreliert ($r=-.15$, zweiseitige Irrtumswahrscheinlichkeit $p=.26$).

Hypothese 5

Eine *kanonische Korrelationsanalyse* (siehe Bortz, 1993, S. 582ff.) mit drei Prädiktor- und zwei Kriteriumsvariablen zeigte hypothesenkonform, dass Personen, die seltener chatteten, keinen festen Nick benutzten und keine persönliche Homepage anboten (d.h. die mediale Umgebung nicht aktiv identitätsbezogen gestalteten), weniger enge Chat-Bekanntschaften pflegten und seltener einen Stamm-Channel hatten (erste kanonische Korrelation $CR_1=.53$, $V=-9{,}77$, $p=.04$; siehe Tab. A4.5). 19% der Varianz der Kriteriumsvariablen konnten durch den ersten Prädiktorfaktor aufgeklärt werden. Umgekehrt konnten 12% der Varianz der Prädiktorvariablen durch den ersten Kriteriumsfaktor aufgeklärt werden.

Tab. A4.5: Erste kanonische Korrelation zwischen Chat-Verhalten und sozialer Integration im IRC (Faktorladungen, Eigenwerte, Varianzaufklärungen)

erster Prädiktorfaktor	*a*	*erster Kriteriumsfaktor*	*a*
1. Chatzeit	-.77	1. Anzahl der Chat-Bekannten	-.92
2. fester Nick Name	-.64	2. Stamm-Channel	-.73
3. persönliche Homepage	-.50		
Eigenwert	1,25	Eigenwert	1,38
Varianzaufklärung	42%	Varianzaufklärung	69%

Hypothese 6

Eine *multiple Korrelations- und Regressionsanalyse* (siehe Bortz, 1993, S. 415ff.) ergab hypothesenkonform, dass die Anzahl persönlich getroffener Chat-Bekanntschaften durch die Anzahl der Chat-Bekannten ($\beta=.53$, $p<.001$), durch Eskapismus ($\beta=-.26$, $p<.05$) und durch Selbst-Realisation gemäß Idealselbst ($\beta=-.26$, p<.05) vorhergesagt werden kann (R=.59, p<.001, Varianzaufklärung mit Schrumpfungskorrektur: 31%). Betrachtet man die bivariaten Zusammenhänge (siehe Tab. A4.6), so lässt sich ein Suppressions-Effekt feststellen: Die Variable „Selbst-Realisation gemäß Ideal-Selbst" bereinigt die Variable „Anzahl der Chat-Bekannten" um irrelevante Varianzanteile und leistet dadurch trotz geringer Validität einen zusätzlichen Vorhersagebeitrag (Nützlichkeit: 5%).

Tab. A4.6: Korrelationen zwischen der Anzahl der persönlich getroffenen Chat-Bekannten, der Anzahl der engen Chat-Bekannten, Eskapismus und Selbst-Realisation gemäß Ideal-Selbst (Korrelationskoeffizienten, einseitige Irrtumswahrscheinlichkeiten)

	Anzahl der getr. Chat-Bekannten	*Anzahl der Chat-Bekannten*	*Eskapismus*	*Ideal-Selbst*
Anzahl der getr. Chat-Bekannten	1			
Anzahl der Chat-Bekannten	.33 (p<.001)	1		
Eskapismus	-.32 (p<.001)	.16 (p=.11)	1	
Selbst-Realisation gemäß Ideal-Selbst	-.19 (p=.07)	.28 (p<.05)	.25 (p<.05)	1

Hypothese 7

Ein *exakter 4-Felder-Chi-Quadrat-Test nach Fisher-Yeates* (siehe Bortz, Lienert & Boehnke, 1990, S. 110ff.) zeigte hypothesenkonform, dass Frauen in der IRC-Selbstbeschreibung überzufällig seltener ihren vollen Namen angaben als Männer (einseitige Überschreitungswahrscheinlichkeit p=.028; siehe Tab. A4.7).

Tab. A4.7: Real Name-Angabe bei Chatterinnen und Chattern (Häufigkeiten)

	mit Real Name	*ohne Real Name*	
Frauen	1	16	17
Männer	14	29	43
	15	45	60

Ein *4-Felder-Chi-Quadrat-Test* (siehe Bortz, 1993, S. 157ff.) ergab, dass die befragten Frauen zwar häufiger (58%) als die befragten Männer (35%) ihr Geschlecht durch einen neutralen oder gegengeschlechtlichen Nick maskierten, dieser Effekt war jedoch (aufgrund der geringen Stichprobengröße und der dadurch reduzierten Teststärke) statistisch nicht abzusichern (χ^2=1,78, df=1, p=.18; siehe Tab. A4.8).

Tab. A4.8: Geschlechtsmaskierung bei Chatterinnen und Chattern mit festem Nick (Häufigkeiten)

	Geschlechtsmaskierung (neutraler/gegengeschl. Nick)	*Geschlecht am Nick erkennbar*	
Frauen	7 (5 / 2)	5	12
Männer	8 (4 / 4)	15	23
n	15 (9 / 6)	20	35

Es ist zu beachten, dass Geschlechtsmaskierung im Nick Name nicht gleichbedeutend ist mit der bewussten Übernahme einer anderen Geschlechts-Identität im Netz (siehe Kap. 7.4). So experimentierten gemäß *H-Test von Kruskal und Wallis* (siehe Bortz, Lienert & Boehnke, 1990, S. 222ff.; χ^2=0,69, df=2, p=.71) diejenigen mit festem Nick und Geschlechtsmaskierung (n=15, M=1,67; R=33,7) nicht überzufällig häufiger mit Rollen als diejenigen mit festem Nick ohne Geschlechtsmaskierung (n=20, M=1,55, R=29,8) oder diejenigen ohne festen Nick (n=25, M=1,48, R=29,1).

Geschlechtsmaskierung bedeutet häufig nur, dass *Außenstehende* eine Person im Netz nicht sofort eindeutig oder richtig als Mann bzw. Frau zuordnen können, während unter *Chat-Bekannten* die „wahre" Identität einer Person meist kein Geheimnis ist. Personen mit Geschlechtsmaskierung hatten im Mittel genauso viele enge Chat-Bekannte (M=5,2; SD=2,7) wie Personen, die ihr Geschlecht im Nick zu erkennen gaben (M=5,1, SD=1,9). Von denjenigen 6 Personen, die einen gegengeschlechtlichen Nick verwendeten, gaben 3 an, oft im Netz mit Rollen zu experimentieren.

Diskussion

Die Ergebnisse dieser explorativen Untersuchung sind aus verschiedenen Gründen zu relativieren. So sind aus Ökonomie-Gründen die Konstrukte nur durch Einzelitems operationalisiert worden und nicht durch psychometrische Skalen, was die Reliabilität einschränkt. Im Unterschied zur Online-Umfrage hat das Online-Interview den Vorteil größerer Kontrolle über den Ablauf, d.h. Verständnis- oder Interpretationsprobleme können gleich geklärt werden, und eine ernsthafte Beantwortung ist eher sicherzustellen. Allerdings besteht die Gefahr von Interviewer-Effekten. Insbesondere musste ein Kompromiss geschlossen werden zwischen standardisiertem Ablauf einerseits und dem Eingehen auf Fragen oder Kommentare der Befragungspersonen andererseits, wobei eine ausgedehnte Diskussion stets an das Ende des Interviews verlagert wurde und nicht selten eine Stunde und länger dauerte. Die Probanden zeigten also (in Übereinstimmung mit Hypothese 1) ein großes Interesse, ihre Chat-Erfahrungen zu reflektieren und zu diskutieren.

Die Untersuchung stellt pauschale Aussagen über Anonymität und Unverbindlichkeit bei Chat-Kontakten in Frage. Neben Problemen mit Missverstandenwerden und Maskerade erlebten die Beteiligten vor allem verstärkte Offenheit. Diese ging mit besserer sozialer Integration im IRC einher, wobei einerseits verstärkte Offenheit die soziale Integration begünstigen kann und andererseits verstärkte soziale Integration einen besonders offenen Austausch erleichtern mag. Diverse Strategien dienten den Netzaktiven in der medialen Chat-Umgebung dazu, Stabilität und Verbindlichkeit herzustellen (z.B. Verwendung eines festen Nick Name, regelmäßiges Aufsuchen desselben Stamm-Channels, häufiges privates Chatten mit Bekannten). Wie unpersönlich und flüchtig Chat-Kontakte sind, entscheidet somit nicht das Medium, sondern ist von individuellen Nutzungsformen und kollektiven (z.B. Channel-spezifischen) Nutzungsnormen abhängig.

Literatur

Abteilung für Kognitive und Kommunikations-Psychologie an der Universität Trier (1998). Trierer Experimental Server. [Online-Dokument] URL http://cogpsy.uni-trier.de:8000/TEServ.html

Adamse, M. & Motta, S. (1996). *Online Friendship, Chat-Room Romance and Cybersex: Your Guide to Affairs of the Net*. Metuchen, NJ: Health Communications Inc.

Adelman, M.B., Parks, M.R. & Albrecht, T.L. (1987). Beyond close relationships: Support in weak ties. In T.L. Albrecht & M.B. Adelman (Hrsg.), *Communicating Social Support* (S. 126-147). Newbury Park: Sage.

Afemann, U. (1997). Internet for the Third World - Chance or threat? *Ethnologie Heute, 1* (1). [Online-Dokument] URL http://www.uni-muenster.de/EthnologieHeute/eh1/afe.htm

Agre, P. (1994). Net Presence. *Computer-Mediated Communication Magazine, 1* (4), 6. [Online-Dokument] URL http://sunsite.unc.edu/cmc/mag/1994/aug/presence.html

Agre, P. (1995). Neurotic Game-Playing on the Net. *The Network Observer, 2* (12). [Online-Dokument] URL http://dlis.gseis.ucla.edu/people/pagre/tno/december-1995.html

Ahlemeyer, H.W. (1996). *Prostitutive Intimkommunikation. Zur Mikrosoziologie heterosexueller Prostitution*. Stuttgart: Enke.

Ajzen, I. (1988). *Attitudes, Personality and Behavior*. Milton Keynes: Open University Press.

Ajzen, I. & Fishbein, M. (1980). *Understanding Attitudes and Predicting Social Behavior*. Englewood Cliffs, N.J.: Prentice-Hall.

Albright, J. M. (o.J.). Online Love: Sex, Gender and Relationships in Cyberspace. [Online-Dokument] URL http://www-scf.usc.edu/~albright/onlineluv.txt

Anderson, J. (1996). Not for the Faint of Heart: Contemplations on Usenet. In L. Cherny & E.R. Weise (Hrsg.), *Wired Women* (S. 126-140). Seattle, Washington: Seal.

APA (American Psychological Association) (1995). *Publication Manual of the American Psychological Association* (4. Aufl.). Washington, DC: APA.

Argyle, M. & Dean, J. (1965). Eye-Contact, Distance and Affiliation. *Sociometry, 28*, 289-304.

Asch, S. (1946). Forming Impressions of Personality. *Journal of Abnormal and Social Psychology, 41*, 258-290.

Auhagen, E.A. (1991). *Freundschaft im Alltag. Eine Untersuchung mit dem Doppeltagebuch.* Bern: Huber.

Auhagen, E.A. & Salisch, M. v. (Hrsg.) (1993). *Zwischenmenschliche Beziehungen.* Göttingen: Hogrefe.

Austin, R. & Mendlik, F. (1994). Electronic mail in modern language development. *Neusprachliche Mitteilungen aus Wissenschaft und Praxis, 47*, 254-257.

Baacke, D. (1986). Autobiographische Texte als Beitrag zur Ich-Konstruktion. *Neue Sammlung, 26* (3), 350-367.

Bahl, A. (1996). Spielraum für Rollentäuscher. MUDs: Rollenspiele im Internet. *c't (Computer Technik),* Heft 8, 94-100.

Bales, R.F. (1950). *Interaction Process Analysis: A method for the study of small groups.* Cambridge, Mass.: Addison-Wesley.

Barbrook, R. & Cameron, A. (1997). Die kalifornische Ideologie. In nettime (Hrsg.), *Netzkritik. Materialien zur Internet-Debatte* (S. 15-36). Berlin: Edition ID-Archiv.

Barth, C. & Münch, T. (1997). Hörfunk im Internet. Angebotsformen und Entwicklungschancen in den USA und in Deutschland. *Media Perspektiven, 11*/97, 619-626.

Barth, C., Breiter, A., Frick, O., Klingler, W., Maier, J.-B. & Zoche, P. (1996). IST (ISI, Südwestfunk, Teco) *Online-Umfrage zum Internet* (27.11.1995-3.1.1996). Karlsruhe: Fraunhofer Institut für Systemtechnik und Innovationsforschung (ISI); Baden-Baden: Südwestfunk Baden-Baden (SWF); Karlsruhe: Telecooperation Office an der Universität Karlsruhe (Teco). [auch als Online-Dokument] URL http://www.fragebogen.de/

Bartle, R. (1996). Hearts, Clubs, Diamonds, Spades: Players who suit MUDs. *Journal of MUD Research, 1* (1), June 1996. [Online-Dokument]
URL http://journal.tinymush.org/~jomr/v1n1/bartle.html

Batinic, B. (1996a). *Ergebnisbericht der „Drei-Länder-Internet Umfrage".* Unveröffentlicher Ergebnisbericht. Universität Gießen, Institut für Psychologie.

Batinic, B. (1996b). *Internet Newsletter* (09.10.1996). [Online-Dokument]
URL http://www.or.zuma-mannheim.de/inhalt/Informationsquellen/newsletter/um1.htm

Batinic, B. & Bosnjak, M. (1997). Fragebogenuntersuchungen im Internet. In B. Batinic (Hrsg.), *Internet für Psychologen* (S. 221-244). Göttingen: Hogrefe.

Batinic, B., Bosnjak, M. & Bereiter, A. (1997). Der „Internetler". Empirische Ergebnisse zum Netznutzungsverhalten. In L. Gräf & M. Krajewski (Hrsg.), *Soziologie des Internet. Handeln im elektronischen Web-Werk* (S. 196-215). Frankfurt/Main: Campus.

Baudrillard, J. (1988). *The Ecstasy of Communication.* New York: Semiotext(e).

Baym, N. (1995a). The Emergence of Community in Computer-Mediated Communication. In S.G. Jones (Hrsg.), *CyperSociety: Computer-Mediated Communication and Community* (S. 138-163). Thousand Oaks, CA: Sage.

Baym, N. (1995b). The Performance of Humor in Computer-Mediated Communication. *Journal of Computer-Mediated Communication, 1* (2). [Online-Dokument]
URL http://www.ascusc.org/jcmc/vol1/issue2/baym.html

Baym, N. (1997). Interpreting Soap Operas and Creating Community: Inside a Electronic Fan Culture. In S. Kiesler (Hrsg.), *Culture of the Internet* (S. 103-120). Mahwah, New Jersey: Erlbaum.

Bechar-Israeli, H. (1995). From <Bonehead> TO <cLoNehEAd>: Nicknames, Play, and Identity on Internet Relay Chat. *Journal of Computer-Mediated Communication, 1* (2). [Online-Dokument] URL http://www.ascusc.org/jcmc/vol1/issue2/bechar.html

Beck, U. & Beck-Gernsheim, E. (Hrsg.) (1994). *Riskante Freiheiten. Individualisierung in modernen Gesellschaften.* Frankfurt am Main: Suhrkamp.

Becker-Beck, U. (1997). *Soziale Interaktion in Gruppen. Struktur- und Prozeßanalyse.* Opladen: Westdeutscher Verlag.

Beckett, D. (1995). *Combined Log System.* Paper presented at the Third International World-Wide Web Conference: Technology, Tools and Applications. April 10-14 1995 in Darmstadt, Germany. [Online-Dokument]
URL http://www.igd.fhg.de/www/www95/papers/46/comblog.html

Bell, D. (1976). *Die nachindustrielle Gesellschaft* (2. Aufl., Erstdruck 1973). Frankfurt am Main: Campus.

Benedikt, C. (1995). TinySex is Safe Sex. *Infobahn Magazine: The Magazine of Internet Culture*, June 1995. [Online-Dokument]
URL http://www.cwrl.utexas.edu/ ~claire/texts/thoughts.html

Bente, G. & Fromm, B. (1997). *Affektfernsehen.* Opladen: Westdeutscher Verlag.

Berger, C.R: (1988). Uncertainty and Information Exchange in Developing Relationships. In S. Duck (Hrsg.), *Handbook of Personal Relationships. Theory, Research and Interventions* (S. 239-256). Chichester, New York: Wiley.

Berger, P. & Luckmann, T. (1966). *The Social Construction of Reality*. Garden City, NY: Doubleday.

Berker, T. (1998). WWW-Nutzung an einer deutschen Hochschule - Computer, Sex und eingeführte Namen Ergebnisse einer Protokolldateienanalyse. [Online-Dokument] URL http://zeus.informatik.uni-frankfurt.de/~berker/proto.html

Bernhardt, U. & Ruhmann, I. (1995). Revolution von oben. Der Weg in die Informationsgesellschaft. *FIFF-Kommunikation 2/95*, 8-14.

Berthold, M., Sudweeks, F., Newton, S. & Coyne, R. (1998). It Makes Sense: Using an Autoassociative Neural Network to Explore Typicality in Computer Mediated Discussions. In S. Sudweeks, M. McLaughlin & S. Rafaeli (Hrsg.), *Network and Netplay. Virtual Groups on the Internet* (S. 191-220). Menlo Park, Ca: AAAI Press, The MIT Press.

Bickenbach, M. & Maye, H. (1997). Zwischen fest und flüssig. Das Medium Internet und die Entdeckung seiner Metaphern. In L. Gräf & M. Krajewski (Hrsg.), *Soziologie des Internet. Handeln im elektronischen Web-Werk* (S. 80-98). Frankfurt/Main: Campus.

Bierhoff, H.W. & Grau, I. (1993). Die Bedeutung der physischen Attraktivität für interpersonelle Attraktion und Liebe. In M. Hassebrauck & R. Niketta (Hrsg.), *Physische Attraktivität* (S. 201-234). Göttingen: Hogrefe.

Biervert, B., Monse, K., Behrendt, E. & Hilbig, M. (1991). *Informatisierung von Dienstleistungen. Entwicklungskorridore und Technikfolgen für die privaten Haushalte*. Opladen: Westdeutscher Verlag.

Bilden, H. (1997). Das Individuum - ein dynamisches System vielfältiger Teil-Selbste. Zur Pluralität in Individuum und Gesellschaft. In H. Keupp & R. Höfer (Hrsg.), *Identitätsarbeit heute. Klassische und aktuelle Perspektiven der Identitätsforschung* (S. 270-307). Frankfurt/Main: Suhrkamp.

Biocca, F. (1992). Virtual Reality Technology: A Tutorial. *Journal of Communication, 42* (4), 23-72.

Biocca, F. (1997). The Cyborg's Dilemma: Progressive Embodiment in Virtual Environments. *Journal of Computer-Mediated Communication, 3* (2). [Online-Dokument] URL http://jcmc.huji.ac.il/vol3/issue2/biocca2.html

Bizer, J. (1995). Teilnehmerautonome Verschlüsselung und Innere Sicherheit. In H. Kubicek, K.-H. Neumann, E. Raubold & A. Roßnagel (Hrsg.), *Jahrbuch Telekommunikation und Gesellschaft 1995. Multimedia – Technik sucht Anwendung* (S. 214-223). Heidelberg: Decker.

Bleuel, H. P. (1984). *Die verkabelte Gesellschaft.* München: Kindler.

Blumer, H. (1969). Der methodologische Standort des symbolischen Interaktionismus. In Arbeitsgruppe Bielefelder Soziologen (Hrsg.) (1973), *Alltagswissen, Interaktion und gesellschaftliche Wirklichkeit* (S. 80-146). Reinbek: Rowohlt.

Blumler, J. (1979). The role of theory in uses and gratifications studies. *Communication Research*, 1, 9-36.

Blumler, J. & Katz, E. (Hrsg.) (1974). *The Uses of Mass Communications. Current Perspectives on Gratification Research.* Beverly Hills, CA: Sage.

Bockholt, A., Kohl, S., Schlosser, H. D. & Schmid, S. (1993). *ISDN - Eine Technik auf dem Weg zur Allgegenwart. Sprachlich repräsentierte Leitbilder einer neuen Informations- und Kommunikationstechnik.* Frankfurt am Main: Verlag der Gesellschaft zur Förderung arbeitsorientierter Forschung und Bildung.

Bölling, O. (1997). MorgenGrauen - FAQ (Version 2.02). Anhang: Abschnitt 8.5 Statistik. [Online-Dokument] URL http://mg.mud.de/Regionen/polar/FAQ/f_kap_an.htm

Bonchek, M. (1996). *From Broadcast to Netcast: The Internet and the Flow of Political*

Information. (Doctoral Dissertation) Cambridge: MA: Harvard Universiy. [Online-Dokument] URL http://institute.strategosnet.com/msb

Borsook, P. (1996). The Memoirs of a Token: An Anging Berkeley Feminist Examines *Wired.* In L. Cherny & E.R. Weise (Hrsg.), *Wired Women. Gender and New Realities in Cyberspace* (S. 24-41).Seattle, Washington: Seal.

Bortz, J. (1993). *Statistik für Sozialwissenschaftler* (4. Aufl.). Berlin: Springer.

Bortz, J. & Döring, N. (1995). *Forschungsmethoden und Evaluation für Sozialwissenschaftler* (2. Aufl.). Berlin: Springer.

Bortz, J., Lienert, G.A. & Boehnke, K. (1990). *Verteilungsfreie Methoden in der Biostatistik.* Berlin: Springer.

Bosnjak, M. & Batinic, B. (1997). Zugangswege zum Internet. In B. Batinic (Hrsg.), *Internet für Psychologen* (S. 19-25). Göttingen: Hogrefe.

Braun, I. (1993). *Technik-Spiralen. Vergleichende Studien zur Technik im Alltag.* Berlin: Sigma.

Braun, I. (1994). Die weltweiten Computernetze zerstören unseren Planeten - und die Sozialwissenschaften spenden warmen Applaus. In C. v. Grote, S. Helmers, U. Hoffmann & J. Hofmann (Hrsg.), Kommunikationsnetze der Zukunft - Leitbilder und Praxis (S. 229-247). *WZB Paper* FS II 94-103. Berlin: WZB.

Brauner, J. & Bickmann, R. (1994). *Die Multimediale Gesellschaft.* Frankfurt/Main: Campus.

Bremer, C. (1998). Gruppenbasiertes vernetztes Lernen im Internet. Design einer virtuellen Hochschulveranstaltung. *GMW Forum. Zeitschrift der Gesellschaft für Medien in der Wissenschaft*, 1-2, 1998, 11-16.

Brenner, V. (1996). An Initial Report on the Online Assessment of Internet Addiction: The First 30 Days of the Internet Usage Survey. *PREP- Psychology Preprint Server.* [Online-Dokument] URL http://www.ccsnet.com/prep/ptitle/ptit8b.html

Bruckman, A. (1992). Identity Workshop. Emergent Social and Psychological Phenomena in Text-Based Virtual Reality. [Online-Dokument] Postscript-File:
URL ftp://ftp.cc.gatech.edu/pub/people/asb/papers/identity-workshop.rtf

Bruckman, A. (1993). *Gender-Swapping on the Internet.* Paper presented at the Internet Society, San Fransisco, CA, August 1993. [Online-Dokument]
URL ftp://ftp.cc.gatech.edu/pub/people/asb/papers/gender-swapping.txt

Bruckman, A. (1996). Finding One's Own in Cyberspace. *Technology Review, 1*, 48-54. [Online-Dokument] URL http://www.techreview.com/articles/jan96/Bruckman.html

Bruckman, A. & Resnick, M. (1995). The MediaMOO Project: Constructionism and Professional Community. *Convergence: The Journal of Research into New Media Technologies, 1* (1), 94-109. [auch als Online-Dokument]
URL http://www.cc.gatech.edu/fac/Amy.Bruckman/papers/convergence.html

Brückmann, J.W. (1995). Datennetze. In S. Bollmann (Hrsg.), *Kursbuch Neue Medien. Trends in Wirtschaft und Politik, Wissenschaft und Kultur* (S. 166-188). Mannheim: Bollmann Verlag.

Bruckner, E. & Knaup, K. (1990). Frauen-Beziehungen - Männer-Beziehungen? Eine Untersuchung über geschlechtsspezifische Unterschiede in sozialen Netzwerken. In W. Müller, R.Ph. Mohler, B. Erbslöh, M. Wasmer (Hrsg.), *Blickpunkt Gesellschaft. Einstellungen und Verhalten der Bundesbürger* (S. 43-62). Opladen: Westdeutscher Verlag.

Bruns, A. (1998). „Every home is wired“: the use of Internet discussion fora by a subcultural community. [Online-Dokument]
URL http://www.uq.net.au/~zzabruns/uni/honours/thesis.html

Bühl, A. (1997). Die virtuelle Gesellschaft - Ökonomie, Politik und Kultur im Zeichen des Cyberspace. In L. Gräf & M. Krajewski (Hrsg.), *Soziologie des Internet. Handeln im elektronischen Web-Werk* (S. 39-59). Frankfurt/Main: Campus.

Bundesministerium für Wirtschaft (1996). *Info 2000: Deutschlands Weg in die Informationsgesellschaft*. Bonn: Bundesministerium für Wirtschaft.

Buss, A. (1986). *Social Behavior and Personality*. Hillsdale: Erlbaum.

Buten, J. (1996). *Personal Home Page Survey.* [Online-Dokument] URL http://www.asc.upenn.edu/USR/sbuten/phpi.htm

Butler, J. (1995). *Körper von Gewicht. Die diskursiven Grenzen des Geschlechts* (Erstdruck 1990). Berlin: Berlin Verlag.

Camp, L. J. (1996). We are geeks, and we are not guys: The Systers Mailing List. In L. Cherny & E. R. Weise (Hrsg.), *Wired Women. Gender and New Realities in Cyberspace* (S. 73-97). Seattle, Washington: Seal.

Canzler, W., Helmers, S. & Hoffmann, U. (1995). *Die Datenautobahn - Sinn und Unsinn einer populären Metapher.* WZB Papers FS II 95-101. Berlin: Wissenschaftszentrum Berlin. [auch als Online-Dokument] URL http://duplox.wz-berlin.de/texte/caheho/

Carlstrom, E.-L. (1992). Better Living through Language. The Communicative Implications of a Text-only Virtual Environment or, Welcome to LambdaMOO! [Online-Dokument] URL http://www.uni-koeln.de/themen/cmc/text/carlstrom.92.txt

Carver, C.S. & Scheier, M. F. (1981). *Attention and Self-Regulation: A Control Theory Approach to Human Behavior*. New York: Springer.

Casimir, R. & Harrison, R. (1996). *Cyberrom@nzen. Online-Beziehungskisten und Partnersuche im Internet.* Mannheim: Bollmann Verlag.

Catledge, L. D. & Pitkow, J. E. (1995). *Characterizing Browsing Strategies in the World-Wide Web.* Paper presented at the Third International World-Wide Web Conference: Technology, Tools and Applications. April 10-14 1995 in Darmstadt, Germany. [Online-Dokument] URL http://www.igd.fhg.de/www/www95/papers/80/userpatterns/UserPatterns.Paper4.formatted.html

Cerulo, K.A., Ruane, J.M. & Chayko, M. (1992). Technological Ties that bind. Media-generated primary groups. *Communication Research, 19* (1), 109-129.

Chayko, M. (1993). What is real in the age of virtual reality? „Reframing" Frame Analysis for a Technological World. *Symbolic Interaction, 16* (2), 171-181.

Cherny, L. (1994). „Objectifying" the Body in the Discourse of an Object-Oriented MUD. *Works and Days, 13* (1/2), Spring/Fall 1995. [Online-Dokument] URL http://www.iup.edu/en/workdays/Cherney.html

Cherny, L. (1995). The Modal Complexity of Speech Events in a Social MUD. *Electronic Journal of Communication 5* (4), November 1995. [Online-Dokument] URL http://www.cios.org/www/ejc/v5n495.htm

Cherny, L. & Weise, E.R. (Hrsg.) (1996). *Wired Women: Gender and the New Realities in Cyberspace*. Seattle, Washington: Seal Press.

Ciskowski, D. & Benedikt, C. (1995). Dont' be a TinyJerk! The Basics on how to Behave on MUDs. In D. Ciskowski & C. Benedikt, *MUDs: Exploring Virtual Worlds on the Internet*. New York: Macmillan. [auch als Online-Dokument] URL http://www.cwrl.utexas.edu/~claire/texts/netiquette.html

Cisler, S. (1993). *Community Computer Networks: Building Electronic Greenbelts*. [Online-Dokument] URL http://www.uni-koeln.de/themen/cmc/text/cisler.93b.txt

Clark, H.H. & Brennan, S.E. (1991). Grounding in communication. In L.B. Resnick, J. M. Levine, & S. D. Teasley (Hrsg.). *Perspectives on socially shared cognition* (pp. 127-149). Washington, DC: APA Books.

Clerc, S. (1996). Estrogen Brigades and „Big Tits" Threads: Media Fandom Online and Off. In L. Cherny & E.R. Weise (Hrsg.), *Wired Women. Gender and New Realities in Cyberspace* (S. 73-97).Seattle, Washington: Seal.

Collins, M.P. (1992). Flaming: The Relationship Between Social Context Cues and Uninhibited Verbal Behavior in Computer-mediated Communication. [Online-Dokument] URL http://star.ucc.nau.edu/~mauri/papers/flames.html

Collmer, S. (1997). Computerkultur und Geschlecht. Die Aneigngung des Computers aus der Sicht von Frauen und Männern. In C. Schachtner (Hrsg.), *Technik und Subjektivität. Das Wechselverhältnis zwischen Mensch und Computer aus interdisziplinärer Sicht* (S. 149-168). Frankfurt/Main: Suhrkamp.

Connolly, T., Jessup, L.M. & Valacich, J. S. (1990). Effects of Anonymity and Evaluative Tone on Idea Generation in Computer-Mediated Groups. *Management Science, 36*, 97-120.

Constant, D., Sproull, L. & Kiesler, S. (1997). The Kindness of Strangers: On the Usefulness of Electronic Weak Ties for Technical Advice. In S. Kiesler (Hrsg.), *Culture of the Internet* (S. 303-322). Mahwah, New Jersey: Erlbaum.

Cooley, C.H. (1902). *Human nature and social order.* New York: Scribners.

Cross, S. & Markus, H. (1991). Possible selves across the life-span. *Human Development, 34*, 230-255.

Crott, H. (1979). *Soziale Interaktion und Gruppenprozesse.* Stuttgart: Kohlhammer.

Csikzentmihalyi, M. (1990). *Flow: The Psychology of optimal experience.* New York: Harper & Row.

Culnan, M.J. & Markus, M.L. (1987). Information Technologies. In F.M. Jablin, L.L. Putnam, K.H. Roberts, & L.W. Porter (Hrsg.), *Handbook of Organizational Communication: An Interdisciplinary Perspective* (S. 420-443). Newbury Park, CA: Sage.

Curtis, P. (1997). Mudding: Social Phenomena in Text-Based Virtual Realities. In S. Kiesler (Hrsg.), *Culture of the Internet* (S. 121-142). Mahwah, New Jersey: Erlbaum.

Dabiri, G. & Helten, D. (1998). *Das Phänomen Internet Relay Chat. Analyse der Bedeutungsschwerpunkte für die Anwender.* Unveröffentliche Diplomarbeit. Freie Universität Berlin: Fachbereich Erziehungswissenschaften, Psychologie und Sportwissenschaft. [auch als Online-Dokument] URL http://userpage.fu-berlin.de/~chlor/

Daft, R.L. & Lengel, R.H. (1984). Information Richness: A new approach to managerial behavior and organization design. In B. Staw & L. L. Cummings (Hrsg.), *Research in Organizational Behavior* (Vol. 6, S. 191-233). Greenwich: JAI.

Daft, R. L.& Lengel, R. H. (1986). Organizational Information Requirements, Media Richness and Structural Design. *Management Science, 32*, 554-571.

Danet, B. (1993). Curtain Time 20:00 GMT: Experiments with Virtual Theatre on Internet Relay Chat. *Journal of Computer-Mediated Communication, 1* (2). [Online-Dokument] URL http://www.ascusc.org/jcmc/vol1/issue2/contents.html

Danet, B., Ruedenberg-Wright, L. & Rosenbaum-Tamari, Y. (1997). „HMMM...WHERE'S THAT SMOKE COMING FROM?"Writing, Play and Performance on Internet Relay Chat. *Journal of Computer-Mediated Communication, 2* (4). [Online-Dokument] URL http://www.ascusc.org/jcmc/vol2/issue4/danet.html

Dannecker, M. (1997). Deutschland – schwulenfreundliches Land? *Zeitschrift für Sexualforschung*, 10 (3), 229-232.

Debatin, B. (1997). *Analyse einer öffentlichen Gruppenkonversation im Chat-Room Referenzformen, kommunikationspraktische Regularitäten und soziale Strukturen in einem kontextarmen Medium.* Vortrag gehalten auf der Jahrestagung der Fachgruppe Computervermittelte Kommunikation der DGPuK in München 1997. [Online-Dokument] URL http://www.uni-leipzig.de/~debatin/German/Chat.htm

December, J. (1993). *Characteristics of Oral Culture in Discourse on the Net.* Paper presented at the twelfth annual Penn State Conference on Rhetoric and Composition, University, Park, Pennsylvania, July 8, 1993. [Online-Dokument]
URL http://www.december.com/john/papers/pscrc93.txt

Dekker, A., Ehlebracht, O., Horch, A. & Imsel, F. (1998). *Genderswapping. Eine empirische Untersuchung zum Phänomen des virtuellen Geschlechtertauschs im Internet.* [Hausarbeit am Institut für Journalistik, Universität Hamburg, im Seminar „Genderstudies im Internet" WS 1997/98 bei Prof. Dr. Irene Neverla] [Online-Dokument]

URL http://www.stud.uni-hamburg.de/users/antipage/Genderswapping.html
DePaulo, B.M. (1992). Nonverbal Behavior and Self-Presentation. *Psychological Bulletin, 111* (2), 203-243.
Dibbell, J. (1993). A Rape in Cyberspace. *The Village Voice*, 21.12.1993. [auch als Online-Dokument] URL http://www.levity.com/julian/bungle.html
Diener, E. (1980). Deindividuation: The absence of self-awareness and self-regulation in group members. In P. Paulus (Hrsg.), *The psycholgoy of Group Influence* (S. 209-242). Hillsdale, NJ: Erlbaum.
Dietrich, D. (1997). (Re)-fashioning the Techno-Erotic Woman: Gender and Textuality in the Cybercultural Matrix. In S.G. Jones (Hrsg.), *Virtual Culture. Identity and Communication in Cybersociety* (S. 169-184). London: Sage.
Dietz-Lenssen, M. (1997). Kinderpornographie im Internet. Eine kritische Bestandsaufnahme von Erscheinungsformen und Gegenmaßnahmen. In M. Lenssen & E. Stolzenburg (Hrsg.), *Schaulust. Erotik und Pornographie in den Medien* (S. 91-114). Opladen: Leske + Budrich.
Diewald, M. (1991). *Soziale Beziehungen: Verlust oder Liberalisierung? Soziale Unterstützung in informellen Netzwerken*. Berlin: Sigma.
Dijk, J. A. G. M. van (1993). Communication Networks and Modernization. *Communication Research, 20* (3), 384-407.
Dimmick, J. W., Sikand, J. & Patterson, S. J. (1994). The Gratifications of the Household Telephone. Sociability, Instrumentality, Reassurcance. *Communication Research, 21* (5), 643-663.
Donath, J. & Robinson, N. (1996). *The Sociable Web*. [Online-Dokument] URL http://judith.www.media.mit.edu/SocialWeb/SociableWeb.html
Donath, R. (1995). Schluß mit der Simulation im Fremdsprachenunterricht! Mit electronic-mail auf die Datenautobahn. *Computer und Unterricht, 18*, 46-51.
Donnerhacke, L. (1996a). Usenet: Die Einrichtung von Diskussionsforen. In M. Rost (Hrsg.), *Die Netz-Revolution. Auf dem Weg in die Weltgesellschaft* (S. 70-75). Frankfurt am Main: Eichborn.
Donnerhacke, L. (1996b). Mythos Selbstregulierung. In M. Rost (Hrsg.), *Die Netz-Revolution. Auf dem Weg in die Weltgesellschaft* (S. 76-81). Frankfurt am Main: Eichborn.
Döring, N. & Bortz, J. (1993a). Psychometrische Einsamkeitsforschung. Deutsche Neukonstruktion der UCLA Loneliness Scale. *Diagnostica, 39*, 224-239.
Döring, N. & Bortz, J. (1993b). Einsamkeit in Ost- und Westdeutschland. *Kölner Zeitschrift für Soziologie und Sozialpsychologie, 45*, 507-527.
Döring, N. (1996). Führen Computernetze in die Vereinsamung? *Gruppendynamik, 27* (3), 289-307. [auch als Online-Dokument]
URL http://www.fernuni-hagen.de/ SOZPSYCH/GD/doer1.htm
Döring, N. (1997a). Selbsthilfe, Beratung und Therapie im Internet. In B. Batinic (Hrsg.), *Internet für Psychologen* (S. 421-458). Göttingen: Hogrefe.
Döring, N. (1997b). Einsamkeit in der „Informationsgesellschaft". *ZUMA-Nachrichten, 40*, 36-51.
Döring, N. (1997c). Lernen und Lehren im Internet. In B. Batinic (Hrsg.), *Internet für Psychologen* (S. 359-394). Göttingen: Hogrefe.
Döring, N. (1998a). Sexualität im Internet. In T. Krueger & J. Funke (Hrsg.), *Psychologie im Internet* (S. 70-83). Weinheim: Beltz.
Döring, N. (1998b). Sexuelle Hilfe im Internet. In J. Janssen (Hrsg.), *Auf der virtuellen Couch. Selbsthilfe, Beratung und Therapie im Internet* (S. 129-157). Bonn: Psychiatrie-Verlag. [aktualisierte Version als Online-Dokument]
URL http://paeps.psi.uni-heidelberg.de/doering/nd_shii.htm
Dubrovsky, V.J., Kiesler, S. & Sethna, B.N. (1991). The Equalization Phenomenon: Status Effects in Computer-Mediated and Face-to-Face Decision Making Groups. *Human Computer Interaction, 6*, 119-146.

Duck, S. (Hrsg.) (1987). *Handbook of Personal Relationships. Theory, Research and Interventions*. Chichester, New York: Wiley.

Dyson, E. (1997). *Release 2.0 Die Internet-Gesellschaft. Spielregeln für unsere digitale Zukunft*. München: Droemer.

Dyson, E., Gilder, G., Keyworth, G. & Toffler, A. (1996). Magna Charta für das Zeitalter des Wissens [mit Kommentaren von R. Barbrook, P. Bereano, A. Cameron, G. Chapman, D. Gelernter & K. Hayles]. In S. Bollmann & C. Heibach (Hrsg.), *Kursbuch Internet. Anschlüsse an Wirtschaft und Politik, Wissenschaft und Kultur* (S. 98-109). Mannheim: Bollmann Verlag.

Egger, O. & Rauterberg, M. (1996). Internet Behaviour and Addiction. [Online-Dokument] URL http://www.ifap.bepr.ethz.ch/~egger/ibq/res.htm

Eimeren, B. v. & Maier-Lesch, B. (1997). Mediennutzung und Freizeitgestaltung von Jugendlichen. Ergebnisse einer Repräsentativbefragung von rund 1000 Jugendlichen zwischen zwölf und 19 Jahren. *Media Perspektiven, 11/97*, 590-603.

Eimeren, B.v., Oehmichen, E. & Schröter, C. (1997). ARD-Online-Studie 1997: Onlinenutzung in Deutschland. *Media Perspektiven, 10/97*, 548-557.

Elbing, E. (1991). *Einsamkeit. Psychologische Konzepte, Forschungsbefunde und Treatmentansätze*. Göttingen: Hogrefe.

Elmer-Dewitt, P. (1995). On a Screen near you: Cyberporn. It's popular, pervasive and surprisingly perverse, according to the first survey of online erotica. And there's no easy way to stamp it out. *Time Magazine, Vol. 146* (1), 3. Juli 1995. [auch als Online-Dokument] URL http://cgi.pathfinder.com/time/magazine/archive/1995/950703/950703.cover.html

Elsner, M., Gumbrecht, H.U., Müller, T. & Spangenberg, R.M. (1994). Zur Kulturgeschichte der Medien. In K. Merten, S.J. Schmidt & S. Weischenberg (Hrsg.), *Die Wirklichkeit der Medien. Eine Einführung in die Kommunikationswissenschaft* (S. 163-187). Opladen: Westdeutscher Verlag.

Epstein, C. F. (1988). *Deceptive Distinctions: Sex, Gender, and The Social Order.* New Haven, Conneticut: Yale University Press.

Erikson, E. H. (1973). Das Problem der Ich-Identität. In E.H. Erikson, *Identität und Lebenszyklus* (S. 123-215) (Erstdruck 1956). Frankfurt/Main: Suhrkamp.

Ertel, H. (1990). *Erotika und Pornografie. Repräsentative Befragung und psychophysiologische Langzeitstudie zu Konsum und Wirkung*. Weinheim: PVU.

Eurich, C. (1983). *Das verkabelte Leben*. Reinbek: Rowohlt.

Eveland, J.D. & *Bikson*, T.K. (1988). Work group structures and computer support: A field experiment. *Transactions on Office Information Systems, 6* (4), 354-379.

Famulla, G.-E., Gut, P., Möhle, V., Schumacher, M. & Witthaus, U. (1992). *Persönlichkeit und Computer.* Opladen: Westdeutscher Verlag.

Fanderclai, T.L. (1996). Like Magic, Only Real. In L. Cherny & E.R. Weise (Hrsg.), *Wired Women - Gender and New Realities in Cyberspace* (S. 224-241). Seattle, Washington: Seal Press.

Feierabend, S. & Klingler, W. (1997). Jugendliche und Multimedia: Stellenwert im Alltag von Zwölf- bis 17jährigen. *Media Perspektiven, 11*/97, S. 604-611.

Feld, S.L. (1981). The Focused Organization of Social Ties. *American Journal of Sociology, 86*, 1015-1035.

Fenigstein, A., Scheier, M.F. & Buss, A. H. (1975). Public and private self-consciousness: Assesssment and theory. *Journal of Consulting and Clinical Psychology, 117,* 33-36.

Fernback, J. & Thompson, B. (1995). Computer-Mediated Communication and the American Collectivity: The Dimensions of Community within Cyberspace. Paper presented at the Annual Convention of the International Communication Association in Albuquerque, New Mexico, May 1995. [Online-Dokument]
URL http://www.well.com/user/hlr/texts/VCcivil.html

Filipp, S.-H. (1979). Entwurf eines heuristischen Bezugsrahmens für die Selbstkonzept-Forschung: Menschliche Informationsverarbeitung und naive Handlungstheorie. In S.-H. Filipp (Hrsg.), *Selbstkonzept-Forschung. Probleme, Befunde, Perspektiven* (S. 129-152). Stuttgart: Klett-Cotta.

Fishbein, M. & Ajzen, I. (1975). *Beliefs, Attitude, Intention and Behavior: An Introduction to Theory and Research*. Englewood Cliffs, N.J.: Prentice-Hall.

Fittkau, S. & Maaß, H. (1995). *1. W3B-Umfrage*. [Online-Dokument] URL http://www.w3b.de/ergebnisse/w3b1/demographie.html

Fittkau, S. & Maaß, H. (1998). 7. W3B-Umfrage. [Online-Dokument] URL http://www.w3b.de/ergebnisse/w3b7/ergebnisse.html

Földy, R. & Ringel, E. (1993). *Machen uns die Medien krank? Depression durch Überinformation*. München: Universitas.

Forgas, J.P. (1995). *Soziale Interaktion und Kommunikation*. Weinheim: PVU

Forgas, J. P. & Dobosz, B. (1980). Dimensions of Romantic Involvement: Towards a Taxonomy of Heterosexual Relationships. *Social Psychology Quarterly, 43*, 290-300.

Forschungsgruppe Telefonkommunikation (Hrsg.) (1989). *Telefon und Gesellschaft. Band 1: Beiträge zu einer Soziologie der Telefonkommunikation*. Berlin: Spiess.

Forschungsschwerpunkt Technik - Arbeit - Umwelt (1996). Die Gemeinde des Internet. Organisationstechnologie und Technikgeneseforschung. *WZB (WissenschaftsZentrum Berlin) Mitteilungen, 71 (3/96)*, 8-10.

Foucault, M. (1977). *Discipline and Punish*. Harmondsworth: Penguin.

Fournier, G. (1994). *Informationstechnologien in Wirtschaft und Gesellschaft. Sozioökonomische Analyse einer technischen Herausforderung*. Berlin: Duncker & Humblot.

Frable, D.E.S. (1993). Being and feeling unique: Statistical deviance and psychological marginality. *Journal of Personality, 61*, 85-110.

Franz, B. (1995a). *Statistical Error in Usenet Arbitron from Brian Reid*. [Online-Dokument] URL http://www.tlsoft.com/arbitron/statistical_error.html

Franz, B. (1995b). *Revised Usenet Arbitron Results for May 1995*. [Online-Dokument] URL http://www.tlsoft.com/arbitron/may95/FullReport.html

French, J.R.P. & Raven, B.H. (1959). The bases of social power. In D. Cartwright (Hrsg.), *Studies in social power* (S. 607-623). Ann Arbor, Michigan: University Press.

Frey, H.-P. & Haußer, K. (1987). Entwicklungslinien sozialwissenschaftlicher Identitätsforschung. In H.-P. Frey & K. Haußer (Hrsg.), *Identität. Entwicklungen psychologischer und soziologischer Forschung* (S. 3-26). Stuttgart: Enke.

Freyermuth, G. S. (1996). Cybersex. In S. Bollmann & C. Heibach (Hrsg.), *Kursbuch Internet. Anschlüsse an Wirtschaft und Politik, Wissenschaft und Kultur* (S. 263-274). Mannheim: Bollmann Verlag.

Frindte, W. & Köhler, T. (1997). *Impression Management in der computervermittelten Kommunikation*. Vortrag auf der 6. Tagung der Fachgruppe Sozialpsychologie (20.-22. Juni 1997). Universität Konstanz.

Fulk, J., Schmitz, J. & Steinfield, C.W. (1990). A Social Influence Model of Technology Use. In J. Fulk & C. Steinfield (Hrsg.), *Organizations and Communication Technology* (S. 117-140). Newbury Park: Sage.

Gamson, J. (1998). *Freaks talk back. Tabloid Talk Shows and Sexual Nonconformity*. Chicago: The University of Chicago Press.

Garramone, G.M., Harris, A.C. & Anderson, R. (1986). Uses of Political Computer Bulletin Boards. *Journal of Broadcasting & Electronic Media, 30*, 325-339.

Gates, B. (1995). *Der Weg nach vorn. Die Zukunft der Informationsgesellschaft* (2. Aufl.). Hamburg: Hoffmann und Campe.

Gelder, L. van (1991). The strange case of the electronic lover. In C. Dunlop & R. Kling (Hrsg.), *Computerization and Controversy. Value Conflicts and Social Choices* (S. 363-375). Boston: Academic Press.

Gerdes, H. (1997a). Hypertext. In B. Batinic (Hrsg.), *Internet für Psychologen* (S. 137-160). Göttingen: Hogrefe.
Gerdes, H. (1997b). *Lernen mit Hypertext.* Lengerich: Pabst.
Gergen, K.J. (1985). The Social Construction Movement in Modern Psychology. *American Psychologist, 40*, 266-273.
Gergen, K.J. & K. Davis (1995) (Hrsg.). *The social Construction of the Person*. New York: Springer.
Gergen, K.J. (1991). *The Saturated Self: Dilemmas of Identity in Contemporary Life.* New York: Basic Books.
Gerhards, J. & Neidhardt, F. (1991). Strukturen und Funktionen moderner Öffentlichkeiten. In S. Müller-Dohm & K. Neumann-Braun (Hrsg.), *Öffentlichkeit, Kultur, Massenkommunikation* (S. 31-90). Oldenburg.
Gisor, M. (1997). Von Anarchie bis Orwell - Die Subgesellschaft Internet. In M. Rost (Hrsg.) *Die Netz-Revolution. Auf dem Weg in die Weltgesellschaft* (S. 51-62). Franfurt am Main: Eichborn.
Glotz, P. (1995). Chancen und Gefahren der Telekratie. Der Wandel der Kommunikationskultur seit 1984. In S. Bollmann (Hrsg.), *Kursbuch Neue Medien. Trends in Wirtschaft und Politik, Wissenschaft und Kultur* (S. 41-56). Mannheim: Bollmann Verlag.
Goffman, E. (1980). *Rahmen-Analyse. Ein Versuch über die Organisation von Alltags-Erfahrungen* (Erstdruck 1974). Frankfurt am Main: Suhrkamp.
Goffman, E. (1991). *Wir alle spielen Theater: die Selbstdarstellung im Alltag* (7. Aufl.; Erstdruck 1959). München: Piper.
Goldberg, I. (1996). *Internet Addiction Disorder (IAD). Official Diagnostic Criteria.* [Online-Dokument].
URL http://clio.iucf.indiana.edu/~brown/hyplan/addict.html
Goldmann, M., Herwig, C. & Hooffacker, G. (1995). *Internet. Per Anhalter durch das globale Datennetz.* Reinbek bei Hamburg: Rowohlt.
Gräf, L. (1997a). Pretest von WWW-Umfragen. In D. Janetzko, B. Batinic, D. Schoder, M. Mattingley-Scott & G. Strube (Hrsg.), *CAW-97. Beiträge zum Workshop „Cognition & Web" Freiburg i. Br. 25.-27.4.1997 (S. 51-62).* Freiburg: IIG-Berichte.
Gräf, L. (1997b). Locker verknüpft im Cyberspace - Einige Thesen zur Änderung sozialer Netzwerke durch die Nutzung des Internet. In L. Gräf & M. Krajewski (Hrsg.), *Soziologie des Internet. Handeln im elektronischen Web-Werk* (S. 99-124). Frankfurt/Main: Campus.
Graffam-Minkus, M. (1996). Krisensituationen stehen nicht im Vordergrund. Die Online-Pfarrerin Melanie Graffam-Minkus über die Kommunikation via e-mail. [Email-Interview] *Forum Medienethik, Nr. 2*/96 (Weltbild per Mausklick - Leben im digitalen Netz), 76-78.
Granovetter, M. S. (1973). The strength of weak ties. *American Journal of Sociology, 78*, 1360-1380.
Grosch, Y. (1997). *Schreibend sprechen? - Zur Gesprächshaftigkeit in Computer-Mediated Communication (CMC), dargelegt am Internet Relay Chat (IRC).* Unveröffentlichte Magisterarbeit. Friedrich-Alexander-Universität Erlangen-Nürnberg, Philosphische Fakultaet II.
Grüne, H. & Urlings, S. (1996). Motive der Onlinenutzung. Ergebnisse der psychologischen Studie „Die Seele im Netz". *Media Perspektiven, 9*/96, 493-498.
Gundry, J. (1992). Understanding Collaborative Learning in Networkes Organizations. In A.R. Kaye (Hrsg.), *Collaborative Learning through Computer Conferencing* (S. 167-178). Berlin: Springer.
GVU (Graphics, Visualization & Usability Center at Georgia Institute of Technology) (1995). *GVU's 4th WWW User Survey* (October 1995). [Online-Dokument] URL http://www.cc.gatech.edu/gvu/user_surveys/survey-10-1995/
Gwinnell, E. (1998). *Online Seducations. Falling in Love with Strangers on the Internet.* New York: Kodansha.

Haase, M., Huber, M., Krumreich, A. & Rehm, G. (1997). Internetkommunikation und Sprachwandel. In R. Weingarten (Hrsg.), *Schrift computerbasierter Medien und die Bildung sprachlicher Normen* (S. 51-85). Opladen: Westdeutscher Verlag. [auch als Online-Dokument] URL http://www.cl-ki.uni-osnabrueck.de/cl-ki/hausarbeiten/html/irc/

Habermas, J. (1995). Aufgeklärte Ratlosigkeit. *Frankfurter Rundschau,* 30.12.1995.

Habermas, T. (1996). *Geliebte Objekte. Symbole und Instrumente der Identitätsbildung.* Berlin: Guyter.

Hagemann-White, C. (1998). Subjekt, Geschlecht, Differenz. In D. Beinzger, S. Eder, R. Luca & R. Röllecke (Hrsg.), *Im Wyberspace - Mädchen und Frauen in der Medienlandschaft* (S. 16-28). Schriften zur Medienpädagogik 26. Bielefeld: Gesellschaft für Medienpädagogik und Kommuniktionskultur in der Bundesrepublik Deutschland e.V. (GMK).

Hannover, B. (1997). *Das dynamische Selbst. Die Kontextabhängigkeit selbstbezogenen Wissens.* München: Huber.

Hänze, M. & Meyer, H.A. (1997). Feldexperimente und nicht-reaktive Messung im World-Wide Web. In D. Janetzko, B. Batinic, D. Schoder, M. Mattingley-Scott & G. Strube (Hrsg., *CAW-97. Beiträge zum Workshop „Cognition & Web" Freiburg i. Br. 25.-27.4.1997 (S. 79-92).* Freiburg: IIG-Berichte.

Haraway, D.J. (1992). A Cyborg Manifesto: Science, Technology and Socialist-Feminism in the Late Twentieth Century. In D.J. Haraway (Hrsg.), *Simians, Cyborgs, and Women: The Reinvention of Nature.* London: Free Association Press.

Hark, S. (1996). *Deviante Subjekte. Die paradoxe Politik der Identität.* Opladen: Leske + Budrich.

Harnad, S. (1991). Post-Gutenberg Galaxy: The Fourth Revolution in the Means of Production of Knowledge. *Public-Access Computer Systems Review 2* (1), 39-53. [Online-Dokument] URL http://www.cogsci.soton.ac.uk/~harnad/Papers/Harnad/harnad91.postgutenberg.html

Harrison, R. (1996). Multi User Dungeons. In S. Bollmann & C. Heilbach (Hrsg.), *Kursbuch Internet. Anschlüsse an Wirtschaft und Politik, Wissenschaft und Kultur* (S. 299-314). Berlin: Bollmann.

Hartmann, U. (1989). *Inhalte und Funktionen sexueller Phantasien.* Stuttgart: Enke.

Haußer, K. (1995). *Identitätspsychologie.* Berlin: Springer.

Häußermann, H. & Petrowsky, W. (1989). Das Telefon im Alltag von Arbeitslosen. In Forschungsgruppe Telefonkommunikation (Hrsg.), *Telefon und Gesellschaft. Band 1: Beiträge zu einer Soziologie der Telefonkommunikation* (S. 116-134). Berlin: Spiess.

Heidbrink, H. (1997). Ein virtuelles Methodenseminar an der FernUniversität. In B. Batinic (Hrsg.), *Internet für Psychologen* (S. 395-420). Göttingen: Hogrefe.

Heim, M. (1993). *The Metaphysics of Virtual Reality.* New York: Oxford University Press.

Helmers, S. (1994). Internet im Auge der Ethnographin. *WZB Papers FS II 94-102.* Berlin: WZB.

Helmers, S. (1997). A Brief History of anon.penet.fi – The Legendary Anonymous Remailer. *Computer-Mediated Communication Magazine, Sept. 1997.* [Online-Dokument] URL http://www.december.com/cmc/mag/1997/sep/helmers.html

Helmers, S., Hoffmann, U. & Hofmann, J. (1995). Offene Datennetze als gesellschaftlicher Raum. Das Modell Internet. In EU-Kommission, Vertretung der BRD - Vertretung in Berlin (Hrsg.), *Europartner Information, Sonderheft April 1995.* Berlin: Berliner Vertretung der EU. [Online-Dokument] URL http://duplox.wz-berlin.de/texte/eu/

Herring, S. (1993). Gender and democracy in computer-mediated communication. *Electronic Journal of Communication, 3* (2). [Online-Dokument] URL http://www.cios.org/www/ejc/v3n293.htm

Herring, S. (1994). Politeness in computer culture: Why women thank and men flame. In M. Bucholtz. A.C. Liang, L.A. Sutton & C. Hines (Hrsg.), *Cultural performances: Pro-*

ceedings of the Third Berkeley Women and Language Conference (S. 278-294). Berkeley, CA: Berkeley Women and Language Group, University of California.

Herring, S. (1996). Posting in a different voice: Gender and ethics in computer-mediated communication. In C. Ess (Hrsg.), *Philosophical approaches to computer-mediated communication* (S. 115-145). Albany: SUNY Press.

Herrmann, T. (1991). Thesen zur Entsinnlichung von Kommunikationort und -zeit. *Wechselwirkung, 48,* 92-93.

Hesse, F.W., Grasoffky, B. & Hron, A. (1997). Interface-Design für computerunterstütztes kooperatives Lernen. In L.J. Issing & P. Klimsa (Hrsg.), *Information und Lernen mit Multimedia* (2. Aufl.) (S. 253-265). München: PVU.

Heuser, A. (1995). Verschlüsselung im Spannungsfeld von staatlichem Anspruch und individueller Freiheit. In H. Kubicek, K.-H. Neumann, E. Raubold & A. Roßnagel (Hrsg.), *Jahrbuch Telekommunikation und Gesellschaft 1995. Multimedia – Technik sucht Anwendung* (S. 224-228). Heidelberg: Decker.

Heuser, U.J. (1995). Am Bildschirm allein zu Haus. Die Informationsgesellschaft verheißt die totale Kommunikation – zu jeder Zeit, an jedem Ort. Von Gemeinsamkeit, Solidarität ist seltener die Rede. *Die Zeit Nr. 43* (20.10.97), S. 54.

Hiltz, S.R. (1984). *Online Communities. A Case Study of the Office of the Future*. Norwood: Ablex.

Hiltz, S.R. (1997). Impacts of college-level courses via Asynchronous Learning Networks: Focus on Students. Paper presented at the Sloan Conference on Asynchronous Learning Networks, Philadelphia. [Online-Dokument]
URL http://eies.njit.edu/~hiltz/workingpapers/philly/philly.htm

Hiltz, S.R. & Turoff, M. (1993). *The Network Nation: Human Communication via Computer*. Reading (2. Aufl.). Cambridge, MA: MIT Press.

Hinde, R. (1993). Auf dem Wege zu einer Wissenschaft zwischenmenschlicher Beziehungen. In A. E. Auhagen & M. v. Salisch (Hrsg.), *Zwischenmenschliche Beziehungen* (S. 7-36). Göttingen: Hogrefe.

Hirschauer, S. (1993). *Die soziale Konstruktion der Transsexualität. Über die Medizin und den Geschlechterwechsel.* Frankfurt am Main: Suhrkamp.

Ho, J. (1997). Evaluating the World Wide Web: A Global Study of Commercial Sites. *Journal of Computer-Mediated Communication, 3* (1). [Online-Dokument] URL http://www.ascusc.org/jcmc/vol3/issue1/ho.html

Hoffman, D. & Novack, T. P. (1998). The Cyberporn Debate. [Online Archiv]. URL http://www2000.ogsm.vanderbilt.edu/cyberporn.debate.html

Hoffmann, U. (1989). „Frauenspezifische" Zugangsweisen zur (Computer)Technik. Für und wider ein Konzept der Frauenforschung. In W. Rammert & G. Bechmann (Hrsg.), *Technik und Gesellschaft. Jahrbuch 5* (S. 159-174). Frankfurt am Main: Campus.

Hoffmann, U. (1996). „Request for Comments": Das Internet und seine Gemeinde. In H. Kubicek, G. Müller, K.-H. Neumann, E. Raubold & A. Roßnagel (Hrsg.), *Jahrbuch Telekommunikation und Gesellschaft* (S. 120-130). München: C.H. Beck.

Höflich, J.R. (1992). Kommunikationstechnologien, Kommunikationsnetze und die Diffusion von Bedeutung. *Communications, 17* (3), 311-330.

Höflich, J.R. (1994). Der Computer als „interaktives Massenmedium". Zum Beitrag des Uses and Gratification Approach bei der Untersuchung computervermittelter Kommunikation. *Publizistik, 39,* 389-408.

Höflich, J.R. (1995). Vom dispersen Publikum zu „elektronischen Gemeinschaften". Plädoyer für einen erweiterten kommunikationswissenschaftlichen Blickwinkel. *Rundfunk und Fernsehen, 43* (4), 518-537.

Höflich, J.R. (1996). *Technisch vermittelte interpersonale Kommunikation. Grundlagen, Organisatorische Medienverwendung, Konstitution „Elektronischer Gemeinschaften".* Opladen: Westdeutscher Verlag.

Horwitz, M. & Rabbie, J. M. (1989). Stereotypes of Groups, Group Members, and Individuals in Categories: A Differential Analysis. In D. Bar-Tal, C.F. Graumann, A.W. Kruglanski & W. Stroebe (Hrsg.), *Stereotyping and Prejudice. Changing Conceptions* (S. 105-132). New York: Springer.

Hradil, S. (1995). *Die „Single-Gesellschaft".* München: Beck.

Hurrelmann, B. (1989). *Fernsehen in der Familie. Auswirkungen der Programmerweiterung auf den Mediengebrauch.* Weinheim: Beltz.

Hurrelmann, B. (1994). Kinder und Medien. In K. Merten, S.J. Schmidt & S. Weischenberg (Hrsg.), *Die Wirklichkeit der Medien (S. 377-407).* Opladen: Westdeutscher Verlag.

Hurtienne, J. & Wandke, H. (1997). Wie effektiv und effizient navigieren Benutzer im World Wide Web? Eine empirische Studie. In D. Janetzko, B. Batinic, D. Schoder, M. Mattingley-Scott & G. Strube (Hrsg.), *CAW-97. Beiträge zum Workshop „Cognition & Web" Freiburg i. Br. 25.-27.4.1997 (S. 93-104).* Freiburg: IIG-Berichte.

Infratest Burke InCom & NOP Research Group (1998). Internet User Profile '98. (2. Welle September 1998) [Online-Dokument] URL http://www.wuv.de/data/report/infratest/

InternetTrak Q2 (1998). *Eine internationale Studie im Auftrag von KPMG, Yahoo! und Ziff-Davis.* [Online-Dokument] URL http://www.wuv.de/data/report/yahoo/index.html

Jackson, M.H. (1997). Assessing the Structure of Communication on the World Wide Web. *Journal of Computer Mediated Communication, 3* (1). [Online-Dokument] URL http://jcmc.huji.ac.il/vol3/issue1/jackson.html

Jaffé, J. M., Y.-E. Lee, L. Huang & H. Oshagan (1995). *Gender, Pseudonyms, and CMC: Masking Identities and Baring Souls.* Paper submitted for presentation to the 45th Annual Conference of the International Communication Association, 1995, Albuquerque, New Mexico, USA. [Online-Dokument]
URL http://research.haifa.ac.il/~jmjaffe/genderpseudocmc/

Jaeger, K. (1998). Im virtuellen Selbsthilfenetz. Erfahrungsbericht einer Betroffenen. In L. Janssen (Hrsg.), *Auf der virtuellen Couch. Selbsthilfe, Beratung und Therapie im Internet* (S. 40-52). Bonn: Psychiatrie Verlag.

Jähnke, J. (1994). *Soziale Implikationen der Kommunikation in Computernetzen - untersucht am Beispiel Internet.* Unveröffentlichte Magisterarbeit. Freiburg: Universität Freiburg i. Br., Philosophische Fakultät.

Janssen, L. (Hrsg.) (1998). *Auf der virtuellen Couch. Selbsthilfe, Beratung und Therapie im Internet.* Bonn: Psychiatrie Verlag.

Jones, E.E. (1990). *Interpersonal Perception.* New York: Freeman.

Jones, E.E., Farina, A., Hastorf, A.H., Markus, H., Miller, D.T. & Scott, R.A. (1984). *Social Stigma: The psychology of marked relationships.* New York: Freeman.

Jones, S. (1995). Understanding Community in the Information Age. In S. Jones (Hrsg.), *CyperSociety: Computer-Mediated Communication and Community.* Thousand Oaks, CA: Sage.

Jones, S. (1998). Media Use in an Electronic Community. In S. Sudweeks, M. McLaughlin & S. Rafaeli (Hrsg.), *Network and Netplay. Virtual Groups on the Internet* (S. 77-94). Menlo Park, Ca: AAAI Press, The MIT Press.

Koschnick, W. J. (1997). Rotlichtbezirk im Cyberspace. *Journalist* 5/97, S. 41.

Kalcik, S. (1985). Women's handles and the performance of identity in the CB community. In R. Jordan & S. Kalcik (Hrsg.), *Women's folklore, women's culture.* Philadelphia: University of Pennsylvania Press.

Kaplan, N. & Farrell, E. (1994). Weavers of Webs: A Portrait of Young Women on the Net. *The Arachnet Electronic Journal on Virtual Culture (EJVC),2* (3). [Online-Dokument] URL http://raven.ubalt.edu/staff/kaplan/weavers/weavers.html

Katz, J.E. (1994). Empirical and theoretical dimensions of obscene phone calls to women in the United States. *Human Communication Research, 21* (2), 15-182.

Katz, J.E. & Aspden, P. (1997a). A nation of strangers? Friendship patterns and community involvement of Internet users. *Communications of the ACM, 40* (12), 81–86. [auch als Online-Dokument] URL http://www.iaginteractive.com/emfa/friendship.htm

Katz, J.E. & Aspden, P. (1997b). Cyberspace and Social Community Development: Internet Use and Its Community Integration Correlates. Submitted to Journal of Communication. [Online-Dokument] URL http://www.iaginteractive.com/emfa/cybsocdev.htm

Katz, J.E. & Aspden, P. (1998). Internet dropouts in the USA: The invisible group. *Telecommunications Policy, 22* (4/5), 327-339.

Keegan, M. (1997). A Classification of MUDs. *Journal of MUD Research, 2* (2). [Online-Dokument] URL http://journal.tinymush.org/jomr/v2n2/keegan.html

Keupp, H. (1997). Diskursarena Identität: Lernprozesse in der Identitätsforschung. In H. Keupp & R. Höfer (Hrsg.), *Identitätsarbeit heute. Klassische und aktuelle Perspektiven der Identitätsforschung* (S. 11-39). Frankfurt/Main: Suhrkamp.

Kiesler, S. (1992). Talking, Teaching, and Learning in Network Groups: Lessons from Research. In A.R. Kaye (Hrsg.), *Collaborative Learning through Computer Conferencing* (S. 147-166). Berlin: Springer.

Kiesler, S. & Sproull, L. (1992). Group Decision Making and Communication *Technology. Organizational Behavior and Human Decision Prosesses, 52*, 96-123.

Kiesler, S., Siegel, J. & McGuire, T. W. (1984). Social Psychological Aspects of Computer-Mediated Communication. *American Psychologist, 39*, 1123-1134.

Kiesler, S., Zubrow, D., Moses, A. M. & Geller, V. (1985). Affect in Computer-Mediated Communication. *Human-Computer Interaction, 1*, 77-104.

King, S. (1996). *Is the Internet Addictive, or Are Addicts Using the Internet?* [Online-Dokument] URL http://www.concentric.net/~Astorm/iad.html

Klages, H. (1993). *Traditionsbruch als Herausforderung: Perspektiven der Wertewandelsgesellschaft*. Frankfurt: Campus.

Klebert, K., Schrader, E. & Straub, W. (1984). *Moderations-Methode*. Rimsting am Chiemsee: Preisinger.

Kleining, G. (1986). Das qualitative Experiment. *Kölner Zeitschrift für Soziologie und Sozialpsychologie, 38*, 724-750.

Kneer, V. (1994). *Computernetze und Kommunikation*. Diplomarbeit an der Universität Hohenheim, Fakultät für Wirtschafts- und Sozialwissenschaften. [auch als Online-Dokument] URL http://www.uni-koeln.de/themen/cmc/text/kneer.94a.txt

Knoll, K. (1995). *Practical Advice for Global Teamwork*. [Online-Dokument] URL http://uts.cc.utexas.edu/~bgac313/advice.html

Knoll, K. & Jarvenpaa, S. L. (1995). *Learning to Work in Distributed Global Teams*. [Online-Dokument] URL http://uts.cc.utexas.edu/~bgac313/hicss.html

Kollmann, K. (1997). Teleshopping: Bedingungen und Perspektiven – Ein konsumsoziologischer und -ökonomischer Blick. In L. Gräf & M. Krajewski (Hrsg.), *Soziologie des Internet. Handeln im elektronischen Web-Werk* (S. 174-194). Frankfurt/Main: Campus.

Kollock, P. & Smith, M. (1994). Managing the Virtual Commons: Cooperation and Conflict in Computer Communities. [Online-Dokument]
URL http://netscan.sscnet.ucla.edu/csoc/papers/virtcomm/

König, L. & Koch, C. J. (1995). Internet intern. Sind bestimmte NetznutzerInnen extravertierter? Semesterarbeit am Fachbereich Psychologie der Philipps-Universität Marburg. [Online-Dokument]
URL http://pc0435.psychologie.uni-marburg.de/~lars/sum.html

Korzenny, F. (1978). A Theory of Electronic Propinquity. Mediated Communication in Organization. *Communication Research, 5,* 3-24.

Kraemer, K.L. & Pinsonneault, A. (1990). Technology and Groups: Assessments of the Empirical Research. In J. Galegher, R. Kraut & C. Egido (Hrsg.), *Intellectual Teamwork.*

Social and Technological Foundations of Cooperative Work (S. 373-404). Hillsdale: Erlbaum.

Kramarae, C. & Taylor, H. (1993). Women and men on electronic networks: A conversation or a monologue? In H.J. Taylor, C. Kramarae, M. Ebben (Hrsg.), *Women, information technology, and scholarship* (S. 52-61). Urbana, IL: Center for Advanced Study.

Krause, S.C. (1997). Kommunikation im Internet. Chatten im IRC als Form des Gesprächs. Unveröffentlichte Magisterarbeit. Universität-Gesamthochschule Siegen: Fachbereich 3 (Sprach- und Literaturwissenschaften). [auch als Online-Dokument] URL http://www.geocities.com/CollegePark/Union/5141/

Kraut, R., Patterson, M., Lundmark, V., Kiesler, S., Mukophadhyay, T. & Scherlis, W. (1998). The Internet Paradox. A Social Technology That Reduces Social Involvement and Psychological Well-Being? *American Psychologist, 53* (9), 1017-1031.

Krippendorff, K. (1994). Der verschwundene Bote. Metaphern und Modelle der Kommunikation. In K. Merten, S.J. Schmidt & S. Weischenberg (Hrsg.), *Die Wirklichkeit der Medien. Eine Einführung in die Kommunikationswissenschaft* (S. 79-113). Opladen: Westdeutscher Verlag.

Krotz, F. (1997). Heimat als kommunikativ und medial vermittelte Veranstaltung. *Forum Medienethik Nr. 2*/97 (Massenmedien – Heimat im globalen Dorf?), 6-15.

Krüger, T. & Funke, J. (1998). Die Grundlagen. In T. Krüger & J. Funke (Hrsg.), *Psychologie im Internet* (S. 12-17). Weinheim: Beltz.

Kruse, L. & Graumann, C. F. (1978). Sozialpsychologie des Raumes und der Bewegung. In K. Hammerich & M. Klein (Hrsg.), *Materialien zur Sozialpsychologie des Alltags* (S. 177-219). Opladen: Westdeutscher Verlag.

Kubicek, H. & Berger, P. (1990). *Was bringt uns die Telekommunikation? ISDN - 66 kritische Antworten*. Frankfurt am Main: Campus.

Kubicek, H. & Rolf, A. (1986). *Mikropolis. Mit Computernetzen in die „Informationsgesellschaft". Pläne der Deutschen Bundespost, Wirtschaftliche Hintergründe, Soziale Beherrschbarkeit, Technische Details* (2. Aufl.). Hamburg: VSA-Verlag.

Kunze, M. (1997). Messung der Werbeträgerleistung von Online-Medien. [Online-Dokument] URL http://www.pz-online.de/pmonl/medonl/verfahren.htm

Lakemann, U. (1992). *Familienhaushalt und Büroheimarbeit. Problemlösungsverhalten im Spannungsfeld von Erwerbsarbeit und Familie*. Frankfurt am Main: Campus.

Langham, D. (1994). The Common Place MOO: Orality and Literacy in Virtual Reality. *Computer-Mediated Communication Magazine, 1* (3), 7. [Online-Dokument] URL http://sunsite.unc.edu/cmc/mag/1994/jul/moo.html

Langmaack, B. (1994). *Themenzentrierte Interaktion* (2. Aufl.). Beltz: Psychologie Verlags Union.

Lau, S. & Gruen, G.E. (1992). The social stigma of loneliness: Effect of target person's and perceiver's sex. *Personality and Social Psychology Bulletin, 18* (2), 182-189.

Lauria, R. (1997). Virtual Reality. An Empirical-Metaphysical Testbed. *Journal of Computer-Mediated Communication, 3* (2). [Online-Dokument] URL http://www.ascusc.org/jcmc/vol3/issue2/lauria.html

Leary, M. R. & Kowalski, R. M. (1990). Impression Management: A Literature Review and Two-Component Model. *Psychological Bulletin, 107* (1), 34-47.

Lehmann, B. (1996). Internet – (r)eine Männersache? In S. Bollmann & C. Heibach (Hrsg.), *Kursbuch Internet. Anschlüsse an Wirtschaft und Politik, Wissenschaft und Kultur* (S. 332-354). Berlin: Bollmann.

Leithäuser, Th., Löchel, E., Scherer, B. & Tietel, E. (1995). *Der alltagliche Zauber einer digitalen Technik*. Berlin: Sigma.

Leky, G. & Schumacher, H. (1989). Aspekte mediengebundener Kommunikation am Beispiel Telefontreff Köln. In Forschungsgruppe Telefonkommunikation (Hrsg.), *Telefon und Gesellschaft. Band 1: Beiträge zu einer Soziologie der Telefonkommunikation* (S. 135-166). Berlin: Spiess.

Levine, D. (1998). *The Joy of Cybersex : A Guide for Creative Lovers*. New York: Ballantine Books

Levinger, G. & Snoek, J. D. (1972). *Attraction in Relationships*. Morristown: General Learning Press.

Linville, P. W. (1987). Self-complexity as a cognitive buffer against stress-related illness and depression. *Journal of Personality and Social Psychology, 51*, 858-866.

Livingood, J. (1995). Revenge of the Introverts. *Computer-Mediated Communication Magazine, 2* (4), 8. [Online-Dokument] URL http://metalab.unc.edu/cmc/mag/1995/apr/livingood.html

Löffelholz, M. & Altmeppen, K.-D. (1994). Kommunikation in der Informationsgesellschaft. In K. Merten, S.J. Schmidt & S. Weischenberg (Hrsg.), *Die Wirklichkeit der Medien. Eine Einführung in die Kommunikationswissenschaft* (S. 570-591). Opladen: Westdeutscher Verlag.

Lombard, M. & Ditton, T. (1997). At the Heart of it all: The Concept of Telepresence. *Journal of Computer-Mediated Communication, 3* (2). [Online-Dokument] URL http://www.ascusc.org/jcmc/vol3/issue2/lombard.html

Lubbers, E. (1997). Das müßt ihr uns erstmal nachmachen! Netzaktivitäten in Amsterdam. In nettime (Hrsg.), *Netzkritik. Materialien zur Internet-Debatte* (S. 167-176). Berlin: Edition ID-Archiv.

Lull, J. (1980a). The social uses of television. *Communication Research, 6*, 197-205.

Lull, J. (1980b). Familiy communication patterns and the social uses of television. *Communication Research, 7*, 319-334.

Lundmark, V. (1995). The HomeNet Project. July 1995 Press Release. [Online-Dokument] URL http://homenet.andrew.cmu.edu/progress/press-release.html

Mabry, E.A. (1998). Frames and Flames: The Structure of Argumentative Messages on the Net. In S. Sudweeks, M. McLaughlin & S. Rafaeli (Hrsg.), *Network and Netplay. Virtual Groups on the Internet* (S. 13-26). Menlo Park, Ca: AAAI Press, The MIT Press.

Maletzke, G. (1978). *Psychologie der Massenkommunikation* (Erstdruck 1963). Hamburg: Hans-Bredow-Institut.

Mantovani, G. (1994). *Was der Computer mit uns macht. Sozialpsychologische Aspekte der Kommunikation mit und durch den Computer. Ein praxisorientierter Leitfaden.* Mainz: Matthias-Grünewald.

Markham, A.N. (1998). *Life Online: Researching Real Experience in Virtual Space*. Walnut Creek, CA: AltaMira.

Markus, M.L. (1987). Toward a „Critical Mass“ Theory of Interactive Media: Universal Access, Interdependence, and Diffusion. *Communication Research, 14*, 491-511.

Marschall, S. (1997). Politik „online“ - Demokratische Öffentlichkeit dank Internet? *Publizistik, 42* (3), 304-324.

Martin, G. (1995). Internet Indian Wars. *Wired,* Dez. 1995 (3. Jg.), 108-117.

Matheisen, J. & Voltenauer-Lagemann, M. (1983). *Soziale und kulturelle Auswirkungen von Bildschirmtext in privaten Haushalten. Wissenschaftliche Begleituntersuchung zur Bildschirmtexterprobung in Berlin.* Berlin: Heinrich-Hertz-Institut für Nachrichtentechnik.

McCall, G.J. & Simmons, J.L. (1966). *Identities and Interactions.* New York: Free Press.

McCreary, E. & Brochet, M. (1992). Collaboration in International Online Teams. In A.R. Kaye (Hrsg.), *Collaborative Learning through Computer Conferencing* (S. 69-86). Berlin: Springer.

McGrath, J.E. & Hollingshead, A.B. (1990). *Effects of technological enhancements on the flow of work groups: Preleminary report of a systematic review of the reserach literature* (Report 90-1). Urbana, IL: University of Illinois.

McKenna, K.Y.A., & Bargh, J.A. (1998). Coming out in the age of the Internet: Identity 'demarginalization' from virtual group participation. *Journal of Personality and Social Psychology, 75* (3), 681-694.

McLaughlin, M., Osborne, K. & Smith, C. (1995). Standards of Conduct on Usenet. In S.G. Jones (Hrsg.), *CyperSociety: Computer-Mediated Communication and Community*. Thousand McLeod, J. M., Bybee, C. R. & Durall, Oaks, CA: Sage.
McLuhan, M. (1994). *Die magischen Kanäle. Understanding Media* (Erstdruck 1964). Dresden: Verlag der Kunst Dresden.
McMillan, D. W. (1996). Sense of Community. *Journal of Community Psychology, 24* (4), 315-325.
McRae, S. (1996). Coming Apart at the Seams: Sex, Text and the Virtual Body. In L. Cherny & E.R. Weise (Hrsg.), *Wired Women - Gender and New Realities in Cyberspace* (S. 242-264). Seattle, Washington: Seal Press.
Mead, G.H. (1934). *Mind, Self, and Society.* Chicago: University of Chicago Press.
Mehta, M.D. & Plaza, D.W. (1997). Pornography in Cyberspace: An Exploration of What's in Usenet. In S. Kiesler (Hrsg.), *Culture of the Internet* (S. 53-67). Mahwah, New Jersey: Lawrence Erlbaum.
Merten, K. (1984). Vom Nutzen des „Uses and Gratifications Approach". Anmerkungen zu Palmgreen. *Rundfunk und Fernsehen, 32*, 66-72.
Merten, K. & Westerbarkey, J. (1994). Public Opinion und Public Relations. In K. Merten, S.J. Schmidt & S. Weischenberg (Hrsg.), *Die Wirklichkeit der Medien* (S. 188-211). Opladen: Westdeutscher Verlag.
Mettler-von Meibom, B. (1990). Wie kommt es zur Zerstörung zwischenmenschlicher Kommunikation? Überlegungen über längerfristige Tendenzen und die Anwendung von Computern. In W. Rammert (Hrsg.), *Computerwelten – Alltagswelten. Wie verändert der Computer die soziale Wirklichkeit?* (S. 65-90). Opladen: Westdeutscher Verlag.
Mettler-von Meibom, B. (1994). *Kommunikation in der Mediengesellschaft. Tendenzen – Gefährdungen – Orientierungen*. Berlin: Edition Sigma.
Mettler-von Meibom, B. (1996). (Multi-)Mediale Kommunikation ohne Grenzen? *Forum Medienethik, Nr. 2*/96 (Weltbild per Mausklick - Leben im digitalen Netz), 61-70.
MIDS (Matrix Information and Directory Services) (1996). Third MIDS Internet Demographic Survey (IDS3). [Online-Dokument] URL http://www.mids.org/ids3/
Mohr, M., Noller, S., Pelzer, S., Taut, S. & Temme, A. (1997). *Kommunikationsstile im Internet* (Praktikumsbericht). Köln: Universität zu Köln, Psychologisches Institut. [Online-Dokument] URL http://www.uni-koeln.de/phil-fak/fs-psych/serv_pro/skripte/meth/kommunikation.html
Müller, E. (1994). Zu Paare getrieben. Die neuen Liebes-Spiele im Fernsehen. In G. Grözinger (Hrsg.), *Das Single. Gesellschaftliche Folgen eines Trends* (S. 149-167). Opladen: Leske + Budrich.
Müller. J. (1996). *Virtuelle Körper Aspekte sozialer Körperlichkeit im Cyberspace. WZB Papers* FS II 96-105. Berlin: Wissenschaftszentrum Berlin. [auch als Online-Dokument] URL http://duplox.wz-berlin.de/rps/
Müller-Scholl, U. (1996). Von der Mühsal, ortlos zu werden. In D. Beste & M. Kälke (Hrsg.), *Bildung im Netz: aus dem Weg zum virtuellen Lernen* (S. 43-52). Düsseldorf: VDI-Verlag.
Mummendey, H. D. (1990). *Psychologie der Selbstdarstellung.* Gπttingen: Hogrefe.
Münch, R. (1991). *Dialektik der Kommunikationsgesellschaft.* Frankfurt/Main: Suhrkamp.
Münz, S. (1998). SELFHTML. HTML-Dateien selbst erstellen. [Online-Dokument]. URL http://www.teamone.de/selfhtml/
Musch, J. (1997). Geschichte des Netzes: ein historischer Abriß. In B. Batinic (Hrsg.), *Internet für Psychologen* (S. 27-48). Göttingen: Hogrefe.
Musekamp, C. (1996). Das Transatlantische Klassenzimmer: Schulbegegnung zwischen Hamburg und Chicago. In M. Rost (Hrsg.), *Die Netz-Revolution. Auf dem Weg in die Weltgesellschaft* (S. 194-200). Frankfurt/Main: Eichborn.
National Research Council (1995). *Rights and Responsibilities of Participants in Networked Communities*. Washington: National Academy Press. [Online-Dokument]

URL http://www. nap.edu/readingroom/books/rights/

Negroponte, N. (1995). *Total Digital. Die Welt zwischen 0 und 1 oder die Zukunft der Kommunikation* (2. Aufl.; Erstdruck 1995). München: Bertelsmann.

News-Journal Online (1998). Study shows rapid growth in Web pages. [Online-Dokument] URL http://www.n-jcenter.com/98/apr/03/biz1.htm

Network Wizards (1998). Internet Domain Survey. [Online-Dokument] URL http://www.nw.com/zone/WWW/top.html

Neuberger, O. (1993). Beziehungen zwischen Kolleg(inn)en. In A. E. Auhagen & M. Salisch (Hrsg.), *Zwischenmenschliche Beziehungen* (S. 257-278). Göttingen: Hogrefe.

Newitz, A. (1995). Surplus Identity On-Line. *Bad Subjects, 18*, Jan. 1995. [Online-Dokument] URL http://eng.hss.cmu.edu/bs/18/Newitz.html

Nielsen & CommerceNet (1995). *Internet Demographics Survey* (Spring 1995). New York: Nielsen Media Research.

Niesyto, H. (1991). *Erfahrungsproduktion mit Medien. Selbstbilder, Darstellungsformen, Gruppenprozesse.* Weinheim, München: Juventa.

Nistor, N. & Mandl, H. (1997). Lernen in Computernetzwerken. Erfahrungen mit einem virtuellen Seminar. *Unterrichtswissenschaft, 25*, 19-33.

Noelle-Neumann, E. & Köcher, R. (Hrsg.) (1993). *Allensbacher Jahrbuch der Demoskopie 1984-1992.* München: Sauer.

Oettingen, G. (1997). Das phantasierte Selbst und seine Bedeutung für die Entwicklung über die Lebensspanne. *Zeitschrift für Sozialpsychologie, 28,* 76-91.

Ohler, P. & Nieding, G. (1997). Kognitive Modellierung der Textverarbeitung und der Informationssuche im World Wide Web. In B. Batinic (Hrsg.), *Internet für Psychologen* (S. 161-180). Göttingen: Hogrefe.

Ollmann, R. (1989). Telekommunikation und Geschäftsreiseverkehr - Ergebnisse einer empirischen Untersuchung. In B. Lutz (Hrsg.), Technik in Alltag und Arbeit (S. 81-118). Berlin: Sigma.

Opaschowski, H. W. (1994). *Einführung in die Freizeitwissenschaft* (2. Aufl.). Opladen: Leske + Budrich.

Ott, R., Krüger, T. & Funke, J. (1997). Wissenschaftliches Publizieren im Internet. In B. Batinic (Hrsg.), *Internet für Psychologen* (S. 199-220). Göttingen: Hogrefe.

Paccagnella, L. (1997). Getting the Seats of Your Pants Dirty: Strategies for Ethnographic Research on Virtual Communities. *Journal of Computer Mediated Communication, 3* (1), Juni 1997. [Online-Dokument]
URL http://www.ascusc.org/jcmc/vol3/issue1/paccagnella.html

Palmgreen, P. (1984). Der „Uses and Gratifications Approach". Theoretische Perspektiven und praktische Relevanz. *Rundfunk und Fernsehen, 32*, 51-62.

Parks, M. R. & Floyd, C. (1996). Making Friends in Cyberspace. *Journal of Computer-Mediated Communication,1 (4), March 1996* [Online-Dokument]
URL http://www.ascusc.org/jcmc/vol1/issue4/vol1no4.html

Parks, M. R., & Roberts, L. D. (1997, February). „Making MOOsic": The development of personal relationships on-line and a comparison to their off-line counterparts. Paper presented at the Annual Conference of the Western Speech Communication Association. Monterey, California. [Online-Dokument]
URL http://psych.curtin.edu.au/people/robertsl/moosic.htm

Pauser, W. (1995). Telefonkonsum. Zur Sexualität des Handy. *Ästhetik & Kommunikation, Jhg. 20, Heft 90* (Telekult. Von Ohr zu Ohr), 20-26.

Peplau, L. & Perlman, D. (Hrsg.) (1982). *Loneliness: A Sourcebook of Current Theory, Research, and Therapy.* New York: Wiley.

Postman, N. (1992). *Das Technopol. Die Macht der Technologien und die Entmündigung der Gesellschaft.* Frankfurt am Main: Fischer.

Postman, N. (1996). Das Internet taugt nicht für die Hausaufgaben. [Ein Gespräch mit dem Medienkritiker Neil Postman über Bildung und Computer in der Schule]. *Die Zeit Nr. 43*

(18. Oktober 1996).
Quaterman, J.S. (1994). *What is the Internet, anyway?* (RFC 1935) [Online- Dokument]. URL ftp://ftp.denic.de/pub/rfc/rfc1935.txt
Radley, A. (1991). *The Body and Social Psychology*. New York, Berlin: Springer.
Rafaeli, S. (1986). The Electronic Bulletin Board: A Computer-Driven Mass Medium. *Computers and the Social Sciences, 2*, 123-136.
Rafaeli, S. & LaRose, R. J. (1993). Electronic Bulletin Boards and „Public Goods" Explanations of Collaborative Mass Media. *Communication Research, 20* (2), 277-297.
Rafaeli, S. & Sudweeks, F. (1998). Interactivity on the Nets. In S. Sudweeks, M. McLaughlin & S. Rafaeli (Hrsg.), *Network and Netplay. Virtual Groups on the Internet* (S. 173-190). Menlo Park, Ca: AAAI Press, The MIT Press.
Rafaeli, S., Sudweeks, F., Konstan, J. & Mabry, E. (1998). ProjectH: A Collaborative Quantitative Study of Computer-Mediated Communication. In S. Sudweeks, M. McLaughlin & S. Rafaeli (Hrsg.), *Network and Netplay. Virtual Groups on the Internet* (S. 265-281). Menlo Park, Ca: AAAI Press, The MIT Press.
Raulet, G. (1992). Soziokulturelle Auswirkungen moderner Informations- und Kommunikationstechnologien in Frankreich. In J. Hörisch & G. Raulet, *Sozio-kulturelle Auswirkungen moderner Informations- und Kommunikationstechnologien. Der Stand der Forschung in der Bundesrepublik Deutschland und in Frankreich* (S. 13-82). Frankfurt am Main: Campus.
Reicher, S.D., Spears, R. & Postmes, T. (1995). A Social Identity Model of Deindividuation Phenomena. *European Review of Social Psychology, 6*, 161-198.
Reid, B. (1995a). *USENET Readership report for May 1995*. [Online-Dokument] URL ftp://garbo.uwasa.fi/pc/doc-net/usen9505.zip
Reid, B. (1995b). *USENET Readership report for May 1995: Description of the Methodology*. [Online-Dokument] URL http://www.tlsoft.com/arbitron/may95/
Reid, E. (1991). Electropolis: Communication and Community on Internet Relay Chat. Honours Thesis on IRC. [Online-Dokument]
URL http://people.we.mediaone.net/elizrs/electropolis.html
Reid, E. (1994a). *Cultural Formation in Text-Based Virtual Realities*. Master Thesis on MUDs. [Online-Dokument] URL http://people.we.mediaone.net/elizrs/cult-form.html
Reid, E. (1994b). Are MUDs Banned in Australia? *Computer-Mediated Communication Magazine, 1* (4) (August 1), 4. [Online-Dokument]
URL http://www.december.com/cmc/mag/1994/aug/muds.html
Reid, E. (1995). Virtual Worlds: Culture and Imagination. In S.G. Jones (Hrsg.), *Cyper-Society: Computer-Mediated Communication and Community* (S. 164-183). Thousand Oaks, CA: Sage.
Reips, U. (1995). Das Web-Labor für Experimentelle Psychologie. [Online-Dokument] URL http://www.uni-tuebingen.de/uni/sii/Ulf/Lab/WebExpPsyLabD.html
Reips, U. (1997). *Das psychologische Experimentieren im Internet.* In B. Batinic (Hrsg.), Internet für Psychologen (Kap. 11). Göttingen: Hogrefe.
Reiser, C. (1995). Deutsche Kommunikation: Du oder Sie? [Zusatz zur Übersetzung der klassischen Netiquette von Arlene Rinaldi] [Online-Dokument] URL http://www.netservice.ch/german/netiquette_ger.html
Reiter, U. (1997). Die Strategie der ARD im digitalen Zeitalter. *Media Perspektiven, 8*/97, 410-414.
RFC 1000 (1987). The Request for Comments Reference Guide of all the RFCs issued between April 1969 and March 1987. [Online-Dokument]
URL ftp://ftp.denic.de/pub/rfc/rfc1000.txt
RFC 1206 (1991). FYI (For your Information) on Questions and Answers to Commonly asked „New Internet User" Questions. [Online-Dokument]
URL ftp://ftp.denic.de/pub/rfc/rfc1206.txt
RFC 1296 (1993). Internet Growth 1981-1991. [Online-Dokument]

URL ftp://ftp.denic.de/pub/rfc/rfc1296.txt

RFC 1462 (1993). *FYI (For your Information) on „What is the Internet?"* [Online-Dokument] URL ftp://ftp.denic.de/pub/rfc/rfc1462.txt

Rheingold, H. (1991). Teledildonik: Die totale Erotik. In M. Waffender (Hrsg.), *Cyberspace. Ausflüge in virtuelle Wirklichkeiten* (S. 178-182). Reinbek: Rowohlt.

Rheingold, H. (1994). *Virtuelle Gemeinschaft. Soziale Beziehungen im Zeitalter des Computers*. Bonn: Addison-Wesley.

Rheingold, H. (1996). „Lernen, damit umzugehen". [Howard Rheingold im Gespräch]. In S. Bollmann & C. Heibach (Hrsg.), *Kursbuch Internet. Anschlüsse an Wirtschaft und Politik, Wissenschaft und Kultur* (S. 255-274). Mannheim: Bollmann Verlag.

Rice, R.E. (1984). Mediated Group Communication. In R.E. Rice (Hrsg.), *The New Media: Communication, Research, and Technology* (S. 129-156). Beverly Hills, CA: Sage.

Rice, R.E. (1993). Media Appropriateness. Using Social Presence Theory to Compare Traditional and New Organizational Media. *Communication Research, 19* (4), 451-484.

Ridder, C.-M. (1995). Teleshopping – elektronisches Versandhaus oder Fernsehprogramm? Eine Analyse nationaler und internationaler Entwicklungen. *Media Perspektiven, 95* (9), 414-427.

Riley, D.M. (1996). Sex, Fear and Condescension on Campus: Cybercensorship at Carnegie Mellon. In L. Cherny & E.R. Weise (Hrsg.), *Wired Women - Gender and New Realities in Cyberspace* (S. 158-168). Seattle, Washington: Seal Press.

Rimm, M. (1995). Marketing Pornography on the Information Superhighway: A Survey of 917,410 Images, Descriptions, Short Stories, and Animations Downloaded 8.5 Million Times by Consumers in Over 2000 Cities in Forty Countries, Provinces,and Territories. *Georgetown Law Journal, 83 (*5), 1849-1934. [auch als Online-Dokument] URL http://TRFN.pgh.pa.us/guest/mrtext.html

Roberts, L. D., Smith, L. M., & Pollock, C. (1996). *Exploring virtuality: Telepresence in text-based virtual environments* . Paper presented at the Cybermind Conference (29th November-1st December 1996). Perth, Western Australia: Curtin University of Technology. [auch als Online-Dokument]
URL http://psych.curtin.edu.au/people/robertsl/Telep.htm

Roberts, L.D., Smith, L.M., & Pollock, C. (1997, July). *„u r a lot bolder on the net": The social use of text-based virtual environments by shy individuals*. Paper presented at the International Conference on Shyness and Self-Consciousness, Cardiff, Wales.

Rodino, M. (1997). Breaking out of Binaries: Reconceptualizing Gender and its Relationship to Language in Computer-Mediated Communication. *Journal of Computer-Mediated Communication*, 3 (3). [Online-Dokument]
URL http://www.ascusc.org/jcmc/vol3/issue3/rodino.html

Ronge, V. (1984). Massenmedienkonsum und seine Erforschung – eine Polemik gegen „Uses and Gratifications". *Rundfunk und Fernsehen, 32*, 73-82.

Röper, H. (1994). Das Mediensystem der Bundesrepublik Deutschland. In K. Merten, S. J. Schmidt & S. Weischenberg (Hrsg.), *Die Wirklichkeit der Medien (S. 506-543)*. Opladen: Westdeutscher Verlag.

Rötzer, F. (1996). Interaktion – das Ende herkömmlicher Massenmedien. In R. Maresch (Hrsg.), *Medien und Öffentlichkeit. Positionierungen, Symptome, Simulationsbrüche* (S. 119-134). München: Boer.

Rosenberg, M. S. (1992). Virtual Reality: Reflecions of Life, Dream, and Technology. An Ethnography of a Computer Society. [Online-Dokument] URL http://lucien.sims.berkeley.edu/MOO/ethnography.txt

Roßnagel, A., Wedde, P., Hammer, V. & Pordesch, U. (1990). *Digitalisierung der Grundrechte?* Opladen: Westdeutscher Verlag.

Rost, M. (1996a). Koautoren per E-Mail koordinieren. In M. Rost (Hrsg.), *Die Netz-Revolution. Auf dem Weg in die Weltgesellschaft* (S. 208-215). Frankfurt/Main: Eichborn.

Rost, M. (1996b). Wissenschaftliche Kommunikation im Netz. In S. Bollmann & C. Heibach (Hrsg.), *Kursbuch Internet. Anschlüsse an Wirtschaft und Politik, Wissenschaft und Kultur* (S. 414-423). Mannheim: Bollmann Verlag.

Rost, M. (1997). Anmerkungen zu einer Soziologie des Internet. In L. Gräf & M. Krajewski (Hrsg.), *Soziologie des Internet. Handeln im elektronischen Web-Werk* (S. 14-38). Frankfurt/Main: Campus.

Roszak, T. (1986). *Der Verlust des Denkens. Über die Mythen des Computer-Zeitalters.* München: Knaur.

Rotermund, H. (1996). Memopolis - Das Internet als Ort der Kunst. In M. Rost (Hrsg.), *Die Netz-Revolution. Auf dem Weg in die Weltgesellschaft* (S. 82-94). Frankfurt/ Main: Eichborn.

Rouet, J.-F., Levonen, J.J. & Dillon, A. (Hrsg.) (1996). *Hypertext and Cognition.* Erlbaum.

Rucht, D. (1994). *Modernisierung und neue soziale Bewegungen.* Frankfurt am Main: Campus.

Rüegg, D. & Hoppe, D. (1995). Zapp dich auf die Datenautobahn. *Joy*, 21/95, 130-134.

Russell, D., Peplau, L. & Ferguson, C. (1978). Developing a Measure of Loneliness. *Journal of Personality Assessment, 42*, 290-294.

Sader, M. & Weber, H. (1996). *Psychologie der Persönlichkeit.* Weinheim: Juventa.

Sader, M. (1996). *Psychologie der Gruppe.* Weinheim: Juventa.

Sanderson, D.W. (1995). *Smileys.* Köln: O`Reilly

Sarch, A. (1993). Making the Connection: Single Women's Use of the Telephone in Dating Relationships with Men. *Journal of Communication, 43* (2), 128-144.

Sassenberg, K. & Boos, M. (1997). *Gruppenpolarisierung bei computervermittelter Kommunikation: Eine Studie zum SIDE-Modell.* Vortrag auf der 6. Tagung der Fachgruppe Sozialpsychologie (20.-22. Juni 1997). Universität Konstanz.

Savicki, V., Lingenfelter, D. & Kelley, M. (1996a). Gender Language Style and Group Composition in Internet Discussion Groups. *Journal of Computer-Mediated Communication, 2* (3). [Online-Dokument]
URL http://www.ascusc.org/jcmc/vol2/issue3/savicki.html

Savicki, V., Lingenfelter, D. & Kelley, M. (1996b). Gender and small task group activity using computer mediated communication. *Computers in Human Behavior, 12*, 209-224.

Schachtner, C. (1997). Die Technik und das Soziale. Begründung einer subjektivitätsorientierten Technikforschung. In C. Schachtner (Hrsg.), *Technik und Subjektivität. Das Wechselverhältnis zwischen Mensch und Computer aus interdisziplinärer Sicht.* Frankfurt/Main: Suhrkamp.

Schade, O. (1997). Dienste im Internet. In B. Batinic (Hrsg.), *Internet für Psychologen* (S. 49-88). Göttingen: Hogrefe.

Schallbruch, M. (1995). Electronic Mail im Internet. Wie steht es mit dem Datenschutz? *Datenschutz-Nachrichten, Nr.* 5/95. [auch als Online-Dokument]
URL http://www.rewi.hu-berlin.de/~mascha/mailds.html

Schenk, M., Dahm, H. & Sonje, D. (1995). Zur Nutzung und Aneignung neuer Kommunikationstechnik – Welche Rolle spielen Einstellungen und Nutzenkalküle. In H. Kubicek, K.-H. Neumann, E. Raubold & A. Roßnagel (Hrsg.), *Jahrbuch Telekommunikation und Gesellschaft 1995. Multimedia - Technik sucht Anwendung* (S. 140-155). Heidelberg: Decker.

Schetsche, M. (1997). Sexuelle Botschaften via Internet - Ausgewählte Ergebnisse einer explorativen Studie. In L. Gräf & M. Krajewski (Hrsg.), *Soziologie des Internet. Handeln im elektronischen Web-Werk* (S. 235-256). Frankfurt/Main: Campus.

Schiersmann, C. (1990). Zur Debatte um spezifische Zugangsweisen von Frauen zu den neuen Technologien. In B. Biervert & K. Monse (Hrsg.), *Wandel durch Technik? Institution, Organisation, Alltag* (S. 199-216). Opladen: Westdeutscher Verlag.

Schildmann, I., Wirausky, H. & Zielke, A. (1995). *Spiel- und Sozialverhalten im MorgenGrauen.* Hausarbeit für das Seminar „Technik und Gesellschaft" an der Universität

Bielefeld. [Online-Dokument] URL ftp://mg.uni-muenster.de/Texte/Soziales/Verhalten.ps

Schmitz, J. & Fulk, J. (1991). Organizational Colleagues, Media Richness, and Electronic Mail. A Test of the Social Influence Model of Technology Use. *Communication Research, 18* (4), 487-523.

Schmundt, H. (1996). Das Internet als Vergangenheitsmaschine. Eine Surftour de Force durch Mitte, Medien und Metaphern. *Der Alltag*, 129-139.

Schmutzer, R. (1997). Vorstellungen über die Merkmale und die Folgen von neuen Medien. In L. Gräf & M. Krajewski (Hrsg.), *Soziologie des Internet. Handeln im elektronischen Web-Werk* (S. 216-234). Frankfurt/Main: Campus.

Schnell, R., Hill, P. B. & Esser, E. (1993). *Methoden der empirischen Sozialforschung*. München: Oldenbourg.

Scholl, W. & Pelz, J. (1997). Computervermittelte Kommunikation in der deutschen Wissenschaft. In B. Batinic (Hrsg.), *Internet für Psychologen* (S. 337-358). Göttingen: Hogrefe.

Scholl, W., Pelz, J. & Rade, J. (unter Mitarbeit von Broge, B. & Tschentscher, J.) (1996). *Computervermittelte Kommunikation in der Wissenschaft*. Münster: Waxmann.

Schröder, B. (1995). *Neonazis und Computernetze*. Reinbek: Rowohl.

Schwab, R. (1994). *Zur Prozeßforschung in der gesprächspsychotherapeutischen Gruppentherapie*. Vortrag auf dem 39. Kongreß der DGfPs, Sept. 1989 in Hamburg. Hamburg: Psychologisches Institut III der Universität Hamburg.

Schwartz, A. (1996). Competition and MUD Failure. *Journal of MUD Research (JOMR), 1* (1). [Online-Dokument] URL http://journal.tinymush.org/jomr/v1n1/ schwartz.html

Seidler, K. (1994). Computerfreaks like 2 party. Relay Parties zwischen Virtualität und Realität. *WZB Papers* FS II 94-104. Berlin: Wissenschaftszentrum Berlin. [auch als Online-Dokument] URL http://duplox.wz-berlin.de/texte/rps/

Selberg, E. & Etzioni, O. (1995). *Multi-Service Search and Comparison using the MetaCrawler.* In Proc. 4/1 WWW Conference Boston, MA, Dec.95. [Online-Dokument] URL http://www.w3.org/Conferences/WWW4/Papers/169/

Sempsey III, J. (1997). Psyber Psychology: A literature review pertaining to the psycho/social aspects of multi-user dimensions in cyberspace. *Journal of MUD Research, 2* (1). [Online-Dokument]
URL http://journal.tinymush.org/~jomr/v2n1/sempsey.html

Sennett, R. (1986). *Verfall und Ende des öffentlichen Lebens. Die Tyrannei der Intimität* (Erstdruck 1973). Frankfurt/Main: Fischer.

Shapiro, M.A. & McDonald, D.G. (1992). I'm Not a Real Doctor, but I Play One in Virtual Reality: Implications of Virtual Reality for Judgments about Reality. *Journal of Communication, 42* (4), 94-114.

Short, J., Williams, E. & Christie, B. (1976). *The Social Psychology of Telecommunication*. London: Wiley.

Shotten, M.A. (1991). The Costs and Benefits of Computer Addiction. *Behaviour and Information Technology, 10*, 219-230.

Siegel, J., Dubrovsky, V., Kiesler, S. & McGuire, T. W. (1986). Group Processes in Computer-Mediated Communication. *Organizational Behavior and Human Decision Processes, 37*, 157-187.

Simon, B. & Mummendey, A. (Hrsg.) (1997), Selbst, Identität und Gruppe: Eine sozialpsychologische Analyse des Verhältnisses von Individuum und Gruppe. In A. Mummendey & B. Simon (Hrsg.), *Identität und Verschiedenheit. Zur Sozialpsychologie der Identität in komplexen Gesellschaften* (S. 11-38). Bern: Huber.

Skelton, F. (1989). Teenagers and the telephone. In Forschungsgruppe Telefonkommunikation (Hrsg.), *Telefon und Gesellschaft. Band 1: Beiträge zu einer Soziologie der Telefonkommunikation* (S. 294-297). Berlin: Spiess.

Skriloff, L. & Gould, J. (1997). *Men Are from Cyberspace : The Single Women's Guide to Flirting, Dating, and Finding Love On-Line*. New York: World Almanac Books.

Skyrme, D.J. (1989). *The evolution of a knowledge network: computer conferencing at Digital.* Newbury: Digital Equipment.

Smith, C.B. (1997). Casting the Net: Surveying an Internet Population. *Journal of Computer-Mediated Communication, 3* (1). [Online-Dokument] URL http://www.ascusc.org/jcmc/vol3/issue1/smith.html

Smith, M.A. (1992). *Voices from the WELL: The Logic of the Virtual Commons.* Master's Thesis, Department of Sociology, U.C.L.A. [Online-Dokument] URL http://www.sscnet.ucla.edu/soc/csoc/papers/voices/

Smith, M.A. & Kollock, P. (Hrsg.) (1998). *Communities in Cyberspace.* New York: Routledge.

Snyder, M. (1987). *Public Appearances / Private Realities: The Psychology of Self-Monitoring.* San Francisco: Freeman.

Spears, R. & Lea, M. (1994). Panacea or Panopticon? The Hidden Power in Computer-Mediated Communication. *Communication Research, 21* (4), 427-459.

Spears, R., Lea, M. & Lee, S. (1990). De-individuation and group polarization in computer-mediated communication. *British Journal of Social Psychology, 29*, 121-134.

Spender, D. (1996). *1. Auffahrt Cyberspace. Frauen im Internet.* München: Verlag Frauenoffensive.

Spertus, E. (1996). Social and Technical Means for Fighting On-Line Harrassment. [Online-Dokument] URL http://www.ai.mit.edu/people/ellens/Gender/glc/

Sproull, L. & Faraj, S. (1997). Atheism, Sex, and Databases: The Net as a Social Technology. In S. Kiesler (Hrsg.), *Culture of the Internet* (S. 35-52). Mahwah, New Jersey: Erlbaum.

Sproull, L. & Kiesler, S. (1986). Reducing Social Context Cues: Electronic Mail in Organizational Communication. *Management Science, 32*, 1492-1512.

Stahl, S. (1997). *IRC-Sex. Vom flüchtigen Flirt bis zum harten verbalen Sex.* Semesterarbeit. Universität Gießen, Institut für Psychologie.

Staudinger, U.M. & Greve, W. (1997). Das Selbst im Lebenslauf: Brückenschläge und Perspektivenwechsel zwischen entwicklungs- und sozialpsychologischen Zugängen. *Zeitschrift für Sozialpsychologie, 28*, 3-18.

Steuer, J. (1992). Defining Virtual Reality: Dimensions Determining Telepresence. *Journal of Communication*, 42 (4), 73-93.

Stoll, C. (1996). *Die Wüste Internet. Geisterfahrten auf der Datenautobahn.* Frankfurt a. Main: Fischer.

Stone, A. R. (1993). Violation and Virtuality: Two Cases of physical and psychological boundary transgression and their Implications. [Online-Dokument] URL http://www.actlab.utexas.edu/~sandy/violation-and-virtuality

Stone, A. R. (1995). *The War of Desire and Technology at the Close of the Mechanical Age.* Cambridge, MA: MIT Press.

Stone, A. R. (1996). *Interaction, Interface, and Desire.* [Online-Dokument] URL http://duplox.wz-berlin.de/docs/panel/sandy.html Beitrag auf der 6th International IFIP-Conference on Women, Work and Computerization (WWC) im Panel „Not Without a Body? Bodily Functions in Cyberspace" [Online-Dokument] URL http://duplox.wz-berlin.de/docs/panel/

Straus, F. & Höfer, R. (1997). Entwicklungslinien alltäglicher Identiätsarbeit. In H. Keupp & R. Höfer (Hrsg.), *Identitätsarbeit heute. Klassische und aktuelle Perspektiven der Identitätsforschung* (S. 270-307). Frankfurt/Main: Suhrkamp.

Strauss, A. & Corbin, J. (1996). *Grounded Theory: Grundlagen Qualitativer Sozialforschung.* Weinheim: PVU.

Sturman, D. J. (1991). Spürbar real? Virtuelle Wirklichkeit und menschliche Wahrnehmung. In M. Waffender (Hrsg.), *Cyberspace. Ausflüge in Virtuelle Wirklichkeiten* (S. 99-123). Reinbek bei Hamburg: Rowohlt.

Suler, J. (1997a). Communicative Subtlety in Multimedia Chat. How many ways can you say „Hi" at the Palace? [Online-Dokument]

URL http://www.rider.edu/users/suler/psycyber/hilucy.html
Suler, J. (1997b). The Psychology of Avatars and Graphical Space in Multimedia Chat Communities. [Online-Dokument] URL http://www.rider.edu/users/suler/psycyber/psy-av.html
Tajfel, H., & Turner, J.C. (1986). The Social Identity Theory of intergroup behaviour. In S. Worchel & W. G. Austin (Hrsg.), *Psychology of Intergroup Relations* (S. 7-24). Chicago: Nelson-Hall.
Tamosaitis, N. (1995). *Net.Sex*. Everyville, CA: Ziff-Davis.
Tanenbaum, A.S. (1990). *Computer Netzwerke*. Attenkirchen: Wolframs Fachverlag.
Tangens, R. (1996). Ist das Internet männlich? Über Androzentrismus im Netz. In S. Bollmann & C. Heibach (Hrsg.), *Kursbuch Internet. Anschlüsse an Wirtschaft und Politik, Wissenschaft und Kultur* (S. 355-379). Mannheim: Bollmann Verlag.
Tannen, D. (1993). *Du kannst mich einfach nicht verstehen! Warum Männer und Frauen aneinander vorbeireden*. München: Goldmann.
Tempelton, B. (1991). *Dear Emily Postnews*. [Online-Dokument] URL http://www.eff.org/papers/eegtti/eeg_272.html
Tenbruck, F. H. (1989). *Die kulturellen Grundlagen der Gesellschaft. Der Fall der Moderne*. Opladen: Westdeutscher Verlag.
Tepper, M. (1997). Usenet Communities and the Cultural Politics of Information. In D. Porter (Hrsg.), *Internet Culture* (S. 39-54). New York: Routledge.
Tergan, S.-O. (1997). Hypertext und Hypermedia: Konzeption, Lernmöglichkeiten, Lernprobleme. In L.J. Issing & K. Klimsa (Hrsg.), *Information und Lernen mit Multimedia* (2. Aufl.) (S. 123-138). Weinheim: Psychologie Verlags Union.
Thomä, D. (1994). Zeit, Erzählung, neue Medien. Philosophische Aspekte eines Streits der Medien um das Leben. In M. Sandbothe & W.Ch. Zimmerli (Hrsg.), *Zeit – Medien – Wahrnehmung* (S. 89-110). Darmstadt: Wissenschaftliche Buchgesellschaft.
Thorn, B.K. & Connolly, T. (1990). Discretionary Data Bases. In C.W. Steinfield & J. Fulk (Hrsg.), *Organizations and Communication Technology*. Newbury Park: Sage.
Titz, O. (1996). Ein Internet-Projekt: Linux. In M. Rost (Hrsg.), *Die Netz-Revolution. Auf dem Weg in die Weltgesellschaft* (S. 201-207). Frankfurt/Main: Eichborn.
Toffler, A. (1980). *Die Zukunftschance: Von der Industriegesellschaft zu einer humanen Zivilisation*. München: Bertelsmann.
Tönnies, F. (1963). *Gemeinschaft und Gesellschaft* (Erstdruck 1887). Darmstadt: Wissenschaftliche Buchgemeinschaft.
Traudisch, D. (1995). Per Mausklick zum Orgasmus? In S. Bollmann (Hrsg.), *Kursbuch Neue Medien. Trends in Wirtschaft und Politik, Wissenschaft und Kultur* (S. 221-229). Mannheim: Bollmann.
Trevino, L. K. & Webster, J. (1992). Flow in Computer-Mediated Communication. Electronic Mail and Voice Mail Evaluation and Impacts. *Communication Research, 19* (5), 539-573.
Truong, H.-A. (1993). Gender Issues in Online Communication. [Online-Dokument] URL http://www.eff.org/pub/Net_culture/Gender_issues/bawit.cfp93
Tuckman, B.W. (1965). Development Sequence in Small Groups. *Psychological Bulletin, 63*, 384-389.
Turkle, S. (1994). Constructions and Reconstructions of Self in Virtual Reality: Playing in the MUDs. *Mind, Culture, Activity, 1* (3).
Turkle, S. (1995). *Life on the Screen: Identity in the Age of the Internet*. New York: Simon and Schuster.
Turkle, S. (1996). Identität in virtueller Realität. In S. Bollmann & C. Heibach (Hrsg.), *Kursbuch Internet. Anschlüsse an Wirtschaft und Politik, Wissenschaft und Kultur* (S. 315-331). Mannheim: Bollmann Verlag.
Turner, J. C., Hogg, M. A., Oakes, P. J., Reicher, S. D., & Wetherell, M. S. (1987). *Rediscovering the Social Group: A Self-Categorization Theory*. Oxford: Blackwell.

Turoff, M. (1995). *Teaching Computer Systems Management (CIS 455) in the Virtual Classroom.* [Online-Dokument] URL http://eies.njit.edu/~turoff/Papers/rep455.htm

Utz, S. (1996). *Kommunikationsstrukturen und Persönlichkeitsaspekte bei MUD-Nutzern.* Unveröffentliche Diplomarbeit. Universität Eichstätt. [auch als Online-Dokument] URL http://134.176.139.60/SICP/public/onja0.htm

Vilmi, R. (1994). Global Communication through Email: An Ongoing Experiment at Helsinki University of Technology. Paper presented at TESOL 94 Conference, Paris. [Online-Dokument] URL http://www.hut.fi/~rvilmi/Publication/global.html

Virilio, P. (1995). Speed and Information: Cyberspace Alarm! *Le Monde Diplomatique,* August 1995. [Online-Dokument] URL http://www.dds.nl/~n5m/texts/virilio.htm

Vogelsang, W., Steinmetz, L. & Wetzstein, T. (1995). Öffentliche und verborgene Kommunikation in Computernetzen. Dargestellt am Beispiel der Verbreitung rechter Ideologien. *Rundfunk und Fernsehen, 43* (4), 538-548).

Volpert, W. (1985). *Zauberlehrlinge. Die gefährliche Liebe zum Computer.* Weinheim und Basel: Beltz.

Wagner, H. & Kubicek, H. (1996). Community Networks und der Information Highway – Von der Counterculture zum Mainstream. [Online-Dokument] URL http://infosoc.informatik.uni-bremen.de/internet/fgtk/OnlineInfos/ComNets/CNs.html

Wajcman, J. (1994). *Technik und Geschlecht. Die feministische Technikdebatte.* Frankfurt am Main: Campus.

Walther, J.B. (1992). Interpersonal Effects in Computer-Mediated Interaction: A Relational Perspective. *Communication Research, 19,* 52-90.

Walther, J.B. & Burgoon, J. K. (1992). Relational Communication in Computer-Mediated Communication. *Human Communication Research, 19* (1), 50-88.

Walther, J.B., Anderson, J.F. & Park, D.W. (1994). Interpersonal Effects in Computer-Mediated Interaction. A Meta-Analysis of Social and Antisocial Communication. *Communication Research, 21* (4), 460-487.

Wasserman, S. & Faust, K. (1994). *Social network analysis: Methods and applications.* Cambridge: Cambridge University Press.

We, G. (1993). Cross-gender communication in Cyberspace. *The Arachnet Journal on Virtual Culture, 2* (3). [Online-Dokument] URL http://www.eff.org/pub/Net_culture/Linguistics/cross_gender_communciation.paper

Webb, E. J., Campbell, D. T., Schwartz, R. D. & Sechrest, L. (1975). *Nicht-reaktive Meßverfahren.* Weinheim, Basel: Beltz.

Wehling, J. (1997). „Netzkriege" und AktivistInnen-Power im Internet. In nettime (Hrsg.), *Netzkritik. Materialien zur Internet-Debatte* (S. 156-166). Berlin: Edition ID-Archiv.

Wehner, J. (1997). Medien als Kommunikationspartner – Zur Entstehung elektronischer Schriflichkeit im Internet. In L. Gräf & M. Krajewski (Hrsg.), *Soziologie des Internet. Handeln im elektronischen Web-Werk* (S. 125-150). Frankfurt/Main: Campus.

Weiler, S. (1995). Computerkids und elektronische Medien. *Media Perspektiven, 5/95,* 228-234.

Weinreich, F. (1997). *Modernde Agoren. Nutzungsweisen und Perspektiven von Mailboxsystemen.* Wiesbaden: Deutscher Universitäts Verlag.

Weiss, R.S. (1973). *Loneliness.* Cambridge, Mass.: MIT Press.

Weizenbaum, J. (1990). *Die Macht der Computer und die Ohnmacht der Vernunft* (Erstdruck 1976). Frankfurt am Main: Suhrkamp.

Weizenbaum, J. (1996). Nur Daten werden herumgeschickt. Technologie löst kein gesellschaftliches Problem. [Interview]. *Der Tagesspiegel,* 1.4.1996.

Wellman, B. & Wortley, S. (1990). Different strokes from different folks: Community ties and social support. *American Journal of Sociology, 96,* 558-588.

Welsch, W. (1993). *Unsere postmoderne Moderne* (4. Aufl.). Berlin: Akademie Verlag.

Werner, A. (1997). Die Gewinnung repräsentativer Daten für Online-Präsenzen. In D.

Janetzko, B. Batinic, D. Schoder, M. Mattingley-Scott & G. Strube (Hrsg.), *CAW-97. Beiträge zum Workshop „Cognition & Web" Freiburg i. Br. 25.-27.4.1997 (S. 192-201).* Freiburg: IIG-Berichte.

Wetzstein, T. & Dahm, H. (1996). Die Nutzer von Computernetzen – Eine Typologie. In M. Rost (Hrsg.), *Die Netz-Revolution. Auf dem Weg in die Weltgesellschaft* (S. 37-50). Frankfurt/Main: Eichborn.

Wetzstein, T, Dahm, H., Steinmetz, L. & Eckert, R. (1994). *Kultur und elektronische Kommunikation. Interner Forschungsbericht.* Trier: Universität Trier.

Wetzstein, Th. A., Dahm, H., Steinmetz, L., Lentes, A., Schampaul, St. & Eckert, R. (1995). *Datenreisende. Die Kultur der Computernetze.* Opladen: Westdeutscher Verlag.

Whittaker, S. & Sidner, C. (1997). Email Overload: Exploring Personal Information Management of Email. In S. Kiesler (Hrsg.), *Culture of the Internet* (S. 277-295). Mahwah, New Jersey: Erlbaum.

Wigand, R.T. (1990). Gemeinsamkeit statt Zweisamkeit. Telefonkonferenzen und Party Lines. In Forschungsgruppe Telefonkommunikation (Hrsg.), *Telefon und Gesell–schaft. Band 2: Internationaler Vergleich, Sprache und Telefon, Telefonseelsorge und Beratungsdienste, Telefoninterviews* (S. 243-254). Berlin: Spiess.

Williams, F. (1984). *The New Communications.* Belmont, CA: Wadsworth.

Williams, F., Rice, R. E. & Rogers, E. M. (1988). *Research Methods and the New Media.* New York: Free Press.

Winni (1998). Virtuelle Selbsthilfe. Erfahrungen mit der Mailingliste Angst. In L. Janssen (Hrsg.), *Auf der virtuellen Couch. Selbsthilfe, Beratung und Therapie im Internet* (S. 70-89). Bonn: Psychiatrie Verlag.

Winterhoff-Spurk, P. (1994). Land unter? Medienpsychologische Anmerkungen zur Informationsflut. In H. Hoffmann (Hrsg.), *Gestern begann die Zukunft. Entwicklung und gesellschaftliche Bedeutung der Medienvielfalt* (S. 198-216). Darmstadt: Wissenschaftliche Buchgesellschaft.

Winterhoff-Spurk, P. & Vitouch, P. (1989). Mediale Individualkommunikation. In J. Groebel & P. Winterhoff-Spurk (Hrsg.), *Empirische Medienpsychologie* (S. 247-257). Weinheim: PVU.

Witmer, D. & Katzman, S. (1998). You Say That: Graphic Accents as Gender Markers in Computer-Mediated Communication. In S. Sudweeks, M. McLaughlin & S. Rafaeli (Hrsg.), *Network and Netplay. Virtual Groups on the Internet* (S. 3-12). Menlo Park, Ca: AAAI Press, The MIT Press.

Witte, E. (1989). *Sozialpsychologie.* München: PVU.

Wolffram, H. (1998). 'The full monty': academics, identity and the 'personal mode'. *M/C: A Journal of Media and Culture 1* (3). [Online-Dokument]
URL http://www.uq.edu.au/mc/9810/full.html

Wulf, V. & Schinzel, B. (1997). Erfahrungsbericht zur Televorlesung und Teleübung „Informatik und Gesellschaft". Universität Freiburg, Abteilung 1 Modellbildung und soziale Folgen. [Online-Dokument]
URL http://www.iig.uni-freiburg.de/modell/Tele-Bericht/Tele9.1.html

Yeaman, A.R.J. (1994). Cyborgs are us. *The Arachnet Electronic Journal on Virtual Culture, 2* (1), Februar 1994. [Online-Dokument]
URL http://www.uni-koeln.de/themen/cmc/text/yeaman.94.txt

Young, J.R. (1994). *Textuality in Cyberspace: MUDs and Written Experience.* [Online-Dokument] URL http://www.uni-koeln.de/themen/cmc/text/young.94.txt

Young, K. (1998). *Caught in the Net: How to Recognize the Signs of Internet Addiction-And a Winning Strategy for Recovery.* New York: Wiley.

Zapf, W., Hampel, J., Mollenkopf, H. & Weber, U. (1989). Technik im Alltag von Familien. In B. Lutz (Hrsg.), *Technik in Alltag und Arbeit* (S. 57-76). Berlin: Sigma.

Zimbardo, P.G. (1969). The human choice: Individuation reason and order versus de-individuation impulse and chaos. In W.J. Arnold & D. Levine (Hrsg.), *Nebraska Symposium on*

Motivation (Vol. 17) (S. 237-307). Lincoln, NB: University of Nebraska Press.
Zimmer, J. (1995). Neuere Entwicklungen im Videotext. Vom Informations- zum Werbemedium? *Media Perspektiven* 5/95, 30-39.
Zurawski, N. (1996). *Zur Selbstorganisation im Netz: Ethnizität und elektronische Kommunikationstechnologien.* Vortrag auf der Konferenz „Informationsgesellschaft - Medien - Demokratie" (IMD) vom 19.-21. Januar 1996 an der Universität Hamburg. [Online-Dokument]
URL http://www.uni-muenster.de/Soziologie/Home/zurawski/imd.html

Dank

Viele netzaktive und netzabstinente Menschen haben mich bei der Arbeit an diesem Buch unterstützt, und ich danke allen ganz herzlich – auch wenn ich sie nicht komplett hier nennen kann. Prof. Dr. Jürgen Bortz (TU Berlin) und Prof. Dr. Arnold Upmeyer (TU Berlin) haben mich schon am Beginn meines Studiums für psychologische Forschung begeistert, mich ermutigt und schließlich meine Tätigkeit an der Technischen Universität Berlin ermöglicht. Von beiden habe ich viel gelernt. Prof. Dr. Ludwig Issing (FU Berlin) und Prof. Dr. Wolfgang Scholl (HU Berlin) begutachteten diese Arbeit und bereicherten sie auf der Basis ihrer Internet-Expertise durch zahlreiche kritische Hinweise. Meine Email-Freundin und Kollegin Yvonne Grosch M.A. (Miami) stand und steht mir in allen theoretischen und praktischen Netz-Belangen zur Seite. Den Mitautorinnen und Mitautoren sowie den Herausgebern der Sammelbände „Internet für Psychologen" (Hogrefe 1999, 2. Aufl.), „Psychologie im Internet" (Beltz 1998) und „Virtuelle Couch" (Psychiatrie-Verlag 1998) danke ich für anregenden Austausch (nicht nur) in den jeweiligen Buch-Mailinglisten. Andreas Rapp, Angelika Wittig, Alexander Schestag, Stefan Wagener, Peter Hautz und Christiane Eichenberg – psychologischer Nachwuchs von den Universitäten Heidelberg, Berlin und Köln – halfen mir, inhaltliche und sprachliche Ungereimtheiten zu beseitigen und lieferten wichtige Denkanstöße. Vielen Dank! Nicht zuletzt danke den Studierenden der TU Berlin und der Universität Heidelberg, die in diversen Veranstaltungen Internet-Themen mit mir diskutierten, sowie all denjenigen, die an meinen Untersuchungen teilgenommen und meine Feldarbeit auskunftsfreudig begleitet haben.

Sachverzeichnis

A

Ad-hoc-Gruppe s. Gruppen
Adoption des Internet 20, 27, 143, 149, 151, 381, 401
Affektfernsehen 378
Akronyme 99f., 227, 282, 409
Aktionswörter 45, 100, 212, 227, 237
Alltagsbeobachtung s. Beobachtung
Alter 98, 105, 152, 146f., 214, 283, 291, 328
Androzentrismus 144
Anonymität 40, 85, 116, 118, 176, 178, 204f., 214, 235, 242, 270, 310, 465f.
anonymitätsbedingte Enthemmung s. Enthemmung
Anrufbeantworter 34, 218, 269, 329
apokalyptische Reiter der Rechnernetze 333, 387
ARPANet (Advanced Research Project Agency Network) 15, 17, 33
Asch-Paradigma der Eindrucksbildung 268
ASCII-Art, ASCII-Kunst 43f., 70, 101, 281
asynchrone (zeitversetzte) computervermittelte Kommunikation s. CvK
Attraktivität, interpersonale 294, 322, 330, 344, 346, 348
autobiografische Literatur 268
automatische Beobachtung s. Beobachtung
Avatar 98f., 108f., 116, 299, 301
Avatar-Welten (grafische MUDs) 93, 115f.

B

Backchannel-Feedback 216
BBS (Bulletin Board System) s. Mailbox
Befragung
- mündliche B. 184f.
- schriftliche B. 188f.
Behinderung 294, 305, 328, 346, 364
Belehrung 73
Beobachtung 172f.
- Alltags-B. 173
- automatische B. 176f.
- ethnografische B. 174f.
- Feld-B. 174f.
- freie B. 173f.
Besuche, private 219, 321, 326, 327, 407, 429, 440
Betreff-Zeile s. Subject Line
Beziehungen, soziale 315f.
- Arbeits-B. 316, 325
- Bekanntschafts-B. 318, 360, 363
- Dating-B. 269
- Dienstleistungs-B. 316, 322f.
- Eltern-Kind-B. 316, 328, 333
- Familien-B. 317, 321, 336
- formale B. 316, 322f.
- Freundschafts-B. 316, 317, 321, 326, 343f., 360
- Kollegen-B. 318, 321, 343
- Nachbarschafts-B. 316, 318, 321
- Netz-B. 342f., 350f., 366
- parasoziale B. 157, 266, 323, 330, 378

- Partner-B. 317, 321, 331, 335, 343, 360
- Peer-B. 333
- persönliche B. 316, 326f.
- romantische B. s. Partner-B.
- Schein-B. 364f.
- Schüler-Lehrer-B. 333
- schwache B. 318, 350
- sexuelle B. 345, 353f.
- starke B. 317, 355
- Verwaltungs-B. 316, 324
- Verwandtschafts-B. 318, 321
- virtuelle B. s. Netz-B.

Beziehungs-Entwicklung 344
Beziehungs-Skripts 355
Beziehungs-Verlust 361f.
Big Eight s. Usenet-Hierarchien
Bitnet (Because it's Time Network) 21
Bookmarks 83, 134, 268
Bot 109f., 114
Bottom-Up-Prinzip im WWW 83
Bretter (Newsgroups in Mailboxen) 27, 62
Briefpost, Briefeschreiben 36, 48, 327f., 340, 356, 428f.
Broadcasting s. Massenkommunikation
Browser, WWW-Browser 77
Buddy-Liste 98, 102, 134
Bulletin Board System (BBS) s. Mailbox

C

Call for Votes (CfV) 63
Call-in-Sendungen 268, 330, 377
Cancel 76, 284
Carbon Copy (CC) 48, 178
Cascading Style Sheets (CSS) 79
Cave 92
CB-Funk 95, 97, 135, 270
CGI (Common Gateway Interface) 80
Channel-Hopping 111
Charter einer Newsgroups 63
Chat, Chatten 95f.
Chat-Channels im IRC 104f.
Chat Rooms im WWW 96, 104
Chatter-Bot 110
CMC (Computer-Mediated Communication) s. CvK
Coding (Programmieren im MUD) 124, 303
Coming-Out 263, 266, 280
Commitment 317, 352, 358f., 391, 415, 465
Communication Decency Act (CDA) 168
Computer-Mediated Communication (CMC) s. CvK
Computer-Supported Collaborative Learning (CSCL) 326
Computer-Supported Cooperative Work (CSCW) 326
Computerkids 151, 333
computervermittelte Kommunikation s. CvK
Computerwitwe/r 331
Contact-List 134, 138
Content Provider (Inhaltsanbieter) 81
Corporate Identity 82, 288
Counter (Besucherzähler einer WWW-Seite) 167, 182, 277, 287
Crossposting 66, 403f.
Cuelessness-Model 226
Cues-Filtered-Out Approaches s. Filter-Modell der CvK
CU-SeeMe (Video-Chat) 135, 349
CvK (computervermittelte Kommunikation)
- asynchrone (zeitversetzte) CvK 34f.
- synchrone (zeitgleiche) CvK 91f.

Cyberpolitik 325
Cyberpunk 239
Cybersex 339, 345, 353f., 365
Cyborg (Cybernetic Organism) 230, 298

D

Dalnet s. IRC-Netze
Daten 32
Datenanzug 92

Datenautobahn 27, 423
Datenerhebung, internetbasierte 171f., 207
Datenhelm 92
Datenmüll 235
Datenschutz 40
De-Individuation 216, 269f., 272
Delurking 72, 291
DFÜ (Daten-Fern-Übertragung) 26
Dicksein 260, 264, 305
Digitalisierungs-Modell der CvK 233f.
Disclaimer 45, 285
disperses Publikum 88
Domain 38
Domain Name System (DNS) 19, 139
Dörflichkeit im Netz 388
D.U. (Diversity University) s. MUDs
Dynamisches HTML (DHTML) 80

E

EFnet s. IRC-Netze
Eifersucht 334, 352, 362
Eindrucksbildung im Netz 261
Einsamkeit 320, 427
Einstellungsähnlichkeit 349
Einwegkommunikation (one-to-many) s. Massenkommunikation
elektronische Nähe 222
Email (Electronic Mail), Mailen 16, 36f., 223, 281f.
Email-Verwaltung 46f.
Emily Postnews 69
Emoticons (Emotional Icons) 42, 212
Emoting 101, 120
Ent-Emotionalisierung 210
Enthemmung, anonymitätsbedingte 55, 215f., 270
Ent-Kontextualisierung 210
Ent-Menschlichung 210
Ent-Räumlichung 210
Ent-Sinnlichung 210
Ent-Zeitlichung 210
Eskapismus 308, 311, 414
Ethik der Internet-Forschung 201f.
Ethnizität 147f., 264, 267, 277, 294f., 388
ethnografische B. s. Beobachtung
Evaluationsforschung 195
Experiment
- Feld-E. 195
- Labor-E. 196f., 211, 273f.
- qualitatives E. 195
- Quasi-E. 193
- WWW-E. 197f.
Expertengespräche s. Interviews
Extraversion 342

F

Face-to-Face-Kommunikation 34, 212, 213
Fakemail 40
Fan, Fan-Kultur 265, 267, 277, 378
FAQ (Frequently Asked Questions) 69
Fehladressierung von Postings 53f.
Feld-Beobachtung s. Beobachtung
Feldexperiment s. Experiment
Feldgespräche 185
Filter-Modell der CvK 214f.
Flame, Flaming 54f., 145, 216, 285
Flow-Erleben 103
Fokus-Theorie 345
Follow-up 61
Forward 48, 178
Fragebögen
- Offline-F. 189f.
- Online-F. 190, 342f.
Freak, Internet-Freak 64, 151, 289f., 339, 366
Free Flow of Information 61, 238
freie Beobachtung s. Beobachtung
Fremdcancel 76
Frequently Asked Questions s. FAQ
FTP-Dienst (File Transfer Protocol) 15
FurryMUCK s. MUDs

G

Gästebuch auf einer WWW-Seite 80
Geldautomat 324

Gemeinschaft 372f.
- elektronische G. s. virtuelle G.
- Interessens-G. 373
- Pseudo-G. 415
- Schein-G. 415
- soziale G. 372
- virtuelle G. 394f. 406f.
- Zweck-G. 373

Gemeinschaftsgefühl 124, 372, 379, 385, 396
Gender-Switching/-Swapping 295f., 306f., 347
Geschlecht 143f., 164, 269, 293, 334, 343, 385, 423
Geschlechtertausch s. Gender-Switching
Geschlechtsmaskierung s. Maskierung
Geselligkeit 105, 115, 124, 136, 157, 232, 346, 351, 356, 422
globales Dorf 148, 361
Globalisierung 29, 148, 325, 376, 413
Graffiti 270
Gratifikationen der Netznutzung 157, 221, 271
Gratifikationsforschung s. Nutzenansatz
Gratifikationskombinationen 158
Großgruppe s. Gruppen
Groupware 376, 380
Gruppen, soziale 370f.
- Ad-hoc-G. (Gruppensituation) 370
- Großgruppe 370f., 380, 382
- interdependente G. 376
- Kleingruppe 370f., 375f., 384f.
- Selbstkategorisierungs-G. 260, 291f., 398f.
- virtuelle Kleingruppe 391f., 397f.

Gruppenbildung 405f.
Gruppendynamik 383
Gruppenkasper 284
Gruppenleistung 383
Gruppennorm 273
Gruppen-Polarisierung 273
Gruppensituation s. Gruppen
Guardian Angels 238

H

Hacker, Hacker-Szene 239
Handy 267, 329
Heimat 415
Herausfiltern sozialer Hinweisreize s. Filter-Modell
Homepage
- Channel-H. 85
- Mailinglisten-H. 85
- MUD-H. 85
- Newsgroup-H. 85
- persönliche H. 85, 271, 285

Homosexualität 264, 278f., 401f.
Host 21, 36, 53, 139f.
Hot Chat s. Cybersex
Humor 56, 74, 100, 130, 290
Hybridmedien 88, 137, 233, 267, 268, 379
Hyperlink s. Link
Hypermedia 76
Hyperpräsenz 231
Hyperrealität 229
Hypertext 76, 234
HTML (HyperText Markup Language) 78
HTTP (HyperText Transfer Protocol) 78

I

IAD (Internet Addiction Disorder) s. Internet-Sucht
ICQ (I seek you) 95, 134f.
Identitäten 258
- alternative I. 294f., 300
- berufliche I. 286
- erwünschte I. 276f.
- ethnische I. s. Ethnizität
- I. als Autor/in 277
- I. als Internet-Kritiker/in 289
- I. als Internet-Nutzer/in 282, 289
- individuelle I. 260, 267f.
- kollektive I. 260, 265f.
- marginalisierte I. 277f.
- Meta-I. 259

- multiple I. 232, 306
- öffentliche I. 263
- Online-I. s. virtuelle I.
- personale I. 259, 273
- private I. 263, 286
- religiöse I. 277
- saliente I. 257, 260, 263, 272f.
- sexuelle I. 265, 277
- simulierte I. 228f.
- soziale I. 259, 272, 276
- stigmatisierte I. 263f.
- unterentwickelte I. 269, 291, 466
- virtuelle I. 116f., 228f., 288f., 294f., 304, 306
- wahre I. 312

Identitäts-Arbeit 288, 304
Identitäts-Kompetenz 258
Idling 112
Ignore 113, 123
Imaginations-Modell der CvK 232f.
Immersion 92, 113, 116
Individualisierung 28f.
Individualmedien 88, 267, 269, 379
Individual Network (IN) 22
Informations-Begriff 32
Informationsflut (information overload/ overhead) 83, 221, 235, 386
Informationsgesellschaft 16, 28
Informatisierung 28f.
Ingroup 259f., 272, 276, 284, 292f., 388
Inhalte der Internet-Nutzungs s. Internet-Nutzung
Inhaltsanalyse 178, 179f.
Integrated Services Digital Network s. ISDN
Interaktions-Prozeß-Analyse (IPA) 179
interaktive Massenkommunikation s. Massenkommunikation
interdependente Gruppe s. Gruppen
intermediale Perspektive 222
Internet 18

- Kern-I. 19, 141
- Konsumenten-I. 19, 40

Internet-Aussteiger 24, 221
internetbasierte Datenerhebung s. Datenerhebung
Internet-Darstellung in den Medien 27, 168f.
Internet-Nutzung

- aktiv-produktive I.-N. 154
- Dienste der I.-N. 153f.
- engagierter Nutzungsstil 280, 339
- Inhalte der I.-N. 156f.
- passiv-rezeptive I.-N. 154
- pragmatischer Nutzungsstil 339
- private I.-N. 221
- sachlich-instrumentelle I.-N. 422
- sozial-expressive I.-N. 422
- Zeitbudget für I.-N. 151f.
- Ziele der I.-N. 156f.

Internet-Population 139f.
Internet-Porno-Diskurs 168f.
Internet-Service Provider (ISP) 22
Internet Relay Chat s. IRC
Internet-Sucht 153, 290, 308
Internet-Telefonie 134
Internet-Videokonferenzen 135
interpersonale Medienwahl s. Medienwahl
Interviews

- Experten-I. 186
- klinische I. 185
- Leitfaden-I. 186
- offene I. 185f.
- Online-I. 188
- telefonisches I. 186f.
- vollstandardisiertes I. 186f.

Intimität 211, 214, 231, 268, 272, 317, 337, 354f., 465
Intimitätsbalance 233
intramediale Perspektive 222
Intranet, Intra-Networking 18
IP (Internet Protocol) 17
IRC (Internet Relay Chat) 95f., 104f.
IRC-Channel s. Chat-Channel
IRC-Netze

- EFnet 96
- Dalnet 96
- IRCnet 96
- Undernet 96

ISDN (Integrated Services Digital Network) 22f.
ISO-7-Schicht-OSI-Modell 17
Isolation, soziale 320

J

Jargon 36, 66, 73, 290
Jello 66
Jugendliche und Internet-Nutzung 151, 389

K

Kanalreduktions-Modell der CvK 210f., 270
Katalogbestellung 323
Kennenlernen im Internet 85, 98, 213, 219f., 291, 302, 342f., 365
Killfile 73, 75
Kinder und Internet-Nutzung 151, 331, 333f., 389
Klatsch 73, 112, 415
Kleingruppe s. Gruppen
klinische Interviews s. Interviews
kollaborative Massenkommunikation s. Massenkommunikation
Kommerzialisierung 397, 425
Kommunikations-Kanal 210, 214, 228
Kommunikations-Umgebung s. Umgebungs-Metapher
Kompetenz
- Netz-K. 24, 46, 88, 222, 248, 250, 276, 316, 334, 380, 421
- soziale K. 58, 69, 285, 321, 346f., 365
- technische K. 30, 143, 324, 376
Konsistenztheorien 349
Kontaktanzeigen 266, 294, 297, 330, 335, 345, 379
Konversationsanalyse 227
Kooperation 357, 376, 381f., 383, 388, 391, 392, 400
Kooperation, bedeutungsgenerierende 123
Kopräsenz 34, 211, 247, 345
Körper
- imaginärer K. 294
- physischer K. 229f., 293, 294, 309, 349
- virtueller K. 117, 123, 229f., 293, 294, 298,. 309
Körper-Distanzierung 211
Körper-Realismus 233
Kosten der Telekommunikation 22f., 28
Kritik s. Netzkritik
kritische Masse 62, 111, 155, 345, 401
Kryptografie 40f.
kulturalistische Perspektive 94, 241f., 248, 252f.
Kulturraum-Modell der CvK 236f.
Kunst-Projekte im Internet 86

L

Laborexperiment s. Experiment
LamdbaMOO s. MUDs
leitungsvermittelte Übertragung (circuit switching) 17
Linguistik 178
Link (Hyperlink) 76, 82
Link-Liste 82, 83, 85
Linux 392f.
Listenverwaltungsprogramm 51f.
Listowner (Mailinglistenverwalter) 52
Literalität s. Schriftlichkeit
Logfile Recording 177
Lokalität
- geografische L. 26, 61, 105, 211, 373, 407
- virtuelle L. 118, 177, 385, 394f
lost in hyperspace 82
Lurking 59, 154

M

Macht 26, 30, 53, 64, 108, 109, 215, 333f., 380f., 409
Magie 120
Mail s. Email
Mailbombe 238
Mailbox (BBS: Bulletin Board System)

26, 270
Mailbox-Netze 26, 62
Mailinglisten 16, 51f., 283
many-to-many s. Massenkommunikation
Maskerade 272, 311, 471
Maskierung
- des Alters 294
- des Geschlechts 292, 474
- von Handicaps 293, 305, 346
- von Merkmalen 305
Massenkommunikation
- Einwegkommunikation (Broadcasting, one-to-many) 88, 265f., 267f.
- interaktive M. (many-to-many) 88
- kollaborative M. (many-to-many) 88
- partizipative M. (many-to-many) 88
Massenmails 39
Massenmedien s. Massenkommunikation
Matrix 18f., 27, 140
McDonald's 387f.
„me, too"-Botschaften 73
Media Appropriateness 218
mediales Kommunikationsverhalten 247f.
mediale Reichhaltigkeit (media richness) 216f.
mediale Umgebung 243, 246f.
MediaMOO s. MUDs
Medienhierarchie 217
medienökologisches Rahmenmodell 239f., 420
Medien-Übergang 86
Medienwahl-Modelle der CvK
- interpersonale M. 224f.
- normative M. 222f.
- rationale M. 216f.
Medienwechsel 339f.
Medien-Verzicht 266
Mensch-Maschine-Interaktion, Mensch-Computer-Interaktion 31, 80, 84, 92, 110, 323
Meta-Informationen 82
Metakommunikation 101, 225, 339
Minitel-Dienst 146
Modem 22
Moderationsverfahren bei Netzforen 52f., 61, 107, 391f., 409
Motivation, soziale 64, 146, 227, 276, 282, 283, 287, 346, 351, 371, 390, 400
MUD (Multi User Dungeon/Dimension/Domain) 113f., 153
- abenteuer-orientierte MUDs 114
- grafische MUDs s. Avatar-Welten
- soziale MUDs 115
- textbasierte MUDs 93
- Vertreter textbasierter MUDs:
- D.U. (Diversity University) 131
- FurryMuck 116
- LambdaMOO 123f., 205
- MediaMOO 93, 206
- MorgenGrauen 114, 343, 357, 396, 407
- Nemesis 121, 128
- Nightfall 117, 122, 125f., 130
- UNItopia 129f.
Multifunktionalität 156, 197, 248, 323
Multimedia 76, 82, 87, 109, 190, 233
multiple Identitäten s. Identitäten
multiple Persönlichkeit 258
multiples Selbst s. Selbst
Multiplexität 317, 358
Mündlichkeit (Oralität) 88f., 103, 185, 237

N

Name
- Nick Name (Pseudonym) 96f., 205, 272
- Real Name 204
Narrowcasting 374, 377
National Science Foundation Network (NSF-Net) 20
Neonazi-Propaganda 333, 386
Netiquette/n 66f.
Netizen (Netzbürger) 239, 300

Netlag 103
Netsex s. Cybersex
Netsplit 96
Netzabstinenz 144, 251, 289, 327, 331f., 362, 380
Netzämter 107f., 290, 409
Netzberühmtheit (net fame) 283
Netzkompetenz s. Kompetenz
Netzkritik 30, 53, 270, 289, 352, 415
Netzkultur 55, 74, 84, 175, 236f., 288f., 350, 386
Netzneuling s. Newbie
Netznutzung s. Internet-Nutzung
Netzpopulation s. Internet-Population
Netz-Sheriff (Net Cop) 69, 239
Netzwerk, soziales 318f., 335
Netzwerkanalyse 181
Netzwerk-Schichten 17
Newbie (Netzneuling) 141, 193, 406
Newsgroups (Usenet Newsgroups) 58f.
- artikelstärkste Newsgroups 162
- lokale N. 62
- marginalisierte Newsgroups 277f.
- moderierte Newsgroups 405, 409
- N. als virtuelle Gemeinschaften 396
- N. als virtuelle soziale Netzwerke 395
- Newsgroup-Hierarchien s. Usenet-Hierarchien
- sendungsbegleitende Newsgroups 378
- sexualbezogene Newsgroups 65, 161f., 167, 278f., 401, 405
- tote Newsgroup 65, 394
Newsgroup-Leserschaft 59, 167, 182
Newsserver 58
Nick, Nickname s. Name
nonreaktive Datenerhebung 165, 176f., 201, 202f., 285, 424
normative Medienwahl s. Medienwahl
Notify-Liste 98, 102, 234, 290
Novitätseffekt 308, 332, 336
Nutzenansatz (Uses-and-Gratifications-Ansatz) der Medienforschung 156f.

O

off-topic 66
Öffentlichkeiten 372f.
- breite Ö. 351, 377
- Dorf-Ö. 353
- Gegen-Ö. 374, 377
- Netz-Ö. 385f., 388
- persönliche Ö. 319, 350
- Teil-Ö. 374, 403, 413
- virtuelle Ö. 412
- Welt-Ö. 388, 412f.
one-to-many-Kommunikation s. Massenkommunikation
one-to-one-Kommunikation s. Individualmedien
Online-Charaktere 116f.
Online-Dienste 25, 282
- AOL 25, 74
- CompuServe 25
- T-Online 25
Online-Fragebogen s. Fragebögen
Online-Interview s. Interviews
Online-Shopping 323
Online-Test 80
Oralität s. Mündlichkeit
Oraliteralitäts-Modell der CvK 237
Organisationskommunikation 220, 222, 236, 241, 288, 316, 371, 376, 380, 399
Outgroup 259, 272f., 284, 413
Outing 263

P

paketvermittelten Übertragung (packet switching) 16f.
parasoziale Beziehung s. Beziehungen
Parasprache, parasprachliche Codes der CvK 41f., 71, 227
- Akronyme 99f., 227, 282, 409
- Aktionswörter 45, 100, 212, 227, 237
- ASCII-Art, ASCII-Kunst 43f., 70, 101, 281
- Disclaimer 45, 285

- Emoticons 42, 212
- Emoting 101, 120
- Smileys s. Emoticons
- Soundwörter 44, 212

partizipative Massenkommunikation s. Massenkommunikation
persönliche Homepage s. Homepage
persönliches Gespräch s. Face-to-Face-Kommunikation
Plug-In 79
Pornografie 61, 65, 144, 163f., 238, 333
- illegale P. 106
- Kinder-P. 163, 168, 204, 238, 386

Posting 52
Posting-Genres 72f.
Posting-Statistiken 70, 205
Postkarte, elektronische 86
postmoderne Theorien 29
Pretty Good Privacy (PGP) 40, 271
Prostitution 323
Proxy-Cache-Server-Log 183
Provokation 55, 270f., 284, 311, 385
Public Goods Dilemma 400
Pull-Prinzip 58, 83, 87, 235
Push-Prinzip 58, 87, 235

Q

qualitatives Experiment s. Experiment
Quasi-Experiment s. Experiment
Quests 114
Quoting 48f.

R

rationale Medienwahl s. Medienwahl
Raum-Metapher des Intenet s. Umgebungs-Metapher
Ravata 299, 301
Realität 94, 120f., 230, 280, 302f., 309, 354
real life (RL) 94, 302, 312
Real Name s. Name
Reduced Social Cues Approach s. Filter-Modell der CvK
Reflektor 135
Regular 110
Reichweite
- von Newsgroups 59f., 65, 167
- von WWW-Seiten 167, 182f.

Remailer, anonymer 40
Request for Comments (RfC) 18
Request for Discussion (RfD) 62f.
Reziprozitätsnorm 75
Richtlinien zur Gestaltung von WWW-Seiten 82
Robot s. Bot
Rollenspiel
- beim Chatten 470, 477
- beim Mudden (Role Play) 124, 303, 306

S

sachlich-funktionale Ebene der Kommunikation 157, 211, 218, 287, 316, 381f., 422
Sadomasochismus 265
Schriftlichkeit (Literalität) 88f., 230f.
Schüchternheit 342, 346, 433, 436, 444, 466
schwache Bindungen (weak ties) s. Beziehungen
Schweigen 284
Science Fiction 237
Scientology 76, 386
Selbst 256
- Ideal-S. 258, 466, 473
- mögliches S. 258
- multiples S. 258
- wahres S. 258, 312

Selbst-Aspekte 257
Selbstaufmerksamkeit 303
Selbstdarstellung (impression management) 260f.
- assertive S. 261, 292, 294
- defensive S. 263, 292
- misslungene S. 285
- offensive S. 305
- virtuelle S. 421

Selbstexploration 303

Selbstkategorisierungs-Theorie 259
Selbstkategorisierungs-Gruppe s. Gruppen
Selbstkonzept 256
Selbstoffenbarung (self disclosure) 262, 352, 355, 472
Selbstpräsentation (self presentation) s. Selbstdarstellung
Selbstreflexion 300
Selbst-Schemata 257
Selbstwertgefühl 256
Selbstwirksamkeit 305, 256
Selbstwirksamkeit der Selbstdarstellung 262
Self-Monitoring 262, 344
Serendipity Effect 83
Server-Log 181
sexualbezogene Netzinhalte 160f.
SIDE-Modell (Social Identity and DE-Individuation Model) 216, 272f.
Signatur, Signature 38, 44, 271
Simulatios-Modell der CvK 228f.
Small Talk 352
Smileys s. Emoticons
Snailmail s. Briefpost
Social Influence Model der Technologienuzung 222
Software-Ergonomie 191
Solitude Skills 321
Soundwörter 44, 212
soziale Beziehungen s. Beziehungen
soziale Gruppen s. Gruppen
soziale Identitäten s. Identitäten
soziale Kategorisierung 74, 157, 229, 292, 424
soziale Kompetenz s. Kompetenz
soziale Präsenz (social presence) 216
soziales Informationsverarbeitungs-Modell der CvK 226f.
soziales Kapital 319
soziales Netzwerk s. Netzwerk
sozial-expressive Ebene der Kommunikation 157, 316, 383
Soziodemografie der Internet-Population 142f., 148f.
Soziometrie 178
Spam, Spamming 66
starke Bindungen (strong ties) s. Beziehungen
Statussymbol 334
Steganografie 41
Stereotype, Stereotypisierung 272, 283
- Alters-S. 147
- Geschlechter-S. 143f., 292, 295
- Internet-Kritiker-S. 289
- Internet-Nutzer-S. 289
- Einsamkeits-S. 321
- Ethnizitäts-S. 295
- Kooperations-S. 382
- Medien-S. 219
- Online-Dienst-Nutzer-S. 74, 282
- Sexual-S. 266
Stigma 262f., 277f., 293, 310, 321, 323
Stimulus-Response-Ansatz s. Wirkungsansatz
Subject-Line (Betreff-Zeile) 38, 57, 75
Subkulturen 106, 175, 239
Subnetz 22
Substitution s. Medienwechsel
Suchmaschinen (search engines) 80f., 85, 161, 165
synchrone (zeitgleiche) computervermittelte Kommunikation s. CvK

T

Tags 47, 78
Talk-Dienst 95
Talkshows 265, 267
Täuschung 305, 347
TCP (Transmission Control Protocol) 17
technikdeterministische Perspektive 213, 241, 423
Technikgenese 16, 31
Technikkompetenz 30, 324, 376
Technikkritik 210, 221, 339
Technikpioniere 88
Teledildonik 353
Telefax.34, 86, 327, 341, 437f.
Telefon, Telefonieren 34, 88, 134, 157, 219f, 232, 248, 271, 322, 327f., 340f., 358, 363

Telefon-Lines 329, 335
Telepräsenz 92
Teleshopping 322
Telnet-Dienst 15, 113
Theory of Reasoned Action (Theorie bedachter Handlungen) 220
Thread 61, 177, 403
„Time", das Nachrichten-Magazin 169
Tinysex s. Cybersex
Top-Down-Prinzip im WWW 83
Transfer-Effekte 300, 312
Treue 335
Troll 284
Trolling 408
Turing-Test 110
typischer Internet-Nutzer 143

U

Umgebungs-Metapher des Netzes 243, 246f.
Uncertainty Reduction Theorie der Beziehungsentwicklung 355
Undernet s. IRC-Netz
Urbanität im Netz 388
URI (Uniform Rescource Identifier) 77
URL (Uniform Resource Location) 77
Usenet 19, 58f.
Usenet-Hierarchien 62f.
- Big Eight
- <alt.*>-Hierarchie 64
- <alt.sex.*>-Subhierarchie 65, 163, 167, 278f.
- <de.*>-Hierarchie 62
- <soc.*>-Hierarchie 277

Usenet Readership Report s. Newsgroup-Leserschaft
User ID 36
UUCP (Unix to Unix Copy) 60

V

Velveeta 66
Verbindlichkeit s. Commitment
Verhaltenskonto 319
Verpflichtung s. Commitment
Video-Chat s. CU-SeeMe
Videotext 323
Virtualität 230, 302, 304
Virtual Reality (VR) 92, 230
virtuell (datenbasiert, informationell)
- v. Beziehung s. Beziehung
- v. Dias 131
- v. Erröten 101f.
- v. Geld 119
- v. Gemeinschaft s. Gemeinschaft
- v. Gruppe s. Gruppe
- v. Handlung 94, 101, 119f.
- v. Haus, Zuhause 25, 85, 93, 112, 126, 283
- v. Identität s. Identität
- v. Körper s. Körper
- v. Körperkontakt 353
- v. Leben (VL) 94, 302, 462
- v. Lehrveranstaltungen 105, 326, 381, 389, 391f.
- v. Objekte 92, 102, 115, 119
- v. Peep-Show 323
- v. Person 291
- v. Prototypen 93
- v. Realität s. Virtual Reality
- v. Schiffe 119
- v. Sexualität s. Cybersex
- v. Stadt 304
- v. Star 116
- v. Tod 122, 361
- v. Treffpunkte 115, 345, 361, 379, 384, 396
- v. Unternehmen 376
- v. Umarmung 42, 110
- v. Vergewaltigung 123
- v. Weinen 120

VoiceMail 39
VR s. Virtual Reality
VRML (Virtual Realiy Modeling Language) 79

W

Wahlen, politische 304, 325
WebChat 86, 95, 96

WebNews 86
Web-Ring 83
Weitergeben von Zettelchen 228
„Wer bin ich?“-Test 260, 285
Werbung im Netz 39f., 52, 65f., 73, 86, 397
Whiteboard 135
„Wired“, das Internet-Magazin 29f., 144, 169
Wirkungsansatz (Stimulus-Response-Ansatz) der Medienforschung 157, 210, 241, 423
Word Wide Web s. WWW
WWW (World Wide Web) 76f.
WWW-Experiment s. Experiment

X

XML (Extended Markup Language) 78

Z

Zeichencharakter von Medien 267
zeitgleiche (synchrone) computervermittelte Kommunikation s. CvK
Zeitschriften 265, 379
zeitversetzte (asynchrone) computervermittelte Kommunikation s. CvK
Zensur des Internet 20, 61, 238
Ziele der Internet-Nutzung s. Internet-Nutzung
Zugang zum Internet 22f.
Zukunft 29f.